# भारतीय संविधान
## अनकही कहानी

# भारतीय संविधान अनकही कहानी

रामबहादुर राय

*प्रकाशक*
**प्रभात प्रकाशन प्रा. लि.**
4/19 आसफ अली रोड, नई दिल्ली–110002
फोन : 011–23289777 • हेल्पलाइन नं. : 7827007777
इ–मेल : prabhatbooks@gmail.com ❖ वेब ठिकाना : www.prabhatbooks.com

*संस्करण*
2026



*संपादन*
अरुण भारद्वाज

*रेखांकन एवं आवरण*
श्री माधव जोशी

*पेपरबैक मूल्य*
ग्यारह सौ रुपए

*मुद्रक*
आर–टेक ऑफसेट प्रिंटर्स, दिल्ली

———— ★ ————

**BHARATIYA SAMVIDHAN : ANAKAHI KAHANI**
*by* Shri Ram Bahadur Rai

Published by **PRABHAT PRAKASHAN PVT. LTD.**
4/19 Asaf Ali Road, New Delhi-110002

ISBN 978-93-90900-96-1

₹ 1100.00 (PB)

प्रतिष्ठित विधिवेत्ता

आत्मीय मित्र

**श्री अरुण जेटली** की स्मृति को

समर्पित

# यह पुस्तक क्यों, कैसे और किसलिए?

संविधान से परिचित था, लेकिन 'मीसा' में गिरफ्तारी ने मेरे मन में संविधान के प्रति उत्कंठा की तेज लौ जला दी। उस घटना ने मुझे संविधान का जिज्ञासु बना दिया। पटना के जिला-धिकारी ने मीसा (मेंटिनेंस ऑफ इंटरनल सिक्योरिटी ऐक्ट) के अधिकारों का दुरुपयोग कर सात आधारों पर गिरफ्तारी कराई। जिसे अंततः सुप्रीम कोर्ट में चुनौती दी गई। पटना के बाँकीपुर जेल में मीसाबंदी था। एक दिन डॉ. एन.एम. घटाटे और डॉ. सुब्रमण्यम स्वामी आए। नानाजी देशमुख ने डॉ. एन.एम. घटाटे को सुप्रीम कोर्ट में याचिका डालने का कार्य सौंपा था। संविधान में मौलिक अधिकारों की धुरी पर उनसे बातचीत चक्कर लगा रही थी। वह एक नया अनुभव था। मेरी ओर से डॉ. घटाटे ने सुप्रीम कोर्ट का दरवाजा खटखटाया। वहाँ सुनवाई हुई। सुप्रीम कोर्ट ने मेरी गिरफ्तारी को असंवैधानिक ठहराया। 'किसी शांतिपूर्ण प्रतिरोधकर्ता को बंदी बनाना असंवैधानिक है।' मेरे लिए संवैधानिकता का वह पहला पाठ बना। न्यायाधीश वाई.वी. चंद्रचूड़ और पी.एन. भगवती की बेंच ने गिरफ्तारी के सात महीने बाद 12 नवंबर, 1974 को निर्णय सुनाया। जिससे मेरी रिहाई हुई, नहीं तो 8 अप्रैल, 1975 तक मुझे जेल में रहना होता। अभिव्यक्ति की स्वतंत्रता को समझाने वाला वह एक महत्त्वपूर्ण निर्णय है, जिसमें महात्मा गांधी और मार्टिन लूथर किंग के गौरवशाली सत्याग्रह का संदर्भ है। उस निर्णय के बारे में पटना के ऐतिहासिक गांधी मैदान की एक बड़ी सभा में लोकनायक जयप्रकाश नारायण (जे.पी.) ने 18 नवंबर, 1974 के अपने भाषण में इस तरह उल्लेख किया, 'अभी रामबहादुर रायजी का मुकदमा गया। रामबहादुर रायजी

ऑल इंडिया विद्यार्थी परिषद् के एक मंत्री, गिरफ्तार हुए और उनका फैसला हुआ सुप्रीम कोर्ट में। सुप्रीम कोर्ट ने क्या जजमेंट दिया है कि भाई शांतिमय प्रदर्शन करना, शांतिमय धरना देना, उसके लिए तैयारी करना ये गैर-कानूनी नहीं हैं। यह 'मीसा' में नहीं आता है।' भूदान यज्ञ (पूर्ति विभाग) प्रकाशन 19, राजघाट कॉलोनी, नई दिल्ली की पुस्तिका 'सिंहासन खाली करो' में यह छपा है। उस सभा की अध्यक्षता कवि बाबा नागार्जुन कर रहे थे।

उन्हीं दिनों जे.पी. की एक पुस्तिका पढ़ी। जिसका शीर्षक 'भारतीय राज्य-व्यवस्था की पुनर्रचना : एक सुझाव' था। जिसमें उन्होंने पहली बार संविधान समीक्षा का सुझाव दिया। यह 1959 की बात है। जिस पर बड़ी बहस छिड़ी। उसकी आलोचना भी हुई। 'कुछ आलोचकों ने यह आक्षेप किया था कि भारतीय लोकतंत्र का पौधा अभी अंकुरित ही हो रहा है, इसलिए उसे छेड़ना ठीक नहीं है। यहाँ तक कहा गया था कि 'जे.पी. लोकतंत्र के शत्रु हैं और लोकतंत्र को वास्तविक बनाने की आड़ में इसे कमजोर करना चाहते हैं।' वास्तव में जे.पी. ने संसदीय प्रणाली की सीमाओं को पहचाना। उसे ही अधिक ठोस आधार देने के लिए उन्होंने वह लेख सुझाव के रूप में लिखा था। जिसमें मूल दृष्टि जो थी, वह समयसिद्ध है। उस लेख में जे.पी. ने यह बात कही थी कि लोकतंत्र की वास्तविक शक्ति साधारण नागरिक है। लोकतंत्र को शक्तिशाली और व्यापक बनाने के लिए जरूरी है कि नागरिक की हर स्तर पर सहभागिता हो। बहुत बाद में उस लेख को जे.पी. ने व्यवस्थित किया। अपने अनुभव उसमें और उड़ेले। जिसे 'लोक स्वराज्य' शीर्षक से 'सर्वसेवा संघ' ने छापा। उसके 1999 तक 7 संस्करण निकले। कुल 26 हजार प्रतियाँ छपीं। प्रयोजन यह था कि जे.पी. के उस लेख से लोक शिक्षण का क्रम चले। 'लोक स्वराज्य' 45 पृष्ठों की पुस्तिका है। इसके पहले ही अध्याय में जे.पी. लिखते हैं—'भारत की संविधान-सभा ने जनता के नाम पर संकल्प किया—

1. भारत को एक संपूर्ण प्रभुत्व संपन्न गणराज्य बनाना।
2. भारत के सभी नागरिकों के लिए सामाजिक, आर्थिक और राजनीतिक न्याय, विचार-अभिव्यक्ति, विश्वास-निष्ठा और पूजा की स्वतंत्रता, सामाजिक स्तर और अवसर की समानता सुलभ करना, और
3. व्यक्ति की गरिमा और राष्ट्र की एकता के आश्वासन के साथ भारत के सभी नागरिकों में भ्रातृत्व की भावनाओं का प्रसार करना।'

'ये लक्ष्य और उद्देश्य निश्चय ही लोकतंत्र को प्रेरणात्मक और चुनौतीमूलक स्वरूप प्रदान करते हैं। इस स्वरूप को ठोस वास्तविकता में परिणत करने में मदद देने के लिए संविधान सभा ने भारत का वर्तमान संविधान स्वीकृत किया, जो समय-समय पर संशोधित किए जाने के बावजूद स्वतंत्रता और लोकतंत्र के दुर्ग के रूप में स्थित है।' 'भारत की जनता को ठीक ही इस बात पर गर्व हो सकता है कि पड़ोस के देशों में एक-न-एक प्रकार की तानाशाही को

अंगीकार किए जाने के उदाहरण के बाद भी उसने समझ-बूझकर लोकतंत्रीय जीवन-पद्धति को पसंद किया। यह उसकी सांस्कृतिक और आध्यात्मिक प्रौढ़ता का द्योतक है।' 'इतना सब मानते हुए भी यह उचित है कि पिछले दस साल की अवधि के अपने लोकतंत्रीय अनुभव का लेखा-जोखा किया जाए। यह लेखा-जोखा हमें एशिया और अफ्रीका के अन्य देशों और पश्चिम के पुष्ट लोकतंत्रों के अनुभवों की पृष्ठभूमि में करना होगा।'

यह कहना कठिन है कि उस सुझाव का प्रभाव था या राजनीतिक व्यवस्था की संवैधानिक विसंगतियाँ थीं, जिससे संविधान पर प्रश्न उठने लगे। आज यह बात विचित्र सी लगेगी, लेकिन तथ्य जो है, वह अकाट्य है। इस तथ्य का उल्लेख डॉ. सुभाष काश्यप ने 'कॉन्स्टीट्यूशन मेकिंग सिंस 1950, ऐन ओवर व्यू' में किया है। संविधान के चौथे संशोधन विधेयक पर बोलते हुए जवाहरलाल नेहरू ने कहा, 'आखिरकार संविधान की सार्थकता इसमें ही है कि उससे सरकार, प्रशासन और समाज में लोकोपयोगी कार्य करना सहज ही संभव होता रहे।' यह कथन दो अर्थों वाला है। इसमें संविधान पर स्वयं प्रधानमंत्री पं. नेहरू अपने अनुभव से सामयिक प्रश्न उठा रहे हैं। दूसरा अर्थ भी देखें तो यह कह सकते हैं कि संविधान संशोधन का वे औचित्य इन शब्दों में प्रतिपादित कर रहे हैं। इससे यह बात भी निकलती है कि संविधान पर सिर्फ उसके आलोचक ही प्रश्न तब नहीं उठा रहे थे। सत्ता में विराजमान प्रधानमंत्री भी संविधान में मौजूद कमियों को रेखांकित करने लगे थे। एक प्रश्न यह भी खड़ा किया जा सकता है कि संविधान का राजनीतिक और दलीय उपयोग भी क्या तभी शुरू हुआ? वही दौर है, जब कांग्रेस ने केरल की निर्वाचित सरकार को हटा दिया। कांग्रेस अध्यक्ष इंदिरा गांधी थीं। जवाहरलाल नेहरू प्रधानमंत्री थे। केरल की ई.एम.एस. नंबूदिरीपाद सरकार दुनिया की पहली कम्युनिस्ट सरकार थी, जो निर्वाचन से सत्तारूढ़ हुई थी, जिसे मनमाने तरीके से हटाना एक बड़ी संवैधानिक दुर्घटना थी। प्रो. देवेंद्र स्वरूप ने उसे गहराई से समझा। उस पर साप्ताहिक 'पाञ्चजन्य' में एक श्रृंखला चलाई। जिसमें संविधान सभा के कई सदस्यों के विचार छपे। उस श्रृंखला के लेखों को पढ़कर जहाँ आश्चर्य होता है। वहीं संविधान निर्माण की प्रक्रिया के बारे में अनेक प्रश्न भी खड़े होते हैं। बहस का अर्थ ही है अनेक विचारों का प्रतिपादन। संविधान पर छिड़ी बहस इसका अपवाद कैसे हो सकती थी!

संविधान पर अनेक प्रश्न उस दौर में भी उठे जब कांग्रेस का केंद्र और राज्यों में वर्चस्व बना हुआ था। लेकिन गैर कांग्रेसवाद के दौर में जो प्रश्न उठे, उनकी प्रकृति भिन्न थी। विशेष रूप से संघ-राज्य संबंधों पर प्रश्न ज्यादा उठे। 1967 से जो दशक शुरू हुआ उसमें दल-बदल की समस्या चिंताजनक बन गई थी। जिस पर विचार के लिए वाई.बी. चह्वाण कमेटी बनी। यहाँ इसका उल्लेख करना प्रासंगिक है कि संविधान की रजत जयंती पर कांग्रेस अधिवेशन में एक प्रस्ताव स्वीकृत हुआ। इसे दुर्योग ही कहेंगे, क्योंकि वे इमरजेंसी के दिन थे। इंदिरा गांधी

की तानाशाही में देश के लोकतंत्र की दुर्दशा हो रही थी। कांग्रेस ने अपने अधिवेशन स्थल को 'कामागाटामारू नगर' नाम दिया था। वहाँ जो प्रस्ताव पारित हुआ, उसमें माँग थी कि संविधान की पूरी समीक्षा हो, जिससे संविधान को जीवंत बनाया जा सके। उस प्रस्ताव के अनुसरण में अध्यक्ष देवकांत बरुआ ने 26 फरवरी, 1976 को एक 12 सदस्यीय कमेटी बनाई। उसके अध्यक्ष सरदार स्वर्ण सिंह थे। उनकी रिपोर्ट जैसे ही आई कि विधि आयोग के अध्यक्ष न्यायमूर्ति पी.वी. गजेंद्रगडकर ने प्रधानमंत्री इंदिरा गांधी को सलाह दी कि संविधान में संशोधन करने की यह विचार पद्धति उचित नहीं है। इसके लिए एक उच्चस्तरीय कमेटी बनाई जानी चाहिए, जिसमें संविधान विशेषज्ञ हों। लेकिन उनकी सलाह नक्कारखाने में तूती की आवाज बनकर रह गई। स्वर्ण सिंह कमेटी की रिपोर्ट के आधार पर 42वाँ संविधान संशोधन किया गया, जिसका न तो तब औचित्य था और न आज है। जिसमें और-तो-और, उद्देशिका में भी संशोधन कर दिया गया। शायद ही दुनिया के किसी लोकतांत्रिक देश के संविधान में ऐसा संशोधन किया गया होगा। संविधान का वह पुनर्लेखन था। संविधान में बड़ा उलटफेर कर दिया गया, जिसकी 22 में से 13 राज्यों की विधानसभाओं से पुष्टि कराई गई। आपातकाल का वह संविधान पर कहर था। जिसे लोकतंत्र की बहाली के बाद मोरारजी देसाई सरकार ने थोड़ा सुधारा। संविधान का वह एक अधूरा एजेंडा बना हुआ है।

संविधान से राज्य व्यवस्था बनती है। एक राजनीतिक प्रणाली उसे चलाती है। शुरू से ही यह प्रश्न रहा है और आज भी है कि हमारे लिए उपयुक्त राजनीतिक प्रणाली क्या होनी चाहिए। आमतौर पर यह तो मान लिया गया है कि संसदीय प्रणाली जो चल रही है, उसे सुधारा जाना चाहिए। इस पक्ष पर भी सबसे पहले देश का ध्यान खींचने का श्रेय जे.पी. को है। चुनाव सुधार का विषय उन्होंने उस समय उठाया, जब इंदिरा गांधी ने 1971 के चुनावों को बहुत खर्चीला बना दिया। चुनाव सुधार पर निरंतर चर्चा और अध्ययन का क्रम जारी है। इस दिशा में दूसरा बड़ा कदम विश्वनाथ प्रताप सिंह की सरकार ने उठाया था, जब दिनेश गोस्वामी कमेटी बनाई। तीसरा कदम 1998 में उठा, जब इंद्रजीत गुप्त कमेटी बनी। अटल बिहारी वाजपेयी की राजग सरकार ने संविधान समीक्षा इसलिए भी कराना जरूरी समझा, क्योंकि चुनाव-सुधार का संबंध कोई संविधान से अलग-थलग नहीं है। वह पहला आयोग था, जो किसी दलीय तकाजे के कारण नहीं बल्कि मूलत: संवैधानिक प्रश्नों के उत्तर खोजने के लिए गठित हुआ था।

संविधान समीक्षा की माँग पुरानी थी। स्वयं प्रधानमंत्री इंदिरा गांधी ने 26 अक्तूबर, 1980 को संविधान संबंधी चकित कर देनेवाला एक बयान दिया 'संविधान में हर कुछ आज प्रासंगिक नहीं है। संविधान पर एक राष्ट्रीय विमर्श की आवश्यकता है। इसलिए कि जिस शासन पद्धति में भारत है, क्या वह हमारे अनुकूल है? संविधान निर्माताओं ने जो शासन प्रणाली दी, उसकी कोई समीक्षा अब तक नहीं हुई है। जहाँ संविधान की समीक्षा आवश्यक है, वहीं विपक्ष की

भूमिका के बारे में भी सोचने की जरूरत है। विपक्ष की आंदोलनकारी राजनीति के ढंग और संदर्भ पर भी विचार होना चाहिए।' प्रधानमंत्री पद पर पुनः आसीन होने के बाद का उनका यह बयान राजनीतिक प्रणाली में परिवर्तन का एक संकेत समझा गया। अंग्रेजी के अखबार 'इंडियन एक्सप्रेस' ने उसे राष्ट्रपति प्रणाली लाने की दिशा में सोच-विचार माना। इंदिरा गांधी के बयान से विभिन्न स्तरों पर चर्चा चल पड़ी। अनेक गैर-सरकारी संगठनों ने संविधान समीक्षा पर गोष्ठियाँ कीं। यह माँग निरंतर की जाती रही कि संविधान पर विभिन्न पहलुओं से बातचीत होनी चाहिए। संविधान पर बहस तेज इस कारण भी उन दिनों होती गई, क्योंकि केंद्र में भी राजनीतिक अस्थिरता का एक दौर चल पड़ा। इस दिशा में एक उल्लेखनीय निर्णय इंडिया इंटरनेशनल सेंटर के बोर्ड ऑफ ट्रस्टी ने किया। यह बात 1992 की है। उन दिनों डॉ. कर्ण सिंह सेंटर के अध्यक्ष थे। उनके अलावा 19 बड़े नाम हैं, जो ट्रस्टी थे। उनमें अनेक पूर्व मंत्री, लोकसभा के पूर्व महासचिव, सुप्रीम कोर्ट के पूर्व मुख्य न्यायाधीश पी.एन. भगवती आदि थे। सेंटर के बोर्ड ने संविधान के काम-काज का अध्ययन करने का एक प्रोजेक्ट बनाया। तब संविधान 40 साल का हो गया था। उसमें 71 संशोधन हो गए थे। उस प्रोजेक्ट के प्रमुख सुभाष काश्यप थे। एम.सी. शाह उनके सहयोगी थे। उसी प्रोजेक्ट ने एक राष्ट्रीय सेमिनार किया, जिसमें 15 संस्थाएँ सम्मिलित हुईं। वे सभी अपने क्षेत्रों की मानी-जानी संस्थाएँ थीं। सेमिनार ने सिफारिश की कि संविधान की संपूर्णता में समीक्षा होनी चाहिए। सेमिनार में पढ़े गए पर्चों से 'पर्सपेक्टिव्स ऑन दि कॉन्स्टीट्यूशन' नामक एक पुस्तक बनी। जिसे डॉ. सुभाष काश्यप ने संपादित किया। उसमें डॉ. कर्ण सिंह की अध्यक्षता में बनी रिपोर्ट भी सम्मिलित की गई। उस साल से संविधान पर राष्ट्रीय विमर्श में अनेक आयाम जुड़ते चले गए, इसकी एक झलक इस तथ्य से भी मिलती है कि अखिल भारतीय अधिवक्ता परिषद् के उद्घाटन के अवसर पर विचारक दत्तोपंत ठेंगडी ने 7 सितंबर, 1992 को एक व्याख्यान दिया, जिसमें वे कहते हैं कि 'हम निष्कर्ष निकाल सकते हैं कि अपनी राष्ट्रीय चेतना को ध्यान में रखते हुए और दुनिया की आधुनिक प्रवृत्तियों को देखते हुए अधिक विलंब न करके एक नए संविधान की रचना तुरंत की जानी चाहिए।' संविधान विशेषज्ञ डॉ. कोटेश्वर राव की एक विस्तृत टिप्पणी के हवाले से उन्होंने यह सुझाव दिया था। उन्होंने संविधान सभा कैसी हो? किन व्यक्तियों को सदस्य होना चाहिए? इन बातों पर भी अपने भाषण में विचार दिए। जिस प्रकार पाँचवें दशक में जे.पी. का लेख एक शोध प्रबंध बन गया था, उसी तरह दत्तोपंत ठेंगड़ी का वह व्याख्यान भी स्थाई महत्त्व का है।

अटल बिहारी वाजपेयी ने भी 1997 में 'गोलवलकर स्मारक व्याख्यानमाला' के मंच पर एक व्याख्यान दिया। विषय था, 'संसदीय लोकतंत्र : अनुभवों के प्रकाश में संविधान का पुनरावलोकन जरूरी'। भारतीय जनता पार्टी ने उस व्याख्यान की एक पुस्तिका बनाई। इस व्याख्यान का महत्त्व अनेक दृष्टियों से है, क्योंकि वे 13 दिन प्रधानमंत्री पद पर रह चुके थे।

उनके व्याख्यान में एक दृष्टिकोण है। उसके तथ्य हैं। सबसे बड़ी बात यह है कि उसे पढ़ते हुए संविधान को जानने की रुचि पैदा होती है। एक संदेश भी इसमें है, अपने संविधान को जानो और जरूरी सुधार करो। वाजपेयीजी का पूरा व्याख्यान बार-बार पढ़ा जाना चाहिए। जो बार-बार पढ़ने लायक होता है, उसे ही भारतीय परंपरा में 'पाठ करना' कहते हैं। उस व्याख्यान का यह अंश मेरी दृष्टि में अत्यंत महत्त्वपूर्ण है और संविधान के बारे में एक दृष्टिकोण का इसमें प्रतिपादन भी है। इसका उपशीर्षक है, 'संविधान : एक नई नजर'। उनके व्याख्यान का यह अंश पढ़ें, 'लेकिन प्राय: इस सवाल पर आम राय है कि हमें 50 वर्षों के अनुभवों के प्रकाश में संसदीय प्रणाली पर और अपने संविधान पर एक नई नजर डालनी चाहिए। अपनी प्रणाली की कीर्ति गाथा गाते हुए हम नहीं थकते। कभी-कभी उसकी निंदा का भी अतिरेक हो जाता है। आवश्यकता है एक संतुलित दृष्टिकोण अपनाने की और वर्तमान प्रणाली की कमियों और खामियों को सही रूप में पहचानने की और संकल्पपूर्वक उन्हें दूर करने की। जब संसद्, सरकार और अदालतें ठीक चलती हैं तो कमियाँ आँख से ओझल हो जाती हैं, यहाँ तक कि उनका उल्लेख भी नहीं होता और जब बात बिगड़ने लगती है तो फिर सब कुछ परिवर्तित कर देने के स्वर सुनाई देने लगते हैं। यह सुझाव दिया जा चुका है, लेकिन मैं उसको दोहराना चाहूँगा कि एक बहुसदस्यीय संविधान समीक्षक समिति या आयोग बने, जिसमें प्रमुख विशेषज्ञ और सार्वजनिक व्यक्ति हों, जो संविधान के संशोधन के प्रश्न पर गहराई से विचार कर उसे अधिक अर्थपूर्ण बनाने के सुझाव दे सकें। इस आशय की माँग पहले भी की जा चुकी है, किंतु उस पर ध्यान नहीं दिया गया। हाँ, जब देश गहरे राजनीतिक और संवैधानिक संकट में फँसा है, तब इस प्रकार के आयोग के गठन की नितांत और तुरंत आवश्यकता है।'

'संसदीय पद्धति एक बहुदलीय व्यवस्था है, किंतु बहुदलीय का अर्थ यह नहीं है कि सौ-सौ दल हों। हर व्यक्ति अपना अलग दल बनाकर बैठे, न कोई सैद्धांतिक आधार हो और न संगठनात्मक ढाँचा। ब्रिटिश पद्धति की सफलता के लिए दो बड़े दलों का होना कम महत्त्वपूर्ण नहीं है। यही स्थिति अमेरिका में है। संयुक्त सरकार के गठन पर कोई आपत्ति नहीं होनी चाहिए, किंतु सरकार केवल सत्ता के बँटवारे पर भी आधारित नहीं होनी चाहिए। आवश्यकता है कि संविधान का संशोधन कर उसमें राजनीतिक दलों के रजिस्ट्रेशन तथा उनको मान्यता का प्रावधान किया जाए। दलों की सदस्यता सबके लिए खुली हो, उसके पदाधिकारी निर्वाचित हों। ऐसे दल ही चुनाव लड़ने के अधिकारी हों, जो अपना हिसाब-किताब ठीक रखें और उसका नियमित रूप से सार्वजनिक ऑडिट कराएँ।' ऐसा ही सुझाव कांग्रेस के नेता वसंत साठे ने भी दिया था। उस व्याख्यान से संविधान पर पुन: एक बहस छिड़ी। क्या संविधान की समीक्षा होनी चाहिए? अखबारों में इस विषय पर अनेक लेख छपे। राँची स्थित वरिष्ठ पत्रकार बलबीर दत्त ने 1998 में 'संविधान का पुनरीक्षण करें, अपना पुनरीक्षण भी करें।' शीर्षक से एक लेखमाला लिखी। वह

'प्रभात खबर' में क्रमशः छपी। राज्यसभा के उपसभापति हरिवंश तब 'प्रभात खबर' के प्रधान संपादक थे। पत्रकारिता को जनोपयोगी बनाने के प्रयोग के लिए वे जाने जाते हैं।

दो साल बाद हमने एक संस्थान बनाया, 'प्रज्ञा संस्थान'। इसके मंच से संविधान को जानने-समझने का एक क्रम शुरू हुआ। उन दिनों सी.के. जैन संस्थान के अध्यक्ष थे। लोकसभा के प्रधान महासचिव पद से अवकाश प्राप्त थे। दूसरे शब्दों में संविधान के वे मर्मज्ञ थे। पं. नेहरू से पी.वी. नरसिंहराव तक के प्रधानमंत्रियों को संविधान की दृष्टि से देखने का उन्हें लंबा अनुभव था। छोटी-बड़ी गोष्ठियों में वे उपस्थित रहते थे। उनकी उपस्थिति एक आश्वासन होती थी कि अपनी बारी में वे वक्ताओं को भी नई समझ दे सकेंगे। ऐसा होता भी था। वह क्रम चलता रहा। उसी समय की एक घटना है। अपनी आत्मकथा में चंद्रशेखर ने लिखा है कि 'भारत-यात्रा केंद्र भुवनेश्वरी में 28 मई, 2000 को एक संवाद रखा गया था। उसका सूत्र वाक्य था, 'विकल्प है।' सरकार कहती है कि 'उदारीकरण के अलावा कोई दूसरा रास्ता नहीं है। संवाद ने एक मत से माना कि विकल्प है। उसमें देश भर के लोग आए। सभी राजनीतिक धाराओं का प्रतिनिधित्व था। बुद्धिजीवी थे। आंदोलनकारी संगठन थे। इस तरह 124 लोग बातचीत में शामिल हुए।' वह घटना उसी संवाद की है। एक वक्ता ने संविधान समीक्षा का प्रसंग अपने वक्तव्य में छेड़ा। वे इसे भी एक विकल्प बता रहे थे। मुझे स्मरण है कि संवाद में सम्मिलित एक कम्युनिस्ट नेता ने प्रतिक्रिया में कहा कि यह अनावश्यक है और संविधान समीक्षा का विचार एक षड्यंत्र भी है। इससे समझा जा सकता है कि कुछ लोग संविधान की समालोचना और समीक्षा से राजनीतिक तौर पर आशंकाग्रस्त हो जाते हैं। बिना जाने और पढ़े संविधान के बारे में अपनी-अपनी काल्पनिक समझ लोगों ने बना रखी है।

लेकिन इसकी कोई जानकारी हमें नहीं थी कि छत्तीसगढ़ के अंबिकापुर में बजरंगलाल अग्रवाल भी संविधान को समझने और उसे समाज की आवश्यकताओं के अनुरूप बदलने का बौद्धिक अभियान चला रहे हैं। उनके निमंत्रण पर वहाँ जाने का दो बार मुझे अवसर मिला। पहली यात्रा में सर्वोदय के ठाकुर दास बंग और अमरनाथ भाई भी थे। वहाँ जो बातचीत हुई। भाषण सुने। उससे एक जानकारी मिली कि पुराने मध्यप्रदेश के सरगुजा जिले के अंतर्गत रामानुजगंज में संविधान पर वर्षों से विमर्श चल रहा है, जिसमें सुभाष काश्यप जैसे संविधान विशेषज्ञ भी सहभागी रहे।

यह जानकारी तो आम है कि संविधान सभा के दिनों में अनेक वैकल्पिक संविधान बनाए गए थे। उनमें से एक की याद आज भी बनी हुई है। इसके बारे में एक धारणा भी है कि उसे महात्मा गांधी का आशीर्वाद प्राप्त था। लेकिन कितने लोग यह जानते हैं कि निजी और सामूहिक स्तर पर अपनी-अपनी सोच से वैकल्पिक संविधान बनाने का सिलसिला थमा नहीं है, वह अब भी बना हुआ है। यहाँ कुछ ऐसे संविधानों का उल्लेख किया जा सकता है। इनमें पहला है 'भारत

का संविधान'। जिसे ज्ञान यज्ञ आश्रम ने 1987 में बनाया। इसमें भी 395 अनुच्छेद हैं। दूसरा है—स्वामी मुक्तानंद सरस्वती का 'अभारतीय इंडियन संविधान'। जिसे 2005 में प्रकाशित कर वितरित किया गया था। तीसरा है, 'नए भारत के निर्माण का नक्शा'। इसे 2015 में छपवाया गया था। चौथा है, 'प्रयाग घोषणा-पत्र'। इसे अधिवक्ता परिषद् ने 2000 में छपवाया था। पाँचवाँ है, 'जीवन विद्या आधारित संविधान'। छठा है, 'भारत के नए संविधान का प्रारूप'। इसे मध्य प्रदेश की अखिल भारतीय विद्यार्थी परिषद् ने स्वर्ण जयंती पर हिंदी-अंग्रेजी में छापा। देशभर में चर्चा कराने के लिए जगह-जगह भेजा। इसके लेखक अनिल चावला हैं। प्रसन्न शर्मा प्रकाशक हैं। इस प्रारूप पर तब चर्चा छिड़ी, जब कांग्रेस के एक नेता के अखबार में 'राष्ट्रीय स्वयंसेवक संघ का गोपनीय एजेंडा' शीर्षक से क्रमवार छपने लगा। हालाँकि राष्ट्रीय स्वयंसेवक संघ का उस प्रारूप से कोई सीधा संबंध नहीं था।

गांधीजन की संस्था 'सर्वसेवा संघ' ने भी संविधान संबंधी एक प्रस्ताव पारित किया, जो इस प्रकार है, 'नवंबर 1999 के अंत में इंदौर में संपन्न हुए सर्वसेवा संघ अधिवेशन ने एक कदम और तय किया है। भारतीय संविधान के पचास साल पूरे होने पर भी उसमें उल्लिखित नीति निदेशक तत्त्व केवल कागज पर ही रह गए हैं। इस लंबे अरसे में सरकारों द्वारा नीति निदेशक तत्त्वों के पालन की बात तो दूर रही, कई बातों में सरकारें उल्टी दिशा में गई हैं। जैसे मादक पदार्थों का निराकरण, गोवंश-रक्षा, पर्यावरण की सुरक्षा, सभी को आजीविका हेतु उपयुक्त साधन एवं संपत्ति का विकेंद्रीकरण, काम का अधिकार, ग्राम पंचायतों को स्वशासन का अधिकार तथा दस साल के भीतर सभी बालक-बालिकाओं को शिक्षा आदि। देश की जनता को इस असलियत को गंभीरता से लेना होगा। इस परिस्थिति में नीति-निदेशक तत्त्वों को बुनियादी अधिकारों में शामिल करना जरूरी हो गया है। संविधान-परिवर्तन की बात कई क्षेत्रों से आ रही है। यह परिवर्तन सांप्रदायिक तथा तानाशाही शक्तियों का शिकंजा न बन जाए, इसकी सावधानी बरतनी होगी। इस मौजूदा हालात के लिए सरकारों के साथ-साथ जनता तथा हम समाज-सेवकों की भी कुछ भूलें हो सकती हैं। अतः नीति निर्देशक तत्त्वों को अमल में लाने के लिए सरकार, जनता तथा हम सबको संकल्पबद्ध होना पड़ेगा।'

प्रधानमंत्री अटल बिहारी वाजपेयी ने अपना व्याख्यान याद रखा। तीसरी बार प्रधानमंत्री बनने के बाद संविधान समीक्षा के लिए एक आयोग बनवाया। 13वीं लोकसभा के गठन के पश्चात् संसद् के संयुक्त अधिवेशन में राष्ट्रपति के अभिभाषण में संविधान की समीक्षा कराने का उल्लेख था, जिसे कार्यरूप दिया गया। सुप्रीम कोर्ट के पूर्व मुख्य न्यायाधीश एम.एन. वेंकटचेलैया की अध्यक्षता में दस सदस्यीय आयोग 23 फरवरी, 2000 में बना। उसे एक साल का कार्यकाल मिला। उस आयोग ने 11 मार्च, 2002 को अपनी रिपोर्ट बना ली। जिसे 31 मार्च, 2002 को आयोग के अध्यक्ष ने प्रधानमंत्री अटल बिहारी वाजपेयी को सौंप दी। जिसे

भी सम्मिलित करके डॉ. सुभाष काश्यप ने 'कांस्टीट्यूशन मेकिंग सिंस 1950' पुस्तक बना दी है। इसमें वेंकटचेलैया आयोग की पूरी रिपोर्ट भी है। मेरी दृष्टि में यह संविधान का अधिकृत पुनर्पाठ है। इसे भी संविधान पर सोच-विचार का अंग मानना चाहिए। क्यों ऐसा होता है कि संविधान को अधिक लोकोपयोगी बनाने की जैसे ही चर्चा छिड़ती है, वैसे ही बहस की एक उल्टी गंगा बहाने का आसुरी प्रयास प्रारंभ हो जाता है। इसका उत्तर सरल है। सिर्फ जरूरत यह जानने की है कि वाजपेयी शासन ने जैसे ही आयोग को गठित किया, वैसे ही देशभर में बहस की बजाय कोहराम मच गया। कारण कि एक समूह संविधान की समीक्षा में बड़ी साजिश से आशंकित था। उसके अकारण संदेह को दूर करने के लिए भारत सरकार ने आयोग के एजेंडे में थोड़ा परिवर्तन भी कराया। संविधान संबंधी कुछ धारणाएँ बनी हुई हैं। पहली यह है कि संविधान में किसी भी प्रकार का परिवर्तन न हो। दूसरी यह कि संविधान का परिष्कार जरूरी है। तीसरी यह कि संविधान का निरंतर विकास होना चाहिए। चौथी यह कि संविधान पर जो औपनिवेशिक छाया है, वह दूर हो। पाँचवीं यह कि संविधान के मूल तत्त्व की रक्षा करते हुए उसमें निरंतर सुधार का क्रम जारी रहना चाहिए।

संविधान समीक्षा आयोग विविधता का परिचायक था। जिसे समझने के लिए सदस्यों के नाम जानना चाहिए, वे थे—1. जस्टिस बी.पी. जीवन रेड्डी, अध्यक्ष, लॉ कमीशन ऑफ इंडिया। 2. जस्टिस आर.एस. सरकारिया, पूर्व न्यायाधीश, सुप्रीम कोर्ट ऑफ इंडिया। 3. जस्टिस कोट्टापल्ली पुनय्या, पूर्व न्यायाधीश, आंध्र प्रदेश हाई कोर्ट। 4. पी.ए. संगमा, लोकसभा के पूर्व अध्यक्ष और सांसद। 5. सोली जे. सोराबजी, पूर्व एटॉर्नी जनरल ऑफ इंडिया। 6. के. पारासरन, सीनियर एडवोकेट तथा पूर्व एटॉर्नी जनरल ऑफ इंडिया। 7. डॉ. सुभाष सी. कश्यप, पूर्व महासचिव, लोकसभा। 8. सी.आर. ईरानी, प्रधान संपादक एवं प्रबंध निदेशक, दि स्टेट्समैन। 9. डॉ. आबिद हुसैन, अमेरिका में भारत के पूर्व राजदूत। 10. सुमित्रा जी. कुलकर्णी, पूर्व सांसद (राज्यसभा)। भारत सरकार के विधि मंत्रालय के सचिव डॉ. रघुवीर सिंह आयोग के भी सचिव बनाए गए। यह पहला आयोग था, जिसे संविधान के काम-काज की लोकहित में पारदर्शी समीक्षा का महत्त्वपूर्ण कार्य सौंपा गया। लक्ष्य भी स्पष्ट था कि संविधान अपने घोषित उद्देश्य में कितना सफल हुआ है। अगर कमी है तो वह क्या है। यह भी याद रखने की जरूरत है कि तब तक संविधान में 85 बार संशोधन किए जा चुके थे।

उन दिनों की बहस कैसी थी, इसे समझने के लिए प्रसिद्ध विधि विशेषज्ञ डॉ. लक्ष्मीमल सिंघवी का यह कथन खिड़की का कार्य करता है 'संविधान की समीक्षा को लेकर इतनी बड़ी बहस हो रही है कि मुझे उस पुराने शास्त्रकार की याद आती है, जो कहता है, तर्क और वितर्क तथा वितर्क और वितंडा के बीच बड़ा फर्क है। हमारा समाज बहस के लिए खुली मानसिकता का समाज है। तो इस खुली मानसिकता में भी कई बार ऐसा उपद्रवी सोच आ जाता है जो खुली

मानसिकता को भी चुनौती देता है, प्रश्न-चिह्न लगाना चाहता है। कितना ही सदाशयी प्रकल्प हो उसके सामने, वह कहता है संविधान की समीक्षा एक बेमतलब की बहस है, निरर्थक मुद्दा है।... मेरा विचार है कि संविधान समीक्षा का उद्देश्य और संकल्प एक शुभ संकल्प है।' उनका यह भी कहना था कि 'मैं सन् 1965 से कह रहा हूँ कि संविधान की समीक्षा होनी चाहिए। अटलजी ने पहले अविश्वास प्रस्ताव के दौरान मेरी बात को दोहराया था कि संविधान की समीक्षा होनी चाहिए। और अटलजी ने पिछले चुनावों में जनादेश भी पाया। मेरे मस्तिष्क से टेलीविजन की वह तस्वीर नहीं मिटती, जिसमें कहा गया था 'वी हैव 272', ऐसे लोग कहते हैं कि समीक्षा नहीं होनी चाहिए। कहते हैं इसमें 'हिडेन एजेंडा' है। गुप्त योजना है। (बिना नाम लिए वे सोनिया गांधी की प्रधानमंत्री पद पर दावेदारी की उस घटना का उल्लेख कर रहे थे, जो तब घटी थी, जब अटल बिहारी वाजपेयी की सरकार एक वोट से पराजित हो गई थी।) भाजपा कुछ भी करे, उन्हें 'हिडेन एजेंडा' नजर आता है। अंग्रेजी में एक कहावत है—'यू आर लुकिंग फॉर ए ब्लैक कैट इन दि डार्क रूम, एंड दि ब्लैक कैट इज नाट देअर' (आप अँधेरे में एक काली बिल्ली को ढूँढ़ रहे हैं, जो वहाँ है ही नहीं)। तो यह हिडेन एजेंडा डार्क रूम में ब्लैक कैट की खोज है, जो किसी की कल्पना का खेल है। क्या 'हिडेन एजेंडा' हो सकता है? यह बहस, यह समीक्षा एक पारदर्शी समीक्षा है। एक विशेषज्ञ दल द्वारा की जा रही है। लोग इस सार्वजनिक बहस में शामिल होंगे। मेरा तो यह विचार है कि यह बहस होनी चाहिए। सार्वजनिक बहस होनी चाहिए। यही लोक-सम्मत अवधारणा है। आयोग के सदस्य निष्पक्ष लोग हैं। इस गठबंधन के घोषणा-पत्र में यह पहले से है। लोकसम्मत है। आयोग के अध्यक्ष एक धर्मनिष्ठ व्यक्ति हैं, निष्पक्ष व्यक्ति हैं।'

उस समय इस बात की ज्यादा आलोचना हो रही थी कि वाजपेयी सरकार संविधान समीक्षा आयोग के जरिए संविधान के आधारभूत तत्त्वों को परिवर्तित कराएगी। इस बारे में लक्ष्मीमल सिंघवी ने कहा कि 'पूरी प्रक्रिया पारदर्शी है। आयोग की विज्ञप्ति में लिख दिया गया है कि आधारभूत तत्त्वों में कोई परिवर्तन नहीं होगा। जो लोग संविधान समीक्षा का विरोध कर रहे हैं, उन्होंने स्वयं संविधान भी तो नहीं पढ़ा है। जो संशोधन हुए हैं, उसे भी नहीं पढ़ा है। सरदार स्वर्ण सिंह की रिपोर्ट भी नहीं पढ़ी है। परंतु हमारे यहाँ एक कायदा हो गया है कि अज्ञान से जो बात कही जाती है, वह बड़े जोर-शोर से कही जाती है।' संविधान विशेषज्ञ लक्ष्मीमल सिंघवी की ये बातें एक स्मारक व्याख्यान की पुस्तिका में छपी हैं। उन्होंने 14 मई, 2000 को लखनऊ में 'भाऊराव देवरस सेवा न्यास' के व्याख्यानमाला में मुख्य वक्ता के रूप में व्याख्यान दिया था। संविधान समीक्षा आयोग ने अपने अध्ययन के लिए ग्यारह बड़े प्रश्नों को चुना। जैसे— लोकतंत्र की संवैधानिक संस्थाओं की कार्यप्रणाली (संसद्, कार्यपालिका और न्यायपालिका), चुनाव सुधार, आर्थिक विकास की दिशा, संघ-राज्य संबंध, मौलिक अधिकारों को बढ़ाने की आवश्यकता, नागरिक के कर्तव्य, नीति-निर्देशक तत्त्व को प्रभावी कैसे बनाया जाए, अर्थनीति,

प्रशासन तंत्र, सत्ता का विकेंद्रीकरण और साक्षरता। विडंबना देखिए कि संविधान समीक्षा आयोग के गठन पर सबसे ज्यादा हाय-तौबा कांग्रेस और कम्युनिस्टों ने मचाई।

संविधान पर बहस जो छिड़ी, उससे त्रैमासिक पत्रिका 'मंथन' अलग रहे, यह कैसे हो सकता था। उसका एक अंक (जनवरी-मार्च, 2002) निकला, जिसमें संविधान समीक्षा आयोग की रिपोर्ट पर राष्ट्रीय विमर्श की आवश्यकता प्रतिपादित की गई थी। मुख्य संपादक डॉ. महेश चंद्र शर्मा ने अपने संपादकीय में लिखा कि 'न्यायमूर्ति वेंकटचेलैया ने अपना प्रतिवेदन दे दिया है, उस पर भी समुचित राष्ट्रीय विमर्श की आवश्यकता है। इसी विमर्श की शृंखला की एक कड़ी है 'मंथन' का यह अंक।' संविधान पर परिसंवाद की एक महत्त्वपूर्ण पहल विशुद्ध रूप से एक अराजनीतिक संस्था 'दिव्य प्रेम सेवा मिशन' ने किया। अवसर था हरिद्वार के महाकुंभ का। 2010 के महाकुंभ में 'दिव्य प्रेम सेवा मिशन' ने 4 अप्रैल को एक कुंभ-मंथन रखा। उसका विषय था 'व्यवस्था परिवर्तन के संदर्भ में संविधान'। इसमें प्रो. देवेंद्र स्वरूप, सुभाष काश्यप, जवाहरलाल कौल, हरवंश कपूर, मनोज अग्रवाल और मुझे भी बोलने का अवसर मिला। मंच का संचालन प्रो. शिव शंकर जायसवाल ने किया था। वह एक दिन का आयोजन था। उसके बाद संविधान पर अध्ययन, मनन और विमर्श को नया मोड़ प्रो. देवेंद्र स्वरूप के व्याख्यानों से मिला। उनके व्याख्यानों से एक पुस्तक छपकर 2016 में आई। उन्होंने ही इसका शीर्षक दिया, 'यह संविधान हमारा या अंग्रेजों का'। पुस्तक के प्रारंभ में उन्होंने 'अपनी बात में लिखा, 'इस पुस्तक में मेरा अपना कुछ भी नहीं है। स्वाधीन भारत की 67 वर्ष लंबी यात्रा की परिणति भ्रष्टाचार, सामाजिक विखंडन, घोर व्यक्तिवादी, सत्तालोलुप राजनैतिक नेतृत्व के उभरने का दृश्य देखकर अनेक मित्रों के मन में प्रश्न उठा कि यदि संविधान हमारे राष्ट्रीय लक्ष्यों को प्राप्त करनेवाला पथ है तो 26 जनवरी, 1950 को हमने जिस संवैधानिक मार्ग पर चलना आरंभ किया, वह हमें उल्टी दिशा में क्यों ले जा रहा है? वहीं यह प्रश्न भी उभरा कि क्या यह संविधान हमारी मौलिक रचना है या ब्रिटिश सरकार द्वारा आरोपित तथाकथित संविधान सुधार प्रक्रिया की अनुकृति? संविधान गलत है या हमारे जिस नेतृत्व ने इसे गढ़ा, वह किसी भ्रम का शिकार बन गया था? इन प्रश्नों के उत्तर खोजने के लिए हम कुछ मित्रों ने सामूहिक विचार-मंथन की प्रक्रिया प्रारंभ की। उस प्रक्रिया में जिन मित्रों का प्रारंभ से योगदान रहा, ये हैं—डॉ. जितेंद्र बजाज और रामबहादुर राय। डॉ. बजाज ने हमारे विचार-मंथन में से निकले बिंदुओं के समानधर्मा मित्रों की बड़ी टोली के सामने परोसने के लिए एक 'भाषणमाला' का आयोजन किया। उनके आग्रह के सामने झुककर मैं उस 'भाषणमाला' का प्रवक्ता बना। रामबहादुर राय और बनवारीजी ने प्रत्येक भाषण में उपस्थित होकर मुझे प्रेरणा व शक्ति प्रदान की। राय साहब ने प्रत्येक भाषणों के नोट्स लिये और उन्हें शब्द रूप में पहले 'प्रथम प्रवक्ता' और फिर 'यथावत' नामक पाक्षिक पत्रों में क्रमशः प्रकाशित किया। उनके द्वारा शब्दबद्ध व

प्रकाशित संकलन ही आप तक पहुँच रहा है। इतना ही नहीं, इससे भी एक कदम आगे बढ़कर उन्होंने उस भाषणमाला के प्रकाशित सार-संक्षेप का 53 पृष्ठ लंबा भाष्य भी 'पुरोकथन' के रूप में तैयार कर दिया। बनवारीजी ने उस भाषणमाला की एक समीक्षा 'यथावत' में लिख दी, जो यहाँ परिशिष्ट में दी गई है।' प्रो. देवेंद्र स्वरूप के व्याख्यान से दूसरी पुस्तक भी बनी। वह व्याख्यान 30 जून, 2012 से 27 अक्तूबर, 2012 तक हर हफ्ते हुआ। दूसरी पुस्तक 'समाज नीति समीक्षण केंद्र' के जितेंद्र बजाज ने बनाई। उसका शीर्षक है, 'भारतीय संविधान की औपनिवेशिक पृष्ठभूमि'। इसमें प्रो. देवेंद्र स्वरूप का पूरा भाषण ज्यों-का-त्यों है। इन पुस्तकों में ब्रिटिश शासनकाल के 200 साल का ऐसा इतिहास है, जिसका संबंध संविधान से रहा है। उनके विचार का सार वाक्य है, 'इस संविधान ने भारतीय समाज को विखंडित कर दिया है।'

प्रो. देवेंद्र स्वरूप के व्याख्यान में डॉ. सुभाष काश्यप भी उपस्थित रहते थे। उन्होंने अनेक बार इस बात पर अफसोस जताया कि भारत में साक्षरता तो बढ़ी है, लेकिन संविधान का साक्षर खोजना मुश्किल है। तब मुझे यह ख्याल में आया कि एक अभियान चलना चाहिए। जो नागरिकों को संविधान से परिचित कराए। इसे एक संयोग ही कहेंगे कि उन्हीं दिनों दिल्ली विश्वविद्यालय के सत्यवती कॉलेज (सांध्य) ने '13वें वार्षिक सत्यवती स्मृति व्याख्यान' के लिए मुझे बुलाया। मेरे सुझाव पर व्याख्यान का विषय था—'संविधान को जानें'। 8 अप्रैल, 2015 को वह व्याख्यान हुआ। कॉलेज ने उसे एक पुस्तिका के रूप में छपवाया। संविधान को क्यों जानें? इस प्रश्न के अनेक पहलू हैं। प्रश्न इसलिए भी पूछे जाते हैं कि जो पूर्वधारणा होती है, उसे नकारना होता है। प्रश्न से ही जिज्ञासा भी पैदा होती है। प्रश्न नई जानकारी से भी उठते हैं। अगर जिज्ञासा बनी रहे तो खोज के लिए भी प्रश्न सहायक बनते हैं। ऐसा ही कभी एक समय रहा होगा, जिसमें उपनिषदों की शृंखला में 'प्रश्नोपनिषद्' अस्तित्व में आया। इससे अपनी परंपरा का भी बोध होता है। संविधान को जानना आधुनिक भारत में नए 'प्रश्नोपनिषद्' की रचना करने जैसा एक बौद्धिक प्रयास है। जिन्हें भी राज्य-व्यवस्था को 'रामराज्य' की राह पर ले जाने में रुचि है और थोड़ा संकल्प भी है, उन्हें संविधान को नहीं, संविधान के इतिहास को पहले जानना चाहिए। बिना इतिहास के भविष्य को सुधारने की मंशा वैसी ही होगी जैसे मानो अँधेरे में तीर चलाने का कार्य हो और ऐसा करने वाला इस भ्रम में रहे कि निशाना तो ठीक ही जगह पर लगेगा।

प्रश्नोपनिषद् की पगडंडी पर चलकर जो कुछ समझा उसे एक लेख में लिखा। जिसे डॉ. महेश चंद्र शर्मा ने 'मंथन' के विशेष अंक में 'भारत का संविधान : अंतर्कथा' शीर्षक से छापा। फिर मंथन के उन दो अंकों के लेखों से उन्होंने 2019 में एक पुस्तक 'हमारा संविधान : एक पुनरावलोकन' बनाई। मेरा लेख हिंदुस्थान समाचार वार्षिकी में भी छपा। उससे ही यह विचार पैदा हुआ कि क्यों न संविधान को केंद्र में रखकर आधुनिक भारत के इतिहास को पढ़ें और उसे शब्दबद्ध करें। इस विचार को पाक्षिक पत्रिका 'यथावत' के सहयोगियों का समर्थन

मिला। एक सिलसिला शुरू हो गया। 1–15 दिसंबर, 2018 के अंक में पहला लेख छपा। वह क्रम चलता रहा। उस कड़ी का 20वाँ लेख 1–15 अक्तूबर, 2019 के अंक में छपा। बाईपास सर्जरी के कारण एक व्यवधान आया। उसे पुनः शुरू करने की सोच ही रहा था कि कोरोना महामारी के कारण लॉक डाउन की घोषणा प्रधानमंत्री नरेंद्र मोदी ने की। इससे पुनः संविधान पर मेरा लिखना–पढ़ना शुरू हुआ। दूसरी कड़ी का पहला लेख है—'उद्देशिका की कहानी'। इस कड़ी में 'यथावत' के 21 अंकों में छोटे–बड़े लेख निरंतरता में छपे। कोरोना का विषाद न होता तो संविधान के इतिहास से संबंधित पुस्तकों को पढ़ने और उसके आधार पर लिखने का वैसा अवसर मिलना संभव नहीं होता जो मिला। विषाद फलदायी भी हो सकता है। इसके अनेक श्रेष्ठ उदाहरण हैं। अर्जुन को विषाद ने घेरा तो 'श्रीमद्भगवद्गीता' प्राप्त हुई। राम के बारे में विषाद से 'योगवासिष्ठ' निकला। परीक्षित के विषाद से 'भागवत कथा' निकली। जनक के विषाद से अष्टावक्र की 'महागीता' उपलब्ध हुई। ये कुछ उदाहरण हैं। इन उदाहरणों से कोई यह न समझे कि यह पुस्तक उसी कोटि में आती है। मात्र अवसर के महत्त्व को रेखांकित करने के लिए उदाहरणस्वरूप इनका उल्लेख मैंने किया है। एक दृष्टिकोण यह भी हो सकता है कि स्वाधीनता संग्राम के विषाद से भारत का संविधान निकला। भारत के संविधान को समझने और समझाने का अनेक स्तरीय प्रयास का क्रम आज भी चल रहा है और लगता है कि वह कभी रुकेगा नहीं। संविधान पर विमर्श चलता रहना चाहिए। 2014 के बाद संविधान के विभिन्न पहलुओं पर अनेक चर्चित पुस्तकें आई हैं। इस दृष्टिकोण का मजबूत आधार खोजना हो तो 2010 से अब तक संविधान पर वर्तमान प्रधानमंत्री नरेंद्र मोदी के भाषणों का अध्ययन आवश्यक है। उनमें संविधान के प्रति सकारात्मक भाव है।

पुस्तक बनाने के इरादे से 'यथावत' के अपने स्तंभ में संविधान पर लिखना शुरू नहीं किया था। तब विचार यह था कि संविधान को देखने की क्या परंपरागत पद्धति के अलावा कोई दूसरा ढंग भी हो सकता है। अगर हो सकता है तो वह क्या है? संविधान को दो पद्धतियों से ही देखने के प्रयास होते रहे हैं—एक पद्धति नकारने की है तो दूसरी है—संविधान जैसा है, वैसा मानने की। क्या तीसरा तरीका भी हो सकता है? क्यों नहीं? अवश्य हो सकता है। मैंने तीसरा ढंग अपनाया। संविधान की माया ने स्वाधीनता संग्राम के इतिहास को किस–किस तरह लुभाया? 'माया महा ठगिनी हम जानी' की तर्ज पर संविधानवाद को स्वाधीनता संग्राम के इतिहास के दर्पण में जाँचने–समझने का प्रयास प्रारंभ किया। जो समझा, वह लिखा। इस तरह 51 लेखों से बनी है यह पुस्तक। हर लेख का एक अध्याय हो गया है। संविधान और साथ–साथ संविधानवाद की यात्रा 1895 से शुरू होती है। स्वाधीनता सेनानी जो चाहते थे, अगर वह उनके अनुरूप घटित होता तो संवैधानिकता की एक ज्यामिति बनती। लेकिन ब्रिटिश कूटनीति ने एक समानांतर संविधानवाद का मायाजाल फैलाया। इसमें ही वह कहानी है, जिसने

स्वाधीनता संग्राम के महापुरुषों को कदम-कदम पर चक्कर में डाला। बिना इस इतिहास के संविधान की परिधि पूरी नहीं होती। उस इतिहास को लोकमान्य बालगंगाधर तिलक, एनी बेसेंट, देशबंधु चितरंजन दास, डॉ. मुख्तार अंसारी, डॉ. भगवान दास, मोतीलाल नेहरू, महात्मा गांधी, जवाहरलाल नेहरू, सरदार बल्लभभाई पटेल, डॉ. राजेंद्र प्रसाद, पुरुषोत्तम दास टंडन, के.एम. मुंशी आदि के संविधान संबंधी कार्यों को चिह्नित करने का इस पुस्तक में प्रयास है। संविधान निर्माण में बेनेगल नरसिंहराव नींव के पत्थर हैं। संविधान को स्वरूप देने का नियतिपूर्ण दायित्व डॉ. भीमराव आंबेडकर के पास स्वयं चलकर आया। उन्होंने संविधान निर्माण में अपना खून-पसीना एक कर सामाजिक सुधार का संवैधानिक दीपक जला दिया, जो झिलमिल-झिलमिल आज भी जल रहा है।

इस पुस्तक के लेखों से स्वाधीनता संग्राम को संविधान की यात्रा में एक ऐतिहासिक सीख के रूप में देखना संभव है। ऐसा अगर पाठक करते हैं तो अनेक बनी बनाई धारणाएँ भी टूटेंगी, जैसे यह कि महात्मा गांधी संविधान निर्माण से दूर रहे। इस पुस्तक में उनकी महत्त्वपूर्ण भूमिका जो थी, वह विभिन्न प्रसंगों में आ गई है। संविधान को संविधान सभा ने एकमत से स्वीकार किया, लेकिन संविधान सभा में 17 नवंबर से 26 नवंबर, 1949 के जो भाषण हैं, वे सदस्यों के उद्गार हैं। उनकी भावनाओं को समझने के लिए उन भाषणों को बार-बार पढ़ने की जरूरत है। उन भाषणों से संविधान जो बन गया था, वह अप्रभावित रहा। वे भाषण संविधान सभा के शिलालेख हैं। उनमें जो मुद्दे हैं, उन्हें संविधान के अनुत्तरित प्रश्नों की श्रेणी में रखा जाना चाहिए। संविधान के परिष्कार का जो भी प्रयत्न भविष्य में किया जाएगा, उसे वे भाषण रास्ता दिखाने का कार्य कर सकते हैं। उनमें 'रामराज्य' के सूत्र हैं। एक अर्थ में वे भाषण संविधान सभा के यथार्थ को सामने लाते हैं।

संविधान के विचार की यात्रा जबसे शुरू होती है, तभी से ब्रिटिश सरकार ने दमन और संविधानवाद की दोहरी नीति अपनाई। संवैधानिक सुधारों में ब्रिटिश-नीति भारत को मानसिक रूप से हमेशा के लिए उपनिवेश बनाए रखने के सोचे-समझे प्रावधान थे। महात्मा गांधी ने अंततः 1934 में कांग्रेस को उसी रास्ते पर बढ़ाया। जिसे ब्रिटिश सत्ता संसदीय राजनीति की माया के रूप में प्रस्तुत करती थी। वे जिसे संवैधानिक सुधार का चोला पहना देते थे। स्वाधीनता संग्राम के हर चरण में भारतीय संविधानवादी जो-जो माँगें प्रस्तुत करते थे, उन पर ब्रिटिश शासक संसदीय राजनीति के नुस्खे के रूप में किसी कमेटी या आयोग की रिपोर्ट बनाकर बहस को नया मोड़ दे देते थे। महात्मा गांधी ने भी कांग्रेस को संसदीय रास्ते पर जो बढ़ाया, वह उनका एक सुविचारित और एक अर्थ में ऐतिहासिक निर्णय था। उसकी दो तरह से व्याख्या संभव है—पहली यह कि वे ब्रिटिश कूटनीति के शिकार हो गए। उन्हें अपने राजनीतिक प्रयोग को स्थगित करना पड़ा, क्योंकि कांग्रेस को वे अपनी दीर्घकालिक देशी राजनीति के लिए जैसा

चाहते थे, वैसा ढाल नहीं सके। इससे भिन्न और विपरीत व्याख्या भी हो सकती है।

मेरा मानना है कि महात्मा गांधी ने 1920-1930 के एक दशक में ही भारत के जनमानस को ब्रिटिश साम्राज्य के औपनिवेशिक भय को अभय में रूपांतरित कर दिया था। इसे पूरी दुनिया ने भी समझ लिया था। यहाँ मूल प्रश्न है कि गांधीजी ने कांग्रेस को क्यों उस रास्ते पर बढ़ाया। यहीं इतिहासकार उलझ जाते हैं। अनेक कठिन मोर्चे उस समय थे। स्वराज्य के दूसरे बड़े प्रश्नों को भी साथ-साथ हल करना है, इसलिए गांधीजी ने अपनी नैतिक शक्ति को उन प्रश्नों की ओर मोड़ा। यह सोचा होगा कि सही समय पर वे जैसा चाहते थे, वैसी राजनीति को पुनः स्थापित कर सकेंगे। उन्हें विश्वास था कि हिंदू समाज में छुआछूत की समस्या और हिंदू-मुसलिम संबंधों के प्रश्न को भी समय आने पर वे हल कर लेंगे, जो वे नहीं कर पाए। इसे आचार्य जे.बी. कृपलानी के भारत विभाजन पर कांग्रेस महासमिति के भाषण में पढ़ा जा सकता है। जो इस पुस्तक के एक अध्याय में है। स्वाधीनता संग्राम और संविधान के अंतर्संबंधों में महत्त्वपूर्ण मोड़ द्वितीय विश्वयुद्ध के दौरान आया। अगर कांग्रेस की सरकारों ने तब इस्तीफे न दिए होते तो लार्ड लिनलिथगो को वह अवसर नहीं मिलता, जो उन्हें मिला। जिससे मुसलिम लीग कांग्रेस के बराबर खड़ी हो सकी।

संविधान की इतिहास-यात्रा से कम-से-कम तीन बातें बहुत स्पष्ट हैं—स्वाधीनता संग्राम का लक्ष्य स्वराज्य था। संविधान साधन था। लेकिन इतिहास का चक्र ऐसा घूमा कि साधन लक्ष्य बन गया और लक्ष्य उसका अनुसरण करता रहा। 1934 से 1947 का संवैधानिक इतिहास जो पहली बात बताता है, वह यही है। दूसरा कि भारत का विभाजन न होता, अगर कांग्रेस ने 1937 में दलीय स्वार्थ का त्याग किया होता। तीसरी बात कि महात्मा गांधी ने समय को समझा और जो संभव था, उसके लिए अपना जीवन लगा दिया। साधन के रूप में संविधान को उन्होंने जितना संभव था, उतना समर्थ बनवाया। गांधीजी ही थे, जिन्होंने डॉ. आंबेडकर का संविधान सभा में पुनः प्रवेश संभव कराया। सरदार पटेल ने डॉ. आंबेडकर को प्रारूप समिति में रखवाया और उसका अध्यक्ष बनवाया।

संविधान पर विघ्नसंतोषी राजनीति का भी एक इतिहास है। ऐसे नेतागण उस दिन आश्चर्य से स्वयं पर ठगे रह गए, जब प्रधानमंत्री नरेंद्र मोदी ने 'संविधान दिवस' मनवाया। फिर भी वे यह आरोप उछालने से बाज नहीं आते कि मोदी शासन में संविधान खतरे में है। पूरा देश जिस संविधान दिवस का साक्षी बना और वह अब जन-जन तक पहुँचने लगा है, वह कोई अचानक नहीं हुआ। वकील और जज के एक समूह ने 1979 में पहली बार 26 नवंबर को 'विधि दिवस' के रूप में मनाने की शुरुआत की थी। उसे गुजरात के मुख्यमंत्री नरेंद्र मोदी ने रूपांतरित कर संविधान की गौरवयात्रा बना दिया। यह बात 2010 की है। इसे कितने लोग जानते हैं! उस साल 26 नवंबर को उन्होंने संविधान की गौरवयात्रा का सुरेंद्र नगर में आयोजन किया। जिसमें

संविधान की एक आकृति को हाथी पर सजाकर शोभा-यात्रा निकाली गई। मुख्यमंत्री उसका नेतृत्व कर रहे थे। उसके समापन पर उन्होंने संविधान के महत्त्व को समझाया। यह अनोखी घटना थी, जो नरेंद्र मोदी की विलक्षण सूझ-बूझ की परिचायक है। क्या किसी दूसरे राजनेता ने संविधान के 60 साल पर कोई आयोजन किया?

भारत में संसदीय लोकतंत्र का एक नया युग 2014 से प्रारंभ होता है। जिसे असंभव समझा जाता था, उसे भारत की जनता ने संभव बनाया। भाजपा को केंद्र में सरकार बनाने का स्पष्ट जनादेश मिला। वह चमत्कारिक विजय संविधान के सामाजिक अनुभव की महिमा से मंडित नरेंद्र मोदी के व्यक्तित्व की थी। जनादेश का सम्मान करना तो दूर रहा, सेक्युलर जमात ने फिजूल की हवा बनानी शुरू की। उनका नारा था, संविधान खतरे में है। प्रधानमंत्री पद सँभालने के बाद 11 अक्तूबर, 2015 को मुंबई में बाबासाहब आंबेडकर के स्मारक के शिलान्यास के अवसर पर उन्होंने घोषणा की कि '26 नवंबर को 'संविधान दिवस' मनाया जाएगा।' उसे साकार करने के लिए भारत सरकार ने एक अधिसूचना जारी की। इस प्रकार पहली बार संविधान दिवस को एक राष्ट्रीय पर्व बनाने का निर्णय हुआ। ज्यादातर प्रधानमंत्रियों ने संविधान के आँगन को गाहे-बेगाहे टेढ़ा ही ठहराया था, जबकि प्रधानमंत्री नरेंद्र मोदी ने 27 नवंबर, 2015 को लोकसभा में कहा कि 'भारत के लोकतंत्र को मजबूत बनाने के लिए संविधान की भावना और संविधान की सामर्थ्य को जन-जन तक परिचित कराना हमारा दायित्व है।' उसी अवसर पर उन्होंने यह भी कहा, 'आज के समय में संविधान हमारे पास है। अगर इसके बारे में कोई भ्रम फैलाते होंगे तो गलत है। कभी भी कोई संविधान बदलने के लिए सोच नहीं सकता है। मैं मानूँगा कि अगर कोई ऐसा सोच रहा है तो वह आत्महत्या कर रहा है, क्योंकि उन महापुरुषों ने जो सोचा है, आज की अवस्था में वह कोई कर ही नहीं सकता। हमारा तो भला इसमें है कि इसे अच्छे ढंग से कैसे हम गरीब, दलित, पीड़ित-शोषित के काम में लाएँ। हमारा ध्यान उसमें होना चाहिए।'

संविधान के 70 साल पर 26 नवंबर, 2019 को मध्यरात्रि में संसद् ने समारोह किया। जिससे एक सकारात्मक संदेश निकला, जो आकाश को छूने जैसा प्रेरक है। कोरोना काल में भी सरकार के अलावा समाज ने भी 'संविधान दिवस' को एक राष्ट्रीय पर्व की तरह मनाया। वेबिनार की बाढ़ आ गई थी। प्रधानमंत्री नरेंद्र मोदी की पहल का परिणाम दिखने लगा है। जो 70 साल से 'भारत का संविधान' था, वह 'भारतीय संविधान' समझा जाने लगा है। राष्ट्रजीवन की यह घटना भविष्य का शिलालेख बनेगी। संविधान को समझने-समझाने के नए-नए आयाम खुलने लगे हैं। नकारात्मकता में कमी आई है। आलोचना के स्वर तो रहेंगे और वे रहने भी चाहिए। लेकिन अधिक यथार्थ का एक दृष्टिकोण बनने लगा है। विवाद के बादल छँट रहे हैं। सांस्कृतिक और संवैधानिक मूल्यों की परस्परता पर नया विमर्श शुरू हुआ है। गांधी-आंबेडकर

में द्वंद्व की जो खाई बनाई गई थी, वह पट रही है। डॉ. आंबेडकर सिर्फ दलित नेता ही नहीं थे, बल्कि राष्ट्रीय नेतृत्व के आकाश में एक ध्रुवतारा हैं, इसे जनमन स्वीकार करने लगा है। महात्मा गांधी की संवैधानिक महिमा को चिह्नित करने से राष्ट्र में पुलक का भाव जगा है। संविधान की चेतना रंग ला रही है। भारतीय संविधान के बारे में दो ही मूल प्रश्न है। एक, संविधान कैसा बना? दो, वह कैसे बना? अब तक जितनी भी पुस्तकें हैं, वे पहले प्रश्न पर केंद्रित हैं। यह पुस्तक प्रामाणिक और अपरंपरागत तथ्यों से पाठक को अवगत कराने का प्रयास करती है कि संविधान जो बना, वह कैसे और किन अवस्थाओं में बन पाया। हर अध्याय के अंत में संदर्भ से इसकी प्रामाणिकता मुखरित होती है। श्रीअरविंद ने लिखा है—'हम भावी सूर्य की संतान हैं, बीती हुई उषा की नहीं।' इस महावाक्य को संविधान की चेतना से जोड़कर देखें तो यह पुस्तक पाठकों को संविधान पर संवाद में समर्थ बनाएगी। उसका सूत्र है, **संवैधानिक राष्ट्रीयता की चेतना।**

स्वाधीनता दिवस, अमृत महोत्सव वर्ष

**—रामबहादुर राय**

# आभार

बोलचाल की भाषा में जिसे संविधान सभा की कार्यवाही कहा जाता है, उसका औपचारिक और अधिकृत नाम है—'भारतीय संविधान सभा के वाद-विवाद की सरकारी रिपोर्ट'। यह दस खंडों में है। यह भारी-भरकम है, जिसे उठाकर लाना किसी स्वस्थ व्यक्ति के लिए भी कष्टकर हो सकता है। बहुत पहले मेरे अनुरोध पर चौबेजी (लोकसभा सदस्य लालमुनि चौबे) ने इसे खरीदा और स्वयं उठाकर अपने फ्लैट में ले आए। इस तरह उन्होंने संविधान सभा का अधिकृत पाठ मुझे उपलब्ध कराया। इन खंडों को हाथ लगाते ही चौबेजी का साक्षात् दर्शन होता रहा। यह उनकी ही धरोहर है। वे होते तो इस पुस्तक के प्रकाशन से उनको अपार खुशी होती और वे इसके प्रचारक की भूमिका में स्वभावत: आ जाते। उन्हीं दिनों एक भेंट में हृदय नारायण दीक्षितजी (इस समय उत्तर प्रदेश विधानसभा अध्यक्ष) से बातचीत के क्रम में संविधान सभा की कार्यवाही पढ़ने की जरूरत महसूस हुई थी।

जिन पुस्तकों से समझने और लिखने में सहायता ली है, उनमें ज्यादातर का उल्लेख संदर्भ-सूची में है। कुछ पुस्तकें और हैं, जिन्हें पढ़ा, लेकिन उन पुस्तकों से कोई सामग्री नहीं ली। उन सभी लेखकों के प्रति आभार प्रकट करना अपना कर्तव्य समझता हूँ। प्रो. देवेंद्र स्वरूप हमारे बीच नहीं हैं। उनसे इतिहास की समझ मिली। उनका पुण्य-स्मरण ही अपनी समझ की गंगोत्री है। नामी पत्रकार रेहान फजलजी ने कृपापूर्वक जो पुस्तक मुझे दी, उससे

इस पुस्तक का अंतिम अध्याय लिख सका। इससे यह पुस्तक पूरी हो सकी। वह पुस्तक पढ़ते समय अस्थायी लोकसभा में पेश संविधान सभा के पहले संशोधन पर पं. नेहरू का भाषण और उस पर हुई लंबी बहस को पढ़ना आवश्यक था। इसे लोकसभा सदस्य लल्लू सिंहजी ने उपलब्ध कराया। एडवोकेट गोविंद गोयल ने संशोधन विधेयक का उद्देश्य-पत्र खोजकर दिया। डॉ. चंद्रपाल सिंहजी ने अनेक पुस्तकें उपलब्ध कराईं और जब जरूरत पड़ी तो संदर्भ सामग्री खोजकर दी। ऐसे सहयोग के लिए आभार शब्द अपर्याप्त है। डॉ. महेश चंद्र शर्माजी और श्री जितेंद्र बजाज का आभारी हूँ कि उन्होंने समय-समय पर उपयोगी सुझाव दिए और मेरा मार्गदर्शन किया। 'भारत का संविधान, एक परिचय' के लेखक ब्रज किशोर शर्माजी ने 11 फरवरी, 2019 को अपनी पुस्तक का 13वाँ संस्करण मुझे दिया। जब जरूरत पड़ी तो फोन पर उनसे आसानी से बातचीत होती रही। उनका मुझे आशीर्वाद मिला।

इस पुस्तक में 'महात्मा गांधी वाङ्मय' से जो कुछ लिया गया है, उसे बड़ी तत्परता से डॉ. राजीव रंजन गिरीजी ने खोज-खोजकर उपलब्ध कराया। अहमदाबाद से प्रो. विनोद पांडेयजी ने 'महात्मा गांधी, पूर्णाहुति' के सभी खंड खरीदकर भिजवाए। जो पुस्तकें आज अनुपलब्ध हैं, उन्हें उपलब्ध कराने में जैसी तत्परता डॉ. रमेश चंद्र गौड़जी ने दिखाई और मुझे चिंतामुक्त किया, जिससे अध्ययन व लेखन में मेरा उत्साह बना रहा; ऐसा कम ही पाया जाता है। डॉ. हरीश चंद्र बर्णवालजी ने अपनी व्यस्तता में से समय निकालकर जब मुझे किसी सहायक सामग्री की जरूरत पड़ी तो उसे उन्होंने भेजने में देरी नहीं की। भानु कुमारजी ने कोरोना काल की परवाह न कर नेहरू स्मारक संग्रहालय और पुस्तकालय से बहुत उपयोगी सामग्री खोजकर दी, जैसे आचार्य नरेंद्र देव का पं. नेहरू को जवाब और 1949 की खबरों, लेखों की फाइलें आदि। पुस्तक प्रेमी द्वारकाधीश अवस्थी (भोली भैया) के संग्रह से मुझे जवाहर लाल नेहरू वाङ्मय मिला। सबका मैं आभारी हूँ।

पाक्षिक पत्रिका 'यथावत' के अध्यक्ष और मित्रवर रवींद्र किशोर सिन्हाजी ने समय-समय पर मुझे संविधान पर लिखने व पढ़ने के लिए प्रोत्साहित किया। 'यथावत' के तब समन्वय संपादक डॉ. प्रभात ओझाजी ने लेखों की शब्द-सीमा का प्रश्न न उठाकर हमेशा ही सार्थक सहयोग का भाव बनाए रखा। प्रज्ञा संस्थान के सचिव राकेश सिंहजी ने 'यथावत' के संविधान संबंधी लेखों को 'लोकनीति केंद्र' की वेबसाइट पर क्रमवार चलाया। 'यथावत' में जब 35 लेख छप गए, उसी समय प्रो. अरुण भारद्वाजजी ने इस पुस्तक का दायित्व स्वयं उसी तरह ले लिया, जैसे 'जनसत्ता' के 'पड़ताल' कॉलम में छपे लेखों से चार पुस्तकें बनाईं। पुस्तक-निर्माण में डॉ. मनीष का सहयोग भी भरपूर रहा। 'गांधी के साथ सात दिन' जैसी पुस्तकें और इंटरनेट पर उपलब्ध बहुत सारी जानकारी खोजने में मानस, बकुल और शुभम् ने बड़े मनोयोग से हर बार कार्य पूरा किया। इंदिरा गांधी राष्ट्रीय कला केंद्र के सदस्य सचिव

डॉ. सच्चिदानंद जोशीजी ने अनेक सभाओं में इस पुस्तक के आने की सहज ही उदारतापूर्वक चर्चा की। गाहे-बगाहे पंकज डोगराजी ने पूरी मदद की। इन सबसे अनुगृहीत हूँ।

बाईपास से मुझे नया जीवन न मिला होता तो संविधान पर लेखन का दूसरा चरण कैसे पूरा होता! डॉ. राकेश यादवजी, मशहूर सर्जन डॉ. ए.के. बिसोईजी ने जीवनदान दिया। नृपेंद्र मिश्रजी, हेमंत शर्माजी, मनोज सिन्हाजी, अच्युतानंद मिश्रजी और मनमोहन सिंह चावलाजी ने उस समय मेरी देखभाल की। हेमंत शर्माजी रोज ही एक बार आकर हालचाल अवश्य ही पूछ लेते थे। कामेश्वर और देवेंद्र तो मेरी छाया की तरह थे। अगर सभी नामों का उल्लेख करूँ तो यह सूची लंबी हो जाएगी। इनके प्रति मेरा मन उपकारभाव से भरा है।

लखनऊ में सौरभ रायजी 'यथावत' के 'मतांतर' कॉलम में छपे लेख की पी.डी.एफ. अनेक पाठकों को उपलब्ध कराते रहे। उसे पढ़कर पुराने मित्र और वकील शंभूनाथ रायजी अकसर फोन करवाते थे और सलाह भी देते थे। दिनेश कोठारी ने टाइप कर यह पुस्तक पूरी की। मैं सबके प्रति आभारी हूँ, जिन मित्रों का उल्लेख इसमें नहीं हो सका है, उन सबकी शुभकामनाएँ मेरे साथ हैं। सुधी पाठकों को इस बात से परिचित कराना अपना स्वधर्म मानता हूँ, क्योंकि यह पुस्तक भारतीय संविधान का एक स्मारक चिह्न है।

# अनुक्रम

# 1

# विलक्षण प्रहर

संविधान सभा के अधिवेशन से भारत का एक पुराना सपना साकार हुआ। निर्वाचित सदस्य महीनों से आमंत्रण की प्रतीक्षा कर रहे थे। जैसे ही वह मिला, वे समय से पहले ही संसद् भवन पहुँचे। संविधान सभा के शुरू होने की प्रतीक्षा का दृश्य कैसा रहा होगा! क्या बहुत उल्लास और उत्साह का वातावरण था? साधारणत: ऐसा ही होना चाहिए था। जो वातावरण उस दिन उस प्रहर में था, उसके लिए कल्पना-लोक में विचरने की कोई जरूरत नहीं है। संविधान सभा के कई सदस्यों ने इस बारे में अपने संस्मरण लिखे और बोले हैं। उनसे एक शब्द-चित्र बनता है, जिससे आज भी उस पूरे माहौल की एक झलक को चेतन मन में अंकित करना संभव है। वैसे ही जैसे सफेद परदे पर तसवीर दिखती है। स्वाभाविक रूप से कोई भी कल्पना करेगा कि वह घड़ी उल्लास, उत्साह और उत्सव की रही होगी। लेकिन जाने-माने संविधानविद् के.एम. मुंशी के संस्मरण में वह यथार्थ है, जो उन्होंने देखा और यथावत लिपिबद्ध किया—'चारों तरफ उत्तेजना थी। भारत के लिए महान् दिन आकाश से उतरा था। भारतीय अपना संविधान बनाने जा रहे हैं, लेकिन असंतोष और अप्रसन्नता चारों तरफ है।[1] करीब 75 साल पहले की उस ऐतिहासिक घटना के बारे में आज जो कोई भी यह सुनेगा कि उस समय जब संविधान सभा के सदस्य संसद् भवन में आ गए थे, तब उत्तेजना, असंतोष और अप्रसन्नता थी तो वह उन कारणों को जानने के लिए उत्सुक हो उठेगा। वह खुद से पूछेगा कि आखिर ऐसा क्यों था?

इसका गवाह इतिहास स्वयं है। इतिहास से बड़ा न्यायकर्ता दूसरा नहीं होता। परिस्थितियाँ विपरीत थीं, लेकिन संविधान सभा के सदस्यों का संकल्प उससे अप्रभावित था। इसीलिए वे एकत्र हुए। संविधान निर्माण का निश्चय उन विपरीत परिस्थितियों से कदापि डाँवाँडोल नहीं हुआ, लेकिन ऐसा भी नहीं था कि संविधान सभा के सदस्य चिंता मुक्त हों। उन्होंने देखा कि संविधान सभा पर आशंका के काले घने बादल हैं। इससे जो मनोभाव बना, वह उत्तेजना में दिखा। इसकी कल्पना की जा सकती है कि उन आशंकाओं से उत्तेजना का तत्त्व सदस्यों के मन और भावना में उपजा होगा। उनके मनोभाव अकारण नहीं थे। इतिहास के पन्नों में वे घटनाएँ अंकित हैं। पहली घटना वह थी, जिसमें एक तरफ मुसलिम लीग अंतरिम सरकार में शामिल हुई, तो दूसरी तरफ उसने नोआखाली सहित अनेक स्थानों पर भीषण उत्पात कराया।

उससे राजनीतिक परिस्थिति पूरी तरह बदल गई। महात्मा गांधी ने 2 अक्तूबर, 1946 को अपना 77वाँ जन्म दिन मनाया। वे उन दिनों दिल्ली के बिड़ला मंदिर के पास बाल्मीकि नगर की भंगी कॉलोनी में रहते थे। उनके जन्म दिन पर कैबिनेट मिशन के सदस्य स्टेफर्ड क्रिप्स ने उन्हें लिखा—'आपने भारत की स्वतंत्रता का ध्येय सिद्ध करने के कार्य में अनेक वर्ष लगाए हैं। मैं कामना करता हूँ कि आप दीर्घजीवी हों (कम-से-कम 125 वर्ष की आयु पाएँ); जिससे आप अपने परिश्रम को भारतीय जनता के सुख के रूप में परिणत होता हुआ देख सकें। यह बड़ा कठिन काल है, फिर भी हम सही दिशा में प्रगति कर रहे हैं।...कुछ कदम हम और चल लें, तो यह महान् कार्य पूर्ण हो जाएगा। और फिर भारतीय स्वतंत्रता की सिद्धि का आनंद हम सब मिलकर मना सकेंगे।'[2] लेकिन उनकी शुभकामना ने कुछ दूसरा ही प्रभाव डाला। प्यारेलाल ने लिखा है—'अंतरिम सरकार में आने के मुसलिम लीग के निश्चय की घोषणा 15 अक्तूबर को हुई। गांधीजी को लगा कि अब वे सेवाग्राम लौटने को स्वतंत्र हैं। वहाँ कितने ही कार्य उनकी प्रतीक्षा कर रहे थे। उनके प्रस्थान के लिए 27 अक्तूबर की तारीख तय हुई थी। परंतु जिस दिन सरकार में सम्मिलित होने के लीग के निर्णय की घोषणा हुई, उसी दिन मुसलमान जाति की ओर से पूर्वी बंगाल के मुसलिम बहुमत वाले नोआखाली जिले में व्यापक सांप्रदायिक दंगे फूट पड़ने के समाचार आए। वहाँ हिंदुओं के हजारों घर जलाकर राख कर दिए गए। बड़े पैमाने पर लूटपाट मची। जबरदस्ती से लोगों का धर्म बदला गया और मुसलमानों के साथ हिंदू स्त्रियों का विवाह करा दिया गया। लोगों की हत्याएँ की गईं। स्त्रियों का अपहरण किया गया और उन पर बलात्कार किया गया। इन सब घटनाओं से गांधीजी की आत्मा में अवर्णनीय अंधकार छा गया और सेवाग्राम लौटने के बजाय कवि ब्लेक के 'स्वर्णतंतु' का सिरा हाथ में लेकर वे यह समस्या हल करने के लिए नोआखाली की दिशा में चल पड़े।'[3] इस भयंकर घटना से अंतरिम सरकार में परस्पर अविश्वास और लक्ष्य में टकराव की परिस्थिति पैदा हुई। ऐसे हालात में भविष्य पर प्रश्नचिह्न था। मन को

मथने के लिए वे प्रश्न मथनी बने। संविधान सभा के सदस्य भी कैसे इन बातों से अछूते रहते?

यहाँ कुछ तथ्य जरूरी है, जिनका संबंध सीधे संविधान सभा से था। इसे दूसरी घटना कह सकते हैं। चुनाव महीनों पहले हो गए थे। सामान्य परिस्थिति में जल्दी ही संविधान सभा को गठित कर दिया जाना चाहिए था, लेकिन वह टलता रहा। जवाहरलाल नेहरू ने प्रयास किए कि शीघ्रातिशीघ्र संविधान सभा बुलाई जाए। उन्हें हर कदम पर बाधाओं के पहाड़ पार करने पड़ते थे। वे बाधाएँ तीन तरफ से थीं—ब्रिटिश सरकार, वायसराय वेवल और मुसलिम लीग। संविधान सभा में मुसलिम लीग आए, इसलिए उसे अंतरिम सरकार में शामिल किया गया। लेकिन मुसलिम लीग ने संविधान सभा के बहिष्कार का निर्णय बदला नहीं। उस पर वह जड़वत् अडिग रही। मुसलिम लीग को समझा लेंगे, इस आशा में वेवल ने कांग्रेस के दबाव पर आखिरकार 20 नवंबर, 1946 को संविधान सभा के सदस्यों को आमंत्रण भेज दिया। यह मुसलिम लीग के लिए एक तमाचा था। उसका जवाब देने में जिन्ना ने देर नहीं की। अगले ही दिन घोषणा कर दी कि वायसराय ने संविधान सभा का अधिवेशन बुलाकर भारी भूल कर दी है। मुसलिम लीग का कोई प्रतिनिधि उसमें शामिल नहीं होगा। कांग्रेस ने इस पर चुप्पी नहीं बरती, पलटवार किया। कांग्रेस की ओर से बयान दिया गया कि 'मुसलिम लीग आए या न आए, संविधान सभा का अधिवेशन होगा।'[4]

इस पूरे घटनाक्रम में एक अवसर अत्यंत महत्त्व का है। अंतरिम सरकार में शामिल होने के कारण जवाहरलाल नेहरू ने कांग्रेस अध्यक्ष पद छोड़ा था। उनके स्थान पर आचार्य जे.बी. कृपलानी अध्यक्ष निर्वाचित हुए थे। मेरठ में कांग्रेस का अधिवेशन हुआ। वह दो दिनों का था, 23-24 नवंबर, 1946। उस अधिवेशन पर संविधान सभा की अड़चनें और दुरभिसंधियाँ छाई रहीं। खासकर जवाहरलाल नेहरू ने अपने भाषण में आरोप लगाया कि वायसराय वेवल ने अंतरिम सरकार को चलाने में निष्पक्षता नहीं बरती। मुसलिम लीग और ब्रिटिश अधिकारियों में साठगाँठ हो गई है। कभी भी विस्फोट हो सकता है। उस अधिवेशन की राजनीति का जवाब जिन्ना ने 25 नवंबर को प्रेस कॉन्फ्रेंस से दिया। अपनी पुरानी घोषणा को दोहराया कि मुसलिम लीग संविधान सभा में सम्मिलित नहीं होगी।

इसी समय ब्रिटिश प्रधानमंत्री एटली ने बीच बचाव का एक प्रयास किया। उन्हें भारत का हितैषी समझा जाता था; हालाँकि वह एक भ्रम था। जो जल्दी ही दूर हो गया। एटली ने जवाहरलाल नेहरू से निजी अनुरोध किया कि वे लंदन आएँ। नेहरू ने उनका आमंत्रण मान लिया। इस तरह 1 दिसंबर, 1946 को वेवल, नेहरू, बलदेव सिंह, जिन्ना और लियाकत अली खान कराची से लंदन के लिए रवाना हुए। वहाँ तीन दिन बातें हुईं। सुलह की कोशिशें चलीं। वे अंततः विफल रहीं। 6 दिसंबर को ब्रिटिश सरकार ने जो बयान जारी किया, वह भारत में खतरे की कनफोड़ घंटी थी। उसका यह अंश संविधान सभा से सीधे संबंधित है—'अगर

संविधान सभा संविधान बना भी ले, तो उसमें भारतीय लोगों के एक बड़े भाग का प्रतिनिधित्व न होने के कारण सम्राट् की सरकार तो यह सोच भी नहीं सकती कि ऐसा संविधान देश के किसी ऐसे भाग पर थोप दिया जाए, जो उसको नहीं चाहता।'[5] इस बयान में मुसलिम लीग की जीत थी और भारत के विभाजन के बीज थे। 'भारतीय लोगों के एक बड़े भाग' से आशय मुसलमानों से है। इस वाक्यांश से ब्रिटिश सरकार ने मुसलिम लीग के दावे को मान लिया। मुसलिम लीग उस समय भारत के मुसलमानों की एकमात्र प्रवक्ता होने का दावा करती थी।

लंदन वार्त्ता से जवाहरलाल नेहरू और सरदार बलदेव सिंह 7 दिसंबर को वापस दिल्ली आ गए, लेकिन जिन्ना और लियाकत अली खान पाकिस्तान के लिए ताना-बाना बुनने के प्रयास में वहीं रुक गए। ब्रिटिश भारतीय प्रांतों से संविधान सभा के लिए 296 सदस्य चुने गए थे, जिनमें कांग्रेस के 208 सदस्य निर्वाचित हुए थे। उनमें 30 सदस्य कांग्रेस पार्टी के टिकट पर जीते थे, लेकिन वे कांग्रेस के संगठन से बाहर के थे। उनमें ही अलादि कृष्णस्वामी, एन. गोपालस्वामी आयंगर, बी. शिवाराव, एच.सी. मुकर्जी, एस. राधाकृष्णन, एच.एन. कुंजरू आदि थे, जिनके नाम गांधीजी ने सुझाए थे, लेकिन उनमें से 207 सदस्य ही उस दिन उपस्थित थे। संसद् भवन में आज जो सेंट्रल हॉल है, वह उस समय काउंसिल चैंबर का पुस्तकालय होता था, वहीं संविधान सभा के सदस्य बैठाए गए।

के.एम. मुंशी ने अपने संस्मरण में उस दृश्य का इस प्रकार वर्णन किया है—'संविधान सभा के हॉल में मैं जल्दी पहुँच गया हूँ। रास्ते में गोपालस्वामी (नरसिंह गोपालस्वामी आयंगर) मुझे मिले। अगर एक गैर-दलीय व्यक्ति चुना जाता है तो संभव है, वह अध्यक्ष बनें। इसे वे विनम्रतापूर्वक खारिज करते हैं। जैसे ही मैंने संविधान सभा हॉल में कदम रखा कि मैं रोमांचित हो उठा। चारों तरफ सजावट थी। चकाचौंध कर देनेवाली रोशनी की जगमगाहट थी, मानो स्वतंत्र भारत के जन्मस्थान का वह दृश्य हो। सदस्यगण छोटे-छोटे समूह में उत्तेजित अवस्था में जगह-जगह खड़े होकर परस्पर बातचीत में संलग्न हैं। पूरे देश से आए मित्र यहाँ हैं। हम एक-दूसरे से हाथ मिला रहे हैं, उत्साहपूर्वक बातें कर रहे हैं, लेकिन चेहरे पर प्रसन्नता का भाव मानो हर किसी ने जबरदस्ती ओढ़ रखा है। यह सहज नहीं है। चेहरे का भाव बनावटी लगता है।'[6]

के.एम. मुंशी ने यह भी लिखा है—'चर्चिल की घोषणा से चिंताजनक परिस्थिति बनी हुई है। जिन्ना की धमकी देश के लिए भयावह है। वेवल आज के लिए दिल्ली से भाग गए हैं। या तो भारत का विभाजन या करोड़ों हिंदुओं का बलिदान, यह है वह कीमत, जो बहुत भारी है, हमसे माँगी जा रही है। मैं एच.वी.आर. आयंगर (संविधान सभा के सचिव) के पास पहुँचा। उनसे पता चला कि ब्रिटिश सरकार ने इस अवसर पर संविधान सभा के लिए कोई शुभकामना संदेश नहीं भेजा है। ब्रिटिश सरकार की दृष्टि में संविधान सभा का कोई

सम्मान नहीं है, इसलिए पहचानने से इनकार कर दिया है। अमेरिका, चीन (राष्ट्रवादी) और ऑस्ट्रेलिया ने अपने-अपने शुभकामना संदेश भेजे हैं।'[7] वेवल के दिल्ली छोड़ने का कारण उनकी अंतरिम सरकार से नाराजगी थी। वे चाहते थे कि संविधान सभा का उनके हाथों प्रारंभ हो। कांग्रेस नेतृत्व ने इसे नहीं माना। इस बारे में नेहरू और बेनेगल नरसिंह राव में अनेक बार बातें हुई थीं।

'संविधान सभा के सदस्यों में से कुछ समूह आपस में बात कर रहे हैं कि अध्यक्ष किसे होना चाहिए। इस बारे में कांग्रेस सदस्यों के विचार करीब-करीब स्पष्ट हैं। वे बड़े आग्रह से तर्क दे रहे हैं कि कांग्रेस का कोई बड़ा नेता इस पद पर होना चाहिए। ऐसे वातावरण में ज्यादातर सोचते हैं कि वह व्यक्ति तो राजेंद्र बाबू (डॉ. राजेंद्र प्रसाद) ही हो सकते हैं। अनायास ही वे लोगों को अपनी तरफ उस समय विशेष रूप से आकर्षित कर पाते हैं, जब संकट का समय होता है। इस आकर्षण का सबसे बड़ा कारण उनकी प्रामाणिक नैतिक शक्ति है। कृपलानी (आचार्य जे.बी. कृपलानी) हॉल में प्रवेश कर रहे हैं। अपने लंबे बालों में वे मिजाज से क्रांतिकारी की तरह लगते हैं। हम आपस में लंदन में हुई बातचीत पर चर्चा करते हैं। इस बारे में कृपलानी का रुख नकारात्मक है। वे उदासीनता का भाव दिखाते हैं।'[8] 'सरदार (सरदार बल्लभभाई पटेल) के आते ही सबके चेहरे पर प्रसन्नता की रेखाएँ उभर आती हैं। वे मानो सबको संबोधित कर रहे हैं, लेकिन दिख रहा है कि उनकी मुद्रा कठोर है। सरोजिनी नायडू आ रही हैं। उनमें वैसी ही चपलता और विनोद भाव है, जैसे कि वे अपनी तरुण अवस्था में हों। चारों तरफ उसे वे बिखेर रही हैं। जयकर (मुकुंद राव जयकर) अपनी सीट पर आकर एकाकी होकर बैठे। उनकी भावपूर्ण मुद्रा तिरस्कार की है। मेरे अभिवादन को उन्होंने बहुत बेमन से ग्रहण किया।'[9] 'पंडितजी (जवाहरलाल नेहरू) आते दिखे। जैसे ही वे हॉल में पहुँचे कि प्रसन्नता की लहर दौड़ गई। सब पर अपनी मुसकराहट बिखेरी, अपने लेदर केस को हवा में उछाला और उसे पकड़ा। फिर अपनी सीट पर आकर बैठे। उत्सुक सदस्यों ने उन्हें घेर लिया। वे जानना चाहते थे कि क्या होने जा रहा है?'[10]

उन सदस्यों की उत्सुकता लंदन वार्त्ता के बारे में थी। जहाँ जवाहरलाल नेहरू एटली के निमंत्रण पर गए थे। वहाँ '3 दिसंबर से 6 दिसंबर तक बहस होती रही। कोई फैसला नहीं हुआ।'[11] जिन प्रश्नों पर गहरा विवाद था, उनमें एक असम के बारे में भी था। के.एम. मुंशी ने असम के प्रधानमंत्री का अपने संस्मरण में उल्लेख किया है—'गोपीनाथ बारदोलोई मुझे सबसे पहले मिले। उनकी मनोदशा अत्यंत खराब थी, जिसे शब्दों में व्यक्त नहीं किया जा सकता। बापू (महात्मा गांधी) ने उन्हें आश्वासन दिया है कि चिंता की कोई बात नहीं है। असम के साथ अन्याय नहीं होने दिया जाएगा। लेकिन सरदार बल्लभभाई पटेल की क्या प्रतिक्रिया होगी, उन्होंने मुझसे पूछा। कैबिनेट मिशन प्लान में समूह की व्यवस्था पर

मैंने लिखित सलाह दी है कि वह राज्यों के लिए स्वैच्छिक है। अलादि कृष्णास्वामी का विचार विपरीत है। लेकिन वे संदेह में भी हैं, जैसा कि उन्होंने मुझे भेजे पत्र में लिखा है। मैंने बारदोलोई से कहा कि इस बारे में न्यायिक निर्णय का रास्ता चुनना अनिश्चय को निमंत्रण देना होगा। अदालत में जाने से करोड़ों हिंदुओं का भाग्य अधर में लटक जाएगा।'[12] असम को बचाने में महात्मा गांधी की निर्णायक भूमिका थी। उन्होंने जो प्रस्ताव लिखा, उसे कांग्रेस ने पारित किया, जिससे असम भारत का अंग बना रह सका। जिन्ना की नजर असम पर थी। उस समय असम का अर्थ होता था—आज के असम सहित उत्तर-पूर्वी राज्यों का बड़ा भाग। पहाड़ी राज्यों के निवासियों को गैर-हिंदू बताकर मुसलिम लीग असम को मुसलिम बहुल घोषित कराने पर आमादा थी।

संविधान सभा के सदस्य आर.के. सिधवा ने संविधान के बन जाने पर संतोष की साँस ली थी और याद किया था कि '9 दिसंबर, 1946 को इस ऐतिहासिक हॉल में प्रवेश करने के पूर्व हम कुछ मित्र आपस में साधारणत: इस संबंध में चर्चा कर रहे थे कि किस प्रकार का संविधान बनाया जाएगा? उसे बनाने में कितना समय लगेगा? इस सभा के एक प्रख्यात सदस्य ने, जिन्होंने बाद में पद त्याग कर दिया था, मुझसे कहा कि अंग्रेज भारत नहीं छोड़ने जा रहे हैं और यह संविधान वास्तव में एक द्वितीय नेहरू प्रतिवेदन होगा।'[13] आर.के. सिधवा जिस नेहरू प्रतिवेदन का उल्लेख कर रहे हैं, वह मोतीलाल नेहरू कमेटी की रिपोर्ट है। उसका एक इतिहास है। बीसवीं सदी के दूसरे दशक में भारत सचिव बिरकेनहेड होते थे। उन्होंने कई बार चुनौती उछाली थी कि कांग्रेस एक सर्वसम्मत संविधान बनाकर दिखाए। उस चुनौती के जवाब में कांग्रेस कार्यसमिति ने पहले 1927 में मद्रास के अपने अधिवेशन में एक प्रस्ताव पारित किया। उसी की अगली कड़ी में 29 संस्थाओं को बुलाया गया, जहाँ 'मोतीलाल नेहरू कमेटी' बनी। उसकी रिपोर्ट को नेहरू कमेटी की रिपोर्ट कहा जाता है, जो 1928 में आई। उसमें संविधान के सिद्धांतों का विवरण है। डॉ. पट्टाभि सीतारमय्या ने संविधान सभा में अध्यक्ष डॉ. राजेंद्र प्रसाद को याद दिलाया कि 'आपको स्मरण होगा कि एक समय हम किस प्रकार की अटपटी बातें करते थे। 1927 में हम संविधान सभा के संबंध में स्पष्ट भाषा में चर्चा करते हुए हिचकते थे। 1934 में द्वितीय नमक सत्याग्रह आंदोलन के विफल होने पर हमने यह चर्चा फिर प्रारंभ की थी।'[14] 9 दिसंबर, 1946 को संविधान सभा अधिवेशन का वह प्रहर अतीत की इन यादों में विचरण का भी था। मीनू मसानी ने अपने संस्मरण 'अगेन्स्ट द टाइड' में पहला अध्याय संविधान सभा की अपनी यादों पर ही लिखा है। के.एम. मुंशी के संस्मरण में है कि उस दिन 'नेताओं ने संविधान सभा में पहली कतार पर आसन जमाया। घंटी बजी। एक क्षण के लिए मौन और सन्नाटा छा गया।'[15] ठीक ग्यारह बजे संविधान सभा की कार्यवाही विधिवत् प्रारंभ हुई। भारत ने इतिहास की बड़ी बाधा पार की।

## संदर्भ—

1. इंडियन कॉन्स्टीट्यूशनल डॉक्यूमेंट्स, पिलग्रिमेज टू फ्रीडम, 1902–1950, के.एम. मुंशी, अध्याय : दी कॉन्स्टीट्वेंट असेंबली ओपंस, पृ. 112
2. महात्मा गांधी पूर्णाहुति, प्यारेलाल, खंड–1, पृ. 11–12
3. वही, पृ. 11
4. भारतीय स्वतंत्रता आंदोलन का इतिहास, खंड–4, ताराचंद, अध्याय : कैबिनेट मिशन और उसके बाद, पृ. 571
5. वही, पृ. 573
6. इंडियन कॉन्स्टीट्यूशनल डॉक्यूमेंट्स, पिलग्रिमेज टू फ्रीडम, के.एम. मुंशी, अध्याय : दी कॉन्स्टीट्वेंट असेंबली ओपंस, पृ. 112
7. वही, पृ. 112
8. वही, पृ. 113
9. वही, पृ. 113
10. वही, पृ. 113
11. भारतीय स्वतंत्रता आंदोलन का इतिहास, खंड–4, ताराचंद, अध्याय : कैबिनेट मिशन और उसके बाद पृ. 572
12. इंडियन कॉन्स्टीट्यूशनल डॉक्यूमेंट्स, पिलग्रिमेज टू फ्रीडम, के.एम. मुंशी, अध्याय : दी कॉन्स्टीट्वेंट असेंबली ओपंस, पृ. 112
13. भारतीय संविधान के वाद–विवाद की सरकारी रिपोर्ट (हिंदी संस्करण), संख्या–10, अंक–11, संख्या–4, आर.के. सिधवा, 17 नवंबर, 1949, पृ. 3724–3725
14. वही, संख्या–11, अंक–11, पट्टाभि सीतारमय्या, 25 नवंबर, 1949, पृ. 4170–4171
15. इंडियन कॉन्स्टीट्यूशनल डॉक्यूमेंट्स, पिलग्रिमेज टू फ्रीडम, के.एम. मुंशी, अध्याय : दी कॉन्स्टीट्वेंट असेंबली ओपंस, पृ. 113

□

# 2

# संविधान सभा का पहला दिन

संविधान सभा के रास्ते में अवरोधों के ऊँचे पहाड़-ही-पहाड़ थे। कांग्रेस नेतृत्व को एक पगडंडी खोजनी पड़ी। तब ही संविधान सभा बैठ सकी। लेकिन उस पर अनेक सवाल जो तब थे, वे आज भी हैं। दिन सोमवार, समय ग्यारह बजे। कड़ाके की सर्दी का मौसम था। तारीख थी, नौ। महीना दिसंबर का था। 1946 का साल था। नई दिल्ली स्थित संसद् के कॉन्स्टीट्यूशन हॉल में देश के हर क्षेत्र से निर्वाचित प्रतिनिधि एकत्र हुए। वे असाधारण गुणों से भरपूर थे। उनमें ज्यादातर स्वाधीनता सेनानी रहे। अंतरिम सरकार में उपाध्यक्ष पद पर विराजमान जवाहरलाल नेहरू उस सभा के सूत्रधार माने जाते हैं। वास्तव में, उस समय सूत्रधार तो वायसराय का कार्यालय बना हुआ था। नेहरू और वायसराय में कड़ी थे—बेनेगल नरसिंह राव, जिनका चयन वायसराय ने ब्रिटिश सरकार की अनुमति से किया था। वायसराय वेवल ने संविधान सभा बुलाई। उनकी बड़ी इच्छा थी कि वे संविधान सभा का उद्घाटन करें। कांग्रेस नेतृत्व ने इसे अस्वीकार कर दिया। इससे रूठकर वे एक दिन के लिए दिल्ली से दूर चले गए।

संविधान सभा का वह पहला दिन था। उसकी माँग पहली बार कांग्रेस ने 1934 में की थी, जिसे 12 साल बाद कैबिनेट मिशन की योजना में बनने का अवसर आया। उस योजना को कांग्रेस ने स्वीकार किया। वह अपने वादे और माँगों से कई कदम पीछे हटी। संविधान

का अधिकार शासक से छीना जाता है। यहाँ शासक की मर्जी और उसके बनाए नियमों में संविधान सभा बैठ रही थी। कैबिनेट मिशन ने जो योजना घोषित की थी, उसके अनुरूप भी वह संविधान सभा नहीं थी। अगर होती, तो उसमें मुसलिम लीग, सिख समाज के नेता और रियासतों के प्रतिनिधि भी होते। मुसलिम लीग ने घोषणा कर दी कि वह संविधान सभा का बहिष्कार करेगी। रियासतों के प्रतिनिधि असमंजस में थे। वैसे भी रियासतों को कैबिनेट मिशन योजना में संविधान सभा के लिए कई बाधाएँ पार करनी थीं। ऐसी स्थिति में महात्मा गांधी ने कांग्रेस के नेताओं को सलाह दी कि ऐसी टूटी-फूटी संविधान सभा में जाने की जरूरत नहीं है। ब्रिटिश सरकार से नया समझौता होने के बाद ही संविधान सभा में जाना चाहिए, लेकिन कांग्रेस ने दूसरा ही रास्ता चुना। वह महात्मा गांधी की सलाह के विपरीत था। कांग्रेस नेतृत्व ने संविधान सभा को अपने सपने के सच होने की तरह माना। संविधान सभा के पहले दिन से कांग्रेस नेतृत्व और महात्मा गांधी के रास्ते समानांतर होने लगे थे। पर वे विपरीत नहीं, जरूरत पड़ने पर एक भी हो जाते थे।

जैसे ही सभा बैठी कि आचार्य जे.बी. कृपलानी खड़े हुए। वे कांग्रेस के अध्यक्ष थे, इसीलिए उन पर यह दायित्व आया। उन्होंने अस्थायी अध्यक्ष के लिए डॉ. सच्चिदानंद सिन्हा के नाम का प्रस्ताव रखा। संविधान सभा की कार्यवाही में यह नहीं लिखा हुआ है कि उनके प्रस्ताव का समर्थन किसने किया। इससे यह समझा जा सकता है कि कृपलानी के प्रस्ताव पर आम सहमति थी। संविधान सभा संबंधी दस्तावेज बताते हैं कि महीनों पहले बेनेगल नरसिंह राव ने जवाहरलाल नेहरू को उनका नाम सुझाया था।

इसका प्रमुख कारण यह था कि डॉ. सच्चिदानंद सिन्हा सबसे वयोवृद्ध थे। पुराने सांसद थे। पुराने कांग्रेसी थे। वे पहले और एकमात्र भारतीय थे, जिसे सरकार में एक्जीक्यूटिव काउंसिलर के बतौर फाइनेंस मेंबर बनने का अवसर मिला था। वे पटना विश्वविद्यालय के कुलपति भी रहे थे। उन्होंने ही अभियान चलाया, जिससे 1911 में बिहार राज्य बना। लंदन में कानून की पढ़ाई पूरी कर वे बैरिस्टर बने। वकालत की और होम रूल लीग आंदोलन में सहभागी रहे। 1910 में वे इंपीरियल लेजिस्लेटिव काउंसिल के सदस्य हुए। उस रूप में 10 साल काम किया। अपनी पत्नी राधिका की याद में 1924 में सिन्हा लाइब्रेरी बनवाई। वे पत्रकार और लेखक भी थे। 'इंडियन नेशन' के प्रकाशक थे और 'हिंदुस्तान रिव्यू' के संपादक थे। जब वे 72 साल के थे, तब उनके नाम से बिहार के औरंगाबाद में एक कॉलेज खोला गया। यह उनकी महिमा का मान था। महर्षि विश्वामित्र के बक्सर क्षेत्र में 1871 के 10 नवंबर को, वे मुरार गाँव में जनमे थे।

अध्यक्ष के आसन तक आदर के साथ पहुँचाने से पहले आचार्य कृपलानी ने उनके राजनीतिक जीवन और गौरवशाली कार्यों का यह परिचय दिया। वे आसन पर बैठे। सभा ने

खड़े होकर उनका अभिनंदन किया। इस तरह पहले दिन की कार्यवाही शुरू हुई। अध्यक्ष ने अमेरिका, चीन और ऑस्ट्रेलिया से मिले शुभकामना संदेशों को पढ़कर सुनाया। इसके अलावा, उन्हें दो काम उस दिन करने थे। पहला, एक विवाद पर व्यवस्था देनी थी। ब्रिटिश बलूचिस्तान के खान अब्दुस्समद खान ने वहाँ से निर्वाचित सदस्य नवाब मोहम्मद खान जोगजाई के निर्वाचन पर वैधानिक आपत्ति की थी। उसके बारे में निर्णय का जिम्मा उन्होंने स्थायी अध्यक्ष पर छोड़ दिया, जिनका निर्वाचन होना था। तब तक यह व्यवस्था दी कि निर्वाचित प्रतिनिधि जोगजाई ही रहेंगे। दूसरा महत्त्वपूर्ण कार्य उद्‌घाटन भाषण था।

अपने भाषण में उन्होंने आभार जताया कि सभा ने उन्हें अस्थायी अध्यक्ष बनाया है। उनका भाषण लिखित था। उन्होंने पहले ही यह बता दिया कि अगर वे पूरा भाषण न पढ़ सके, तो उसे पढ़कर सुनाने के लिए वे बेनेगल नरसिंह राव को दे देंगे। अस्थायी अध्यक्ष चुने जाने को उन्होंने अपने जीवन का सर्वोच्च सम्मान माना। संविधान निर्माण के लिए गठित प्रतिनिधि सभा को ही संविधान सभा कहते हैं। इसे उन्होंने उदाहरणों से समझाया। जो पहला उदाहरण दिया, वह स्विट्‌जरलैंड का था। उन्होंने आशा प्रकट की कि 'यह सभा स्विस विधान का ध्यान से मनन करेगी।'[1] उसके बाद उन्होंने फ्रेंच नेशनल असेंबली का उल्लेख करते हुए अमेरिकी संविधान सभा के बारे में बताया। वह सभा 1787 में फिलाडेल्फिया में बैठी थी। उन्होंने इसे चिह्नित किया कि कनाडा, ऑस्ट्रेलिया और दक्षिण अफ्रीका ने अमेरिकी संविधान को अपना आदर्श बनाया। उनके ये शब्द हैं कि मुझे संदेह नहीं है कि आप भी और देशों की अपेक्षा अमेरिकन विधान पद्धति की ओर अधिक ध्यान देंगे।

उनका लंबा भाषण विद्वत्तापूर्ण था। उपयुक्त उद्धरणों से भरा हुआ था। जिसमें संविधान सभा के लिए भारत में समय-समय पर जो-जो प्रयास प्रस्ताव रूप में किए गए थे, उनका उल्लेख था। उन प्रस्तावों के जरूरी उद्धरण थे। यह सब बताते हुए उन्होंने याद दिलाया कि 'संविधान सभा वयस्क मताधिकार के सिद्धांत पर चुनी जानी चाहिए'[2] थी। यही कांग्रेस के प्रस्ताव थे। उन्होंने कहा कि संविधान सभा की माँग देश की चेतना में एक आस्था के रूप में स्थापित हो गई थी। 1940 से पहले मुसलिम लीग भी इस विचार की थी। पाकिस्तान की माँग के बाद उसने दो संविधान सभा का प्रस्ताव रखा। इसी क्रम में उन्होंने सप्रू कमेटी की योजना का उल्लेख किया। उसके बाद उन्हें अफसोस के साथ यह कहना पड़ा कि 'पर आज हम सब इस सभा में ब्रिटिश कैबिनेट मिशन की योजना के अनुसार एकत्र हुए हैं।'[3]

डॉ. सच्चिदानंद सिन्हा ने एक स्पष्टीकरण भी दिया कि क्यों कैबिनेट मिशन की योजना को स्वीकार किया गया, इसलिए कि इससे राजनीतिक गतिरोध टूटेगा। अंत में उनका कहना था कि 'भारतीय इतिहास का यह महान् और स्मरणीय अवसर अभूतपूर्व है। देश की जनता ने जिस अदम्य उत्साह से संविधान सभा का स्वागत किया है, वह बेजोड़ है।'[4] उन्हें

अध्यक्ष के आसन पर ले जाने से पहले कृपलानी ने अपने प्रस्ताविक भाषण को इस तरह पूरा किया—'हम लोग हर एक काम परमात्मा के मंगलमय आशीर्वाद से प्रारंभ करते हैं। अतः आदरणीय डॉ. सिन्हा से मेरा अनुरोध है कि वे इस आशीर्वाद का आह्वान करें, जिससे हमारा काम सुचारु रूप से चले।'[5]

डॉ. सच्चिदानंद सिन्हा ने इसे याद रखा। इसीलिए यह कहा कि 'मेरी कामना है कि आपका प्रयत्न सफलीभूत हो। मैं परमात्मा से प्रार्थना करता हूँ कि वह आपको अपना मंगलमय आशीर्वाद दें, जिससे संविधान सभा की कार्यवाही केवल विवेक, जन-सेवा-भावना और विशुद्ध देशभक्ति से ही परिपूर्ण न हो, बल्कि बुद्धिमत्ता, सहिष्णुता, न्याय और सबके प्रति सम्मान, सद्भावना से भी ओत-प्रोत हो। भगवान् आपको वह दूर दृष्टि दें, जिससे भारत को पुनः अपना गौरवमय अतीत प्राप्त हो और उसे विश्व के महान् राष्ट्रों के बीच प्रतिष्ठा और समानता का स्थान मिले।'[6] इस तरह आचार्य जे.बी. कृपलानी और डॉ. सच्चिदानंद सिन्हा ने एक नास्तिक के नेतृत्व पर आस्तिकता की चादर चढ़ाई।

डॉ. सच्चिदानंद सिन्हा उन दिनों अस्वस्थ रहते थे। दोपहर बाद सभा में रहने में असमर्थ थे, इसलिए बंगाल के एक प्रतिनिधि फ्रेंक एंथोनी को उन्होंने अस्थायी उपाध्यक्ष बनाया। वे लंबे समय तक लोकसभा में मनोनीत सदस्य के रूप में बने रहे। डॉ. सच्चिदानंद सिन्हा ने सबसे पहले अपना परिचय-पत्र पेश कर सभा के रजिस्टर पर हस्ताक्षर किए। इससे विधिवत् सदस्य बनने की प्रक्रिया प्रारंभ हुई। हर सदस्य को परिचय-पत्र प्रस्तुत कर हस्ताक्षर करना जरूरी था। उसके बाद उस सदस्य को अध्यक्ष के आसन पर पहुँचकर उनसे हाथ मिलाने की एक रस्म तय थी, जिसे समय बचाने के लिए डॉ. सिन्हा ने हटा दिया। उस दिन मद्रास, बंबई, बंगाल, यू.पी., पंजाब, बिहार, मध्यप्रांत और बरार, असम, सीमा प्रांत, उड़ीसा, सिंध, दिल्ली, अजमेर-मेरवाड़ा और कुर्ग से निर्वाचित प्रतिनिधियों ने हस्ताक्षर किए।

कैबिनेट मिशन योजना में संविधान सभा की संख्या 385 होनी थी। पहले दिन सिर्फ 207 सदस्य ही आए। मुसलिम लीग ने पहले तो कैबिनेट मिशन योजना को माना था, लेकिन बाद में बहिष्कार करने का निर्णय किया। कैबिनेट मिशन बनाने की घोषणा 19 फरवरी, 1946 को की गई थी। उसमें ब्रिटिश कैबिनेट मंत्री थे, इसलिए वह कैबिनेट मिशन कहलाया। तीन सदस्यीय मिशन 23 मार्च, 1946 को भारत पहुँचा। उसने हर पक्ष से बात की। अंततः 16 मई को अपनी योजना घोषित कर दी। उसमें ही संविधान सभा बनने की प्रक्रिया दी गई थी, जिसे लंबी बहस के बाद कांग्रेस ने 25 जून को स्वीकार किया। उसने कैबिनेट मिशन योजना के अधीन संविधान सभा में जाने का निर्णय किया। उससे पहले वायसराय ने अंतरिम सरकार के गठन की घोषणा कर दी थी। कैबिनेट मिशन 29 जून को वापस चला गया। उसके बाद 2 सितंबर, 1946 को अंतरिम सरकार बनी। जिसमें पं. जवाहरलाल नेहरू गवर्नर जनरल की

परिषद् के उपाध्यक्ष बनाए गए। उसमें उनके अलावा 12 सदस्य थे।

जवाहरलाल नेहरू ने अपनी अध्यक्षता में एक विशेषज्ञ समिति बनाई थी। वह संविधान सभा के चुनावों से पहले ही बनाई गई थी। उसे संविधान सभा संबंधी प्रक्रियाओं का निर्धारण करना था। उसकी पहली बैठक 20 जुलाई को हुई थी। फिर भी संविधान सभा को बुलाने में पाँच महीने लगे। इसका बड़ा कारण मुसलिम लीग का नकारात्मक रवैया था। वायसराय वेवल ने संविधान सभा के सलाहकार बेनेगल नरसिंह राव को जिन्ना से बातचीत कर उन्हें सहमत कराने में लगाया था। हालाँकि उन्हें सफलता नहीं मिली। बेनेगल नरसिंह राव ही वे व्यक्ति थे, जिन पर जिन्ना भरोसा करते थे। जिन्ना ने जो सवाल पूछे, उसका जवाब राव के पास नहीं था। पर यह उम्मीद बनी हुई थी कि मुसलिम लीग देर से ही सही, संविधान सभा में आएगी। संविधान सभा का पहला दिन ही बताता है कि भविष्य में औपनिवेशिकता का विस्तार होगा। हालाँकि चर्चिल प्रधानमंत्री नहीं थे। प्रधानमंत्री तो एटली थे। लेबर पार्टी की सरकार थी। लेकिन पूरी संविधान सभा चर्चिल की घोषणा से चिंतित थी, क्योंकि उनका प्रभाव ब्रिटेन की राजनीति और राजनीतिक नेताओं पर कम नहीं हुआ था। कारण चर्चिल से बड़ा चर्चिल का आभामंडल जो था। आशंकाओं में बढ़ोतरी मुसलिम लीग की सीधी काररवाई और उसके भावी दुष्परिणामों के बारे में सोचने पर होती थी।

**संदर्भ—**

1. संविधान सभा के वाद-विवाद की सरकारी रिपोर्ट (हिंदी संस्करण), संख्या-1, अंक-1, सभापति का उद्घाटन भाषण, 9 दिसंबर, 1946, पृ. 5
2. वही, पृ. 11
3. वही, पृ. 11
4. वही, पृ. 12
5. वही, पृ. 2
6. वही, पृ. 12

□

# 3

# एक रहस्योद्‌घाटन

पहले सप्ताह में तीन खास बातें हुईं। 10 दिसंबर, 1946 को जवाहरलाल नेहरू ने एक प्रस्ताव पेश किया कि 'यह सभा संविधान सभा कार्यालय के वर्तमान स्वरूप को मंजूर करती है।'[1] यह एक रहस्योद्‌घाटन था। जो उनके भाषण से प्रकट हुआ, जिसमें उन्होंने सदन को बताया कि संविधान सभा का कार्यालय कई महीनों से काम कर रहा है। सदस्यों ने इस सूचना पर कोई प्रश्न नहीं उठाया। किसी तरह की जिज्ञासा भी प्रकट नहीं की। इसे संविधान सभा की प्रक्रिया की एक महत्त्वहीन कड़ी माना गया। क्या वास्तव में ऐसा ही है ?

जवाहरलाल नेहरू ने भी तब पूरी सूचना नहीं दी। सदस्य अगर प्रश्न पूछते, तो वे संभवत: उस रहस्य को खोज लेते, जो संविधान सभा के कार्यालय के गठन में छिपा हुआ था। जवाहरलाल नेहरू ने सिर्फ यह बताया कि संविधान सभा कार्यालय का 'बहुत कुछ काम तो नेपथ्य में ही हुआ है।'[2] ऐसा मान सकते हैं कि परदे के पीछे की जो भूमिका सर बेनेगल नरसिंह राव निभा रहे थे, उससे सदन अवगत नहीं था। संविधान की नींव इसी कार्यालय ने रखी। इसे जवाहरलाल नेहरू ने इस तरह बताया कि 'संविधान सभा के समवेत होने से पहले जो कुछ हो चुका है, उसे इसी कार्यालय ने पूरा किया।'[3] सच तो यह है कि नवंबर 1945 से ही ब्रिटिश योजना में बेनेगल नरसिंह राव संविधान संबंधी कार्यों में लग गए थे, जिससे जवाहरलाल नेहरू भलीभाँति अवगत थे। संविधान सभा कार्यालय की मंजूरी के प्रस्ताव का एम. आसफ अली ने

समर्थन किया, जिनके नाम से पुरानी दिल्ली में इन दिनों आसफ अली रोड है। नेहरू के प्रस्ताव को सभा ने अपनी मंजूरी दी, जिसकी घोषणा डॉ. सच्चिदानंद सिन्हा ने की।

अगले दिन डॉ. राजेंद्र प्रसाद विधिवत् और आम सहमति से संविधान सभा के स्थायी अध्यक्ष निर्वाचित हुए। उनके नाम का प्रस्ताव आचार्य जे.बी. कृपलानी ने किया और सरदार बल्लभभाई पटेल ने समर्थन किया था। दूसरा प्रस्ताव हरे कृष्ण मेहताब का था, जिसका समर्थन नंदकिशोर दास ने किया था। टी. प्रकाशम और एस. राधाकृष्णन से भी अलग-अलग प्रस्ताव मिले थे। निर्वाचन के उपरांत आचार्य कृपलानी और मौलाना अबुल कलाम आजाद ने अस्थायी अध्यक्ष के पास डॉ. राजेंद्र प्रसाद को आसन पर बैठाया। सदस्यों ने खुशी में नारे लगाए। प्रसन्नता और समर्थन का वह जितना इजहार था, उससे ज्यादा डॉ. राजेंद्र प्रसाद में गहरे विश्वास की अभिव्यक्ति थी। वह बधाई भाषणों में प्रकट हुआ। सबसे पहले डॉ. एस. राधाकृष्णन बोले। उन्होंने अंग्रेजों के आने का इतिहास बताते हुए, जिस परिस्थिति में संविधान सभा शुरू हुई, उसका भी उल्लेख किया। उसी क्रम में राष्ट्रीयता की परिभाषा दी। कहा कि 'राष्ट्रीयता निर्भर करती है, उस जीवन-पद्धति पर, जिसे हम चिरकाल से बरतते चले आ रहे हैं। यह जीवन-पद्धति तो इस देश की निजी वस्तु है।'[4] डॉ. राधाकृष्णन को यह इसलिए बताना पड़ा, क्योंकि मुसलिम लीग ने भारत की राष्ट्रीयता पर ही सवाल उठा दिया था। उन्होंने आखिर में कहा कि 'डॉ. राजेंद्र प्रसाद को अध्यक्ष के रूप में पाकर हम ऐसा व्यक्ति पा गए हैं, जो सौजन्य की स्वयं प्रतिमा हैं।'[5]

एन. गोपालस्वामी आयंगर का कहना था कि अध्यक्ष के निर्वाचन से संविधान सभा ने अपने कार्य की शुरुआत कर दी है। उन्होंने डॉ. राजेंद्र प्रसाद को 'अतुल गुण संपन्न'[6] व्यक्ति बताया। बधाई भाषण देनेवालों में फ्रेंक एंथोनी, सरदार उज्जल सिंह, दरभंगा नरेश कामेश्वर सिंह, डॉ. जोसेफ आल्बन डिसूजा, बी.आई. मुनि स्वामी पिल्लई, खान अब्दुल गफ्फार खान, सी.एम. पुनाचा, एच.बी. कामथ, सोमनाथ लाहिड़ी और सरोजिनी नायडू थीं। हर वक्ता के शब्द भले ही भिन्न थे, पर भाव एक था। उसे पढ़कर डॉ. राजेंद्र प्रसाद के प्रति उनकी आस्था को अनुभव किया जा सकता है। अंत में, डॉ. राजेंद्र प्रसाद ने भरोसा जताया कि उन्हें सबका पूरा सहयोग मिलेगा। उन्होंने उस समय की परिस्थिति को 'लड़ाई-झगड़े के लक्षण'[7] के रूप में चिह्नित किया। ऐसी विपरीत परिस्थिति में भी सफलता का विश्वास प्रकट किया और कहा कि 'हमारी सबसे बड़ी आवश्यकता है, स्वतंत्रता।'[8]

संविधान निर्माण की दिशा में पहला कदम 13 दिसंबर, 1946 को तब उठा, जब पं. जवाहरलाल नेहरू ने संविधान सभा में लक्ष्य संबंधी प्रस्ताव को प्रस्तुत किया, जिसका समर्थन पुरुषोत्तम दास टंडन ने किया। पं. जवाहरलाल नेहरू ने स्वीकार किया कि 'यह जो संविधान सभा है, बिल्कुल उस किस्म की नहीं है, जैसा कि हम लोग चाहते थे। खास हालात में यह पैदा हुई है

और इसके पैदा होने में अंग्रेजी हुकूमत का हाथ है।'[9] उनके इस कथन में उस समय का इतिहास छिपा हुआ है। एक दर्द भी है। उनके कथन में अफसोस भी है कि हमें महात्मा गांधी की सलाह मान लेनी चाहिए थी। थोड़ा इंतजार करना चाहिए था। इसे उन्होंने महात्मा गांधी का उल्लेख किए बगैर इस तरह कहा, 'उनकी आत्मा इस भवन में वर्तमान है। हमें सतत आशीर्वाद दे रही है।'[10] यह उनकी खास शैली थी। तब 'देश के राजनीतिक वातावरण में, जहाँ एक ओर अभूतपूर्व उत्साह, दृढ़ संकल्प और नवनिर्माण की अदम्य आकांक्षाओं से जाग्रत् राष्ट्र-मानस था, वहीं दूसरी ओर अनिश्चय, संदेह और असमंजस के बादल भी घिरे हुए थे।'[11] ऐसे समय में नेहरू ने कहा कि 'मैं आपके सामने जो प्रस्ताव प्रस्तुत कर रहा हूँ, उसमें हमारे उद्देश्यों की व्याख्या की गई है। योजना की रूपरेखा दी गई है। यह बताया गया है कि हम किस रास्ते पर चलनेवाले हैं।'[12]

लक्ष्य संबंधी प्रस्ताव में मौलिक अधिकार, संघवाद, गणराज्य आदि तत्त्व विद्यमान थे। वे आजादी के आंदोलन की मूल भावना को प्रकट करते थे। 1946 आते-आते यह विचार कांग्रेस के कार्यक्रम में सम्मिलित हो गए थे, लेकिन उनके प्रस्ताव में 'समाजवाद' का उल्लेख नहीं था। इसी तरह लोकतंत्र शब्द को भी उन्होंने नहीं रखा था। इससे जो-जो सवाल उठ सकते थे और उठे थे, उससे जवाहरलाल नेहरू परिचित थे, इसलिए ही उन्होंने दो सफाई दी। पहली यह कि वे किसी भी तरह के विवाद से बचना चाहते थे। इस सवाल का जवाब नेहरू के जीवनीकार माइकल ब्रेशर ने भी खोजा है। 'संभवत: सरदार पटेल ने ऐसा होने नहीं दिया।'[13] दूसरी यह कि गणतंत्र में लोकतंत्र शामिल है। उस समय की परिस्थिति को पं. जवाहरलाल नेहरू ने इस तरह परिभाषित किया—'भारतीय इतिहास के अद्भुत अवसर पर हम यहाँ समवेत हुए हैं। इस परिवर्तन-काल में मुझे कुछ विस्मय-सा प्रतीत होता है। वैसा ही विस्मय, जैसा रात से दिन होने में मालूम होता है।'[14] विस्मित पं. नेहरू बोले कि एक तरह से यह एक इकरारनामा-सा है। इकरारनामा उनके साथ वे घोषित कर रहे थे, जो संविधान सभा के सदस्य होकर भी एक निर्णय से बाहर थे। वह मुसलिम लीग थी। स्पष्टतया उनका मन भारत विभाजन की आशंका से ग्रस्त था। जिसे साफ शब्दों में पुरुषोत्तम दास टंडन ने व्यक्त किया कि 'अब हमें मुसलिम लीग के साथ समझौते के लिए अपने बुनियादी उसूलों को नहीं भूलना चाहिए।'[15]

लक्ष्य संबंधी प्रस्ताव पर सात दिन बहस हुई। उसमें डॉ. एम.आर. जयकर ने सुझाया और उसे एक संशोधन के रूप में प्रस्तुत किया कि मुसलिम लीग और रियासतों के प्रतिनिधि संविधान सभा में जब तक न आ जाएँ, तब तक लक्ष्य संबंधी प्रस्ताव पर विचार स्थगित रहे। इसे थोड़ी बहस के बाद मान लिया गया। 21 दिसंबर, 1946 को अगले अधिवेशन तक के लिए विचार स्थगित रखा गया। इससे मुसलिम लीग को एक महीने का समय मिला। संविधान सभा के बहिष्कार का निर्णय उसने नहीं बदला। आखिरकार 22 जनवरी, 1947 को संविधान सभा में सदस्यों ने खड़े होकर लक्ष्य संबंधी प्रस्ताव को स्वीकार किया। वही प्रस्ताव संविधान

की प्रस्तावना का आधार बना। जो संविधान सभा के आखिरी चरण में आकार ले सका। उसकी तारीख है—17 अक्तूबर, 1949।

डॉ. भीमराव आंबेडकर ने प्रस्तावना को समझाते हुए कहा था कि 'इसके तीन हिस्से हैं—पहला घोषणात्मक है, दूसरा वर्णनात्मक है, तीसरा लक्ष्यमूलक है।'[16] पहले हिस्से का प्रारंभ उन्होंने 'हम भारत के लोग' शब्द से करने का प्रस्ताव रखा। महावीर त्यागी ने उन्हें टोका। पूछा, 'लोग कहाँ से आ गए ?[17] इस कार्य में तो संविधान सभा के सदस्य हैं ?'[18] अपनी चुटीली शैली में महावीर त्यागी बड़ी बात कहने के लिए जाने जाते रहे हैं। उस दिन भी उन्होंने एक गंभीर मुद्दा उठा दिया, जिसे डॉ. भीमराव आंबेडकर ने समझा और जवाब में कहा कि 'मेरे मित्र त्यागी कह रहे हैं कि संविधान सभा का निर्वाचन एक संकीर्ण मताधिकार के आधार पर हुआ था। यह बिल्कुल सत्य है।'[19] इसे स्वीकार कर डॉ. आंबेडकर ने कहा कि जो विषय हमारे सामने है, उसका इससे कोई संबंध नहीं है। उन्होंने अमेरिका के संविधान का उदाहरण देकर सदस्यों को निरुत्तर किया। इस तरह अमेरिका की तर्ज पर ही प्रस्तावना की शुरुआत 'हम भारत के लोग' से हुई। प्रस्तावना किसी भी संविधान की आत्मा होती है। संविधान का दर्शन उसकी प्रस्तावना में होता है। देश की आस्थाएँ, आधारभूत मूल्य और भविष्य की दिशा के संकेत, इसमें दिए जाने का चलन तब से है, जब से संविधान बनना शुरू हुआ।

कुख्यात आपातकाल में इंदिरा गांधी ने एक विवादास्पद संशोधन संविधान की प्रस्तावना में कराया। उसमें समाजवाद और पंथनिरपेक्षता यह दो शब्द जोड़े गए। जो संविधान के राजनीतिक दुरुपयोग का उदाहरण है। संविधान विशेषज्ञ मानते हैं कि यह संविधान के साथ मौलिक छेड़छाड़ है। संविधान निर्माता नहीं चाहते थे कि संविधान किसी विचारधारा, वाद और आर्थिक सिद्धांत के साथ संलग्न किया जाए। वे संविधान को बहती नदी की तरह बरत रहे थे। जो जहाँ जैसी जरूरत पड़े, वहाँ अपना मार्ग खुद बना लेती है। लेकिन जिन दिनों इंदिरा गांधी ने लोकतंत्र की हत्या कर अपनी तानाशाही कायम की थी, उन्हीं दिनों संविधान निर्माताओं के विचार और संवैधानिक दर्शन की उपेक्षा कर उन्होंने अनावश्यक शब्द जुड़वाए। लोकतंत्र की बहाली जनता शासन में हुई, तब एक संविधान संशोधन से अनेक विकृतियों को दूर किया गया। परंतु प्रस्तावना में हुई छेड़छाड़ को जनता शासन ने भी ज्यों-का-त्यों रहने दिया।

**संदर्भ—**


1. भारतीय संविधान सभा के वाद-विवाद की सरकारी रिपोर्ट (हिंदी संस्करण), अंक-1, संख्या-2, 10 दिसंबर, 1946, पृ. 12
2. वही, पृ. 12
3. वही, पृ. 12
4. वही, संख्या-3, 11 दिसंबर, 1946, पृ. 6
5. वही, पृ. 8

6. वही, पृ. 10
7. वही, पृ. 31
8. वही, पृ. 33
9. वही, संख्या-5, 13 दिसंबर, 1946, पृ. 1
10. वही, पृ. 7
11. वही, पृ. 7
12. वही, पृ. 1
13. नेहरू : ए पोलिटिकल बायोग्राफी, माइकल ब्रेशर, अध्याय : इंडिया ऐट क्रास रोड्स, पृ. 330
14. भारतीय संविधान सभा के वाद-विवाद की सरकारी रिपोर्ट (हिंदी संस्करण), अंक-1, संख्या-5, 13 दिसंबर, 1946, पृ. 7
15. वही, पृ. 17
16. वही, अंक-10, संख्या-10, 17 अक्तूबर, 1949, पृ. 3445
17. वही, पृ. 3445
18. वही, पृ. 3445
19. वही, पृ. 3445

□

# 4

# था वह ऐतिहासिक क्षण

अध्यक्ष के आसन पर बैठने की बारी अब डॉ. राजेंद्र प्रसाद की थी। बधाई भाषण के क्रम में 'भारत-कोकिला' और 'बुलबुले हिंद' सरोजिनी नायडू का भाषण जैसे ही समाप्त हुआ कि अस्थायी अध्यक्ष डॉ. सच्चिदानंद सिन्हा ने संविधान सभा को अपने अनोखे अंदाज से चकित कर दिया। सरोजिनी नायडू कह चुकी थीं कि 'मैं अंत में तो बोल रही हूँ पर इसलिए नहीं कि मैं औरत हूँ।'[1] इसे डॉ. सिन्हा ने विनोद का विषय बनाया। इसलिए उसी लहजे में कहा कि उन्होंने 'मेरा बोलना ही रोक दिया, पर आपमें से बहुतेरे जो कानूनदाँ हैं, यह जानते हैं कि आखिरी बात, आखिर आखिरी बात होती है।'[2] इस तरह डॉ. सिन्हा ने अपने लिए अवसर बनाया। वास्तव में, वे ऐसे अवसर की बाट ही जोह रहे थे, जब वे संविधान सभा के जरिए देश-दुनिया को डॉ. राजेंद्र प्रसाद का वह परिचय दे सकें, जो अज्ञात-सा था। वह आज भी प्रासंगिक है और प्रेरक भी है। वह भविष्य में भी जस-का-तस रहेगा।

उस ऐतिहासिक क्षण में डॉ. सच्चिदानंद सिन्हा के श्रीमुख से ये शब्द निकले, 'इस महती सभा में जो लोग अभी यहाँ मौजूद हैं, उनमें मैं ही एक नाम का ऐसा व्यक्ति हूँ, जिसे डॉ. राजेंद्र प्रसाद को गत 44 वर्षों से घनिष्ठ रूप से जानने की सबसे ज्यादा सुविधा प्राप्त है। मैं उन्हें उस समय से जानता हूँ, जब उन्होंने सन् 1902 में कलकत्ता विश्वविद्यालय की, जिसका विस्तार उन दिनों असम से पंजाब और सीमा प्रांत तक था, मैट्रिकुलेशन परीक्षा में प्रथम स्थान प्राप्त किया

था। मुझे याद है कि उन्होंने जब मैट्रिक की परीक्षा में प्रथम स्थान पाया था, तो मैंने 'हिंदुस्तान रिव्यू' में, जिसका तब मैं संचालक था और आज भी हूँ, इस आशय का एक नोट लिखा था कि राजेंद्र प्रसाद सरीखे प्रतिभा-संपन्न व्यक्ति को कोई भी वस्तु अप्राप्य नहीं है।'[3]

'मैंने कहा था कि हम लोग इस बात की भविष्यवाणी कर सकते हैं कि वे एक दिन भारतीय राष्ट्रीय महासभा (कांग्रेस) के सभापति बनेंगे और सभापति का भाषण पढ़ते समय, जैसा कि गत वर्ष लाहौर के कांग्रेस अधिवेशन में सर नारायण चंद्रावरकर के साथ हुआ, इन्हें भी वायसराय से पत्र मिलेगा, जिसमें उन्हें हाईकोर्ट की जजी देने की बात लिखी होगी। इनके संबंध में उस समय मैंने यह भविष्यवाणी की थी। ये भारतीय राष्ट्रीय महासभा (कांग्रेस) के एकाधिक बार सभापति तो हुए, पर हाईकोर्ट के जज न होकर इन्होंने मुझे अवश्य ही बहुत निराश किया है। भला मैं क्यों इतना चिंतित था कि वे हाईकोर्ट के जज बनें? यह इसलिए कि उस पद पर पहुँचकर ये अपनी स्वतंत्र न्याय-बुद्धि और तीव्र आलोचना से ब्रिटिश नौकरशाही के प्रबंध विभाग को ठीक कर देते। परंतु यदि डॉ. राजेंद्र प्रसाद हाईकोर्ट के जज नहीं हुए, तो संविधान सभा के अध्यक्ष तो निर्वाचित हुए। आज मुझे इस बात का गौरव है और मेरे जीवन का यह महत्तम गौरव है कि मैं उन्हें संविधान सभा का पहला भारतीय अध्यक्ष कहकर अध्यक्ष के आसन पर आसीन करता हूँ (जिसको अयोग्यतापूर्वक कई दिनों तक मैं सँभाले रहा)।'[4] इस पर सभा में प्रसन्नता और उल्लास की लहर उठी।

सभा उनकी घोषणा की आतुरता से प्रतीक्षा ही कर रही थी। डॉ. सच्चिदानंद सिन्हा ने संविधान सभा को ज्यादा इंतजार नहीं कराया। यह घोषणा की कि 'अब मैं अस्थायी अध्यक्ष का आसन खाली करता हूँ और इस महती सभा की ओर से डॉ. राजेंद्र प्रसाद से अनुरोध करता हूँ कि वे इस आसन पर आएँ और इसे सुशोभित करें। वे सर्वथा इसके योग्य हैं।'[5] इस पर सभा में 'इनकलाब जिंदाबाद' और 'राजेंद्र बाबू जिंदाबाद' के नारे देर तक लगते रहे। आचार्य जे.बी. कृपलानी ही थे, जिन्होंने संविधान सभा के पहले दिन अस्थायी अध्यक्ष के लिए डॉ. सच्चिदानंद सिन्हा के नाम का प्रस्ताव रखा था। अध्यक्ष के निर्वाचन के पश्चात् उन्होंने ही अस्थायी अध्यक्ष डॉ. सच्चिदानंद सिन्हा के प्रति आभार जताया। यह याद दिलाया कि इन तीन दिनों में उन्होंने अपनी जो छाप सभा पर छोड़ी, वह अमिट है। एक बार डॉ. सच्चिदानंद सिन्हा ने सदस्यों से कहा कि 'मुझे आशा है कि आप विवेक से काम लेंगे।' इसका चमत्कारिक प्रभाव पड़ा। उस मनोभाव का अपनी शैली में मजाकिया चित्रण कर कृपलानी ने कहा कि 'यदि हम लोग इसके बाद कुछ कहते, तो हमारी विवेकबुद्धि पर उन्हें संदेह होता और इसीलिए हमें चुप होकर बैठना पड़ा।'[6] यह उदाहरण संविधान निर्माताओं के आत्म-संयम को भी बताता है। यह एक कसौटी भी है, जिस पर आज की लोकसभा और राज्यसभा के सदस्यों का व्यवहार परखा जा सकता है।

डॉ. सच्चिदानंद सिन्हा ने सरोजिनी नायडू से कहा था कि वे अपना भाषण गद्य में नहीं,

पद्य में दें। इसीलिए सरोजिनी नायडू ने अपने भाषण की शुरुआत यों की—

*'बुलबुल को गुल मुबारक, गुल को सुखन चमन मुबारक।*
*रंगीन तबीयतों को रंगे सुखन मुबारक।'*[7]

उन्होंने कहा कि 'जब मुझसे कहा गया कि मैं राजेंद्र बाबू के संबंध में कुछ कहूँ, तो मैंने जवाब दिया था कि मेरे लिए यह तभी संभव है, जब मेरे पास सोने की कलम और शहद की स्याही हो, क्योंकि संसार भर की स्याही भी काफी नहीं है, जिससे उनके गुणों का वर्णन किया जा सके।'[8] उन्होंने आगे यह कहा कि डॉ. राजेंद्र प्रसाद के व्यक्तित्व में आध्यात्मिक रूप से करुणा, ज्ञान, त्याग और प्रेम उसी तरह है, जैसे भगवान् बुद्ध में था। इसे उन्होंने अपने अनुभवों के हवाले से चिह्नित किया। डॉ. राजेंद्र प्रसाद उनसे पाँच साल छोटे थे। एक वक्ता ने कहा था कि डॉ. राजेंद्र प्रसाद संविधान सभा के जनक स्वरूप संरक्षक रहेंगे। इसका उल्लेख कर सरोजिनी नायडू ने कहा कि 'मेरी कल्पना में वह संरक्षक एक कठोर खड्गधारी न होकर एक सुमनोहर पुष्पधारी देवदूत के रूप में होगा, जो मानव हृदय पर विजय पाता है। यह इसलिए कि राजेंद्र बाबू में स्वाभाविक माधुर्य है, जो बल का काम करता है, उनमें अनुभवजन्य सहज ज्ञान है, शुद्ध दृष्टि है, रचनात्मक कल्पनाशक्ति और विश्वास है, जो गुण उन्हें स्वयं भगवान् बुद्ध के चरणों के निकट पहुँचा देते हैं।'[9]

सरोजिनी नायडू ने सिर्फ डॉ. राजेंद्र प्रसाद के व्यक्तित्व की सुगंध को ही प्रस्तुत नहीं किया, बल्कि संविधान सभा के समक्ष जो यक्ष प्रश्न थे, उन्हें भी मजेदार तरीके से रखना वे नहीं भूलीं। इस तरह उनका भाषण संपूर्णता में था। संविधान सभा की कार्यवाही बताती है कि उन्हें बड़े ध्यान से सुना गया। किसी ने न रोका और न टोका। सरोजिनी नायडू की वाक्पटुता का जादू सभा पर छाया रहा। वे बोलीं कि 'इस सभा में कुछ जगहें खाली दिखाई दे रही हैं और इन मुसलिम बंधुओं की अनुपस्थिति से मुझे हार्दिक क्लेश है। मैं उस दिन की ओर देख रही हूँ, जब ये बंधु भी चिर-परिचित मित्र मि. मुहम्मद अली जिन्ना के नेतृत्व में यहाँ उपस्थित होंगे। यदि इसके लिए प्रोत्साहन आवश्यक है, जादू की छड़ी जरूरी है, तो मैं समझती हूँ कि राजेंद्र बाबू का सहज सौजन्य, उनकी बुद्धि और उनका निर्माणात्मक विश्वास इसका काम करेंगे।'[10]

कुछ सदस्यों के असमंजस को दूर करना भी वे अपना कर्तव्य समझती थीं। यही सोचकर उन्होंने कहा कि 'मुझे आशा है, और मैं विश्वास करती हूँ कि यह आशा ठीक है कि मेरे मित्र डॉ. आंबेडकर, जो आज इतने विरोधी हैं, शीघ्र ही इस संविधान सभा के कट्टर समर्थक बन जाएँगे। तब उनके लाखों अनुयायियों को भी यह बोध हो जाएगा कि उनके हित भी उसी तरह सुरक्षित रहेंगे, जैसे और अधिक सुविधा प्राप्त वर्गों के रहेंगे। मुझे आशा है कि आदिवासी भी, जो अपने इस देश का मौलिक स्वामी समझते हैं, यह जान जाएँगे कि इस संविधान सभा में जाति और धर्म का, प्राचीन और नवीन का कोई भेदभाव नहीं है। मुझे विश्वास है कि इस देश का छोटे-से-छोटा अल्पसंख्यक

संप्रदाय भी, उसे चाहे जिस रूप में यहाँ प्रतिनिधित्व मिला हो, यह अनुभव करेगा कि उनके हितों की रखवाली वाला एक ऐसा सतर्क और स्नेहपरायण संरक्षक है, जो कभी भी ऐसा न होने देगा कि सुविधा प्राप्त संप्रदाय उनके जन्मजात अधिकारों को समानता और सम अवसर के अधिकारों को रत्ती भर भी दबा सके। मुझे आशा है कि देशी नरेश भी, जिनमें बहुतों को मैं अपना मित्र मानती हूँ, जो आज चिंता, अस्थिरता अथवा भय में पड़े हैं, यह समझ जाएँगे कि भारत का विधान ऐसा विधान होगा, जो प्रत्येक भारतीय को, चाहे राजा हो या रंक, सबको स्वतंत्रता और मुक्ति प्रदान करेगा। मैं चाहती हूँ कि सभी लोग इसे समझें, सभी इसका विश्वास करें और ऐसी समझ और ऐसा विश्वास उत्पन्न कराने का सर्वोत्तम माध्यम है राजेंद्र बाबू की संरक्षकता और उनका तत्त्वावधान।'[11]

खुद से सवाल पूछते हुए वे बोलीं, 'मुझे बोलने के लिए कहा गया है, पर कितनी देर तक? मैं समझती हूँ कि मुझे निश्चय ही इस पुरानी कहावत का खंडन करना चाहिए कि 'औरत अंत में बोलती है और बहुत ज्यादा बोलती है।'[12] मैं अंत में तो बोल रही हूँ, पर इसलिए नहीं कि मैं औरत हूँ बल्कि इसलिए कि आज मैं भारतीय राष्ट्रीय महासभा (कांग्रेस) की मेजबान (यजमान) हूँ और महासभा के प्रसन्नतापूर्वक इन अतिथियों को, जो सभा के सदस्य नहीं हैं, संविधान बनाने में हमारा साथ देने के लिए आमंत्रित किया है और यह संविधान भारतीय स्वतंत्रता का अमर संविधान होगा।'[13]

'मित्रो, मैं राजेंद्र प्रसाद की प्रशंसा नहीं करती और न उनकी सिफारिश ही करती हूँ। मैं तो यह जोर देकर कहती हूँ कि वे आज भारतीय भाग्य के, उसके लक्ष्य के प्रतीक हैं। वह हमें संविधान बनाने में सहायता करेंगे, जो हमारी मातृभूमि को स्वतंत्र कराकर उसका उचित स्थान दिलाएगा। जो शांति, स्नेह और स्वातंत्र्य का प्रदीप दे, उसे संसार का पथ-प्रदर्शक बनाएगा।'[14] उन्होंने अपने भाषण का समापन इन शब्दों में किया—'बर्फानी छतों और समुद्री दीवारों के चिर प्राचीन अपने भवन में खड़ी होकर हमारी भारत-भूमि मानव इतिहास में फिर एक बार ज्ञान और प्रेरणा का दीपक जलाकर संसार के स्वातंत्र्य पथ को आलोकित करेगी। इस तरह पुनः उसे अपनी संतति का गौरव और संतति को अपनी माता का गौरव प्राप्त होगा।'[15] संविधान सभा के विधिवत् प्रारंभ का क्षण उस समय आया, जब डॉ. राजेंद्र प्रसाद संविधान सभा अध्यक्ष के आसन पर बैठे। तारीख थी—सन् 1946 में, 11 दिसंबर की। सचमुच वह ऐतिहासिक क्षण था।

**संदर्भ—**


1. भारतीय संविधान सभा के वाद-विवाद की सरकारी रिपोर्ट (हिंदी संस्करण), अंक-1, संख्या-3, 11 दिसंबर, 1946, पृ. 25
2. वही, पृ. 26
3. वही, पृ. 26
4. वही, पृ. 26
5. वही, पृ. 26

6. वही, पृ. 27
7. वही, पृ. 23
8. वही, पृ. 23–24
9. वही, पृ. 24
10. वही, पृ. 24
11. वही, पृ. 24–25
12. वही, पृ. 25
13. वही, पृ. 25
14. वही, पृ. 25
15. वही, पृ. 25

□

# 5

# चेतावनी, जो सही निकली

संविधान सभा के पाँचवें दिन पं. जवाहरलाल नेहरू ने लक्ष्य संबंधी प्रस्ताव रखा। वे चाहते थे कि उसे संविधान सभा बिना बहस के पारित कर दे। वैसा हुआ नहीं। बहस हुई। जिसे डॉ. एम.आर. जयकर ने शुरू किया। उनका पूरा नाम था—मुकुंद रामाराव जयकर। वे संविधान सभा में अनुभवी सदस्यों में से एक थे। मोतीलाल नेहरू के साथ वे स्वराज पार्टी के नेताओं में अग्रणी थे। उन्हें बंबई लेजिस्लेटिव काउंसिल और सेंट्रल लेजिस्लेटिव असेंबली का अनुभव था। वे फेडरल कोर्ट और प्रीवी काउंसिल में जज भी रहे थे। ऐसे एम.आर. जयकर ने लक्ष्य संबंधी प्रस्ताव में एक संशोधन प्रस्तुत कर संविधान सभा को न केवल चकित किया, अपितु अपने पैने तर्कों से एक लहर पैदा कर दी।

उन पर अनेक सवाल खड़े किए गए थे। उन्हें सलाह दी गई थी कि संशोधन पेश न करें। उन पर आरोप लगाया गया था कि वे मुसलिम लीग को संतुष्ट करने के लिए संशोधन लाए हैं। लेकिन इन बातों से अविचलित जयकर ने बताया कि वे इसलिए संशोधन लाए हैं, जिससे संविधान सभा को विफल होने से बचा लिया जाए। उन्होंने दो बातें रखीं—पहली का संबंध कानूनी और तकनीकी ज्यादा था। दूसरी बात में चेतावनी थी। उनका कहना था कि संविधान सभा को अपने प्रारंभिक चरण में बुनियादी प्रश्नों पर विचार करने का अधिकार नहीं है। लक्ष्य संबंधी जो प्रस्ताव था, वह संविधान की आधारशिला के बारे में ही था। उन्होंने लक्ष्य संबंधी

प्रस्ताव के विषयों को गिनाकर बताया कि यह सब संविधान की बुनियादी बातें हैं। जैसे—गणतंत्र, राज्यों के अधिकार और अल्पसंख्यकों के अधिकार आदि। जयकर का मूल तर्क तो यह था कि कैबिनेट मिशन ने जो अधिकार सीमा निर्धारित की है, उसमें ही संविधान सभा को काम करना है। उस सीमा में रहकर संविधान के मूल सिद्धांतों का प्रस्ताव नहीं आ सकता। वे कह रहे थे कि यह संविधान सभा कैबिनेट मिशन से निकली है। उसी से निर्धारित सीमा में ही संविधान सभा की सत्ता है।

डॉ. जयकर के इतना कहने पर संविधान सभा में एक सनसनी फैल गई। अनेक वरिष्ठ सदस्यों ने उन्हें टोका। यह पूछा कि क्या वे प्रस्ताव पर विचार स्थगित करने का संशोधन पेश कर रहे हैं? तब डॉ. जयकर ने अपना संशोधन पढ़कर सुनाया। वह यह था—'यह सभा अपना दृढ़ और गंभीर निश्चय घोषित करती है कि भारत के भावी शासन के लिए जो संविधान यह बनाएगी, वह एक स्वतंत्र, गणतांत्रिक सत्ता-संपन्न राज्य का संविधान होगा। परंतु ऐसा संविधान बनाने में मुसलिम लीग और देशी रियासतों का सहयोग पाने के लिए संविधान सभा इस प्रश्न पर विचार स्थगित रखती है।'[1]

डॉ. जयकर के तर्क को समझने के लिए 1946 की परिस्थितियों और घटनाओं पर एक निगाह डालनी चाहिए। संविधान सभा के लिए चुनाव में कांग्रेस और मुसलिम लीग ने उत्साह से हिस्सा लिया। चुनाव के बाद एक विचित्र परिस्थिति ने जन्म लिया। साफ है कि उसके बीज उस समय की राजनीति में मौजूद थे। जो उग आए। कैबिनेट मिशन ने एक व्यवस्था दी थी कि संविधान सभा के सदस्यों को विभिन्न समूहों में बैठना होगा। समूह संबंधी जो व्यवस्था कैबिनेट मिशन ने सुझाई थी, उस पर कांग्रेस और मुसलिम लीग में मतभेद हो गए। ब्रिटिश सरकार ने मुसलिम लीग का समर्थन किया। पहली बार ब्रिटिश सरकार ने 6 दिसंबर, 1946 को माना कि दो देश और दो संविधान सभाएँ बन सकती हैं। इसे ही मुसलिम लीग ने अपनी पूँजी माना। उसके बल पर वह संविधान सभा में नहीं गई।

संविधान सभा के सामने यही सबसे बड़ी पहेली थी कि क्या मुसलिम लीग शामिल होगी? अगर मुसलिम लीग संविधान सभा के बहिष्कार पर अड़ी रही, तो क्या होगा? डॉ. एम. आर. जयकर ने इसे ही सुलझाने के लिए प्रस्ताव पेश किया था। उनका मूल तर्क यही था कि संविधान की बुनियादी बातों को तय करते समय कांग्रेस के अलावा मुसलिम लीग और रियासतों के प्रतिनिधि भी होने चाहिए। जब तक वे नहीं आते, तब तक लक्ष्य संबंधी प्रस्ताव पर विचार स्थगित रखना चाहिए। यही वे कह रहे थे। उनके इस तर्क से सदन तो उद्वेलित था ही, संविधान सभा के अध्यक्ष भी उलझन में थे।

यह संविधान सभा अधूरी है। यह वास्तविकता है। इसे ही डॉ. जयकर संविधान सभा के गले उतारना चाहते थे। इसके लिए उन्होंने ब्रिटिश सरकार के बयान का भी जिक्र किया। बताया

कि उससे 'अब स्थिति में जबरदस्त अंतर आ गया है।'[2] इस पर सरदार बल्लभभाई पटेल अपने आप को रोक नहीं सके और बोल पड़े। पूछा कि 'क्या माननीय सदस्य ब्रिटिश सम्राट् की सरकार की नीति की व्याख्या कर रहे हैं?'[3] इसके बाद उन्होंने जो कहा, वह संविधान सभा के लिए मार्गदर्शन बना। तभी तो पूरा सदन हर्षध्वनि से गूँज उठा। सरदार पटेल ने कहा कि 'यह सभा कैबिनेट मिशन की 16 मई की घोषणा को मानती है। उसमें किसी परिवर्तन को हम मानने के लिए तैयार नहीं हैं।'

सरदार पटेल के हस्तक्षेप से अप्रभावित डॉ. जयकर बोले कि 'मैं तो केवल आपकी कठिनाइयों को बता रहा हूँ।'[4] इसमें उन्होंने जोड़ा और कहा, 'मैं तो आपको यह बता रहा हूँ कि मुसलिम लीग को क्या-क्या (ब्रिटिश सरकार से) नई रियायतें मिली हैं।'[5] जयकर अपनी बात पर अड़े रहे, कहते रहे कि 'मेरा कथन बिल्कुल प्रासंगिक है। यदि माननीय सरदार पटेल यह समझते हैं कि कांग्रेस इन रियायतों को कभी मंजूर नहीं करेगी, तो वे लोग शौक से ऐसा कर सकते हैं।'[6] एक सदस्य ने पूछा कि 'मुसलिम लीग का इंतजार हम कब तक करेंगे?'[7] वह क्षण सभा में उत्तेजना का था। गोविंद बल्लभ पंत और एम.आर. जयकर में नोक-झोंक हुई। उसके बाद एम.आर. जयकर ने अपने भाषण के समापन अंश में जो चेतावनी दी, वह सही निकली। तब उन्होंने जो कहा था, वही घटित हुआ। भारत बँटा और पाकिस्तान बना। इस आशंका को दूर करने के लिए उनकी पुरजोर अपील थी कि 'यह जरूरी है कि मुसलिम लीग को यहाँ (संविधान सभा में) बुलाने के लिए हम हर तरह से प्रयास करें। यह नहीं कि हम उनका यहाँ आना और कठिन बना दें।'[8] वे देख-समझ रहे थे कि कांग्रेस नेतृत्व जिस रास्ते चल रहा है, वह मुसलिम लीग को एक कोने में खड़ा कर देने जैसा है। जिससे मुसलिम लीग संविधान सभा में नहीं आएगी। वह प्रतिक्रिया में संकट खड़ा करेगी।

उन्होंने एक मार्मिक बात भी कही। वह यह थी कि 'महात्मा गांधी के अनुयायी बनने का हम दावा करते हैं। वह महिमामय महापुरुष आज दु:खित होकर यहाँ से बहुत दूर एकाकी, दुर्बल गात, परिमित भोजन और परिमित निद्रा का कठोर व्रत लेकर सद्भावना और सहयोग से मुसलमानों को अपनाने के लिए अथक परिश्रम कर रहा है। उस महापुरुष के आदर्श का हम यहाँ अनुसरण क्यों नहीं कर सकते?'[9] उनके भाषण का यह अंश बहुत रोचक और उनका परिचय कराता हुआ है—'मेरे इस विचार से आपमें से बहुतेरे सज्जन असहमत होंगे। मुझे चेतावनी दी गई थी कि आप अपने को बहुत अप्रिय बना रहे हैं। मैंने अपने मित्र को जवाब दिया कि बाल्यकाल से मुझे अप्रियता ही पारितोषिक स्वरूप मिली है। मैं बहुत अप्रियता के बीच गुजरा हूँ। जब मैंने स्वराज पार्टी स्थापित करने में मदद दी तो बदनाम हुआ। जब जवाबी सहयोगी पार्टी (रिसपॉन्सिव को-ऑपरेशन पार्टी) चलाई, तब मैं अप्रिय बना। जब गोलमेज कॉन्फ्रेंस में शामिल होने लंदन गया, तब अप्रिय बना। मैं उस समय अप्रिय बना, जब सन्

1935 के कानून को पास कराने में मैंने हाथ बँटाया, उस कानून को, जिसे मेरी राय में आपने विवेकहीनता से ठुकरा दिया था। अब उसी ठुकराए हुए कानून से आप चार महत्त्वपूर्ण चीजें ले रहे हैं। वह चार चीजें ये हैं—संघ, कमजोर केंद्र, स्वायत्तशासन प्राप्त प्रांत और प्रांतों में अवशिष्ट अधिकार। क्या मैं यह कहूँ कि समय के साथ-साथ मेरी अप्रियताएँ भी बढ़ गई हैं? इसलिए अब इस उम्र में और उतने अनुभवों के बाद मुझे अप्रियता का कोई डर नहीं है। मेरा यह कर्तव्य है कि मैं आपको बता दूँ कि जो रास्ता आप पकड़ रहे हैं, वह गलत है, गैरकानूनी है, असामयिक है, विनाशकारी है, संकटपूर्ण है; यह आपको मुसीबत में डाल देगा। आपने मुझे अपने (कांग्रेस के) टिकट पर चुना है, मैं बाध्य हूँ कि आपसे साफ-साफ कह दूँ कि आगे संकट है, असफलता का संकट है, कलह का संकट है, जबरदस्त मतभेद का डर है। आपका फर्ज है कि आप इससे बचें।'[10]

कैबिनेट मिशन ने मुसलिम लीग की माँगें नामंजूर कर दी थीं। मुसलिम लीग अलग संविधान सभा और पाकिस्तान की माँग कर रही थी। अपनी घोषणा में कैबिनेट मिशन ने जो योजना प्रस्तुत की, उसमें यह माँगें ठुकरा दी गई थीं। लेकिन उसी योजना में मुसलिम लीग की माँगें जिन सिद्धांतों पर थीं, उसे कैबिनेट मिशन ने स्वीकार कर लिया था। इस बारीक फर्क को डॉ. जयकर समझ रहे थे। संविधान सभा को समझाने का प्रयास कर रहे थे। लेकिन कांग्रेस का नेतृत्व भ्रम में था। वह इस बात से ही गद्गद था कि कैबिनेट मिशन ने मुसलिम लीग की माँगें अस्वीकार कर दी हैं। इसी भाव को सरदार पटेल ने उस दिन व्यक्त किया और बड़े भरोसे से कहा कि 'हम संकट से पार हो गए और अब पाकिस्तान का सपना काफूर हो गया, अब वह नहीं बन सकेगा।'[11]

रहस्य आज भी बना हुआ है कि आखिर क्यों और कैसे कांग्रेस कैबिनेट मिशन योजना पर उत्साहित थी? क्यों वह भ्रम में थी? क्यों वह यह नहीं समझ पाई कि कैबिनेट मिशन के प्रारूप में ही जहाँ संविधान सभा का प्रलोभन है, वहीं भारत विभाजन के सूत्र भी हैं। विडंबना देखिए कि जहाँ कांग्रेस भ्रम में रही, वहीं पाकिस्तान के निर्माता जिन्ना और उनके नेतृत्व में मुसलिम लीग किसी भ्रम में नहीं पड़ी। वह अपने लक्ष्य के प्रति निष्ठावान और समर्पित थी। मुसलिम लीग स्पष्ट थी। तभी तो उसने संविधान सभा के लिए चुनाव लड़ने और अपने उम्मीदवारों को जिताने के बावजूद उसके बहिष्कार का निर्णय बिना देर लगाए शुरू में ही कर लिया। मुसलिम लीग ने दूसरों को भ्रम में रखा। स्वयं तो उसकी दिशा तय थी।

**संदर्भ—**


1. भारतीय संविधान सभा के वाद-विवाद की सरकारी रिपोर्ट (हिंदी संस्करण), अंक-1, संख्या-6, 16 दिसंबर, 1946, पृ. 5
2. वही, पृ. 11

3. वही, पृ. 11
4. वही, पृ. 12
5. वही, पृ. 12
6. वही, पृ. 12
7. वही, पृ. 13
8. वही, पृ. 15
9. वही, पृ. 18
10. वही, पृ. 19
11. सरदार पटेल कारेसपांडेंस, खंड-3, पत्र संख्या-123, 2 जून, 1946

□

# 6

# डॉ. आंबेडकर की मार्मिक अपील!

संविधान के लक्ष्य संबंधी प्रस्ताव पर बहस से एक बात साफ-साफ उभरती है। वह उस समय की कड़वी सच्चाई थी। बड़े नेता अखंड भारत का संविधान बनाने बैठे थे। लेकिन मुसलिम लीग के बहिष्कार से जो खतरा पैदा हो गया था, उसे किस प्रकार दूर करें, इस पर अलग-अलग राय थी। एम.आर. जयकर ने सलाह दी थी कि मुसलिम लीग के आने तक इंतजार करें। उनके बाद बिहार के नेता श्रीकृष्ण सिन्हा बोले। उन्होंने एम.आर. जयकर की सलाह को अपने शब्दों में रखा। इस तरह उसे नया अर्थ दे दिया। उनके शब्द हैं—'वस्तुतः उन्होंने (एम.आर. जयकर) यह राय दी है कि यदि हमारे लीगी मित्र कुछ समय तक न आएँ, तो फिर हमें अपने काम में अग्रसर हो जाना चाहिए।'[1]

श्रीकृष्ण सिन्हा कांग्रेस के प्रबुद्ध नेताओं में से थे। उस समय जो सबसे बड़ा प्रश्न था, उसके मद्देनजर उन्होंने कहा कि 'मेरा विश्वास है कि भारतीय राष्ट्र का प्रादुर्भाव हो चुका है, जो भारतीय सभ्यता और संस्कृति से ओत-प्रोत है।'[2] लेकिन वे उन कठिनाइयों से भी परिचित थे, जो 'भारतीय राष्ट्र के प्रादुर्भाव' में खड़ी की जा रही थी। उन्होंने चर्चिल की आलोचनाओं को खारिज किया। लक्ष्य संबंधी प्रस्ताव के समर्थन में बोलते हुए उन्होंने जवाहरलाल नेहरू, डॉ. राजेंद्र प्रसाद और महात्मा गांधी के योगदान की प्रसंगवश सराहना की। उस दिन दो ही भाषण हुए। पाँच बज चुके थे। सरदार पटेल की इच्छा को सदन ने आदर दिया। वे चाहते थे

कि सदन की कार्यवाही पाँच बजे पूरी कर दी जाए।

अगले दिन बहस की शुरुआत मीनू मसानी ने की। वे स्वाधीनता संग्राम के बड़े नेताओं में से थे। 1943 में बंबई के मेयर चुने गए थे। उससे पहले 1934 में कांग्रेस सोशलिस्ट पार्टी बनवाई थी। जवाहरलाल नेहरू के मित्र थे। उन्होंने ही 1947 में समान नागरिक संहिता का प्रस्ताव संविधान सभा में रखा था, जिसे नेहरू ने नामंजूर करवा दिया था। वे जब लक्ष्य संबंधी प्रस्ताव पर बोलने के लिए खड़े हुए, तो एक स्पष्टीकरण दिया, 'मैं एक भारतीय की हैसियत से ही बोलूँगा।'[3] यह था उनका स्पष्टीकरण। इस एक वाक्य में तब की राजनीति और विखंडन का जहाँ दृश्य समाया हुआ है, वहीं एक आदर्श भी उपस्थित होता है, क्योंकि वे अत्यंत अल्पसंख्यक समुदाय यानी पारसी समाज से आते थे। दूसरी महत्त्वपूर्ण बात उन्होंने कही कि 'बावजूद इस बात के कि इस प्रस्ताव में लोकतंत्र और समाजवाद का उल्लेख नहीं है, मैं इसका स्वागत करता हूँ।'[4] एक समाजवादी जब ऐसा कहे, तो उसकी वजह कुछ खास ही होगी। वह यह थी कि मीनू मसानी स्टालिन के अत्याचारों से समाजवाद के ढोंग को तब तक समझ गए थे, इसलिए वे लोकतंत्र को महात्मा गांधी के शब्दों में समझा रहे थे, 'मैं चाहता हूँ कि सत्ता हिंदुस्तान के सात लाख गाँवों में बाँट दी जाए।'[5] यह वाक्य महात्मा गांधी का है, जिसे उन्होंने लुई फिशर से कहा था। वह लक्ष्य आज भी अधूरा है।

अगले वक्ता एफ.आर. एंथोनी थे। वे बंगाल से संविधान सभा में आए थे। उन्हें 'फ्रेंक एंथोनी' के नाम से सारा देश जानता है। उन्होंने एम.आर. जयकर के संशोधन का समर्थन किया। उनका तर्क था कि कांग्रेस और मुसलिम लीग में सद्भावना और मतैक्य स्थापित होना चाहिए। उनके बाद डॉ. श्यामाप्रसाद मुकर्जी बोले। उन्होंने एम.आर. जयकर के संशोधन से असहमति जताई। कहा कि 'मैं इस संशोधन का समर्थन करने में असमर्थ हूँ।'[6] उन्होंने पूछा कि 'इस बात की क्या गारंटी है कि प्रस्ताव को स्थगित कर देने पर मुसलिम लीग आएगी ही और संविधान सभा में शामिल होगी?'[7] इस प्रश्न का उत्तर कोई भी नहीं दे सकता था। उनका मत था कि एम. आर. जयकर जो संशोधन रख रहे हैं, उससे संविधान सभा मुसलिम लीग के फंदे में पड़ जाएगी और उससे ब्रिटेन के प्रतिक्रियावादियों का हाथ मजबूत होगा। यह भी कहा कि एम.आर. जयकर ऐसा कभी नहीं करेंगे। इसलिए डॉ. मुकर्जी ने कहा कि 'मुझे आशा है कि डॉ. जयकर समय आने पर संशोधन को वापस ले लेंगे।'[8] अंततः डॉ. मुकर्जी को निराश नहीं होना पड़ा। यह कहना ज्यादा सटीक होगा कि वे एम.आर. जयकर के मनोभाव के सच्चे पारखी सिद्ध हुए।

उसी दिन डॉ. भीमराव आंबेडकर बोले। तारीख थी—17 दिसंबर, 1946। अध्यक्ष डॉ. राजेंद्र प्रसाद ने जब उनका नाम पुकारा, तो आंबेडकर आश्चर्यचकित रह गए। कारण यह था कि बोलनेवालों में डॉ. आंबेडकर से पहले बीस-बाइस नाम थे, इसलिए वे समझते थे कि उन्हें अगले दिन मौका मिल सकता है। तब वे तैयार होकर आते। लेकिन उन्हें अध्यक्ष

ने जब अवसर दिया, तब वे थोड़ा असहज हो गए थे। सँभले और जो बोले, वह ऐतिहासिक है। उन्होंने लक्ष्य संबंधी प्रस्ताव को दो हिस्सों में किया। पहले हिस्से पर कोई विवाद नहीं था। उस हिस्से में संविधान के लक्ष्य का वह प्रस्ताव था, जो स्वाधीनता संग्राम के जीवन-मूल्यों में रच-बस गया था। इसलिए डॉ. आंबेडकर की नजर में वह दोहराव था। वे चाहते थे कि प्रस्तावक पं. नेहरू उससे कहीं आगे जाएँ। अगर नेहरू ऐसा करते, तो सामाजिक, आर्थिक और राजनीतिक न्याय को सुनिश्चित, सुरक्षित और संरक्षित करने का प्रस्ताव प्रस्तुत करते।

डॉ. आंबेडकर के उस भाषण का स्वर भारत की एकता और अखंडता का है। वे देख रहे थे कि उस पर खतरे के बादल मँडरा रहे हैं। फिर भी वे बोले कि 'मुझे इस बात का पक्का विश्वास है कि समय और परिस्थिति अनुकूल होने पर दुनिया की कोई भी ताकत इस देश को एक होने से रोक नहीं सकती।'[9] जैसे ही वे यह बोले, सभा ने हर्ष ध्वनि से उनका समर्थन किया। उनका कहना था कि हमारी कठिनाई इति को लेकर नहीं अथ को लेकर है। इसे उन्होंने स्पष्ट किया। 'लक्ष्य साफ है। प्रश्न है कि उसे पाने के लिए शुरुआत कैसे करें?'[10]

उनका सुझाव था कि हमें ऐसे नारे लगाने बंद करने चाहिए, जिससे भय का वातावरण बन रहा हो। उन्होंने डॉ. एम.आर. जयकर के संशोधन का समर्थन एक दूसरे आधार पर किया। उनका मत था कि कानूनी प्रश्न को आधार बनाकर निर्णय करना उचित नहीं होगा। 'यह कानूनी समस्या है ही नहीं। हमें ऐसा प्रयत्न करना चाहिए, जिससे वे लोग (मुसलिम लीग), जो नहीं शामिल हैं, शामिल हो जाएँ।'[11] उन्होंने श्रीकृष्ण सिन्हा और डॉ. श्यामाप्रसाद मुकर्जी के उठाए सवालों पर कहा कि वे गंभीर सवाल हैं। डॉ. आंबेडकर का मत था कि पं. नेहरू के प्रस्ताव का यह परिणाम होगा कि मुसलिम लीग (संविधान सभा से) बाहर ही रह जाएगी। इतिहास गवाही दे रहा है कि डॉ. आंबेडकर का अनुमान सही निकला।

पं. नेहरू के प्रस्ताव का तीसरा पैरा भारत की संघीय व्यवस्था का खाका था। जिसमें राज्य स्वतंत्र होते और उनका संघ होता भारत। इसे जिस स्पष्टता से डॉ. आंबेडकर ने देखा, वैसा दूसरा कोई नहीं देख सका। डॉ. आंबेडकर ने कहा कि इसे मंजूर करने से संविधान सभा एक आदेशमूलक प्रस्ताव स्वीकार करेगी, जो मजबूत केंद्र के लिए बाधक बनेगा। उन्होंने स्पष्ट किया कि 'मैं एक दृढ़ और संयुक्त केंद्र चाहता हूँ।'[12] उन्होंने आरोप लगाया कि इस प्रस्ताव से 'कांग्रेस स्वयं दृढ़ केंद्र को विघटित करने पर राजी हो गई है।'[13] श्रीकृष्ण सिन्हा ने प्रश्न पूछा था कि यह प्रस्ताव मुसलिम लीग को संविधान सभा में आने से कैसे रोकता है? इस पर डॉ. आंबेडकर ने कहा कि 'इस प्रस्ताव के तीसरे पैरे से मुसलिम लीग अवश्य लाभ उठाएगी और अपनी अनुपस्थिति का औचित्य दिखाएगी।'[14] उन्होंने एक यक्ष प्रश्न रखा कि 'क्या प्रस्ताव को पास करना बुद्धिमानी और नीतिज्ञता की बात होगी?'[15] इसका उन्होंने उत्तर भी दिया कि 'ऐसा करना बुद्धिमत्ता और नीतिज्ञता के विपरीत है।'[16]

उस समय बड़ा प्रश्न यही था कि मुसलिम लीग से संबंध कैसे बने और किस तरह उसे संविधान सभा में आने पर राजी किया जाए? वह असाधारण प्रश्न था। उसे उसी गंभीरता से ग्रहण करना चाहिए, यही भाव डॉ. आंबेडकर संविधान सभा में पैदा करना चाहते थे। वे कांग्रेस नेतृत्व से जिस तरह अपील कर रहे थे, उसे आज देखें तो उसका महत्त्व समझ में आता है। उन्होंने कहा कि 'कांग्रेस और मुसलिम लीग के झगड़े को सुलझाने के लिए एक और प्रयास करना चाहिए। यह मामला इतना संगीन है कि इसका फैसला एक या दूसरे दल की प्रतिष्ठा के ख्याल से ही नहीं किया जा सकता। जहाँ राष्ट्र के भाग्य का फैसला करने का प्रश्न हो, वहाँ नेताओं, दलों तथा संप्रदायों की शान का कोई मूल्य नहीं रहना चाहिए। वहाँ तो राष्ट्र के भाग्य को ही सर्वोपरि रखना चाहिए।'[17] यह कहकर उन्हें एक स्पष्टीकरण देने की जरूरत महसूस हुई।

ऐसा करते हुए जो भी वे बोले, वह हमारे इतिहास में पत्थर की अमिट लकीर बन गई है, जिसे संविधान सभा की कार्यवाही में कोई भी पढ़ सकता है। वह समझते थे कि कांग्रेस जल्दबाजी कर रही है, इसलिए उसे सावधान किया। बोले, 'मुझे तीन ही रास्ते दिखाई देते हैं। पहला कि एक दल दूसरे की इच्छा के सामने आत्मसमर्पण कर दे। दूसरा कि विचार-विनिमय से समझौता कर ले। तीसरा कि खुलकर लड़ाई की जाए।'[18] उन्होंने विचारक और राजनेता एडमंड बर्क के भाषण का हवाला देकर तीसरे विकल्प के खतरों से संविधान सभा को सावधान किया। अमेरिकी क्रांति होने तक बर्क ने संसद् से लगातार अनुरोध किया था कि उसे अमेरिकी उपनिवेशों के प्रति नरम रवैया अपनाना चाहिए। उसी भाँति डॉ. आंबेडकर भी कांग्रेस के नेताओं से अपील कर रहे थे। आखिर में उन्होंने बर्क का एक वाक्य दोहराया—'शक्ति देना तो आसान है, पर बुद्धि देना कठिन है।'[19] इस वाक्य की तर्ज पर उन्होंने कहा, 'हम अपने आचरण से यह प्रमाणित कर दें कि अगर संविधान सभा ने सर्वोच्च सत्ता जबरदस्ती अन्यायपूर्वक ले ली है, तो वह उस सत्ता का प्रयोग बुद्धिमानी से करेगी।'[20] क्या ऐसा ही हुआ?

**संदर्भ—**

1. भारतीय संविधान सभा के वाद-विवाद की सरकारी रिपोर्ट (हिंदी संस्करण), अंक-1, संख्या-6, 16 दिसंबर, 1946, पृ. 32
2. वही, पृ. 33
3. वही संख्या-7, 17 दिसंबर, 1946, पृ. 2
4. वही, पृ. 3
5. वही, पृ. 5
6. वही, पृ. 8
7. वही, पृ. 8
8. वही, पृ. 10
9. वही, पृ. 16
10. वही, पृ. 16

11. वही, पृ. 17
12. वही, पृ. 18
13. वही, पृ. 18
14. वही, पृ. 18
15. वही, पृ. 19
16. वही, पृ. 19
17. वही, पृ. 19
18. वही, पृ. 19
19. वही, पृ. 21
20. वही, पृ. 21

□

# 7

# हमने एक मंजिल तय कर ली

लक्ष्य संबंधी प्रस्ताव पर संविधान सभा ने डॉ. भीमराव आंबेडकर का भाषण दत्त चित्त होकर सुना। इसकी पुष्टि अध्यक्ष डॉ. राजेंद्र प्रसाद की एक टिप्पणी से होती है, जो संविधान सभा की कार्यवाही में दर्ज है। इससे यह समझ सकते हैं कि पूरी सभा डॉ. आंबेडकर के एक-एक शब्द को बड़ी आतुरता से सुन रही थी। ऐसी उत्कंठा का एक ही कारण हो सकता है। वे उस समय मुसलिम लीग के समर्थन से संविधान सभा में पहुँच सके थे। इसके बावजूद कि मुसलिम लीग ने संविधान सभा का बहिष्कार कर रखा था, वे पहले दिन से ही उपस्थित थे। अध्यक्ष ने उन्हें पूरा समय दिया। एक बार भी टोका नहीं। उनके बाद सिख समुदाय के प्रतिनिधि के रूप में सरदार उज्जल सिंह को बोलने के लिए पुकारा। वे प्रस्ताव के समर्थन में बोले। यह कहा कि इस प्रस्ताव से देश के करोड़ों दलित और वे लोग, जिनकी आवाज सुनी नहीं जा रही थी, उनमें आशा का संचार होगा। उन्हें कैबिनेट मिशन की योजना में एक कमी दिखी। वह यह कि उसमें सिखों के संरक्षण की कोई व्यवस्था नहीं की गई है। इससे सिखों में जो असंतोष और क्षोभ था, उसे उन्होंने प्रकट किया। इस बात पर संतोष जताया कि सरदार पटेल ने सिखों का ख्याल रखा और कांग्रेस के मंच पर सिख हितों की वकालत की।

अगले वक्ता सेठ गोविंद दास थे। वे उन लोगों में से एक थे, जो हिंदी में बोले। उनका वाक्य था, 'मैं राष्ट्र भाषा में ही बोलना पसंद करूँगा।'[1] सबसे पहले उन्होंने डॉ. आंबेडकर

को 'उनकी सुंदर वक्तृता के लिए बधाई दी'[2] लेकिन अपने पुराने मित्र मुकुंद राव जयकर की दलीलों पर आश्चर्य जताया। सेठ गोविंद दास और मुकुंद राव जयकर स्वराज पार्टी के दिनों से ही साथी थे। वह पार्टी 1922 में बनी थी, इसलिए बनी थी कि छोटी-बड़ी काउंसिल में कांग्रेस के नेता जा सकें। महात्मा गांधी ने कांग्रेस पार्टी को काउंसिलों में न जाने के लिए मना लिया था। इतना पुराना संबंध होने के कारण ही डॉ. जयकर का जवाब सेठ गोविंद दास ही दे सकते थे। उन्होंने पूछा कि क्या लक्ष्य संबंधी प्रस्ताव पर विचार स्थगित कर देने से मुसलिम लीग संविधान सभा में आ जाएगी? इसके उत्तर में वे स्वयं बोले कि 'पं. जवाहरलाल नेहरू पहले व्यक्ति होते, जो यह कहते कि यदि हमारे मुसलमान भाई यहाँ आने को तैयार हैं, तो इस प्रस्ताव पर विचार स्थगित रखा जाए।'[3]

प्रारंभिक भाषणों के बाद संविधान सभा में वह राजनीति शुरू हो गई, जिसे आज भी दलीय चरित्र में देखा जा सकता है। वह वर्गीय हितों के प्रतिनिधित्व पर दावेदारी की राजनीति है। संविधान सभा के अध्यक्ष डॉ. राजेंद्र प्रसाद ने इसे ही ध्यान में रखकर वक्ताओं का क्रम बनाया। उन्होंने जे.जे.एम. निकोल्स रॉय का नाम पुकारा। वे असम से सदस्य थे। तब मेघालय के अंचल का वे प्रतिनिधित्व कर रहे थे। पं. जवाहरलाल नेहरू के लक्ष्य संबंधी प्रस्ताव का समर्थन तो उन्होंने किया ही। इसके अलावा, सरदार पटेल के इस कथन पर अपनी प्रसन्नता प्रकट की कि कांग्रेस ने ब्रिटिश सम्राट् की उस व्याख्या को स्वीकार नहीं किया है, जिसका संबंध कैबिनेट मिशन की घोषणा से है। उन्हीं दिनों ब्रिटेन की संसद् के दोनों सदनों में कैबिनेट मिशन की घोषणा पर बहस भी हो रही थी, जहाँ संविधान सभा को 'हिंदुओं की सभा' बताया जा रहा था। निकोल्स रॉय ने ऐसे भाषणों पर आश्चर्य प्रकट किया। उनका बोला हुआ यह अंश स्थायी महत्त्व का है। 'उन (ब्रिटेन और अमेरिका) देशों में कुछ लोगों का यह विचार था कि हिंदू वर्ण-व्यवस्था से जकड़ा हुआ है। यह बिल्कुल गलत है।'[4] लेकिन 'अगर हिंदू शब्द से आशय हिंदुस्तान के लोगों से है तो यह संविधान सभा हिंदुस्तान का प्रतिनिधित्व करती है।'[5]

संविधान सभा में लक्ष्य संबंधी प्रस्ताव पर बहस का वह छठा दिन था। तारीख थी—18 दिसंबर, 1946। वक्ताओं में आर.के. सिधवा भी एक थे। वे पारसी समुदाय से थे। उन्होंने संविधान सभा के माध्यम से पूरी दुनिया को बताया कि भारत में पारसी ईरान से आए। वहाँ से उन्हें निकाला गया। भारत ने शरण दी। पारसी उसके लिए कृतज्ञ रहे। अपनी पहचान बनाए रखकर देश की उन्नति और आजादी की लड़ाई में कंधे-से-कंधा मिलाकर चलने का स्वभाव बनाया। जिन लोगों ने कांग्रेस की नींव डाली, उनमें दादा भाई नौरोजी भी थे। वही थे, जिन्होंने 1906 में कलकत्ता कांग्रेस अध्यक्ष पद से बोलते हुए 'स्वशासन' (सेल्फ गवर्नमेंट) शब्द को खोजा। उसे कांग्रेस के ध्येय से जोड़ा। हम जानते हैं, स्वशासन का रूपांतरण स्वराज्य में

हुआ। महात्मा गांधी ने स्वराज्य को वैदिक शब्द बताया। स्वराज भारतीय संस्कृति का वह शब्द है, जिसमें स्वतंत्रता और सुशासन का मंत्र दिया हुआ है।

आर.के. सिधवा का भाषण इस कारण भी अत्यंत महत्त्वपूर्ण बना रहेगा, क्योंकि उन्होंने अंग्रेजों की कुटिल चाल का पर्दाफाश किया। अंग्रेज भारत के लोगों को पंथ, भाषा, क्षेत्र और अन्य ऐसी ही पहचानों में बाँटने के लिए अवसर ढूँढ़ते रहते थे। पारसी समुदाय को भी वे मुख्यधारा से काटने के इरादे से ललचाते रहते थे। एक चारा, जो उस समय अंग्रेज डालते थे, वह अलग निर्वाचन समूह का था। पारसियों ने उनकी चाल समझी और इनकार कर दिया। वे 'जनरल कैटेगरी' (साधारण निर्वाचन समूह) में अपना हित सुरक्षित समझते थे। उन्होंने इस सवाल को भी उठाया कि मुसलिम लीग संविधान सभा में क्यों नहीं शामिल हो रही है? इसका जवाब उनके भाषण में है। 'वे चाहते हैं कि अंग्रेज यह कहें कि भारत का संविधान बन भी गया, तो लागू नहीं होगा।'[6] इसे उन्होंने असंभव बताया। उनका स्वर संविधान सभा की भावना को प्रकट कर रहा था।

उस दिन तीन महत्त्वपूर्ण व्यक्तियों के भाषण हुए, विश्वनाथ दास, पं. हृदयनाथ कुंजरू और एन. गोपालस्वामी आयंगर। विश्वनाथ दास ने आर.के. सिधवा के रुख को सराहा। उनके भाषण को पढ़ते हुए अनुभव होता है कि संविधान सभा पर लंदन में हो रही बहस का बड़ा प्रभाव पड़ा था। इसीलिए विश्वनाथ दास को भी यह कहना पड़ा कि 'इस महान् संविधान सभा में केवल बहुसंख्यक हिंदुओं के ही प्रतिनिधि नहीं हैं, बल्कि वहाँ से भी हिंदू प्रतिनिधि हैं, जो ऐसे प्रांतों में रहते हैं, जहाँ मुसलमानों का बहुमत है। यहाँ जनजातियों, ईसाइयों, सिखों, पारसियों, एंग्लो इंडियनों और कबाइली और अंशतः पृथक् क्षेत्रों के भी प्रतिनिधि हैं। हमारे बीच में महान् मुसलिम जाति के भी प्रतिनिधि हैं, सिवाय इसके कि यहाँ मुसलिम लीग के नेता नहीं हैं। इस दशा में यह बहुत ही अनुचित है और बड़े दुर्भाग्य की बात है कि इस संविधान सभा को सवर्ण हिंदुओं की सभा कहा जाए।'[7]

पं. हृदयनाथ कुंजरू ने डॉ. जयकर के प्रस्ताव पर दूसरे नेताओं से भिन्न दृष्टिकोण अपनाया। उन्होंने कहा कि 'डॉ. जयकर का उद्देश्य इस सभा के काम में बाधा डालना नहीं है, बल्कि उसमें सहूलियत पैदा करना है। ऐसा वातावरण बनाना है, जिससे हम अपने उस लक्ष्य को समझ सकें और पा सकें।'[8] उन्होंने यह कहकर संविधान सभा में सनसनी पैदा कर दी कि 'इस सभा के हर भाग में ऐसे लोग हैं, जिन्हें डॉ. जयकर के संशोधन से सहानुभूति है।'[9] पं. कुंजरू के लंबे भाषण का यह शुरुआती अंश है। इससे संविधान सभा का वातावरण बदला। नेतृत्व की मानसिकता में परिवर्तन आया। उनके भाषण से एक रहस्य भी सामने आता है। ऐसा लगता है कि मुसलिम लीग को ढाल बनाकर अंग्रेज सरकार चाहती थी कि संविधान सभा का गठन न हो। उसे बुलाया न जाए। इसे कांग्रेस के नेताओं ने भाँप लिया था, इसीलिए

संविधान सभा को बुलाने की योजना बनाई। 9 दिसंबर को संविधान सभा का उद्घाटन हो गया। पं. हृदयनाथ कुंजरू ने कहा कि संविधान सभा को बुलाकर 'हमने एक मंजिल तय कर ली है। अगर संविधान सभा का उद्घाटन न होता, तो उसका भविष्य अधिकारियों की स्वेच्छा पर निर्भर रहता। अब वह वायसराय या ब्रिटिश सरकार की स्वेच्छा पर निर्भर नहीं है। अब इस सभा पर ही सब कुछ निर्भर है।'[10]

एन. गोपालस्वामी आयंगर मद्रास (चेन्नई) से थे। वे चाहते थे कि लक्ष्य संबंधी प्रस्ताव पर बहस जल्दी पूरी कर ली जाए। इसलिए वे डॉ. जयकर और पं. कुंजरू के विचारों से न केवल असहमत थे, बल्कि यह भी मानते थे कि उनमें 'कल्पना का अभाव है।'[11] उन्होंने अपने भाषण का फोकस रियासत संबंधी समस्याओं पर ही रखा। उस समय तक रियासतों के प्रतिनिधि नहीं आए थे। इसका कारण यह था कि कैबिनेट मिशन ने जो कार्यक्रम बनाया था, उसमें रियासतों के प्रतिनिधि तभी आ सकते थे, जब संविधान सभा का आखिरी चरण प्रारंभ हो। इसलिए गोपालस्वामी आयंगर का तर्क था कि संविधान सभा को मुसलिम लीग और रियासतों के प्रतिनिधियों का इंतजार किए बगैर काम शुरू कर देना चाहिए। लक्ष्य संबंधी प्रस्ताव तो संविधान सभा के उद्‍देश्य पर था। इसका उल्लेख कर उन्होंने कहा कि लक्ष्य की स्पष्टता आवश्यक है। उससे ही कार्य की दिशा निर्धारित होती है। रियासतों का प्रश्न उस समय बहुत उलझा हुआ था। इसके दो उदाहरण देकर उन्होंने सवाल पूछा कि 'देशी रियासतों में सार्वभौम सत्ता कहाँ स्थित है?'[12] उन्होंने कहा कि 'इस संबंध में दो विचारधाराएँ एक समान हैं। राजा में सार्वभौम सत्ता होती है।'[13] कैबिनेट मिशन ने यह कहा था कि अंग्रेजी सत्ता के हटने पर रियासतें स्वतंत्र हो जाएँगी। इसका सरल भाष्य करते हुए एन. गोपालस्वामी आयंगर ने कहा कि तब सत्ता रियासतों के लोगों को सौंप दी जाएगी। इसी का निर्धारण जब तक नहीं हुआ, तब तक रियासतों का प्रश्न उलझा रहा। लक्ष्य संबंधी प्रस्ताव के साथ-साथ संविधान सभा की नियम समिति भी काम कर रही थी। तब यह विवाद बना हुआ था कि क्या संविधान सभा शनिवार और रविवार को भी बैठेगी, जिससे काम पूरा किया जा सके? इस पर अलग-अलग मत था। सदस्य अपनी-अपनी बात कह रहे थे। पं. जवाहरलाल नेहरू ने हस्तक्षेप किया। वे बोले, 'मैं आप लोगों की सूचना के लिए यह बताना चाहता हूँ कि यूनाइटेड नेशंस जनरल असेंबली की कमेटियाँ और जनरल असेंबली दोनों कार्य को शीघ्र पूरा करने के लिए रविवार को भी बैठी।'[14]

**संदर्भ—**

1. भारतीय संविधान सभा के वाद-विवाद की सरकारी रिपोर्ट (हिंदी संस्करण), अंक-1, संख्या-7, 17 दिसंबर, 1946, पृ. 26
2. वही, पृ. 26

3. वही, पृ. 27
4. वही, संख्या-8, 18 दिसंबर, 1946, पृ. 11
5. वही, पृ. 11
6. वही, पृ. 16
7. वही, पृ. 20
8. वही, पृ. 21
9. वही, पृ. 21
10. वही, पृ. 23
11. वही, पृ. 26
12. वही, पृ. 33
13. वही, पृ. 33
14. वही, संख्या-9, 19 दिसंबर, 1946, पृ. 2

□

# 8

# नई राह पर जयपाल सिंह

संविधान सभा में जयपाल सिंह अनुसूचित जनजाति का प्रतिनिधित्व कर रहे सदस्यों में सबसे बड़ा जाना-माना नाम था। पं. जवाहरलाल नेहरू के लक्ष्य संबंधी प्रस्ताव पर 19 दिसंबर, 1946 को वे जो बोले, वह एक ऐतिहासिक भाषण के रूप में यादगार बना हुआ है। इसके कई कारण हैं। उनके भाषण में कुछ व्यंग्य था। उससे ज्यादा थी उस समय की परिस्थितियों की पीड़ा, जिसे वे अपने लहजे में व्यक्त कर रहे थे। उन्होंने शुरुआत इस तरह की, 'मैं उन लाखों अपरिचित आदिवासियों की ओर से बोलने के लिए खड़ा हुआ हूँ, जो आजादी की लड़ाई लड़नेवाले योद्धा हैं। भले ही दुनिया उनकी कद्र नहीं करे। वे भारत के मूल निवासी हैं। इन्हें पिछड़े कबीले, आदिम कबीले, जरायम पेशा कबीले, आदि न-जाने कितने नामों से पुकारा जाता है। महोदय! मुझे इस बात का फख्र है कि मैं जंगली हूँ। यही वह नाम है, जिससे हम लोग देश के जिस भाग में रहते हैं, पुकारे जाते हैं। हम लोग जो जंगलों में रहते हैं, इस बात को बखूबी समझते हैं कि संविधान के लक्ष्य और उद्देश्य संबंधी इस प्रस्ताव का समर्थन करने का अर्थ क्या है?'[1] उनके इस अंतिम वाक्य से संविधान सभा में एक क्षण के लिए सन्नाटा छा गया। आशंका उत्पन्न हुई कि अब वे क्या कहेंगे? एक उत्सुकता भी थी, इसलिए कि जयपाल सिंह की राजनीतिक दुविधा से सदन परिचित था। ऊँची शिक्षा उन्हें प्राप्त हुई थी। उन्होंने 1937 में आदिवासी महासभा बनाई थी, जो बाद में झारखंड पार्टी बनी। वे झारखंड राज्य के लिए शुरू

से ही आग्रही थे। इससे भी ज्यादा उनका एक राजनीतिक इतिहास था, जो उनकी छाया थी। जिससे सदस्यों का मन एक क्षण के लिए आशंका से भर गया।

संविधान सभा को अधिक इंतजार नहीं करना पड़ा। जयपाल सिंह ने जहाँ छोड़ा था। जिससे लोग चौकन्ने हो गए थे। उन्हें राहत की साँस लेने का अवसर देते हुए वे बोले, 'मैं तीन करोड़ से अधिक आदिवासियों की ओर से इस प्रस्ताव का समर्थन करता हूँ।'[2] जैसे ही वे यह बोले, संविधान सभा में खुशी से सदस्य अपनी-अपनी मेजें थपथपाने लगे। जयपाल सिंह ने प्रस्ताव के समर्थन के कारण भी बताए। सबसे प्रमुख यह कि संविधान का लक्ष्य संबंधी प्रस्ताव एक आशा जगाता है। हर्ष का संचार करता है। अगली बात उन्होंने उन लोगों के लिए कही, जिसका वे प्रतिनिधित्व कर रहे थे। 'एक जंगली और आदिवासी होने के नाते से इस प्रस्ताव की कानूनी जटिलताओं और उलझनों को समझने की मुझसे आशा नहीं की जाती है। लेकिन मेरी सामान्य बुद्धि और मेरी जनता की सामान्य बुद्धि मुझे यह बतलाती है कि हममें से प्रत्येक व्यक्ति को इस स्वतंत्रता के मार्ग पर अग्रसर होना चाहिए और मिलकर संघर्ष करना चाहिए।'[3] यह कहकर ही वे नहीं रुके। अपनी ओर से आदिवासियों की वह पीड़ा भी व्यक्त की, जो सदियों की उपेक्षा से पैदा हुई थी। हालाँकि उपेक्षा की थी अंग्रेजों ने। लेकिन अंग्रेजों की 'बाँटो और राज करो' की नीति का ही प्रभाव मानना चाहिए, जिससे उनके मन का रोष जो प्रकट हुआ, उसका निशाना कहीं अन्यत्र था।

जयपाल सिंह का यह कथन पूरी तरह सच है कि 'आप जंगली कौमों (आदिवासियों) को लोकतंत्र की शासन व्यवस्था नहीं सिखा सकते। आपको उनसे ही यह सीखना होगा। वे ऊँचे दर्जे के लोकतांत्रिक लोग हैं।'[4] उन्हें अनेक शिकायतें करनी थी और की भी। लेकिन उनका यह वाक्य भविष्यबोधक है। 'अब हम नया अध्याय प्रारंभ करने जा रहे हैं, जिसमें अवसर की समानता होगी।'[5] उन्होंने पं. जवाहरलाल नेहरू के उन बयानों में विश्वास जताया, जिनका संबंध आदिवासी हितों से था। संविधान सभा से पहले जयपाल सिंह ने अनेक उतार-चढ़ाव देखे और दिखाए थे। संविधान सभा की कार्यवाही से इसका पता नहीं चलता। उससे तो उनके उस भाषण से ही परिचित हुआ जा सकता है, जो कार्यवाही में दर्ज है। उनका भाषण कितना महत्त्वपूर्ण था और उनके एक-एक शब्द कितने वजनी थे, यह जानने के लिए उनकी वह जीवनी पढ़नी चाहिए, जिसे जाने-माने पत्रकार बलबीर दत्त ने लिखा है।

बलबीर दत्त की लिखी जीवनी 'जयपाल सिंह—एक रोमांचक अनकही कहानी' से कुछ ऐसे तथ्य सामने आते हैं, जो जयपाल सिंह के भाषण का महत्त्व बढ़ा देते हैं। कई प्रश्न भी अपने आप खड़े हो जाते हैं। पहले उन तथ्यों पर बात करें। तथ्य यह है कि 'जयपाल सिंह की आदिवासी महासभा और मुहम्मद अली जिन्ना की मुसलिम लीग के बीच 1939 में द्वितीय विश्वयुद्ध छिड़ने के कुछ माह बाद 1940 से ही खिचड़ी पकनी आरंभ हो गई थी। मार्च 1940 में

राँची के निकट रामगढ़ में कांग्रेस का ऐतिहासिक अधिवेशन हुआ था, जो सन् 42 के 'अंग्रेजो, भारत छोड़ो आंदोलन' का पूर्वाभास था। लाहौर में मुसलिम लीग की कॉन्फ्रेंस में मुसलमानों के लिए अलग होमलैंड की माँग की गई, जो बाद में पाकिस्तान कहलाया। मार्च 1940 में ही राँची में आदिवासी महासभा का सम्मेलन हुआ। मुसलिम लीग ने ब्रिटिश सरकार को युद्ध प्रयासों के सहयोग का आश्वासन दिया। आदिवासी महासभा ने भी वही रास्ता अपनाया।'[6] इस तरह देख सकते हैं कि एक ऐसा समय भी था, जब जयपाल सिंह ने 'मुसलिम-आदिवासी' गठजोड़ का विकल्प सोचा था। उस दिशा में उनके कदम दूर तक बढ़ गए थे। कह सकते हैं कि अंग्रेजों के 'बाँटो और राज करो' के जाल में वे गरदन तक फँस गए थे। आजादी की लड़ाई में वह समय कुछ खास बन गया है। इसलिए कि उसी समय अंग्रेजों ने मुहम्मद अली जिन्ना को मुसलमानों का एकमात्र प्रतिनिधि होने की मान्यता दे दी थी, जो पाकिस्तान बनने का मूल कारण बना। उस समय वायसराय थे—लॉर्ड लिनलिथगो। 1937 के चुनाव में मुसलिम लीग को भारी झटका लगा था। जनादेश का अंग्रेज अगर आदर करते, तो वे जिन्ना को कोई महत्त्व नहीं देते। लेकिन अंग्रेजों ने जिन्ना को वह पद और सम्मान दिया, जिसके वे हकदार नहीं थे। उससे ही मुसलिम लीग को दुस्साहस का अवसर मिला।

यहाँ यह प्रश्न स्वाभाविक रूप से पैदा होता है कि जयपाल सिंह किन कारणों से मुसलिम लीग के गठबंधन से निकले? इसका उत्तर खोजने से पहले यह समझ लेना चाहिए कि जब जयपाल सिंह का झुकाव मुसलिम लीग की तरफ था, तब वे भी अंग्रेजों के बहकावे में आ गए थे। अंग्रेज उस समय आदिवासी, दलित और मुसलिम गठजोड़ के लिए तर्क देते थे। इसके लिए लुभावने नारे देते थे। अंग्रेजों ने इन समुदायों को 'हिंदू राज' का डर दिखाया हुआ था। वह अंग्रेजों की चाल थी। जो इस रूप में व्यक्त होती थी कि कांग्रेस राज यानी हिंदू राज।

अंग्रेजों की चाल कुछ हद तक कामयाब रही। तभी तो 1946 की शुरुआत में 'झारखंड छोटानागपुर-पाकिस्तान' सम्मेलन हुआ। जिसमें जयपाल सिंह भी शामिल हुए। लेकिन मुसलिम लीग ने 'सीधी काररवाई' का जैसे ही ऐलान किया और उसके जो भयावह नतीजे सामने आए, तो जयपाल सिंह चौंक गए। उनकी अंतरात्मा जाग गई। उन्होंने मुसलिम लीग के भयावह रूप को देखा। तब मोहभंग होना ही था, जो हुआ। दूसरी तरफ जिनका वे नेतृत्व कर रहे थे, उन आदिवासियों ने मुसलिम लीग को नकार दिया। लोकसभा में कांग्रेस के सदस्य, इतिहासकार और लेखक शशि थरूर ने अपनी पुस्तक 'अंधकार काल—भारत में ब्रिटिश साम्राज्य' में जो लिखा है, वह उस समय का प्रासंगिक चित्रण है।

'जिन्ना पाकिस्तान प्राप्त करने के लिए दृढ़ संकल्प था। मुसलिम लीग के नेताओं ने अपनी इस माँग को सामने रखने के लिए 16 अगस्त, 1946 का दिन सीधी काररवाई (डायरेक्ट ऐक्शन डे) के रूप में घोषित किया। मुसलिम लीग के हजारों सदस्य हिंसा, लूट व मार-काट

का तांडव मचाते सड़कों पर उतर आए। परिणामस्वरूप हुए दंगों में, विशेष रूप से कलकत्ता (कोलकाता) में 16,000 निर्दोष लोग मारे गए। पुलिस और सेना हाथ-पर-हाथ रखे यह सब देखती रही, ऐसा प्रतीत होता था कि ब्रिटिश शासकों ने कलकत्ता को भीड़ के हवाले करने का निर्णय ले लिया था। अंततः सेना के आने से पहले तीन दिन तक शहर में हुए सांप्रदायिक दंगों में अनेक मौतें व बरबादी हुई। इस हत्याकांड और घृणा ने राष्ट्रीय मानस में कुछ अकथनीय चीर डाला था, अब सामंजस्य असंभव दिखाई देता था।... 'सीधी कारवाई' की विभीषिका होने देनेवाली लीग एवं बंगाल में इसकी सरकार को ब्रिटिश शासन का समर्थन अब भी जारी था।'[7] यही वह भयानक घटना थी, जिसने जयपाल सिंह को हिला दिया। जिससे उनके जीवन का नया अध्याय शुरू हुआ। उन्होंने राह बदली। वे संविधान सभा के सदस्य चुने गए। कांग्रेस के नेताओं के संपर्क में आए। अपनी भूलों को सुधारा। नए अवसर को पहचाना। उसी का प्रकटीकरण उनके भाषण में उस दिन हुआ।

करीब एक दशक तक जयपाल सिंह अंग्रेजों के जाल में उलझे रहे। पहले वे डॉ. राजेंद्र प्रसाद से मिले अवश्य, पर उनका प्रस्ताव उन्हें नहीं भाया। यह बात 1938 की है। डॉ. राजेंद्र प्रसाद चाहते थे कि जयपाल सिंह स्वाधीनता संग्राम में कांग्रेस के सिपाही बनें। इसके लिए उन्हें खर्च की एक रकम भी देने का वादा था। उसी समय जयपाल सिंह की भेंट सर मारिस हैलेट से हुई, जो उस समय बिहार के गवर्नर थे। उनकी ही सलाह पर जयपाल सिंह ने आदिवासी आंदोलन की कमान सँभाली। जो मुसलिम लीग से गठजोड़ तक पहुँचा। मुसलिम लीग की योजना में झारखंड को 'आदिवासी पाकिस्तान' बनाया जाना था। जिसे जयपाल सिंह ने 'सीधी कारवाई' में देखा और वे सावधान हो गए। आजादी के बाद उन्होंने झारखंड पार्टी बनाई। उससे वे पहली, दूसरी और तीसरी लोकसभा में निर्वाचित हुए। 1963 में झारखंड पार्टी का विलय कांग्रेस में हुआ। वे चौथी लोकसभा में भी निर्वाचित हुए थे। 1970 में उनका देहांत हुआ।

## संदर्भ—


1. भारतीय संविधान सभा के वाद-विवाद की सरकारी रिपोर्ट (हिंदी संस्करण), अंक-1, संख्या-9, 19 दिसंबर, 1946, पृ. 21
2. वही, पृ. 21
3. वही, पृ. 21
4. वही, पृ. 21
5. वही, पृ. 22
6. जयपाल सिंह, एक रोमांचक अनकही कहानी, बलबीर दत्त, (जीवनी, संस्मरण एवं ऐतिहासिक दस्तावेज), अध्याय : कांग्रेस 'हिंदूराज' के विरुद्ध मुसलिम लीग से गठजोड़, पृ. 86
7. अंधकार काल : भारत में ब्रिटिश साम्राज्य, शशि थरूर, अध्याय : बाँटो और राज करो, पृ. 216-217


□

# 9

# पहले चरण के अंतिम भाषण

संविधान के लक्ष्य संबंधी प्रस्ताव पर संविधान सभा में बहस दो चरण में हुई। पहले चरण के अंतिम चार भाषण हालाँकि समर्थन में हुए, पर हर भाषण का अपना अलग एक महत्त्व हमेशा बना रहेगा। बंगाल से सदस्य देवीप्रसाद खेतान कारोबारियों का प्रतिनिधित्व कर रहे थे। शुरू में ही उन्होंने इसे स्पष्ट कर दिया कि वे प्रस्ताव को कारोबार की नजर से देखना और दिखाना चाहते हैं। इसे भी स्पष्टतया रखा कि वे प्रस्ताव के समर्थन में हैं। डॉ. जयकर के प्रस्ताव के विरोध में हैं। उनकी दृष्टि में कैबिनेट मिशन की घोषणा में ऐसे अलिखित प्रावधान थे, जिनको खोजकर संविधान सभा अपना लक्ष्य पूरा कर सकती है।

उस समय बड़ा प्रश्न यह था कि क्या संविधान सभा कैबिनेट मिशन की घोषणा से ही बँधी है या वह अपना मार्ग स्वयं निर्धारित कर सकती है। देवी प्रसाद खेतान का कहना था कि कैबिनेट की घोषणा से हमारे हाथ–पाँव बँधते नहीं हैं। जरूरत है एक सूझ–बूझ की। उससे संविधान सभा अपना कार्य अपनी योजनानुसार चला सकती है। वे डॉ. जयकर के तर्कों का खंडन कर रहे थे। उनका सुझाव था कि संविधान सभा के नेतृत्व को यह स्पष्ट कर देना चाहिए कि मूल प्रश्न क्या है? संविधान सभा के केंद्रीय विषय क्या हैं? उसके प्रबंध के लिए कितना धन आवश्यक है? इसका निर्णय कर सिंद्धात का निरूपण करना चाहिए।

मुसलिम लीग का अंतत: रुख क्या होगा? इसके बारे में हर वक्ता ने अपना दृष्टिकोण रखा।

देवीप्रसाद खेतान भी इस मत के थे कि मुसलिम लीग की परवाह नहीं करनी चाहिए। उनका कथन था—'हम बहुत बार मिस्टर जिन्ना से मिले। क्या हम कभी उनके हृदय को पिघला सके? उन्होंने अंतरिम सरकार में शामिल होने का निमंत्रण भी स्वीकार नहीं किया, बल्कि यह कहा कि वे वायसराय का निमंत्रण स्वीकार कर रहे हैं। जब किसी निर्णय पर पहुँचने के लिए कांग्रेस नेता उनसे मिले, तो वे अपने मित्र चर्चिल को बीच में ले आए। उनसे कहा कि मिथ्या-भ्रमों के स्पष्टीकरण के लिए कांग्रेस के नेताओं को लंदन बुलाएँ।'[1] वे यहीं नहीं रुके। जिन्ना पर हिंदू-फोबिया का आरोप लगाया और कहा कि वे मिथ्या-भ्रम के शिकार हैं। उन्होंने संविधान सभा से अपील की कि हमें जिन्ना-फोबिया से बचना चाहिए। मुसलिम लीग और जिन्ना के सामने असहाय न होकर हमें अपना कार्य करना चाहिए। यह थी उनकी सलाह।

उस दिन यानी 19 दिसंबर, 1946 को उनके बाद डंबर सिंह गुरंग बोले। वे गोरखा समुदाय का प्रतिनिधित्व कर रहे थे। संविधान सभा में गोरखा समुदाय के अकेले प्रतिनिधि थे। उस समय भारत में गोरखा समुदाय की आबादी तीस लाख थी। वे अखिल भारतीय गोरखा संघ के प्रधान थे। उन्होंने नेहरू के प्रस्ताव का समर्थन किया। वे 'प्रतीक्षा करें' की नीति के विरोध में बोले। उनकी दृष्टि में डॉ. जयकर और डॉ. आंबेडकर 'प्रतीक्षा करें' की नीति के पैरोकार थे। उनका कहना था कि इस नीति से हम अपने लक्ष्य तक कभी पहुँच नहीं पाएँगे। उनके इस कथन पर सदन में हँसी का फव्वारा फूट पड़ा, जब कहा कि 'सौभाग्य से ये डॉक्टर इलाज वाले नहीं हैं, नहीं तो ये ऑपरेशन में देर कर रोगी को ही मार डालते।'[2] उनका मत था कि प्रतीक्षा करने से अपनी दुर्बलता प्रकट होगी। उन्होंने गोरखा समाज की समस्याओं को उठाया। यह बताया कि वे समस्त भारत में फैले हुए हैं। यह समझना भूल है कि गोरखा सिर्फ दार्जिलिंग और असम में ही हैं। गोरखा समुदाय की उपेक्षा अंग्रेजों ने की। इससे गोरखा पिछड़ गए, जबकि सेना में बलिदान का कीर्तिमान स्थापित किया। उनका प्रश्न था कि क्या कांग्रेस उसी नीति का अनुसरण करेगी? इस प्रश्न को यह कहकर उचित ठहराया कि कांग्रेस नेतृत्व ने गोरखा संघ की प्रार्थना अनसुनी कर दी। गोरखा संघ को संविधान सभा में एक सीट दी गई, जबकि आबादी तीस लाख थी। वहीं एंग्लो इंडियन को तीन सीटें दी गईं, जिनकी आबादी तब करीब डेढ़ लाख थी।

उनके भाषण का यह अंश ज्यों-का-त्यों इस प्रकार है—'अगर मिस्टर जिन्ना अपने आप को भारतीय समझते हैं, तो मैं उनसे प्रार्थना करूँगा कि वे भारतवर्ष में आएँ और यहाँ आकर अपने मतभेदों को दूर करें। क्योंकि यह हमारा घरेलू झगड़ा है। वे क्यों उन लोगों की सहायता खोजते हैं, जिन्होंने शताब्दियों तक हमें दासता में रखा है? मैं एक विदेशी के पाखंडपूर्ण दुलार से भाई की ठोकर को अधिक हितकर समझूँगा। अगर बहुसंख्यक दल अल्पसंख्यकों के निमित्त कोई न्याय नहीं करता, तो हम संगठन करेंगे, विद्रोह करेंगे और भारतवर्ष में असह्य कठिनाई उत्पन्न कर देंगे। मुझे भय है कि भारत के प्राचीन इतिहास की पुनरावृत्ति न हो। मैं एक विषय स्पष्ट कर दूँ कि कोई भी अल्पसंख्यक (जाति) मिस्टर जिन्ना के मूर्खतापूर्ण पाकिस्तान के अड़ंगे के अधिकार

का समर्थन नहीं करेगी। हम अखंड भारत के समर्थक हैं। इस सबके विरुद्ध अगर मिस्टर जिन्ना गृहयुद्ध की धमकी देते चले आ रहे हैं, तो मैं देशवासियों से उस धमकी को स्वीकार करने की प्रार्थना करता हूँ और हमें लड़कर उसका निबटारा कर देना चाहिए। गोरखे उनके साथ लड़ेंगे, जो अखंड भारत चाहते हैं और उनका विरोध करेंगे, जो भारत का विभाजन चाहते हैं।'[3]

उस समय एक राज्य होता था, सी.पी. और बरार। उसके एक प्रतिनिधि डॉ. हरि सिंह गौड़ थे। वे चार बातों पर बोले। नेहरू का प्रस्ताव, डॉ. जयकर का विरोध प्रस्ताव, जिन्ना के कुतर्क और देशी रियासतों का प्रश्न। उनका कहना था कि जो सदस्य यह समझते हैं कि संविधान सभा के हाथ-पाँव बँधे हुए हैं, वे भ्रम में हैं। यह संविधान सभा भारतीय जनता की वास्तविक प्रतिनिधि है। इस पर पूरी सभा ने उनकी वाहवाही की। अंग्रेजों ने तो विवश होकर संविधान सभा को स्वीकार किया। यह माँग पुरानी थी, इसलिए संविधान सभा ब्रिटिश कैबिनेट मिशन की घोषणा से बँधी हुई नहीं है। यह सभा भारतीय जनता की आकांक्षाओं से प्रकट हुई है। उसका कर्तव्य है कि वह जिस लिए बनी है, उसे पूरा करे।

वे किसी भ्रम में नहीं थे। स्पष्ट थे। उनका कहना था कि संविधान सभा अपना मान और गौरव खो देगी, अगर वह मुसलिम लीग के सामने याचक की भाँति पीछे-पीछे भागती फिरेगी। संविधान सभा का कर्तव्य भारतीय जनता के प्रति है। उसका उसे पालन करना चाहिए। हमें जिन्ना की परवाह नहीं करनी चाहिए। उन दिनों जिन्ना कैरो में थे। इसका उल्लेख कई सदस्यों ने अपने भाषण में किया। हरि सिंह गौड़ का भाषण पाकिस्तान की काली छाया में था। वे तर्क दे रहे थे कि पाकिस्तान का निर्माण मुसलमानों के हक में नहीं होगा। राजनीति और धर्म को मिला देने का जो नुकसान तुर्की को हुआ, वह दोहराया नहीं जाना चाहिए। उन्होंने कहा कि हम अखंड भारत के हामी हैं, जिसमें मुसलमानों का हित सुरक्षित रहेगा। इसके लिए उन्होंने फॉर्मूले भी सुझाए। अमेरिका का उदाहरण देकर अपनी बात स्पष्ट की। कहा कि 'अमेरिका में पचास भिन्न-भिन्न जातियाँ हैं, पर जैसे ही अमेरिका का स्वतंत्रता युद्ध हुआ और विजय हुई, तो उन्होंने धर्म को राज्य व्यवस्था से अलग रखा। यही कारण है कि अमेरिका एक प्रभुत्वशाली जाति हो गई है।' भारत को एशिया का नेतृत्व करना है।

देशी रियासतों के प्रतिनिधि जो तर्क दे रहे थे, उनका सिलसिलेवार उन्होंने खंडन किया। रियासतों का तर्क यह था कि उनकी ब्रिटेन की सरकार से संप्रभुता की संधि है। वे इसे रियासतों का कुतर्क मानते थे। इस आधार पर उनकी सलाह थी कि देशी रियासतों को संविधान सभा में शामिल होना चाहिए। उन्हें प्रतीक्षा नहीं करनी चाहिए। उन्होंने संविधान सभा को सलाह दी कि वह देशी रियासतों के प्रश्न पर व्यथित न हों। वे कांग्रेस के इस तर्क से भी असहमत थे कि संविधान सभा ब्रिटिश कैबिनेट मिशन की उपज है। इस बारे में कांग्रेस के नेतृत्व की उन्होंने आलोचना भी की। स्पष्ट कहा कि कांग्रेस नेतृत्व ने इसे गलत समझा है। संविधान सभा ब्रिटिश सरकार की देन नहीं

है। वे इसे जब ललकार कर कह रहे थे, तब संविधान सभा में आवाज उठी—वाह-वाह। उनके ये थे वाक्य—'इसकी (संविधान सभा) सत्ता इस बात के आधार पर है कि देश की राजनीतिक जागृति इस सीमा तक उन्नत हो चुकी है कि ब्रिटिश सरकार को वैधानिक स्वतंत्रता का सामना करना पड़ेगा। अपने कथन को इस तरह पूरा किया—यह राजनीतिक आवश्यकता का प्रश्न हो गया है।'[4] हमें स्वतंत्रता मिलेगी और जरूर मिलेगी। हमें अपना लक्ष्य पूरा करना चाहिए। बगैर मुसलिम लीग और ब्रिटिश सरकार की परवाह किए।'[5]

उस दिन की आखिरी वक्ता थीं—दाक्षायणी बेलायुदन। वे तमिलनाडु से थीं। सबसे पहले उन्होंने महात्मा गांधी को याद किया और कहा कि 'यह उनकी अंतर्दृष्टि, उनके राजनीतिक आदर्शवाद और उनकी सामाजिक उत्कंठा है, जिसने हमें अपने लक्ष्य प्राप्त करने के साधन उपलब्ध कराए।'[6] उनका यह कहना दिशाबोधक था कि 'संविधान सभा केवल संविधान ही नहीं बनाती, वरन् जनता को जीवन का नया स्वरूप भी देती है।'[7] उनका कथन तब एक चेतावनी भी था, जब उन्होंने कहा कि संविधान बनाना सरल कार्य है, क्योंकि अनुकरण के लिए अनेक नमूने हैं। वे अपने ढंग से संविधान सभा को उपस्थित चुनौतियों से परिचित करा रही थी। चुनौती यह थी कि संविधान सभा को लोकतंत्र का अपना मार्ग चुनना था। उन्होंने पृथकतावाद को अनुचित ठहराया। ऐसे लोकतंत्र की कल्पना की, जिसमें अधिकार जनता में निहित होगा। समाज का हर वर्ग अपने अधिकार प्राप्त कर सकेगा। पृथकतावाद से जो समस्याएँ पैदा हो सकती हैं, उनका वर्णन कर उन्होंने कहा कि जो भी इस मार्ग का अवलंबन करेगा, वह राष्ट्रीयता की धारा को कमजोर करने का दोषी बनेगा। इस पर सदन में वाह-वाह की आवाज उठी। अंग्रेजों की चाल थी कि वे पहले हिंदू और मुसलमान को अलग कर बाद में हिंदू समाज से अनुसूचित जाति और जनजाति को अलग करना चाहते थे। इसका उल्लेख कर उन्होंने कहा कि अंग्रेजों को समझना चाहिए कि हम पहले भारतीय हैं। उन्होंने कम्युनिस्टों की चाल से भी सभा को सावधान किया। कहा कि कम्युनिस्ट विभेदक की भूमिका निभा रहे हैं।

**संदर्भ—**


1. भारतीय संविधान सभा के वाद-विवाद की सरकारी रिपोर्ट (हिंदी संस्करण), अंक-1, संख्या-9, 19 दिसंबर, 1946, पृ. 26-27
2. वही, पृ. 28
3. वही, पृ. 29
4. वही, पृ. 33-34
5. वही, पृ. 34
6. वही, पृ. 35
7. वही, पृ. 34


□

# 10

# आधुनिक जीवन का आधार राष्ट्रीयता!

पं. जवाहरलाल नेहरू के लक्ष्य संबंधी प्रस्ताव पर दूसरे चरण की बहस महीने भर बाद फिर से शुरू हुई। इस अवधि में मुसलिम लीग की प्रतीक्षा की जा रही थी। कैबिनेट मिशन योजना को स्वीकार करने के बावजूद मुसलिम लीग संविधान सभा में नहीं आई थी। उसे ब्रिटिश साम्राज्यवाद की कुचालों का सहारा मिल रहा था। उसी कुचाल में ब्रिटेन की संसद् में चर्चिल और वाईकाउंट साइमन ने आरोप लगाया था कि भारत की संविधान सभा में 'केवल एक बड़ी जाति का' प्रतिनिधित्व हुआ है। इसमें यह आशय है कि संविधान सभा लूली-लँगड़ी है, आधी-अधूरी है। पूरे देश का प्रतिनिधित्व नहीं करती है। इसलिए जरूरी हो गया था कि वास्तविकता से देश-दुनिया को परिचित करा दिया जाए। यह काम संविधान सभा के अध्यक्ष डॉ. राजेंद्र प्रसाद ने सबसे पहले किया। तारीख है—20 जनवरी, 1947।

उन्होंने जो कहा, वह यह है—'मैं सच्ची हालत बता देना आवश्यक समझता हूँ। संविधान सभा में 296 सदस्य चुने गए। लेकिन उनमें से 210 सदस्य ही आए। इनमें से 155 हिंदू थे, जबकि उनकी कुल संख्या 160 थी; 30 अनुसूचित जातियों के सदस्य थे, जबकि उनकी कुल संख्या 33 थी; पाँच सिख सदस्य थे; 6 देशी ईसाइयों के सदस्य थे, जबकि उनकी कुल संख्या 7 थी; पिछड़ी जातियों के पाँच सदस्य थे; एंग्लो इंडियन के तीन सदस्य थे; पारसियों के तीन सदस्य थे; और मुसलमानों के 4 सदस्य थे, जबकि उनकी कुल संख्या 80 थी। मुसलिम लीग

के प्रतिनिधियों की अनुपस्थिति निस्संदेह उल्लेखनीय है।'[1] यह तथ्य थे, जिन्हें डॉ. राजेंद्र प्रसाद ने प्रस्तुत कर ब्रिटिश नेताओं को सावधान कर दिया कि वे मुसलिम लीग के स्वर-में-स्वर न मिलाएँ और यह कुत्सित आरोप न लगाएँ कि संविधान सभा 'हिंदुओं की एक सभा' है।

इस स्पष्टीकरण के बाद लक्ष्य संबंधी प्रस्ताव पर दूसरे चरण की बहस को डॉ. सर्वपल्ली राधाकृष्णन ने प्रारंभ किया। बाद में, वे दूसरे राष्ट्रपति बने। संविधान सभा में वे उत्तर प्रदेश से चुनकर आए थे। महान् दार्शनिक डॉ. राधाकृष्णन ने बहस को नई ऊँचाई दी। संविधान के लक्ष्य को स्पष्ट किया। कहा कि 'हम भारतीय समाज में मौलिक परिवर्तन करना चाहते हैं। अपनी राजनीतिक और आर्थिक पराधीनता का अंत करना चाहते हैं। वे लोग जिनका आत्मबल बढ़ा-चढ़ा होता है, जिनकी दृष्टि संकुचित नहीं होती, वे अवसर से लाभ उठाते हैं और अपने लिए नए अवसर पैदा करते हैं।'[2] उनकी दृष्टि में संविधान सभा भारत के लिए नया अवसर उपस्थित कर रही थी।

उन्होंने किसी का भी नाम नहीं लिया। लेकिन उनके भाषण को पढ़कर समझा जा सकता है कि वे मुसलिम लीग और चर्चिल को जवाब दे रहे हैं। डॉ. राजेंद्र प्रसाद के कथन की पुष्टि कर रहे हैं। उनका कहना था कि 'हम उन सबसे, जो संविधान सभा में नहीं आए हैं, यह कहना चाहते हैं कि हमारी इच्छा यह कभी भी नहीं है कि हम किसी वर्ग विशेष की सरकार स्थापित करें। हम यहाँ सभी भारतीयों के लिए स्वराज्य की स्थापना का कार्य कर रहे हैं।'[3] भारत ब्रिटिश साम्राज्य के दूसरे उपनिवेशों जैसा नहीं है। इसे डॉ. राधाकृष्णन ने बताया। उन्होंने कहा कि 'जहाँ तक भारत का संबंध है, यह ऑस्ट्रेलिया, न्यूजीलैंड, कनाडा या दक्षिण अफ्रीका की तरह सिर्फ उपनिवेश नहीं है। भारत की एक महान् सांस्कृतिक परंपरा रही है। बहुत काल तक इसने स्वतंत्र जीवन व्यतीत किया है। इसलिए इसकी कल्पना भी नहीं की जा सकती कि भारत दूसरे उपनिवेशों की तरह एक उपनिवेश है।'[4]

डॉ. राधाकृष्णन ने गणतंत्र की अवधारणा को अपने भाषण में विस्तार से समझाया। यह बताया कि भारत में गणतंत्रात्मक परंपरा रही है। 'इतिहास बताता है कि बहुत प्राचीन काल से यह प्रथा चली आई है, जब उत्तर भारत के कुछ व्यापारी दक्षिण गए, तो दक्षिण के एक नरेश ने उनसे पूछा, आपका राजा कौन है? उन्होंने जवाब दिया, हममें से कुछ पर परिषद् शासन करती है, और कुछ पर राजा। पाणिनी, मेगस्थनीज और कौटिल्य, प्राचीन भारत के गणतंत्रों का उल्लेख करते हैं। महात्मा बुद्ध कपिलवस्तु गणराज्य के निवासी थे।'[5]

संविधान सभा में बोलते हुए डॉ. राधाकृष्णन अनुभव कर रहे थे कि भारत स्वतंत्रता की संधि वेला में है। आजादी दरवाजे पर खड़ी है। ऐसे समय में बहुत स्वाभाविक और मौलिक प्रश्न जो हो सकता था, उसे उन्होंने उठाया और उसका एक समाधान भी दिया। जो प्रश्न तब था, वह आज भी है। उतना ही ज्वलंत और प्रासंगिक। प्रश्न यह है कि सार्वभौम सत्ता कहाँ

है ? कैसी होनी चाहिए ? उसका मूल स्वरूप क्या होगा ? इन्हीं प्रश्नों के सही उत्तर से गणराज्य की रचना होती है। कोई भी गणराज्य हो, उसकी नींव में सार्वभौम सत्ता होती है। जिस पर गणराज्य का महल खड़ा होता है। डॉ. राधाकृष्णन ने इस बारे में जो कहा, वह यह है—'हमारी यह धारणा है कि सार्वभौम सत्ता का आधार अंतिम रूप से नैतिक सिद्धांत है, मनुष्य मात्र का अंत:करण है। लोग और राजा भी उसके अधीन हैं। धर्म राजाओं का भी राजा है। वह लोगों और राजाओं दोनों का शासक है।'[6]

उस समय मुसलिम लीग जोर-शोर से नारा दे रही थी कि हिंदू और मुसलमान दो राष्ट्र हैं, जिसका आधार धर्म है। इसका समुचित उत्तर डॉ. राधाकृष्णन के भाषण में है। वे कहते हैं कि 'आधुनिक जीवन का आधार राष्ट्रीयता है, न कि धर्म। मिस्र के स्वतंत्रता आंदोलन, अरब में लॉरेंस के साहसपूर्ण कार्य, कमाल पाशा के तुर्की का उदाहरण, इस ओर संकेत करते हैं कि धार्मिक राज्यों के दिन लद गए हैं। आजकल राष्ट्रीयता का जमाना है। इस देश में हिंदू और मुसलमान एक हजार वर्ष से भी अधिक समय से साथ-साथ रहते आए हैं। वे एक ही देश के रहनेवाले हैं और एक ही भाषा बोलते हैं। उनकी जातीय परंपरा एक ही है। उन्हें एक ही प्रकार के भविष्य का निर्माण करना है। वे एक-दूसरे में गुंथे हुए हैं। हम अपने देश के किसी भी भाग को अलग नहीं कर सकते। हमारा देश सार्वभौम है। यदि हम दो राज्य भी स्थापित करें, तो उनमें बहुत बड़े अल्पसंख्यक समूह होंगे और ये अल्पसंख्यक, चाहे इन पर अत्याचार हो या न हो, अपनी रक्षा के लिए अपनी सरहदों के उस पार से सहायता माँगेंगे। इससे निरंतर कलह होगी और वह उस समय तक चलती रहेगी, जब तक भारत एक संयुक्त राष्ट्र न हो जाए।'[7] इसे पढ़कर कोई भी बोल पड़ेगा, धन्य हो! डॉ. राधाकृष्णन, जिनका कहा अंशत: सच साबित हुआ है। दूसरा हिस्सा, जिसका संबंध संयुक्त राष्ट्र से है, वह सच होने की प्रतीक्षा कर रहा है।

उसी कड़ी में उन्होंने एक नई अवधारणा दी। 'वह बहुराष्ट्रीय राज्य की थी।'[8] जिसमें 'विभिन्न संस्कृतियों को अपने विकास का पर्याप्त अवसर मिले।'[9] डॉ. राधाकृष्णन के सुपुत्र सर्वपल्ली गोपाल ने उनकी जीवनी में लिखा है कि संविधान सभा के इस भाषण पर उस समय की जटिल परिस्थितियों का प्रभाव था, इसी कारण उन्होंने बहुराष्ट्रीय राज्य की अवधारणा दी, जो उनके चिंतन में झोल को प्रकट करता है। नेहरू के प्रस्ताव में मौलिक अधिकारों के उल्लेख पर डॉ. राधाकृष्णन की टिप्पणी थी कि 'हम एक सामाजिक व आर्थिक क्रांति करने का प्रयत्न कर रहे हैं।'[10] उस क्रांति का आधार क्या होगा ? दिशा क्या होगी ? इस बारे में उनका मत था कि मनुष्य के अंत:करण की स्वतंत्रता' ज्यादा महत्त्वपूर्ण है। उसकी रक्षा की जानी चाहिए। 'जब तक कि स्वतंत्रता की भावना उत्पन्न न की जाए, केवल स्वतंत्रता की दशाओं को पैदा करने से कोई लाभ न होगा। मनुष्य के मस्तिष्क को अपना विकास करने और पूर्णावस्था प्राप्त

करने की पूरी स्वतंत्रता होनी चाहिए। मनुष्य की उन्नति उसके मस्तिष्क की क्रीड़ा से ही होती है। वह कभी सृजन करता है तो कभी विनाश और इसी तरह उसमें निरंतर परिवर्तन होता रहता है। हमें मनुष्य के अंत:करण की स्वतंत्रता की रक्षा करनी है, जिससे उसमें राज्य हस्तक्षेप न कर सके।'[11]

कैबिनेट मिशन की संवैधानिक रूपरेखा में संविधान सभा काम कर रही थी। उसे पूरी स्वतंत्रता नहीं थी। इसे ही ध्यान में रखकर डॉ. राधाकृष्णन ने लक्ष्य संबंधी प्रस्ताव को 'लोगों से एक प्रतिज्ञा और सभ्य संसार से एक संधि'[12] बताया। कुछ दिनों पहले चर्चिल ने पूछा था कि क्या भारत की संविधान सभा प्रामाणिक रूप से काम कर रही है? इसके जवाब में ब्रिटिश सरकार की ओर से अलेक्जेंडर ने कहा कि 'संविधान सभा के लिए चुनाव की जो योजना थी, उसका कार्य समाप्त हो चुका है। अगर मुसलिम लीग ने उसमें जाना स्वीकार नहीं किया, तो आप एक नियमानुसार निर्वाचित संविधान सभा को अपना कार्य करने से कैसे रोक सकते हैं?'[13] यह उद्धरण देकर डॉ. राधाकृष्णन ने कहा कि संविधान सभा न्यायोचित रूप से काम कर रही है।

ब्रिटेन का भारत के संविधान सभा के प्रति रवैया संदेह के घेरे में था। संविधान सभा बन गई थी। वह तमाम कठिनाइयों और ब्रिटिश सरकार की ओर से खड़ी की जा रही बाधाओं के बावजूद अपना काम करने लगी थी। जो ब्रिटिश सरकार और जनमत को रास नहीं आ रहा था। ऐसी परिस्थिति में डॉ. राधाकृष्णन ने ब्रिटेन के प्रधानमंत्री एटली के कथन का हवाला दिया। वह 15 मार्च, 1946 के उस भाषण का अंश है, जो उन्होंने हाउस ऑफ कॉमन्स में दिया था। एटली ने कहा था कि 'एशिया ऐसे विशाल महाद्वीप में, जो युद्ध में विध्वस्त हो गया है, भारत एक ऐसा देश है, जो लोकतंत्र के सिद्धांतों को प्रयोग में लाने की चेष्टा करता रहा है। हमेशा ही मेरा अपना अनुभव यह रहा है कि राजनीतिक भारत एशिया की ज्योति हो सकता है। एशिया का ही नहीं, वरन् संसार की ज्योति हो सकता है और उसके विभ्रांत मस्तिष्क में एक आंतरिक कल्पना जाग्रत् कर सकता है और उसकी विचलित बुद्धि को उन्नति का मार्ग दिखा सकता है।'[14] इसे याद दिलाकर डॉ. राधाकृष्णन ने अपने भाषण का यह कहकर समापन किया कि 'संविधान सभा को स्वीकार कीजिए। उसके नियमों को स्वीकार कीजिए। देखिए कि अल्पसंख्यकों के हितों की पर्याप्त सुरक्षा की गई है या नहीं। अगर की गई है तो उन्हें कानून का रूप दीजिए।'[15] उनका यह कथन एक चेतावनी थी। जिसे ब्रिटेन ने समझा जरूर, पर उसके अनुरूप काम नहीं किया। परिणामस्वरूप जो कुछ हुआ, उसकी ओर संकेत डॉ. राधाकृष्णन ने इन शब्दों में कर दिया था, 'अगर सभी शर्तों के पूरा होने पर आप यह दिखाने की कोशिश करें कि कुछ बातें रह गई हैं तो यह समझा जाएगा कि अंग्रेज सारी सरकारी योजना की भावना के प्रतिकूल जा रहे हैं और संसार की वर्तमान परिस्थिति में इसका इतना भयंकर परिणाम होगा कि मैं उसकी कल्पना

भी नहीं करना चाहता।'[16] उनकी इस चेतावनी में एक ऐतिहासिक प्रसंग छिपा है। 'भारत मंत्री पैथिक लॉरेंस कैबिनेट मिशन में भारत आने से पहले डॉ. राधाकृष्णन से मिले थे। उन दिनों वे ऑक्सफोर्ड में थे, उन्हें जो भरोसा दिया था, उसे बिना कहे डॉ. राधाकृष्णन ने उचित समय पर ब्रिटिश सरकार को चेतावनी दी।'[17]

**संदर्भ—**


1. भारतीय संविधान सभा के वाद-विवाद की सरकारी रिपोर्ट (हिंदी संस्करण), अंक-2, संख्या-1, 20 जनवरी, 1947, पृ. 1
2. वही, पृ. 4
3. वही, पृ. 4
4. वही, पृ. 6
5. वही, पृ. 7-8
6. वही, पृ. 8
7. वही, पृ. 9
8. वही, पृ. 9
9. वही, पृ. 9
10. वही, पृ. 9
11. वही, पृ. 10
12. वही, पृ. 10
13. वही, पृ. 10
14. वही, पृ. 10
15. वही, पृ. 10-11
16. वही, पृ. 11
17. राधाकृष्णन : एक जीवनी, सर्वपल्ली गोपाल, पृ. 186


□

# 11

# मुसलिम लीग की प्रेत बाधा

मुसलिम लीग की अनुपस्थिति संविधान सभा पर अंत तक छाई रही। इस तरह मानो संविधान सभा पर मुसलिम लीग की प्रेत बाधा मँडरा रही हो। उससे चाहते हुए भी छुटकारा नहीं मिला। विडंबना ही इसे कहेंगे कि अंतिम क्षण तक कांग्रेस नेतृत्व झूठी उम्मीद के भ्रमजाल से निकल नहीं सका। पहले चरण में यह उम्मीद थी कि मुसलिम लीग अंततः संविधान सभा में सम्मिलित हो जाएगी, इसीलिए लक्ष्य संबंधी प्रस्ताव पर बहस को एक माह के लिए टाल दिया गया। फिर भी मुसलिम लीग नहीं आई। इसका प्रभाव और परिणाम संविधान सभा पर जो होना था, वह हुआ। वही दूसरे चरण की बहस में शरीक लोगों के भाषण में दिखता है। इस चरण के दूसरे वक्ता नरहर विष्णु गाडगिल थे। वे लोकमान्य तिलक से प्रभावित होकर स्वाधीनता संग्राम में कूदे थे। आजादी के बाद नेहरू मंत्रिमंडल में अनेक महत्त्वपूर्ण पदों पर रहे। संविधान सभा में लक्ष्य संबंधी प्रस्ताव के समर्थन में उनका बोलना स्वाभाविक था।

उनके भाषण में नए तर्क हैं। जो पहले बोला गया है, उसमें उन्होंने नई धार दी। इसे उनके इस कथन से समझा जा सकता है, 'यह संविधान सभा न केवल शासन का स्वरूप विकसित करने के लिए है, बल्कि उसके विवरण को भी तैयार कर देने के लिए है।'[1] उनके इस कथन से स्पष्ट है कि संविधान सभा को उस समय जिस लक्ष्य को समझने की जरूरत थी, उसे ही वे व्यक्त कर रहे थे। उनके कथन का एक आधार भी था। वह यह कि ब्रिटिश प्रधानमंत्री एटली

ने अपने भाषण में कहा था कि 'मेरे साथी इस इरादे से भारत जा रहे हैं कि वे उस देश को शीघ्रातिशीघ्र आजादी दिलाने की कोशिश करें।'[2] उसके बाद ही उनके मंत्रिमंडल के तीन सदस्य लॉर्ड पेथिक लॉरेंस, सर स्टेफर्ड क्रिप्स और ए.वी. अलेक्जेंडर 23 मार्च, 1946 को भारत पहुँचे। एटली के 'साथी' यही थे।

एटली के मंत्रियों की वह टीम ही कैबिनेट मिशन कहलाई। उसके भारत आने पर परिस्थिति असाधारण थी। कांग्रेस तीन बातें चाहती थी। संविधान सभा, भारत की आजादी और अंतरिम सरकार। लेकिन मुसलिम लीग भारत विभाजन के लक्ष्य से कम किसी बात पर समझौता नहीं करने की रणनीति पर चल रही थी। कैबिनेट मिशन ने जो घोषणा की, उसे तब कांग्रेस और मुसलिम लीग दोनों ने अपनी-अपनी सफलता माना। कैबिनेट मिशन ने अपनी योजना 16 मई, 1946 को घोषित कर दी। उससे ही संविधान सभा का जन्म हुआ। कैबिनेट मिशन की योजना में ही संविधान सभा की पूरी रूपरेखा, उसकी सीमाएँ और अधिकार क्षेत्र का वर्णन है।

कांग्रेस और मुसलिम लीग ने कैबिनेट मिशन योजना को अपने-अपने ढंग से देखा और देश को दिखाया। संविधान सभा में बहस के दौरान जो भाषण हुए, वे ज्यादातर तो कैबिनेट मिशन की अपने दृष्टिकोण से व्याख्या प्रस्तुत करते हैं। दूसरे चरण की बहस पर यह छाप दिखती है कि वक्ताओं ने समझ लिया और मान लिया कि मुसलिम लीग का इंतजार अनावश्यक है। मुसलिम लीग संविधान सभा में नहीं आएगी। यही बात नरहर विष्णु गाडगिल के भाषण में भी है, जब वे कहते हैं कि 'वास्तव में हम यहाँ कार्यकारिणी के रूप में इकट्ठे हुए हैं और संविधान सभा स्वतंत्रता के संघर्ष की एक मंजिल है।'[3]

इस भूमिका के बाद वे पं. जवाहरलाल नेहरू के लक्ष्य संबंधी प्रस्ताव पर बोले। 'इसमें हमारे ध्येय की परिभाषा की गई है, स्वतंत्र सर्वोच्च लोकतंत्र।'[4] वे प्रश्न पूछते हैं। उनका प्रश्न मुसलिम लीग से है कि क्या वह लोकतंत्र के विरुद्ध है? मुसलिम लीग को इस प्रश्न से वे निरुत्तर करने के भाव से कहते हैं कि 'जहाँ तक मैं जानता हूँ कि मुसलिम लीग ने गत छह वर्षों में जितने प्रस्ताव पास किए हैं, उनमें उसने अपने ध्येय गणतंत्रात्मक स्वतंत्रता को ही प्रकट किया है। वास्तव में, आज जो इसलामी मुल्क इसलामी दुनिया का नेतृत्व कर रहा है, वह तुर्की भी लोकतांत्रिक राज्य है। इसलिए मुसलिम लीग को हमारे इस ध्येय में आपत्ति नहीं होनी चाहिए।'[5] तर्क के लिए उनका यह कहना समझ में आता है।

लेकिन आज जब कोई भी उन परिस्थितियों पर नजर डालेगा, तो पाएगा कि नरहर विष्णु गाडगिल भी भ्रम में थे। उसी तरह जैसे कि कांग्रेस का पूरा नेतृत्व भी भ्रम में था। उसी भ्रम के कारण वह नेतृत्व मुसलिम लीग की चाल समझ नहीं पाया। तभी तो वे यह कहते हैं कि 'इसलिए मुसलिम लीग को हमारे इस ध्येय में कोई आपत्ति नहीं होनी चाहिए। अतएव यह देखना चाहिए कि इस प्रस्ताव में गुण क्या हैं, और यदि यह बताया जा सके कि कोई बात

आपत्तिजनक है, तो उसको तब समन्वित किया जा सकता है, जब आपत्ति करनेवाले यहाँ होंगे।'[6] इससे यही भाव निकलता है कि कांग्रेस उस समय भी मुसलिम लीग से संविधान सभा में सम्मिलित होने की झूठी आशा कर रही थी।

संविधान सभा के सामने मुसलिम लीग के अलावा दूसरा बड़ा प्रश्न था कि ब्रिटिश सरकार का रवैया क्या होगा? कहीं ऐसा तो नहीं है कि संविधान सभा के प्रयास पर वह पानी फेर दे। इस बारे में जो बातें नरहर विष्णु गाडगिल ने तब कही, उससे यह आशंका उभरती है। उनके भाषण में आशंका और उसका निराकरण भी दिखता है। इन वाक्यों से आशंका प्रकट होती है—'अगर संविधान तैयार कर लिया जाता है और उसकी स्वीकृति नहीं मिलती, तो जनता पूछेगी कि उसके अनुमोदन का क्या हुआ?'[7] इस पर उनका कहना था कि 'अनुमोदन के दो प्रकार हैं—नैतिक और भौतिक।'[8] इसके बाद वे कहते हैं कि 'हम संविधान बनाने की दिशा में जैसे-जैसे बढ़ते जाएँगे, इस देश में ब्रिटिश शक्ति सूखती जाएगी। अंत में, वह लुप्त हो जाएगी। बच जाएगी उसकी विधिवत् विदाई।'[9] उनका आशय यह था कि संविधान सभा जो दस्तावेज बनाएगी, उसे भारत का नैतिक समर्थन होगा। लेकिन भौतिक समर्थन तो ब्रिटिश सरकार को ही देना था। परिस्थितियाँ ऐसी बनेंगी कि ब्रिटिश सरकार इसके लिए विवश हो जाएगी।

नरहर विष्णु गाडगिल के भाषण का अंतिम अंश का संबंध उस चुनौती से था, जिसे अंग्रेज शासक 'अल्पसंख्यकों के प्रश्न' कहते थे। इस पर उन्होंने कहा कि 'यह समस्या तो विदेशी शक्ति की सृष्टि है।'[10] इसके बाद उन्होंने जो कहा, वह उनका और व्यापक अर्थों में कहें तो भारत ऐसी आशा तब और आज भी करता है। उनके वाक्य हैं—'प्रयाग के संगम के बाद कोई गंगा और जमुना के जल को साथ बहने से नहीं रोक सका।'[11] उनके इस कथन पर संविधान सभा में सदस्यों ने हर्ष ध्वनि की। अपना समर्थन जताया। उनके आशावाद से ही आह्वान के यह वाक्य निकले थे—'समय आ गया है, जब दोनों संप्रदायों को अक्ल आएगी और परिणाम यह होगा कि वह एक ऊँची एकता स्थापित करेंगे।'[12]

उस दिन उनके भाषण के यह अंतिम अंश संविधान सभा के सपने को प्रकट करता है। 'हम जो प्रतिनिधि यहाँ एकत्र हुए हैं, उन पर जो कार्यभार डाला गया है, वह महान् और ऐतिहासिक है। मुझे संदेह नहीं है कि हम इस अवसर का सदुपयोग करेंगे और इस प्राचीन देश को स्वतंत्रता के ध्येय तक पहुँचाएँगे। ऐसे समाज की रचना करेंगे, जिसमें मनुष्य की कद्र उसकी संपत्ति से नहीं, उसके गुणों से होगी, जिसमें मनुष्य का चरित्र ही उसकी कसौटी होगा, रुपये-पैसे नहीं; जिसमें गर्व को तिलांजलि दी जा चुकी होगी और ईर्ष्या, जिह्वा से न निकल सकेगी; जिसमें पुरुष और स्त्री अपना मस्तक ऊँचा करके चलेंगे; जहाँ सब सुखी होंगे, क्योंकि सभी समान होंगे, जिसमें धर्मयुद्ध क्षेत्र नहीं होंगे, क्योंकि सभी कर्तव्य की देवी के उपासक होंगे,

जिसमें जाति का अभिमान भी नहीं होगा और जाति की हीनता-जनित लज्जा भी नहीं होगी।'[13] वे इसे अधिक व्यापक अर्थ देते हुए कहते हैं कि 'जहाँ सिद्धांत मनुष्य को मनुष्य से पृथक् न करेंगे, क्योंकि उनका सिद्धांत तो सबकी सेवा करना होगा, जहाँ स्वतंत्रता और संपन्नता प्राप्त होगी, क्योंकि किसी को शक्ति या समृद्धि का एकाधिकार नहीं प्राप्त होगा। सभी सुखी होंगे, क्योंकि सभी समान होंगे। इसमें संदेह नहीं कि यह एक स्वप्न है, पर उद्देश्य और ध्येयपूर्ण जीवन के लिए स्वप्न आवश्यक है।'[14] इन शब्दों में उन्होंने अपना भाषण समाप्त किया—'यह न हुआ तो मनुष्य का जीवन कौवे के समान हो जाएगा—

*'काकोपि जीवति चिराय:*
*बालिमथा भुँकते।'*

अर्थात् 'टुकड़ों पर तो कौवा भी बहुत दिन जीवित रहता है।'[15]

संविधान सभा के इस भाषण को आज पढ़ने पर कम-से-कम चार प्रश्न किसी भी व्यक्ति के मन में उत्पन्न होंगे। पहला, क्या वे स्वप्न पूरे हुए? अगर नहीं तो क्यों? दूसरा, इसके लिए कौन जिम्मेदार है? तीसरा, संविधान से जो राज्य व्यवस्था बनी और आज तक चल रही है, वह इसके लिए कितना जिम्मेदार है? चार, भारतीय समाज की विविधता वास्तव में उसकी आधारभूत शक्ति है। उसी से लोकतांत्रिक भावना पैदा होती है। आज यह प्रश्न बहुत बड़ा हो गया है कि क्या संसदीय व्यवस्था ने उस आधारभूत शक्ति को खोखला नहीं कर दिया है?

उसी दिन विजयलक्ष्मी पंडित का संविधान सभा में जो भाषण हुआ, उसमें एक महत्त्वपूर्ण सूचना है। वह यह कि सन् 1937 में उत्तर प्रदेश की विधानसभा में विजयलक्ष्मी पंडित ने एक प्रस्ताव पेश किया, जिसमें संविधान सभा बनाने की माँग थी। उस प्रस्ताव को याद कर उन्होंने कहा कि 'आज दस वर्ष बाद वह माँग पूरी हो रही है। यह स्वतंत्रता के मार्ग में एक ऐतिहासिक स्तंभ है।'[16]

विजयलक्ष्मी पंडित का भाषण अपेक्षाकृत छोटा था, लेकिन उसमें सारतत्त्व अधिक थे। पहला यह कि स्वतंत्र भारत की एक वैश्विक भूमिका होगी। उसे एशिया का नेतृत्व करना होगा। दूसरा यह कि जवाहरलाल नेहरू के प्रस्ताव में अल्पसंख्यकों को समान अधिकार का आश्वासन है। इसलिए उन्हें आशंकित नहीं होना चाहिए। तीसरी बात जो उन्होंने कही, वह मौलिक थी। वह यह कि अल्पसंख्यक अगर भारत के बाहर की किसी शक्ति का मुँह ताकेंगे और उससे मदद लेंगे 'तो उन्हें कोई 'धोखेबाज' कहे बिना नहीं रहेगा।'[17] चौथी और आखिरी बात में एक अपील थी। हम यह दिखा दें कि उसे जो चुनौती दी गई है, उसका यह प्राचीन देश भारत अपने भूतकालीन आदर्शों और परंपराओं के बल पर सामना कर सकता है।

**संदर्भ—**

1. भारतीय संविधान सभा के वाद-विवाद की सरकारी रिपोर्ट (हिंदी संस्करण), अंक-2, संख्या-1, 20 जनवरी, 1947, पृ. 11
2. वही, पृ. 11
3. वही, पृ. 11
4. वही, पृ. 11
5. वही, पृ. 11
6. वही, पृ. 12
7. वही, पृ. 13
8. वही, पृ. 13
9. वही, पृ. 13
10. वही, पृ. 14
11. वही, पृ. 14
12. वही, पृ. 14
13. वही, पृ. 14
14. वही, पृ. 14–15
15. वही, पृ. 15
16. वही, पृ. 15
17. वही, पृ. 16

□

# 12

# संशोधन प्रस्ताव वापस

बहस समापन की ओर बढ़ रही थी। साथ-साथ सहमति के स्वर एक होने लगे थे। संविधान सभा के सदस्य लक्ष्य संबंधी प्रस्ताव का महत्त्व समझ रहे थे। सवाल रास्ते का था। इस पर ही हर वक्ता बोले। वे संविधान सभा की प्राथमिकताओं को बताने, गिनाने और रेखांकित करने का प्रयास करते थे। ऐसे ही कुछ भाषण 21 जनवरी, 1947 को हुए। जिसमें एच.जे. खांडेकर का भाषण उस समय भी बहुत चर्चित हुआ और आज भी प्रासंगिक है। वे हिंदी में बोले। उनका आग्रह था कि संविधान हिंदी में बने। उनके शब्द हैं—'हिंदुस्तान का जब संविधान बनने जा रहा है तो हमें उसे अपनी देशी भाषा में ही बनाना चाहिए। अपनी राष्ट्र भाषा में ही बनाना चाहिए।'[1] इस भूमिका के बाद उनका कहना था कि मैं इसीलिए अपना भाषण हिंदुस्तानी में कर रहा हूँ। वे अनुसूचित जाति से थे। उन्होंने दावा किया कि वे पूरी अनुसूचित जाति की ओर से बोल रहे हैं। इस दावे के आधार पर उन्होंने डॉ. भीमराव आंबेडकर की उस माँग को अनुचित ठहराया, जिसमें वे अनुसूचित जाति के लिए अलग चुनाव क्षेत्र माँग रहे थे। खांडेकर का यह कथन उस समय की वास्तविक चिंता को प्रकट करता है। उन्होंने कहा—'अनुसूचित जाति पर अत्याचार हुए हैं, और हो रहे हैं। फिर भी हमने अपना धैर्य नहीं खोया। हम हिंदू हैं, हिंदू ही रहेंगे और इसी रूप में अपने अधिकार के लिए लड़ेंगे। लेकिन यह नहीं कहेंगे कि हम हिंदू नहीं हैं।'[2] उनके भाषण से यह सूचना मिलती है कि नोआखाली के

नरसंहार में 'नब्बे फीसदी अत्याचार अनुसूचित जाति'[3] के लोगों पर हुआ। उन्हें संविधान सभा की संरचना के आधार पर आपत्ति थी, जिसे प्रकट किया। अंग्रेजों ने आबादी के एक हिस्से को अपराधी घोषित कर दिया था। उसके बारे में जवाहरलाल नेहरू का प्रस्ताव मौन था। इसे ही उन्होंने प्रस्ताव की कमी बताया। उनकी माँग थी कि 'इस कानून को हटाने के लिए प्रस्ताव में प्रावधान होना चाहिए।'[4]

उसी दिन रघुनाथ विनायक धुलेकर ने एक लंबा भाषण किया, जो सबसे अलग था। वे भी हिंदी में बोले। उन्होंने शुरुआत भी अलग तरह से की। संविधान सभा के लक्ष्य संबंधी प्रस्ताव पर उनसे पहले जो भी भाषण हुए थे, उनमें ज्यादातर ने गांधीजी का उल्लेख चलते-चलाते कर दिया था। लेकिन धुलेकर ने यह जरूरी समझा कि वे महात्मा गांधी के जीवन-दर्शन का सार पहले बता दें। इसलिए उन्होंने कहा कि 'महात्मा गांधी ने मानव जीवन के तत्त्व को दो शब्दों में रख दिया है, सत्य और अहिंसा। जो न्याय है, जो उचित है, जो धारण करने योग्य है, अर्थात् धर्म है, वही सत्य है। जो दूसरों को हानि नहीं पहुँचाता है, दूसरों की संपत्ति और स्वतंत्रता का अपहरण नहीं करता, जो दूसरों के जीवन की, सामाजिक जीवन की रक्षा करता है, वही सत्य है, वही अहिंसा है।'[5] उनकी दृष्टि में लक्ष्य संबंधी प्रस्ताव का आधार यही है।

उन्होंने प्रस्ताव का न केवल समर्थन किया, बल्कि यह कहा कि 'कोई भी विचारवान मनुष्य इस प्रस्ताव के किसी भी अंग पर आपत्ति नहीं उठा सकता। इसमें समस्त भारतीयों को रक्षा का वचन दिया गया है। पिछड़ी हुई और पददलित जातियों पर विदेशियों ने जो अन्याय किया है, उसको पूरी तरह से हटाने और उनकी उन्नति के अवसरों को प्राप्त करा देने का वचन दिया गया है।'[6] उस समय अनेक वक्ताओं ने यह सवाल उठाया था कि देशी रियासतों के प्रतिनिधि संविधान सभा में नहीं हैं। इसका उन्होंने उचित उत्तर दिया। यह बताया कि कैबिनेट मिशन की घोषणा में जो प्रावधान है, उसके कारण रियासतों के प्रतिनिधियों को आखिर में आना है। उन्होंने भी मुसलिम लीग की अनुपस्थिति को अनुचित ठहराया। लॉर्ड साइमन और चर्चिल के कथन की निंदा की। ब्रिटेन को उन्होंने चेतावनी भी दे दी। प्रस्ताव में अल्पसंख्यक समूहों और पिछड़ी जातियों के लिए जो प्रावधान थे, उनके बारे में धुलेकर का दृष्टिकोण सबसे अलग था। हालाँकि वे कांग्रेस के सदस्य थे, स्वाधीनता सेनानी थे, लेकिन उनके भाषण का स्वर कुछ अलग ही था। जैसे वे कहते हैं कि 'विशेष प्रावधान का प्रश्न तभी उठता है, जब अन्याय का भय हो।'[7] वे अस्पृश्यता को ऐसा अपराध समझते हैं, जो अक्षम्य है। इसे मिटाने का आश्वासन संविधान के लक्ष्य में वे पाते हैं। यह कहने के बाद जो बात उन्होंने रखी, वह नई है। इस अर्थ में कि उसकी चर्चा संविधान सभा में किसी दूसरे ने नहीं की। उन्होंने कहा कि 'विदेशियों ने यहाँ आकर अपनी राजसत्ता को कायम करने के लिए असमानताओं को बढ़ाया। द्वेष और दुर्भावनाओं को उत्पन्न किया। नई-नई गुत्थियाँ बना दीं।'[8] वे इन शब्दों

में उसे बताते हैं—'ब्राह्मण-अब्राह्मण को, छूत-अछूत को, हिंदू-मुसलमान को, हिंदू-सिख को, आदिवासी और गैर-आदिवासी आदि को अंग्रेजों ने अपनी कुटिल चालों से अलग-अलग कर दिया।'[9] उन्होंने पूछा कि 'क्या उनका भी अपराध हम अपने सिर पर ढोना चाहते हैं?'[10] उनका कहना था कि 'जिस सुरक्षा के विशेष अधिकारों की आड़ में अंग्रेज बहेलिया शिकार खेलता था, जिन विशेषाधिकार की सुगंध सुँघाकर अंग्रेज ने हमें महानिद्रा में सुला दिया था। उसी सुगंधियुक्त विष को अब न सूँघिए। यह विधान आप स्वयं बना रहे हैं। अब मतभेद मिटा दिया जाएगा। न कोई बहकानेवाला है और न किसी को बहकाने की आवश्यकता है। विशेषाधिकारों से असमानता नहीं मिट सकती। गड्ढों और टीलों को सुरक्षित रखकर समतल कैसे बनाया जा सकता है; आइए, हम सब मिलकर निर्भय होकर असमानता हटाएँ, सबको समानाधिकार प्राप्त कराएँ।'[11]

उन्होंने भारतीय इतिहास के हजार साल का जैसा वर्णन किया, वह सबसे अलग था कि भारत बीते हजार साल से स्वाधीन होने के लिए संघर्षरत है। वह घड़ी आ गई है, जब भारत स्वतंत्र हो जाए। जो संघर्ष चला, वह अविराम था। उसमें साधु-संतों ने बड़ी भूमिका निभाई। स्वामी रामदास, गोस्वामी तुलसीदास, गुरु नानक, स्वामी दयानंद, रामकृष्ण परमहंस, स्वामी विवेकानंद और रामतीर्थ आदि इस परंपरा के प्रतिनिधि हैं। उन्होंने कहा कि दूसरी ओर शिवाजी, गुरु गोविंद सिंह, राणा प्रताप, झाँसी की विरांगना रानी लक्ष्मीबाई, राजा राममोहन राय, लोकमान्य तिलक, पं. मोतीलाल नेहरू, नेताजी सुभाषचंद्र बोस आदि उस धारा के राजनीतिक व्यक्तित्व थे। महात्मा गांधी और खान अब्दुल गफ्फार खान में संत और राजनीतिज्ञ का समन्वय है। उन्होंने कहा कि भारत में स्वतंत्रता की लड़ाई दो सौ सालों से जारी है। कांग्रेस का इतिहास भी बलिदानों का है। उन्होंने खुदीराम बोस, भगत सिंह, चंद्रशेखर आजाद के बलिदान की याद दिलाई। यह कहा कि कांग्रेसजन ने भी अदम्य साहस और धैर्य का परिचय दिया है। इस कारण ही ब्रिटेन को समय-समय पर भारत के लोगों की माँगें मजबूरन माननी पड़ीं। विश्व युद्ध की समाप्ति पर ब्रिटेन मजबूर हो गया था। उसे भारत को संविधान सभा देनी पड़ी, जो स्वाधीनता की पहली सीढ़ी है। उन्होंने भरोसा जताया कि संविधान सभा का निर्णय ब्रिटेन की सरकार को मानना ही पड़ेगा। इसलिए उन्हें यह आवश्यक लगा कि ऐसे समय हर भारतीय परिस्थिति को समझे। वह निर्भय रहे। स्वतंत्र भारत सबके साथ न्याय करे। धुलेकर उत्तर प्रदेश के झाँसी से थे।

लक्ष्य संबंधी प्रस्ताव के इस चरण में प्रो. एन.जी. रंगा, के.के. सेन, जगत् नारायण लाल, अलगू राय शास्त्री और विश्वनाथ दास के भी भाषण हुए। हर व्यक्ति के भाषण में स्वाधीनता संग्राम के सिद्धांत की जहाँ व्याख्या थी, वहीं सुझाव थे कि नई परिस्थिति में भारत की प्राथमिकता क्या होनी चाहिए? हर वक्ता ने भाषण में जल्दबाजी नहीं की। लोकतांत्रिक प्रक्रिया को अपनाया, लेकिन उनके भाषण में समुदाय, वर्ग विशेष, जाति की जरूरतों को चिह्नित करने

के प्रयास हैं। इस कड़ी में एस.एच. प्रेटर का नाम लिया जा सकता है। वे मद्रास से थे, जो आज चेन्नई है। प्रेटर ईसाई समुदाय का प्रतिनिधित्व करते थे। जैसे ही उन्होंने कहा कि 'मेरे संप्रदाय के एक प्रतिनिधि ने लक्ष्य संबंधी प्रस्ताव पर विचार स्थगित करने का समर्थन किया था, अब ऐसी बात करना अनुचित होगा, तो सदन में 'वाह-वाह' की आवाज उठी। उन्होंने उसके बाद यह जोड़ा और जोर देकर कहा कि प्रस्ताव को तुरंत स्वीकार कर लेना चाहिए।

संविधान सभा के इतिहास में 21 जनवरी, 1947 का दिन विशेष है। उसी दिन डॉ. मुकुंद रामराव जयकर ने अपना संशोधन वापस लिया। उससे पहले वे बोले कि मेरे संशोधन प्रस्ताव का उद्‌देश्य यह था कि मुसलिम लीग व रियासतों के प्रतिनिधि संविधान सभा की कार्यवाही में सुगमता से शामिल हो सकें, इसलिए संविधान सभा की कार्यवाही को स्थगित रखने का प्रस्ताव मैंने प्रस्तुत किया था। संविधान सभा ने 20 जनवरी तक अपनी कार्यवाही स्थगित की। फिर भी मुसलिम लीग नहीं आई। इसलिए उन्होंने अपना यह इरादा जताया कि वे अपना संशोधन वापस लेना चाहते हैं। उनके शब्द थे—'मैं अपने संशोधन को और आगे नहीं बढ़ाना चाहता।'[12] यह कहने के बाद वे कुछ और बोलना चाहते थे। तब संविधान सभा के अध्यक्ष डॉ. राजेंद्र प्रसाद ने उनसे पूछा कि क्या वे कोई नया प्रस्ताव ला रहे हैं? इसका वे उत्तर देते, इससे पहले ही पं. गोविंद बल्लभ पंत सहित अनेक सदस्यों ने उनके बोलने पर आपत्ति की। जो लोग आपत्ति कर रहे थे, उनका तर्क था कि जयकर ने अपना संशोधन वापस ले लिया है, इसलिए वे कोई नया प्रस्ताव नहीं ला सकते। अध्यक्ष ने भी उन्हें अनुमति नहीं दी। इस तरह डॉ. जयकर का संशोधन सदन की अनुमति से वापस हो गया।

**संदर्भ—**

1. भारतीय संविधान सभा के वाद-विवाद की सरकारी रिपोर्ट (हिंदी संस्करण), अंक-2, संख्या-2, 21 जनवरी, 1947, पृ. 15
2. वही, पृ. 16
3. वही, पृ. 16
4. वही, पृ. 17
5. वही, पृ. 19
6. वही, पृ. 20
7. वही, पृ. 23
8. वही, पृ. 24
9. वही, पृ. 24
10. वही, पृ. 24
11. वही, पृ. 24
12. वही, पृ. 34

□

# 13

# बदलाव का हर पीढ़ी को अधिकार

संविधान के लक्ष्य का प्रस्ताव सभी सदस्यों ने खड़े होकर स्वीकार किया। यह 22 जनवरी, 1947 की ऐतिहासिक घटना है। उसी से संविधान सभा को वैधानिक और आत्मिक बल मिला। संविधान निर्माण की प्रक्रिया प्रारंभ हुई। जवाहरलाल नेहरू ने जो प्रस्ताव रखा था, उस पर दो संशोधन आए थे। लेकिन पहला संशोधन ऐसा था, जिसने जवाहरलाल नेहरू को थोड़ा निराश किया। इसे उन्होंने बहस के अपने जवाब में इस तरह स्वीकार किया—'मैं इस बात के लिए अधीर हो रहा था कि हम लोग आगे बढ़ें। मुझे ऐसा अनुभव हो रहा था कि पथ में विलंब करके हम अपनी की हुई प्रतिज्ञा के प्रति झूठे बन रहे हैं। यह तो बहुत बुरा प्रारंभ था कि हम लक्ष्य संबंधी आवश्यक प्रस्ताव को स्थगित कर दें।'[1]

अपनी मनोभावना को उन्होंने छिपाया नहीं। पर यह भी माना कि 'मुझे इस बात में जरा भी संदेह नहीं है कि संविधान सभा ने अपनी बुद्धि से उस प्रस्ताव को स्थगित रखने का जो फैसला किया था, वह सही था।'[2] वास्तव में नेक इरादे से ही संविधान सभा के जाने-माने सदस्य और स्वाधीनता संग्राम के महत्त्वपूर्ण नेताओं में एक डॉ. मुकुंद राव जयकर ने संशोधन रखा था। नेहरू ने उनकी मंशा को उचित ठहराते हुए कहा कि 'हमने दो बातों पर हमेशा ध्यान दिया है—एक तो इस बात पर कि हमारा लक्ष्य तक पहुँचना नितांत आवश्यक है, और दूसरे इस बात पर कि हम यथा समय और अधिक-से-अधिक एकमत हो, अपने लक्ष्य पर पहुँचें।'[3]

इसीलिए प्रस्ताव पर विचार एक माह के लिए स्थगित किया गया था कि मुसलिम लीग भी संविधान निर्माण की प्रक्रिया में शामिल हो जाए। देश-दुनिया को एक संदेश भी देना था कि कांग्रेस नेतृत्व तो 'सबका सहयोग पाने के लिए बहुत इच्छुक है।'[4] नेहरू ने मुसलिम लीग का नाम लिये बगैर कहा कि 'दुर्भाग्य से उन्होंने अब तक आने का फैसला नहीं किया है और अभी भी अनिश्चय की अवस्था में पड़े हैं।'[5] चतुर राजनेता जवाहरलाल नेहरू ने कहा कि 'मुझे इसका खेद है और मैं इतना ही कह सकता हूँ कि वे भविष्य में जब आना चाहें, आएँ।'[6] वे अपने प्रस्ताव को सिर्फ संविधान बनाने तक सीमित नहीं समझते थे, बल्कि वे उसके व्यापक और दूरगामी प्रभाव से सबको परिचित भी करा रहे थे। वास्तव में संविधान के मूल प्रणेता नेहरू ही थे। इसीलिए उनका कहना था कि 'यह प्रस्ताव भूखों को भोजन तो नहीं देगा, पर यह उन्हें आजादी का, भोजन का और सबको अवसर देने का विश्वास दिलाता है।'[7] प्रस्ताव पर बहस के अपने जवाब की शुरुआत उन्होंने इन्हीं शब्दों में की।

संविधान सभा के पाँचवें दिन जवाहरलाल नेहरू ने लक्ष्य संबंधी प्रस्ताव रखा था। तारीख थी—13 दिसंबर, 1946। उस पर दो चरण में बहस हुई। पहला चरण छह दिनों का था, जिसमें प्रस्तावक सहित 24 सदस्य बोले। दूसरा चरण 20 जनवरी, 1947 को शुरू हुआ। इस चरण में 17 सदस्य बोले। जवाब देनेवाले नेहरू को अगर शामिल कर लें तो संख्या 18 हो जाती है। इस प्रकार कुल 42 सदस्यों ने संविधान के लक्ष्य पर अपने विचार रखे थे। जिस समय संविधान का लक्ष्य स्वीकार किया गया, उस समय मुसलिम लीग और रियासतों के प्रतिनिधि नहीं थे। संविधान सभा में कांग्रेस ही थी। जो सदस्य कांग्रेस के नहीं थे, वे भी उसके ही सहयोग से संविधान सभा में पहुँचे थे। जवाहरलाल नेहरू की इच्छा, समझ और भारत के बारे में विचार से संविधान सभा न केवल गठित हुई, बल्कि संचालित भी होती रही।

संविधान सभा को स्पष्ट हो गया था कि मुसलिम लीग नहीं आएगी। लेकिन रियासतों के प्रतिनिधि तो आना चाहते थे। उन्हें रोके रखने का प्रावधान कैबिनेट मिशन ने कर रखा था। इससे रियासतों के प्रतिनिधित्व में बाधा थी। उसे जल्दी दूर किया जाना चाहिए। यह माँग भी थी कि जब तक रियासतों के प्रतिनिधि नहीं आते, तब तक इंतजार करें। इस पर नेहरू ने कहा कि 'अगर वे (रियासतों के प्रतिनिधि) यहाँ (संविधान सभा में) मौजूद नहीं हैं तो इसमें हमारा दोष नहीं है। यह दोष तो मूलत: उस योजना का है, जिसके अधीन हम कार्यवाही कर रहे हैं। हमारे सामने यही रास्ता है।'[8] नेहरू सचमुच अधीर थे। उनका यह वाक्य प्रमाण माना जा सकता है, जब वे कहते हैं कि 'चूँकि कुछ लोग यहाँ नहीं उपस्थित हो सकते, इसलिए क्या हम अपना काम स्थगित रखेंगे?'[9] वे इसका जवाब देते हैं—'इसलिए हम इस प्रस्ताव को या और कामों को महज इसलिए स्थगित नहीं रख सकते कि कुछ लोग यहाँ मौजूद नहीं हैं।'[10]

अवश्य ही उन्होंने रियासतों को एक आश्वासन दिया कि 'हम लोग रियासतों के अंदरूनी

मामलों में दखल नहीं दे रहे हैं।'[11] इसे ही समझाते हुए नेहरू का तब कथन था कि 'यह कल्पना भी मुझे ग्राह्य है कि भारतीय लोकतंत्र के अंतर्गत राजतंत्र भी रह सकते हैं।'[12] इसमें उन्होंने एक शर्त लगा दी कि 'यदि प्रजा ऐसा चाहती है।'[13] उस समय की परिस्थितियों के दबाव में नेहरू को यह भी कहना पड़ा कि 'इस प्रस्ताव में रियासतों के शासन के लिए हम कोई खास पद्धति निर्धारित नहीं कर रहे हैं।'[14] इस बारे में उनका निर्णायक स्वर यह था कि 'हम लोग स्वतंत्र सर्वसत्ता-संपन्न भारतीय गणतंत्र के लिए एक संविधान बनाएँगे।'[15]

पं. जवाहरलाल नेहरू के उस भाषण में एक वादाखिलाफी भी है, जो सचेत भारतीय को आज भी हर तरह से कष्ट पहुँचाती है। जानने का विषय है कि वह क्या है? कांग्रेस ने हमेशा यह संकल्प दोहराया कि स्वतंत्र भारत ब्रिटेन से अपना संबंध-विच्छेद करेगा। इसका एक गहरा कारण था। स्वाधीनता आंदोलन में उत्पन्न राष्ट्रीय स्वाभिमान के तर्क से वह संकल्प पैदा हुआ था। इसके ठीक उलट नेहरू कह रहे हैं कि 'हम ब्रिटिश जनता के साथ, ब्रिटिश कॉमनवेल्थ के सारे देशों के साथ दोस्ताना सलूक रखना चाहते हैं।'[16] अपने इस प्रस्ताव को उन्होंने 'सद्भावना जाहिर करने की एक कोशिश'[17] बताई, वे जानते थे कि इसका विरोध होगा। उसे क्षीण करने के लिए महात्मा गांधी के दोस्तों और सद्भावना के व्यवहार का वास्ता दिया। नेहरू अकसर अपना बचाव ऐसे ही करते थे। यह परामर्श बेनेगल नरसिंह राव का था। संभवतः लंदन से संकेत पाकर उन्होंने यह लिखित सलाह दी थी।

वे लक्ष्य संबंधी प्रस्ताव को हर मर्ज की रामबाण दवा समझते थे। इतना तो था ही कि वह प्रस्ताव संविधान की एक रूपरेखा प्रस्तुत कर रहा था, जिसमें महात्मा गांधी के सपने का भारत ओझल था। नेहरू ने अपने भाषण में उन आकांक्षाओं को भी चिह्नित किया, जो तब उठ रही थीं। भारत विभाजन का खतरा सबसे बड़ा था। इसलिए उन्होंने संविधान सभा के मंच से भारत की जनता को उसकी जिम्मेदारी बताई, उसमें नेतृत्व ने अपना दायित्व निभाया होता तो महात्मा गांधी के सपनों का संविधान बनता।

जवाहरलाल नेहरू ने उस दिन कहा कि 'संविधान सभा ऐसा समझे कि अब क्रांतिकारी परिवर्तन शीघ्र ही होनेवाले हैं। क्योंकि जब किसी राष्ट्र की आत्मा अपने बंधनों को तोड़ बैठती है तो वह एक अनोखे ढंग से काम करने लगती है और उसे अनोखे ढंग से काम करना ही चाहिए। हो सकता है कि जो संविधान यह सभा बनाए, उससे स्वतंत्र भारत को संतोष न हो। यह सभा आनेवाली पीढ़ी को या उन लोगों को, जो इस काम में हमारे उत्तराधिकारी होंगे, बाँध नहीं सकती।'[18] वह आज भी प्रासंगिक है। कांग्रेसी, कम्युनिस्ट और उनके ही जैसे वे लोग जो बिना जाने-समझे लोगों को गुमराह कर रहे हैं कि संविधान खतरे में है, वे क्या नेहरू के कहे पर विचार कर स्वयं का सुधार करेंगे? क्या वे देश से माफी माँगेंगे?

जिसे जवाहरलाल नेहरू ने साफ-साफ समझा और समझाया कि संविधान में बदलाव

का हर पीढ़ी को अधिकार है, उस महान् नेता का नाम जपनेवाले उनको ही लज्जित करने पर आमादा हैं। ऐसे लोगों को नेहरू का वह भाषण बार-बार पढ़ना चाहिए। संभवत: ऐसे ही लोगों के लिए उन्होंने यह भी कहा था कि 'इसलिए हमें अपने काम के छोटे-छोटे ब्योरों पर माथापच्ची नहीं करनी चाहिए। ये ब्योरे कभी भी टिकाऊ नहीं होंगे, अगर उन्हें हम झगड़ा करके तय कर पाए। उसी चीज के टिकाऊ होने की संभावना है, जिसे हम सहयोग से एकमत होकर पाएँगे। संघर्ष करके, दबाव डालकर, धमकी देकर हम जो कुछ भी हासिल करेंगे, वह स्थायी नहीं होगा। वह तो केवल एक दुर्भावना का सिलसिला छोड़ जाएगा।'[19]

भारत की महानता पर उन्हें गर्व था। वे मानते थे कि भारत विश्व रंगमंच पर अपनी बड़ी भूमिका निभाएगा। इस दृष्टि से नेहरू ने दो प्रवृत्तियों से दुनिया को देखा। रचनामूलक मानव प्रवृत्ति और विनाशमूलक दानव प्रवृत्ति। भारत रचनामूलक प्रवृत्ति का वाहक बनेगा, यह विश्वास उन्हें था। जवाहरलाल नेहरू ने अपने भाषण के अंत में कहा कि 'यह प्राचीन भूमि विश्व में अपना समुचित और गौरवपूर्ण स्थान प्राप्त करे और संसार की शांति और मानव कल्याण की उन्नति के लिए अपना पूरा हार्दिक सहयोग दे।'[20] संविधान सभा के अध्यक्ष डॉ. राजेंद्र प्रसाद ने सदस्यों से कहा कि 'आपके वोट देने का समय अब आ गया है।'[21] 'अवसर की महत्ता को ध्यान में रखते हुए प्रत्येक सदस्य अपने स्थान पर खड़े होकर समर्थन दें।'[22] एक बड़े संकल्प के पूरा होने का वह क्षण था। संविधान सभा के सदस्य उस भावना से भरे हुए थे। इसलिए सदस्यों ने अध्यक्ष के निर्देश का अक्षरश: पालन किया। संविधान सभा की कार्यवाही में तो सिर्फ शब्द ही लिखे हुए हैं, जो किसी को भी उस अतीत में पहुँचाकर भाव-विभोर हो जाने के सोपान बनने में समर्थ हैं।

**संदर्भ—**

1. भारतीय संविधान सभा के वाद-विवाद की सरकारी रिपोर्ट (हिंदी संस्करण), अंक-2, संख्या-3, पं. जवाहरलाल नेहरू का उद्देश्य-संकल्प पर बहस में समापन भाषण, 22 जनवरी, 1947, पृ. 2
2. वही, पृ. 2
3. वही, पृ. 2
4. वही, पृ. 3
5. वही, पृ. 3
6. वही, पृ. 3
7. वही, पृ. 3
8. वही, पृ. 4
9. वही, पृ. 4
10. वही, पृ. 4
11. वही, पृ. 8
12. वही, पृ. 8

13. वही, पृ. 8
14. वही, पृ. 9
15. वही, पृ. 9
16. वही, पृ. 10
17. वही, पृ. 11
18. वही, पृ. 12
19. वही, पृ. 12–13
20. वही, पृ. 13
21. वही, पृ. 13
22. वही, पृ. 13

□

# 14

# संविधानवाद की भूल-भुलैया

अपना संविधान बनाने की धुन में डूबे रहने के कारण क्या कांग्रेस नेतृत्व ने भारत विभाजन के खतरे को नहीं समझा? 1935 के ब्रिटिश संविधान के लागू होने के बाद और उसके प्रावधानों के तहत हुए चुनावों से घटनाओं का जो सिलसिला चला, उसे इस दृष्टि से देखने पर इसी कटु और पीड़ादायी यथार्थ से आज हमारा सामना होता है। इस ऐतिहासिक भूल की उपेक्षा की गई है। इसे रेखांकित करने का प्रयास कम ही हुआ है। यहाँ जरूरी हो गया है कि उस इतिहास को पुन: देखें और समझें। ऐसा कर संविधान सभा की बहस को एक नए परिप्रेक्ष्य में समझना आसान होगा। जिसे 1935 का ब्रिटिश संविधान कहते हैं, उसका दूसरा नाम भारत शासन अधिनियम भी है। उसे बनाने में आठ साल लगे। उसके लिए 'आयोग का गठन 8 नवंबर, 1927 में हो गया था।'[1] 4 अगस्त, 1935 को ब्रिटिश सरकार ने उस संविधान को स्वीकृति दे दी।

वह स्वतंत्रता संग्राम के संघर्ष का एक पड़ाव था। अंग्रेजों ने जो संविधान बनाया था, उसमें दो शक्तियों के संघर्ष का सिद्धांत था। जिसमें शक्ति का नियंत्रण तो अंग्रेजों के हाथ में बना रहे और दिखावा के लिए भारत के लोगों को कुछ दे दिया जाए। जब अंग्रेजों ने उसे लागू किया, तो भारत में उसका हर दल, समूह और ज्यादातर नेताओं ने विरोध किया। कांग्रेस ने विरोध की अगुआई की। कांग्रेस पूर्ण स्वतंत्रता की पक्षधर थी। हालाँकि कांग्रेस 1932 से 1934 तक प्रतिबंधित थी, फिर भी दिल्ली और कलकत्ता में सम्मेलन कर उसने प्रस्ताव पारित किया कि

'वर्तमान स्थिति में कोई भी संविधान विचारणीय नहीं है।'[2] इसे ही 1934 के कांग्रेस अधिवेशन में दूसरे शब्दों में दोहराया गया।

जवाहरलाल नेहरू का विरोध तो बढ़-चढ़कर था। उन्होंने कहा कि इससे नए स्वार्थ उत्पन्न किए जा रहे हैं। जब ब्रिटिश सरकार ने अपने बनाए संविधान को स्वीकार कर लिया, तो जवाहरलाल नेहरू ने लिखा कि 'राजनीतिक परिवर्तनों की दृष्टि से प्रस्तावित संविधान एक बेहूदगी है। सामाजिक और आर्थिक दृष्टि से देखा जाए, तो यह और भी बुरा है। ब्रिटेन ने शक्ति तो अपने हाथ में रखी है, परंतु उसमें उत्तरदायित्व नहीं है। निरंकुशता की नग्नता को ढकने के लिए कहावत वाले अंजीर का पत्ता भी नहीं है।'[3] 'यह संगीन के जरिए थोपा गया संविधान है, और इसके अंदर जो छिपा हुआ है, उसे आज के हिंदुस्तान की हालत और वहाँ जो बेइंतहा जुल्म हो रहे हैं और जो कायमी और आम हो गए हैं, उनकी जाँच करने पर अच्छी तरह समझा जा सकता है। यह कुछ ऐसी चीज है, जो बर्दाश्त से बाहर है, क्योंकि यह हालत को बदतर बनाती है और हिंदुस्तान के एक भी मसले को नहीं सुलझाती।'[4] इस पर ब्रिटिश सरकार का रुख नफरत का ज्यादा था। कुछ उसमें भय भी शामिल था, क्योंकि उसे मालूम था कि कांग्रेस का भारत के जनमानस पर जबरदस्त प्रभाव है। इस भय के कारण अंग्रेजों ने एक तरफ बातचीत की लाइन ले रखी थी, तो दूसरी तरफ फूट डालो की नीति से वे काम ले रहे थे।

इतिहास का यह अनोखा संयोग है कि उस संविधान को ठुकराने में कांग्रेस से मुसलिम लीग भी सहमत थी, खासकर केंद्र की सरकार के मामले में। यह भी सच है कि मुसलिम लीग और कांग्रेस की सहमति के कारण अलग-अलग थे। मुसलिम लीग समझ गई थी कि केंद्रीय विधानसभा में हिंदुओं का बहुमत होगा। मुसलिम अल्पमत में होंगे, इसलिए मुसलिम लीग ने केंद्र की शक्तियों को कम करने के लिए तीन माँगें रखीं। अनेक इतिहासकारों का मत है कि 1935 का संविधान ब्रिटेन की अदूरदर्शिता और शक्ति के दुरुपयोग का उदाहरण है। चौतरफा विरोध के बावजूद अंग्रेजों ने उसे लागू किया। वह 1 अप्रैल, 1937 से लागू हो गया। केंद्र के बारे में योजना स्थगित रखी गई। लेकिन राज्य का जो हिस्सा था, उसे लागू कर दिया गया।

विचित्र बात यह है कि सभी राजनीतिक दलों ने उसका विरोध किया, लेकिन जब प्रांतीय विधानसभाओं के चुनाव की बात आई तो वे चुनाव में शामिल होने के लिए तैयार हो गए। कांग्रेस तो बढ़-चढ़कर चुनाव लड़ने में लग गई। उसने अपना इरादा बदला। अब आज कह सकते हैं कि कांग्रेस का विरोध सिर्फ दिखावा था। वास्तविकता से आडंबर ज्यादा था। जब वह संविधान लागू हुआ, उसी समय दूसरे विश्व युद्ध की काली छाया मँडरा रही थी। माना जाता है कि अगर दूसरे विश्व युद्ध में ब्रिटेन उलझा न होता, तो वह उस संविधान में जैसी माँग कांग्रेस समेत दूसरे दलों ने की, उस पर वह ज्यादा ध्यान देता। उन्हीं दिनों लिनलिथगो भारत के वायसराय बने। यह बात 1936 की है।

नए वायसराय ने राजनीतिक दलों को फुसलाना शुरू किया। उनका मकसद था कि वे दल संविधान को मंजूर कर लें। वायसराय को अपनी चाल पर भरोसा था। वे समझते थे कि उनकी अपील का प्रभाव पड़ेगा। राजनीतिक दल उनकी योजना को स्वीकार कर लेंगे। इसके विपरीत कांग्रेस ने खुलेआम विरोध का रुख अपनाया था। वह उस पर दृढ़ थी, लेकिन बाद में चलकर कांग्रेस ने अपने रुख में परिवर्तन किया। यह निश्चय किया कि प्रांतीय विधानसभा के चुनाव में वह उम्मीदवार खड़े करेगी। इसे उचित ठहराते हुए और वायसराय की अपील का उत्तर देते हुए कांग्रेस अध्यक्ष जवाहरलाल नेहरू ने कहा कि 'हम विधानसभाओं में ब्रिटिश साम्राज्य के तंत्र से सहयोग करने नहीं जा रहे हैं। हम तो संविधान के विरुद्ध संघर्ष करने और उसे समाप्त कराने तथा भारतीय जनता पर ब्रिटिश साम्राज्यवाद की पकड़ मजबूत करने की कोशिशों और शोषण का विरोध करने जा रहे हैं। हम वहाँ संविधान के मार्ग पर चलने के लिए या थोथे सुधार की भावना से प्रेरित होकर नहीं जा रहे हैं।'[5]

जवाहरलाल नेहरू ने फैजपुर कांग्रेस में अध्यक्षीय भाषण करते हुए 27 दिसंबर, 1936 को कहा कि 'मुझे ऐसा लगता है कि हमारे प्रस्तावों और चुनाव घोषणा-पत्र में कांग्रेस नीति की जो व्याख्या की गई है, उसका तर्कसंगत परिणाम यह है कि हमें पदों या मंत्रिमंडल से कोई मतलब नहीं होना चाहिए।'[6] इस नीति पर अमल के लिए कांग्रेस कार्यसमिति ने एक चुनाव प्रचार समिति बनाई। एक घोषणा-पत्र बनाया। उसमें स्पष्ट उल्लेख था कि 1935 के अवांछनीय संविधान को अस्वीकार करना है। चुनाव ने कांग्रेस को एक अवसर दिया, जिससे वह लोगों के बीच में जाकर अपनी बात उन्हें समझा सके। उस समय सीमित मताधिकार था। आबादी के 11 फीसदी लोग ही वोट डाल सकते थे। ऐसे मतदाताओं की संख्या साढ़े तीन करोड़ थी। इसे कांग्रेस ने इस लक्ष्य से देखा कि वह विधानसभाओं में अधिक-से-अधिक स्थान प्राप्त कर सके। गांधीजी की रचनात्मक संस्थाओं जैसे अखिल भारतीय बुनकर संघ ने भी चुनाव में कांग्रेस की मदद की।

कांग्रेस की समस्या थी कि वह मुसलिम मतदाता को कैसे अपने पक्ष में खड़ा करे? मुसलिम मतदाताओं के लिए संविधान के प्रावधान में अलग क्षेत्र बनाए गए थे। कांग्रेस ने इसके लिए एक चाल चली। उसने अपने मुसलिम नेताओं को लीग की ओर से चुनाव लड़ने के लिए प्रेरित किया। कांग्रेस और मुसलिम लीग में कोई औपचारिक समझौता नहीं हुआ। लेकिन उम्मीद थी कि जब मंत्रिमंडल बनाने का मौका आएगा, तो निर्णय करने में कोई अड़चन नहीं आएगी। शुरू में कांग्रेस और मुसलिम लीग में चुनाव अभियान के दौरान सद्भावना दिखती थी। कांग्रेस के उम्मीदवार उन दलों के विरुद्ध लड़ रहे थे, जो नए संविधान को अच्छा समझते थे और ब्रिटिश सरकार से सहयोग चाहते थे। परिणाम जो आया, वह कांग्रेस की उम्मीदों से कहीं अधिक था। उसे आठ सौ आठ स्थान में से सात सौ ग्यारह सामान्य सीटें प्राप्त हुईं। मुसलिम निर्वाचन क्षेत्रों में भी कांग्रेस को सफलता मिली थी। 482 सीटों में से उसने 58 उम्मीदवार खड़े किए थे

और उसके 26 लोग चुनकर आए। उत्तर प्रदेश में मुसलमानों के लिए 64 स्थान निर्धारित थे, जिसमें मुसलिम लीग को 27 सीटें मिलीं।

उस चुनाव परिणाम से प्रमाणित हुआ कि जनता कांग्रेस के साथ है, न कि अंग्रेजों के साथ। जो सफलता मिली थी, वह अप्रत्याशित थी। इसलिए कांग्रेस ने अपना पुराना निर्णय बदला और मंत्रिमंडल बनाने की दिशा में प्रयास शुरू कर दिए। निर्वाचित सदस्यों के सम्मेलन में पुनः यह प्रस्ताव पारित हुआ कि 'संविधान को नामंजूर करने, नए संविधान के निर्माण के लिए संविधान सभा बुलाने'[7] के लिए कांग्रेस मंत्रिमंडल बनाएगी। मंत्रिमंडल बनाने की नीतिगत अड़चन को कांग्रेस ने अपने पुराने फैसले को बदलकर दूर कर लिया, लेकिन उसके सामने बड़ी राजनीतिक कठिनाई आई। संविधान के अनुसार मंत्रियों को नियुक्त करने का अधिकार गवर्नर के पास था। उसे संविधान के एक प्रावधान का पालन करना था। वह यह था कि गवर्नर अल्पसंख्यक के हितों की रक्षा करेगा। प्रश्न पैदा हुआ कि अल्पसंख्यक किसको कहेंगे? इस प्रश्न ने उत्तर प्रदेश में जटिल परिस्थिति पैदा कर दी।

उत्तर प्रदेश में मुसलिम लीग का नेतृत्व शौकत अली जैसे खिलाफती और खलीकुज्जमा जैसे पुराने कांग्रेसी सदस्यों के हाथ में थी। तब जिन्ना कहते थे कि 'मुसलिम लीग और कांग्रेस के आदर्शों में कोई मतभेद नहीं है। दोनों ही भारत के लिए पूर्ण स्वतंत्रता चाहते हैं।'[8] चुनाव परिणाम के बाद खलीकुज्जमा ने बातचीत शुरू की। वे 12 मई, 1937 को जवाहरलाल नेहरू से इलाहाबाद में मिले, परंतु कोई समझौता नहीं हो सका। अंततः बातचीत टूट गई। क्यों टूटी? क्या कारण थे? इस बारे में कांग्रेस के नेताओं के अलग-अलग बयान हैं। मौलाना अबुल कलाम आजाद, जवाहरलाल नेहरू, श्रीप्रकाश और अन्य नेताओं के अपने-अपने कथन हैं।

**संदर्भ—**


1. भारतीय स्वतंत्रता आंदोलन का इतिहास, खंड-4, ताराचंद, अध्याय : सांविधिक आयोग की नियुक्ति, पृ. 77
2. वही, पृ. 245
3. वही, पृ. 246
4. जवाहरलाल नेहरू वांङ्मय, खंड-7, हिंदुस्तान के मसले, लेख, पृ. 110
5. भारतीय स्वतंत्रता आंदोलन का इतिहास, खंड-4, ताराचंद, अध्याय : भारतीय आलोचना, पृ. 250
6. जवाहरलाल नेहरू वांङ्मय, खंड-7, अध्यक्ष का भाषण, फैजपुर कांग्रेस, पृ. 573-574
7. भारतीय स्वतंत्रता आंदोलन का इतिहास, खंड-4, ताराचंद, अध्याय : पद ग्रहण का प्रश्न, पृ. 263
8. वही, अध्याय : मंत्रिमंडल निर्माण के विषय में कांग्रेस और लीग में मतभेद, पृ. 265


□

# 15

# भारत विभाजन की नींव

सबसे महत्त्वपूर्ण प्रश्न यह है कि 1937 के विधानसभा चुनाव में क्या कांग्रेस और मुसलिम लीग का दृष्टिकोण भिन्न था? अगर भिन्न था तो उसका सार क्या था? यह समझने के लिए इतिहास के पन्ने पलटते हुए खोजना होगा कि इनमें जो विवाद पैदा हुआ, वह वास्तव में किन बातों पर था। उस समय की घटनाओं पर अनेक इतिहासकारों ने लिखा है। ताराचंद की पुस्तक है—'भारतीय स्वतंत्रता आंदोलन का इतिहास'। इसके चौथे खंड में वे उस समय के विवाद के बारे में बताते हैं।

उनका निष्कर्ष है कि 'विवाद इन तीन विषयों पर था।'[1] पहला, 'कांग्रेस ने 1937 के चुनाव इसलिए लड़े कि स्वराज का प्रचार किया जाए और फिर पद ग्रहण की अनुमति दे दी जाए। इस तरह कांग्रेस का ध्येय 1935 के संविधान को बेकार सिद्ध करना था। मुसलिम लीग का दृष्टिकोण भी बिल्कुल यही था। वह भी पूर्ण उत्तरदायी स्वराज चाहती थी, परंतु वह जैसा भी संविधान था, उपयोग करने के लिए पद ग्रहण करने के पक्ष में थी। जिन्ना समझते थे कि कांग्रेस का रुख पाखंडपूर्ण तथा अवास्तविक है। उन्होंने बताया कि 1923 में स्वराज पार्टी ने यही लक्ष्य बताया था, परंतु जब काम करने लगे तो यह ध्येय झूठा साबित हुआ। इसके बाद प्रांतों में कांग्रेस के मंत्रिमंडलों के कार्य से सिद्ध हो गया कि जिन्ना का कथन सही था।'[2]

दूसरा, 'प्रधानमंत्री रैमसे मैकडोनाल्ड के सांप्रदायिक परिनिर्णय के विषय में कांग्रेस का

रुख न तो अनुकूल था और न प्रतिकूल। कांग्रेस चाहती थी कि समुदायों में स्वेच्छा से ही समझौता हो जाए। मुसलिम लीग चाहती थी कि परिनिर्णय को अस्थायी रूप से स्वीकार कर लिया जाए और इसी बीच प्रयास किया जाए कि इसके स्थान पर समुदाय बातचीत करके आपस में समझौता कर लें।'[3]

तीसरी, 'सबसे बड़ी कठिनाई उपस्थित हुई कि कांग्रेस ने मुसलिम लीग को स्वतंत्र इकाई मानने से इनकार कर दिया।'[4] इसके पीछे मुसलिम समुदाय का एक राजनीतिक गुट था, जिसने राष्ट्रीयता को नहीं माना।

एक मत यह है कि कांग्रेस और मुसलिम लीग दोनों ने परिस्थिति को अपने-अपने दृष्टिकोण से देखा-समझा। आकलन यथार्थपरक नहीं था। राजनीति थी और भावुकता थी। वह गहरी थी। जवाहरलाल नेहरू मानते थे कि भारत में केवल दो ही पक्ष हैं। कांग्रेस और ब्रिटिश सरकार। उन्होंने मुसलिम लीग के तर्कों को मिथ्या और अवास्तविक माना। शशि थरूर ने अपनी पुस्तक 'अंधकार काल—भारत में ब्रिटिश साम्राज्य' में लिखा है कि 'नेहरू को यह विश्वास नहीं था कि इसका अभिप्राय था कि देश का विभाजन अपरिहार्य है, जिसे वे तब तक पूर्णतया अव्यावहारिक मानते थे।'[5] 1937 के चुनाव से उत्पन्न विषम परिस्थितियों का वर्णन कर शशि थरूर इस निष्कर्ष पर पहले स्वयं पहुँचते हैं और लिखकर वे पाठकों को भी परोसते हैं। वे गलत नहीं हैं। उनमें एक इतिहास दृष्टि है, जो सच को सामने लाती है। कांग्रेस के नेता के खोल को उतारकर ही वे ऐसा कर सके हैं।

इतिहासकार ताराचंद का मत है कि 'मुसलिम लीग मुसलमानों के हितों का संरक्षण चाहती थी, जिस पर मतभेद था। जवाहरलाल नेहरू ने पूछा कि ये हित कौन से हैं? ये या तो सांस्कृतिक या धार्मिक या राजनीतिक थे।'[6] वे इसे ही विस्तार से लिखते हैं कि 'सांस्कृतिक और धार्मिक हितों के विषय में कांग्रेस का स्पष्ट दृष्टिकोण क्या है? उसे वह कई बार गंभीरतापूर्वक सूचित करती थी कि संविधान में उनको इस प्रकार सुरक्षित किया जाएगा कि मुसलमानों को पूरा संतोष हो।'[7] 'राजनीतिक हितों के विषय में जवाहरलाल नेहरू का यह विचार था कि वह मुख्यत: आर्थिक हित हैं, जिनका संबंध धन के उत्पादन और वितरण से है। वह सारे भारतीयों पर समान रूप से लागू होते हैं, उनका धर्म, सामाजिक और सांस्कृतिक भेद से कोई संबंध नहीं है। इसलिए संप्रदाय के आधार पर उनमें कोई भेद नहीं किया जा सकता। सामान्य अधिकारों के अतिरिक्त ऐसे कोई विशेष आर्थिक अधिकार नहीं हो सकते, जिनके लिए विशेष संवैधानिक या कानूनी संरक्षणों की आवश्यकता हो। सब प्राथमिक उत्पादकों की अर्थात् किसानों की, कारखानों में काम करनेवालों की, व्यापारियों और उद्योगपतियों की समस्याएँ एक जैसी थीं।'[8]

इस आधार पर जवाहरलाल नेहरू राजनीतिक कार्य का आर्थिक भाष्य करते थे, इसलिए उनका मत था कि सांप्रदायिक राजनीति में आत्मघात है। इस विचार से वे सांप्रदायिक आधार

पर किसी दल के गठन को अनुचित समझते थे। मुसलिम लीग के बारे में भी उनका यही सुविचारित मत था। दूसरी तरफ मुसलिम लीग के नेता इस विषय के दार्शनिक तत्त्व को नहीं देख पाते थे। उनका दृष्टिकोण यह था कि आर्थिक क्षेत्र से राजनीतिक क्षेत्र अधिक बड़ा है। राजनीतिक क्षेत्र धार्मिक, सांस्कृतिक और आर्थिक क्षेत्र से भिन्न है। राजनीतिक शक्ति का सार वे सत्ता में पाते थे। उससे वे मुसलिम समाज के सामाजिक, आर्थिक और राष्ट्रीय मामलों पर निर्णय करने की शक्ति चाहते थे। इस दृष्टिकोण भिन्नता ने टकराव का रुख लिया। मुसलिम लीग ने यह समझ लिया था कि कागजी संविधान में या संवैधानिक धाराओं में शक्ति नहीं होती। परंतु 1935 तक यह कोई ऐसी योजना नहीं बना सकी, जिसके द्वारा यह राजनीतिक शक्ति प्राप्त कर सके। 1937 और 1939 के बीच में इसको विश्वास नहीं रहा कि संरक्षणों या आरक्षणों या अन्य संवैधानिक युक्तियों के द्वारा ध्येय की प्राप्ति हो सकती है। इसे 1937 के चुनाव परिणाम में मुसलिम लीग ने देख लिया था। अंत में लीग इस निर्णय पर पहुँची कि स्थिति का एकमात्र हल यह था कि एक अलग राज्य स्थापित होना चाहिए, जो प्रभुतासंपन्न हो। 1936 में जिन्ना ने जमायत-उल-उलमा से स्पष्ट कहा था कि समस्या मुख्यत: राजनीतिक है। धर्म, संस्कृति, भाषा या व्यक्तित्व के प्रश्न मूल नहीं हैं। जिन्ना की यह दृष्टि भी कांग्रेस से टकराव का कारण बनी।

कांग्रेस और मुसलिम लीग में बात कहाँ, कैसे और क्यों बिगड़ी? इसे संवैधानिक विकास के इतिहास में ढूँढ़ सकते हैं। पत्रकार दुर्गा दास की पुस्तक 'भारत, कर्जन से नेहरू और बाद में' उस समय की साक्ष्य देती है, जिसके बारे में डॉ. जाकिर हुसैन ने लिखा कि इसमें इतिहास को स्पष्टता और वस्तुपरकता से प्रस्तुत किया गया है। दुर्गा दास ने लिखा है कि जो विवाद उत्तर प्रदेश के चुनाव से शुरू हुआ, वह भारत विभाजन में परिवर्तित हो गया। इसका अर्थ एक ही है। वह यह कि 1937 के विधानसभा चुनाव ने कांग्रेस और मुसलिम लीग में जो विवाद पैदा किया, वह अंतत: भारत विभाजन का कारण बना।

विवाद की टेढ़ी-मेढ़ी कहानी में रफी अहमद किदवई की बड़ी भूमिका रही। उत्तर प्रदेश के उन चुनावों में रफी अहमद किदवई कांग्रेस के कर्ता-धर्ता थे। वे मोतीलाल नेहरू के निजी सचिव से थे। स्वराज पार्टी के कर्ता-धर्ता थे। मोतीलाल नेहरू के निधन के बाद वे जवाहरलाल नेहरू के प्रवक्ता और प्रवर्तक हो गए। उत्तर प्रदेश के चुनावों को उन्होंने ही कांग्रेस की ओर से संचालित किया था। वे नहीं समझ सके कि उस चुनाव में मुसलिम मतदाताओं का रुख क्या होगा, इसलिए रफी अहमद किदवई ने चौधरी खलीकुज्जमा और नवाब मोहम्मद इस्माइल सहित कांग्रेसी मुसलिम नेताओं को मुसलिम लीग के टिकट पर चुनाव लड़वाया। कांग्रेस चुनाव में अपने बलबूते स्पष्ट बहुमत पा सकेगी, इसका उन्हें भरोसा नहीं था, इसलिए उन्होंने कांग्रेसी मुसलमानों को मुसलिम लीग के टिकट पर चुनाव लड़वाया। विचार यह था

कि मिली-जुली सरकार बनाएँगे। इसमें कांग्रेस के अनुकूल जो मुसलिम लीग के नेता जीतेंगे, वे सरकार बनाने में मददगार होंगे। कांग्रेस की यह चाल उलटी पड़ी।

चुनाव परिणाम ने कांग्रेस को जैसी सफलता दिलाई, उसकी नेताओं को उम्मीद ही नहीं थी। इससे कांग्रेस नेतृत्व का विचार बदला। अपनी सरकार बनाने की सोचा। जवाहरलाल नेहरू कांग्रेस के अध्यक्ष थे। उत्तर प्रदेश के ही बारे में नहीं, बल्कि सारे देश के बारे में निर्णय लेने का उन्हें अधिकार था। कांग्रेस के दूसरे बड़े नेता सरदार पटेल, मौलाना आजाद और गोविंद बल्लभ पंत चाहते थे कि जैसा शुरू में विचार था, वैसा ही चुनाव परिणाम के बाद मुसलिम लीग से मिलकर सरकार बनाई जाए। गांधीजी भी इसी मत के थे। इसके विपरीत नेहरू के स्पष्ट निर्देश पर रफी अहमद किदवई ने खलीकुज्जमा और उनके समर्थकों के सामने प्रस्ताव रखा कि वे कांग्रेस में पुनः शामिल हो जाएँ। जिन्ना चुनाव के अवसर का इस्तेमाल मुसलिम लीग की अलग पहचान बनाने के लिए करना चाहते थे। रफी अहमद किदवई के प्रस्ताव से जिन्ना का तेवर बदला। वे प्रतिक्रिया में आए।

जिन्ना ने दुर्गा दास को एक इंटरव्यू दिया। वह 26 जुलाई, 1937 का है। उन्होंने कहा कि नेहरू हर काम में अड़ंगा डालते हैं। वे अपने काम के अलावा पूरी दुनिया का बोझ अपने कंधे पर उठाए घूम रहे हैं। ऐसे कांग्रेस अध्यक्ष के बारे में मैं क्या कह सकता हूँ। रफी अहमद किदवई ने जो प्रस्ताव रखा था, उस पर खलीकुज्जमा सहमत थे, लेकिन जिन्ना विरोध में थे। प्रस्ताव यह था कि खलीकुज्जमा और दूसरे कांग्रेसी पुनः पार्टी में आ जाएँ और मुसलिम लीग छोड़ दें। ऐसा अगर वे करते तो कांग्रेस मंत्रिमंडल में उन्हें स्थान मिलता। जिन्ना उन्हें मुसलिम लीग का प्रतिनिधि बनाकर कांग्रेस और मुसलिम लीग की सरकार में भेजना चाहते थे, जो जवाहरलाल नेहरू को स्वीकार्य नहीं थी। कांग्रेस ने सरकार बनाई। मुसलिम लीग ने लड़ाकू भूमिका अपने लिए चुन ली।

## संदर्भ—


1. भारतीय स्वतंत्रता आंदोलन का इतिहास, खंड-4, ताराचंद, अध्याय : नया संविधान लागू हुआ, पृ. 269
2. वही, पृ. 269
3. वही, पृ. 270
4. वही, पृ. 270
5. अंधकार काल—भारत में ब्रिटिश साम्राज्य, शशि थरूर, अध्याय : बाँटो और राज करो, पृ. 210
6. भारतीय स्वतंत्रता आंदोलन का इतिहास, खंड-4, ताराचंद, अध्याय : नया संविधान लागू हुआ, पृ. 271
7. वही, पृ. 272
8. वही, पृ. 272


□

# 16
# अपने दर्पण में नेहरू

संविधानवाद के उतार-चढ़ाव में 1935 का साल मील का पत्थर है। उससे जो हमारी संवैधानिक यात्रा शुरू हुई, वह इतिहास के अगर-मगर से भरी पड़ी है। स्वतंत्र भारत के निर्माताओं से कहाँ चूक हो गई ? क्या नेहरू ने परिस्थिति को समझने में भयंकर भूलें की ? अगर वे मुसलिम लीग की बात मान लेते, तो जिन्ना बदल जाते ? फिर जिन्ना पाकिस्तान की माँग नहीं करते ? भारत विभाजन नहीं होता ? क्या भारत विभाजन के लिए संविधानवाद उतना ही बड़ा कारक बना, जितना नेहरू का अयथार्थ और अपरिपक्व राजनीतिक अड़ियलपन ? ऐसे और भी अनेक महत्त्वपूर्ण प्रश्न उत्तर की प्रतीक्षा में हैं। इन प्रश्नों को आज, जबकि कई दशक बीत गए हैं, पं. जवाहरलाल नेहरू की जीवनियों से समझने का एक प्रयास इस अध्याय में है।

भारत सरकार के प्रकाशन विभाग के आग्रह पर नेहरू के मित्र और पत्रकार एम. चेलापति राव ने आधुनिक भारत के निर्माता शृंखला में 'जवाहरलाल नेहरू' लिखा। यह नेहरू की जीवनी है। इसमें उन्होंने उस समय के दूसरे प्रश्नों पर ज्यादा ध्यान दिया है। लेकिन माइकल ब्रेशर और बी.आर. नंदा ने उस समय के इतिहास को अत्यंत महत्त्वपूर्ण माना है। 1935 से राजनीति ने जो-जो करवटें लीं, उसके केंद्र में चूँकि जवाहरलाल नेहरू ही थे, इसलिए इन जीवनी लेखकों ने तथ्य खोजे। उन्हें प्रस्तुत किया, उसकी कारण मीमांसा की। इन्हें पढ़ते हुए उस दौर में लौटकर पहुँचना संभव है। उस समय की पेचीदगियों को माइकेल बेशर की पुस्तक 'नेहरू—ए पॉलिटिकल

बायोग्राफी' और बी.आर. नंदा की पुस्तक 'जवाहरलाल नेहरू—विद्रोही व राजनेता' को पढ़कर जाना जा सकता है कि उस उथल-पुथल में नेहरू कहाँ खड़े हैं? वे क्या सोचते थे? जो-जो निर्णय उन्होंने किए और कांग्रेस से करवाए, उसके तर्क क्या थे? क्या वे सही थे? इन दो लेखकों की भाषा और शब्द-रचना में अंतर है। लेकिन निष्कर्ष समान है। वह यह कि 'ऐतिहासिक संदर्भ में मुसलिम लीग के प्रति नेहरू का दृष्टिकोण 1937 में आंकलन की भयानक भूल सिद्ध हुआ।'[1]

हाउस ऑफ कॉमन्स में जब 1935 के विधान के लिए विधेयक आया, तब जाड़े के दिन थे। विधेयक अपनी प्रक्रिया पूरी कर विधान बना। साइमन कमीशन, तीन चक्रों के राउंड टेबल, श्वेत-पत्र और ब्रिटिश संसद् की संयुक्त प्रवर समिति से गुजरकर जो विधेयक बना था, वही भारत शासन अधिनियम-1935 कहलाया। उसकी मोटी-मोटी बातों को समझने से पहले यह जानना जरूरी है कि तब नेहरू कहाँ थे? जवाहरलाल नेहरू जेल में थे। अपनी आत्मकथा लिख रहे थे। हिंदी में वह 'मेरी कहानी' के नाम से मशहूर है। इस बारे में वह आत्मकथा बहुत मदद नहीं करती। कुछ संकेत जरूर उसे पढ़ते हुए मिल जाते हैं। 1934 से 1935 के बीच नेहरू जेल में थे। वहीं उन्होंने इसे लिखा। उस समय भारत शासन अधिनियम-1935 आ गया था। नेहरू ने समझ लिया था कि उसके आधार पर असेंबली के चुनाव होंगे। अपनी आत्मकथा में वे कुछ प्रश्न खुद से पूछ रहे हैं। जैसे—'क्या ब्रिटिश साम्राज्यवादी नीति और हमारे राष्ट्रीय हित में कोई महत्त्वपूर्ण विरोध नहीं है?'[2] स्वतंत्रता क्या हम केवल साम्राज्यवादी नीति को कायम रखने के लिए ही चाहते हैं? इन दो प्रश्नों को वे स्पर्श कर चुप हो जाते हैं। जेल में रहने के कारण उनकी कुछ सीमाएँ भी थीं। वे हलचलों से दूर थे। जेल से बाहर आने के बाद उन्होंने इन प्रश्नों पर काफी कुछ कहा और वे बातें इतिहास में दर्ज भी हैं।

नेहरू यह तो समझ रहे थे कि ब्रिटिश साम्राज्य से भारत की स्वतंत्रता प्राप्त करना तभी संभव है, जब 'बल प्रयोग का कारगर दबाव' बनाया जा सके, इतना बड़ा दबाव कि जिससे अंग्रेज झुक जाएँ। वे सही थे। इस विचार पर अमल क्या संवैधानिक प्रक्रियाओं से संभव था? यही वह प्रश्न है, जहाँ नेहरू का नेतृत्व उत्तर दे नहीं पाता। भारत शासन अधिनियम-1935 में अंतिम निर्णय का अधिकार ब्रिटिश सरकार को था। उसमें नब्बे धाराएँ थीं, जो वायसराय के विशेषाधिकार में आती थीं। रक्षा, विदेश मंत्रालय और अन्य कई मामलों में अधिनियम में सुरक्षित अधिकार का प्रावधान था। इसे ही देख-समझकर जवाहरलाल नेहरू ने 1935 के अधिनियम को 'गुलामी का घोषणा-पत्र' कहा था। मार्च 1936 में कांग्रेस के लखनऊ अधिवेशन में अध्यक्षीय भाषण करते हुए उन्होंने कहा कि 'इस कानून (1935 का संविधान) के प्रति हमारा रुख अडिग विरोध और इसे खत्म कर देने की लगातार कोशिशों का ही हो सकता है।'[3]

भारत के संवैधानिक इतिहास के विशेषज्ञ ए.बी. कीथ ने भी लिखा है कि भारत शासन अधिनियम स्वाधीनता आंदोलन के लिए सबसे बड़ी चुनौती थी, इसीलिए नेहरू उसके विरोध में

बोल रहे थे। कांग्रेस उस चुनौती का सामना क्या नेहरू के नेतृत्व में कर सकी? 1936 में कांग्रेस के दो अधिवेशन हुए। लखनऊ और फैजपुर। इन दोनों की अध्यक्षता जवाहरलाल नेहरू ने की। लखनऊ में जो बोले, उसका एक अंश ऊपर के पैरे में है। दूसरा अधिवेशन फैजपुर में हुआ। वह कांग्रेस का 50वाँ अधिवेशन था। माह दिसंबर का था। उस अधिवेशन से पहले वे लंदन गए। वहाँ उन्होंने पत्रकारों से जो बात की, वह 'जवाहरलाल नेहरू वाङ्मय' में छपी हुई है। उसके प्रासंगिक अंश को पढ़ना ही काफी है। एक पत्रकार ने वहाँ पूछा था कि 'नए भारत शासन अधिनियम के बारे में आपका क्या ख्याल है?' जवाहरलाल नेहरू ने जवाब दिया कि 'मेरे ख्याल से गवर्नमेंट ऑफ इंडिया अधिनियम वाहियात है, क्योंकि हिंदुस्तान के एक भी मसले से उसका कोई ताल्लुक नहीं है।'[4] 'मौजूदा अधिनियम में, मेरा मतलब नए वाले से है, हर निहित-स्वार्थ की सुरक्षा की गई है, किसी लोकतंत्री काउंसिल या असेंबली के जरिए उसे छुआ भी नहीं जा सकता। इस संविधान में लंदन शहर, बरतानवी सरकार और हिंदुस्तानी जमींदारों तथा रजवाड़ों के हितों, यहाँ तक कि हिंदुस्तान में स्कॉटिश प्रेस्बिटेरियन चर्च के हितों की भी सुरक्षा की गई है।'[5]

'यह गवर्नमेंट ऑफ इंडिया अधिनियम ऐसा अधिनियम है, जो हिंदुस्तान की शक्ल बदलता है और उसे पूरी तरह से निहित स्वार्थों के हाथों बंधक रख देता है—इन स्वार्थों में प्रमुख हैं लंदन शहर और बरतानवी सरकार।'[6]

उसी यात्रा में जवाहरलाल नेहरू ने ब्रिटिश सांसदों के समक्ष हाउस ऑफ कॉमन्स में 5 फरवरी, 1936 को एक भाषण दिया। उन्होंने कहा कि 'कांग्रेस का मकसद मुकम्मल आजादी है, क्योंकि हिंदुस्तान बरतानवी साम्राज्यवाद के दायरे से अलग होना चाहता है।'[7] उनसे सवाल था कि 'अगर हिंदुस्तान के लोग यह दिखा दें कि वे मौजूदा संविधान को चला सकते हैं, तो क्या वह मुकम्मल आजादी का सबसे जल्दी का रास्ता नहीं होगा?'[8] जवाहरलाल नेहरू का जवाब था कि 'इसमें यह सवाल भी शामिल है कि हम संविधान के तहत क्या कर सकते हैं? मुझे लगता है कि हम किसी भी खास मसले पर गौर नहीं कर सकते।'[9]

भारत शासन अधिनियम के बारे में नेहरू का मत 1934 में प्रकाशित ब्रिटिश श्वेत-पत्र के समय से ही बहुत स्पष्ट था। वे उसे अपने हर बयान में खारिज करते रहे। यह अंश 4 अप्रैल, 1936 के 'हिंदू' में छपे उनके बयान का है, जिससे भारत शासन अधिनियम के बारे में उनके विचार की पुनः पुष्टि होती है और संविधान सभा की माँग का तर्क सामने आता है। 'संविधान सभा आजाद हिंदुस्तान के लिए संविधान तैयार करेगी। हिंदुस्तान के लोगों की ख्वाहिशें पूरी करने का यही एक तरीका है, यही लोकतांत्रिक तरीका है। इस तरीके से सांप्रदायिक मसला हल करने में भी बड़ी मदद मिलेगी। ब्रिटिश पार्लियामेंट या बाहर की किसी दूसरी सत्ता के जरिए तैयार किया गया हल अगर हिंदुस्तान पर थोपा गया, तो उस पर न तो रजामंदी हो सकेगी, न उससे अमन कायम होगा। अगर हिंदुस्तान के लोगों को लोकतांत्रिक ढंग से कोई फैसला करना है, तो उसे वे किसी तरह की

संविधान सभा के जरिए ही कर सकते हैं, लेकिन ऐसी संविधान सभा सभी मायने में संविधान सभा होनी चाहिए, जो पूरी तरह से अवाम की नुमाइंदगी करे और जिसे फैसले करने और उन फैसलों को अमल में लाने का अख्तियार हो। कोई तथाकथित सर्वदलीय परिषद् या सीमित मताधिकार से चुनी गई सभा बेकार होगी। इसमें सांप्रदायिक और ऊँचे तबके के दीगर बँटवारों की झलक होगी और यह अवाम से ताल्लुक रखनेवाले मसलों को सामने आने से रोकेगी। इस तरह संविधान सभा की कांग्रेस की माँग बहुत जरूरी है और उसे हासिल करने के लिए हमें काम करना चाहिए।'[10]

भारत शासन अधिनियम में नेहरू ये सब सीमाएँ देख रहे थे, इसीलिए वे विरोध कर रहे थे। नेहरू के विरोध में अंग्रेजों के प्रति एक अविश्वास का भाव तो था ही, यह भी था कि ब्रिटिश सरकार के हाथों कांग्रेस को जो कुछ झेलना पड़ रहा था, उसकी एक प्रतिक्रिया भी थी। लॉर्ड विलिंग्डन के काल में भारत सरकार कांग्रेस को कुलचने की ठान ली थी। कांग्रेस के नेता और कार्यकर्ता हजारों की संख्या में बंदी बनाए गए थे। कांग्रेस कार्यालयों पर अंग्रेजों ने ताले लगा दिए थे। कांग्रेस का खाता, जो बैंकों में था, उसे जब्त कर लिया गया था। कांग्रेस को हर संभव कुचलने के लिए अंग्रेज सरकार ने कमर कस ली थी। इतिहासकार डेविड एलियो लो का मत है कि ऐसे समय में भारत शासन अधिनियम-1935 को घोषित करने और अमल में लाने में भी अंग्रेज सरकार का एक खास मकसद था। अंग्रेज लंबे समय तक राज करना चाहते थे। लुटियन की दिल्ली को इसी इरादे से राजधानी के रूप में बसाया गया था। उसमें 21 साल से ज्यादा समय लगा। बड़ी पूँजी लगी। इसलिए कांग्रेस के जनाधार को चौपट करने और समाज के महत्त्वपूर्ण वर्गों को साम्राज्य के साथ जोड़े रखने के लिए वह अधिनियम लाया गया था। यहाँ दो प्रश्न उठते हैं—क्या अंग्रेज अपने लक्ष्य को पा सके? क्या नेहरू के नेतृत्व में कांग्रेस अपने विरोध पर कायम रह सकी?

**संदर्भ—**


1. नेहरू-ए पॉलिटिकल बायोग्राफी, माइकल बेशर, अध्याय : डेज ऑफ फरमेंट, पृ. 231-232
2. मेरी कहानी, जवाहरलाल नेहरू, अध्याय : कुछ ताजा घटनाएँ, पृ. 804
3. नेहरू वाङ्मय, खंड-7, सभापति का भाषण, पृ. 178
4. वही, 1935 के एक्ट के बारे में, पृ. 79
5. वही, पृ. 79-80
6. वही, पृ. 90
7. वही, नए संविधान के बारे में, पृ. 107
8. वही, पृ. 108
9. वही, पृ. 108
10. वही, हिंदुस्तान के लिए संविधान सभा, पृ. 122-123


□

# 17

# विश्व युद्ध का हस्तक्षेप

भारत शासन अधिनियम–1935 से अंग्रेज जो चाहते थे, उसे वे बहुत हद तक पा सके। कांग्रेस नेतृत्व को संविधान की अपनी अँधेरी गुफाओं में भटकाया। मुसलिम लीग को भारत का भस्मासुर बना दिया। इसमें जाने–अनजाने पं. नेहरू ने भरपूर मदद की। इसकी सबसे प्रामाणिक कहानी नरेंद्र सिंह सरीला ने लिखी है। अखंड भारत कैसे खंडित हुआ ? इसमें जिनकी भी रुचि है, उन्हें यह कहानी बार–बार पढ़नी चाहिए। उन्होंने 'विभाजन की असली कहानी' लिखी। लंदन जाकर मूल पत्रावलियों को पढ़ा। अभिलेखागारों को खँगाला। उसके आधार पर जो तथ्य हाथ लगे, उसे अपनी पुस्तक में उजागर किया। वे लॉर्ड माउंटबेटन के ए.डी.सी. रहे।

अंग्रेजों ने 1935 के नए संविधान के आधार पर ब्रिटिश शासित प्रांतों में स्वशासन का एक प्रयोग किया। 1937 में चुनाव कराए। उससे एक नई लहर पैदा हुई। कांग्रेस को अपार सफलता मिली। उसने सात प्रांतों में शासन सँभाला। कुछ दिनों बाद असम में भी उसे सरकार बनाने का मौका मिला। इस प्रकार कांग्रेस की आठ राज्यों में सरकारें थीं, हालाँकि अनुभव अच्छा नहीं रहा। सरकार चलाने में संविधान के प्रावधान ही बाधक थे। कांग्रेस ने अपने लिए छोटी–मोटी बड़ी बाधाएँ स्वयं खड़ी कर ली थीं। कांग्रेस कार्यसमिति और संसदीय बोर्ड मंत्रियों का मार्गदर्शन करते थे। उनसे विधानसभाओं में पार्टी के अनुशासन का पालन करवाते थे,

खासतौर पर ख्याल रखा जाता था कि कहीं कांग्रेस के उद्देश्यों की उपेक्षा तो नहीं हो रही है। मंत्रियों को शासन का अनुभव नहीं था। जवाहरलाल नेहरू उन्हें याद दिलाते रहते थे कि कांग्रेस का ऐतिहासिक दायित्व स्वतंत्रता प्राप्त करना है, इसलिए सरकार में रहते हुए उसे याद रखना है और स्वराज्य की योग्यता अर्जित करनी है।

कांग्रेस ने स्वराज्य की योग्यता को कभी परिभाषित नहीं किया। इसके लिए महात्मा गांधी ने जब पं. नेहरू को बुलाया तो वे उस विमर्श के लिए तैयार ही नहीं हुए। दूसरी तरफ अंग्रेज स्पष्ट थे कि जो संवैधानिक सुधार की राह है, उसकी मंजिल संसदीय प्रणाली में पूरी होती है। अंग्रेज समझते थे कि भारत का सामाजिक ढाँचा संसदीय प्रणाली के लिए उपयुक्त नहीं है। इस निष्कर्ष पर वे अपना तर्क गढ़ते थे और कहते थे कि भारत अभी स्वाधीन होने की पात्रता अर्जित नहीं कर सका है। कांग्रेस के लक्ष्य स्पष्ट थे—स्वाधीनता, लोकतंत्र और अखंड भारत। इन्हें पाना और स्थापित करना कांग्रेस अपना दायित्व समझती थी। इस संदर्भ में उस समयावधि में जवाहरलाल नेहरू की भूमिका का पुन: मूल्यांकन आज की आवश्यकता है। वे कांग्रेस अध्यक्ष के रूप में उस संग्राम का नेतृत्व कर रहे थे। बड़े नीतिगत निर्णयों में उनकी निर्णायक भूमिका थी। वह दौर नया था। निर्णायक था। जो 1937 के विधानसभा चुनावों से शुरू हुआ। वह अत्यंत महत्त्वपूर्ण है। उसमें कांग्रेस और मुसलिम लीग की दूरी कैसे बढ़ी, क्यों बढ़ी? भारत के स्वाधीनता संग्राम में दूसरे विश्व युद्ध ने किस प्रकार हस्तक्षेप किया? उससे राजनीतिक संतुलन कैसे परिवर्तित हो गया? उसमें नेहरू और जिन्ना की भूमिका क्या थी? क्यों कांग्रेस सरकारों ने प्रांतों में इस्तीफे दे दिए? प्रांतीय सरकारों के इस्तीफे की रणनीति क्या सही थी? उससे राजनीति में क्या बुनियादी परिवर्तन हुए? यह प्रश्न उठे तो तब भी थे, लेकिन संग्राम के शोर में दब गए। आज शांत चित्त से वे अपनी सुनवाई की माँग कर रहे हैं।

दूसरे विश्व युद्ध ने उस समय की जटिल परिस्थितियों में एक नया तत्त्व जोड़ दिया। इससे वे शक्तियाँ कार्यरत हो गईं, जिन्होंने आगे चलकर भारत में पार्टियों की कतारबंदी को ही नहीं, बल्कि दुनिया भर में शक्ति संतुलन को बदलकर रख दिया। इस तरह दूसरे विश्व युद्ध ने जहाँ दुनिया के सत्ता समीकरण को बदल दिया, वहीं उसने भारत के स्वाधीनता संग्राम में भी जबरदस्त हस्तक्षेप किया। 1 सितंबर, 1939 को हिटलर के पोलैंड पर हमले से विश्व युद्ध शुरू हुआ। प्रांतों में कांग्रेस की सरकारों को तब तक 27 महीने भी नहीं बीते थे। युद्ध छिड़ने के करीब ढाई महीने बाद दिसंबर 1939 में कांग्रेस के मंत्रियों ने अपनी-अपनी सरकारों से इस्तीफे दे दिए। इससे सत्ता अंग्रेज गवर्नरों के हाथ में पूरी तरह चली गई। कांग्रेस का तर्क था कि निर्वाचित प्रतिनिधियों को भरोसे में लिये बिना भारत को युद्ध में घसीटा गया। आठ राज्यों में सरकारों से इस्तीफा देकर कांग्रेस ने सोचा कि वह ब्रिटिश सरकार पर दबाव बनाने में सफल हो जाएगी, पर परिणाम वास्तव में विपरीत हुआ। जो आज बहुत स्पष्ट दिख रहा है।

कांग्रेस की सरकारें जैसे ही बनीं, जिन्ना ने अपना रुख बदला। कांग्रेस को अपने निशाने पर ले लिया। उस पर तमाम झूठे आरोपों की बौछार कर दी। अंग्रेजों ने इसे अपने लिए अनुकूल अवसर माना। सरकारों के इस्तीफे से उसकी कांग्रेस पर निर्भरता समाप्त हो गई थी। उसकी माँगों को मानने के लिए अंग्रेजों पर कोई दबाव नहीं था। उसे मुसलिम लीग का सहारा मिलने लगा था। जो राजनीतिक रिक्तता कांग्रेस ने इस्तीफा देकर बनाई, उसे अंग्रेजों ने मुसलिम लीग को मंच देकर पूरा कर दिया। वी.पी. मेनन को कौन नहीं जानता! वे नामी अफसर थे। तीन वायसरायों—लिनलिथगो, वेवल और माउंटबेटन के संवैधानिक सलाहकार रहे। उनका पूरा नाम था—वाप्पला पंगुन्नि (वी.पी.) मेनन। उन्होंने अपनी प्रसिद्ध पुस्तक 'द ट्रांसफर ऑफ पावर इन इंडिया' में लिखा है—'अगर कांग्रेस ने प्रांतों में लाभदायक स्थिति को नहीं छोड़ा होता, तो भारतीय इतिहास का घटनाक्रम संभवतः बहुत अलग होता।'[1]

आजादी के बाद सरदार बल्लभभाई पटेल ने वी.पी. मेनन को अपने साथ रखा। उन्हीं वी.पी. मेनन का मत है—'इस्तीफे देकर कांग्रेस ने घटिया राजनीतिक सूझ-बूझ का परिचय दिया। इसकी संभावना लगभग नगण्य थी कि उन्हें ब्रिटिश सरकार सत्ता से बरखास्त कर देती, क्योंकि उन्हें जनता का व्यापक समर्थन प्राप्त था। राज्य सरकारों के बल पर कांग्रेस ब्रिटिश सरकार पर अपना दबाव बनाए रख सकती थी। उसकी माँगों को ठुकराना ब्रिटिश सरकार के लिए तब कठिन हो जाता। हर प्रकार से यह साफ है कि कांग्रेस मंत्रिमंडल के इस्तीफों से जिन्ना और मुसलिम लीग को वह मुकाम मिल गया, जो उनके लिए तब असंभव दिख रहा था।'[2]

अपने अध्ययन और शोध के बाद नरेंद्र सिंह सरीला ने निष्कर्ष निकाला कि 'इन इस्तीफों का एक दीर्घकालिक गंभीर परिणाम यह निकला कि सैन्य दृष्टि से महत्त्वपूर्ण उत्तर-पश्चिमी सीमा प्रांत अफगानिस्तान और भारत की सीमा पर खैबर दर्रे पर राष्ट्रवादियों ने अपना नियंत्रण खो दिया। यदि सन् 1940 से 1946 के वक्त कांग्रेस का इन मुसलिम-बहुल प्रांतों में शासन बना रहता, तो भारत के विभाजन की योजना आगे नहीं बढ़ाई जा सकती थी। इस प्रांत को शामिल किए बिना पाकिस्तान भारत की सीमा से घिरा रहता और पश्चिम के लिए जो उसका सामरिक महत्त्व है, वह नहीं रहता। इस क्षेत्र के पठान, कांग्रेस के महारथी सीमांत गांधी खान अब्दुल गफ्फार खान के सम्मोहन में थे। इस सम्मोहन के टूटने से जिन्ना अंग्रेजों की मदद से इस प्रांत में पैर जमाने में सफल हुए। उसकी कहानी अलग है।'[3]

उन्होंने लिखा है कि 'प्रांतों में कांग्रेसी मंत्रिमंडलों के इस्तीफों से अति प्रसन्न जिन्ना बंबई के मालाबार हिल्स स्थित पेड़ों से घिरे अपने बँगले में अरब सागर को निहारते हुए कह उठे कि यह कांग्रेस की हिमालयन भूल है।'[4] उससे राजनीतिक फायदा उठाने के लिए जिन्ना ने 22 दिसंबर, 1939 को मुक्ति दिवस घोषित किया—कांग्रेस शासन से मुक्ति। इसके तत्काल

बाद जिन्ना कूटनीति और दंभ के सहारे जीत हासिल करने के लिए तत्पर हो गए, जैसा वह उस समय भारत में जनमत से कभी भी हासिल नहीं कर सकते थे। उस दौर में महात्मा गांधी ने क्या सलाह दी, यह जानना यहाँ जरूरी है। उससे भी ज्यादा जरूरी यह है कि जवाहरलाल नेहरू ने उन सलाहों पर ध्यान नहीं दिया। 26 अक्तूबर, 1939 को महात्मा गांधी ने नेहरू को लिखा कि 'यह संभवत: हमारे इतिहास का सबसे नाजुक काल है। उन अहमतरीन सवालों पर मेरी बहुत पक्की राय है, जो हमारा ध्यान खींच रहे हैं। मुझे पता है कि उनके बारे में आपकी भी पक्की राय है, मगर मुझसे अलग। आपकी अभिव्यक्ति की शैली मेरी शैली से अलग है।'[5]

विश्व युद्ध के प्रति दृष्टिकोण पर उस समय नेहरू और गांधी में गंभीर मतभेद थे। इसे राजमोहन गांधी ने बेहतर ढंग से लिखा है। उनका मत है कि गांधी की सलाह से कांग्रेस उस समय अपने पत्ते ठीक से चल रही थी। लेकिन विश्व युद्ध छिड़ते ही अचानक जिन्ना के हाथ मजबूत हो गए। कैसे? राजमोहन गांधी लिखते हैं कि 'जैसे ही विश्व युद्ध छिड़ा कि ब्रिटिश संसद् ने भारत के वायसराय लॉर्ड लिनलिथगो को यह अधिकार दे दिया कि वे जरूरत पड़ने पर प्रांतीय सरकारों से बगैर पूछे निर्णय ले सकते हैं।'[6] गांधीजी चाहते थे कि कांग्रेस उस समय ब्रिटेन और उसके सहयोगी देशों के प्रति सहानुभूति का रुख अपनाए। लेकिन जनभावना दूसरी थी। लोग चाहते थे कि ब्रिटिश सरकार स्पष्ट आश्वासन दे कि युद्ध के बाद भारत को स्वाधीनता दी जाएगी। गांधीजी फिर भी अपने प्रयास में लगे रहे। उन्होंने 9 सितंबर को 'हरिजन' में लिखा कि 'यही समय है, जब हमें अपनी भूमिका का निर्धारण सामूहिक रूप से करना है।'[7] इससे उन्होंने परामर्श का क्रम प्रारंभ किया। जिन्ना को निमंत्रण भेजा, जिसे उन्होंने अस्वीकार कर दिया।

विश्व युद्ध छिड़ने के तुरंत बाद लिनलिथगो ने जिन्ना से संपर्क साधा। जो-जो कांग्रेस के विरोधी थे, उन सबसे वायसराय ने नाता जोड़ा। उस समय के पत्र-व्यवहार से स्पष्ट है कि वायसराय ने किंग जॉर्ज षष्टम को सूचना दी कि 'मैं जिन्ना के संपर्क में हूँ। यह कठिन कार्य है, लेकिन इसे साधने का प्रयास कर रहा हूँ।'[8] उसी पत्र में यह सूचना भी है कि कांग्रेस जो चाहती है, उसे वह नहीं देना है। मार्च 1940 में जिन्ना ने माना कि वायसराय की नजर में उसका महत्त्व बढ़ गया है। इतिहासकारों का मत है कि विश्व युद्ध ने ब्रिटिश साम्राज्य और मुसलिम लीग में परस्पर हित की एक कड़ी जोड़ दी।

## संदर्भ—


1. द ट्रांसफर ऑफ पावर इन इंडिया, वी.पी. मेनन, अध्याय : वार ऐंड द डेडलॉक, पृ. 78
2. वही, पृ. 78
3. विभाजन की असली कहानी, नरेंद्र सिंह सरीला, अनुवाद : वर्षा सुर्वे, अध्याय : आंग्ल-मुसलिम लीग गठबंधन का आरंभ, पृ. 35

4. वही, पृ. 35
5. संपूर्ण गांधी वाङ्मय, खंड–70, पृ. 331
6. मोहनदास : ए ट्रू हिस्टरी ऑफ ए मैन, हिज पीपुल ऐंड ऐन इंपायर, राजमोहन गांधी, अध्याय : क्विट इंडिया, वर्धा, बॉम्बे एंड प्रिजन, पृ. 448
7. वही, पृ. 447
8. वही, पृ. 450

□

# 18

# ऐतिहासिक अवसर गँवाया

संविधान सभा की रट में रमी कांग्रेस राजनीतिक यथार्थ को पहचानने में कब और किस समय विफल हो गई? स्वाधीनता संग्राम का वह कौन सा वर्ष है? भारत विभाजन की नींव कब पड़ी? हिंदू-मुसलिम संबंधों में पक्की गाँठ कब लगी? क्यों लगी? मुसलिम नेतृत्व में हिंदू प्रभुत्व की मानसिक ग्रंथि के पैदा होने का ऐतिहासिक समय कौन सा है? कब एक राजनीतिक प्रश्न ने धार्मिक और सांप्रदायिक टकराव की राह पकड़ ली? इस तरह के जितने भी सवाल हो सकते हैं, उनका एक ही जवाब है। वह यह कि 1937 का वह वर्ष है, जब भारत के भाग्य का उलटा फैसला हुआ। उस वर्ष की राजनीतिक घटनाओं में इन सवालों के जवाब हैं। इसी अर्थ में वह वर्ष बहुत निर्णायक था, जो नेतृत्व की भूल से दुर्भाग्यपूर्ण हो गया। कांग्रेस और मुसलिम लीग में न पटनेवाली खाई उसी साल पड़ी। उसके बाद जो कुछ हुआ, वह इतिहास का पीड़ादायी अध्याय है।

उस साल चुनाव हुए थे। कांग्रेस ने मुसलिम लीग के साथ साझा सरकार नहीं बनाई। अगर कांग्रेस का नेतृत्व साझा सरकार के लिए तैयार हो जाता, तो इतिहास बदल सकता था। इतिहास की दृष्टि से उन घटनाओं को जानना जितना जरूरी है, उतना ही जरूरी है, उन घटनाओं को संविधान की यात्रा के उतार-चढ़ाव में देखने और समझने का। यह जरूरत आज पहले से अधिक है। इसलिए है कि इतिहास को संविधान से अलग कर नहीं देखा जा सकता। वह

इतिहास संविधान सभा की राजनीति से वैसे ही जुड़ा है, जैसे कि शरीर में खून और पसीना जुड़ा रहता है। उसे शरीर के सजीव क्रम का एक अंग माना जाता है।

यह आम धारणा है कि कांग्रेस और मुसलिम लीग में कड़वाहट उत्तर प्रदेश से शुरू हुई। यह आंशिक सत्य है। पूरा सच यह है कि वह सिर्फ उत्तर प्रदेश तक ही सीमित नहीं रही, उसके तार तब के बंबई प्रांत से भी जुड़े थे। मुहम्मद अली जिन्ना बंबई के निवासी थे। सार्वजनिक जीवन में उनका एक महत्त्वपूर्ण स्थान था। तभी तो वे 1934 में सेंट्रल असेंबली के लिए निर्विरोध निर्वाचित हुए थे। 1937 के चुनाव में कांग्रेस बंबई की विधानसभा में स्पष्ट बहुमत नहीं पा सकी। उसके सामने मुसलिम प्रतिनिधित्व का प्रश्न था। एक भी मुसलिम सीट पर कांग्रेस को सफलता नहीं मिली थी। ज्यादातर सीटों पर मुसलिम लीग जीती थी। सरकार बनाने के लिए कांग्रेस नेतृत्व ने क्या किया और कैसे किया? यही वह समस्या है, जो कांग्रेस–मुसलिम लीग संबंधों को नया मोड़ देती है। इस बारे में घटनाक्रम जैसा घटा, उस आधार पर मधु लिमये ने अपनी पुस्तक 'महात्मा गांधी और जवाहरलाल नेहरू' के एक अध्याय में निष्कर्ष निकाला कि मुसलिम लीग का रुख तो उस समय सकारात्मक था। जिन्ना ने ब्रिटिश गवर्नर की चाल को नाकाम कर बंबई प्रांत में एक कठपुतली सरकार बनाने के उनके इरादे पर पानी फेर दिया था।

तब कांग्रेस नेतृत्व ने विपरीत बुद्धि से काम लिया। वक्त की जरूरत जो थी, उसे नहीं पहचाना। मुसलिम लीग के साथ साझा सरकार बनानी चाहिए थी। मुसलिम लीग तो उत्तर प्रदेश की ही तरह बंबई में भी साझा सरकार बनाने पर सहमत थी। इसके विपरीत कांग्रेस नेतृत्व चाहता था कि मुसलिम लीग के विधायक कांग्रेस में सम्मिलित हो जाएँ। 'मुसलिम लीग के लिए यह अपमानजनक था, इसलिए जिन्ना ने इस सुझाव को नकारा। वे सरकार बनाने के लिए कांग्रेस को सहयोग देने पर सहमत थे, लेकिन अपनी पार्टी मुसलिम लीग का विसर्जन करना नहीं चाहते थे।'[1] इससे ही कांग्रेस और मुसलिम लीग में दूरी बढ़ती गई, जो अक्तूबर 1937 में मुसलिम लीग के लखनऊ अधिवेशन में प्रकट हुई। मुसलिम लीग के नेता जिन्ना, खलीकुज्जमा और नवाब मुहम्मद इस्माइल खान ने अपने अपमान को वहाँ रोष में बदला। मुसलिम लीग को लड़ने के लिए तैयार करना शुरू कर दिया। अधिवेशन में जिन्ना ने कांग्रेस नेतृत्व पर तमाम आरोप लगाए। उसका सार था कि कांग्रेस मुसलिम लीग को बरबाद करना चाहती है। मधु लिमये ने माना है कि जिन्ना का आरोप आधारहीन नहीं था। कांग्रेस नेतृत्व ने उस समय जो भूल की, वह क्यों हुई? इसके लिए कौन जिम्मेदार था? जवाहरलाल नेहरू कांग्रेस के अध्यक्ष थे, इसलिए वे ही उस भयानक भूल या ऐतिहासिक नासमझी के लिए जिम्मेदार हैं। यही मधु लिमये ने भी माना है।

ऐसा क्यों हुआ? इसकी गहरी छानबीन पहले भी हुई है। लेकिन जैसा मधु लिमये ने समग्रता में उन घटनाओं को देखा है, वैसा अन्यत्र नहीं मिलता। तमाम संदर्भों और उपलब्ध संस्मरणों

के हवाले से उन्होंने एक चित्र खींचा है, जिसमें जवाहरलाल नेहरू की भूमिका बहुत निर्णायक थी, यह वे तथ्यों के आधार पर बताते हैं। 'जवाहरलाल नेहरू का दृष्टिकोण मार्क्सवादी था। वे कांग्रेस सोशलिस्ट पार्टी के मार्क्सवादियों के प्रभाव में थे।'[2] नेहरू और उनके भरोसेवाले नेता राजनीतिक सवाल की मार्क्सवादी व्याख्या कर रहे थे। सवाल राजनीतिक था, जिसका एक पहलू हिंदू-मुसलिम संबंधों से जुड़ता था। नेहरू और उनके मार्क्सवादी साथी अपनी वैचारिक जड़ता में थे, इसलिए वे यह समझने में असमर्थ थे कि राजनीतिक निर्णय से ही हिंदू-मुसलिम संबंधों का व्याकरण भी निर्धारित होगा।

नेहरू और उनके मार्क्सवादी साथी साझा सरकार बनाने के सवाल को राजनीतिक से ज्यादा आर्थिक मानते थे। उन दिनों जिन्ना का दृष्टिकोण जो था, उसके ठीक उलट नेहरू सोचते थे। जिन्ना मानते थे कि समस्या प्रमुखतया राजनीतिक है, लेकिन नेहरू राजनीतिक विषय को आर्थिक हित से जुड़ा हुआ समझते थे। इस कारण भी उन्होंने मुसलिम लीग की उपेक्षा की। उनकी यह धारणा वक्त ने गलत साबित की कि इससे कोई फर्क नहीं पड़ेगा। हिंदू-मुसलिम संबंधों को वे मार्क्सवादी दृष्टि से देखने के अभ्यस्त थे। मधु लिमये ने लिखा है कि नेहरू के मार्क्सवादी साथियों ने उन्हें प्रभावित किया, जिससे उन्होंने मुसलिम लीग से साझा सरकार को नकारा।

कांग्रेस हमेशा से साझा सरकार के प्रति अनिच्छा के भाव में रही है। कांग्रेस के इस दृष्टिकोण को मुसलिम लीग ने 'हिंदू प्रभुत्व' के रूप में देखा। मधु लिमये लिखते हैं कि 'जवाहरलाल नेहरू साझा सरकार के विरोध में सिर्फ 1937 में ही नहीं थे, बल्कि उनका यह रवैया 1946 में भी बना रहा, जब उन्होंने पंजाब की यूनियनिस्ट पार्टी के साथ सहयोग को नकारा।'[3] लेकिन कांग्रेस में जवाहरलाल नेहरू से किसी नेता की उस समय असहमति का कोई उदाहरण नहीं मिलता। सरदार पटेल, राजेंद्र प्रसाद, मौलाना आजाद भी नेहरू से सहमत थे। क्या तब कांग्रेस नेतृत्व ने दूरदर्शिता नहीं दिखाई? चुनावी सफलता ने कांग्रेस नेतृत्व को मदांध बना दिया? उस समय महात्मा गांधी की भूमिका क्या थी? ये सवाल आज भी जवाब माँग रहे हैं।

इन नेताओं से भिन्न विचारवाले थे, नेताजी सुभाषचंद्र बोस। वे साझा सरकार के पक्षधर थे। उनके कारण ही असम में साझा सरकार बन सकी। इससे यह समझा जा सकता है कि नेताजी सुभाषचंद्र बोस अगर नेतृत्व में होते, तो 1937 का इतिहास दूसरा होता। भारत अखंड रहता। मधु लिमये ने इसे चिह्नित किया है कि जवाहरलाल नेहरू, सरदार बल्लभभाई पटेल, राजेंद्र प्रसाद और मौलाना ने 1937 में अदूरदृष्टि से काम लिया। हिंदू-बहुल राज्यों में कांग्रेस को तब बड़ी चुनावी सफलता मिली थी, जिससे वे अभिभूत थे। वे चाहते तो मुसलिम लीग के नेतृत्व को मिलाकर रखते।

तब महात्मा गांधी की भूमिका क्या थी? आश्चर्य है कि उन्होंने भी जिन्ना की उपेक्षा की। हालाँकि जिन्ना गांधीजी से बात करना चाहते थे। लेकिन गाँधीजी ने एक पत्र में अपनी असमर्थता व्यक्त की, जिससे जिन्ना में गहरा असंतोष उपजा। प्रतिक्रिया में जिन्ना ने यह समझ लिया कि राजनीतिक शक्ति अर्जित किए बगैर धार्मिक, सांस्कृतिक और आर्थिक सवालों को सुलझाना कठिन होगा। यह भी अर्थ निकाला कि कागजी संविधान की धाराओं में ताकत नहीं होती। कांग्रेस के रवैये से जिन्ना ने सोचा कि 'स्थिति का एकमात्र हल यह है कि एक अलग राज्य स्थापित होना चाहिए, जो प्रभुतासंपन्न हो।'[4]

जवाहरलाल नेहरू ने जिन्ना को एक पत्र भेजा। यह 4 फरवरी, 1938 का है। वे लिखते हैं कि 'मुझे नवाब इस्माइल खान और चौधरी खलीकुज्जमा से यह मालूम करके बड़ी प्रसन्नता हुई कि उत्तर प्रदेश की मुसलिम लीग या उत्तर प्रदेश मुसलिम लीग पार्लियामेंट्री बोर्ड इस कार्यक्रम को (जो कांग्रेस की कार्यसमिति ने 1937 में तैयार किया था) स्वीकार करते हैं। इसमें हमारा स्वाधीनता का ध्येय, संविधान सभा की माँग थी।'[5] इस पत्र को जिन्ना ने नेहरू का मजाक माना। मधु लिमये ने लिखा है कि 'जिन्ना तब तक राष्ट्रवादी थे। सहयोग के भाव में थे। लेकिन कांग्रेस के नकारात्मक रुख से अपमानित अनुभव कर वे बदले। अगर कांग्रेस ने जिन्ना को साथ रखा होता, तो वे भारत से ब्रिटिश साम्राज्य को समाप्त करने में सहयोगी होते। अफसोस है कि ऐसा नहीं हुआ।'[6] 1937 ही वह वर्ष था, जब हिंदू-मुसलिम संबंधों को भाईचारे में बदला जा सकता था। मधु लिमये ने निष्कर्ष निकाला है कि उसके बाद तो मेल-मिलाप की कोई संभावना थी ही नहीं। जो अवसर आया था, उसे कांग्रेस नेतृत्व ने गँवा दिया। उन्होंने लिखा है कि 'मैं इसीलिए सोचता हूँ कि 1937 का साल नियति के निर्धारण का था।'[7]

उन दिनों कांग्रेस का नेतृत्व जवाहरलाल नेहरू कर रहे थे। जो भी तथ्य उपलब्ध हैं, उनके आधार पर कहा जा सकता है कि उस दौरान हिंदू-मुसलिम संबंध की बाबत महात्मा गांधी और नेहरू में कोई बात नहीं हुई। दूसरी तरफ जिन्ना ने महात्मा गांधी से बात करने की कोशिशें कीं। गांधी ने उस समय उन्हें टाला। संदेश भिजवाया कि जिन्ना अगर बात करना चाहते हैं तो वे पहले मौलाना आजाद से बात करें। सुशीला नय्यर ने अपने संस्मरण में लिखा है कि एक बार गांधीजी ने बताया कि जिन्ना उनसे मिलने आए थे। तब उन्होंने जिन्ना से कहा कि हिंदू-मुसलिम सवाल पर मैं डॉ. मुख्तार अंसारी से सलाह करता हूँ। उनकी सलाह पर ही निर्णय करता हूँ। जो जिन्ना को स्वीकार नहीं था। 1938 में गांधीजी ने घोषित किया कि डॉ. मुख्तार अंसारी अब नहीं रहे, इसलिए वे अब मौलाना अबुल कलाम आजाद से परामर्श कर निर्णय करेंगे। उस दौर (1937-38) में जिन्ना ने सुलह की हर कोशिश की। वे तब तक भारत विभाजन के विचार से दूर थे।

**संदर्भ—**


1. महात्मा गांधी ऐंड जवाहरलाल नेहरू : ए हिस्टोरिक पार्टनरशिप, (1916-1948) खंड-2, मुध लिमये, पृ. 215
2. वही, पृ. 219
3. वही, पृ. 219
4. वही, पृ. 221
5. जवाहरलाल नेहरू वाङ्मय, खंड-8, पृ. 202
6. महात्मा गांधी ऐंड जवाहरलाल नेहरू : ए हिस्टोरिक पार्टनरशिप (1916-1948), खंड-2, पृ. 221
7. वही, पृ. 221


□

# 19

# नेताजी की वह पहल

जिस प्रांत में कांग्रेस का अधिवेशन होता था, वहाँ के निवासी को अध्यक्ष नहीं बनाया जाता था। इस परंपरा को तोड़कर 1936 में जवाहरलाल नेहरू को कांग्रेस ने अध्यक्ष बनाया। वे अपनी पत्नी कमला नेहरू की बीमारी के सिलसिले में विदेश में थे। मार्च 1936 में नेहरू भारत लौट आए थे। 'वे समाजवाद के विचारों की गठरी लेकर आए और उन्हें भारत में लागू करना चाहते थे।'[1] उन्होंने 1935 के अधिनियम के अंतर्गत बने संविधान को 'गुलामी का नया घोषणा-पत्र' बताया था। फिर भी उनके ही नेतृत्व में कांग्रेस प्रांतीय चुनावों में उतरी। फरवरी 1937 में चुनाव परिणाम घोषित किए गए। प्रश्न था कि क्या सरकार बनानी चाहिए? गांधीजी ने भी सरकार बनाने की ही सलाह दी। उनकी सलाह इन शब्दों में थी कि 'मैं आपको बताऊँ कि सत्य एवं अहिंसा की तरह विधायिकाओं के बहिष्कार सनातन सिद्धांत नहीं हैं। उनके प्रति मेरा विरोध घट तो गया है, लेकिन इसका अर्थ यह नहीं है कि मैं अपनी पुरानी स्थिति से हट रहा हूँ। यहाँ प्रश्न राजनीति का है और मैं सिर्फ वही कह सकता हूँ, जो किसी विशेष क्षण के लिए सर्वाधिक आवश्यक है।'[2] इस परामर्श में गांधीजी ने एक राजनीतिज्ञ की भाँति सरकार बनाने की आवश्यकता को 'सर्वाधिक आवश्यक'[3] बताया।

आचार्य जे.बी. कृपलानी ने लिखा है कि 'गांधीजी को लग रहा था कि सरकार बनाने के बाद कांग्रेस के मंत्री राष्ट्र-निर्माण के लिए रचनात्मक कार्यक्रमों को विस्तृत रूप में लागू

करने की स्थिति में आ जाएँगे।'[4] उस समय दो प्रश्न महत्त्वपूर्ण थे—पहला कि मुसलिम लीग के साथ साझा सरकार बनानी है या नहीं? दूसरा कि राज्यपालों का सरकारों के प्रति रुख क्या होगा? पहले प्रश्न पर जवाहरलाल नेहरू ने जो निर्णय किया, वह लागू हुआ। मुसलिम लीग को कांग्रेस ने सरकार में शामिल नहीं किया। दूसरे प्रश्न पर वायसराय लॉर्ड लिनलिथगो के आश्वासन पर भरोसा किया गया। उनका आश्वासन था कि 'राज्यपाल इस बात का ध्यान रखेंगे कि वे न सिर्फ संघर्ष पैदा न होने दें, बल्कि उससे बचें।'[5] इससे संविधान में जो प्रावधान था, उसमें कोई अंतर नहीं आया। लेकिन कांग्रेस ने मान लिया कि सरकारों के कामकाज में राज्यपालों का हस्तक्षेप नहीं होगा।

कांग्रेसजनों में गलतफहमी न रहे, इसलिए गांधीजी ने एक बयान जारी किया। उन्होंने कहा कि 'जब 1935 के अधिनियम को पहली बार पढ़ा था तो मुझे वह अव्यावहारिक लगा था, लेकिन तब से मैंने अपना दृष्टिकोण बदल दिया है। अब ऐसा लगता है कि राज्यपाल के विशेषाधिकार सिर्फ आपातकालीन परिस्थितियों में (जब बहुमत वाले तथा अल्पमत वाले समूहों के बीच में कोई संघर्ष पैदा हो जाता अथवा हिंसा की परिस्थिति में) प्रयुक्त किए जाने का प्रावधान था।'[6] इससे सरकार बनाने के लिए कांग्रेस का रास्ता साफ हो गया। लेकिन कांग्रेस की सरकारों से जो अपेक्षा गांधीजी ने की थी, क्या वह पूरी हुई? क्या जो नेहरू ने घोषित कर रखा था, वह संभव हो सका? जवाहरलाल नेहरू ने कहा था कि संविधान को अंदर से तोड़ने के लिए कांग्रेस सरकारों में शामिल हो रही है। इसके विपरीत, महात्मा गांधी अधिक व्यावहारिक थे। वे चाहते थे कि कांग्रेस की प्रांतीय सरकारें देश के पुनर्निर्माण के उनके कार्यक्रमों को लागू करें। उस दौरान उन्होंने मंत्रियों को और जनप्रतिनिधियों को सादगीपूर्ण जीवन के निर्वाह की सलाह दी। जो उनके लेखों में जगह-जगह मिलता है।

कांग्रेस मंत्रिपरिषदों ने सामान्यतया मद्य निषेध और प्राथमिक शिक्षा जैसे दो महत्त्वपूर्ण सुधारों पर काम शुरू किया। लेकिन परिस्थिति इतनी परस्पर विरोधी थी कि समस्याएँ जल्दी ही पैदा होने लगीं। समस्याओं के नागों ने अपने फन फुफकारे। सत्ता का केंद्रीय ढाँचा औपनिवेशिक और तानाशाहीपूर्ण था। हर मुद्दे पर संघर्षपूर्ण स्थिति बन जाती थी। मुसलिम लीग से कांग्रेस ने समझौता न कर उसे फलने-फूलने का खुला अवसर दे दिया। 'जब कांग्रेस ने सरकार बनाई, तो लगभग सभी मुसलिम विधायक तो विपक्ष में बैठे हुए थे। इससे गैर-कांग्रेसी मुसलमानों में राजनीतिक शक्तिहीनता के यथार्थ का कड़वा अहसास पैदा हुआ। उन्हें बिजली के झटके की तरह अचानक सदमे लगे। राजनीतिक यथार्थ का सामना हुआ। वे इस तथ्य को तुरंत समझ गए कि भले कांग्रेस एक भी मुसलमान सीट नहीं जीत पाई हो, जैसा कि अभी (1937 के चुनावों में) हुआ था, तब भी जब तक यह सामान्य (हिंदू) सीटों की ताकत पर सदन में पूर्ण बहुमत ले आती है तो वह खुद के बूते पर हर वक्त सरकार बना सकती है

और बनाएगी भी, तब तक कि मुसलमान राजनीतिज्ञ अपनी अलग राजनीतिक पहचान का पूरी तरह समर्पण न कर दें। इसके अलावा, मात्र सीटों के आरक्षण के आधार पर तो वे शायद ही कभी चुने जाएँगे। इसका संदेश परिणाम में खतरनाक निकला। वह यह कि अगर एक बहुसंख्यवादी दिमागवाली कांग्रेस ने भारत पर शासन किया, तो देश में मुसलमानों के लिए वस्तुत: किन्हीं भी राजनीतिक अल्पसंख्यकों के लिए कोई जगह नहीं है। जब तक कांग्रेस खुद को मुश्किल में नहीं पाएगी, वह किसी के साथ समझौता कभी नहीं करेगी।'[7]

अपनी आत्मकथा 'इंडिया विन्स फ्रीडम' में मौलाना अबुल कलाम आजाद ने 1937 के चुनावों पर लिखा कि 'अगर संयुक्त प्रांत (यू.पी.) में लीग का सहयोग प्रस्ताव स्वीकार कर लिया जाता, तो व्यावहारिक उद्देश्य की खातिर मुसलिम लीग कांग्रेस में विलीन हो जाती। जवाहरलाल नेहरू के निर्णय ने संयुक्त प्रांत में मुसलिम लीग को एक नया जीवनदान दे दिया। परिणामत: यह संयुक्त प्रांत ही था, जहाँ लीग पुनर्गठित हो गई और जिन्ना ने स्थिति का पूरा-पूरा फायदा उठाया।'[8] यही बात नेहरू के जीवनीकारों ने भी लिखी है। संविधान संबंधी दस्तावेजों की पुस्तकों के लेखक बी. शिवा राव ने भी माना है कि 1937 के चुनावों के थोड़े दिन बाद ही जिन्ना ने गांधीजी से अपील की थी। गांधीजी ने जो जवाब दिया, वह यह था—'मेरी इच्छा थी कि मैं कुछ करूँ, लेकिन मैं पूरी तरह असहाय हूँ। एकता (हिंदू-मुसलिम) में मेरा विश्वास हमेशा की तरह बना हुआ है। लेकिन मुझे प्रकाश नहीं, अँधेरा नजर आ रहा है।'[9]

साझा सरकार न बनने की स्थिति में संयुक्त प्रांत के मुसलिम नेताओं ने अपनी रणनीति बदली। वे मुसलिम लीग की तरफ मुड़े। वे यह समझने लगे कि मुसलिम लीग ही उन्हें राजनीतिक पदों पर पहुँचा सकती है। इससे हिंदू-मुसलिम विभाजन बढ़ता गया। जो कांग्रेस ने शायद नहीं सोचा था, वह ही घटित हुआ। जिन्ना को यह कहने का अवसर मिला कि कांग्रेस सिर्फ हिंदुओं की पार्टी है। इस पर मुसलमानों ने उस समय की राजनीतिक परिस्थितिवश यकीन कर लिया। कांग्रेस सत्ता में थी। मुसलिम लीग के आरोपों के दायरे में थी। उसके सेक्युलर होने पर मुसलिम लीग सवाल उठाने लगी। कांग्रेस को सरकार में होने के कारण दंगों की रोकथाम का जिम्मा राजनीतिक रूप से अपने ऊपर झेलना पड़ा।

दूसरी तरफ न चाहते हुए भी मुहम्मद अली जिन्ना को मुसलमानों ने अपना राष्ट्रीय नेता मान लिया। हालाँकि उस समय जिन्ना से बड़े कई मुसलमान नेता अपने-अपने प्रांतों में थे। जैसे सिकंदर हयात खान, जो पंजाब की यूनियनिस्ट पार्टी के नेता थे। अक्तूबर 1937 में मुसलिम लीग का अधिवेशन लखनऊ में हुआ, जिसमें जिन्ना ने आरोप लगाया कि कांग्रेस सिर्फ हिंदुओं के लिए काम कर रही है। उसी अधिवेशन में सिकंदर हयात खान ने यूनियनिस्ट पार्टी के सभी मुसलमान सदस्यों को मुसलिम लीग में शामिल होने की

सलाह दी। ऐसा ही बंगाल के मुसलिम नेता फज्ल-उल-हक ने भी मुसलमानों के लिए एक बयान जारी किया, जिससे मुसलिम लीग की ताकत वहाँ बढ़ी। इस तरह जिन्ना को एक बड़ी राजनीतिक सफलता मिली।

उन दिनों वायसराय लिनलिथगो ने जिन्ना के तर्कों को बढ़ाया। यह माना कि कांग्रेस की बढ़ती ताकत से मुसलिम संस्कृति को खतरा है। इससे जिन्ना को अपने हथकंडों को बढ़ाने और फैलाने में मदद मिली। वे अफवाहें फैला रहे थे कि मुसलमानों से भेदभाव किया जा रहा है। 'वे अफवाहें या तो झूठी थीं अथवा आधे-अधूरे तथ्यों पर आधारित थीं, लेकिन इससे सांप्रदायिक भावनाएँ भड़क गईं। और मुसलिम लीग के झंडे तले और अधिक मुसलमान जमा होने लगे।'[10] 'इन्हीं हथकंडों की कड़ी में कुख्यात पीरपुर रिपोर्ट छापी गई, जिसके अंतर्गत कांग्रेस शासित प्रांतों में मुसलमानों को आतंकित करने और उनसे अन्याय का कथित विवरण दिया गया था। इसी रिपोर्ट के कारण बाद में व्यापक सांप्रदायिक दंगे हुए। वर्ष 1938 में मुंबई में दंगा हुआ। जहाँ उससे पूर्व सांप्रदायिक नफरत का नामो-निशान नहीं था। वहाँ लोग एक-दूसरे से लड़ने के बजाय दौलत कमाने में ज्यादा मशरूफ रहते थे। दंगे को दबाने के लिए पुलिस ने गोली चलाई और कांग्रेस शासित प्रांत होने के बावजूद अधिकतर हिंदुओं को मिलाकर 2,000 लोग गिरफ्तार किए गए। इसकी प्रतिक्रिया में हिंदू सांप्रदायिक दलों ने भी अपना प्रचार बढ़ा दिया। वह गांधीजी और कांग्रेस की कड़ी निंदा कर रहे थे। उन्हें लग रहा था कि कांग्रेस मुसलमानों का पक्ष लेकर हिंदू हितों की अनदेखी कर रही है।'[11]

उस सांप्रदायिक तनाव को ब्रिटिश सरकार ने अपनी कूटनीति से बढ़ाया। परिस्थितियों से चिंतित मौलाना अबुल कलाम आजाद ने लीग और कांग्रेस में समझौते के प्रयास किए। कांग्रेस के अध्यक्ष थे—नेताजी सुभाषचंद्र बोस। उन्होंने जिन्ना से पत्र-व्यवहार किया। वे दोनों मई 1938 में बंबई में मिले। उससे पहले मार्च 1938 में चौधरी खलीकुज्जमा और नेहरू, आजाद और गांधी में पत्रों का आदान-प्रदान चला। उस पर खलीकुज्जमा ने टिप्पणी की कि 'वह एक अजीब स्थिति थी कि जब मैं संकट को टालने की याचना करता हुआ उनके पीछे दौड़ रहा था, तब उन्होंने मुझे नहीं सुना। अब वे उसी मसले को फिर से खोलने में लगे हैं, जो ज्यादा जटिल हो गया है, जिसका हल बेहद मुश्किल दिखता है।'[12]

नेताजी सुभाषचंद्र बोस और जिन्ना की बातचीत बहुत आगे नहीं बढ़ पाई, क्योंकि जिन्ना चाहते थे कि कांग्रेस मान ले कि वह हिंदुओं की पार्टी है और मुसलिम लीग मुसलमानों की। 'इस मुश्किल मार्ग पर बोस की एकल दौड़ यहाँ आकर रुक गई।'[13] तब भिन्न दृष्टिकोणों में मेल बैठाने के इरादे से जिन्ना, गांधी और नेहरू में पत्र-व्यवहार हुए, जिनका नतीजा नहीं निकला। उसके बाद जिन्ना ने लोकतांत्रिक शासन की आवश्यकता पर प्रश्न खड़े किए। द्वि-राष्ट्रवाद का प्रचार शुरू कर दिया। कराची में एक भाषण में कहा कि 'ब्रिटिश लोगों से

निपटने में वही लोग सफल होते हैं, जिनके पास सैन्य बल और ताकत होती है। जो उन्हें डराने में सक्षम होते हैं।'[14] संविधानवाद से भारत में हिंदू और मुसलिम एकता टूटी। दूरी बढ़ी और बढ़ती गई।

**संदर्भ—**


1. आधुनिक भारत के निर्माता गांधी : जीवन और दर्शन, जे.बी. कृपलानी, अध्याय : प्रांतों में निर्वाचित सरकारें, पृ. 198
2. वही, पृ. 201
3. वही, पृ. 201
4. वही, पृ. 201
5. वही, पृ. 203
6. वही, पृ. 203–204
7. जिन्ना : भारत विभाजन के आईने में, जसवंत सिंह, अध्याय : छोटा दशक-बड़े लक्ष्य, पृ. 216–217
8. इंडिया विन्स फ्रीडम, मौलाना अबुल कलाम आजाद, पृ. 181
9. संपूर्ण गांधी वांङ्मय, खंड-65, 234 पत्र : मुहम्मद अली जिन्ना को, तीथल, 22 मई, 1937 पृ. 245
10. आधुनिक भारत के निर्माता गांधी : जीवन और दर्शन, जे.बी. कृपलानी, अध्याय : विस्मित और दुःखी, पृ. 212
11. वही, पृ. 212–213
12. पाथवे टू पाकिस्तान, चौधरी खलीकुज्जमा, पृ. 191
13. जिन्ना : भारत विभाजन के आईने में, जसवंत सिंह, अध्याय : छोटा दशक-बड़े लक्ष्य, पृ. 229
14. आधुनिक भारत के निर्माता, गांधी : जीवन और दर्शन, जे.बी. कृपलानी, अध्याय : विस्मित और दुःखी, पृ. 213


□

# 20

# मील का पत्थर : 1934

स्वाधीनता संग्राम में 1934 का साल हर तरह से मील का पत्थर है। उसी साल महात्मा गांधी ने हिंदू समाज में छुआछूत और ऊँच-नीच के भेदभाव को दूर करने के लिए अपनी राष्ट्रव्यापी यात्रा पूरी की। वर्धा को नया ठिकाना बनाया। साबरमती आश्रम नहीं लौटे। वर्धा में सेवाग्राम बसाया। कांग्रेस छोड़ दी। उससे पहले सरदार पटेल को लंबा पत्र लिखा। जिसमें बताया कि 'कांग्रेस और भारत राष्ट्र के हित-चिंतन से वे यह समझ सके हैं कि कांग्रेस से हर तरह का संबंध तोड़ लेना ही उचित है।'[1] उन्होंने यह भी लिखा कि 'ऐसा नहीं है कि मैं बड़े हलके मन से इस महान् संस्था को छोड़ रहा हूँ।'[2] वह कांग्रेस को आजाद कर रहे थे और अपनी इच्छानुसार काम करने के लिए खुद आजाद हो रहे थे। उसके बाद के तीन वर्ष उन्होंने राजनीतिक कार्यों में नहीं, ग्रामीण अर्थव्यवस्था के अध्ययन, मनन और ग्रामोद्धार के काम में लगाए। गांधीजी ने कांग्रेस क्यों छोड़ी ? क्या उससे वे विमुख हो गए ? ये प्रश्न ऐतिहासिक संदर्भ के हैं। इन प्रश्नों का संबंध कांग्रेस के संविधानवाद से भी है, लेकिन सिर्फ उससे ही नहीं है। गांधीजी के कांग्रेस छोड़ने की अनेक व्याख्याएँ हुई हैं। आचार्य जे.बी. कृपलानी इस निर्णय का संबंध सत्याग्रह के स्थगन में देखते हैं। क्या सत्याग्रह इसलिए उन्होंने स्थगित किया कि कांग्रेस के कुछ नेताओं को संसदीय राजनीति में भेजना चाहते थे ? यह सच है कि 4 अगस्त, 1934 को गांधीजी पटना में थे। भूकंप की भयानक विनाशलीला के बाद राहत कार्यों को देखने पहुँचे थे। वहीं डॉ. मुख्तार अंसारी, भूला भाई

देसाई और डॉ. विधान चंद्र राय उनसे मिलने पहुँचे। वे विधान परिषद् में प्रवेश पर उन्हें सहमत कराना चाहते थे। गांधीजी ने तब अपना विचार नहीं बदला। वे परिषद् प्रवेश के विरोध में थे। उस भेंट के बाद गांधीजी ने सत्याग्रह, जो व्यक्तिगत स्तर पर चल रहा था, उसे स्थगित किया।

इस बारे में आचार्य कृपलानी ने सत्याग्रह स्थगन का यह कारण बताया है। 'कभी-कभी ऐसा होता था कि गांधीजी सही कार्य करते थे, मगर वे उसके ऐसे कारण गिनाते थे, जो अतार्किक लगते थे। सत्याग्रह की ताकत चुक गई थी। तब शायद ही कोई गिरफ्तारी दे रहा था। गांधीजी ने जो कारण बताया, वह अजीबोगरीब था। उन्हें यह पता चला कि उनके आश्रम के महत्त्वपूर्ण सदस्यों में से एक ने जेल अधिकारियों द्वारा दिया गया कार्य करने से इनकार कर दिया था, इसलिए उन्होंने व्यक्तिगत सत्याग्रह भी स्थगित कर दिया। अपने आप तक वे सीमित हो गए।'[3] बी.आर. नंदा ने इसका वर्णन पूरे संदर्भ सहित किया है। 'सविनय अवज्ञा के चार वर्ष बाद भी अंग्रेजों का हृदय परिवर्तन नहीं हो पाया था। उनकी कटुता, कठोरता और कांग्रेस के प्रति संदेहशीलता पहले से ही थी, और हिंसक प्रतिरोध अब भी जहाँ-तहाँ घटित हो रहा था। इसलिए गांधीजी इस नतीजे पर पहुँचे कि साधारण जन अहिंसा के उनके संदेश को ठीक तरह से आत्मसात् नहीं कर पाया है। उन्होंने जरूरी समझा कि अहिंसा व्रत को पूरी तरह लोग आत्मसात् करें, इसके लिए उन्हें सविनय अवज्ञा कार्यक्रम के व्यक्तिगत सत्याग्रह को स्थगित कर रचनात्मक कार्यक्रम आरंभ करना चाहिए।'[4] इसे ही नंदा ने इन शब्दों में विस्तार से समझाया है—'गांधीजी का यह विश्वास भी दृढ़ होता गया कि उनके कुछ अनुयायियों को उनके तरीकों और विचारों से अरुचि हो गई है और उनसे सहमत न होते हुए भी वे उनकी नीतियों को स्वीकार करने का बहाना करते हैं। उनका ऐसा ख्याल भी होता जा रहा था कि कांग्रेस पर उनका व्यक्तित्व इस कदर छा गया है, जिससे उसके लोकतांत्रिक ढंग से काम करने में बाधा पहुँचती है। अनुयायियों की ऐसी श्रद्धा-भक्ति को न वह उचित समझते थे और न सहन ही कर सकते थे। और फिर अकेला सविनय अवज्ञा का स्थगन ही मतभेद का कारण नहीं था। दृष्टिकोण संबंधी मतभेद तो और भी कई थे, लेकिन जब तक सरकार से संघर्ष चलता रहा, वे दबे पड़े रहे, तीव्रता से उभरकर ऊपर नहीं आए। आंदोलन के शिथिल होते ही मतभेदों ने उग्र रूप धारण कर लिया। अस्पृश्यता-निवारण के संबंध में गांधीजी के नैतिक और धार्मिक दृष्टिकोण को उनके बहुत से अनुयायी सही नहीं मानते थे। जब गांधीजी ने चरखा चलाने पर फिर से जोर देना शुरू किया और उसे 'राष्ट्र का दूसरा फेफड़ा' कहा, तो उनके अनेक सहयोगियों को उनकी यह बात भी उचित नहीं लगी। उदीयमान समाजवादी गुट को वह स्वयं अविश्वास की दृष्टि से देखते थे और उसे 'जल्दबाजों' की टोली कहते थे।'[5]

'लेकिन कांग्रेस के बुद्धिजीवी वर्ग और उनके विचारों में सबसे अधिक अंतर था अहिंसा के प्रश्न को लेकर। उन्हें यह देखकर बड़ी पीड़ा होती थी कि लगातार पंद्रह वर्ष तक सिखाने और आचरण करने के बाद भी अपने को गांधी-मतावलंबी कहनेवाले लोग अहिंसा को न तो ठीक से

समझ पाए थे और न अपना ही सके थे। सामूहिक सविनय अवज्ञा आम कांग्रेस जन को जरूर पसंद आई थी, लेकिन वह तो गांधीजी की अहिंसात्मक कार्यप्रणाली का सिर्फ एक अंग थी। रचनात्मक कार्यक्रम उसका दूसरा पहलू था, जिसे अधिकांश कांग्रेसजन अराजनीतिक समझते थे। इन मतभेदों के ही कारण गांधीजी अक्तूबर 1934 में कांग्रेस से अलग हो गए।'[6] उन्होंने 17 सितंबर, 1934 को कांग्रेस छोड़ने की घोषणा की थी। जिसे 29 अक्तूबर, 1934 को अपनाया। घोषणा पर अमल में करीब डेढ़ महीने का अंतराल आया। कारण कि कांग्रेस का अधिवेशन होनेवाला था, जिसमें डॉ. राजेंद्र प्रसाद अध्यक्ष बनाए गए और आचार्य जे.बी. कृपलानी पहली बार कांग्रेस के महासचिव हुए। इन दोनों नेताओं के हाथ में कांग्रेस को सौंपकर गांधीजी उस रास्ते पर बढ़े, जो उनके सपने के भारत के लिए जरूरी प्रयोग थे। कांग्रेस के उस अधिवेशन ने गांधीजी का इस्तीफा मंजूर किया। साथ ही, अखिल भारतीय ग्रामोद्योग संघ की स्थापना का प्रस्ताव पारित किया।

गांधीजी ने कांग्रेस क्यों छोड़ी? यह प्रश्न स्वाधीनता संग्राम का अब भी एक अनुत्तरित प्रश्न बना हुआ है। इस अर्थ में यह यक्ष प्रश्न भी है। कोई युधिष्ठर ही इसका उत्तर दे सकेगा। लेकिन ऐसा भी नहीं है कि इसके कारणों की मीमांसा न हुई हो। स्वाधीनता संग्राम का संबंध स्वतंत्र भारत की राज्य व्यवस्था की कल्पना से अविच्छिन्न रूप से संबद्ध रहा। इसलिए एक गुत्थी बनी हुई है। जिन लोगों ने इसे समझने और फिर सुलझाने के प्रयास किए, उनमें एक प्रो. देवेंद्र स्वरूप भी थे। उन्होंने इस प्रश्न को एक संदर्भ प्रदान किया। यह रेखांकित किया कि '26 जनवरी, 1931 की सायंकाल जब गांधीजी यरवदा जेल से बाहर आए, तब वे अपनी लोकप्रियता के चरम शिखर पर थे। नमक सत्याग्रह के अखिल भारतीय विराट् रूप और उसमें नारी शक्ति के साहस भरे भारी योगदान ने पूरे विश्व को चमत्कृत कर दिया था। पर तीन वर्ष से भी कम समय में 29 अक्तूबर, 1934 को गांधीजी ने अपने द्वारा गढ़ी गई कांग्रेस की प्राथमिक सदस्यता से त्याग-पत्र की सार्वजनिक घोषणा करके भारत और विश्व को चौंका दिया। इन तीन वर्षों में ऐसा क्या हुआ कि गांधीजी को इतना बड़ा निर्णय लेना पड़ा?'[7] महात्मा गांधी ने अपने निर्णय के कारण बताए थे। एक बयान जारी किया था। कारणों का पूरा वर्णन उसमें है। उससे भिन्न एक दृष्टिकोण प्रो. देवेंद्र स्वरूप का है। वह यह कि गांधीजी के इस निर्णय को 'एक प्रकार से अंग्रेजों की कूटनीतिक विजय कहना होगा।'[8] कैसे वह अंग्रेजों की कूटनीतिक विजय थी? इसे यह अंश समझाता है—'सन् 1857 की महाक्रांति की विफलता के साथ भारत में अंग्रेजों की सैनिक और राजनीतिक विजय अपनी पूर्णता पर पहुँच गई थी। वे अपनी इस विजय को बौद्धिक और सांस्कृतिक विजय का रूप देने के लिए सक्रिय हो गए थे। भारतीय समाज को उन्होंने निःशस्त्र कर दिया था। भारत सन् 1857 की विफलता से कुछ समय के लिए सुन्न पड़ा था। भारत के भावी राजनीतिक एजेंडे की दशा-दिशा का निर्धारण अंग्रेजी सभ्यता एवं संस्थाओं से अभिभूत, अंग्रेजी शिक्षित भारतीयों के हाथों में चला गया था। 9 जनवरी, 1915 को

भारत वापसी के बाद गांधीजी ने वह राजनीतिक पहल अंग्रेजों से छीनकर अपने हाथ में ले ली थी। उन्होंने ब्रिटेन के साथ भारत के संघर्ष को राजनीतिक धरातल से उठाकर दो सभ्यताओं के संघर्ष के धरातल पर पहुँचा दिया था। सन् 1909 में उन्होंने 'हिंद स्वराज' में यह लिखकर कि पाश्चात्य सभ्यता स्वीकार नहीं है, क्योंकि उसमें लेने लायक कुछ नहीं है, वह मनुष्य को अच्छा मनुष्य बनाने की क्षमता नहीं रखती, गांधीजी ने मशीनचालित शहरी सभ्यता को पूरी तरह ठुकरा दिया था। नेहरू के साथ उनका अक्तूबर 1945 का पत्राचार इसका प्रमाण है कि स्वतंत्रता के प्रवेश द्वार पर खड़े होकर भी वे स्वाधीन भारत के इस कल्पना चित्र पर अडिग थे। स्वराज के अपने चित्र का साधन बनाने के लिए ही उन्होंने सन् 1920 में कांग्रेस का नया संविधान बनाया, उसकी प्राथमिक सदस्यता के नए नियम निर्धारित किए, सामूहिक सत्याग्रहों एवं रचनात्मक कार्यक्रमों के माध्यम से अपनी कल्पना के भारत की आधारभूमि तैयार करने की कोशिश की।'[9]

'सत्य, अहिंसा, ब्रह्मचर्य, अपरिग्रह और सादगी जैसे उदात्त नैतिक मूल्यों पर आधारित समाज की रचना का अधिष्ठान केवल खोखला शब्दाचार राजनीतिक कार्यक्रम नहीं हो सकता था, इसलिए उन्होंने अपने स्वयं के जीवन को उदाहरण के रूप में प्रस्तुत करने की कठोर साधना की। वस्तुतः सन् 1915 में वे एक आध्यात्मिक शक्तिपुंज बनकर भारत वापस लौटे थे। भारत आने से पूर्व ही उनकी ख्याति भारत पहुँच चुकी थी। सन् 1909 की लाहौर कांग्रेस में गोपाल कृष्ण गोखले द्वारा उनका स्तुतिगान और सन् 1915 में उनकी भारत वापसी का स्वागत करते हुए उस समय के समाचार-पत्रों के संपादकीय व अनेक सांस्कृतिक संस्थाओं के प्रस्ताव इस बात के प्रमाण हैं कि भारतीय समाज ने उनके आगमन को किसी देवदूत के अवतरण के रूप में देखा था। अपनी जीवन-शैली, अपनी शब्दावली और लंबे उपवासों व सत्याग्रह की संघर्ष विधि से उन्होंने राजनीतिक एजेंडे की पहल अंग्रेजों से छीन ली थी। उनकी जीवन-शैली का भारतीय समाज पर नैतिक प्रभाव, उनकी शब्दावली से भारतीय मानस में जाग्रत् स्पंदन और उनके संघर्ष की भावी रूपरेखा को समझने में अंग्रेज स्वयं को असमर्थ पा रहे थे। तभी से गांधीजी और अंग्रेजों के बीच एक कूटनीतिक युद्ध छिड़ गया था। अंग्रेज अपनी तथाकथित संवैधानिक सुधार प्रक्रिया के माध्यम से भारतीय स्वाधीनता आंदोलन को राजनीतिक परिधि में सीमित रखने के लिए प्रयत्नशील थे, जबकि गांधीजी पूरे समाज को उससे जोड़ने की कोशिश में लगे थे। उसे एक व्यापक सामाजिक आधार देने में लगे हुए थे। अतः ब्रिटिश कूटनीति का एकमात्र लक्ष्य इस सामाजिक आधार को विखंडित करना बन गया था।'[10]

**संदर्भ—**


1. संपूर्ण गांधी वांङ्मय, खंड-58, प्रकाशन विभाग, 447 पत्र, बल्लभ भाई पटेल को, 5 सितंबर, 1934 से पूर्व, पृ. 425
2. वही, पृ. 426


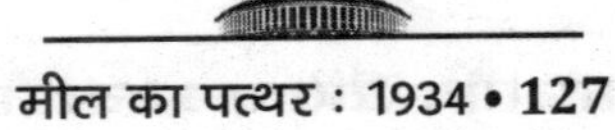

3. आधुनिक भारत के निर्माता, गांधी : जीवन और दर्शन, जे.बी. कृपलानी, अध्याय : सत्याग्रह स्थगित, पृ. 187
4. महात्मा गांधी एक जीवनी, बी.आर. नंदा, अध्याय : ग्रामीण अर्थव्यवस्था, पृ. 231
5. वही, पृ. 231
6. वही, पृ. 231
7. गांधीजी-हिंद स्वराज से नेहरू तक, देवेंद्र स्वरूप, अध्याय : गांधीजी ने कांग्रेस क्यों छोड़ी, पृ. 231
8. वही, पृ. 231
9. वही, पृ. 231-232
10. वही, पृ. 232

□

# 21

# महात्मा गांधी : दो बड़े प्रश्न

महात्मा गांधी के सामने दो बड़े प्रश्न उपस्थित थे। एक कि अंग्रेजों से पहल पुन: कैसे छीन लें? दो कि 'कांग्रेस को लकवा मार गया है,'[1] उसे इस हालात से बाहर कैसे निकालें? इस सोच-विचार की मानसिक दशा में वे साल भर से थे। उसी समय वलंगैमान शंकरनारायण श्रीनिवास शास्त्री ने उन्हें 11 अगस्त, 1933 को एक लंबा पत्र भेजा, जिसमें उन्होंने सलाह दी कि 'आप पहले से भिन्न भूमिका अपनाएँ। कांग्रेस को नया मार्ग चुनने के लिए स्वतंत्र कर दें।'[2] गांधीजी ने उनकी सलाह पर गंभीरता से विचार करने का उन्हें वचन दिया। वलंगैमान शंकरनारायण श्रीनिवास शास्त्री को वे बड़ा भाई मानते थे, क्योंकि 1905 से ही वे गोपाल कृष्ण गोखले की बनाई संस्था 'सर्वेंट्स ऑफ इंडिया सोसाइटी' के सदस्य थे। इस तरह उनका संबंध परस्पर गुरु भाई का था। महात्मा गांधी भी इस नतीजे पर पहुँच गए थे कि 1920 से वे कांग्रेस को जिस सभ्यतामूलक समाज का एक राष्ट्रीय संगठन बनाना चाहते थे, वह लोभ, गुटबंदी और भ्रष्टाचार का शिकार हो गया है, इसीलिए उन्होंने श्रीनिवास शास्त्री के पत्र को बहुत महत्त्व दिया। यह भी एक बड़ा कारण था, जिससे उन्होंने कांग्रेस छोड़ने का विचार बनाया।

इस बारे में उन्होंने सबसे पहले सरदार पटेल को ताबड़तोड़ दो पत्र लिखे। पहला पत्र 19 अगस्त का है, जिसमें उन्होंने लिखा कि 'मैं अपने मन की व्याकुलता आपको बताता

रहता हूँ। आप सब जाने नहीं देंगे, तब तक कैसे जाऊँगा? परंतु मुझे तो महसूस होता ही रहता है कि मेरे सामने इसके सिवाय दूसरा कोई मार्ग नहीं है।'[3] यह पत्र लंबा है, जिसमें महात्मा गांधी की वेदना झलकती है। 'कांग्रेस में पाखंड' पर अगले दिन दूसरा पत्र लिखा। वह 20 अगस्त, 1934 का है। छोटा पत्र है। उसमें वे एक गुजराती कहावत का प्रयोग कर रहे हैं। जिसका अर्थ है—अपने कष्टों को चुपचाप सहना। इसके लिए वे तैयार नहीं थे। कांग्रेस के रंग-ढंग से उनका कष्ट बढ़ गया था, जिसे वे चुपचाप सहन करने के बजाय खुली बहस कराना चाहते थे। इसलिए अपने पत्र में लिखा कि 'फिर मैं मसविदा तैयार करके भेजूँगा।' गांधीजी ने अपने मित्रों से परामर्श प्रारंभ किया। चक्रवर्ती राजगोपालाचारी को वर्धा बुलाया।[4] यह सब वे व्यक्तिगत स्तर पर कर रहे थे।

लेकिन अंग्रेजी दैनिक 'हिंदू' को खबर लग गई और उसने एक मनगढ़ंत कहानी छाप दी। जिसमें बताया गया था कि गांधीजी कांग्रेस से अलग हो रहे हैं, क्योंकि पं. मदनमोहन मालवीय और एम.एस. अणे से उनका सांप्रदायिक निर्णय पर गंभीर मतभेद है। इस पर महात्मा गांधी ने एक बयान जारी कर 'हिंदू' अखबार की खबर का खंडन किया। उसमें उन्होंने यह बताया कि 'इस (कांग्रेस छोड़ने) विषय में 'हिंदू' जैसे एक जिम्मेदार समाचार-पत्र का, मुझसे पूछे बिना मेरे द्वारा लिये गए एक कथित गंभीर निर्णय के बारे में अनधिकृत समाचार छाप देना कैसे उचित ठहराया जा सकता है? निश्चय ही वर्धा का संवाददाता समाचार की पुष्टि अथवा खंडन करा सकता था। गोपनीय बातचीत के बारे में अधूरी और अनधिकृत रिपोर्ट प्रकाशित करना गलत हुआ।'[5] 'मैं कह सकता हूँ कि इस विषय में साथियों के साथ बातचीत हुई; लेकिन कोई अंतिम निर्णय नहीं लिया गया है। अपनी प्रकृति के अनुसार मैं उन मित्रों से, जो वर्धा आते हैं, अपने उन विचारों पर चर्चा करता हूँ, जो मेरे मन में सर्वाधिक प्रबल होते हैं। कोई निश्चित विचार बनाते समय किए गए विचारों के आदान-प्रदान यदि प्रकाशित किए जाते हैं, खासकर इस रूप में मानो वे निर्णय हों, तो सार्वजनिक जीवन कठिन हो जाएगा। निर्णय चाहे जो भी लिया जाए, उसका मालवीयजी और श्री अणे से न तो कोई संबंध है, न होगा।'[6]

गांधीजी ने सरदार पटेल को तीसरा पत्र 5 सितंबर को लिखा। यह पत्र लंबा है। जिसमें उन्होंने जिक्र तो नाम लेकर नहीं किया, लेकिन लिखा कि 'जो मित्र हाल ही में वर्धा आए, उनके साथ काफी विचार-विमर्श और बातचीत के बाद मैं इस निष्कर्ष पर पहुँचा हूँ कि कांग्रेस से अपने सभी तरह के पद-संबंध और शारीरिक, यहाँ तक कि मूल सदस्यता के संबंध भी सर्वथा तोड़ देने से कांग्रेस और राष्ट्र का सबसे अधिक हित होगा। इसका यह अर्थ नहीं है कि मैं उस संस्था में दिलचस्पी लेना छोड़ रहा हूँ, जिसके साथ 1920 से मेरा घनिष्ठ संबंध रहा और जिसे मैं अपने यौवनकाल से आदर देता रहा हूँ। संस्था में जो भ्रष्टाचार प्रविष्ट हो

गया है, उसके बारे में मैंने हाल में जो कुछ कहा है, उस सबके बावजूद मेरी राय में वह अब भी देश की सबसे शक्तिशाली और सबसे अधिक प्रतिनिधि राष्ट्रीय संस्था है।'[7] इस पत्र से उन्होंने कांग्रेस में एक खुली और बड़ी बहस छेड़ दी।

जैसा कि उन्होंने संकेत दिया था कि वे एक मसविदा तैयार कर रहे हैं, उसे उन्होंने 17 सितंबर को समाचार-पत्रों में छपने के लिए भेज दिया। उससे पहले सरदार पटेल से उन्होंने परामर्श किया, लेकिन कांग्रेस के दूसरे नेताओं के लिए उनका बयान एक बड़ा झटका था। उनका बयान बहुत लंबा है। जो शब्दशः पूरा 'बॉम्बे क्रॉनिकल' में 18 सितंबर को छपा। वह बयान इस तरह शुरू होता है—'यह अफवाह कि मैं कांग्रेस से सारे संबंध तोड़ लेने का विचार कर रहा हूँ, सच थी।'[8] उस बयान की खास-खास बातों में एक यह भी है कि 'सरदार बल्लभभाई पटेल मुझसे इस बात पर सहमत हैं कि मेरे कांग्रेस से अलग होने का समय आ गया है।'[9] दूसरी बात यह कि कांग्रेस गांधीजी के रास्ते से भटक रही थी। नेताओं की एक तरफ गांधीजी के प्रति निष्ठा थी, तो दूसरी तरफ नीतिगत विरोध था। कांग्रेस के समाजवादी नेताओं से उनका मौलिक मतभेद था। इसे उन्होंने उस बयान में इस तरह लिखा कि 'यदि वे (समाजवादी) कांग्रेस में प्रबल हो जाते हैं, जैसा कि वे हो भी सकते हैं, तो मैं कांग्रेस में नहीं रह सकता।'[10] उन्होंने अपने बयान में यह दर्ज किया कि 'मुझे इस बात पर संदेह होने लगा है कि क्या सारे कांग्रेसी स्वाधीनता का वही अर्थ करते हैं, जो मैं करता हूँ।'[11] आशय स्पष्ट है। वह यह कि गांधीजी की स्वाधीनता के बारे में जो कल्पना थी, उसे कांग्रेस ने पूरी तरह अपनाया नहीं था।

महात्मा गांधी के उस बयान में इस अंश को सर्वाधिक महत्त्वपूर्ण कह सकते हैं—'पश्चिमी लोकतंत्र को, यदि वह अभी तक विफल नहीं हो चुका है, तो कसौटी पर कसा जा रहा है। क्या भारत लोकतंत्र की अपनी स्पष्ट योग्यता के प्रदर्शन के द्वारा लोकतंत्र के सच्चे सिद्धांत का विकास करने का श्रेय प्राप्त नहीं कर सकता? भ्रष्टाचार और दंभ लोकतंत्र के अनिवार्य परिणाम नहीं होने चाहिए, जैसे कि वे आज असंदिग्ध रूप से हैं; और न ही लोगों की संख्या लोकतंत्र की खरी कसौटी होनी चाहिए। बहुत थोड़े से लोग भी यदि जनता की भावनाओं, आशाओं और महत्त्वाकांक्षाओं का सही प्रतिनिधित्व करते हैं तो यह भी सच्चा लोकतंत्र ही है। मेरी धारणा यह है कि लोकतंत्र का विकास जोर-जबरदस्ती करके नहीं किया जा सकता। लोकतंत्र की भावना को बाहर से नहीं लादा जा सकता, यह तो हृदय से स्फूर्त होनी चाहिए। यहाँ मैंने केवल उन प्रस्तावों का जिक्र किया है, जो मैं संविधान (कांग्रेस के) में पेश करना चाहूँगा।'[12] इस बयान के अंत में उनकी अपील थी कि 'कांग्रेसियों को चाहिए कि वे अनासक्त भाव से इसके गुण-दोषों की चर्चा करें।'[13] इससे वे कांग्रेस को पश्चिमी लोकतंत्र के बारे में सतर्क कर रहे थे। इसके साथ ही, फरेब से कांग्रेस संगठन पर कब्जा

करने की धोखाधड़ी को लोकतांत्रिक समझनेवालों को आईना दिखा रहे थे।

दरअसल 1933 की जुलाई में गांधीजी ने कांग्रेसजनों का एक सम्मेलन बुलाया था। वहाँ उन्होंने पाया कि कांग्रेसी संघर्ष के लिए तैयार नहीं हैं। वे संसदीय राजनीति में अपनी मुक्ति देख रहे हैं। इस अनुभव के बाद उन्होंने कांग्रेस को उस रास्ते पर बढ़ाने का फैसला किया। हालाँकि उन्होंने डॉ. मुख्तार अंसारी को लिखे एक पत्र में यह स्वीकार किया कि संसदीय राजनीति की उपयोगिता के बारे में मेरे विचार वही हैं, जो सन् 1920 में थे। स्पष्ट है कि संसदीय राजनीति यानी उस समय के 1934 के चुनावों में शामिल होने के कार्यक्रम को उन्होंने आपद-धर्म के रूप में अपनाया था। लेकिन उन्हें सबसे बड़ा सदमा लगा, जब देखा और पाया कि अगस्त 1934 में कांग्रेस संगठन के चुनावों में सत्ताकांक्षी कांग्रेसजनों ने अपनी जेब से खर्च कर नकली सदस्य बनाए। उन्हें खद्दर के कपड़े पहनाकर कांग्रेसी बाना दे दिया। यह इसलिए किया गया, क्योंकि खादी पहननेवाला ही उस समय कांग्रेस का सदस्य हो सकता था। इसका रहस्य कांग्रेस कार्य समिति के एक प्रस्ताव से खुला। तब गांधीजी ने कांग्रेसजनों के इस पतन पर सात दिनों का उपवास भी किया। उसी समय कन्हैया लाल माणिक लाल मुंशी ने गांधीजी को एक पत्र भेजा कि कांग्रेस में सत्ता के लिए जो छल-फरेब, गंदगी और झगड़े हो रहे हैं, उन्हें देखकर मेरे जैसा व्यक्ति भी लंबे समय से यह सोचता रहा है कि इस स्थिति को बरदाश्त क्यों किया जा रहा है। उन्होंने लिखा कि कांग्रेस के समूचे ढाँचे को घुन लग गया है और इसे आमूल-चूल बदले बिना कुछ भला नहीं होगा।

इन कारणों से ही बंबई के अधिवेशन में गांधीजी ने 28 अक्तूबर, 1934 को कांग्रेस के संविधान को बदलने का प्रस्ताव रखा। वह कांग्रेस का 48वाँ अधिवेशन था, जिसकी अध्यक्षता डॉ. राजेंद्र प्रसाद ने की थी। कांग्रेस के संविधान में संशोधन प्रस्ताव पर वे उस अधिवेशन में बोले। एक चेतावनी भी दी कि 'आप इस आशा से इस पर विचार न करिए कि मैं प्रस्ताव के पास हो जाने पर अपने रिटायर होने के निश्चय पर पुनः विचार करूँगा। अगर मैंने कांग्रेस का नेतृत्व एक ऐसे संविधान से आरंभ किया था, जिसके लिए मुख्य रूप से मैं ही जिम्मेदार हूँ तो आज विदा होते हुए मैं आपको यह संशोधित संविधान भेंट करना चाहता हूँ। जिससे कि आप उस व्यक्ति के अनुभव से लाभ उठा सकें, जिसने कि इस संविधान को आपके साथ रहकर कार्य में परिणत करने का यत्न किया और उसमें कुछ दोष पाए हैं।'[14] इसके बाद उन्होंने प्रतिनिधियों से अपील की कि 'आप इन संशोधनों को पास कर दें।'[15] वे पुनः नया संविधान बनाकर कांग्रेस को उसका पुराना आत्म-त्याग लौटाना चाहते थे। यहाँ याद रखना चाहिए कि 1920 में गांधीजी ने ही कांग्रेस को नया संविधान दिया था, जिसे अपनाकर वह राष्ट्रीय स्तर पर जन-जन का एक राजनीतिक मंच बन गया था। इसीलिए उन्होंने कहा कि 'यह प्रस्ताव बहुत ही दूरगामी महत्त्व का है। यह कांग्रेस से आत्म-त्याग के इतिहास की

पुनरावृत्ति चाहता है।'[16] उनके समविचारी कन्हैया लाल माणिक लाल मुंशी ने प्रस्ताव का अनुमोदन किया और वह भारी बहुमत से पारित हुआ। उसी शाम गांधीजी ने एसोसिएटेड प्रेस के प्रतिनिधि के जरिए संदेश दिया कि 'मैं अधिवेशन के परिणाम से पूर्णतः संतुष्ट हूँ।'[17]

**संदर्भ—**


1. गांधीजी : हिंद स्वराज से नेहरू तक, देवेंद्र स्वरूप, अध्याय : वायसराय का श्रीनिवास शास्त्री को ऐतिहासक पत्र, पृ. 213
2. वही, पृ. 214
3. संपूर्ण गांधी वाङ्मय, खंड-58, सरदार बल्लभभाई पटेल को पत्र, 19 अगस्त, 1934, पृ. 348
4. संपूर्ण गांधी वाङ्मय, खंड-58, सरदार बल्लभभाई पटेल को पत्र, 20 अगस्त, 1934, पृ. 349
5. संपूर्ण गांधी वाङ्मय, खंड-58, गांधीजी का वक्तव्य : समाचार-पत्रों को, 5 सितंबर, 1934, पृ. 428
6. वही, पृ. 429
7. संपूर्ण गांधी वाङ्मय, खंड-58, सरदार बल्लभभाई पटेल को पत्र, 5 सितंबर, 1934, पृ. 425
8. संपूर्ण गांधी वाङ्मय, खंड-59, वक्तव्य समाचार-पत्रों को, 17 सितंबर, 1934, पृ. 4
9. वही, पृ. 4
10. वही, पृ. 6
11. वही, पृ. 9
12. वही, पृ. 12
13. वही, पृ. 12-13
14. वही, पृ. 275-276
15. वही, पृ. 276
16. वही, पृ. 277
17. वही, पृ. 277


□

# 22

# उद्देशिका कैसे बनी

भारत के संविधान की उद्देशिका का संबंध गर्भनाल की भाँति उस लक्ष्य संबंधी प्रस्ताव से जुड़ा हुआ है, जिसे पं. जवाहरलाल नेहरू ने 13 दिसंबर, 1946 को प्रस्तुत किया। संविधान सभा का वह पाँचवाँ दिन था। राजनीतिक परिस्थितियाँ विपरीत थीं। मुसलिम लीग ने संविधान सभा का बहिष्कार कर रखा था, हालाँकि कांग्रेस के नेतागण इस आशावाद में जी रहे थे कि मुसलिम लीग अपने निर्णय पर पुनर्विचार करेगी। वह आशा फलीभूत नहीं हुई। होती भी कैसे? मुसलिम लीग ने उस समय की विघटनकारी राजनीति की थाह पा ली थी, जो उसे 16 अगस्त, 1946 की सीधी काररवाई से मिली थी। संविधान सभा के शुरू होने से पहले के चार महीने विकट थे। स्वाधीनता आंदोलन के मूल लक्ष्य पर गंभीर खतरे पैदा हो गए थे। ऐसी विकट परिस्थिति में भी एक उल्लास का भाव संविधान निर्माताओं में था। इतिहास के वे साक्षी बन रहे थे। राष्ट्रीयता की लहर को लोकमान्य तिलक ने अपने एक कथन से उसे उसकी भाषा और परिभाषा दी थी। उन्होंने कहा था कि 'स्वराज्य हमारा जन्मसिद्ध अधिकार है।' भारतीय राष्ट्रीय कांग्रेस ने उनका अनुसरण किया। उसने 1906 के अपने अधिवेशन में घोषणा की कि हमारा अंतिम लक्ष्य स्वराज्य है। उसकी एक प्रारंभिक रूपरेखा नेहरू के प्रस्ताव में थी।

मूल प्रश्न यह है कि स्वाधीनता आंदोलन के किस चरण में संविधान का विचार नेताओं के मन में आया? स्वराज्य और संविधान की परस्परता कब अस्तित्व में आई? कब यह

विचार आया कि संविधान का ही रास्ता श्रेयस्कर है? संविधान के अध्येताओं ने इसका अपने-अपने ढंग से उत्तर दिया है। ज्यादातर ने यह तो बताया है कि 20वीं सदी के दूसरे दशक में स्वाधीनता आंदोलन में संविधान का विचार नए सिक्के की भाँति हाथोहाथ चल निकला। स्वाधीनता के लिए संविधान को एक सार्थक उपकरण समझा जाने लगा। क्या ऐसा ब्रिटेन से लड़ते हुए, वैसा ही बनने का वह विचार था या एक उपाय? इस पर अनेक दृष्टिकोण हो सकते हैं। लेकिन यह अज्ञात-सा तथ्य रहा है कि 'कांग्रेस के गया अधिवेशन में देशबंधु चितरंजनदास ने पहली बार संवैधानिक शासन को सबसे बढ़िया बताया और अपील की कि हमें इसका एक प्रारूप बनाना चाहिए।'[1] हम जानते हैं कि देशबंधु चितरंजनदास का राजनीतिक मानस ब्रिटिश संसदीय परंपरा में बना और विकसित हुआ था। उन्हें अपने अध्ययन और राजनीतिक समझ से सूझा कि ब्रिटिश शासकों को संविधान का आईना क्यों न दिखाया जाए? उन्होंने संविधान का जो मंत्र दिया, उसे बाद में कांग्रेस ने रामबाण समझकर अपना लिया।

संविधान के सूत्र को महात्मा गांधी ने तुरंत ही वाणी दी। स्वाधीनता आंदोलन की राजनीतिक और मनोवैज्ञानिक परिस्थितियों में परिवर्तन के लिए उन्होंने एक आधारशिला रखी। उन्होंने कहा कि भारत की जनता को अपनी नियति स्वयं निर्धारित करनी होगी। याचना नहीं रण करना होगा। वह अहिंसक होगा। सत्याग्रह होगा। उनके शब्द हैं कि 'स्वराज ब्रिटिश संसद् का उपहार न होकर भारत की जनता के निर्वाचित प्रतिनिधियों से वह निर्मित होगा।'[2] यह भी 1922 की ही बात है, हालाँकि इसका संदर्भ बिल्कुल अलग है। यह उद्धरण चर्चित हो गया, क्योंकि संविधान सभा के पहले दिन डॉ. सच्चिदानंद सिन्हा ने इसका अपने प्रथम संबोधन में उल्लेख किया। मुसलिम लीग के अध्यक्ष के रूप में मौलाना हसरत मोहानी ने कांग्रेस के मंच से अहमदाबाद के अधिवेशन में जो भाषण दिया था, उसके जवाब में जो 'हरिजन' में 5 जनवरी को महात्मा गांधी ने लिखा उसका यह अत्यंत छोटा अंश है। सार यह है कि स्वराज कैसे प्राप्त होगा? इस तरह हम पाते हैं कि उस वर्ष में दो धरातलों पर यह विचार पैदा हुआ कि अपना संविधान हो। उसे भारत की जनता के निर्वाचित प्रतिनिधि बनाएँ। ब्रिटिश सरकार अपना संविधान न थोपे। ऐसे अनेक सपने स्वाधीनता आंदोलन में पले, पके और आकांक्षा जगी कि वे साकार हों। संविधान सभा चाहे जैसी भी बनी, यह एक ऐतिहासिक सत्य और तथ्य है कि संविधान निर्माताओं ने अपने सपने को साकार करने का उसे उपलब्ध परिस्थितियों में सर्वोत्तम उपकरण माना। संविधान सभा का एक ऐतिहासिक संदर्भ रहा है, जिसमें विदेशी शासन से मुक्ति की आकांक्षा थी। स्वराज की स्थापना का लक्ष्य था। स्वतंत्रता के बिना स्वराज स्थापित नहीं किया जा सकता है। स्वतंत्रता तो संविधान से ही प्राप्त की जा सकती है। इस मूल अवधारणा ने भारत की स्वाधीनता से पहले ही संविधान सभा को जन्म दिया।

यहाँ उन ऐतिहासिक घटनाओं को याद कर लेना चाहिए, जो संविधान सभा के लिए

मील के पत्थर बने। पहली घटना 17 मई, 1927 की है। जब मोतीलाल नेहरू ने कांग्रेस के समक्ष एक प्रस्ताव प्रस्तुत किया था, जिसमें संविधान निर्माण का आह्वान था। उसी प्रस्ताव को परिमार्जित कर 28 मई, 1927 को कांग्रेस के मद्रास अधिवेशन में जवाहरलाल नेहरू ने रखा। वह स्वराज संविधान का प्रस्ताव था। वह स्वीकृत हुआ। 'उसी कड़ी में 19 मई, 1928 को बंबई में एक सर्वदलीय सम्मेलन बुलाया गया। जहाँ 'संविधान के सिद्धांत निर्धारित करने के लिए' मोतीलाल नेहरू की अध्यक्षता में एक समिति बनाई गई।'[3] उस समिति ने 10 अगस्त, 1928 को अपनी रिपोर्ट दी, जो 'नेहरू रिपोर्ट' कहलाती है। संविधान के लक्ष्य और उसकी रूपरेखा बनाने का वह पहला प्रयास था। उस रिपोर्ट में मोटे तौर पर दो बातें थीं। पहली यह कि भारत का राष्ट्रवाद मानवता का पर्याय है और सृजनात्मक है, जबकि ब्रिटेन का राष्ट्रवाद साम्राज्यवाद और शोषण पर आधारित है। वह संवैधानिक सुधारों के आवरण में स्वाधीनता आंदोलन को बाँटने की चाल चल रहा है। इससे मुक्ति का माध्यम है—अपना संविधान। दूसरी यह कि संविधान से सांप्रदायिकता की चुनौतियों से पार पाया जा सकता है। नेहरू रिपोर्ट में प्रभुसत्ता की अवधारणा स्पष्ट थी। वह यह कि भारत की जनता में ही प्रभुसत्ता का वास है।

इन प्रयासों से ब्रिटिश सत्ता पर दबाव बना, जिसका एक परिणाम निकला। ब्रिटिश सरकार ने एक संवैधानिक आयोग बनाया, जिसे 'साइमन कमीशन' के नाम से जाना जाता है। लंदन में कुछ अंतराल पर जो तीन गोलमेज सम्मेलन क्रमवार हुए, वे संवैधानिक सुधारों के आवरण ओढ़े हुए थे, लेकिन मंशा तो साम्राज्यवाद को टिकाए रखने की थी। इसलिए ब्रिटिश सरकार कुटिल चालें चल रही थी। जिसे महात्मा गांधी ने समझा और समाधान के लिए अपने जीवन की बाजी लगा दी। महात्मा गांधी ने भारत की पूर्ण स्वतंत्रता में बाधाओं को पहचाना। उन्हें दूर करने के लिए तर्क दिए। वे मात्र राजनीतिक स्वतंत्रता का सपना नहीं पालते थे। उनकी कल्पना में सामाजिक, आर्थिक, सांस्कृतिक और सभ्यतागत स्वतंत्रता भी थी। वे यह जानते थे और मानते भी थे कि आर्थिक और सामाजिक लोकतंत्र के बिना राजनीतिक स्वतंत्रता अधूरी होगी। वह लँगड़ी होगी। यह उदाहरण अपने आप में इस बात के प्रमाण हैं कि स्वाधीनता आंदोलन में संविधान के लक्ष्य पर लंबे समय से विमर्श किया जा रहा था। इस दृष्टि से वह एक वैचारिक आंदोलन भी था।

डॉ. बी. पट्टाभि सीतारमय्या ने कांग्रेस का इतिहास लिखा है। उसमें वे एक जगह लिखते हैं कि 'मौलिक अधिकारों और आर्थिक व्यवस्था वाला प्रस्ताव कांग्रेस कार्यसमिति के सामने कुछ यकायक तौर पर पेश हुआ था। इसकी पृष्ठभूमि का भी उन्होंने वर्णन किया है, जिसमें बताया है कि कांग्रेस के नेता विजयराघवाचार्य ने इस प्रश्न को अमृतसर कांग्रेस में उठाया था।'[4] लेकिन कांग्रेस के नेताओं ने इस पर अध्ययन-मनन आवश्यक समझा। इस तरह कराची अधिवेशन में जो प्रस्ताव पारित किया गया, वह संविधान के लक्ष्य की प्रारंभिक

रूपरेखा थी। उस अधिवेशन की अध्यक्षता सरदार बल्लभभाई पटेल ने की थी। वह 1931 का वर्ष था। लेकिन कांग्रेस ने अपनी आधिकारिक नीति में संविधान सभा की माँग 1934 में शामिल की थी। इसका एक इतिहास है। तीसरे गोलमेज सम्मेलन के बाद ब्रिटिश सरकार ने जो श्वेत-पत्र जारी किया था, उसमें संवैधानिक सुधारों का एक प्रारूप था। उसे कांग्रेस ने 1934 में अपनी कार्यकारिणी समिति में विचारार्थ रखा। ब्रिटिश श्वेत-पत्र को अस्वीकार कर दिया। कांग्रेस ने घोषणा की कि 'निर्वाचित संविधान सभा ही होगी, जो संविधान बनाएगी।'[5] इस तरह वह पहला अवसर था, जब कांग्रेस ने संविधान सभा के लिए एक औपचारिक माँग रखी। इसलिए संविधान सभा का पहला कार्य स्वाभाविक रूप से अपने लक्ष्य का स्पष्ट निर्धारण ही करना था। हम जानते हैं कि लक्ष्य के सुनिश्चित हो जाने पर पथिक को अपना पथ चुनने में कोई कठिनाई नहीं आती।

गया कांग्रेस से संविधानवाद की धारा फूटी। वह चल पड़ी। उसकी यात्रा में सार्थकता और सफलता का क्षण ढाई दशक बाद आया। इस लंबी अवधि में स्वाधीनता आंदोलन की मुख्यधारा संविधानवाद की थी। कैबिनेट मिशन की योजना जैसे ही सामने आई कि कांग्रेस के नेताओं ने अनुभव किया कि वह घड़ी आ गई है। स्वाधीनता और संविधान की मंजिल दूर नहीं है। यह घटना है—16 मई, 1946 की। जिस दिन कैबिनेट मिशन ने अपनी योजना घोषित की। उसमें भारत के भावी संविधान की एक रूपरेखा प्रस्तुत की गई थी। उसमें अनेक कमियाँ थीं। हजारों दोष थे। इसके बावजूद कांग्रेस नेतृत्व ने समझा कि दशकों के संघर्ष का लक्ष्य प्राप्त करने का अवसर आ गया है। 'इसलिए 24 जून, 1946 को कांग्रेस की कार्यसमिति ने निर्णय किया कि वह प्रस्तावित संविधान सभा में सम्मिलित होगी, जिससे स्वतंत्र, अखंड और लोकतांत्रिक भारत का संविधान बनाया जा सके।'[6] कांग्रेस के उस प्रस्ताव में लक्ष्य संबंधी मोटी-मोटी बातें भी थीं।

हर संविधान का अपना एक दर्शन होता है। वह उसके लक्ष्य में परिलक्षित होता है, जिसे संविधान में 'उद्देशिका' कहते हैं। कांग्रेस नेतृत्व को दुनिया के दूसरे संविधानों की उद्देशिकाओं की परंपरा ज्ञात थी। अमेरिका ने अपने संविधान में राज्यों के संघ का उद्देश्य 'न्याय, घरेलू शांति, राष्ट्रीय सुरक्षा, जनकल्याण और स्वतंत्रता की स्थापना' निर्धारित किया था। आयरिश संविधान की उद्देशिका में भी राष्ट्रीय लक्ष्य का निर्धारण है। संविधान सभा में लक्ष्य संबंधी प्रस्ताव पर वाद-विवाद का समापन करते हुए पं. जवाहरलाल नेहरू ने कहा था कि 'इस प्रस्ताव के जरिए हम वह संविधान बना पाएँगे, जिसकी रूपरेखा इसमें दी हुई है। मुझे विश्वास है कि वह संविधान हमें असली आजादी देगा। वह आजादी हमारी भूखी जनता को खाना, कपड़ा और रहने की जगह देगी। उनको उन्नति के लिए हर तरह के अवसर देगी। मुझे यह भी विश्वास है कि इस संविधान से दूसरे एशियाई देशों को आजादी प्राप्त होगी।'[7] इससे पहले उन्होंने संविधान सभा को याद दिलाया कि 'इस प्रस्ताव में समय-समय पर कांग्रेस

मंचों पर किए गए प्रस्तावों, प्रतिज्ञाओं और वादों के अलावा भारत छोड़ो आंदोलन का प्रस्ताव भी शामिल है। इन प्रस्तावों ने दुनिया पर अपनी छाप छोड़ी है। अब वक्त आ गया है कि हम अपने वादे को पूरा करें।'[8] एम.ओ. मथाई ने लिखा है कि 'नेहरू के निर्देश पर उद्देशिका का प्रारूप वी.के. कृष्ण मेनन ने तैयार किया था, जिसमें नेहरू ने कुछ शब्द जोड़े थे।'[9] यह तथ्य 1978 में प्रकाशित पुस्तक में है।

संविधान निर्माताओं के दर्शन को समझने के लिए हमें पं. जवाहरलाल नेहरू के समापन भाषण और लक्ष्य संबंधी उस प्रस्ताव को ध्यान से पढ़ना चाहिए, जिसे संविधान सभा ने 22 जनवरी, 1947 को स्वीकार किया।

**संदर्भ—**


1. कॉन्स्टीट्यूशनलाइजिंग इंडिया, विद्युत चक्रवर्ती, अध्याय : मेजर नेशनलिस्ट इनिसिएटिव्स टुआड्र्स कॉन्स्टीट्यूशनलाइजिंग इंडिया, पृ. 162
2. संपूर्ण गांधी वाङ्मय, खंड-22, (अंग्रेजी से) यंग इंडिया, 5 जनवरी, 1922, पृ. 149
3. कांग्रेस का इतिहास, भाग-1, डॉ. पट्टाभि सीतारमय्या, अध्याय : भावी संग्राम के बीज, पृ. 259
4. वही, अध्याय : गांधी-इरविन समझौता, पृ. 370
5. वही, भाग-6, अध्याय-तीन, पृ. 456
6. द फ्रेमिंग ऑफ इंडियाज कॉन्स्टीट्यूशन : ए स्टडी, खंड-5, बी. शिवाराव एवं डॉ. सुभाष काश्यप, संस्करण-2, अध्याय : प्रीएंबुल, पृ. 119
7. भारतीय संविधान सभा के वाद-विवाद की सरकारी रिपोर्ट (हिंदी संस्करण), अंक-2, संख्या-3, 22 जनवरी, 1947, पृ. 11
8. वही, पृ. 5
9. रेमिनिसेंसेस ऑफ द नेहरू एज, एम.ओ. मथाई, अध्याय : वी.के. कृष्ण मेनन, पृ. 156


□

# 23

# मुसलिम लीग की पैंतरेबाजी

संविधान सभा ने अपने लिए जो उद्देश्य निर्धारित किए, क्या उसे वह प्राप्त कर सकी? अत्यंत पीड़ादायक तथ्य है कि संविधान सभा को अपने उद्देश्य परिवर्तित करने पड़े। ऐसा क्यों हुआ? क्यों संविधान सभा की उद्देश्य संबंधी आशा फलीभूत नहीं हुई? क्यों उसे निराशा के अंधड़ और तूफान में से अपनी राह बनानी पड़ी? कैसे पं. जवाहरलाल नेहरू ब्रिटिश जाल में फँसे और बेबस हो गए? इसके कारणों से इतिहास भरा पड़ा है। स्पष्ट है कि कारण एक नहीं, अनेक थे। कांग्रेस के नेतृत्व का अपना स्पष्टीकरण भी है। याद रखें कि संविधान सभा ने बड़े उत्साह से 22 जनवरी, 1947 को अपने उद्देश्य निर्धारित कर लिये थे। उनमें आठ बातें थीं, जिन्हें पाँच हिस्सों में यहाँ बताया जा सकता है। पहला यह कि अविभाजित भारत के लिए संविधान का निर्माण किया जाना था, जिसमें संप्रभुता जनता में निहित होगी। दूसरा यह कि भारत राज्यों का महासंघ होता। तीसरा यह कि केंद्र के पास अधिकार थोड़े होते और राज्यों को स्वायत्तता होती। चौथा यह कि अल्पसंख्यकों, दलित, पिछड़े और जनजातियों को संरक्षण का आश्वासन दिया गया था। पाँचवाँ कि भारत को विश्व में अपना गौरवशाली और योग्य स्थान प्राप्त करना था।

संविधान सभा का वह दूसरा सत्र था, जो तीन दिनों बाद यानी 25 जनवरी को स्थगित हो गया। उसी सत्र में 24 जनवरी, 1947 को पं. गोविंद बल्लभ पंत ने सलाहकार समिति का

प्रस्ताव रखते हुए इसे चिह्नित किया कि संविधान सभा से जनता की उम्मीदें बहुत अधिक हैं। उन्होंने मुसलिम लीग को चेतावनी भी दी। उन्होंने कहा कि अल्पसंख्यक का प्रश्न एक चट्टान बन गया है। 'इस चट्टान पर कितने ही विधान इससे टकराकर नष्ट हो चुके हैं।'[1] उन्होंने कहा कि 'अब जरूरी हो गया है कि एक नया अध्याय शुरू किया जाए।'[2] उन्होंने जो प्रस्ताव रखा था, उस पर संविधान सभा में उपस्थित अल्पसंख्यक सदस्यों की सहमति थी। लेकिन मुसलिम लीग की अनुपस्थिति से बड़ा खतरा पैदा हो गया था। उससे सारा देश चिंतित था। मुसलिम लीग दोहरी रणनीति पर चल रही थी। संविधान सभा का उसने बहिष्कार कर रखा था, लेकिन वायसराय वेवल की हमदर्दी और पं. जवाहरलाल नेहरू की एक भूल का उसने फायदा उठाया, जिससे मुसलिम लीग अंतरिम सरकार में शामिल होने में सफल हो गई।

इतिहास की यह एक उलझन रही है। जिसे इतिहास की गुत्थी समझा जाता रहा है, वह सुलझ गई है। रहस्य उजागर हो गया है। लॉर्ड माउंटबेटन के ए.डी.सी. रहे नरेंद्र सिंह सरीला ने मूल दस्तावेजों का अध्ययन कर अपनी पुस्तक 'विभाजन की असली कहानी' में लिखा है कि '2 सितंबर, 1946 को जैसे ही नेहरू को प्रधानमंत्री के रूप में शपथ दिलाई गई, वायसराय वेवल ने उन पर मुसलिम लीग को अंतरिम सरकार में शामिल करने के लिए इस तर्क पर दबाव डालना शुरू किया कि यह सांप्रदायिक शांति और एकता के हित में होगा।'[3] वे यह जानते थे कि नेहरू को यह बात अत्यंत प्रिय लगेगी। वेवल ने नेहरू से इस विषय पर 11, 16, 26 और 27 सितंबर को बात की, किंतु नेहरू इस बात पर दृढ़ रहे कि पहले जिन्ना संविधान सभा में शामिल होकर कैबिनेट मिशन योजना को स्वीकारने का प्रमाण दें। अगर जिन्ना ऐसा करते तो वे भारत की अखंडता को स्वीकार करते। वेवल यह जानते थे कि जिन्ना ने सीधी काररवाई की घोषणा अपनी निराशा में की थी। लेकिन 16 अगस्त की उस काररवाई में कलकत्ता में 22 हजार लोग मारे गए। इसे जिन्ना ने अपनी ताकत माना। नेहरू ने वेवल के सामने सही शर्त रखी थी। लेकिन अचानक और वह भी उस दिन जिस दिन महात्मा गांधी का जन्मदिन था, नेहरू ने वायसराय वेवल को लिखा कि आप जिन्ना से बात करें। वेवल को इसी की उत्कट अभिलाषा थी। जो उन्हें मिल गई। नेहरू ने बाद में गांधीजी के एक सहयोगी सुधीर घोष को बताया कि वेवल कई दिनों से मेरे ऊपर दबाव डाल रहे थे। मैंने उकताकर उन्हें कह दिया कि वे जिन्ना से बात कर सकते हैं।

वायसराय वेवल यही चाहते थे। उन्होंने जिन्ना से बात की। जिस जिन्ना ने अंतरिम सरकार में शामिल होने के लिए नेहरू के निमंत्रण को ठुकरा दिया था, उसने वेवल की सलाह मान ली। अंतरिम सरकार में मुसलिम लीग का प्रवेश जिन्ना और वायसराय वेवल की बड़ी जीत थी। साथ-ही-साथ अखंड भारत का वादा करनेवाली कांग्रेस की वह भारी पराजय थी। उसी दौरान एक के बाद दूसरी भयंकर घटनाएँ घटित होने लगीं। उन घटनाओं ने संविधान सभा के कर्णधारों की आशाओं पर पानी फेर दिया। उन्हें उम्मीद थी कि जिस तरह मुसलिम लीग अपनी ना-नुकुर

के बाद अंतरिम सरकार में शामिल हो गई, उसी तरह वह संविधान सभा में भी देर से ही सही पर अवश्य सम्मिलित होगी। इसी उम्मीद से संविधान सभा ने अपने कामकाज को बढ़ाने के लिए जो कुछ कमेटियाँ बनाई थीं, उसमें मुसलिम लीग के लिए भी स्थान रखा गया था। अगर ऐसा हो जाता, तो भारत की एकता बनी रहती। वह उद्देश्य भी संविधान सभा प्राप्त कर लेती, जिसका उसने संकल्प किया था।

लेकिन ऐसा नहीं हो सका। संविधान सभा के सत्रावसान को एक सप्ताह भी नहीं गुजरा था कि मुसलिम लीग ने अपने पुराने रुख को एक निर्णायक फैसले में रूपांतरित कर दिया। इसे ज्यादातर इतिहासकारों ने महत्त्व नहीं दिया है। लेकिन इतिहासकार आर.सी. मजुमदार ने 'स्ट्रगल फॉर फ्रीडम' में लिखा है कि 'कराची में मुसलिम लीग की कार्यसमिति ने 31 जनवरी, 1947 को कैबिनेट मिशन योजना को अंततः अमान्य कर दिया।'[4] हालाँकि उसे संतुष्ट करने के लिए ब्रिटिश सरकार ने एक स्पष्टीकरण दिया था। लेकिन मुसलिम लीग को तो सीधी काररवाई की सफलता से खून का चस्का लग गया था, इसलिए उसने सीधी काररवाई की नीति को पुनः दोहराया। 'जिसका फैसला उसने 30 जुलाई, 1946 को किया था।'[5] मुसलिम लीग के इस निर्णय से स्पष्ट हो गया कि वह संविधान सभा में सम्मिलित नहीं होगी। उसका एजेंडा भारत का विभाजन है। मुसलिम लीग को संविधान सभा में शामिल करने का अवसर देने के लिए पं. नेहरू के कहने पर कांग्रेस कार्यसमिति ने अपने एक प्रस्ताव में संशोधन भी किया था, जिसका मुसलिम लीग पर कोई अनुकूल प्रभाव नहीं पड़ा।

इतिहासकार ताराचंद की यह टिप्पणी अत्यंत सटीक है—'परंतु जिन्ना ने कोई रियायत नहीं की।'[6] इसका प्रभाव तो पड़ना ही था। इसे ताराचंद ने इस प्रकार लिखा है—'ऐसा मालूम होता था कि सहयोग का द्वार दृढ़ता से बंद हो गया है। 5 फरवरी को 9 गैर-मुसलिम लीगी सरकारी मेंबरों ने माँग की कि लीग के सदस्यों को त्याग-पत्र दे देना चाहिए।'[7] जिसे उन्होंने गैर-मुसलिम लीगी सदस्य कहा है, वे वास्तव में कांग्रेस और सिख के प्रतिनिधि थे। वे अंतरिम सरकार में मंत्री थे। जो 2 सितंबर, 1946 को बनी थी। जिसका नेतृत्व पं. जवाहरलाल नेहरू और सरदार पटेल कर रहे थे। जिसमें इनके अलावा 9 सदस्य कांग्रेस से थे और एक सिख प्रतिनिधि थे—सरदार बलदेव सिंह। मुसलिम लीग ने अपनी रणनीति बदली। वह अंतरिम सरकार में शामिल हुई। उसके पाँच सदस्य मंत्री बने, जिसका नेतृत्व लियाकत अली खान कर रहे थे। मुसलिम लीग के प्रतिनिधियों को स्थान देने के लिए जवाहरलाल नेहरू ने अपने तीन सहयोगियों—शरतचंद्र बोस, शफात अहमद खान और अली जहीर को हटाया। अंतरिम सरकार में मुसलिम लीग के शामिल होने से एक उम्मीद बनी कि वह सहयोग का रुख अपनाएगी। कांग्रेस ने वायसराय से पूछा और उन्हें याद दिलाया कि मुसलिम लीग को जिन शर्तों पर शामिल किया गया है, क्या वह उन पर कायम रहेगी ?

इस पर वायसराय वेवल ने उत्तर दिया कि 'जिन्ना ने मुझे आश्वस्त किया है कि मुसलिम लीग का इरादा सरकार में और संविधान सभा में सहयोग करने का है।'[8] जिन्ना ने वायसराय को यह भी आश्वासन दिया था कि 'मैं जल्दी ही लीग की काउंसिल बुलाकर उस प्रस्ताव को रद्द करवा दूँगा, जिसमें कैबिनेट मिशन की योजना को नामंजूर किया गया है।'[9] इतिहासकार ताराचंद ने लिखा है कि 'कांग्रेस, मुसलिम लीग और भारत सरकार—ये तीनों ही उस समय कल्पना लोक में विचरण कर रहे थे। इनमें से प्रत्येक के ध्येय दूसरे से भिन्न थे। कांग्रेस ऐसी मिली-जुली सरकार चाहती थी, जो संयुक्त उत्तरदायित्व का निर्वाह करे। वह समान लक्ष्यों का अनुसरण करे। उसको भ्रमवश यह विश्वास था कि अंतरिम सरकार में सम्मिलित हो जाने के बाद मुसलिम लीग किसी-न-किसी भाँति भावी कार्य में सहयोग करने के लिए प्रेरित हो जाएगी। उधर मुसलिम लीग का ध्येय दूसरा ही था।'[10] जिसे मुसलिम लीग के एक नेता गजनफर अली खान ने इन शब्दों में घोषित किया था कि 'हम अंतरिम सरकार में इसलिए जा रहे हैं कि हमारे अभीष्ट ध्येय पाकिस्तान के लिए संघर्ष हेतु हमको वहाँ पैर टिकाने के लिए स्थान मिल जाएगा।'[11]

मुसलिम लीग के दूसरे नेता लियाकत अली खान ने भी एक प्रेस कॉन्फ्रेंस में कहा कि 'भारत का भविष्य तभी सुरक्षित रहेगा, जब हिंदू और मुसलमान को पूर्ण स्वतंत्रता मिल जाएगी।'[12] उन्होंने नेहरू का नेतृत्व स्वीकार करने से इनकार कर दिया था। यहाँ यह याद करना जरूरी है कि लियाकत अली खान पाकिस्तान के पहले प्रधानमंत्री बने। जिन्ना ने अपने इन दोनों सहयोगियों के विचारों का खुलेआम समर्थन किया और घोषित किया कि 'अंतरिम सरकार को ऐसा कोई काम नहीं करने दिया जाए, जिसका प्रशासनिक दृष्टि से या परिपाटी की दृष्टि से किसी भी प्रकार भारत के भावी संविधान के प्रश्न पर विपरीत प्रभाव पड़े। यदि कोई ऐसा प्रयास किया जाएगा, जो प्रत्यक्ष या परोक्ष रूप से हमारी पाकिस्तान की माँग पर प्रतिकूल प्रभाव डाल सकेगा तो हम अवश्य ही ऐसा नहीं होने देंगे।'[13] जिन्ना का यह बयान 'द इंडियन एनुअल रजिस्टर' में दर्ज है।[14]

अंतरिम सरकार का अनुभव अत्यंत कटु था। मुसलिम लीग ने लगातार सीधी काररवाई का दायरा बढ़ाया। सरकार में मतभेद और कलह बढ़ते गए। वायसराय वेवल मुसलिम लीग के हमदर्द थे। जब अंतरिम सरकार के 9 मंत्रियों ने माँग की कि मुसलिम लीग के मंत्री इस्तीफा दें तो उसे वेवल ने लियाकत अली खान को बताया। लियाकत अली खान ने जो तर्क दिया, वह वेवल की दुविधा बढ़ानेवाला था। उनका तर्क था कि कैबिनेट मिशन योजना को कांग्रेस और सिखों ने भी नहीं माना है, इसलिए वे अंतरिम सरकार में रहने के योग्य नहीं हैं। उसी समय जवाहरलाल नेहरू ने माँग की कि मुसलिम लीग के मंत्री इस्तीफा दे दें। यह बात 13 फरवरी, 1947 की है। उसके ठीक दो दिन बाद सरदार पटेल ने चेतावनी दी कि अगर मुसलिम लीगी

मंत्री सरकार में बने रहते हैं तो कांग्रेस के सदस्य अपना त्याग-पत्र दे देंगे। इस तरह कांग्रेस नेतृत्व ने मुसलिम लीग और वायसराय वेवल पर अपना दबाव बनाया। माँग की कि कराची प्रस्ताव के आधार पर मुसलिम लीग के प्रतिनिधि अंतरिम सरकार से इस्तीफा दें।

**संदर्भ—**


1. भारतीय संविधान सभा के वाद-विवाद की सरकारी रिपोर्ट (हिंदी संस्करण), अंक-2 संख्या-4, 24 जनवरी, 1947, पृ. 6
2. वही, पृ. 7
3. विभाजन की असली कहानी, नरेंद्र सिंह सरीला, अध्याय : नेहरू के हाथों में कमान, पृ. 218
4. स्ट्रगल फॉर फ्रीडम, आर.सी. मजुमदार, अध्याय : द कांस्टीट्वेंट एसेंबली, पृ. 755
5. भारतीय स्वतंत्रता आंदोलन का इतिहास, खंड-4, ताराचंद, अध्याय : कांग्रेस और लीग के परस्पर दोषारोपण, पृ. 557
6. वही, अध्याय : विधान निर्मात्री सभा के विषय में लीग का दुराग्रह, पृ. 575
7. वही, पृ. 575
8. वही, वेवल का उत्तर, पृ. 567
9. वही, पृ. 567
10. वही, पृ. 568
11. वही, गजनफर अली खान का बयान, पृ. 568
12. वही, पृ. 568
13. वही, पृ. 568
14. द एनुअल रजिस्टर, 1946, खंड-2, पृ. 271


□

# 24

# जिन्ना को चर्चिल की शह

कांग्रेस नेतृत्व ने यह मान लिया था कि आखिरकार मुसलिम लीग संविधान सभा में आ ही जाएगी। वह सहयोग करेगी। जो मतभेद हैं, वे परस्पर संवाद से दूर कर लिये जाएँगे। तभी तो 25 जनवरी, 1947 को सी. राजगोपालाचारी ने अगले कदम का प्रस्ताव रखा। उसे संविधान सभा ने पारित किया। वे उन चंद नेताओं में थे, जिन्हें महात्मा गांधी, सरदार पटेल और पं. नेहरू का समान आदर प्राप्त था, हालाँकि वे थे—स्वतंत्र चेता राजनेता। उन्हें नेतृत्व में प्रज्ञा पुरुष का स्थान प्राप्त था। ऐसा लगता है कि कांग्रेस नेतृत्व ने अगले कदम की घोषणा का प्रस्ताव उनसे इसलिए रखवाया कि जिन्ना पर भी सकारात्मक प्रभाव पड़े। वह अगला कदम क्या था? कैबिनेट मिशन की योजना में संयुक्त भारत का संघीय संविधान बनना था। उद्‍देश्य प्रस्ताव स्वीकृत होने के बाद संघीय संविधान बनाने के लिए जो कमेटी बननी थी, उसका ही प्रस्ताव सी. राजगोपालाचारी ने रखा। पं. जवाहरलाल नेहरू की अध्यक्षता में 12 सदस्यीय कमेटी बनी थी। उसमें मुसलिम लीग के लिए स्थान रिक्त रखा गया था, जिसमें रिक्त स्थानों पर मनोनयन का अधिकार अध्यक्ष को था। संविधान सभा के उस सत्र का वह अंतिम दिन था।

सी. राजगोपालाचारी ने इसे अपने भाषण में रेखांकित किया कि 'हमें संयुक्त भारत के लिए संविधान बनाना है।'[1] इसके बाद उन्होंने जो कहा, वह वास्तव में वही था, जो उस समय साफ-साफ दिख रहा था—'यदि सम्राट् की सरकार की घोषणा में कोई चीज साफ शब्दों में

कही गई है, तो वह यह है कि भारत में केवल एक सर्वसत्ता-संपन्न राज्य होगा। यह बात असंदिग्ध रूप से साफ कर दी गई है कि भारत को दो सर्वसत्ता-संपन्न राज्यों में बाँटने की बात सोची नहीं जा सकती। इससे जो कुछ हम कर रहे हैं, उनमें से बहुत सी बातों का अपने आप स्पष्टीकरण हो जाता है और हमारे बीच जिन गलतफहमियों की संभावना है, उनमें से बहुत सी दूर हो जाती हैं। मैं इस प्रकार भी कह सकता हूँ कि लीग ने अपना उद्देश्य प्राप्त करने के लिए गलत रास्ता अख्तियार किया है। यदि उन्होंने अपनी माँगों को वहाँ तक ही सीमित रखा होता, जहाँ तक अपनी नीति के अनुसार न्यायत: वे माँग सकते थे, तो शायद लीग अपने लक्ष्य को प्राप्त कर लेती और वह वर्तमान कठिनाइयों में न पड़ती। लीजिए, अब मैं बिल्कुल साफ-साफ कहता हूँ। मुसलिम लीग के लिए सबसे बड़ी कठिनाई यह है कि अब उसे संविधान सभा में शामिल होना पड़ेगा और इस तरह उसे खुले तौर पर भारत में केवल एक सर्वसत्ता-संपन्न राज्य स्वीकार करना पड़ेगा। यही कारण है कि उसे संविधान सभा में शामिल होना भारी पड़ रहा है और इसके लिए बारंबार टालमटोल की जा रही है। यही कारण है कि बड़े-बड़े दल अपने विचार-विनिमय के लिए जो तारीखें नियत करते हैं, लीग हमेशा अपनी बैठकों की तारीखें उनके बाद ही मुकर्रर करती है। यही कारण है कि आज हम देखते हैं कि संविधान सभा की पिछली बैठक के स्थगित होने के बाद भी लीग अभी तक अपना फैसला करने तथा हमारे साथ शामिल होने में असमर्थ है।'[2] वायसराय वेवल भी इसका प्रयास जोर-शोर से कर रहे थे कि मुसलिम लीग को संविधान सभा में सम्मिलित होना चाहिए।

सी. राजगोपालाचारी के संविधान सभा में भाषण का महत्त्व समझने के लिए जरूरी है यह जानना कि वे पहले नेता थे, जिन्होंने भाँप लिया था कि मुसलिम लीग को बँटवारे से रोकने के लिए कोई सर्वसम्मत फॉर्मूला निकालना चाहिए। उन्होंने पहले गांधीजी से अपनी योजना पर चर्चा की। जिन्ना से भी बात की। साथ-ही-साथ वायसराय से भी बात की। अपने फॉर्मूले पर सबको सहमत करा लिया। उसे उन्होंने जुलाई 1944 में जारी किया। ऐसे थे सी. राजगोपालाचारी, जिन्हें आदरपूर्वक लोग 'राजाजी' कहते थे। कैबिनेट मिशन योजना राजाजी के फॉर्मूले से थोड़ा अलग थी। जब वे संविधान सभा में बोल रहे थे, तब यह भावना थी कि उनके भाषण का महत्त्व जिन्ना भी समझेंगे। जिन्ना को ही संबोधित कर उन्होंने ये बातें कहीं, 'हमें दूसरे पक्ष की भी कठिनाइयाँ समझनी चाहिए। यदि मुसलिम लीग अब संविधान सभा में आती है तो वह अपनी 'अलग रहने की नीति' छोड़कर तथा यह अच्छी तरह समझ-बूझकर आएगी कि भारत केवल एक सर्वसत्ता-संपन्न राज्य होगा। यह काम यकायक करना उसके लिए कठिन है। हमें इन कठिनाइयों को महसूस करना चाहिए और उनकी इस देर का गलत मतलब नहीं लगाना चाहिए। हम चाहते हैं कि मुसलिम लीगी सदस्यों को इस समय इस संविधान सभा में आने तथा हमारे साथ मिलकर काम करने में जो अड़चनें हैं, उन्हें हम

भलीभाँति समझकर यथासंभव शीघ्रता से अपना काम प्रारंभ कर दें।'[3]

क्या जिन्ना ने उनके भाषण का महत्त्व समझा? क्या कराची का प्रस्ताव सी. राजगोपालाचारी के भाषण का ही जवाब था? पहले प्रश्न का उत्तर स्पष्ट है। जिन्ना अपनी मर्जी चलाने पर तुले हुए थे। दूसरे प्रश्न का उत्तर खोजी इतिहासकारों ने ढूँढ़ लिया है। जब तक नए तथ्य नहीं मिले थे, तब तक यही समझा जा रहा था कि जिन्ना ने यह देखकर कि संविधान सभा अपने कदम बहुत सधे हुए ढंग से रख रही है, इसलिए उसे रोकने के इरादे से कराची प्रस्ताव पारित करवाया। मुसलिम लीग में जिन्ना की जुबान ही कानून होती थी। कांग्रेस की भाँति बहस और विचार-विमर्श की वहाँ गुंजाइश नहीं थी। वी.पी. मेनन ने अपनी पुस्तक 'द ट्रांसफर ऑफ पावर इन इंडिया' में बताया है कि जिन्ना ने अपना पूरा जोर लगाया कि संविधान सभा न बुलाई जाए। लेकिन वायसराय वेवल ने यह मानने से इनकार कर दिया। जिन्ना को पहला झटका लगा, जब नेहरू के नेतृत्व में अंतरिम सरकार बनी। दूसरा झटका था, जब संविधान सभा ने संघीय संविधान के लिए कमेटी बना ली।

कांग्रेस और मुसलिम लीग में मुख्य विवाद तब कैबिनेट मिशन योजना के उस हिस्से पर था, जिसका संबंध संघीय सरकार के प्रस्तावित स्वरूप से था। कैबिनेट मिशन की योजना में देश को तीन खंडों का संघ बनाना था। एक खंड वह, जिसमें हिंदुओं का स्पष्ट बहुमत था। दूसरा, जहाँ मुसलिम बहुलता में थे। तीसरा, वह जहाँ दोनों समुदायों की संख्या लगभग बराबर थी। विवाद इसी पर था कि वे हिस्से अपना निर्णय कैसे करेंगे? इसी को सुलझाने के लिए ब्रिटिश प्रधानमंत्री क्लीमेंट एटली ने दिसंबर 1946 में एक बैठक बुलाई, जिसमें वायसराय के साथ पं. नेहरू, बलदेव सिंह, जिन्ना और लियाकत अली खान 2 दिसंबर को लंदन पहुँचे। वह बातचीत विफल रही। उसके बाद पं. नेहरू और बलदेव सिंह तुरंत वापस आ गए, लेकिन जिन्ना और लियाकत अली खान वहाँ लंबे समय तक रुके रहे।

इतिहासकारों के लिए यह बड़ा रहस्य रहा है कि वहाँ मुसलिम लीग के इन नेताओं ने क्या गुल खिलाए! जो ज्ञात था, वह सिर्फ इतना ही था कि जिन्ना ने घूम-घूमकर लंदन में सभाएँ की थीं। उनमें वे पाकिस्तान की माँग को दोहराते रहे और चेतावनी भी साथ-साथ देते जाते थे कि अगर यह माँग नहीं मानी गई, तो भारत में गृह युद्ध को रोका नहीं जा सकता। जो बहुत दिनों तक नहीं जाना जा सका था, उस रहस्य से भी परदा उठा लिया गया है। यह काम उत्कल विश्वविद्यालय के प्रोफेसर डॉ. एम.एन. दास ने किया है। उनकी खोज से दुनिया 1983 में परिचित हुई, यानी घटना के करीब चार दशक बाद। गोपनीय दस्तावेजों से नए तथ्य सामने आए। जिससे जाना जा सका कि आखिर जिन्ना ने पाकिस्तान की माँग पर अड़ियल रुख क्यों अपनाया। जब जिन्ना लंदन गए, तो वे भारी असमंजस में थे। 'वे बहुत खिन्न थे, कारण यह कि उसी वर्ष 16 अगस्त को उनके सीधी काररवाई के आह्वान पर सांप्रदायिक दंगे

छिड़ गए थे। व्यापक हिंसा के बाद जिन्ना यह सोचकर परेशान हो रहे थे कि बँटवारे के बाद हिंदुस्तान में रहनेवाले करोड़ों मुसलमानों पर क्या बीतेगी। यह सोचकर वे अब इस बात पर दुबारा विचार करने लगे थे कि कैबिनेट मिशन का पहले दिया गया प्रस्ताव क्या पाकिस्तान माँगने से बेहतर होगा।'[4] कैबिनेट मिशन योजना में मुसलमानों के बहुमत वाले इलाकों में उन्हें पूरी स्वायत्तता देने का प्रावधान था।

फिर भी जिन्ना ने लंदन पहुँचते ही अपना सुर बदल दिया। वह इस बात पर अड़ गए और खुलेआम ऐलान करने लगे कि उन्हें मुसलमानों के लिए एक स्वतंत्र गृहराज्य से कम कुछ भी नहीं चाहिए। उन्हें पाकिस्तान ही चाहिए। उनके इस बदलाव को सरदार पटेल ने सर स्टेफर्ड क्रिप्स की चाल समझा। उन्होंने क्रिप्स को लंबा पत्र लिखा, जिसमें उन्हें डाँट लगाई। उनके पत्र का यह अंश यहाँ प्रासंगिक है—'जैसे ही समझौते का समय आया, जिन्ना को यह निमंत्रण मिल गया और एक बार फिर वे मुसलमानों को यह समझाने में सफल रहे कि गड़बड़ियाँ और हिंसा करने पर उन्हें ज्यादा रियायतें मिल सकती हैं।'[5] लेकिन सरदार पटेल को पता नहीं था कि इस मामले में असली खलनायक तो चर्चिल थे। जिन्ना का हौसला बढ़ाने में प्रमुख भूमिका उन्हीं की थी। 'जिन्ना ने 12 दिसंबर, 1946 को चर्चिल को लंच के लिए आमंत्रित किया। लेकिन चर्चिल ने सावधानी भरा जवाब दिया कि इस समय सार्वजनिक रूप से एक-दूसरे के साथ बैठना बुद्धिमानी नहीं होगी। लेकिन परदे के पीछे से उन्होंने एक बार फिर जिन्ना को और जोर-शोर से पाकिस्तान की माँग उठाने के लिए उकसाया।'[6]

प्रो. एम.एन. दास को जिन्ना और विंसटन चर्चिल के पत्रों में एक रहस्यमय पत्र मिला, जिसमें चर्चिल ने जिन्ना को लिखा था कि वह उन्हें मिस इ.ए. गिलिपिट के नाम से पत्र भेजा करें। उन्होंने इसके लिए एक पता भी दिया था। वह ऐसे स्थान का था, जिस पर किसी को संदेह न हो। इसी पत्र में उन्होंने जिन्ना को सलाह दी थी कि वह भी अपना एक उपनाम रख लें, जिससे भारत में किसी को भी इस गोपनीय पत्राचार की भनक न लगे। प्रो. दास की खोज से यह स्पष्ट हुआ कि मुसलिम लीग ने कराची प्रस्ताव लंदन के अपने आकाओं से आश्वासन पाकर पारित कराया। वायसराय वेवल ने भी अपनी डायरी में यह दर्ज किया है कि 'चर्चिल ने आखिरी टिप्पणी में कहा, थोड़ा-सा भारत का टुकड़ा रख लेना।'[7] वेवल की डायरी में यह भी दर्ज है कि 'वे (चर्चिल) भारत का पाकिस्तान, हिंदुस्तान और प्रिंसिस्तान (रियासतें) में विभाजन किए जाने के पक्षधर जान पड़ते हैं।'[8]

नए तथ्यों की रोशनी में यह स्पष्ट है कि मुसलिम लीग का कराची प्रस्ताव सिर्फ सी. राजगोपालाचारी के भाषण की प्रतिक्रिया में नहीं था। मुसलिम लीग ने उसे एक बहाना बनाया। वास्तविक कारण दूसरे थे।

## संदर्भ—

1. भारतीय संविधान सभा के वाद-विवाद की सरकारी रिपोर्ट (हिंदी संस्करण), अंक-2, संख्या-5, 25 जनवरी, 1947, चक्रवर्ती राजगोपालाचारी का प्रस्ताव, पृ. 5
2. वही, पृ. 7-8
3. वही, पृ. 8
4. आधुनिक भारत के निर्माता : सी. राजगोपालाचारी, आर.के. मूर्ति, अध्याय : सत्ता असहमति और फिर सत्ता, पृ. 145
5. सरदार पटेल कोरसपांडेंस, खंड-तीन, पृ. 313
6. आधुनिक भारत के निर्माता, सी. राजगोपालचारी, आर.के. मूर्ति, अध्याय : सत्ता, असहमति और फिर सत्ता, पृ. 145-146
7. विभाजन की असली कहानी, नरेंद्र सिंह सरीला, अध्याय : बँटवारे के नायक वेवल, पृ. 177
8. वही, पृ. 169

□

# 25

# कैबिनेट मिशन योजना का जाल

संविधान सभा में कुछ कथन अपने आप में पहली नजर में ना कुछ जैसे लगते हैं। जैसे यह है—'हमने यहाँ तक एक मंजिल काट ली है। एक आदमी सफर पर निकलने वाला है। पहला हिस्सा आसानी से काट लेता है। मगर थोड़ी देर के बाद उसके रास्ते में कितनी ही कठिनाइयाँ पेश आएँगी और कितनी-कितनी रुकावटें पेश आएँगी, जिनकी आड़ में और रुकावटें डाली जाएँगी, इसलिए वह क्या करता है? वह सफर को स्थगित करके अपने दूतों को आगे भेजकर जितनी कठिनाइयाँ पेश आ सकती हैं, उनका अंदाज करना चाहता है। हूबहू, हम भी इस वक्त पर वही काम करना चाहते हैं। एक कमेटी के द्वारा यह मालूम करना चाहते हैं कि भविष्य में हमें अपना कार्यक्रम किस रीति से चलाना चाहिए।'[1] यह कथन डॉ. पट्टाभि सीतारमय्या का है। इसे इतिहास की संपूर्णता में देखें तो इसमें एक चेतावनी है। भविष्य कथन भी है। वह भयंकर आशंका भी इसमें छिपी है, जिसका सामना कुछ महीने बाद संविधान सभा को करना पड़ा। वे 25 जनवरी, 1947 को बोल रहे थे। उनके प्रस्ताव से एन. गोपालस्वामी आयंगर, के.एम. मुंशी और विश्वनाथ दास की एक कमेटी बनी।

पट्टाभि सीतारमय्या स्वाधीनता आंदोलन की कांग्रेस के अविस्मरणीय नाम हैं। इतिहास में उन्हें यह स्थान महात्मा गांधी ने दिया। कांग्रेस अध्यक्ष पद पर उनकी हार को गांधीजी ने अपनी पराजय बताकर उनका नाम अमर कर दिया। आज प्रश्न है कि क्या पट्टाभि सीतारमय्या ने उन

भावी घटनाओं की आहट सुन ली थी, जो कुछ ही दिनों बाद एक के बाद एक घटने जा रही थीं? इस बारे में तीन खंडों में प्रकाशित 'कांग्रेस का इतिहास' मौन है। जिसे पट्टाभि सीतारमय्या ने ही जेल में बंदी जीवन के दौरान लिखा। उसमें 1947 तक का कांग्रेस इतिहास आ गया है। लेकिन उस दौर के बारे में इतिहासकारों, जीवनी लेखकों और गहन अध्येताओं ने अपनी-अपनी पुस्तकों में जो-जो नए तथ्य दिए हैं, उनके आधार पर मान सकते हैं कि उन्हें कुछ अंदेशा तो जरूर था। ऐसा मानने का एक बड़ा कारण यह भी है कि वे कांग्रेस के अग्रणी नेताओं में एक थे। उन्हें वह सब पता रहता था, जो कांग्रेस के नेता जानते थे। जिस पर चर्चा करते थे। यह तय करते थे कि क्या बताना है और क्या छिपा लेना है। यह निष्कर्ष सरलता से निकाला जा सकता है कि डॉ. पट्टाभि सीतारमय्या ने अंग्रेजों की दोमुँही नीति के निहितार्थ को भाँप लिया था।

उस समय भारत स्वतंत्रता की मंजिल के करीब था। लेकिन वही समय है, जब अखंड भारत के सपने से देश हर क्षण दूर हो रहा था। घटनाचक्र जो दिखता था, वह आशाप्रद लगता था। लेकिन जो अदृश्य था, वह अत्यंत शक्तिशाली था। इतिहास किस करवट बैठेगा, उसका निर्णय अदृश्य शक्तियाँ कर रही थीं। ऐसा नहीं था कि कांग्रेस का नेतृत्व उनसे बेखबर था। उसे भारत के विरुद्ध चल रहे कुचक्र का पता तो था, उसकी कठिनाई उसके कुछ नेता ही थे, जैसे जवाहरलाल नेहरू स्वयं। संविधान सभा कैबिनेट मिशन योजना में बनी थी। उसे जल्दी ही भारत विभाजन की भयावह विभीषिका से दो-चार होना था। स्पष्ट है कि संविधान सभा अपने घोषित लक्ष्य से दूर होने जा रही थी। इसका यहाँ एक ही आशय है। वह यह कि भारत का वह संविधान नहीं बन सकेगा, जिसमें पूरा भारत हो। कारण कि उस दौर में आखिरकार कमान नेहरू और जिन्ना के हाथ में पूरी तरह आ गई थी। वे सत्ता राजनीति की मानसिक ग्रंथि के शिकार हो गए थे। सत्ता राजनीति के वे समानांतर दो छोर थे। समानांतर सत्ता राजनीति कभी मिलती नहीं, प्रतिद्वंद्वी परिस्थितिवश मिल भी जाते हैं।

सबसे प्रमुख प्रश्न इस समय भी यही है कि कैबिनेट मिशन योजना क्यों विफल हुई? क्या उस योजना में ही ऐसे कुछ प्रावधान थे, जो पूरे नहीं हो सकते थे? क्या वह एक राजनीतिक और साम्राज्यवादी छलावा था? 'जिन्ना : भारत-विभाजन के आईने में' पुस्तक के लेखक और इस कारण भाजपा से निष्कासित, परंतु अटल बिहारी वाजपेयी के प्रधानमंत्रित्व काल में महत्त्वपूर्ण मंत्री रहे जसवंत सिंह ने एक नतीजा इन शब्दों में निकाला है—'कैबिनेट मिशन की योजना इसलिए विफल हुई, क्योंकि कांग्रेस और मुसलिम लीग ने उसके अलग-अलग अर्थ निकाले।'[2] यह आधा सच है। पूरा सच यह है कि एटली सरकार ने कैबिनेट मिशन योजना को पलीता लगाया। उसे वायसराय वेवल के दबाव में बनी योजना माना। फिर उसे अस्वीकार कर दिया। इसे पूरे संदर्भ में समझने के लिए उन परिस्थितियों का सिंहावलोकन जरूरी है। जुलाई 1945 में लेबर पार्टी की सरकार बनी। ब्रिटेन, जो उस समय ग्रेट ब्रिटेन

कहलाता था, के प्रधानमंत्री क्लीमेंट एटली बने। उन्होंने चर्चिल की जगह ली।

भारत में वायसराय वेवल थे। उन्हें चर्चिल ने दूसरे विश्व युद्ध के दौरान वायसराय बनाया था। भारत में वायसराय को पर्याप्त अधिकार होता था। उसकी एक परंपरा बन गई थी। इस कारण वायसराय के विचारों को ब्रिटिश सरकार बहुत गंभीरता से सुनती थी। कई बार ब्रिटिश सरकार के मंत्री पर भारत का वायसराय भारी पड़ता था। जैसे वेवल के पूर्ववर्ती लॉर्ड लिनलिथगो 1942 में कैबिनेट मंत्री स्टेफर्ड क्रिप्स पर भारी पड़े थे। उनकी क्रिप्स मिशन योजना में बड़े परिवर्तन करवा दिए गए थे। वहाँ वेवल ऐसे वायसराय साबित हुए, जो नतीजे में बेबस हो गए। उनका पूरा नाम था—आर्चिबाल्ड वेवल। उनके बारे में अनेक मत हैं। जो परस्पर विरोधी हैं। अनेक इतिहासकार भारत विभाजन का उन्हें खलनायक बताते हैं। क्या यह सच है?

इस प्रश्न का एक उत्तर पेंडेरल मून ने अपनी पुस्तक 'वेवल, द वायसरायज जर्नल' में दिया है। मून भारत में अफसर थे। वे विरले अफसरों में थे। ब्रिटिश अफसरशाही के आकाश में वे चमकते नक्षत्र बने रहेंगे। उन्होंने लिखा है—'ब्रिटिश राजशाही ने ईस्ट इंडिया कंपनी से 1858 में भारत का नियंत्रण अपने हाथ में लेने के बाद पहली बार किसी सैनिक को वायसराय का पद सौंपा। वह भी एक ऐसे व्यक्ति को, जो सामंती पृष्ठभूमि से नहीं था। एक उच्च मध्यम परिवार से आता था। यही वह वर्ग है, जो ब्रिटिश राज का मुख्य स्तंभ रहा है।'[3] वे आगे लिखते हैं कि 'वेवल इस वर्ग की प्रायः सभी श्रेष्ठ खूबियाँ समेटे हुए थे। वे लोकसेवा और दायित्व निर्वाह की भावना से भरपूर थे। स्पष्टवादिता और ईमानदारी जैसे गुण उनमें थे।'[4] वेवल के बारे में पं. नेहरू की छोटी बहन कृष्णा नेहरू ने लिखा है कि 'वे एक अच्छे वायसराय थे। अपनी अंतरात्मा की आवाज सुनने के साथ-साथ वे समझदारी और मानवीय गुणों से भरपूर थे। जो जनता का आदर करते थे। उनकी भावनाओं से सहानुभूति रखते थे।'[5] लेकिन क्या पं. नेहरू भी वेवल को अपनी बहन की नजर से देखते थे? इतिहास में कुछ दूसरा ही दर्ज है। पेंडेरल मून विख्यात लेखक भी थे। उनकी एक चर्चित पुस्तक है—'डिवाइड ऐंड क्विट'। इसके नए संस्करण की भूमिका प्रसिद्ध पत्रकार मार्क तुली ने लिखी है। इस पुस्तक में एक अध्याय कैबिनेट मिशन पर भी है। उन दिनों पेंडेरल मून दिल्ली में नियुक्त थे। उन्होंने नाम का उल्लेख नहीं किया है, लेकिन अनुमान है कि सिख नेता बलदेव सिंह उनसे राजनीतिक सलाह भी लेते थे।

चर्चिल ने वेवल को कठिन दौर में भारत भेजा। वे जब आए तब बंगाल में महाअकाल के काले बादल अपना कहर ढा रहे थे। कई इतिहासकार उन्हें बंगाल की मौतों का जिम्मेदार मानते हैं। चर्चिल ने उन्हें युद्धकालीन परिस्थितियों में 'भारत में यथास्थिति' बनाए रखने के लिए भेजा। उन्होंने 'अपनी जिम्मेदारियों में कई अतिरिक्त भार भी झेले।' वेवल ने अपनी डायरी में लिखा है—'मैंने पाया कि भारत में प्रगति के मामले में कैबिनेट अपने घोषित इरादे

के प्रति भी ईमानदार नहीं है।'[6] वास्तव में, वेवल जिस समय भारत में समझौते की पहल कर रहे थे, उस समय ब्रिटेन में वह विषय किसी की प्राथमिकता में नहीं था, लेकिन वे एक संवैधानिक समझौते को साकार करने में लगे रहे। इसके लिए उन्होंने लंदन की यात्रा की। शिमला सम्मेलन किया। जहाँ उनके आग्रह पर गांधीजी भी पहुँचे। वहाँ जिन्ना कांग्रेस को हिंदुओं की प्रतिनिधि संस्था बता रहे थे। लेकिन गांधीजी के प्रभाव में वेवल ने बार-बार कहा कि 'कांग्रेस अपने सदस्यों का प्रतिनिधित्व करती है।'[7] जिन्ना को यह जवाब था। बातचीत में उपस्थित खान अब्दुल गफ्फार खान के भाई डॉ. खान ने भी यह प्रश्न पूछा—'उनका यानी जिन्ना का क्या मतलब है? मैं एक कांग्रेसी हूँ। क्या मैं एक हिंदू हूँ या एक मुसलमान?'[8] सम्मेलन व्यावहारिक राजनीति में हिंदू-मुसलिम समानता के दलदल में अपनी जान गँवा बैठा।

ऐसी परिस्थिति में एटली ने कैबिनेट मिशन भेजा। वे चर्चिल के युद्ध मंत्रिमंडल में उप-प्रधानमंत्री और भारत के लिए बनी कमेटी के प्रधान रहे थे। इसे अकसर भुला दिया जाता है कि उससे पहले एक संसदीय प्रतिनिधिमंडल भारत आया था। उसमें लेबर पार्टी के वुडरो वायट्ट भी एक सदस्य थे। वे चुनावों में मुसलिम लीग की सफलता से चकित थे। क्या उनकी सलाह से कैबिनेट मिशन प्रभावित हुआ? इस पर अध्ययन कम हुआ है। उन्होंने एटली का दिमाग बदला। लेबर पार्टी के सांसद के नाते उनके अध्ययन का महत्त्व था। एटली सरकार का घोषित इरादा अविभाजित भारत की स्वतंत्रता था, लेकिन उसकी दोमुँही नीति ने आखिरकार 'मध्य मार्ग' की ओट में भारत विभाजन की राह ले ली। कैबिनेट मिशन मार्च 1946 में आया। उसमें स्टेफर्ड क्रिप्स भी थे, जो चार साल पहले अपने मिशन में विफल रहे थे। उनके अलावा, ए.वी. अलेक्जेंडर और लॉर्ड पैथिक लॉरेंस थे। जब वे आए, तो भारत का मौसम हर तरह से तप रहा था। बूढ़े पैथिक लॉरेंस और अलेक्जेंडर तो कभी-कभार ही एयर कंडीशंड से बाहर निकले। क्रिप्स ही दौड़-भाग करते रहे। उन्होंने योजना बनाई, जिसमें भारत विभाजन के बीज थे।

लिनलिथगो जहाँ भारत में शासन की बागडोर भारतीयों को सौंपने में रोड़े अटकाते रहे, वहीं वेवल ने इसमें सफलता पाई। तमाम तरह की विपरीत परिस्थितियों में अंतरिम सरकार बनवाई। संविधान सभा का गठन कराया। उन्हें अगर एटली सरकार का सहयोग मिला होता, तो वे मुसलिम लीग को संविधान सभा में शामिल करा लेते। लेकिन वे यह नहीं समझ सके कि एटली की ब्रिटिश सरकार जो कह रही थी, उसका अभिप्राय वह नहीं था, जो दिखता था। वे कैबिनेट मिशन योजना को शब्दशः लागू कराने पर आमादा थे। समस्या उन क्षेत्रों की विकट थी, जहाँ हिंदू, मुसलिम और सिख आबादी करीब-करीब बराबर थी। वह समस्या जटिल होती गई। एटली ने वेवल को बरखास्त किया। क्यों? क्या इसलिए कि वे कैबिनेट मिशन योजना को लागू कराने पर अडिग थे, जबकि एटली सरकार उसे मुसलिम लीग के

अनुरूप बनाने में जुटी थी? ब्रिटेन में प्रकाशित 'ट्रांसफर ऑफ पावर' के पाँच से ग्यारह खंड तक जो नए तथ्य सामने आए हैं, वे यह बताते हैं कि पहले चर्चिल और बाद में एटली ने अगर सहयोग दिया होता, तो भारत का विभाजन न होता। एटली ने माना है कि वेवल कैबिनेट मिशन योजना पर अडिग थे। यह सच भी है। वे सचमुच यह मानते थे कि कैबिनेट मिशन योजना वह ब्रह्मास्त्र है, जिससे भारत अविभाजित रह सकता है। एटली की वेवल के बारे में धारणा थी कि वे भारत की एकता को ब्रिटिश हितों से ज्यादा महत्त्व देते थे। दूसरा पहलू यह भी कि एटली अपने पत्ते वायसराय वेवल को दिखाने के इच्छुक नहीं थे।[9]

**संदर्भ—**


1. भारतीय संविधान सभा के वाद-विवाद की सरकारी रिपोर्ट (हिंदी संस्करण), अंक-2 संख्या-5, 25 जनवरी, 1947, पृ. 1-2
2. जिन्ना : भारत विभाजन के आईने में, जसवंत सिंह, अध्याय : अंतहीन वार्त्ता, पृ. 365
3. वही, पृ. 309
4. वही, पृ. 309
5. वही, पृ. 309
6. वही, अध्याय : सत्ता की दौड़—अलग होते रास्ते, पृ. 310
7. वही, पृ. 317
8. वही, पृ. 317
9. विभाजन की असली कहानी, नरेंद्र सिंह सरीला, अध्याय : एटली की गुप्त नीति, पृ. 189


□

# 26

# कैसे बची संविधान सभा

वर्ष 1946 की दो घटनाओं पर जितना ध्यान दिया जाना चाहिए, उतना नहीं दिया गया है। पहली घटना नौसेना विद्रोह की है। इस विस्फोटक घटना ने ब्रिटिश सरकार को भारत छोड़ने के लिए विवश कर दिया। यह कोई संयोग नहीं हो सकता कि नौसेना विद्रोह के अगले ही दिन यानी 19 फरवरी को ब्रिटिश प्रधानमंत्री क्लीमेंट एटली ने कैबिनेट मिशन को भारत भेजने की आनन-फानन में घोषणा कर दी। वह आया। दूसरी घटना का संबंध संविधान सभा को बचाने में महात्मा गांधी की भूमिका से है। दूसरी घटना के तथ्य की उपेक्षा की गई है, जिसे यहाँ प्रस्तुत करने का प्रयास है।

कैबिनेट मिशन योजना वास्तव में एक सिफारिश थी। कुछ मौलिक प्रश्नों पर कांग्रेस और मुसलिम लीग में सहमति नहीं बन सकी। इसलिए कैबिनेट मिशन को अपनी ओर से एक योजना घोषित करनी पड़ी। उसने ऐसा इस आशा और विश्वास से किया कि आखिरकार कांग्रेस और मुसलिम लीग कैबिनेट मिशन योजना को स्वीकार कर लेंगे। लेकिन संविधान सभा के लिए हुए चुनाव के परिणाम ने एक विचित्र परिस्थिति पैदा कर दी। चुनाव में कांग्रेस और मुसलिम लीग दोनों ने बढ़-चढ़कर हिस्सा लिया। वे चुनाव 1945-1946 में संपन्न हुए थे। भारत के इतिहास में 1946 का साल युग परिवर्तन का प्रतीक बन गया है। जो भी ऐतिहासिक घटनाएँ घटित हुईं, उनका बीजारोपण इसी साल हुआ। चुनाव परिणाम ने साबित कर दिया कि

मुसलिम जनमत पर जिन्ना पूरी तरह छा गए हैं। पंजाब और उत्तर-पश्चिमी सीमांत प्रांत इसके अपवाद थे।

संविधान सभा बनने के बाद कैबिनेट मिशन की योजना में जो 'समूह संबंधी खंड' का प्रावधान था, उस पर कांग्रेस और मुसलिम लीग में गंभीर मतभेद पैदा हो गए। इसे दूर करने के लिए ब्रिटिश सरकार ने हस्तक्षेप किया। पर वह एक सहमति बनाने में विफल रही। यही वह समय है, जब ब्रिटिश सरकार ने मुसलिम लीग की पीठ पर हाथ रखा। 6 दिसंबर, 1946 को जो ब्रिटिश सरकार का बयान आया, वह इसका प्रमाण है। 'यदि ऐसी संविधान सभा संविधान बनाती है, जिसमें भारत की जनसंख्या के किसी बहुत बड़े भाग का प्रतिनिधित्व नहीं है तो हिज मैजेस्टी की सरकार ऐसे संविधान को देश के उसे न माननेवाले भाग पर बलपूर्वक लागू नहीं करेगी।'[1] इससे मुसलिम लीग को बल मिला, क्योंकि ब्रिटिश सरकार ने इस बयान में मान लिया कि दो राज्य और दो संविधान सभा बन सकती है। लेकिन संविधान सभा का तीर तो उसके तरकश से निकल चुका था। संविधान सभा के गठन की घोषणा और उसकी तारीख निर्धारित हो गई थी। ब्रिटिश सरकार के बयान को अपना बल समझकर मुसलिम लीग ने संविधान सभा का बहिष्कार किया। और यह माँग की कि भारत की संविधान सभा को विघटित कर दिया जाना चाहिए। उसका तर्क था कि भारत के सभी भागों के लोगों का संविधान सभा में पूरा प्रतिनिधित्व नहीं हो रहा है।

प्रश्न यह है कि ब्रिटिश सरकार के बयान और मुसलिम लीग की माँग के बावजूद संविधान सभा कैसे विघटित होने से बच सकी। इसका श्रेय महात्मा गांधी को जाता है। वह कैसे ? यही अनकही कहानी है। जिस दिन ब्रिटिश प्रधानमंत्री क्लीमेंट एटली ने घोषणा की कि कैबिनेट मिशन भारत भेजा जा रहा है, उसके ठीक एक दिन पहले की बात है। महात्मा गांधी बंबई पहुँच गए हैं, यह मालूम होते ही के.एम. मुंशी उनसे मिलने गए। उन्होंने गांधीजी को बताया कि मुख्य न्यायाधीश स्टोन ने उनसे अनुरोध किया है और पूछा है कि क्या वे वकीलों के एक समूह का नेतृत्व करते हुए जापान जाना चाहेंगे, जहाँ प्रधानमंत्री तोजो पर युद्ध अपराधी का मुकदमा चलाया जाना है। इस अनुरोध को उन्होंने अस्वीकार कर दिया था। यही बात उन्होंने गांधीजी को बताई। इस पर महात्मा गांधी ने सहमति दी और उनसे कहा कि वे कांग्रेस में पुनः आ जाएँ। उनका आग्रह स्वीकार कर के.एम. मुंशी बंबई प्रदेश कांग्रेस के दफ्तर गए। वहाँ सदस्यता फॉर्म भरा और उसका शुल्क जमा किया, जो तब चार आना होता था। यह 18 फरवरी, 1946 की बात है। अगले दिन यानी 19 फरवरी, 1946 को एटली ने घोषणा की।

इससे के.एम. मुंशी की कांग्रेस में महत्त्वपूर्ण भूमिका पुनः प्रारंभ हुई। महात्मा गांधी, सरदार पटेल और पं. नेहरू उनकी कानूनी प्रतिभा के पहले से ही कायल थे। 10 जुलाई, 1946 को महात्मा गांधी ने के.एम. मुंशी को बताया कि कांग्रेस कार्यसमिति ने एक विशेषज्ञ समूह बनाने

का निर्णय किया है। वह समूह संविधान सभा के लिए उद्‌देश्य प्रस्ताव और नियमों के प्रारूप बनाएगा, जिसमें कांग्रेस अध्यक्ष जवाहरलाल नेहरू ने एक सदस्य के.एम. मुंशी को भी मनोनीत किया है। महात्मा गांधी ने उनसे कहा कि सारे काम छोड़ दीजिए और इस जिम्मेदारी का सबसे पहले निर्वाह करिए। अगले दिन उन्हें जवाहरलाल नेहरू का पत्र मिला। विशेषज्ञ समूह के अध्यक्ष जवाहरलाल नेहरू स्वयं थे। उस समूह में आसफ अली, एन. गोपालस्वामी आयंगर, के.टी. शाह, डी.वी. गाडगिल, हुमायूँ कबीर और के. संथानम थे। बाद में, कृष्णा कृपलानी को समूह में सचिव के रूप में लिया गया।

के.एम. मुंशी की अपनी डायरी और संविधान से संबंधित दस्तावेजों से एक आश्चर्यजनक तथ्य सामने आता है। वह यह कि कैबिनेट मिशन योजना के प्रकाशित होने पर कांग्रेस में जबरदस्त उत्साह था। योजना 17 मई को प्रकाशित हुई। उसकी घोषणा 16 मई को हुई थी। 17 मई, 1946 को सरदार पटेल ने के.एम. मुंशी को पत्र लिखा कि 'इस घोषणा से सुनिश्चित हो गया है कि किसी भी रूप में पाकिस्तान की कोई संभावना नहीं है।'[2] इस पत्र से के.एम. मुंशी ने एक निष्कर्ष निकाला कि सरदार पटेल उस समय भारत विभाजन को रोकने के लिए मुसलिम लीग के साथ साझा सरकार बनाने के लिए तैयार थे। यह बात अलग है कि अंतरिम सरकार के कटु अनुभवों के आधार पर एक साल में ही सरदार पटेल ने समझ लिया कि भारत विभाजन ही एकमात्र हल है।

मुसलिम लीग के बहिष्कार के बावजूद संविधान सभा बन तो गई, लेकिन वह अपने अस्तित्व के संकट से जूझ रही थी। संविधान सभा के सदस्यों के भाषण पर ध्यान दें तो यह बात सूरज की तरह साफ हो जाती है। संविधान सभा के सामने समस्याएँ क्या थीं? सबसे बड़ी और मूलभूत समस्या यह थी कि संविधान सभा सार्वभौम नहीं थी। इस पर विवाद था, हालाँकि डॉ. राजेंद्र प्रसाद इसे सार्वभौम बताते थे। संविधान सभा में जब यह प्रश्न आया, तो उनका यही कहना होता था। पर यथार्थ अलग था। इसलिए वह विपरीत था, क्योंकि संविधान सभा को भारत की जनता ने नहीं, ब्रिटिश सरकार ने बनाया था। इस आधार पर ही मुसलिम लीग चाहती थी और उसने वायसराय वेवल पर दबाव भी बनाया कि पूरे भारत का प्रतिनिधित्व नहीं होने के कारण संविधान सभा को वे भंग कर दें। तर्क तो यही कहता था। जिसे ब्रिटिश सरकार ने बनाया, उसे भंग करने का भी अधिकार उसको ही था। यह बात अलग है कि ब्रिटिश सरकार के प्रतिनिधि और वायसराय वेवल ने संविधान सभा को भंग करने की माँग अनसुनी कर दी, क्योंकि वे उसके राजनीतिक दुष्परिणाम, अर्थात् महाप्रलय के खतरे को भाँप चुके थे।

कैबिनेट मिशन योजना में संविधान सभा को राज्यों के संविधान निर्माण में किसी भी प्रकार के हस्तक्षेप का अधिकार नहीं था। वह अपने लिए नियम बना सकती थी। वास्तव में

कैबिनेट मिशन योजना में संविधान सभा को भारत के लोकतांत्रिक स्वरूप को निर्धारित करने का पूरा अधिकार तो था, लेकिन उसे 'समूह संबंधी खंड' के अंतर्गत राज्यों के राजनीतिक ढाँचे को परिभाषित करने और नियंत्रित करने का कोई अधिकार नहीं था। यह संविधान सभा का सबसे कमजोर पक्ष था। पर केवल यही एकमात्र समस्या नहीं थी। समस्याओं का अंबार था। दिखने में और सुनने में साधारण सी बात लगेगी, लेकिन यह भी एक समस्या थी कि क्या कोई विदेशी संविधान सभा का सदस्य हो सकता है? कैबिनेट मिशन योजना में इसके लिए एक प्रावधान था। लेकिन के.एम. मुंशी की सलाह पर महात्मा गांधी ने इसका रास्ता बंद कराया।

संविधान सभा के पहले दिन की अध्यक्षता कौन करेगा? वायसराय वेवल चाहते थे कि अध्यक्ष की नियुक्ति वे करें। लेकिन ऐसा हुआ नहीं। अमेरिका और फ्रांस की संविधान सभाओं के उदाहरण से यह तय हुआ कि संविधान सभा के सबसे बुजुर्ग सदस्य अध्यक्षता करेंगे। इस तरह डॉ. सच्चिदानंद सिन्हा अस्थायी अध्यक्ष हुए, जिन्हें कांग्रेस अध्यक्ष आचार्य जे.बी. कृपलानी ने आसन पर पहुँचाया। राष्ट्रीय स्वाभिमान से जुड़ा एक बड़ा प्रश्न यह था कि उस समय जिसे लाइब्रेरी हॉल कहते थे, उसमें दीवारों पर गवर्नर जनरलों की आदमकद पेंटिंग्स लगी हुई थीं, क्या उनके रहते संविधान सभा की बैठक होगी? इस पर शासन से बड़ा विवाद चला। आखिरकार वे सारी पेंटिंग्स हटाई गईं। वे कहाँ भेजी गईं और रखी गईं? यह किसी को पता नहीं है। आज उस लाइब्रेरी हॉल का नाम है—सेंट्रल हॉल। जहाँ अब भारत के बड़े नेताओं की पेंटिंग्स लगी हुई हैं।

इन बाधाओं में दो बातें और जुड़ गईं। पहली का संबंध चर्चिल से है, जिन्होंने ब्रिटिश संसद् में संविधान सभा की वैधता पर सवाल उठाया। दूसरी बाधा मुसलिम लीग ने खड़ी की। यह स्पष्ट नहीं था कि मुसलिम लीग अगर संविधान सभा में आ भी गई, तो क्या वह नियमों का पालन करेगी? महात्मा गांधी के परामर्श और निर्देश से जब के.एम. मुंशी ने कैबिनेट मिशन योजना का अध्ययन किया, तो उन्हें वे समस्याएँ दिखीं। वे समस्याएँ मौन नहीं, मुखर थीं। उन्होंने पाया कि सबसे बड़ी चुनौती ब्रिटिश नीति और उसके अंतर्गत कैबिनेट मिशन योजना की घोषणा में है। दूसरी चुनौती को मुसलिम लीग अपनी विभाजक कारवाइयों से उपस्थित कर रही थी। तीसरी चुनौती का संबंध अल्पसंख्यक समुदाय से था। चौथी चुनौती सबसे बड़ी थी। वह यह कि कैबिनेट मिशन योजना की घोषणा में भारत की केंद्रीय सरकार का स्वरूप ढीले-ढाले संघ का था।

के.एम. मुंशी ने इन चुनौतियों को समझकर संविधान का एक प्रारूप बनाया, जिसमें प्रस्तावना के अलावा पचास अनुच्छेद थे। इस बारे में जब उन्होंने जवाहरलाल नेहरू से बात की, तो उनका सुझाव था कि वे गोपालस्वामी आयंगर से विमर्श करें। इस तरह गोपालस्वामी

आयंगर और के.एम. मुंशी का साझा प्रयास प्रारंभ हुआ। के.एम. मुंशी ने दो दस्तावेज बनाए— पहले दस्तावेज का संबंध संविधान सभा के उद्‌देश्य से था। दूसरे दस्तावेज में संविधान सभा की नियमावली का प्रारूप था। 4 अगस्त, 1946 को उन्होंने इसे तैयार कर लिया था। उन्होंने जो नियमावली बनाई, उसे संविधान सभा ने 'कार्य संचालन नियमावली' कहा। '11 दिसंबर, 1946 को विधिवत् संविधान सभा ने एक समिति बनाई, जिसमें के.एम. मुंशी के अलावा चौदह अन्य सदस्य भी थे।'[3] यह औपचारिक प्रक्रिया का निर्वाह मात्र था। वास्तव में, कार्य संचालन की नियमावली तो के.एम. मुंशी ने अगस्त महीने में ही बना ली थी। उन्होंने उसे इस तरह बनाया था कि मुसलिम लीग के दबाव में ब्रिटिश सरकार और वायसराय वेवल चाहें भी, तो भी संविधान सभा को भंग न कर सकें। अपने कार्य-संचालन नियमावली के बल पर संविधान सभा सार्वभौम शक्तियों का भरपूर उपयोग जरूरत पड़ने पर कर सके और उसे न्यायालय में मान्यता भी प्राप्त हो सके। इतिहास का यह अनदेखा पर महत्त्वपूर्ण तथ्य है कि महात्मा गांधी के परामर्श को मानकर के.एम. मुंशी कांग्रेस में पुनः न आते, तो संविधान सभा को मुसलिम लीग संभव था कि भंग करा देती। यह भी क्या संयोग था कि के.एम. मुंशी ने उसी दिन कांग्रेस की सदस्यता ली, जिस दिन नौसेना विद्रोह भड़का?

**संदर्भ—**


1. द फ्रेमिंग ऑफ इंडियाज कॉन्स्टीट्यूशन : ए स्टडी, खंड-5, बी. शिवाराव एवं डॉ. सुभाष काश्यप, अध्याय : हिस्टोरिकल बैकग्राउंड, भाग-7, पृ. 78
2. इंडियन कॉन्स्टीट्यूशनल डॉक्यूमेंट्स, पिलग्रिमेज टू फ्रीडम, के.एम. मुंशी, अध्याय : द कैबिनेट मिशन, पृ. 103
3. भारतीय संविधान सभा के वाद-विवाद की सरकारी रिपोर्ट (हिंदी संस्करण), अंक-1, संख्या-3, 11 दिसंबर, 1946, पृ. 33


□

# 27

# संविधान सभा : गांधी को नेहरू का उपहार

पं. जवाहरलाल नेहरू के नेतृत्व में कांग्रेस ने संविधान सभा तो बचा ली, लेकिन क्या दूसरा लक्ष्य भी प्राप्त किया जा सका? इस प्रश्न का संबंध दो विषयों से है। पहला, कांग्रेस के संविधान सभा अभियान से जुड़ा हुआ है। दूसरे का संबंध अंग्रेजों के संविधानवाद से है। यहाँ यह चिह्नित करना आवश्यक है कि अपने उपनिवेशों को बनाए रखने के लिए अंग्रेजों ने संविधानवाद चलाया। इसमें उनके तीन लक्ष्य रहते थे—एक, उपनिवेश की जनता यह समझे कि उसे स्वशासन मिल रहा है। दूसरा कि वि-उपनिवेशीकरण की रफ्तार को जितना हो सके, धीमा किया जाए। तीसरा लक्ष्य था कि उपनिवेश अगर स्वशासन में आ जाते हैं तो वे उनकी राज्य व्यवस्था और जीवन प्रणाली में ही रहें। कांग्रेस में महात्मा गांधी के अलावा दूसरा कोई नहीं था, जो इसे समझ सका हो।

कांग्रेस अंग्रेजों के संविधानवाद को अपने ढंग से स्वाधीनता के लिए उपयोग करने की रणनीति पर शुरू से चल रही थी। संविधान से संविधान सभा का अभियान कैसे और क्यों शुरू हुआ? उसका कालखंड क्या है? इन प्रश्नों पर नए तथ्यों के आलोक में विचार करना आवश्यक हो गया है। उस कालखंड के इतिहास पर ध्यान दें तो इन प्रश्नों के उत्तर मिल जाते हैं। उस कालखंड के इतिहास को बार-बार पढ़ने की जरूरत है। नए तथ्य जो आ रहे हैं, उनसे नया

परिप्रेक्ष्य मिल रहा है। जो घटनाएँ जानी-मानी रही हैं, उनके बारे में नए तथ्य प्रकाशित हो जाने से उनकी पुनर्व्याख्या भी इस समय का स्वाभाविक कर्तव्य बन जाता है। इस दृष्टिकोण से पूरा अध्ययन पहले नहीं हुआ है। तो कोई बात नहीं, उसे अब किया जाना चाहिए। जो भी अध्ययन हुए हैं, वे इतिहास के अपर्याप्त साक्ष्यों पर आधारित थे। अब ऐसा नहीं है। जो भी प्रामाणिक साक्ष्य थे, वे उपलब्ध हैं।

भारत के संविधान का इतिहास अनेक कारणों से स्वतंत्रता संग्राम की लुप्त धारा मान लिया गया है। ऐसा है नहीं। उससे परिचित होना हर नागरिक का कर्तव्य है। नागरिकता के बोध से भरपूर होने की यह पहली शर्त मानी जानी चाहिए। उस इतिहास को जानने का प्रयास जो कोई भी करेगा, उसे अपनी ज्ञान यात्रा वहाँ से शुरू करनी होगी, जहाँ से 'संविधान सभा' शब्द की यात्रा शुरू हुई थी। स्वाधीनता संग्राम के इतिहास में यह घटना है तो बहुत महत्त्वपूर्ण, पर उपेक्षित रही है। इस कारण यह एक गहन शोध का विषय हो गया है कि संविधान सभा का विचार कब और किन परिस्थितियों में पैदा हुआ था? कौन था, जिसने सबसे पहले संविधान सभा के उपकरण को स्वतंत्रता संग्राम में 'ब्रह्मास्त्र' समझा? क्या वह वास्तव में 'ब्रह्मास्त्र' साबित हुआ? संविधान सभा को स्वतंत्रता के लक्ष्य के लिए अपनी आस्था से जोड़ा? कब उसे दुनिया के सामने रखा? उसे अपने मन में नहीं, बल्कि दुनिया को समझाने के लिए एक शक्तिशाली विचार के रूप में प्रस्तुत किया? एक प्रश्न और है, वह यह कि ऐसा क्यों किया? वह विचार पहली बार कहाँ छपा? क्या उसका कोई प्रभाव पड़ा? इतने सारे प्रश्नों से बिल्कुल चकित न हों। मानसिक उलझन में भी बिल्कुल न पड़ें। करना सिर्फ इतना ही है कि उस इतिहास का साक्षी हो जाना है।

इसके लिए उस इतिहास और राजनीति की उस गंगोत्री का एक जिज्ञासु बन जाना है। अगर अध्येता बन जाएँ, तो कहना क्या है! वैसे यह कार्य है थोड़ा जटिल, क्योंकि वह समय बड़ी उलझनों का था। कैसा विकट था वह समय, इसका अनुमान इस शब्द-चित्र से लगाया जा सकता है। वैसा ही जैसा मानो किसी घने, विस्तृत और विकट जंगल में एक यात्री दल चल रहा है। उसे अपनी मंजिल मालूम है। अचानक हिंसक पशुओं का आक्रमण हो जाता है। सोचिए तब उस यात्री दल पर क्या-क्या नहीं गुजरी होगी! जब आक्रमण समाप्त हो गया होगा, तब उस यात्री दल के नेतृत्व समूह को अपने बिखर गए साथियों को खोजना कितना पीड़ादायक कार्य होगा। इस शब्दचित्र से स्वाधीनता संग्राम के उस दौर को देखना संभव है। उस दौर की चार मुख्य कहानियाँ हैं। जब भी उस दौर को याद करेंगे, तो वे मानस पटल पर एक घटाटोप-सी बनाती हुई छा जाती हैं। उन कहानियों के नाम हैं—लाहौर कांग्रेस, गांधी-इरविन वार्त्ता, सविनय अवज्ञा आंदोलन और कम्युनल अवार्ड। इन चारों ने चौतरफा ऐसा चक्रव्यूह बनाया, जिसमें स्वाधीनता संग्राम रूपी अभिमन्यु चारों ओर से घिर गया। वह खबर जैसे-जैसे फैलती गई, परिणामस्वरूप देश में हताशा का वातावरण बनता गया। अंग्रेज सरकार ने कांग्रेस की कमर तोड़ दी थी। महात्मा

गांधी के नेतृत्व पर प्रश्न खड़े होने लगे थे। उस दौर को गांधीजी की चिट्ठियों, जवाहरलाल नेहरू की 'मेरी कहानी', के.एम. मुंशी के 'पिलग्रिमेज टू फ्रीडम' और इतिहासकारों की पुस्तकों से समझा जाता रहा है। उस कालखंड पर काफी नई सामग्री आ गई है। उनमें नेहरू के अप्रकाशित पत्र भी हैं, जो छप गए हैं। वह समय 1928 से 1934 का है।

उस दौर में मुख्यत: तीन धाराएँ थीं—राजभक्त, नरमपंथी और राष्ट्रवादी। राजभक्त ब्रिटिश सरकार की कृपा से थोड़ी सहूलियतें चाहते थे। इसके लिए प्रयास करते रहते थे। नरमपंथी ब्रिटिश शासन से समझौते कर औपनिवेशिक स्वराज्य के लिए अपने प्रयास को महान् उद्यम समझते थे। वे शासन में भागीदारी के लिए उपाय और अवसर की प्रतीक्षा में यथासमय सक्रिय हो जाते थे। राजभक्त और नरमपंथी में फर्क ज्यादा नहीं था। उन्नीस-बीस का होता था। कांग्रेस में वह 'काउंसिलों में प्रवेश' के मुद्दे के रूप में प्रकट होता था। राष्ट्रवादी किसी समझौते के पक्षधर नहीं थे, वे स्वाधीनता के लक्ष्य से प्रेरित थे। उनमें मतभेद हिंसा और अहिंसा के मार्ग पर था। ये धाराएँ जहाँ कांग्रेस में थीं, वहीं पूरे समाज में भी थीं। ऐसे ही मोड़ पर कांग्रेस ने रावी के तट पर पूर्ण स्वाधीनता का संकल्प लिया। उससे मुक्ति का नया संग्राम छिड़ा। संविधान पर चर्चा तो लंबे समय से चल रही थी। मोतीलाल नेहरू कमेटी ने एक प्रारूप भी बनाया था, जिसमें 'भारत के संविधान के सिद्धांतों का निर्धारण' का प्रयास था। उस पर गंभीर मतभेद भी थे। नेहरू कमेटी ने औपनिवेशिक स्वराज्य के ढाँचे का प्रारूप बनाया था। लाहौर कांग्रेस ने पं. जवाहरलाल नेहरू की अध्यक्षता में निर्णय किया कि पार्टी आगामी चुनावों में हिस्सा नहीं लेगी। काउंसिलों में प्रवेश के विवाद पर यह निर्णय था। सविनय अवज्ञा आंदोलन छेड़ा जाएगा। हर साल 26 जनवरी को स्वाधीनता दिवस मनाया जाएगा। इस तरह 1929 से स्वाधीनता संग्राम का नया अध्याय प्रारंभ हुआ। पट्टाभि सीतारमय्या ने लिखा है—'1929 के आरंभ में भारत की परिस्थिति वस्तुत: बड़ी विकट थी। इस समय साइमन कमीशन के साथ-साथ सेंट्रल कमेटी भी देश में दौरा कर रही थी।'[1] साइमन आयोग संवैधानिक सुधारों के अध्ययन के लिए आया था।

ऐसे विकट समय में कांग्रेस का अध्यक्ष कौन हो ? यह प्रश्न था। कांग्रेसजन ने अपनी निगाहें महात्मा गांधी पर टिका दी थीं। इसी कारण दस राज्यों ने गांधीजी का नाम प्रस्तावित किया था। पाँच राज्यों ने सरदार बल्लभभाई पटेल का नाम भेजा था। तीन राज्यों ने पं. जवाहरलाल नेहरू का नाम प्रस्तावित किया था। इस तरह विधिवत् गांधीजी का अध्यक्ष पद पर निर्वाचन हो गया। उन्होंने त्याग-पत्र दिया। 28 सितंबर, 1929 को लखनऊ में कांग्रेस महासमिति की बैठक हुई। महासमिति के सदस्यों ने उनसे अपना त्याग-पत्र वापस लेने का आग्रह किया, लेकिन उन्होंने जवाहरलाल नेहरू को अध्यक्ष बनवाया। इसके परिणामस्वरूप लाहौर कांग्रेस में जवाहरलाल नेहरू ने अपने अध्यक्षीय संबोधन में कहा कि 'भावी संविधान के बारे में दो साल का समय लगाया गया। उससे हमने एक अनुभव पाया। वह समय अतीत में चला गया है। हमारे सामने अब संघर्ष की चुनौती

है, संविधान बनाने की नहीं। संघर्ष की सफलता से संविधान का भविष्य निर्धारित होगा।'[2]

प्रथम स्वाधीनता संग्राम के बाद ब्रिटिश सरकार ने संवैधानिक सुधारों का क्रम चलाया। वह 1861 से शुरू हुआ। उसी क्रम में साइमन आयोग गठित हुआ। उसके अध्यक्ष सर जॉन साइमन थे। उस आयोग को देश की जनता ने नकार दिया। 'साइमन वापस जाओ' का नारा देश भर में गूँजता रहा। उसकी रिपोर्ट आई और उसे भी सबने नामंजूर कर दिया। इस तरह जनमानस में एक बात पैठ गई कि ब्रिटिश सरकार संवैधानिक सुधारों का नाटक करती है, वास्तव में उसका लक्ष्य साम्राज्यवाद को मजबूत करना ही होता है। ब्रिटिश सरकार की योजना में संवैधानिक सुधारों का नाटक रचने के लिए गोलमेज सम्मेलन हुए। वे भी विफल रहे। उन गोलमेज सम्मेलनों ने ब्रिटिश षड्यंत्र को जहाँ उजागर किया, वहीं स्वाधीनता संग्राम की रणनीति पर मतभेदों की खाई बहुत चौड़ी कर दी। अंग्रेजों ने अपने प्रयास को एक श्वेत-पत्र का रूप दिया। किंतु था, वह उनका काला चिट्ठा। उसे कांग्रेस ने झूठ का पुलिंदा बताया। पं. नेहरू की 'मेरी कहानी' में बड़ी व्यथा से उस दौर का विस्तृत वर्णन है, जिसमें वे राजनीतिक घटनाओं से विचलित हैं। बंदी जीवन में हैं। जैसे ही जेल से छूटते हैं, वे वहाँ पहुँचते हैं, जहाँ महात्मा गांधी हैं। गांधीजी ने सविनय अवज्ञा आंदोलन को वापस ले लिया। हरिजन उत्थान कार्य में समय लगाने का निर्णय वे करते हैं। कांग्रेस के नेता हत मनोबल में हैं। लड़ने का माद्दा इनमें बचा नहीं। ऐसे समय में नेहरू-गांधी की भेंट होती है। गांधी विचार के कवि भवानीप्रसाद मिश्र की ये पंक्तियाँ उस समय के शब्दचित्र हैं—'चाहे जितने ज्ञात परस्पर, फिर भी भ्रम है। इक्के-दुक्के नहीं, श्रेणियों में दल-के-दल। व्यक्ति-व्यक्ति के बीच अपरिचय के विंध्याचल।'[3]

नेहरू ने लिखा है कि 'मैं गांधीजी से मिलने पूना चला गया। उनसे मिलकर और यह देखकर मुझे खुशी हुई कि हालाँकि वह कमजोर थे, लेकिन वह अच्छी रफ्तार से स्वास्थ्य लाभ कर रहे थे। हमारे बीच लंबी-लंबी बातचीतें हुईं। यह साफ जाहिर था कि जीवन, राजनीति और अर्थशास्त्र के हमारे दृष्टिकोणों में काफी फर्क था, लेकिन मैं उनका कृतज्ञ हूँ कि उनसे जहाँ तक बना, उन्होंने उदारतापूर्वक मेरे दृष्टिकोण के अधिक-से-अधिक नजदीक आने की कोशिश की।'[4] पं. नेहरू ने उस बातचीत से यह समझा कि 'गांधीजी के सामने जो खास समस्या थी, वह थी व्यक्तिगत। उन्हें खुद क्या करना चाहिए! बड़ी उलझन में थे।'[5] उस यात्रा और उस दौर को नेहरू इन शब्दों में व्यक्त करते हैं, 'वह एक कठिन स्थिति थी, लेकिन कोई भी रास्ता ढूँढ़ना आसान न था।'[6]

जिस कठिन स्थिति का जिक्र नेहरू कर रहे हैं, उसे इस तरह भी समझ सकते हैं। 'कांग्रेस पर प्रतिबंध लगा हुआ था। उसका संगठन बिखर चुका था। कांग्रेस के प्रमुख नेता जेलों में थे। 'सरकार की दमन नीति के फलस्वरूप गांधीजी को देश भर से पत्र आने लगे कि 'सविनय अवज्ञा आंदोलन' को वापस लिया जाए। जो नेता अभी बाहर थे, उनका एक सम्मेलन गांधीजी

ने जुलाई 1933 में पूना में बुलाया। उस सम्मेलन में गांधीजी ने पाया कि कांग्रेसजन न तो जेल जाने को तैयार थे और न रचनात्मक कार्यों में लगने को तैयार थे।[7] उसी सम्मेलन के बाद नेहरू गांधीजी से मिलने के लिए गए थे। वहाँ से लौटकर उन्होंने इलाहाबाद में अपने साथियों से अगले कदम पर विचार किया। स्वयं नेहरू की क्या उलझनें थीं, उनका वे साफगोई से वर्णन करते हैं। कई बार जेल जा चुके हैं। फिर जाना नहीं चाहते। लेकिन परिस्थितियाँ ऐसी हैं कि कुछ भी राजनीतिक गतिविधि अगर वे शुरू करते हैं तो गिरफ्तारी का खतरा मुँह बाए खड़ा है। ऐसी दुविधा के वे दुर्दिन में थे।

पं. नेहरू अपने से एक प्रश्न पूछते हैं कि 'क्या ब्रिटिश साम्राज्यवादी नीति और हमारे राष्ट्रीय हितों में कोई महत्त्वपूर्ण विरोध नहीं है?'[8] इस प्रश्न का संबंध उस समय की परिस्थितियों से जितना है, उससे ज्यादा उस द्वंद्व से भी है, जिससे वे गुजर रहे थे। उन्होंने एक जगह लिखा है कि 'सन् 1930 के अक्तूबर में साउथपोर्ट में होनेवाली मजदूर कॉन्फ्रेंस में वी.के. कृष्ण मेनन ने यह प्रस्ताव रखा था, यह बहुत ही जरूरी है कि हिंदुस्तान में पूर्ण स्वराज की स्थापना के लिए आत्म-निर्णय का सिद्धांत तुरंत अमल में लाया जाए।'[9] वी.के. कृष्ण मेनन ब्रिटेन में पहले से ही अभियान चला रहे थे। नेहरू ने भी सोचा कि लड़ाई, जब भारत में ठहर-सी गई है, तब युद्ध का मैदान बदले बगैर वह ठहराव दूर नहीं होगा। जो जाल अंग्रेजों ने डाला था, उसे काटने के लिए उन्होंने दो उपाय चुने। पहला उपाय जो उन्हें सूझा, वह आज भले ही किसी को अचरज में डालता हो, पर नेहरू की नजर से अगर देखें और समझें तो तब उन्हें वही सबसे बड़ा सहारा समझ में आया था। आखिर अंग्रेज शासकों से ही तो मुकाबला था। गनीमत यह थी कि अंग्रेज शासक चाहे जिस भी धारा के हों, वे जनमत के आगे थोड़ा झुकते थे। इसलिए नहीं कि उनमें हृदय परिवर्तन हो जाता था, सिर्फ इसलिए झुकते थे कि जनमत को अपने अनुकूल कर सकें। यह उनकी चाल होती थी। इरादा तो हमेशा साम्राज्य की मजबूती का ही होता था। ऐसे मनोवैज्ञानिक राजनीतिक संघर्ष में नेहरू ने अपनी पहचान का पासा लंदन में फेंका।

'मेरी कहानी' में जहाँ वी.के. कृष्ण मेनन का उल्लेख पं. नेहरू करते हैं, उसे ठीक से गौर करें तो वह लगता अटपटा है, इसलिए भी कि वे वी.के. कृष्ण मेनन से तब तक मिले नहीं थे वे कई साल बाद पहली बार मिले लेकिन एम.ओ. मथाई के अनुसार पं. नेहरू से मेनन की भेंट 1932 में पहली बार दिल्ली में हुई, जब वे एक ब्रिटिश प्रतिनिधिमंडल के साथ यहाँ आए थे,[10] लेकिन जब उसे नेहरू की रणनीति के संदर्भ में देखते हैं तो वह एक तर्क है, जिसे वे विकसित कर रहे हैं। स्वाधीनता संग्राम के उन विकट दिनों में वे अपना परिचय दे रहे हैं, 'मैं खुद तो अपनी मनोरचना के लिए इंग्लैंड का बहुत ऋणी हूँ, इतना कि उसके प्रति जरा भी पराएपन का भाव नहीं रख सकता। और मैं चाहे जितनी कोशिश करूँ, लेकिन मैं अपने मन के उन संस्कारों से और दूसरे देशों तथा सामान्यतया जीवन के बारे में विचार करने की उन पद्धतियों और आदर्शों से, जो

मैंने इंग्लैंड के स्कूल और कॉलेजों में प्राप्त किए हैं, मुक्त नहीं हो सकता। राजनीतिक योजना को छोड़ दें, तो मेरा सारा पूर्वानुराग इंग्लैंड और अंग्रेज लोगों की ओर दौड़ता है; और अगर मैं हिंदुस्तान में अंग्रेजी शासन का 'कट्टर विरोधी' बन गया हूँ, तो मेरी अपनी स्थिति ऐसी होते हुए भी ऐसा हुआ है।'[11] यह परिचय वे लंदन में अंग्रेज जनमत को परोस रहे हैं।

वह समय असाधारण था। गांधीजी कांग्रेस की सदस्यता छोड़ने का मन बना चुके थे। उनकी प्राथमिकता में रचनात्मक कार्य आ गया था, जिससे नए संग्राम की आधारभूमि तैयार की जा सके। उनके इस निर्णय को इस रूप में भी देखा गया है कि उन्होंने कांग्रेस को खुला आकाश दिया, जिससे वह मुक्त उड़ान ले सके। ऐसे समय में पं. नेहरू अपना परिचय अंग्रेजों को क्यों दे रहे हैं? यह प्रश्न अगर उठता है तो विचारक बनवारी की पुस्तक 'भारत का स्वराज्य और महात्मा गांधी' का यह अंश उसका समाधान करता है। 'कांग्रेस से गांधीजी की अनुपस्थिति का सबसे अधिक लाभ युवा नेताओं को हुआ। पिछली पीढ़ी के नेताओं—राजाजी, राजेंद्र बाबू, बल्लभभाई पटेल आदि के स्वभाव में जो संकोच और त्यागवृत्ति थी, वह युवा नेताओं में नहीं थी। पुरानी पीढ़ी के नेता पद और सत्ता का आग्रह दिखाने में जो संकोच करते थे, वह नई पीढ़ी में नदारद था। नई पीढ़ी आग्रही और कांग्रेस पर नियंत्रण करने के लिए उतावली थी। कांग्रेस सोशलिस्ट पार्टी के नेता तो मुखर रूप से वामपंथी थे और जवाहरलाल नेहरू को अपना नेता और प्रतिनिधि समझते थे। जवाहरलाल नेहरू बहुत सावधान और चतुर थे। वे वामपंथी भाषा बोलते थे, लेकिन गांधीजी और पुराने नेतृत्व के साथ तालमेल बैठाकर रखने की कोशिश करते हुए बहुत कुशलता से कांग्रेस में अपना प्रभाव बढ़ा रहे थे।'[12]

ऐसे ही प्रयास का एक प्रमाण पं. नेहरू का एक लेख है। वह 2 अक्तूबर, 1933 को लंदन के अखबार 'डेली हेराल्ड' में छपा। इस लेख को 'श्वेत-पत्र' का जवाब समझा जाता है। नेहरूवादी यही कहते हैं। लेकिन यह सिर्फ इतना ही नहीं है। लेख का शीर्षक है—'भारत का शोषण'। यह एक लंबा लेख है। नेहरू वाङ्मय में इसे पढ़ सकते हैं। इसी लेख में जवाहरलाल नेहरू ने पहली बार राजनीतिक समाधान के लिए संविधान सभा की अपनी अवधारणा प्रस्तुत की। वह अंश पढ़ें—'संघर्ष का राजनीतिक हल तभी निकल सकता है, जब हिंदुस्तान के लोग अपना संविधान आम चुनाव से निर्वाचित संविधान सभा में बैठकर खुद बनाएँ। मुझे इसमें कोई शक नहीं है कि इस तरह की संविधान सभा अल्पसंख्यकों के और दूसरे मसलों को हल कर लेगी। इस सवाल ने इतनी अहमियत सिर्फ इस वजह से पकड़ ली है कि उनके हल करने का काम आम लोगों के जरिए चुने गए प्रतिनिधियों पर न सौंपकर सरकारी नामजद लोगों के सुपुर्द किया गया है। ये प्रतिक्रियावादी नामजद लोग ही ऐसे हैं कि आपसी रजामंदी से इनकार कर देते हैं और ऐसा दिखाते हैं कि हिंदुस्तानी लोग आपस में रजामंद हो ही नहीं सकते। मसलों को आपसी तौर से हल करने का कोई असली मौका हिंदुस्तान के लोगों को कभी दिया ही नहीं

गया। जहाँ तक कांग्रेस की बात है, उसे कोई परेशानी नहीं है, क्योंकि अल्पसंख्यकों को उनके हकों की गारंटी देने के लिए वह बहुत अर्से से तैयार है।'[13]

इसी लेख में उन्होंने यह भी लिखा—'कांग्रेस अपने लिए कोई सत्ता नहीं चाहती। मुझे यकीन है कि संविधान सभा के फैसले से वह खुशी से सहमत होगी और हिंदुस्तान की राजनीतिक स्वतंत्रता हासिल होते ही अपने को खत्म कर देगी।'[14] महात्मा गांधी ने अपनी वसीयत में यही लिखा भी। क्या नेहरू को तब अपना वादा याद नहीं रहा? नेहरू का विचार कैसे कांग्रेस ने अपनाया और कब अपनाया? इसे डॉ. पट्टाभि सीतारमय्या ने 'कांग्रेस का इतिहास' में लिखा है। 1934 में कांग्रेस कार्यसमिति ने जो प्रस्ताव पारित किया, उसका प्रासंगिक अंश यह है—'श्वेत-पत्र में भारतीय जनमत बिल्कुल प्रकट नहीं होता। भारत के राजनीतिक दलों ने इसकी कमोबेश निंदा की है। यदि यह कांग्रेस को अपने लक्ष्य से पीछे नहीं हटाता है, तो उससे कोसों दूर जरूर करता है। श्वेत-पत्र के स्थान पर एकमात्र संतोषजनक निर्णय वह शासन व्यवस्था हो सकती है, जिसे वयस्क मताधिकार से निर्वाचित संविधान सभा बनाए।'[15] कांग्रेस के अपने लिखित इतिहास में इस प्रस्ताव में पं. नेहरू का कहीं उल्लेख नहीं है। फिर भी यह माना जाता है कि उनके लेख को इस प्रस्ताव में आधार बनाया गया।

**संदर्भ—**


1. कांग्रेस का इतिहास, भाग-1, डॉ. पट्टाभि सीतारमय्या, अध्याय : तैयारी 1929, पब्लिक सेफ्टी बिल, पृ. 271
2. जवाहरलाल नेहरू वांङ्मय, खंड-4, अध्यक्षीय भाषण, 29 दिसंबर, 1929, पृ. 194
3. भवानी प्रसाद मिश्र-संचयन, संपादन : अमिताभ मिश्र, भूमिका, पृ. 20-21
4. मेरी कहानी, जवाहरलाल नेहरू, अध्याय : गांधीजी से मुलाकात, पृ. 563
5. वही, पृ. 564
6. वही, पृ. 567
7. गांधीजी : हिंद स्वराज से नेहरू तक, प्रो. देवेंद्र स्वरूप, पृ. 212-213
8. मेरी कहानी, जवाहरलाल नेहरू, अध्याय : कुछ ताजा घटनाएँ, पृ. 804
9. वही, पृ. 810
10. रेमिनिसेंसेस ऑफ द नेहरू एज, एम.ओ. मथाई, अध्याय : वी.के. मेनन-I, पृ. 156
11. मेरी कहानी, जवाहरलाल नेहरू, अध्याय : औपनिवेशिक स्वराज और आजादी, पृ. 585
12. भारत का स्वराज्य और महात्मा गांधी, बनवारी, अध्याय : युवा पीढ़ी, पृ. 233
13. जवाहरलाल नेहरू वाङ्मय, खंड-6, अध्याय : कांग्रेस का प्रोग्राम-भारत का शोषण, डेली हेराल्ड (लंदन), 2 अक्तूबर, 1933 और बाद में आजादी के लिए भारतीय संघर्ष शीर्षक से रीसेंट एसेज ऐंड राइटिंग्स (इलाहाबाद, 1934) में दोबारा प्रकाशित, पृ. 35-39
14. वही, पृ. 39
15. कांग्रेस का इतिहास, भाग-1, डॉ. पट्टाभि सीतारमय्या, अध्याय : अवसर की खोज में, पृ. 456-457


□

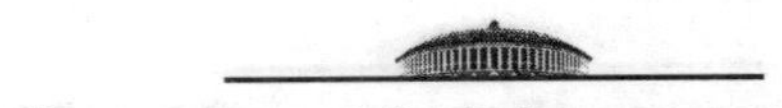

# 28

# संसदीय राजनीति की डगर

भारत के संविधान से जैसी राज्य व्यवस्था निकली और जो निरंतरता में चली आ रही है, वास्तव में उसकी जड़ें कहाँ हैं? यह जानने-समझने के लिए कांग्रेस का वह इतिहास समझना होगा, जो विशेषकर 1920 से शुरू होता है, जिसका नेतृत्व महात्मा गांधी ने सँभाला। स्वतंत्रता संग्राम का वह दौर जटिलताओं से भरा उतार-चढ़ाव का था। उसी दौर में इस प्रश्न का उत्तर भी है। वह शुरू होता है, 1919 में। वह एक पड़ाव है। उसी साल मांटेग्यू चेम्सफोर्ड रिपोर्ट पर आधारित एक कानून आया। ब्रिटिश सरकार ने जो सुधार किए, वे बहुत निराशाजनक थे, जिससे असहयोग आंदोलन पैदा हुआ। वह विफल रहा। लेकिन उसकी सफलता इस बात में थी कि लोगों में अंग्रेजों का डर समाप्त हो गया। कांग्रेस ने संविधान के विषय को अपनी पहली प्राथमिकता बना ली। उसी समय अचानक ब्रिटिश सरकार ने एक संवैधानिक आयोग बनाने की घोषणा कर सभी को चकित कर दिया। 8 नवंबर, 1927 की यह बात है। वही साइमन कमीशन के नाम से जाना जाता है। क्योंकि उसके अध्यक्ष सर जॉन एस.एस. ब्रुक साइमन थे। आयोग भारत में 1928 और 1929 में कई बार आया। उसकी रिपोर्ट दो खंडों में 1930 में प्रकाशित हुई। उसी कड़ी में गोलमेज सम्मेलन हुए।

राष्ट्रीय आंदोलन के बढ़ते प्रभाव को सीमित करने और लोगों की आकांक्षाओं को संतुष्ट करने का दिखावा करने के लिए ब्रिटिश सरकार ने साइमन कमीशन का गठन किया। चूँकि

इस कमीशन में कोई भी भारतीय सदस्य नहीं था, इसलिए कांग्रेस सहित अधिकांश प्रमुख राजनीतिक दलों ने इसका विरोध किया। साइमन कमीशन का एक परिणाम यह निकला कि राष्ट्रीय नेताओं ने भारतीय संविधान की एक रूपरेखा बनाने का निर्णय लिया। कांग्रेस के मद्रास (चेन्नई) अधिवेशन में यह निर्णय हुआ। इसके परिणामस्वरूप मोतीलाल नेहरू के नेतृत्व में एक सर्वदलीय समिति का गठन किया गया। नेहरू कमेटी ने अगस्त सन् 1928 में अपनी रिपोर्ट दे दी। वह रिपोर्ट इस लक्ष्य से बनाई गई थी कि पूरे भारत का प्रतिनिधित्व वह कर सके। उसे कांग्रेस ने तो स्वीकार कर लिया, पर जब दिसंबर माह में सर्वदलीय सम्मेलन हुआ, तो मुहम्मद अली जिन्ना के नेतृत्व में मुसलिम लीग ने उसे अस्वीकार कर दिया। मोतीलाल नेहरू कमेटी की रिपोर्ट में संविधान के सिद्धांत की एक रूपरेखा थी, जिसमें कांग्रेस तब औपनिवेशिक स्वराज पर तैयार थी। मोतीलाल नेहरू रिपोर्ट को गांधीजी ने सुभाषचंद्र बोस और जवाहरलाल नेहरू के विरोध के बावजूद कलकत्ता अधिवेशन में पास करा लिया।

फिर महात्मा गांधी ने एक पासा फेंका। वह एक प्रस्ताव के रूप में था कि 31 दिसंबर, 1929 तक ब्रिटिश सरकार अगर डोमिनियन स्टेटस दे देती है तो समझौते का एक रास्ता निकल सकता है। इससे ब्रिटिश सरकार के सामने एक बड़ी चुनौती उपस्थित हुई। दूसरी तरफ कांग्रेस ने एक साल इंतजार करने के बाद लाहौर में एक प्रस्ताव पारित किया, जिसे महात्मा गांधी ने रखा था। प्रस्ताव इस प्रकार था—'कांग्रेस घोषणा करती है कि इसके संविधान की धारा एक में दिए हुए 'स्वराज' शब्द का अर्थ पूर्ण स्वतंत्रता है। यह भी घोषणा की जाती है कि नेहरू समिति की रिपोर्ट की समस्त योजना अब समाप्त हो गई। कांग्रेस आशा करती है कि इसके समस्त सदस्य अब से अपना सारा ध्यान भारत की पूर्ण स्वतंत्रता की प्राप्ति के लिए लगा देंगे। कांग्रेस निश्चय करती है कि सरकार द्वारा निर्मित केंद्रीय और प्रांतीय सभाओं और समितियों का, जिनमें गोलमेज सम्मेलन भी है, बहिष्कार किया जाएगा। कांग्रेस राष्ट्र से अपील करती है कि कांग्रेस के रचनात्मक कार्य को उत्साह के साथ आगे बढ़ाया जाए और अखिल भारतीय कांग्रेस समिति को अधिकार देती है कि जब भी उचित समझे, सविनय अवज्ञा आंदोलन शुरू कर दे। इसमें करों की अदायगी न करना भी सम्मिलित है।'[1] इस प्रस्ताव से एक स्पष्ट दिशा निर्धारित हुई। एक सिद्धांत का निर्धारण हुआ। वह यह कि भारत के भविष्य का निर्णय देशवासी करेंगे, ब्रिटिश संसद् नहीं। पूर्ण स्वतंत्रता ही लक्ष्य है।

इस प्रकार कांग्रेस ने नए संग्राम का निर्णय किया। वह सविनय अवज्ञा आंदोलन का पहला चरण था। महात्मा गांधी का अगला कदम आकस्मिक था। कांग्रेस के नेता संदेह में थे। उस कदम की सफलता से वे चकित रह गए। वह नमक सत्याग्रह था। 12 मार्च, 1930 को गांधीजी साबरमती से अपने सहयोगियों के साथ चले और 5 अप्रैल को दांडी पहुँचे। वायसराय इरविन भी उस आंदोलन की ताकत से अप्रभावित नहीं रह सके। आंदोलन के बारे में उनका

अनुमान गलत निकला। इससे वे एक संकट में पड़ गए। उन्हें अपनी भूल समझ में आई। साइमन कमीशन के विरोध की हवा निकालने के लिए वायसराय इरविन ने गोलमेज सम्मेलन की योजना बनाई। उसमें कांग्रेस भी शामिल हो, इसके लिए उसने समझौते की एक रूपरेखा तैयार की। 17 जनवरी, 1931 को केंद्रीय विधानसभा में वायसराय इरविन ने जो भाषण दिया, वह कांग्रेस के लिए चुंबक बन गया। 'कोई व्यक्ति गांधी के लिए यह कहे कि वे बड़ी भूल कर रहे हैं और जिस नीति के साथ उनका नाम जुड़ा हुआ है, उसके परिणाम चाहे जितने शोचनीय माने जाएँ, परंतु यह मानना पड़ेगा कि गांधी को आध्यात्मिक बल से प्रेरणा मिलती है, जिसके कारण वे अपने प्रिय देश भारत के हितार्थ कोई भी त्याग करने को तैयार रहते हैं।'[2] इसमें यह भी जोड़ा कि 'सविनय अवज्ञा आंदोलन से भारत में और गोलमेज सम्मेलन की कार्यवाहियों से इंग्लैंड में जो नई परिस्थितियाँ उत्पन्न हो गई हैं, क्या अब कांग्रेस के लिए भिन्न मार्ग का अनुसरण करना संभव नहीं है।'[3] वायसराय इरविन के इस चतुराई भरे भाषण से समझौते का एक मैदान तैयार हुआ।

दूसरी तरफ पहले गोलमेज सम्मेलन से लौटकर तेज बहादुर सप्रू, मुकुंद राव जयकर और श्रीनिवास शास्त्री 8 फरवरी, 1931 को इलाहाबाद पहुँचे। उन लोगों ने गांधीजी और अन्य नेताओं से बात की। उनके सुझाव पर गांधीजी वायसराय इरविन से मिलने के लिए तैयार हुए। 17 फरवरी, 1931 से मुलाकातों का वह दौर चला। समझौते से पहले गांधीजी ने जवाहरलाल नेहरू और सरदार बल्लभभाई पटेल से विचार-विमर्श किया। नेहरू ने लिखा है—'वे (महात्मा गांधी) लगभग दो बजे रात को वापस आए और हमें जगाया गया व बताया कि एक समझौता हो गया है। हमने समझौते का मसौदा देखा। मैं अधिकतर धाराओं को जानता था, क्योंकि हमने उन पर काफी विचार-विमर्श किया था। उसे देखकर मुझे एक भारी झटका लगा। मैं उसके लिए बिल्कुल भी तैयार नहीं था।'[4] नेहरू ने अपनी आत्मकथा में उस समय के अपने मनोभाव का जो वर्णन किया है, उसका यह छोटा अंश है। 5 मार्च, 1931 को गांधी-इरविन समझौता घोषित हुआ। उस पर 29 मार्च, 1931 को कांग्रेस अधिवेशन में मोहर भी लगा दी गई। उस अधिवेशन की अध्यक्षता सरदार बल्लभभाई पटेल ने की थी। समझौते पर गांधीजी का बयान था कि 'अगर इसे विजय माना जाए, तो यह सरकार और जनता दोनों की विजय है।'[5] लेकिन इस समझौते से देश सन्न रह गया। यह एकपक्षीय निर्णय था। इरविन ने गांधीजी की ग्यारह माँगों में से एक को भी नहीं माना था, जबकि गांधीजी ने सविनय अवज्ञा आंदोलन को स्थगित करने की घोषणा कर दी, ब्रिटिश प्रधानमंत्री की घोषणा को ज्यों-का-त्यों स्वीकार कर लिया और उसी के दायरे में द्वितीय गोलमेज सम्मेलन में कांग्रेस की सहभागिता का वचन भी दे दिया। ऐसा क्यों हुआ ? गांधीजी ने लाहौर अधिवेशन के सब संकल्पों के विरुद्ध जाने का एकपक्षीय निर्णय कैसे कर लिया, यह अभी तक एक पहेली ही बना हुआ है।

कांग्रेस पर महात्मा गांधी के चमत्कारिक प्रभाव का ही यह एक प्रमाण है कि गांधी-इरविन समझौते को नेहरू और कांग्रेस के अन्य नेताओं ने असहमति के बावजूद उसे मान लिया। समझौते के परिणामस्वरूप सरकार ने राजनीतिक बंदियों को रिहा किया। कांग्रेस से रोक हटा ली। कांग्रेस के एकमात्र प्रतिनिधि के रूप में गांधीजी दूसरे गोलमेज सम्मेलन में सम्मिलित हुए। वहाँ उन्होंने अपने को शकुनि-जाल में फँसा पाया। वहाँ से कुछ पाने के बजाय वे बहुत कुछ खोकर लौटे। ब्रिटिश सरकार ने भारतीय राष्ट्रवाद के विरुद्ध वहाँ चौतरफा मोर्चेबंदी कर ली थी। उस मोर्चेबंदी के अग्रणी नेताओं को गांधीजी के विरुद्ध खड़ा कर पाने में ब्रिटिश सरकार सफल हो गई। दलित वर्गों और मुसलमानों के मताधिकार का निर्णय करने का अधिकार ब्रिटिश प्रधानमंत्री को मिल गया। उसने अगस्त 1932 में दलित वर्गों को पृथक् मताधिकार देकर हिंदू समाज को दो फाड़ करने के षड्यंत्र को अंजाम दिया। जब प्रधानमंत्री रैमसे मैकडोनाल्ड ने कम्युनल अवार्ड घोषित किया, तो दो बातें हुईं। पहली कि गांधीजी आमरण अनशन पर चले गए। इससे 'पूना पैक्ट' निकला। दूसरी कि कांग्रेस ने पुनः सविनय अवज्ञा आंदोलन को शुरू किया। ब्रिटिश सरकार की कूटनीतिक चाल से भारतीय राजनीति में जाति के आधार पर आरक्षण का भस्मासुर पैदा हुआ। कांग्रेस ने तीसरे गोलमेज सम्मेलन का बहिष्कार किया। इन गोलमेज सम्मेलनों से खास कुछ निकला नहीं, लेकिन ब्रिटिश सरकार ने इस प्रक्रिया को संवैधानिक सुधारों का आधार बनाया।

गांधीजी के साथ समझौता करके इरविन मार्च 1931 में वापस चला गया। नए वायसराय विलिंग्डन बनाए गए। उसने कठोर दमन नीति अपनाई। तब कांग्रेस ने सविनय अवज्ञा आंदोलन फिर छेड़ा। सरकार ने कांग्रेस को गैर-कानूनी करार दे दिया। गांधीजी समेत हजारों कांग्रेसी नेताओं-कार्यकर्ताओं को सरकार ने बंदी बना लिया, लेकिन भारत के लोगों ने घुटने टेकने से इनकार कर दिया। कपड़े के कारखानों की हड़तालें, नमक सत्याग्रह तथा टैक्स देने से इनकार किया जाना जारी रहा। ब्रिटिश सरकार से लड़ने और उसे परास्त कर देने का हौसला इतना बुलंद था कि गैर-कानूनी हालात में भी उस दौरान कांग्रेस ने दो अधिवेशन प्रतिरोध में किए। यह आयोजन उन नेताओं ने किए, जो जेल से बाहर थे। उनमें एक पं. मदनमोहन मालवीय भी थे। हालाँकि वे अधिवेशन स्थल से पहले ही गिरफ्तार हो गए, लेकिन अपनी गिरफ्तारी से पहले उन्होंने सरकार को चुनौती दी कि यह संघर्ष वह चाहे जितना दमन करे, कुचल नहीं सकेगी। ऐसे तीव्रतर संघर्ष के वातावरण में गांधीजी ने एक धमाका कर दिया। 8 मई, 1933 को घोषणा कर दी कि वे सविनय अवज्ञा आंदोलन को अस्थायी रूप से स्थगित कर रहे हैं। उनका यह निर्णय ठीक वैसा ही था, जैसा उन्होंने चौरी-चौरा की घटना के बाद फरवरी 1922 में किया था। इतिहासकार प्रो. देवेंद्र स्वरूप का मानना था कि 'गांधीजी ने पाया कि कांग्रेसजनों की मनःस्थिति इस समय न तो सत्याग्रह करके जेल जाने की है, न वे रचनात्मक कार्यक्रम

के लिए गाँवों में जाने को तैयार हैं। वे अपने को थका हुआ अनुभव कर रहे हैं। उनका मन काउंसिल प्रवेश के लिए ललक रहा था। वे संघर्ष नहीं, आराम कुरसी की राजनीति करना चाहते थे। पहली बार गांधीजी को इस सत्य का साक्षात्कार हो रहा था कि सन् 1920 से कांग्रेस को ब्रिटिश संसदीय प्रणाली के रास्ते से हटाकर वे जिस आदर्शवादी, समाजोन्मुख, रचनात्मक कार्यप्रणाली की सोच में ढालने की कठोर साधना कर रहे थे, वही कांग्रेस मात्र बारह वर्ष बाद काउंसिल प्रवेश की राजनीति के लिए लालायित हो गई थी। ये कांग्रेसजन स्वराज पार्टी की पुरानी पीढ़ी के नेता न होकर उनके हाथों गढ़े गए नए कांग्रेसी थे।'[6] विचारक बनवारी ने इस बारे में इस तरह लिखा है—'गांधीजी ने प्रांतीय विधानसभाओं के चुनाव लड़ने और सरकार बनाने की यह सोचकर सलाह दी कि अन्यथा वे सरकार के पिट्ठू और राष्ट्र विरोधी तत्त्वों के हाथ में चली जाएगी। इसके अलावा, सरकारों का उपयोग जनता के हित के कुछ काम करवाने में भी हो सकेगा।'[7]

इतिहासकार इसका उल्लेख तो करते हैं कि गांधीजी के निर्णय पर कांग्रेस के कुछ बड़े नेताओं की प्रतिकूल प्रतिक्रिया हुई, लेकिन उसे न तो पूरा बताया जाता है और न ही जितना महत्त्व दिया जाना चाहिए, उतना उस प्रतिक्रिया को मिलता है। ज्यादातर इतिहासकारों ने सिर्फ इतना ही उल्लेख किया है कि विट्ठल भाई पटेल और सुभाषचंद्र बोस ने एक बयान दिया। वह यह है—'महात्मा गांधी ने सविनय अवज्ञा आंदोलन को स्थगित करने का जो निश्चय किया है, उससे स्पष्ट है कि उन्होंने विफलता स्वीकार कर ली है। उनके इस निर्णय ने पिछले तेरह साल के सारे परिश्रम और तपस्या पर पानी फेर दिया है। हमारा स्पष्ट मत है कि राजनीतिक नेता के रूप में गांधीजी विफल हो गए हैं। अब समय आ गया है कि कांग्रेस का नए सिद्धांतों पर और नए तरीके से आमूल पुनर्गठन किया जाए। इसके लिए नए नेता का होना आवश्यक है।'[8] यह बयान विदेश की धरती वियना से था। जहाँ दोनों अपनी-अपनी चिकित्सा के लिए गए हुए थे। इन नेताओं की आलोचना का असर हुआ। कांग्रेस ने पुनर्विचार किया। पूना में एक अनौपचारिक सम्मेलन बुलाया गया। यह निर्णय हुआ कि गांधीजी वायसराय विलिंग्डन से भेंट कर समझौते का प्रयास करें। गांधीजी ने मिलने के लिए वायसराय से समय माँगा। जवाब मिला कि सविनय अवज्ञा आंदोलन अभी पूरी तरह समाप्त करने की घोषणा नहीं हुई है, सिर्फ स्थगित किया गया है। इसलिए मिलने की शर्त पूरी नहीं होती। ऐसी स्थिति में व्यक्तिगत सविनय अवज्ञा आंदोलन का निर्णय किया गया।

महात्मा गांधी ने सविनय अवज्ञा आंदोलन क्यों पहले स्थगित किया और आखिरकार उसे पूरी तरह वापस ले लिया? क्या वे नई पीढ़ी को नेतृत्व का अवसर देना चाहते थे, जैसा कि उन्हें नरमदलीय नेता श्रीनिवास शास्त्री ने सलाह दी थी? किसी भी प्रश्न से भागने का स्वभाव महात्मा गांधी का नहीं था। इन प्रश्नों का उत्तर भी उन्होंने अपने ढंग से दिया। उन्होंने देखा

कि ब्रिटिश सरकार उस जनमत के सामने झुकती है, जो निर्वाचन प्रक्रिया में प्रकट होता है। इसलिए उनका अपना मत और दीर्घकालिक रास्ता का था, उसे स्थगित कर उन्होंने 19 मई, 1934 को पटना में एक निर्णय किया। पहले की भाँति कांग्रेस, जिसे स्वीकार करने के लिए तत्पर ही थी। उस निर्णय से संसदीय राजनीति की राह खुली। संविधान की माँग को पहली बार कांग्रेस ने अपना एजेंडा बनाया। वे समझ गए थे कि ब्रिटिश सरकार निर्वाचन प्रक्रिया से प्रकट जनमत की अवहेलना नहीं कर सकेगी। कांग्रेस के बंबई अधिवेशन में डॉ. राजेंद्र प्रसाद अध्यक्ष बने। उसी अधिवेशन के बाद चुनाव अभियान शुरू हुआ। चुनाव परिणाम कांग्रेस के पक्ष में था। तब से ही संसदीय राजनीति की राह पर स्वाधीनता संग्राम की जो मुख्यधारा थी, वह चल पड़ी।

क्या कोई दूसरा विकल्प भी था? इसका उत्तर एक लंबे भाषण में है, जिसे उस समय सुभाषचंद्र बोस ने 10 जून, 1933 को लंदन में देने के लिए तैयार किया था। वहाँ भारत की स्वतंत्रता के कुछ पक्षधर थे, जिन्होंने राजनीतिक सम्मेलन का सिलसिला चलाया था। सुभाषचंद्र बोस को तीसरे भारतीय राजनीतिक सम्मेलन की अध्यक्षता का निमंत्रण मिला। उन्हें अनुमति नहीं मिली, इसलिए उनका भाषण वहाँ पढ़ा गया, जो ऐतिहासिक दस्तावेज बन गया है। उन्होंने कहा कि 'अपनी राजनीतिक स्वतंत्रता की प्राप्ति के लिए हम लोग ब्रिटिश सरकार के साथ अहिंसापूर्ण संघर्ष कर रहे हैं। लेकिन आज हमारी स्थिति उस सेना के समान है, जिसने कड़े संघर्ष के दौरान अचानक दुश्मन के सम्मुख बिना शर्त आत्मसमर्पण कर दिया हो।'[9] उनका आशय महात्मा गांधी के उस निर्णय से है, जिससे सविनय अवज्ञा आंदोलन स्थगित किया गया। अपनी बात को स्पष्ट करने के लिए सुभाषचंद्र बोस ने कहा कि 'यह आत्मसमर्पण भी इसलिए नहीं है कि राष्ट्र की यह माँग है, या राष्ट्रीय सेना ने अपने नेताओं के विरुद्ध विद्रोह किया है या युद्ध के दौरान सेना बल में कटौती कर दी गई है, बल्कि इसलिए है कि हमारे कमांडर-इन-चीफ लगातार उपवास रखकर थक गए हैं।'[10] कांग्रेस के इतिहासकार पट्टाभि सीतारमय्या के अनुसार गांधीजी ने माना कि कष्ट सहने की निश्चित सीमा है। कष्ट सहन करना बुद्धिमत्तापूर्ण तथा मूर्खतापूर्ण दोनों प्रकार का काम हो सकता है। सीमा के बाद इसे और सहना मूर्खता की पराकाष्ठा है।

अपने भाषण के क्रम में सुभाषचंद्र बोस ने कहा कि 'स्वतंत्रता प्राप्त करने के हमारे समक्ष दो मार्ग हैं—एक तो आक्रामक मार्ग है, दूसरा समझौते का मार्ग है। अगर हम प्रथम मार्ग का चुनाव करते हैं तो हमें स्वतंत्रता प्राप्ति तक निरंतर संघर्ष करना होगा और जब तक हम स्वतंत्र नहीं हो जाते, किसी प्रकार का समझौता करने का प्रश्न ही नहीं उठेगा। किंतु यदि दूसरा मार्ग अपनाते हैं तो हमें अपनी स्थिति को सुधारने के लिए, इससे पहले कि अन्य कदम उठाए जाएँ, विरोधियों से कई छोटे-मोटे समझौते करने होंगे।'[11] वे अपने विश्लेषण में कहते हैं कि

'राजनीतिक योद्धाओं के रूप में न तो हमने आक्रामक रुख ही अपनाया और न हमने राजनीति से ही काम लिया।'[12] उन्होंने कहा कि 'हमें यह समझ लेना चाहिए कि गोलमेज सम्मेलन पूर्णत: मिथ्या था। इस सम्मेलन को आयोजित करने का सरकार का मुख्य उद्देश्य भारतवासियों को इंग्लैंड बुलाना था और उन्हें आपस में लड़ाकर स्वयं तमाशा देखना था।'[13]

दो टूक शब्दों में उनका कहना था कि 'अगर मार्च 1931 का दिल्ली समझौता (गांधी-इरविन समझौता) बड़ी भूल थी, तो मई 1933 का आत्मसमर्पण (सविनय अवज्ञा आंदोलन का स्थगन) अत्यंत दुर्भाग्यपूर्ण था। राजनीतिक युद्धनीति के सिद्धांतों के अनुसार तो सविनय अवज्ञा आंदोलन को और अधिक सुदृढ़ कर सरकार पर दबाव डाला जाना चाहिए था, जबकि उस समय भारत के नए संविधान की रूपरेखा पर चर्चा चल रही थी। ऐसी नाजुक स्थिति में आंदोलन को स्थगित कर देने से सारा कार्य, संघर्ष और राष्ट्र की तपस्या, जो पिछले तेरह वर्ष में की गई थी, व्यर्थ हो गई। दु:खद स्थिति तो यह है कि जो लोग इस विश्वासघात के विरुद्ध कड़े शब्दों में अपने विचार व्यक्त कर पाते, वे जेल में बंदी बनाकर रखे गए हैं। जो जेल से बाहर हैं, वे महात्मा गांधी के 21 दिन के उपवास के कारण अधिक विरोध नहीं कर पाए।'[14] उसी भाषण में उन्होंने अपनी कार्यनीति स्पष्ट की। उसे अगर पढ़ें तो साफ हो जाता है कि कांग्रेस में रहते हुए, वे भिन्न रास्ते पर चलने के लिए मानसिक रूप से तैयार हो गए थे। 'भविष्य की पार्टी, भारतवासियों के वर्तमान नेताओं से पृथक् होगी, क्योंकि इस बात की कोई संभावना नहीं है कि ये लोग ब्रिटेन से कड़े संघर्ष के लिए सिद्धांत, कार्यक्रम, नीति और कूटनीतियों का अनुपालन करने में सक्षम सिद्ध हो पाएँगे। इतिहास में ऐसा कोई प्रमाण नहीं मिलता, जिससे पता चले कि एक काल के नेता दूसरे काल में भी कार्यरत हों। समय के अनुरूप पुरुष तैयार हो जाते हैं, ऐसा ही भारत में भी होगा।'[15] यह कथन उनके उसी भाषण का एक अंश है।

ऐसा नहीं है कि वे उस समय गांधीजी के अकेले आलोचक थे। नरमदलीय नेता भी उस समय मुखर थे। तेज बहादुर सप्रू का यह कथन विख्यात है, 'सविनय अवज्ञा आंदोलन के जन्मदाता का कहना है कि वे देख नहीं पा रहे थे। अब तेरह वर्ष बाद ईश्वर ने उनकी दृष्टि लौटा दी है और अब वे सब देख रहे हैं, जो हममें से बहुतों को, जिनका ईश्वर से इतना निकट का संबंध नहीं था, दिखाई दे रहा था कि सविनय अवज्ञा आंदोलन निश्चय ही विफल होगा।'[16] अंग्रेजों ने संविधानवाद का जो जाल बिछाया था, उसे काटने का वही समय था, जिसे महात्मा गांधी ने गँवा दिया। कैसे? यह समझने के लिए ब्रिटिश सरकार के उस श्वेत-पत्र को पुन: याद करने की जरूरत है, जो मार्च 1933 में प्रकाशित हुआ था। उसे ही ब्रिटिश संसद् ने एक विधेयक का रूप दिया। वह पारित हुआ और वही भारत अधिनियम-1935 बना। स्वतंत्र भारत के संविधान का तीन-चौथाई हिस्सा उसी अधिनियम से लिया गया है।

**संदर्भ—**

1. कांग्रेस का इतिहास, भाग-4, डॉ. पट्टाभि सीतारमय्या, अध्याय : तैयारी-1929, पृ. 284
2. भारतीय स्वतंत्रता आंदोलन का इतिहास, खंड-4, ताराचंद, अध्याय : गोलमेज सम्मेलन, गांधी-इरविन समझौता, पृ. 184
3. वही, पृ. 184
4. मेरी कहानी, जवाहरलाल नेहरू, अध्याय : दिल्ली का समझौता, पृ. 363
5. भारतीय स्वतंत्रता आंदोलन का इतिहास, खंड-4, ताराचंद, अध्याय : गोलमेज सम्मेलन, गांधी-इरविन समझौता, पृ. 187
6. गांधीजी : हिंद स्वराज से नेहरू तक, देवेंद्र स्वरूप, अध्याय : वायसराय का श्रीनिवास शास्त्री को ऐतिहासिक पत्र, पृ. 213
7. भारत का स्वराज्य और महात्मा गांधी, बनवारी, अध्याय : युवा पीढ़ी, पृ. 239
8. कांग्रेस का इतिहास, खंड-1, डॉ. पट्टाभि सीतारमय्या, अध्याय : संग्राम फिर स्थगित, पृ. 443-444
9. नेताजी संपूर्ण वाङ्मय, खंड-8, संपादक शिशिर कुमार बोस, सुगता बोस, अनुवाद : माधवी दीक्षित, पृ. 195
10. वही, पृ. 195
11. वही, पृ. 196
12. वही, पृ. 196
13. वही, पृ. 197
14. वही, पृ. 200
15. वही, पृ. 205
16. भारत का संविधान : एक परिचय, ब्रजकिशोर शर्मा, पृ. 14

□

# 29

## संविधान का अज्ञातकाल

भारत के संविधान का एक अज्ञातकाल है। वह उसी तरह का है, जैसा कि महाभारत में पांडवों का अज्ञातवास का एक समय था। वह एक साल था। संविधान का अज्ञातकाल पूरे 12 साल का है। जो 1934 में विधिवत् प्रारंभ हुआ। उस अवधि पर अब प्रकाश पड़ने लगा है। कुछ तथ्य और घटनाओं का संदर्भ सामने आया है। इस बारे में सबसे संतोषजनक बात यह है कि इस श्रेयस्कर कार्य को जाने-माने कांग्रेसी नेता ने एक हद तक संपन्न किया है। वे जयराम रमेश हैं। कौन होगा ऐसा, जो उनसे अपरिचित रह गया होगा। पिछले साल उनकी एक वृहदाकार पुस्तक छपी, 'ए चेकर्ड ब्रिलिएंस : दि मेनी लाइव्स ऑफ वी.के कृष्ण मेनन।' यह पुस्तक सूचनाओं और संदर्भों का कुबेर कोश है। उनमें से वे सूचनाएँ बड़े काम की हैं, जिनका सीधा संबंध जवाहरलाल नेहरू और भारत के संविधान की अवधारणा से है। ब्रिटिश साम्राज्य के अंत:पुर में भारत के संविधान पर कैसी और किनके बीच चर्चा उस अवधि में चली, इसका स्पष्ट मानचित्र अगर कोई बनाना चाहे तो वह इसे पढ़कर बना सकता है।

संविधान के अज्ञातकाल के सूत्रधार वी.के. कृष्ण मेनन थे। मात्र इतना ही उनका उल्लेख अधूरा होगा। वे पं. नेहरू के पहले करीब आए। फिर दूत बने। तीसरे चरण में वे पं. नेहरू के दिल और दिमाग भी साबित हुए। भारत के स्वाधीनता संग्राम में जिस आयरिश महिला ने अपनी छाप छोड़ी, वे एनी बेसेंट थीं। उन्हीं के सहारे वी.के. कृष्ण मेनन लंदन गए, जहाँ वे 1928 से ही

सक्रिय थे। संविधान के अज्ञातकाल में उनकी भूमिका इतनी महत्त्वपूर्ण है कि पं. नेहरू चिट्ठियों पर चिट्ठियाँ उन्हें भेजते पाए जाते हैं कि भारत आ जाओ। कुछ दिन के लिए आ जाओ। उन चिट्ठियों से जहाँ मेनन पर नेहरू की निर्भरता समझ में आती है, वहीं यह भी साफ दिखता है कि मेनन मनमौजी हैं। लेकिन पं. नेहरू के प्रति उनकी निष्ठा असंदिग्ध है। संविधान के उद्देश्य संकल्प पर वी.के. कृष्ण मेनन लंबे समय से काम कर रहे थे। जिनसे विशेष रूप से वे परामर्श करते थे, वे हेराल्ड जे. लास्की थे, जो ब्रिटेन के मशहूर राजनीतिशास्त्री तो थे ही, लेबर पार्टी के नेता भी थे। वी.के. कृष्ण मेनन की जीवनी में एक तथ्य बहुत चौंकानेवाला सामने आता है। वह यह कि पं. नेहरू ने जो उद्देश्य संकल्प संविधान सभा में प्रस्तुत किया, उसकी रचना में मेनन का खून-पसीना-दिमाग सबकुछ लगा था। जो प्रारूप उन्होंने बनाया था, उसमें पं. नेहरू को परिवर्तन करने की कोई आवश्यकता अनुभव नहीं हुई। वी.के. मेनन की जीवनी में जयराम रमेश एक जगह लिखते हैं—'पं. जवाहरलाल नेहरू ने 13 दिसंबर, 1946 को जिस उद्देश्य संकल्प को प्रस्तुत किया और जिसे संविधान सभा ने 22 जनवरी, 1947 को अंगीकार किया, वह 15 साल के निरंतर संवाद और परामर्श से बना था। जिसे वी.के. कृष्ण मेनन लंदन में आयोजित करते थे। जिनसे उन्होंने परामर्श किया, उनमें प्रो. हेराल्ड जे. लास्की प्रमुख थे। इस प्रारूप का बहुत बड़ा हिस्सा भारत के संविधान में सम्मिलित किया गया। 'स्वतंत्र प्रभुत्वसंपन्न गणराज्य' का मुहावरा मेनन का ही था।'[1] स्पष्ट है कि भारत के संविधान का दर्शन लंदन में भी विकसित हो रहा था।

पं. नेहरू और वी.के. कृष्ण मेनन में संपर्क पहले से ही था। एक-दूसरे को जानते थे। जयराम रमेश के अनुसार पहली बार उनकी भेंट 1935 में हुई। उसका एक रोचक प्रसंग है। जवाहरलाल नेहरू अपनी आत्मकथा लिख रहे थे। उसे वे लंदन में छपवाना चाहते थे। इसके लिए उन्होंने एंग्लिकन मिशनरी, सी.एफ. एंड्रूज और इतिहासकार एडवर्ड थॉम्पसन से संपर्क किया था। लेकिन मेनन से मिलने के बाद वे समझ गए कि दूसरे किसी से बात करने की जरूरत नहीं है। वी.के. मेनन ने प्रकाशक खोजा। उनकी आत्मकथा ही नहीं छपवाई, बल्कि उसका कवर पेज भी स्वयं डिजाइन करवाया। उसका शीर्षक था—'जवाहरलाल नेहरूज ऑटोबायोग्राफी', जबकि पं. नेहरू ने अपनी आत्मकथा का शीर्षक 'इन ऐंड आउट ऑफ प्रिजन' सोचा था। यही उनके पत्रों में मिलता है। वैसे तो उनकी तीन पुस्तकें पहले ही छप गई थीं, लेकिन वे भारत में छपी थीं। अपनी आत्मकथा को वे लंदन में छपवाना चाहते थे। उन्होंने मेनन को लिखा कि 'मैं चाहता हूँ कि पुस्तक जल्द-से-जल्द छप जाए। अभी हिंदुस्तान के लिए इसका एक राजनीतिक महत्त्व है।'[2] वास्तव में पुस्तक का प्रयोजन अंतरराष्ट्रीय था। यह उसके छपने और पुस्तक के प्रभाव से प्रकट हुआ। उससे जवाहरलाल नेहरू भारत के स्वाधीनता संग्राम के ऐसे प्रवक्ता के रूप में प्रकट हुए, जो भारतीय परिस्थिति को नैतिक और ऐतिहासिक ढंग से रखने में समर्थ है। उससे अंग्रेजों ने यह भी अनुभव किया कि इस व्यक्ति का मानसिक गठन हमारे जैसा है। लंदन में पुस्तक को

खूब पढ़ा गया। उसके कई संस्करण निकले। उस पुस्तक ने जवाहरलाल नेहरू को अंतरराष्ट्रीय जगत् में अपने पंख फैलाने का अवसर दिया। पं. नेहरू की आत्मकथा 1936 में छपी, जिसे उन्होंने 1934 में जेल में लिखना शुरू किया था। उसकी समीक्षाएँ ब्रिटेन में उन पत्रिकाओं ने भी छापीं, जो उनके आलोचक थे। उस पुस्तक का वैसा ही प्रभाव पड़ा, जैसा मेनन ने सोचा था। लंदन में यह समझा गया कि यह एक नेता है, जो आधुनिकता का पर्याय है। पश्चिम का मित्र है। महात्मा गांधी के ठीक विपरीत है। उसी आत्मकथा में पं. नेहरू बता सके कि वे भारत की स्वाधीनता के अलावा हर तरह से अपनी मनोदशा में अंग्रेज जैसे ही हैं। यह एक राजनीतिक संदेश था। आत्मकथा का प्रयोजन इसी में निहित है।

वह सिर्फ आत्मकथा नहीं थी। उससे बहुत ज्यादा कुछ थी। उसे छपवाने के लिए पं. नेहरू ने वी.के. मेनन को पावर ऑफ अटॉर्नी दी। वह एक मामूली-सी घटना मानी जाती, अगर उसका संबंध केवल उस पुस्तक तक ही सीमित होता। उनकी वह पावर ऑफ अटॉर्नी राजनीतिक रूप से भी मेनन के पास पं. नेहरू के आजीवन बनी रही। मेनन-नेहरू संबंधों में वह दिखती है। भारत की चीन से हुई पराजय से भी वह टूटी नहीं। मेनन की जीवनी में जयराम रमेश ने एक जगह लिखा है कि अपनी लंदन यात्रा की सफलता पर पं. नेहरू ने मेनन को धन्यवाद दिया, उसके कुछ दिन बाद ही वे रजनी पामदत्त से मिले। पं. नेहरू के आधिकारिक जीवनीकार सर्वपल्ली गोपाल हैं। उन्होंने लिखा है कि 'ऐसा हुआ कि लुसान में जवाहरलाल नेहरू संयोग से बैन ब्रैडले (बेंजामिन फ्रांसिस ब्रैडले) से मिले। वे एक अस्पताल में भर्ती थे। उनके साथ रजनी पामदत्त भी थे, जो उनसे मिलने आए थे। पामदत्त और जवाहरलाल नेहरू ने तीन दिन साथ-साथ बिताए।'[3] स्विट्जरलैंड की लेक सिटी है लुसान। वहीं कमला नेहरू का इलाज चल रहा था, जिन्हें जर्मनी के ब्लैक फॉरेस्ट में बाडेनवाइलर के एक अस्पताल से लाया गया था। जिस ब्रैडले से मिलने पं. नेहरू पहुँचे थे, वे कौन थे? मेरठ षड्यंत्र में एक आरोपी थे। साम्राज्यवाद विरोधी अभियान में ब्रिटेन के एक कम्युनिस्ट नेता के रूप में उनकी पहचान थी।

क्या रजनी पामदत्त से पं. नेहरू की भेंट वास्तव में संयोगवश थी? रजनी पामदत्त ब्रिटेन की कम्युनिस्ट पार्टी के दिमाग थे। जयराम रमेश ने लिखा है कि वह भेंट संयोगवश नहीं थी। सर्वपल्ली गोपाल ने इसलिए उसे संयोगवश लिखा, क्योंकि रजनी पामदत्त ने उन्हें बताया होगा। लेकिन जो तथ्य हैं, वे बिल्कुल अलग हैं। सच यह है कि रजनी पामदत्त ने ब्रैडले की बीमारी को एक ओट बनाया। वे पं. नेहरू से योजनापूर्वक मिले। उस भेंट के बाद उन्होंने अंतरराष्ट्रीय कम्युनिस्ट मंच कोमिंटर्न को एक रिपोर्ट भेजी। वह लंबी रिपोर्ट है, जिसमें लिखा है कि पं. नेहरू से मेरी 16 घंटे बात हुई। वह गोपनीय पत्र मेनन की जीवनी में छपा है, जिससे दो बातें प्रकट होती हैं। एक कि रजनी पामदत्त ने पं. नेहरू का छद्म नाम 'प्रोफेसर' रखा है। दो कि पं. नेहरू सुभाषचंद्र बोस के कट्टर विरोधी हैं। उसी पत्र से यह भी जाहिर होता है कि पं. नेहरू

प्रो. लास्की और स्टेफर्ड क्रिप्स पर बहुत भरोसा करते हैं। रजनी पामदत्त और पं. नेहरू की भेंट का हर दृष्टि से बड़ा महत्त्व है। रजनी पामदत्त ने पं. नेहरू पर जबरदस्त असर डाला। कह सकते हैं कि उनका 'ब्रेनवाश' कर दिया। वह लखनऊ कांग्रेस में प्रकट हुआ। उसी भेंट के बाद रजनी पामदत्त और वी.के. कृष्ण मेनन में गहरे संबंध बने। कांग्रेस नेता जयराम रमेश, जो बात इस समय बता रहे हैं, उसे सीताराम गोयल ने बहुत पहले पं. नेहरू की कम्युनिज्म के प्रति निष्ठा को अपने लेखों में उजागर किया, जो अब 'जेनेसिस एंड ग्रोथ ऑफ नेहरूइज्म' पुस्तक के रूप में आ गई है।

'जवाहरलाल नेहरू की अनुपस्थिति में उन्हें 1936 के कांग्रेस अधिवेशन का अध्यक्ष चुना गया। हमेशा की भाँति यह निर्णय महात्मा गांधी का था।'[4] 12 अप्रैल, 1936 को लखनऊ में कांग्रेस का अधिवेशन हुआ। अपने लंबे अध्यक्षीय भाषण में पं. नेहरू कहते हैं कि 'मैं चाहता हूँ कि कांग्रेस एक समाजवादी संस्था बन जाए और दुनिया की जो ताकतें इस नई सभ्यता के लिए काम कर रही हैं, उनका साथ दें।'[5] कांग्रेस के उस अधिवेशन में गांधीजी उपस्थित थे, लेकिन उन्होंने उसकी कार्यवाही में हिस्सा नहीं लिया। पं. नेहरू ने अपने भाषण में उन्हें इस तरह याद किया—'कठिनाई, आँधी-तूफान और तनाव के इस दौर में, लाजिमी तौर से हमें अपने महान् नेता का ध्यान आता है, जिन्होंने इन तमाम बरसों में, अपने शक्तिशाली व्यक्तित्व के द्वारा हमारा मार्गदर्शन किया है और हमें प्रेरणा दी है। सेहत अच्छी न होने की वजह से इस वक्त सार्वजनिक कामों में पूरी तरह हाथ बँटा सकना उनके लिए मुमकिन नहीं। हमारी शुभकामना है कि वह जल्दी और पूरी तरह चंगे हो जाएँ और इस कामना के साथ ही यह स्वार्थपूर्ण इच्छा भी है कि हम फिर उन्हें अपने बीच पा सकें। बहुत सी बातों में पहले भी उनके साथ हमारा मतभेद रहा है और आगे भी रहेगा और यह उचित भी है कि हममें से हर एक व्यक्ति अपने विश्वासों के अनुसार काम करे।'[6] पं. नेहरू की यह साफगोई थी? यह तो थी ही। कांग्रेस पार्टी के लोकतांत्रिक तौर-तरीके का भी यह एक उदाहरण है। इसका दूसरा पक्ष भी है। वह यह कि वे लंदन में 12 दिन रहकर आए थे। वहाँ पत्रकारों, राजनीतिक नेताओं और प्रबुद्धजनों से बात की थी। नए संविधान यानी 1935 के अधिनियम पर अपना मत प्रकट किया था। उस समूह को भी कांग्रेस के मंच से वे परोक्ष रूप से संबोधित कर रहे थे। यह कृष्ण मेनन से उनके पत्र-व्यवहार में सामने आता है। महात्मा गांधी से मतभेदों पर वे चुप भी रह सकते थे। बजाय इसके वे बोले। वह सकारण था।

लखनऊ अधिवेशन में सबसे बड़ा प्रश्न था—भारत शासन अधिनियम-1935 पर कांग्रेस की नीति क्या हो? इस अधिनियम को जवाहरलाल नेहरू नया संविधान कहते थे। इस बारे में उन्होंने कहा, 'यह नया संविधान हमें और भी पीछे ले जाने का उपाय है और हमारे राजनीतिज्ञों में जो सबसे नरम और सावधान लोग हैं, उन्होंने भी इसकी निंदा की है। अगर हमने श्वेत-पत्र को नामंजूर कर दिया था, तो हमें गुलामी के नए पट्टे का क्या करना है, जो साम्राज्यवादी हुकूमत के बंधन को

मजबूत करता है और हमारी जनता के शोषण को और तीखा बनाता है? और अगर थोड़ी देर के लिए इसके अंदर जो बातें हैं, उनको हम भुला भी दें, तब भी क्या इसके साथ मिलनेवाले अपमान और अन्याय को भुलाया जा सकता है—यानी हमारी इच्छाओं की तिरस्कारपूर्ण अवहेलना और नागरिक अधिकारों को छीनने और उस व्यापक दमन को, जो हमारी आम हालत बन गई है? अगर उन लोगों ने इन सारी चीजों के और बेइज्जती के साथ हमें स्वर्ग का राज्य भी दिया होता, तो क्या हम उसे अपने राष्ट्रीय सम्मान-स्वाभिमान के प्रतिकूल मानकर ठुकरा न देते? फिर, इसके लिए क्या कहा जाए?'[7] उन्होंने कहा कि 'गुलामों के लिए गुलामी का पट्टा संविधान नहीं हुआ करता, लेकिन अगर थोड़ी देर के लिए हमें जबरदस्ती इसके सामने और ऑर्डिनेंसों और तरह की दीगर चीजों के सामने झुका भी दिया जाए, तो उस जबरदस्ती के झुकने में ही उसके खिलाफ बगावत करने और उसे मिटा देने का हक भी छिपा होता है।'[8] आगे उनका मत है कि 'हमारे वकीलों ने इस नए संविधान की जाँच की है और इसे रद्द कर दिया है। लेकिन संविधान सिर्फ कानूनी दस्तावेज नहीं हुआ करते, उससे कुछ और बड़ी चीज होते हैं। फर्डिनेंड लासले ने कहा था कि असली संविधान में सत्ता के वास्तविक संबंध होते हैं, और उस सत्ता के काम करने का तरीका हम आज भी देख रहे हैं, जबकि संविधान मंजूर हो चुका है। यही वह संविधान है, जिसका हमें सामना करना है, उन नफीस मुहावरों का नहीं, जिन्हें कभी-कभार हमारे सामने पेश किया जाता है, और हम मुल्क के लोगों से पैदा होनेवाली ताकत और मजबूती के जरिए ही इससे निबट सकते हैं।'[9] इसी तरह 'इस संविधान के प्रति हमारा रुख अडिग विरोध और इसे खत्म कर देने की लगातार कोशिशों का ही हो सकता है।'[10] पं. नेहरू ने अपने कथन के समर्थन में जिस फर्डिनेंड लासले का संविधान संबंधी उद्धरण दिया, वे जर्मन सोशल डेमोक्रेटिक पार्टी के संस्थापक और मजदूर आंदोलन के नेता थे। अपने भाषण के क्रम में उन्होंने कहा कि 'अपना संविधान बनाने के लिए संविधान सभा ही एकमात्र उचित और जनतांत्रिक प्रणाली है, जिसके बाद उसके सदस्य ब्रिटेन सरकार के साथ समझौते की बातचीत कर सकते हैं। लेकिन हम खाली दिमाग लेकर इस उम्मीद के साथ उसमें शामिल नहीं हो सकते कि उससे कुछ-न-कुछ भला तो होगा ही। ऐसी (संविधान) सभा को सार्थक बनाने के लिए जरूरी है कि उसके बारे में सोच-समझ लिया जाए। उसकी एक निश्चित योजना पेश की जाए।'[11] पं. नेहरू जिस सोच-समझ और निश्चित योजना का विचार रख रहे थे, उस पर वी.के. कृष्ण मेनन लंदन में जी-जान से जुटे थे।

जवाहरलाल नेहरू के अध्यक्षीय भाषण का जो अंश संविधान से संबंधित था, उस पर कांग्रेस में पूरी सहमति थी। लेकिन कांग्रेस को समाजवादी बनाने और कम्युनिस्ट इंटरनेशनल से मिलकर मोर्चेबंदी के प्रश्न पर गहरे मतभेद उभरे। वी.के. कृष्ण मेनन की जीवनी में जयराम रमेश ने लिखा है कि रजनी पामदत्त के जीवनीकार ने माना कि पं. नेहरू के भाषण पर ब्रिटिश कम्युनिस्ट नेता रजनी पामदत्त के 'ब्रेनवाश' का प्रभाव दिखा। कामिंटर्न मंडली में जवाहरलाल

नेहरू को 'प्रोफेसर' कहकर पुकारा जाता था। सर्वपल्ली गोपाल ने भी लिखा है कि जवाहरलाल नेहरू के दृष्टिकोण के अंतर्विरोध उनके अध्यक्षीय भाषण में थे। वे एक तरफ अपने मार्क्सवादी दृष्टिकोण को प्रस्तुत कर रहे थे, दूसरी तरफ उससे दूर भी जा रहे थे। लेकिन कांग्रेस कार्यसमिति ने जुलाई के पहले हफ्ते में अपनी बैठक में 'गांधी तथा दूसरे लोगों ने भी जवाहरलाल नेहरू को सीधे डाँटा।'[12] इस पर जवाहरलाल नेहरू ने जब अध्यक्षता छोड़ने की धमकी दी, तो 'गांधी ने उन्हें धृष्टता, असहिष्णुता और विनोद बुद्धि के अभाव के लिए डाँट पिलाई। जवाहरलाल चुपचाप मान गए। उनके भाषण अब अधिक सौम्य स्वर में होने लगे।'[13]

सर्वपल्ली गोपाल ने लिखा है कि 'जवाहरलाल नेहरू ने रजनी पामदत्त को यह वचन दिया था कि कांग्रेस के अध्यक्ष के नाते, वे सबकुछ करेंगे, जिससे भारत में कम्युनिस्ट पार्टी को बढ़ावा मिले, और उन्होंने विशेष रूप से किए जानेवाले कार्यों की एक तालिका भी उन्हें दी, जिसे वे पूरा करने की कोशिश करेंगे।'[14] वी.के. कृष्ण मेनन की जीवनी में जयराम रमेश ने लिखा है कि 'पं. नेहरू से बातचीत के बाद रजनी पामदत्त आश्वस्त हुए कि भले ही पं. नेहरू गांधी के प्रभाव में हैं, फिर भी वे कम्युनिस्टों के प्रति सहानुभूति का रुख अपनाएँगे।'[15] उसके बाद ही कम्युनिस्ट कांग्रेस को जहाँ सहयोग करने लगे, वहीं अंतरराष्ट्रीय स्तर पर कम्युनिस्ट नीति में भी परिवर्तन हुआ। कम्युनिस्टों ने कांग्रेस को साम्राज्यवाद विरोधी एकता का एक प्रमुख जनसंगठन माना। जयराम रमेश ने निष्कर्ष निकाला है कि यह वी.के. कृष्ण मेनन के कारण संभव हुआ। वी.के. कृष्ण मेनन भी धीरे-धीरे रंग बदलते गए और गहरे लाल रंग के हो गए। उन्हें 'क्रिप्टो कम्युनिस्ट' कहा जाता था। उसी वादे के मुताबिक जवाहरलाल नेहरू ने कांग्रेस में विदेश विभाग बनाया। डॉ. राममनोहर लोहिया को उसका दायित्व सौंपा। इस बारे में 25 मई, 1936 को पं. नेहरू ने मेनन को लिखा कि 'हमने विदेश विभाग शुरू किया है। जिसकी जिम्मेदारी एक तेजस्वी युवा सँभाल रहा है, जिसने बर्लिन से पी-एच.डी. की है। वे डॉ. राममनोहर लोहिया हैं।'[16] उसके बाद मेनन और डॉ. लोहिया में अगले कुछ सालों तक पत्र-व्यवहार चलता रहा।

अपनी यूरोप की यात्रा में पं. नेहरू ने अनुभव किया था कि 'हिंदुस्तान में प्रचार और संपर्क के काम की शुरुआत कांग्रेस में एक मजबूत विदेश विभाग के जरिए होनी चाहिए, जिसमें काबिल लोगों का स्टाफ हो।'[17] यह अंश उनके पत्र का है, जिसे उन्होंने जर्मनी के वाडेनवाइलर से डॉ. राजेंद्र प्रसाद को लिखा था। वे अध्यक्ष थे और जवाहरलाल नेहरू उस समय महासचिव थे। यह पत्र काफी लंबा है। वे अपनी पत्नी कमला नेहरू की बिगड़ती सेहत के कारण वहाँ थे। नहीं तो वे अल्मोड़ा की जेल में अपनी सजा पूरी कर रहे होते। उन्हें सरकार ने रिहा किया और कहा कि यूरोप में कोई उन पर रोक-टोक नहीं होगी। लेकिन फरवरी 1936 तक उनकी सजा है, इसलिए वे उससे पहले भारत आते हैं तो फिर जेल जाना होगा। वे 5 सितंबर, 1935 को यूरोप के लिए रवाना हुए थे। वाडेनवाइलर पहुँचकर उन्होंने ब्रिटेन का एक चक्कर लगाने का इरादा बनाया।

उनकी लंदन यात्रा का पूरा कार्यक्रम वी.के. मेनन ने बनाया। वे 29 अक्तूबर, 1935 को जब लंदन पहुँचे, तो उनके स्वागत में कृष्ण मेनन ने बड़े नामी लोगों को जुटाया था। उनमें एक बर्टेंड रसेल थे। यह शुरुआत थी। उसके बाद पं. नेहरू 1936 और 1938 में पुन: लंदन गए। अपनी पहली यात्रा के बारे में उन्होंने अपनी एक महिला मित्र भारती साराभाई को लिखा कि 'मैं अजीब दिमागी हालत में लंदन गया था। मैंने जान-बूझकर अपने को ग्रहणशील बनाया और अतीत को ढकनेवाले झीने परदे को हटाने की कोशिश की, ताकि मैं अपने को उस रूप में देख सकूँ, जैसा मैं पुराने वक्त में था। यह जादू किसी हद तक कारगर रहा और बेशक इसमें दीगर लोगों की भी मदद रही और लंदन, ऑक्सफोर्ड और कैंब्रिज की अपनी राजनीतिक बातचीत के पीछे मेरा दिमाग मेरे गुजरे वक्त के अजीब और अध-भूले वजूद की तलाश करने के लिए गली-कूचों में भटकता रहा।'[18] उनके कुछ राजनीतिक मित्रों ने सलाह दी थी कि वे लंदन के अपने दौरे में ऐसे लोगों से भी मिले, जिन पर हिंदुस्तान की खास जिम्मेदारी है।[19] जवाहरलाल नेहरू ने इसे माना। एक सवाल-जवाब में उन्होंने स्वीकार किया कि आमतौर पर मैं कांग्रेस सोशलिस्ट ग्रुप के साथ हूँ, जिसने मार्क्सवादी नजरिए के साथ वैज्ञानिक समाजवाद को अपनी मंजिल माना है। जवाहरलाल नेहरू को इस यात्रा में मोटे तौर पर दो तरह के सवालों का सामना करना पड़ा। पहला सवाल होता था, महात्मा गांधी के बारे में। दूसरा, नए संविधान के बारे में। पहले सवाल पर पं. नेहरू ने कहा कि 'अगर किसी को यह जानना हो कि हिंदुस्तान क्या चाहता है तो उसे गांधी के पास जाना चाहिए।'[20] दूसरे सवाल पर उनका कहना था कि 'भारत शासन अधिनियम-1935 वाहियात है, क्योंकि हिंदुस्तान के एक भी मसले से उसका कोई ताल्लुक नहीं है। उसमें हर निहित स्वार्थ की सुरक्षा की गई है।'[21] पं. नेहरू ने अपनी लंदन यात्रा से अपनी राजनीतिक मंजिल की नींव रखी। वह हासिल किया, जो चाहते थे। उस समय यह बड़ा प्रश्न था कि कांग्रेस के नेतृत्व में राष्ट्रवादी आंदोलन की बागडोर किन हाथों में जाए और रहे? वे अंग्रेजों को अपने नेतृत्व के प्रति आश्वस्त करने में जहाँ सफल रहे, वहीं ब्रिटिश सत्ता के इरादे और योजना को अपने अनुरूप ढालने के लिए संबंध सूत्र भी बना सके।

**संदर्भ—**


1. ए चेकर्ड ब्रिलिएंस : द मेनी लाइव्स ऑफ वी.के. कृष्ण मेनन, खंड-4, जयराम रमेश, अध्याय : नेहरू साउंडिंग बोर्ड एंड ग्लोबल इन्व्याय (1946), पृ. 270
2. जवाहरलाल नेहरू वाङ्मय, खंड-7, पत्र—वी.के. मेनन को, 9 दिसंबर, 1935, पृ. 13
3. जवाहरलाल नेहरू : एक जीवनी, सर्वपल्ली गोपाल, अध्याय : पार्टी का नेतृत्व, पृ. 112
4. वही, पृ. 112
5. जवाहरलाल नेहरू वाङ्मय, खंड-7, सभापति का भाषण, पृ. 176
6. वही, पृ. 189
7. वही, पृ. 178

8. वही, पृ. 178
9. वही, पृ. 178
10. वही, पृ. 178
11. वही, पृ. 179
12. जवाहर लाल नेहरू : एक जीवनी, सर्वेपल्ली गोपाल, अध्याय : पार्टी का नेतृत्व, पृ. 116
13. वही, पृ. 116
14. वही, पृ. 113
15. ए चेकर्ड ब्रिलिएंस : द मेनी लाइव्स ऑफ वी.के. कृष्ण मेनन, खंड-2, जयराम रमेश, अध्याय : नेहरूज मैन इन लंदन (1936-38), पृ. 127
16. वही, पृ. 128
17. जवाहरलाल नेहरू वाङ्मय, खंड-7, पत्र-राजेंद्र प्रसाद को, पृ. 39
18. वहीं, खंड-7, पत्र-भारती साराभाई को, पृ. 7
19. वही, पत्र-अगाथा हैरिसन को, पृ. 26
20. वही, पृ. 30
21. वही, पत्र-1935 एक्ट के बारे में, लंदन में समाचार-पत्रों को भेंट, 27 जनवरी, 1936, पृ. 79

□

# 30

## महात्मा गांधी, क्रिप्स और मेनन

दूसरा विश्व युद्ध छिड़ने पर संविधान सभा के लिए पं. नेहरू के अभियान को दो अनपेक्षित समर्थन मिले। पहला समर्थन उन्हें महात्मा गांधी से मिला। पं. नेहरू के लिए वह बड़ी राजनीतिक उपलब्धि थी। हालाँकि संविधान के इतिहास में वह एक पहेली भी बनी हुई है। उसे अब तक सुलझाया नहीं जा सका है। महात्मा गांधी ने 'एक ही रास्ता' नामक एक लंबा लेख लिखा, जिसमें उन्होंने संविधान सभा की अनिवार्यता को रेखांकित किया। दूसरी घटना स्टेफर्ड क्रिप्स की भारत यात्रा थी, हालाँकि वह व्यक्तिगत स्तर पर थी। लेकिन जिस पृष्ठभूमि में हो रही थी, उसके कारण महात्मा गांधी और कांग्रेस नेतृत्व ने उसमें बड़ी संभावना देखी। महत्त्वपूर्ण व्यक्तियों की निजी यात्राओं से वह अलग मानी गई। उनसे पहले इतिहासकार एडवर्ड थॉम्पसन गांधीजी से मिलने सेवाग्राम आए थे। उनकी राय थी कि भविष्य में ब्रिटेन के छह राजनीतिज्ञ भारत की समस्या पर सहानुभूतिपूर्वक विचार करेंगे। क्या महात्मा गांधी ने क्रिप्स की यात्रा में भारत की स्वाधीनता के लिए संभावनाएँ देखीं? इसलिए संविधान सभा को 'एक ही रास्ता' की संज्ञा दी।

उस समय की ये दो बड़ी घटनाएँ हैं। विश्व युद्ध छिड़ चुका था। 1 सितंबर, 1939 को वह दुर्योग घटित हुआ। लंदन से वी.के. कृष्ण मेनन पं. नेहरू को सूचित करते हैं कि स्टेफर्ड क्रिप्स भारत यात्रा पर जा रहे हैं। मंजिल उनकी चीन है। स्वाधीनता संग्राम के उस दौर में पं.

नेहरू के लिए क्रिप्स की भारत यात्रा का कितना महत्त्व था, यह इस बात से स्पष्ट है कि जैसे ही कृष्ण मेनन से उन्हें सूचना मिली, वे बड़े उत्साहित हो गए। वी.के. कृष्ण मेनन का क्रिप्स से वैचारिक और व्यावहारिक सीधा संबंध 1932 से ही था। जब क्रिप्स को यह पता चला कि मेनन तो पं. नेहरू के बहुत खास हैं, तब उनमें संबंध बहुत गहराया। मेनन की सूचना थी कि क्रिप्स तीन सप्ताह भारत में गुजारेंगे।

उन दिनों क्रिप्स सिर्फ एक वामपंथी नेता ही थे। लेबर पार्टी से उनका निष्कासन हो गया था। लेकिन उनका राजनीतिक महत्त्व ब्रिटेन में बना हुआ था। कृष्ण मेनन भी पं. नेहरू के लिए तब तक 'कृष्ण' हो गए थे। उन्होंने इसी संबोधन से उन्हें 8 नवंबर, 1939 को पत्र लिखा, जिसका यह एक अंश है—'यह जानकर मुझे बड़ी खुशी हुई है कि सर स्टेफर्ड क्रिप्स भारत आनेवाले हैं। निश्चय ही उनका स्वागत है। और यह बात तुम उनसे कह सकते हो। मैं उन्हें अलग से भी लिख रहा हूँ। मैं नहीं जानता कि अगले कुछ हफ्तों के दौरान हालात क्या होंगे। लेकिन अगर हमें निहायत गैर-मामूली हालात का सामना करना पड़ेगा, तब भी उनका स्वागत करनेवाले लोग यहाँ होंगे। मैं समझता हूँ कि वह विमान से आएँगे। अगर ऐसा हो तो इलाहाबाद उनके उतरने के लिए उपयुक्त होगा। अपने अतिथि के रूप में उनको पाकर मेरी बहन को और मुझे बड़ी प्रसन्नता होगी और वह जब तक चाहें, यहाँ ठहर सकते हैं। उनके लिए यह मुनासिब होगा कि वह गांधीजी और जिन्ना सहित कुछ अन्य नेताओं से मिलें। हम उनके लिए एक छोटी यात्रा का प्रबंध कर सकते हैं। लेकिन तीन हफ्तों में सारे देश की यात्रा नहीं की जा सकती, क्योंकि भारत एक बड़ा देश है। वह जहाँ कहीं जाएँगे, उनसे मिलने और उनकी मदद करने के लिए मित्रों की कमी नहीं होगी। मैं चाहता हूँ कि तुम उनसे यह भी कह दो कि अगर उस समय के लिए मैं उपलब्ध न भी रहूँ, इलाहाबाद के हमारे मकान में उनका स्वागत होगा।'[1]

स्टेफर्ड क्रिप्स भारत आए। 8 दिसंबर, 1939 को इलाहाबाद पहुँचे। पं. नेहरू से लंबी बात की। यहाँ यह जान लेना चाहिए कि एक माह पहले ही स्टेफर्ड क्रिप्स ने ब्रिटिश सरकार को एक योजना दी थी, जिसमें भारत को डोमिनियन स्टेटस देने का जहाँ सुझाव था, वहीं यह भी प्रस्ताव उन्होंने दिया था कि ब्रिटेन ने जो भी वादे किए हैं, वे तुरंत लागू किए जाने चाहिए। उसमें भारत के इस अधिकार को भी स्वीकार किया गया था कि वह स्वयं संविधान सभा गठित कर अपने संविधान का निर्माण करे। इस आधार पर पं. नेहरू ने क्रिप्स की यात्रा को महत्त्व दिया। वे क्रिप्स से पहले से परिचित ही नहीं, मित्रभाव रखते थे। ऐसा क्यों न हो! पं. नेहरू ने 'अपनी लंदन यात्रा के दौरान जून-अक्तूबर 1938 के बीच क्रिप्स के घर जो सप्ताहांत बिताया था, उसने भी बड़ा योगदान दिया था। वहाँ वे वी.के. कृष्ण मेनन के साथ गए थे। इस सप्ताहांत के अतिथियों की सूची में एटली (जो 26 जुलाई, 1945 को प्रधानमंत्री बने) एन्यूरिन बेवन और हेराल्ड लास्की भी शामिल थे और खुद मेजबान क्रिप्स तो थे ही। इस तरह यह अवसर

मानो लेबर पार्टी के 'इंडिया काउंसिलिएशन ग्रुप' की उपसमिति की एक सप्ताहांत बैठक ही बन गया, जिसमें कई अन्य बातों के साथ यह चर्चा भी की गई थी कि किस तरह अगली लेबर सरकार भारत में सत्ता का हस्तांतरण करेगी। इसके अलावा, आम जनता के वयस्क मताधिकार से गठित एक संविधान सभा के बारे में भी चर्चा हुई।'[2] उस स्टेफर्ड क्रिप्स की यह भारत यात्रा एक ब्रिटिश सांसद की निजी यात्रा थी, लेकिन खास इसीलिए बन गई, क्योंकि उन्हें ब्रिटिश सरकार का अघोषित प्रतिनिधि समझा गया। ऐसा नहीं है कि सिर्फ पं. नेहरू बल्कि महात्मा गाँधी सहित पूरे कांग्रेस का इस बारे में एक ही दृष्टिकोण था।

उस यात्रा में वे सुपर वायसराय समझे गए। अपनी पुस्तक 'अंधकार काल—भारत में ब्रिटिश साम्राज्य' में शशि थरूर ने इसका कारण इस तरह बताया है—'क्रिप्स पहले ही ब्रिटेन की राजनीति में एक महान् व्यक्ति थे, जो सॉलिसिटर जनरल रह चुके थे और उन्हें कंजर्वेटिव पार्टी के साथ मिलकर यूनाइटेड फ्रंट की हिमायत करने के कारण (जो युद्ध के दौरान पारित हो गया था) 1939 में लेबर पार्टी से निष्कासित कर दिया गया था। क्रिप्स का व्यक्तित्व तपस्वी के शाकाहारवाद एवं व्यक्त अहंकार का मिश्रण था (चर्चिल ने क्रिप्स के लिए कहा था—'यदि भगवान् की कृपा नहीं होती तो ये भगवान् ही हो जाते'।) क्रिप्स 1939 में युद्ध छिड़ जाने के बाद भारत आए थे और अनेक भारतीय नेताओं को जानते थे, वे पं. नेहरू को मित्र मानते थे।'[3] स्टेफर्ड क्रिप्स की उस यात्रा से आशाजनक परिणाम की संभावना का कारण उनका एक भाषण है, जिसे उन्होंने 26 अक्तूबर, 1939 को हाउस ऑफ कॉमन्स में दिया। जिसमें कहा कि भारत और उसकी समस्याओं का निराकरण का एक उपाय संविधान सभा है। मुझे यकीन है कि भारत की मुक्ति संविधान सभा में है।

वे जब भारत आए, उस समय वायसराय थे लिनलिथगो। विश्व युद्ध के घोषित होते ही उन्होंने मुसलिम लीग और जिन्ना को कंधे पर उठा लिया। डॉ. बी. पट्टाभि सीतारमय्या ने जिस तरह कांग्रेस के इतिहास में क्रिप्स की इस यात्रा को महत्त्वपूर्ण स्थान दिया है, उससे भी बहुत सी बातें अपने आप स्पष्ट हो जाती हैं। बी. पट्टाभि सीतारमय्या ने 'कांग्रेस का इतिहास' में लिखा है कि 'यह यात्रा बड़ी महत्त्वपूर्ण थी।'[4] क्यों वह बहुत खास मानी गई? इसका कारण भी उन्होंने बताया है। 'सर स्टेफर्ड ने बताया कि हाल में ब्रिटेन के लोगों की सहसा ऐसी धारणा हो गई है कि भारत से समझौता कर लिया जाए और भारतीयों की आकांक्षाओं को पूरा कर दिया जाए।'[5] क्रिप्स जहाँ भी गए और जिससे भी मिले, उन्होंने अपना यह कथन दोहराया। वे गांधीजी, जवाहरलाल नेहरू और सरदार पटेल से मिले। लंबी बात की। 'गांधीजी द्वारा तैयार किया गया एक विस्तृत और लंबा मसविदा भी वे अपने साथ लेते गए।'[6] यही वह रहस्य है, जो अधिक शोध की माँग करता है। उस मसविदे में क्या था? क्या उस समय कांग्रेस नेतृत्व डोमिनियन स्टेटस पर रजामंद थी? क्या गांधीजी ने उसका ही एक खाका मसविदे में दिया था?

क्रिप्स की इस निजी भारत यात्रा से पहले गांधीजी संविधान सभा पर मौन थे। वे पं. नेहरू के अभियान पर संशयग्रस्त भी थे। ऐसा समझना चाहिए और यह उचित भी है कि अचानक उनमें जो परिवर्तन आया, वह एक व्यापक संदर्भ में था। गांधीजी ने अपना लेख 'एक ही रास्ता' इलाहाबाद में ही लिखा। उस पर 19 नवंबर, 1939 की तारीख है। गांधीजी 17 नवंबर से एक सप्ताह के लिए इलाहाबाद में उन दिनों थे। कांग्रेस कमेटी की बैठक में रहने के अलावा उन्होंने वहाँ कमला नेहरू अस्पताल का शिलान्यास किया। उनके लेख का प्रासंगिक अंश इस प्रकार है—'पं. जवाहरलाल नेहरू ने मुझे यह दायित्व सौंपा है कि अन्य चीजों के साथ-साथ मैं संविधान सभा के फलितार्थों का भी अध्ययन करूँ। जब उन्होंने कांग्रेस प्रस्तावों में इसे पहले-पहल दाखिल किया, तो उसके संबंध में मैंने यह सोचकर अपने मन को मना लिया था कि लोकतंत्र की बारीकियों का उन्हें बेहतर ज्ञान है। लेकिन मेरा मन संशयमुक्त नहीं था। मगर घटनाचक्र ने मुझे पूरी तरह से उसका कायल कर दिया है और उसी वजह से शायद मैं इसके प्रति खुद जवाहरलाल से भी ज्यादा उत्साहशील हो गया हूँ। कारण, जनसाधारण के राजनीतिक तथा अन्य प्रकार के शिक्षण का वाहन होने के अतिरिक्त उसमें मुझे सांप्रदायिकता तथा अन्य रोगों का उपचार भी दिखाई देता है, जो हो सकता है, जवाहरलाल को शायद न दिखाई देता हो।'[7]

'उस योजना की जितनी अधिक आलोचना मैं देखता हूँ, मैं उस पर उतना ही अधिक मुग्ध होता जाता हूँ। वह जनभावना की सबसे अचूक सूचक होगी। उससे हमारी अच्छाइयाँ और बुराइयाँ खुलकर सामने आएँगी। अशिक्षा की मुझे चिंता नहीं है। मैं तो पुरुषों और स्त्रियों, दोनों के लिए आँख मूँदकर विशुद्ध वयस्क मताधिकार की व्यवस्था कर दूँगा, अर्थात् उन सबके नाम मतदाता सूची में दर्ज कर दूँगा। उन्हें आजादी होगी कि यदि वे अपने उस अधिकार का उपयोग न करना चाहें, तो न करें। मुसलमानों को मैं पृथक् निर्वाचक मंडल दूँगा, लेकिन अगर आवश्यकता हुई तो पृथक् निर्वाचक मंडल दिए बिना हर एक वास्तविक अल्पसंख्यक समुदाय को उसकी संख्या के अनुसार सुरक्षित स्थान दूँगा, हालाँकि ऐसा मैं अनिच्छा से ही करूँगा।'[8]

'इस प्रकार संविधान सभा सांप्रदायिक समस्या का न्यायसम्मत समाधान ढूँढ़ने का सबसे आसान तरीका प्रस्तुत करती है। आज हम ठीक-ठीक यह नहीं कह सकते कि कौन किसका प्रतिनिधित्व करता है। कांग्रेस निर्विवाद रूप से व्यापकतम पैमाने पर इसकी सबसे पुरानी प्रतिनिधिक संस्था है, तथापि अन्य राजनीतिक और अर्ध-राजनीतिक संस्थाएँ आज उसके प्रबल प्रातिनिधिक स्वरूप पर प्रश्नचिह्न लगा सकती हैं और लगाती भी हैं। मुस्लिम लीग, निस्संदेह मुसलमानों की सबसे बड़ी प्रतिनिधिक संस्था है; मगर कई मुसलिम संस्थाएँ, जो किसी तरह नगण्य नहीं हैं, उसके इस दावे से इनकार करती हैं कि वह उनका प्रतिनिधित्व करती है। लेकिन संविधान सभा तो सभी समुदायों का उनके ठीक अनुपात में प्रतिनिधित्व करेगी। उसके अतिरिक्त परस्पर विरोधी दावों के साथ पूर्ण न्याय करने का और कोई उपाय नहीं है। इसके

बिना सांप्रदायिक तथा अन्य दावों का अंतिम निबटारा नहीं हो सकता।'[9] उस लेख का यह अंतिम वाक्य वास्तव में पूरे संदर्भ को अपने शब्दों में बिना कहे प्रकट करता है, 'कठिनाई से बाहर निकलने का एकमात्र रास्ता संविधान सभा ही है। अपनी राय मैंने उस पर दे दी है, लेकिन उसकी तफसील से मैं बँधा हुआ नहीं हूँ।'[10] यह लेख 25 नवंबर को 'हरिजन' में छपा।

यह क्या मात्र एक संयोग था! पं. नेहरू ने वी.के. कृष्ण मेनन को यह पत्र 25 नवंबर, 1939 को ही लिखा। जिसका प्रासंगिक अंश है, 'वर्किंग कमेटी का जो प्रस्ताव मैंने तुम्हारे पास भेजा है, काफी व्यापक है, और उसका आशय वही है, जो उसके शब्दों से जाहिर होता है। कांग्रेस और ब्रिटिश सरकार के बीच दाँव-पेच का कोई सवाल नहीं है। आमतौर पर हम किसी तरह के संघर्ष की ओर बढ़ रहे हैं। किसी भी हालत में हम लोग अपनी स्थिति से डिगने नहीं जा रहे हैं, लेकिन यह गांधीजी का तरीका है और कांग्रेस का तरीका भी यही है कि आखिरी क्षण तक हमेशा समझौते के आधार पर बातें करें। यही सत्याग्रह की गांधीजी की व्याख्या है। मेरा यह मतलब नहीं है कि ये बातें बेमानी हैं। लेकिन मेरा मतलब यह जरूर है कि इस तरह का कोई समझौता बताई गई शर्तों पर हो भी सकता है। तुम देखोगे कि कांग्रेस के प्रस्ताव में सबसे ज्यादा जोर संविधान सभा पर दिया गया है, और इस विचार को विस्तार दिया गया है। गांधीजी अब पूरी तरह से इसके मुरीद हो गए हैं, और जैसा कि उनका तरीका है, भविष्य में वह इसी पर सबसे ज्यादा जोर देना चाहते हैं। अब वह विश्वास करते हैं कि भारत की समस्या को सुलझाने का यही एकमात्र तरीका है, और इस बारे में उन्होंने एक लेख भी लिखा है।'[11]

उस समय गांधीजी के क्या विचार थे, इस बारे में डॉ. बी. पट्टाभि सीतारमय्या ने लिखा है कि 'उनका ऐसा ख्याल था कि यद्यपि हम समझौते से काम चला सकते हैं, परंतु यह समझौता अंग्रेजों और हिंदुओं के दरमियान नहीं हो सकता था। यह तो हिंसा होगी। यही वजह थी कि वे अपने ही तरीके की संविधान सभा की कल्पना कर रहे थे, जवाहरलालजी के तरीके की नहीं, जो उन्होंने कांग्रेस के सामने रखी थी।'[12] क्रिप्स की यात्रा की वह माया थी। कांग्रेस नेताओं से मिलने के पश्चात् वे लाहौर ट्रेन से गए। वहाँ सिकंदर हयात खान से मिले, जो उस समय पंजाब में यूनियनिस्ट पार्टी की सरकार चला रहे थे। मुसलमानों में तब वे जिन्ना के मुकाबले प्रभाव में बड़े नेता थे। वहीं उन्हें वह फॉर्मूला सूझा, जो ब्रिटेन ने पूरे जोर-शोर से चलाया, 'संविधान निर्माण के लिए शिथिल संघ (फेडरेशन) की शर्त हो।'[13] 15 दिसंबर, 1939 को क्रिप्स ने बंबई में जिन्ना से मुलाकात की। क्रिप्स ने उस यात्रा में भारत की राजनीतिक समस्याओं पर अपनी एक समझ बनाई।

कांग्रेस की कोशिश थी कि विश्व युद्ध के सवाल पर एक राष्ट्रीय और मिला-जुला रुख हो। लेकिन वायसराय के विश्व युद्ध संबंधी बयान से कुपित होकर पं. नेहरू ने राज्यों के मंत्रियों को इस्तीफा देने का आदेश दिया। इसे इतिहासकारों ने 'एक अविस्मरणीय भूल' बताया है।

वास्तव में, इससे ही जिन्ना को अवसर मिला। वह यह दावा जोर से करने लगे कि मुसलिम लीग ही भारत के मुसलमानों की एकमात्र प्रतिनिधि है। दूसरी तरफ कांग्रेस को उस दौर में ब्रिटिश सरकार से रियायतों का बेसब्री से इंतजार था। कारण कि क्रिप्स ने बड़ी आशा जगा दी थी। उसे वायसराय लिनलिथगो ने अपने एक बयान से थोड़ा बढ़ाया और सहारा दिया। वह बयान 10 जनवरी, 1940 का है। तब क्रिप्स भारत से रवाना हो गए थे। वायसराय ने मुंबई के ओरियंट क्लब में अपने भाषण में घोषणा करने की मुद्रा में कहा कि 'ब्रिटेन का उद्देश्य वेस्टमिंस्टर मॉडल की तर्ज पर भारत को डोमिनियन स्टेटस देना है। जल्दी ही मैं कांग्रेस, मुसलिम लीग और रियासतों के प्रतिनिधियों को अपनी कार्यकारिणी परिषद् में शामिल कर उसका विस्तार करूँगा।'[14] इस घोषणा से आशा जगी। गांधीजी ने वायसराय से मिलने का समय माँगा। उनकी भेंट 5 फरवरी, 1940 को निर्धारित हुई। वह अगले दिन भी चली, लेकिन कोई परिणाम नहीं दे सकी। गांधीजी ने एक बयान दिया कि वायसराय के प्रस्ताव का उद्देश्य यह था कि भारत के भाग्य का अंतिम निर्णय ब्रिटिश सरकार पर छोड़ दें, जबकि कांग्रेस आत्म निर्णय के सिद्धांत पर समझौता चाहती है। वही समय है, जब चर्चिल इन प्रयासों के विरोध में अडिग थे। जॉन साइमन उनका साथ दे रहे थे। कुख्यात साइमन कमीशन वाले ही वे जॉन साइमन थे। उनका तार जिन्ना से जुड़ा हुआ था।

स्टेफर्ड क्रिप्स ने भारत से लौटने पर एक बयान दिया, जिसे न्यूज एजेंसी 'यूनाइटेड प्रेस' ने जारी किया। उनका बयान लंबा है। उसकी खास बातें जो थीं, उसकी अनुगूँज भारत में देर तक सुनाई पड़ती रही। कांग्रेस की माँग को उन्होंने भारत की राष्ट्रीय आकांक्षा बताया था। स्वाधीनता आंदोलन को मुख्यत: अहिंसक माना था। यह स्वीकार किया था कि ब्रिटेन में हम लोगों को भारत के बारे में बहुत ही कम जानकारी है। कोई भी व्यक्ति इस बात से तो इनकार कर ही नहीं सकता कि सारे देश पर कांग्रेस का बड़ा भारी प्रभाव पड़ा है और अगर वह चाहे तो जल्दी ही ब्रिटेन के जुए से निकल भाग सकती है, लेकिन क्योंकि वह मुसलिम लीग के सहयोग से ही आगे बढ़ना चाहती है, इसलिए भारत की आजादी रुकी हुई है। जब उनसे पत्रकारों ने पूछा कि सांप्रदायिक प्रश्न को तत्काल हल करने के बारे में आपका सुझाव क्या है? तो क्रिप्स ने कहा कि इसका भी हल संविधान सभा में है।

कांग्रेस कब तक इंतजार करती। परिस्थितियाँ उलझती जा रही थीं। इसी दौरान घरेलू मोर्चे पर भी घटनाएँ तेजी से घट रही थीं। रामगढ़ में कांग्रेस का अधिवेशन हुआ। जो 19-20 मार्च, 1940 को तूफानी मौसम के बावजूद संपन्न हो सका। कांग्रेस ने एक प्रस्ताव पारित कर 'पूर्ण स्वराज' और 'वयस्क मताधिकार' के आधार पर चुनी गई संविधान सभा के निर्माण की माँग भी रखी। इसी प्रकार मुसलिम लीग ने लाहौर में 23 मार्च, 1940 को 'पाकिस्तान' प्रस्ताव स्वीकार कर लिया। ऐसी परिस्थिति में क्रिप्स जो चाहते थे और उसके लिए प्रयास कर रहे थे, उसमें भारी

अड़चन ब्रिटिश सरकार की ओर से आई। 'लेकिन यह कहा जा सकता है कि क्रिप्स ने 1939 में जो निष्कर्ष निकाले, वह उन दिनों की ब्रिटिश सरकार की नीतियों की तुलना में राजनीतिक वास्तविकताओं से कहीं अधिक मेल खाते थे। मार्च 1940 में क्रिप्स ने चीन से पं. नेहरू को खेदपूर्वक एक पत्र लिखा था, ब्रिटिश सरकार 'काफी मूर्खतापूर्ण तरीके से व्यवहार कर रही है, वायसराय के साथ बातचीत के बाद मुझे कुछ उम्मीद बँधने लगी थी कि हालात सुधर सकते हैं, परंतु ऐसा कुछ नहीं हुआ।'[15]

ब्रिटेन में भी राजनीतिक परिवर्तन हुआ। इसका पूर्वानुमान स्वयं चर्चिल ने लगाया था। 1939 के नवंबर में यह कहा था कि अगले छह सप्ताह में स्थिति में बड़ा परिवर्तन हो जाएगा। उस समय-सीमा में भले न हो, पर 10 मई, 1940 को विंस्टन चर्चिल प्रधानमंत्री बने। ब्रिटिश सरकार का दृष्टिकोण भी बदला और भारत के लिए मंत्री भी बदले। वे लियोपोल्ड एमरी थे। उन्होंने जटलैंड की जगह ली। एमरी तो शुरू से ही भारत विरोधी थे। उनसे क्रिप्स ने कहा कि अब तय कर लेना बहुत जरूरी हो गया है कि कांग्रेस के साथ क्या रुख अपनाया जाए—आक्रामक, या शांतिपूर्ण तरीके से व्यवहार? उन्होंने एमरी से तब कहा कि 'युद्ध के बीच में भी नागरिक अवज्ञा का खतरा ब्रिटिश राज के सामने अवश्य है। इसीलिए उन्होंने यह घोषणा करने का आग्रह किया कि 'भारत को अपना भविष्य तय करने का अधिकार होगा।' भारत की समस्या के समाधान में क्रिप्स का तब तक यही योगदान था। उन्हें चर्चिल ने राजदूत बनाकर मास्को भेज दिया। जहाँ वे जनवरी 1942 तक थे। चर्चिल को मास्को में ब्रिटेन की बात रखने के लिए एक वामपंथी राजनीतिक नेता चाहिए था। उस युद्धकाल में स्टालिन एक बहुत महत्त्वपूर्ण सहयोगी थे। लेकिन क्या चर्चिल क्रिप्स को भारत से अलग भी करना चाहते थे? कम-से-कम उस समय तक, जब तक ब्रिटेन जर्मनी के खिलाफ जीवन-मरण के युद्ध में जूझ रहा हो।

दूसरी बार क्रिप्स चर्चिल के युद्ध मंत्रिमंडल के मिशन पर 23 मार्च, 1942 को भारत आए। उनकी इस यात्रा को ही 'क्रिप्स मिशन' के रूप में जाना जाता है। इस यात्रा में वे चर्चिल के ऐसे दूत बने कि भारत का नेतृत्व हैरान और परेशान हो गया। उससे पहले उन्हें स्पष्ट वक्ता, स्वतंत्र विचारक, आमूल परिवर्तन का पक्षपाती, भारत का हितैषी और पं. नेहरू का मित्र माना जाता था। उनके इस मिशन से वह भ्रम दूर हो गया। जवाहरलाल नेहरू ने निराशा में कहा कि यह अपार दुःख की बात है कि क्रिप्स जैसा सज्जन भी शैतान का वकील बन गया है। गांधीजी भी बड़े दुःखी हुए। क्रिप्स के प्रस्ताव पर उन्होंने जो टिप्पणी की, वह इतिहास में यादगार बन गई है। 'क्रिप्स का प्रस्ताव एक डूबते हुए बैंक का पोस्ट डेटेड चेक है।'[16] भारत ने क्रिप्स का इस बार दूसरा चेहरा देखा। वे चर्चिल के युद्ध मंत्रिमंडल के सदस्य के रूप में जब भारत आए, तो वे चतुर वकील ज्यादा थे। लंदन लौटकर उन्होंने कांग्रेस पर आरोप लगाए। कुछ आरोप बेतुके और झूठे थे। क्रिप्स उन दिनों लॉर्ड प्रिवी सील थे। चर्चिल के मंत्रिमंडल में यह उनका

पद था। वे क्रिप्स मिशन के रूप में तीन हफ्ते भारत में थे।

कांग्रेस और क्रिप्स में बात कहाँ टूटी? क्रिप्स ने कांग्रेस पर आरोप लगाया कि उसने संविधान में परिवर्तन की माँग की। सच यह है कि कांग्रेस ने यह माँग रखी ही नहीं। बातचीत टूटी इस पर कि वायसराय की कार्यकारी परिषद् में एक भारतीय सदस्य हो। वह युद्ध के दिनों में भारत की सुरक्षा के लिए निर्णय करने में पूरी तरह सक्षम हो। स्वाभाविक रूप से कांग्रेस अपना प्रतिनिधि चाहती थी। उस समय के वायसराय लिनलिथगो ने जुलाई में आई.सी.एस. अफसर सर मलिक फिरोज खान नून को अपनी परिषद् में रक्षा सदस्य के रूप में मनोनीत किया। वे ही मलिक फिरोज खान नून 1957 में पाकिस्तान के प्रधानमंत्री बने। जवाहरलाल नेहरू ने भाँप लिया था कि क्रिप्स गलतबयानी करेंगे, इसलिए उन्होंने कृष्ण मेनन को सारे तथ्य भेजे। कृष्ण मेनन ने लंदन में एक प्रेस कॉन्फ्रेंस कर भारत का पक्ष रखा। उस समय पं. नेहरू और कृष्ण मेनन दोनों क्रिप्स से बहुत निराश हुए। क्या इसलिए कि क्रिप्स से बड़ी उम्मीदें लगा ली थीं? यह तो था ही। पं. नेहरू पर निराशा का भाव कई साल तक बना रहा। यह उनके उन पत्रों में मिलता है, जो उन्होंने समय-समय पर वी.के. कृष्ण मेनन को लिखे। क्रिप्स तीसरी बार कैबिनेट मिशन के प्रमुख सदस्य होकर भारत आए थे। क्रिप्स और पं. नेहरू में संपर्क सूत्र वी.के. कृष्ण मेनन रहे। कृष्ण मेनन और क्रिप्स का संबंध बना रहा।

**संदर्भ—**


1. जवाहरलाल नेहरू वाङ्मय, खंड-10, पत्र-वी.के. कृष्ण मेनन को, 8 नवंबर, 1939, पृ. 215
2. जिन्ना : भारत विभाजन के आईने में, जसवंत सिंह, अध्याय : ब्रिटिश साम्राज्य का डूबता सूरज, पृ. 255
3. अंधकार काल : भारत में ब्रिटिश साम्राज्य, शशि थरूर अध्याय : बाँटो और राज करो, पृ. 205-206
4. कांग्रेस का इतिहास, खंड-2, डॉ. पट्टाभि सीतारमय्या, अध्याय : इस्तीफे के बाद का युग, पृ. 163
5. वही, पृ. 164
6. वही, पृ. 164
7. संपर्ण गांधी वाङ्मय, खंड-70, लेख—एक ही रास्ता, इलाहाबाद 19 नवंबर, 1939 (अंग्रेजी से), हरिजन, 25 नवंबर, 1939, पृ. 407
8. वही, पृ. 407
9. वही, पृ. 407
10. वही, पृ. 408
11. जवाहरलाल नेहरू वाङ्मय, खंड-10, पत्र-वी.के. कृष्ण मेनन, 25 नवंबर, 1939, पृ. 237
12. कांग्रेस का इतिहास, खंड-2, डॉ. पट्टाभि सीतारमय्या, अध्याय : इस्तीफे के बाद का युग, पृ. 165
13. जिन्ना : भारत विभाजन के आईने में, जसवंत सिंह, अध्याय : ब्रिटिश साम्राज्य का डूबता सूरज, पृ. 258
14. वही, पृ. 260
15. वही, पृ. 262
16. अंधकार काल : भारत में ब्रिटिश साम्राज्य, शशि थरूर, अध्याय : बाँटो और राज्य करो, पृ. 206


□

# 31

## संक्रमण काल

वे दिन संविधान सभा के लिए हिमालय की चोटियों के समान चुनौती के थे। वह समय हर पक्ष और हर नेता की कठोर परीक्षा ले रहा था। सबसे बड़ी और कठिन परीक्षा जवाहरलाल नेहरू की हो रही थी। कारण कि अंग्रेजों ने अपनी धूर्त नीतियों से भारत को विभाजन के कगार पर खड़ा कर दिया था। पं. नेहरू हतप्रभ थे। संविधान सभा को वे हर मर्ज की दवा समझते थे। नई स्थिति में उन्होंने देखा कि संविधान सभा ही संकट में पड़ गई है। ब्रिटेन के प्रधानमंत्री क्लीमेंट एटली ने 20 फरवरी, 1947 को घोषणा की कि 'हमारा निश्चित इरादा है कि जून 1948 से पहले सत्ता का हस्तांतरण कर दिया जाए। इसके लिए जरूरी कदम उठाए जाएँ।'[1] इस घोषणा से नई स्थिति पैदा हुई। अंग्रेज सरकार की नई नीति सामने आई। उसे लागू करने के लिए नए वायसराय की भी उन्होंने घोषणा की। इस तरह एडमिरल वाईकाउंट माउंटबेटन की वायसराय पद पर नियुक्ति हुई। लॉर्ड वेवल विदा हुए।

लॉर्ड वेवल अपने उत्तराधिकारी के लिए गंभीर समस्याएँ छोड़ गए, जिसमें सबसे पहली और जटिल समस्या राजनीतिक गतिरोध की थी। सांप्रदायिक हिंसा और मुसलिम लीग की सीधी काररवाई से उपजी अराजकता, ऊपर से नीचे तक बँटी अफसरशाही और बिखर गया प्रशासन-तंत्र आदि वे विरासत में छोड़कर गए। सबसे बड़ी बात यह थी कि एटली सरकार ने भी माना कि वे नई परिस्थिति में संगति नहीं बैठा पा रहे हैं। एटली ने जो घोषणाएँ कीं, उनमें उन्होंने कुछ

शर्तें लगा दीं। पहली शर्त थी कि एक निर्धारित समय में संविधान बन जाना चाहिए। वह समय-सीमा जून 1948 में समाप्त होती थी। अगर ऐसा नहीं हुआ, तो किसे सत्ता सौंपी जाए, इस पर विचार करना होगा। इतिहासकार रमेश चंद्र मजुमदार ने लिखा है कि 'एटली का बयान भारत के महानायकों के लिए सीधी चुनौती थी, खासकर महात्मा गांधी और जवाहरलाल नेहरू को। जिन्होंने हमेशा यह विचार रखा और उसे दोहराते रहे कि भारत में सांप्रदायिक संकट अंग्रेजों के कारण है। अब जबकि अंग्रेज स्पष्टतया घोषित कर चुके हैं कि वे 'भारत छोड़ रहे हैं' तो गांधी और नेहरू के लिए बार-बार दोहराए गए अपने सिद्धांत को सही साबित करने का अवसर मिल गया। जिसमें उनकी परीक्षा हुई और वे बुरी तरह विफल रहे।'[2]

संविधान सभा का वह तीसरा सत्र था। तारीख थी—28 अप्रैल, 1947। उस दिन अध्यक्ष डॉ. राजेंद्र प्रसाद ने एटली के बयान से उपस्थित चुनौतियों की जानकारी दी। यह बताया कि क्या-क्या नया करना है, परिस्थिति की विवशता जो थी। उन्होंने कहा, 'अंग्रेजी सरकार ने यह घोषणा की है कि उनका यह इरादा है कि जून 1948 तक सत्ता हस्तांतरित कर दी जाए। इससे अपने काम को तुरंत पूरा करने की आवश्यकता आ पड़ी है और हमें ऐसी कार्य-निपुणता से काम करना चाहिए कि हम जल्दी-से-जल्दी अपना संविधान बना सकें। ब्रिटिश सरकार ने सत्ता हस्तांतरित करने के लिए पहले से तैयारी करने की प्रतिज्ञा की है और जब तक वह यह काम करे, हमें भी नियत तिथि के पहले ही अपना संविधान तैयार कर लेना चाहिए, जिससे हम अपने बनाए हुए संविधान के अनुसार जिम्मेदारी ले सकें। इसलिए मुझे आशा है कि यह संविधान सभा शीघ्रातिशीघ्र अपना काम करेगी। इसमें संदेह नहीं कि इस संविधान सभा को बहुत सी कठिनाइयों का सामना करना पड़ेगा, लेकिन यदि हम दृढ़ संकल्प से काम करें तो हम उन्हें दूर कर सकेंगे।'[3]

'आपको स्मरण होगा कि इस संविधान सभा ने बहुत सी सब-कमेटियाँ बनाई थीं। मैं समझता हूँ कि इन कमेटियों की रिपोर्टें इस सभा के सामने उचित समय में रखी जाएँगी। मैं यह सुझाव पेश करता हूँ कि इस संविधान सभा को उन सिद्धांतों को निर्धारित करने के लिए, जिनके आधार पर हम संविधान बनाएँगे, कमेटियों को बनाने का काम शुरू करना चाहिए और जब ये सिद्धांत स्वीकार कर लिये जाएँ, तो कोई सुयोग्य समिति संविधान का मसविदा तैयार करे और अंत में इस प्रकार तैयार किए हुए संविधान के मसविदे पर इस संविधान सभा में विस्तार से विचार हो। मैं संविधान सभा को यह सलाह देता हूँ कि सिद्धांतों को निर्धारित करनेवाली सब कमेटी से यह कहा जाए कि उसे अपनी रिपोर्ट इस संविधान सभा के विचारार्थ समय पर, यानी जून या जुलाई तक, दे देनी चाहिए और जब यह संविधान सभा उस पर विचार कर ले, तो उसका मसविदा तैयार हो सकता है और सितंबर में संविधान सभा की बैठक हो सकती है, ताकि वह अक्तूबर तक अंतिम रूप से संविधान बना ले।'[4] उन्होंने यह भी कहा कि नई-नई बातें पैदा

हो रही हैं और निश्चित रूप से कोई भी नहीं कह सकता कि अपना काम पूरा करने के लिए इस संविधान सभा को क्या करना होगा।

संविधान सभा के अध्यक्ष डॉ. राजेंद्र प्रसाद के इस बयान से स्पष्ट है कि अनिश्चितता का राजनीतिक वातावरण पैदा हो गया था। अनेक प्रश्न थे, वे बहुत उलझे हुए थे। जो सच था, वह भारत के राजनीतिक आकाश में डरावने काले बादल की भाँति छा गया था। उसी दिन यानी 28 अप्रैल को जवाहरलाल नेहरू ने रियासती कमेटी की रिपोर्ट रखी। उसे प्रस्तुत करते हुए उन्होंने भी संविधान सभा के सामने उपस्थित कठिनाइयों की चर्चा की, लेकिन उन कठिनाइयों का वास्तव में खुलासा के.एम. मुंशी ने किया। वे संविधान सभा की कार्यक्रम निर्धारण समिति के अध्यक्ष थे। अपनी रिपोर्ट वे इसलिए नहीं दे सके, क्योंकि 'इस देश की राजनीतिक अवस्था में तेजी से परिवर्तन हो रहा है और इन परिवर्तनों का इस संविधान सभा के कार्यक्रम पर प्रभाव पड़ना अनिवार्य है, इसलिए कमेटी के लिए अपनी अंतिम रिपोर्ट उपस्थित करना असंभव हो गया है।'[5]

ऐसी परिस्थिति में संविधान सभा को अपने निर्धारित कार्यक्रम और लक्ष्य में भी परिवर्तन करने की अनिवार्यता दिख रही थी। संविधान सभा में मुसलिम लीग नहीं आई। उसके अड़ियलपन के कारण बंगाल और पंजाब के विभाजन का प्रश्न सुरसा की तरह बढ़ता जा रहा था। इसका ही संबंध भारत के भविष्य से भी था कि वह अखंड बना रह सकेगा या नहीं, संविधान सभा का वह सत्र सिर्फ छह दिन चला। इस दौरान कुछ जरूरी कार्यों को पूरा किया गया। उनमें एक था—मौलिक अधिकारों पर चर्चा। जिसकी रिपोर्ट सरदार पटेल ने प्रस्तुत की थी। इतिहासकार ताराचंद ने उपस्थित चुनौती का वर्णन इस प्रकार किया है—'यदि कांग्रेस और लीग एकता के स्वरूप को स्वीकार कर लें, तब तो एकता, और उनमें सहमति न हो तो देश का पूर्ण स्वतंत्र राज्यों में विभाजन। दुर्भाग्यवश फरवरी 1947 तक समय बहुत बदल चुका था। पाकिस्तान का स्वरूप धुँधला-सा था, तो भी मुसलमानों के मन में स्वतंत्र पाकिस्तान का स्वप्न बैठ चुका था।'[6]

'इसी प्रकार कांग्रेस के मन में भी स्वतंत्र भारत ने घर कर लिया था। वेवल आगा-पीछा करते थे। मुसलिम लीग के साथ उनकी सहानुभूति थी। कांग्रेस के विरोध के परिणामों को भी वह समझते थे। लोग यह आशा करते थे कि ब्रिटिश राज्य समाप्त होनेवाला है। इन सब कारणों से सरकार की प्रतिष्ठा पर बड़ा प्रभाव पड़ चुका था। वर्तमान सत्ता हिल चुकी थी। भावी सत्ता का अभी पता नहीं था। इससे राज्य सेवाओं की नैतिकता में अंतर आ गया था और कानून के विपरीत काम करनेवाले तत्त्वों को प्रोत्साहन मिल गया था।'[7] दूसरे शब्दों में, अराजकता की स्थिति थी। ब्रिटेन के प्रधानमंत्री के बयान से सिर्फ यही निश्चित हुआ था कि सत्ता का हस्तांतरण होगा। वह किसे होगा ? यही यक्ष प्रश्न बना हुआ था, जिसके कारण मुसलिम लीग ने पाकिस्तान

के लिए अपना राग कर्कश बना दिया था। कांग्रेस एकता के लिए प्रयासरत थी।

लेकिन मुसलिम लीग ने यह समझा कि अगर वह संविधान सभा का बहिष्कार जून 1948 तक करती रहेगी, तो संविधान सभा पूर्ण प्रतिनिधित्व की कसौटी पर खरी नहीं उतरेगी, इसलिए सत्ता का हस्तांतरण उन राज्यों को होगा, जहाँ उसका बहुमत है। इसका अर्थ मुसलिम लीग ने यह लगाया कि अंग्रेज अंतत: पाकिस्तान देने के लिए विवश होंगे। मुसलिम लीग ने यह राह पहले ही चुन ली थी। एटली की घोषणा से उसे बहुत बल मिला। वास्तव में, उस घोषणा में ही पाकिस्तान की संभावना छिपी हुई थी। कांग्रेस नेतृत्व वायसराय वेवल से बहुत परेशान था। समझौते की बातें बहुत हो रही थीं। बहुत कुछ कहा जा रहा था। बहुत कुछ सुना भी जा रहा था। लेकिन प्रश्न जहाँ थे, वहीं रहे। बात नहीं बनी।

राजनीतिक परिस्थिति की जटिलता समझने के लिए दिसंबर 1946 में झाँकना जरूरी है। उस माह में दो घटनाएँ हुईं, जो अत्यंत महत्त्वपूर्ण हैं, यह आज उस समय से ज्यादा समझ में आता है। इन दोनों घटनाओं का संबंध वेवल और मुसलिम लीग के दाँव-पेच से है। इन घटनाओं की भारत के भविष्य और उसके संविधान को भी प्रभावित करने में महत्त्वपूर्ण भूमिका थी। पहली घटना का वर्णन 'महात्मा गांधी-पूर्णाहुति' पुस्तक में प्यारेलाल ने इस प्रकार किया है—'इस दुविधा में से कोई मार्ग निकालने के लिए तथा संभव हो तो गांधीजी को नोआखाली छोड़कर दिल्ली लौटने की बात समझाने के लिए—जहाँ उनकी उपस्थिति और सलाह की बड़ी आवश्यकता थी—कांग्रेसी नेता गांधीजी से मिलने और सलाह-मशविरा करने नोआखाली आए थे।'[8] वे थे—पं. जवाहरलाल नेहरू और आचार्य जे.बी. कृपलानी। पं. नेहरू अंतरिम सरकार में उपाध्यक्ष थे। आचार्य कृपलानी कांग्रेस के अध्यक्ष थे। प्यारेलाल के शब्दों में उन नेताओं के सामने प्रश्न था कि 'संविधान सभा की देहली पर ही मुसलिम लीग की गुंडागीरी की नीति के सामने झुक जाना' है और 'फिर इस प्रक्रिया का अंत कहाँ जाकर'[9] होगा?

गांधीजी की डायरी में यह दर्ज है—'जवाहरलाल ने जाने से पहले कोई दस मिनट बातें कीं। उनका आशय यह था कि मुझे उन लोगों के साथ दिल्ली में उपस्थित रहना चाहिए।'[10] यह 30 दिसंबर, 1946 की बात है। उससे एक पखवाड़े पहले प्रधानमंत्री एटली ने माउंटबेटन को वायसराय का दायित्व सँभालने का प्रस्ताव दिया था। तारीख है—16 दिसंबर, 1946। यह बात जवाहरलाल नेहरू जानते थे। क्या पं. नेहरू ने गांधीजी को यह बात बताई थी? यह स्पष्ट नहीं है। पं. नेहरू को इस कारण पता था, क्योंकि वी.के. कृष्ण मेनन इसके लिए लंदन में प्रयासरत थे। वे उन्हें लंबे-लंबे पत्र भेजते रहते थे। 'आजादी : आधी रात को' के लेखकद्वय ने यह सूचना अपनी पुस्तक में एक जगह फुटनोट में दी है—'माउंटबेटन को भारत भेजने के विचार का सुझाव एटली को उनके निकटतम सहयोगी, उनके चांसलर ऑफ द एक्सचेकर सर स्टेफर्ड क्रिप्स ने दिया था। यह विचार दिसंबर में लंदन में क्रिप्स और कृष्ण मेनन के बीच एक गुप्त वार्त्ता के

दौरान सामने आया था, कृष्ण मेनन वामपंथी विचारों के बहुत स्पष्टवादी भारतीय थे और कांग्रेसी नेता जवाहरलाल नेहरू के बहुत निकट थे। मेनन ने क्रिप्स और नेहरू के सामने यह सुझाव रखा था कि जब तक वेवल वायसराय रहेंगे, तब तक कांग्रेस भारत में किसी प्रगति की आशा नहीं कर सकती। ब्रिटिश नेता के यह पूछने पर कि उनकी जगह किसे भेजा जाए, मेनन ने उस आदमी का नाम बताया था, जिसको नेहरू बहुत सम्मान की दृष्टि से देखते थे—लुई माउंटबेटन का नाम। इस बात को जानते हुए कि अगर भारत के मुसलमान नेताओं को पता चल गया कि इस पद पर माउंटबेटन की नियुक्ति का विचार किस तरह पैदा हुआ था तो उनकी सारी उपयोगिता नष्ट हो जाएगी। क्रिप्स और मेनन ने आपस में तय किया कि वे अपनी वार्त्ता का ब्योरा किसी के आगे भी जाहिर नहीं करेंगे। मेनन ने क्रिप्स के साथ अपनी वार्त्ता का ब्योरा फरवरी 1973 में नई दिल्ली में अपनी मृत्यु से एक वर्ष पूर्व इस पुस्तक के लेखक के साथ अपनी वार्त्ताओं के एक क्रम के दौरान बताया था।'[11]

विश्व युद्ध समाप्त होने पर यह धारणा आम थी कि भारत की स्वतंत्रता निकट है, हालाँकि उसका स्पष्ट चित्र किसी के पास नहीं था। नेहरू मानते थे कि एक बार ब्रिटेन की सरकार भारत को स्वतंत्रता देने की घोषणा कर दे और निर्वाचित संविधान सभा बन जाए, जो अधिकार संपन्न हो तो सांप्रदायिक समस्या को सुलझाना आसान हो जाएगा। लेकिन एटली की घोषणा के बाद सांप्रदायिक समस्या ने राजनीतिक रूप धारण कर लिया। इस तथ्य को गांधीजी ने ही समझा। कांग्रेस के नेता भ्रम में रहे। मुसलिम लीग कौम की बात करती रही। उसका रुख उग्र था। इस कारण भारत की राष्ट्रीय एकता का प्रश्न जटिल होता गया। संविधान सभा उलझन में पड़ गई थी। अंतरिम सरकार में मुसलिम लीग देर से शामिल हुई। साझा सरकार के अनुभव अच्छे नहीं रहे। कांग्रेस और मुसलिम लीग के मतभेद से देशव्यापी कलह बढ़ती गई। मेरठ कांग्रेस में जवाहरलाल नेहरू ने वायसराय वेवल पर आरोप लगाया कि जिस भावना से सरकार का आरंभ हुआ था, उस आधार पर वायसराय ने उसे नहीं चलाया। मुसलिम लीग और अफसर मिल गए हैं।

इसी पृष्ठभूमि में जवाहरलाल नेहरू गांधीजी से मिलने श्रीरामपुर पहुँचे थे। मुसलिम लीग जिन उम्मीदों पर अपने सपने का महल बना रही थी, उस पर कांग्रेस ने अपने प्रस्ताव से पानी फेर दिया। गांधीजी ने ही सलाह दी थी और कांग्रेस ने उसे अपनाया। 6 जनवरी को कांग्रेस महासमिति ने एक प्रस्ताव स्वीकार किया। 'कांग्रेस की महासमिति उन कठिनाइयों को अच्छी तरह समझती और महसूस करती है, जो कुछ प्रांतों के, खासतौर पर असम और उत्तर-पश्चिमी सीमा प्रांत के मार्ग में तथा पंजाब के सिखों के मार्ग में 16 मई, 1946 की ब्रिटिश कैबिनेट मिशन की योजना के द्वारा और विशेषत: उसका जो अर्थ ब्रिटिश सरकार ने अपने 6 दिसंबर, 1946 के वक्तव्य में लगाया है, उसके द्वारा खड़ी कर दी गई हैं। कांग्रेस संबंधित लोगों की इच्छा के खिलाफ ऐसे किसी दबाव या जबरदस्ती में शरीक नहीं हो सकती। यह एक ऐसा सिद्धांत है,

जिसे स्वयं ब्रिटिश सरकार ने भी माना है। (किंतु) महासमिति···भिन्न-भिन्न अर्थ लगाने से पैदा हुईं कठिनाइयाँ दूर करने की दृष्टि से यह सलाह देने को सहमत है कि विभागों (सेक्शन) की कार्यविधि के बारे में ब्रिटिश सरकार के लगाए हुए अर्थ के अनुसार कार्य किया जाए। किंतु यह स्पष्ट रूप से समझ लेना चाहिए कि इसमें किसी प्रांत के साथ जबरदस्ती न की जाए।··· ऐसी जबरदस्ती की जाए, तो किसी भी प्रांत या उसके हिस्से को यह अधिकार होगा कि संबंधित लोगों की इच्छाओं को कार्यान्वित करने के लिए वह जो भी काररवाई जरूरी समझे, करे।'[12]

प्यारेलाल ने लिखा है कि 'इस दलील को जारी रखते हुए गांधीजी ने कहा, यदि इसके बावजूद लीग संविधान सभा में नहीं आती, तो न तो कैबिनेट मिशन की 16 मई की योजना की भाषा में और न सम्राट् की सरकार की 6 दिसंबर, 1946 की घोषणा की भाषा में कोई ऐसी बात है, जो समूह (ग्रुप) 'क' के प्रांतों को समूह 'ख' और 'ग' के क्रमशः उत्तर-पश्चिमी सीमा प्रांत और असम के साथ संविधान सभा में सम्मिलित होने और उसमें भाग लेनेवाले घटकों के लिए स्वाधीनता का संविधान बनाने, और दूसरे चाहें तो उनको भी इससे लाभ उठाने का निमंत्रण देने से रोक सकती हो।'[13] गांधीजी की यह सलाह मुसलिम लीग के लिए भारी पड़ी। उस समय लंदन के 'टाइम्स' ने भी गांधीजी की लाइन को आगे बढ़ाया। अखबार ने टिप्पणी की—'मुसलिम लीग इस ब्रिटिश घोषणा पर विश्वास कर रही है कि जो संविधान सभा देश का संपूर्ण प्रतिनिधित्व नहीं करती, उसका बनाया हुआ संविधान भारत के अनिच्छुक भागों पर थोपा नहीं जा सकता। परंतु शायद उतना ही महत्त्वपूर्ण यह वचन मुसलिम लीग के ध्यान में नहीं आ रहा है कि अल्पमत को अनिश्चित काल तक बहुमत की प्रगति को रोकने नहीं दिया जा सकता।'[14] उस समय कांग्रेस के नेता चाहते थे कि गांधीजी दिल्ली आ जाएँ, जिससे वे हर क्षण उन्हें परामर्श के लिए उपलब्ध रहें। लेकिन गांधीजी नोआखाली में शांति स्थापना में ही लगे रहे। उसके बाद बिहार पहुँचे।

हालाँकि गांधीजी नोआखाली में व्यस्त थे, फिर भी उन्होंने राजनीतिक घटनाक्रम पर नजर रखी। टिप्पणी की। पं. नेहरू और सरदार पटेल को समय-समय पर लिखकर सलाह दी। एटली की घोषणा के बाद उन्होंने 24 फरवरी, 1947 को पं. नेहरू को लिखा कि इसके पाँच अर्थ हैं। यहाँ उनमें से तीन का उल्लेख है। ये ही यहाँ प्रासंगिक हैं। एक, भारत के जो भाग स्वाधीनता चाहें और ब्रिटिश संरक्षण के बिना काम चला लें, उनकी स्वाधीनता मान ली जाएगी। दो, जो प्रांत अथवा भाग चाहेंगे, उन्हें पाकिस्तान मिल जाएगा। तीन, बहुत कुछ इस पर निर्भर करेगा कि संविधान सभा और अंतरिम सरकार के रूप में आप लोग क्या कर सकेंगे। उसी दिन पं. नेहरू ने गांधीजी को एक पत्र लिखा कि एटली की घोषणा में बहुत बातें अनिश्चित हैं और उनसे परेशानी खड़ी हो सकती है। एटली की घोषणा पर गांधीजी ने नोआखाली के हैमचर की प्रार्थना सभा में जो कहा, वह एक चेतावनी थी। 'ब्रिटिश सरकार के वक्तव्य से विभिन्न दलों पर यह जिम्मेदारी

आती है कि वे जो उत्तम समझें, सो करें। इस स्थिति को बिगाड़ना या सँवारना उनके हाथ में है। उनकी सम्मिलित इच्छा को कोई उलट नहीं सकता। जहाँ तक मेरा संबंध है, मेरा यह दृढ़ मत है कि अगर हिंदू और मुसलमान अपनी फूट को मिटाकर बाहरी दबाव के बिना एक हो जाएँ तो वे भारत के ही नहीं, बल्कि शायद समूचे संसार के भविष्य को प्रभावित करेंगे। इसलिए समय आ गया है कि हिंदू और मुसलमान शांति और एकता के साथ रहने का संकल्प कर लें। दूसरा मार्ग गृहयुद्ध का है, लेकिन उससे तो देश के टुकड़े-टुकड़े हो जाएँगे।'[15] संविधान सभा के इस संक्रमण काल में गांधीजी ने गहरी रुचि ली। उसे संकट से निकालने के उपाय बताए।

संविधान सभा के तीसरे सत्र से महीने भर पहले नए वायसराय माउंटबेटन आ गए थे। 24 मार्च, 1947 को उन्होंने अपने पद की शपथ ली। वे ब्रिटिश शासन का अंत करने और नई व्यवस्था बनाने के लिए आए थे। बहुत बाद में उन्होंने एक इंटरव्यू में कहा कि 'प्रधानमंत्री एटली ने मुझे बुलाया और एकदम स्तब्ध कर दिया। उनके पास की कुरसी पर स्टेफर्ड क्रिप्स बैठे थे। जो उस समय एक्सचेकर के चांसलर थे।'[16] उन्हें एटली ने बताया कि वायसराय वेवल का पं. नेहरू, कांग्रेस पार्टी, जिन्ना और सिख नेताओं से संपर्क टूट गया है। वे लोग यह समझते हैं कि वेवल के रहते कोई हल नहीं निकलेगा। माउंटबेटन ने अपने संस्मरण में बताया है कि उनकी माँ भी भारत आने और वायसराय का पद स्वीकार करने के पक्ष में नहीं थीं, क्योंकि जहाँ पहले के वायसराय विफल हो गए, वहाँ सफल होने की कोई उम्मीद नहीं थी।

तब माउंटबेटन ने अपनी माँ से कहा कि 'आपको अपने बेटे पर, जिसको आपने पाल-पोसकर बड़ा किया है, इतना भरोसा नहीं कि वह सरकार से ज्यादा चालाक है? अगर आप समझती हैं कि वह मुझ पर हावी हो जाएँगे, तो ऐसा नहीं होगा। मैं उनको ऐसी गाँठों में फँसाऊँगा कि जीत मेरी होगी और उसकी कीमत वह चुकाएँगे।'[17] माउंटबेटन महारानी विक्टोरिया के पड़पोते थे। माउंटबेटन ने एटली से असाधारण अधिकार प्राप्त किए। वायसराय पद में दो शक्तियाँ सम्मिलित थीं। वह भारत का गवर्नर जनरल होता था और सम्राट् का प्रतिनिधि भी होता था। माउंटबेटन पहले और आखिरी वायसराय थे, जिन्हें अपना स्टाफ चुनने की अनुमति मिली। इस मायने में भी वे पहले थे कि उन्होंने ही सत्ता के हस्तांतरण की अवधि तय करवाई। जिसकी एटली ने घोषणा की थी। इसके अलावा एक और नया उदाहरण बनाया।

इस बारे में माउंटबेटन ने ही बताया है कि 'परंपरा के अनुसार दो वायसराय भारत भूमि पर इकट्ठे नहीं हो सकते थे। पहले बंबई के 'गेटवे ऑफ इंडिया' से पहले वायसराय को धूम धाम से विदा किया जाता था और अगले स्टीमर से दूसरा वायसराय आता था। दोनों मिलते नहीं थे। इसलिए एक म्यान में दो तलवारों जैसी पसोपेश की हालत नहीं होती थी। लेकिन मैंने कहा, 'मुझे वायसराय के आगे झुकने या उन्हें सम्मान देने में कोई आपत्ति नहीं है। मुझे उनके साथ केवल 24 घंटे चाहिए', इस तरह वेवल के रहते मेरे वहाँ पहुँचने की व्यवस्था कर दी गई। जिस

शाम मैं दिल्ली पहुँचा, वेवल ने कहा, 'मुझे अफसोस है कि मेरी जगह लेने के लिए तुम्हें यहाँ भेजा गया है।' 'क्यों''क्या मैं इस काबिल नहीं?' 'मैं तुम्हें बहुत चाहता हूँ''एक नामुमकिन काम सौंपा गया है तुम्हें। उससे निबटने का कोई रास्ता नहीं। न तो व्हाइट हॉल से कोई मदद मिलती है, और यहाँ की हालत विकट है। हम घोर संकट में हैं।' उन्होंने कहा (तिजोरी खोलते हुए), 'तुम्हारे लिए दो चीजें हैं। एक तो वायसराय का ताज (जो जरूरत से ज्यादा कीमती आभूषण था) और दूसरी एक फाइल थी, जिस पर 'ऑपरेशन मैडहाउस' लिखा है।'[18] उसमें भारत छोड़ने की योजना का कार्यक्रम था।

ऐसी थी उस समय की परिस्थिति, जिसमें संविधान सभा का तीसरा सत्र चला। जिसमें संविधान सभा का कार्यक्रम निर्धारित करना कठिन था। एटली की घोषणा से संविधान सभा को एक समय-सीमा में अपना कार्य पूरा करना था। उस समय संघ और राज्यों का अलग-अलग संविधान बनाने की बात थी। संविधान सभा को संघ का संविधान बनाना था। फिर उसके बाद वह, जो समूह निर्धारित थे, उनमें संविधान सभा को विभाजित हो जाना था। प्रांतीय विधानसभाओं की भी भूमिका थी। वायसराय वेवल ने प्रयासपूर्वक मुसलिम लीग को अंतरिम सरकार में शामिल करवाया था। इससे उम्मीद बनी थी कि मुसलिम लीग संविधान सभा में शामिल होगी। लेकिन उसने संविधान सभा का बहिष्कार जारी रखा। कैबिनेट मिशन ने असम को समूह 'ग' में डाला था। इसका विरोध असम के मुख्यमंत्री गोपीनाथ बारदोलोई ने किया। समूहों के बारे में कांग्रेस का प्रस्ताव वास्तव में असम को बचाने के लिए ही था।

**संदर्भ—**


1. भारतीय स्वतंत्रता आंदोलन का इतिहास, खंड-4, ताराचंद, पृ. 577
2. स्ट्रगल फॉर फ्रीडम, खंड-2, आर.सी. मजुमदार, अध्याय : ब्रिटिश डिसीजन टू लीव इंडिया, पृ. 757-758
3. भारतीय संविधान सभा के वाद-विवाद की सरकारी रिपोर्ट (हिंदी संस्करण), अंक-3 संख्या-1, 28 अप्रैल, 1947, पृ. 3
4. वही, पृ. 3-4
5. वही, संख्या-3, 30 अप्रैल, 1947, पृ. 32
6. भारतीय स्वतंत्रता आंदोलन का इतिहास, खंड-4, ताराचंद, अध्याय : कैबिनेट मिशन और उसके बाद, पृ. 577
7. वही, पृ. 577
8. महात्मा गांधी-पूर्णाहुति, खंड-2, प्यारेलाल, अध्याय : अंधकार के साथ संघर्ष, पृ. 169
9. वही, पृ. 171
10. वही, पृ. 175
11. आजादी आधी रात को, लैरी कॉलिंस और दॉमिनिक लैपियर, अध्याय : शासन और दमनचक्र लानेवाली कौम, पृ. 29
12. महात्मा गांधी-पूर्णाहुति, खंड-2, प्यारेलाल, पृ. 235-236

13. वही, पृ. 237
14. वही, अध्याय : गहरी होती तपस्या, पृ. 277
15. वही, पृ. 281
16. माउंटबेटन और भारत का विभाजन, लैरी कॉलिंस और डॉमिनिक लैपियर, पृ. 18
17. वही, पृ. 26
18. वही, पृ. 32

□

# 32

# खबर थी सच—लॉर्ड माउंटबेटन आए

न्यूज एजेंसी एसोसिएटेड प्रेस ने 22 फरवरी, 1947 को खबर चलाई कि लॉर्ड माउंटबेटन भारत के वायसराय बनाए जा रहे हैं। महीने भर बाद माउंटबेटन आए। 24 मार्च, 1947 को वायसराय और गवर्नर जनरल का कार्य सँभाला। उस खबर से जवाहरलाल नेहरू दहल गए थे। इस आशंका से वे चिंतित हो उठे थे कि वेवल कहीं नाराज होकर कुछ अनर्थ न कर दें। उनसे मिलकर सफाई दी। उस खबर से खुलेआम नाता तोड़ा। खबर थी सच, जो वी.के. कृष्ण मेनन ने 'लीक'[1] कर दी थी। जवाहरलाल नेहरू ने जिस तरह वक्त का तकाजा समझा और सफाई दी, ठीक वैसे ही संविधान सभा भी उस दौर में अत्यंत सावधान थी। एक-एक कदम फूँककर चल रही थी। उसे हर क्षण गहरे खंदक में गिरने का अंदेशा रहता था। जब 14 जुलाई, 1947 को संविधान सभा का चौथा अधिवेशन शुरू हुआ, तब भारत विभाजन का निर्णय हो चुका था। इसीलिए अध्यक्ष डॉ. राजेंद्र प्रसाद ने संविधान सभा को बताया कि 'सबसे बड़ी बात तो यह हुई है कि 3 जून, 1947 को ब्रिटिश सरकार ने एक बयान जारी किया है, जिसका भारत की राजनीति पर बहुत बड़ा प्रभाव हुआ है। भारत के टुकड़े किए गए। दो प्रांतों के भी टुकड़े-टुकड़े करने का निश्चय हो चुका है। इन दो राज्यों के बँटवारे की बातचीत चल रही है और बँटवारे का काम भी हो रहा है। इसके अलावा, संविधान सभा के सदस्यों में भी कुछ परिवर्तन हुए हैं। जो सदस्य बंगाल और पंजाब से आए थे, उनके बदले बने नए राज्यों से

नए सदस्य चुनकर आए हैं। मुसलिम लीग के सदस्य भी आज शामिल हो रहे हैं, जो अब तक बहिष्कार कर रहे थे।'[2]

नए सदस्यों के परिचय-पत्रों की पेशी और रजिस्टर पर हस्ताक्षर करने के लिए जैसे ही अध्यक्ष डॉ. राजेंद्र प्रसाद ने कहा और जैसी ही हाजी अब्दुल सत्तार का नाम पुकारा गया कि दिल्ली के कांग्रेसी नेता देशबंधु गुप्त ने वैधानिक आपत्ति की—'मैं यह जानना चाहता हूँ कि वे अब भी दो राष्ट्रों के सिद्धांत में विश्वास रखते हैं या नहीं? जो सदस्य लक्ष्य संबंधी प्रस्ताव को स्वीकार नहीं करेगा, उसे रजिस्टर पर हस्ताक्षर का अधिकार नहीं है।'[3] इसे अध्यक्ष ने खारिज किया। यह कहा कि सदस्य का अधिकार है कि वह रजिस्टर पर हस्ताक्षर करे, लेकिन बात समाप्त नहीं हुई। बालकृष्ण शर्मा, विश्वनाथ दास, श्रीप्रकाश और गोविंद मालवीय ने पुनः यह प्रश्न उठाए। अनेक इतिहासकारों ने इस पर संविधान सभा के अध्यक्ष डॉ. राजेंद्र प्रसाद के रुख को बड़ी भूल माना है। प्रो. देवेंद्र स्वरूप इस प्रसंग को गंभीर क्षण मानते थे। उनका कहना था कि डॉ. राजेंद्र प्रसाद ने उसकी गंभीरता नहीं समझी। वास्तव में, डॉ. राजेंद्र प्रसाद ने सावधानी ज्यादा बरती और उस विषय को तिल से ताड़ बनने से रोका।

संविधान सभा के पिछले अधिवेशन से क्या-क्या राजनीतिक परिवर्तन हो गए थे, यह के. एम. मुंशी के भाषण से जाना जा सकता है। वे उसी दिन विषय निर्धारण समिति की रिपोर्ट पेश करते समय बोले थे। अनिश्चितता के कारण संविधान सभा की यह समिति अपना काम पिछले अधिवेशन में पूरा नहीं कर सकी थी। के.एम. मुंशी ने कहा कि 'देश के कुछ भाग भारतवर्ष से तथा संविधान सभा की अधिकार सीमा से अलग हो गए हैं। ब्रिटिश पार्लियामेंट उस कानून को स्वीकार करने जा रही है, जिससे 15 अगस्त, 1947 को भारत स्वतंत्र हो जाएगा। यह वह घटना है, जिसकी प्रतीक्षा हम शताब्दियों से कर रहे हैं। सबसे महत्त्वपूर्ण बात यह है कि 16 मई की कैबिनेट मिशन योजना से जो बंधन संविधान सभा पर लगाए गए थे, वे अब हट गए है, इसलिए संविधान सभा का कार्यक्रम फिर से बनाया जाए।'[4]

के.एम. मुंशी ने अपने भाषण में समझाया कि '16 मई की कैबिनेट मिशन योजना का समस्त व्यावहारिक प्रयोजन के लिए अंत हो चुका है और हमारी सर्वाधिकार प्राप्त संस्था पूर्ण स्वतंत्र वातावरण में भावी संविधान के पुनर्निर्माण की ओर अग्रसर हो रही है।'[5] वह योजना क्या थी, इसे उनके ही शब्दों में समझें, '16 मई की योजना का एक आशय था···हर तरह से देश की अखंडता का निर्वाह करना। 16 मई की योजना में एक शक्तिशाली केंद्रीय सरकार का अखंडता रक्षक वेदी पर बलिदान किया गया था। योजना की सूक्ष्म परीक्षा करने के पश्चात् हम लोगों में से अनेक को यह विदित हुआ कि वह इतनी अशक्त अखंडता थी कि उत्पन्न होते ही नाश को प्राप्त हो जाती। 16 मई की योजना के अंतर्गत दो स्थितियाँ थीं—प्रारंभिक स्थिति और संघीय संविधान स्थिति।'[6] उन्होंने यह भी कहा, 'वस्तुतः 16 मई की योजना की बारंबार परीक्षा करने

पर वह मुझे बहुधा पितृघाती के उस बोरे के समान प्रतीत हुई, जिसका आविष्कार प्राचीन रोमन कानून द्वारा किया गया था। रोम के प्राचीन फौजदारी कानून के अनुसार जबकि कोई व्यक्ति बहुत घृणित अपराध करता था तो वह एक बंदर, एक साँप और एक मुरगे के साथ एक बोरे में बंद कर दिया जाता था। उस बोरे को टाइबर नदी में डाल दिया जाता था, जब तक वह डूब न जाए।'[7] स्पष्ट है कि कैबिनेट मिशन योजना भारत के टुकड़े-टुकड़े करने का एक भविष्यगत भ्रमजाल था।

के.एम. मुंशी का कहना था—'जितना अधिक हमने इस योजना पर विचार किया, उतना ही अधिक हमने इस योजना में अल्पसंख्यकों को अलग होने के लिए उत्सुक पाया, सांप्रदायिक भागों को परस्पर घातक पाया और अपने लिए दोहरा बहुसंख्यक खंड अपनी ही सत्ता को विषमय करते हुए पाया। मैं तो यह कहता हूँ कि ईश्वर को धन्यवाद है कि आखिरकार हम उस बोरे के बाहर निकल आए। उस योजना में पड़ने के लिए हमारे यहाँ न सांप्रदायिक विभाग और न दल हैं, न वैसी विस्तारपूर्वक कार्यप्रणाली है, जो योजना में बताई गई थी, न दोहरा बहुसंख्यक वाक्यखंड है, न अवशिष्ट अधिकारयुक्त कोई प्रांत है, न प्रांतों के लिए बाहर निकलने का विकल्प है, न दस वर्ष बाद पुनर्विचार करना है और न केंद्र के लिए अधिकारों की केवल चार श्रेणियाँ ही हैं। अत: हम अपनी इच्छानुसार एक ऐसा संघ बनाने में स्वतंत्रता का अनुभव करते हैं, जिसका केंद्र जितना हम बना सकते हैं, उतना शक्तिशाली हो…पर इसके लिए रियासतों को इस महान् कार्य में अपना योगदान करना होगा। हमें उन्हें भारत में मिलाना होगा। इसलिए व्यक्तिगत रूप से इस परिवर्तन पर मुझे तो कुछ भी खेद नहीं है। हमारा देश अब एकरूप है, यद्यपि हमारे सीमा प्रदेश सिकुड़ गए हैं, अर्थात् कुछ निकट आ गए हैं—इस समय हम केवल ऐसी ही आशा करें—और हम अपनी शक्ति और स्वतंत्रता के प्रिय उद्‌देश्य की ओर बिना किसी हिचकिचाहट के अग्रसर हो सकते हैं।'[8] उस संकट में के.एम. मुंशी का यह आशावाद संविधान सभा को मधुर संगीत की भाँति लगा होगा।

के.एम. मुंशी ने कहा कि '15 अगस्त को भारतवर्ष स्वतंत्र और स्वाधीन उपनिवेश हो जाएगा। हम उस स्थिति को यथासंभव शीघ्र ही प्राप्त करना चाहते हैं। हम अपना संविधान बनाना चाहते हैं, जो हमें आवश्यक शक्ति प्रदान करेगा। हमें यह नहीं भूलना चाहिए कि उपनिवेशीय संविधान में रियासतों के प्रतिनिधियों के लिए कोई स्थान नहीं है, जो 15 अगस्त को लागू होगा। इसलिए हम चाहते हैं कि संघीय संविधान शीघ्र लागू हो जाना चाहिए।'[9] इस भाषण के बाद उन्होंने अपनी रिपोर्ट संविधान सभा में रखी। के.एम. मुंशी ने संविधान सभा में 16 मई, 1946 को घोषित कैबिनेट मिशन की योजना का उल्लेख यों ही नहीं किया। उसका एक संदर्भ है। लॉर्ड माउंटबेटन को प्रधानमंत्री एटली ने कुछ हिदायतों के साथ भारत भेजा था। उनसे उन बातों को ध्यान में रखने के लिए कहा था। जैसे, पहली यह कि भारत में सरकार की स्थापना

कैबिनेट मिशन योजना के अनुरूप होनी चाहिए। दूसरी यह कि 1 अक्तूबर, 1947 तक यह न हो सके, तो ब्रिटिश सरकार को वे सूचित करें और बताएँ कि जून 1948 तक सत्ता का हस्तांतरण करने के लिए क्या किया जाना चाहिए। तीसरी यह कि सत्ता हस्तांतरण के लिए निश्चित तारीख से पहले किसी भी दावेदार को सर्वोच्च सरकार की शक्ति और कर्तव्य नहीं सौंपे जाएँ, लेकिन राज्यों के साथ वार्त्ता शुरू की जाए कि ब्रिटिश सम्राट् के साथ उनकी संगति किस प्रकार की जा सकेगी। चौथी यह कि अंतरिम सरकार के साथ वैसा ही व्यवहार किया जाए और उससे वैसी ही सलाह ली जाए, जैसी डोमिनियन सरकार से ली जाती थी। इस सरकार को दिन-प्रतिदिन के प्रशासन में अधिक-से-अधिक स्वतंत्रता दी जाए। इस तरह अंतरिम सरकार एक कामचलाऊ व्यवस्था थी।

माउंटबेटन ने एटली से असाधारण अधिकार हासिल कर लिए थे। इसका अर्थ व्यवहार में यह था कि उन्हें हर छोटे-बड़े फैसले के लिए सम्राट् की सरकार से बार-बार पूछने की जरूरत नहीं थी। इतिहासकार ताराचंद ने इसे इन शब्दों में बताया है, 'महामुगल के समान माउंटबेटन दिल्ली के तख्त पर आ बैठे।'[10] माउंटबेटन को एक जटिल गुत्थी सुलझानी थी। इसके लिए उन्होंने वायसराय की चली आ रही लीक को छोड़ा। अपने मित्र बनाए। उनसे सलाह ली। उस समय उनकी उम्र 46 साल की थी। स्पष्ट है कि वे अपने जीवन के सबसे अधिक क्षमतावान समय में भारत के वायसराय बने थे। उनमें स्पष्टवादिता थी। उनका एक आकर्षण तो था ही। पं. नेहरू पर खतरनाक हद तक उनका जादू चलता था। नेहरू का प्रभाव भी उन पर था। यह तो प्राय: सभी जानते हैं कि माउंटबेटन को उस समय की सबसे जटिल समस्या से रास्ता खोजने में वी.पी. मेनन ने मदद की। जहाँ वेवल ने वी.पी. मेनन को अपने पास पहुँचने तक की इजाजत नहीं दी, जबकि वे उनके स्टाफ में थे, वहीं माउंटबेटन ने वी.पी. मेनन की भरपूर मदद ली। उस प्रक्रिया का वर्णन वी.पी. मेनन ने अपनी पुस्तक 'दी ट्रांसफर ऑफ पावर इन इंडिया' में विस्तार से किया है। इसी तरह ब्रिटेन में भी एक श्रृंखला छपी। वह ब्रिटेन और भारत के संवैधानिक संबंधों को बताती है। उसमें 1942 से 1947 के दौरान सत्ता के हस्तांतरण का पूरा ब्रिटिश विवरण है।

माउंटबेटन ने अपनी एक कार्यपद्धति बनाई। एक समय एक व्यक्ति से बात की। उससे एक घंटे से ज्यादा बात नहीं की। बड़े नेताओं से अपनापा का संबंध बनाया। लेकिन यह तथ्य अज्ञात रहा है कि दूसरे मेनन यानी वी.के. कृष्ण मेनन ने माउंटबेटन की कितनी मदद की। इसे जानने-समझने से पहले माउंटबेटन और वी.के. कृष्ण मेनन के संबंधों को जानना जरूरी है। वी.के. कृष्ण मेनन पहली बार माउंटबेटन से उनके घर 1943 में मिले।

भारत के वायसराय बनकर जब माउंटबेटन आनेवाले थे, उससे पहले पं. नेहरू की सलाह से वी.के. कृष्ण मेनन उनसे दो बार मिले। 25 फरवरी और 13 मार्च, 1947। दूसरी मुलाकात

में वी.के. कृष्ण मेनन ने एक लंबा नोट दिया, जिसमें अंतरिम सरकार के संकट और अन्य बातों पर सलाह थी। भारत में संविधान सभा के महत्त्व को भी उस नोट में रेखांकित किया गया था। उसमें पंजाब और बंगाल के बँटवारे का जहाँ सुझाव था, वहीं यह भी सुझाव था कि कराची पाकिस्तान के हिस्से में रहे और कलकत्ता भारत के। क्या वह नोट जवाहरलाल नेहरू की सूचनाओं पर आधारित था? ऐसा ही लगता है। माउंटबेटन के पीछे-पीछे वी.के. कृष्ण मेनन भी दिल्ली पहुँचे। वैसे, जवाहरलाल नेहरू बार-बार पत्र लिखकर उन्हें अर्से से बुला भी रहे थे। उन पत्रों में पं. नेहरू मेनन से कहते हैं कि आओ, दिल्ली में कुछ दिनों तक ठहरो। नेहरू को मेनन की बड़ी जरूरत थी। 31 मार्च, 1947 को पं. नेहरू ने नाश्ते पर मेनन और माउंटबेटन में एक अनौपचारिक मुलाकात का अवसर उपस्थित किया। 5 अप्रैल को मेनन वायसराय माउंटबेटन से मिले। माउंटबेटन ने अपनी डायरी में दो बातें दर्ज की हैं। पहली यह कि माउंटबेटन ने मेनन से समझा कि क्या जिन्ना को सरकार बनाने का प्रस्ताव, जो गांधीजी का है, वह एक समाधान हो सकता है। मेनन ने नकारात्मक जवाब दिया। दूसरी बार मेनन 17 अप्रैल को माउंटबेटन से मिले। उनसे कहा कि अगर दिल्ली में मेरे रुकने का उपयोग है तो जब तक जरूरत रहेगी, मैं रुकूँगा। 22 अप्रैल की मुलाकात में मेनन ने जो सुझाया, वही वास्तव में वह फॉर्मूला था, जिसे माउंटबेटन ने अपनाया। उस फॉर्मूले से माउंटबेटन को अँधेरी सुरंग में रोशनी की झलक मिली। सोचा और मन-ही-मन अनुभव किया कि 'खोज लिया'।[11]

ज्यादातर इतिहासकारों ने माउंटबेटन के कामकाज के तरीके को सराहा है। उन्हें उस समय की जटिल समस्या का समाधान निकालने का श्रेय दिया है। पर माउंटबेटन ने अपने इंटरव्यू में अपनी सफलता के जो राज बताए हैं, उसे पढ़ें और उस समय की घटनाओं से जोड़ें तो यह स्पष्ट होता है कि वे एक योजना के अधीन काम कर रहे थे। वह भारत विभाजन की ही थी। अखंड भारत की संभावना पर उन्होंने सोचा ही नहीं। यह कहकर अपना पल्ला झाड़ लिया कि मुझे 18 माह बाद भेजा गया। मानो वे पहले आते तो भारत का विभाजन नहीं होता। तथ्य यह है कि माउंटबेटन चर्चिल और एटली की योजना पर काम कर रहे थे। ब्रिटिश हितों के लिए पाकिस्तान की जरूरत थी, जिसे वे लोक-लुभावन रीति से पूरा कर सके। एक तथ्य ऐसा है, जो गांधी वाङ्मय में है, पर उपेक्षित-सा है। यह तथ्य महात्मा गांधी के पत्र में है, जिसे उन्होंने 28 जून, 1947 को लिखा। उस पत्र का यह अंश एक प्रमाण है कि माउंटबेटन किस तरह सोचते थे और भारत विभाजन के लिए अलग-अलग लोगों को अलग-अलग तर्क देते थे, 'आपने मुझे फिर यह कहकर चौंकाया कि यदि अंग्रेजों की हुकूमत के दौरान विभाजन न हुआ होता तो हिंदू, बहुसंख्यक होने के कारण विभाजन कभी न होने देते और मुसलमानों को जोर-जबरदस्ती से अपने अधीन रखते। उस पर मैंने आपसे कहा था, यह भारी भूल है। इस संबंध में संख्या का प्रश्न बिल्कुल बेकार है और उसकी मिसाल यह दी थी कि एक लाख से भी कम अंग्रेज सिपाहियों

ने भारत को पूरी तरह अपने अधीन रखा। आपके दोनों दृष्टांतों में कोई समानता नहीं थी। मैंने कहा था कि अंतर केवल मात्रा का है।'[12] यह पत्र गोपनीय था। गांधीजी ने अपने किसी सहयोगी को नहीं दिखाया था। प्रश्न पूछा जा सकता है कि उन्होंने यह पत्र वायसराय को क्यों लिखा, जबकि कांग्रेस विभाजन स्वीकार कर चुकी थी। गांधीजी ने उसका समर्थन कर दिया था। फिर भी एक पखवाड़े बाद उन्होंने माउंटबेटन को लिखा। बातचीत की इच्छा प्रकट की। उस पत्र पर जो भी प्रश्न हो सकते हैं, उसका अंतिम वाक्य स्पष्टीकरण देता है, 'मैं चाहता हूँ कि आपको उन गलतियों से बचाऊँ, जो मुझे दिखाई देती हैं। केवल इसी आशय से यह पत्र लिखा है।'[13]

वी.के. कृष्ण मेनन पहले व्यक्ति हैं, जिन्होंने भारत विभाजन की सलाह उन्हें दी। यह तथ्य 'ए चेकर्ड ब्रिलिएंस—द मेनी लाइव्स ऑफ वी.के. कृष्ण मेनन' पुस्तक में माउंटबेटन के हवाले से उजागर हुआ है। माउंटबेटन ने अपनी डायरी में लिखा है कि मैंने वी.के. कृष्ण मेनन से पूछा कि आप क्या समाधान बताते हैं? मेनन ने उनसे कहा कि अगर हमें जून 1948 से पहले डोमिनियन स्टेटस मिल जाता है तो विरोध में कोई आवाज नहीं उठेगी। भारत और पाकिस्तान को एक समान दर्जा दे देने से समस्या हल हो जाएगी। मेनन के जीवनी लेखक जयराम रमेश ने लिखा है कि 'पं. नेहरू मेनन का अपने अनौपचारिक दूत के रूप में उपयोग कर रहे थे।'[14] इतना ही नहीं, मेनन ही नेहरू का प्रतिनिधित्व कर रहे थे।

लैरी कॉलिंस और डॉमिनिक लैपियर की पुस्तक 'माउंटबेटन और भारत का विभाजन' इंटरव्यू पर आधारित है। प्रश्नोत्तर शैली में है। उसमें माउंटबेटन एक जगह कहते हैं कि 'जासूस कहना गलत होगा, लेकिन कृष्ण मेनन और वी.पी. मेनन मेरे संपर्क सूत्र थे, इसलिए कांग्रेस के भंग हो जाने की आशंका मुझे हो गई थी। मैंने इसकी गुंजाइश नहीं रखी। अगर मेरे वे संपर्क सूत्र न होते, तो मुझे समय रहते पता नहीं लगता। तब मुश्किल हो जाती।'[15] इन दो मेननों से माउंटबेटन ने नेहरू और पटेल को अपने अनुकूल किया। इससे माउंटबेटन की कार्य प्रणाली भी समझी जा सकती है। एक दिन उन्होंने वी.पी. मेनन को बुलाया। मेनन को आश्चर्य हुआ। कारण कि वायसराय वेवल ने पहले उनको कभी बात करने के लिए नहीं बुलाया था। माउंटबेटन के इंटरव्यू में वी.पी. मेनन के बारे में यह छपा है—'उस दिन पहली मुलाकात में ही मुझे लगा कि मैं उनके साथ काम कर सकूँगा। वह बुद्धिमान थे, ईमानदार थे, ऐसे प्रस्ताव रखते, जो स्वीकार किए जा सकते थे। फिर मुझे पता चला कि उनके व्यक्तिगत संबंध पटेल से हैं तो मैंने गुप्त रूप से उनका उपयोग करना शुरू किया।'[16]

इस पर लेखकद्वय ने पूछा कि नेहरू के साथ भी ऐसी कोई कड़ी थी? माउंटबेटन का जवाब है—'नेहरू के साथ मेरी अनौपचारिक कड़ी कृष्ण मेनन थे, जिनसे मेरी दोस्ती इंग्लैंड में हुई थी। अजीब आदमी थे।'[17] माउंटबेटन को 'यह निश्चित करना था कि दो वैकल्पिक योजनाओं में से किसको पसंद किया जाए। एक योजना तो भारत की एकता को बचाए रखना

चाहती थी। परंतु स्वायत्त प्रांतों को अधिक-से-अधिक शक्ति देकर उनके कुछ संघ बनाना चाहती थी, जिसमें उनके ही संविधान होते। दूसरी योजना यह थी कि भारत का विभाजन करके दो सर्वसत्ता-संपन्न और स्वतंत्र राज्य बना दिए जाएँ। प्रत्येक राज्य में एक समुदाय का बहुमत हो। प्रथम योजना उस समय के प्रांतों को ज्यों-का-त्यों रखना चाहती थी और केंद्र को नि:सत्व बना देने का विचार था। दूसरी योजना के अनुसार पंजाब, बंगाल और असम के प्रांतों के दो प्रांत बननेवाले थे, जिन जिलों में हिंदुओं का बहुमत था, उन्हें मुसलिम जिलों से पृथक् करना था।'[18]

इन योजनाओं पर माउंटबेटन ने महात्मा गांधी, जिन्ना, नेहरू, पटेल आदि से अलग-अलग बात की। गवर्नरों की कॉन्फ्रेंस बुलाई। अपने स्टाफ से बात करके दिमाग की सफाई करते थे। उसी दौरान वी.के. कृष्ण मेनन की सलाह पर माउंटबेटन सपरिवार शिमला गए। योजना यह थी कि वे और पं. नेहरू दिल्ली की गरमी से दूर शांत वातावरण में हल खोज सकें। वहाँ पं. नेहरू भी पहुँचे। यह 8 मई, 1947 की बात है। लेकिन उससे पहले ही माउंटबेटन ने भारत विभाजन की एक योजना लंदन भेज दी थी, जो वहाँ से मंजूर होकर आई थी। वह माउंटबेटन ने नेहरू को पढ़ने के लिए दी। उसे पढ़कर नेहरू अपना आपा खो बैठे। वहाँ दोनों मेनन थे। रात के दो बजे नेहरू वी.के. कृष्ण मेनन के कमरे में पहुँचे। उस योजना पर अपना गुस्सा उतारा। फिर वी.के. मेनन से बात कर सुबह यानी 11 मई को माउंटबेटन को पत्र लिखा। उन्हें बताया कि मूल योजना पर मेरी सहमति है, इस पर नहीं। एटली सरकार ने मूल योजना में एक परिवर्तन कर दिया था। मूल योजना भारत और पाकिस्तान को डोमिनियन स्टेटस देने की थी। रियासतों को उन पर छोड़ दिया गया था। लेकिन एटली सरकार ने रियासतों को भी डोमिनियन स्टेटस देने का संशोधन कर उसे मंजूरी देते हुए माउंटबेटन को भेज दिया था। जिसे पढ़ने के बाद नेहरू भड़क गए थे। यह टिप्पणी की थी कि 'यह तो भारत का बाल्कनाइजेशन है।'[19] उसे 'प्लान बाल्कन' के रूप में याद किया जाता है। उसमें 600 रियासतों को भी डोमिनियन स्टेटस दे दिया गया था।

माउंटबेटन ने इंटरव्यू में बताया है कि 'मैंने तब अलग से वी.पी. मेनन से बात की। उनसे कहा कि हम इस स्थिति को कैसे सँभाल सकते हैं? मुझे लगता है कि इसका नया मसौदा तैयार करना होगा। हम अपनी स्थिति नहीं बदल सकते हैं। विभाजन हमें स्वीकार करना होगा। तब वी. पी. मेनन ने एक दूरगामी प्रस्ताव मेरे सामने रखा। उसमें विशेष बात यह थी कि 1935 में भारत शासन अधिनियम के अंतर्गत 'डोमिनियन स्टेटस' का इस्तेमाल किया गया था और वह सफल रहा। वी.पी. मेनन ने हर कदम पर मेरी सलाह ली।'[20] जो वी.पी. मेनन ने योजना बनाई, उसे लेकर माउंटबेटन लंदन गए। मंजूरी ली। अपने साथ वी.पी. मेनन को भी ले गए। इतिहासकार ताराचंद ने लिखा है—'कांग्रेस यह वादा कर चुकी थी कि भारत स्वतंत्र और सर्वसत्तात्मक देश बनेगा। नेहरू इस स्वरूप पर बहुत जोर देते थे, परंतु वे भारत को ब्रिटिश राष्ट्रमंडल का सदस्य

बनाने के पक्ष में थे, उधर पटेल नहीं थे। वी.पी. मेनन ने उनमें यह विचार भर दिया था कि ऐसी डोमिनियन स्टेटस, जो ब्रिटिश राष्ट्रमंडल से अलग हो सके, स्वाधीनता के ही बराबर है और डोमिनियन स्टेटस स्वीकार कर लेने से तुरंत ही स्वराज्य प्राप्त हो जाएगा तथा पकिस्तान बन जाने से बड़ा छुटकारा मिल जाएगा और रात-दिन के झगड़े का अंत हो जाएगा। इसलिए पटेल डोमिनियन स्टेटस से संतुष्ट थे। नेहरू और पटेल दोनों ही चाहते थे कि केंद्रीय सरकार शक्तिशाली हो, परंतु भारत की एकता के लिए वे प्रांतों को अधिक-से-अधिक स्वायत्त शासन देने के लिए तैयार थे।'[21] नेहरू और पटेल की इस सहमति से भारत विभाजन का निर्णय हुआ, जिसे कांग्रेस और संविधान सभा ने भी माना।

डॉ. बी. पट्टाभि सीतारमय्या ने कांग्रेस के इतिहास में लिखा है कि 'जब निश्चित तिथि आई, तो 2 जून, 1947 को वायसराय माउंटबेटन ने थोड़े से नेताओं को दावत दी। जवाहरलाल तथा बल्लभभाई पटेल कांग्रेस के प्रतिनिधि थे। कांग्रेस अध्यक्ष आचार्य जे.बी. कृपलानी का कहीं नाम नहीं था। कुछ दिनों से कांग्रेस के प्रधान को बराय नाम माना जाने लगा था।'[22] 3 जून, 1947 को ब्रिटिश सरकार ने भारत विभाजन की घोषणा कर दी। कांग्रेस का एक विशेष अधिवेशन 14-15 जून को नई दिल्ली में हुआ। अध्यक्ष कृपलानी सहित 218 नेता उपस्थित थे। उसमें संविधान सभा के ज्यादातर सदस्य भी थे। बहुत विवाद हुआ। अंत में कांग्रेस कार्यसमिति का प्रस्ताव 29 के विरुद्ध 153 के बहुमत से पारित हुआ। कुछ सदस्य तटस्थ रहे। जो प्रस्ताव पारित हुआ, उसका विभाजन संबंधी अंश इस तरह है—'3 जून, 1947 की घोषणा से हिंदुस्तान के कुछ भाग अलग हो जाएँगे। कांग्रेस इसे मान रही है।'[23] वहाँ महात्मा गांधी उपस्थित थे। कांग्रेस अध्यक्ष आचार्य जे.बी. कृपलानी के अनुरोध पर चालीस मिनट बोले। उनके भाषण के यह अंश साररूप है—'इतना तो आप मानेंगे कि देश के टुकड़े होने का जितना दर्द मुझे हो सकता है, उतना और किसी को नहीं होगा।'[24]... 'लेकिन हमारा (कांग्रेस का) संविधान ऐसा है और आपका धर्म भी है कि यदि आप मानते हैं कि यह (कार्यसमिति) गलती पर है और उन्हें हटाना चाहिए तथा क्रांति कर देनी चाहिए और सारी बागडोर अपने हाथ में ले लेनी चाहिए तथा ऐसा करने की आप अपने में भी ताकत महसूस करते हैं तो आपको ऐसा करने का पूरा अधिकार है। लेकिन मैं अपने में वह ताकत आज नहीं देखता हूँ। अगर देखूँ तो मैं भी साथ दूँ। अगर मैं ताकत अनुभव करता तो अकेला बागी बन जाता। पर आज मुझे ऐसा नहीं दिखता है।'...'सबसे जरूरी बात यह है कि हम समय को समझें। यह समय ऐसा है कि हम सब अपनी जबान पर लगाम लगाएँ और वही करें, जो हिंदुस्तान के लिए भला हो।'[25]

अपने भाषण में महात्मा गांधी ने दो बातें कहीं। पहली यह कि कांग्रेस कार्यसमिति का यह निर्णय है। उनके इस कथन का अर्थ वहाँ उपस्थित कांग्रेसजन भलीभाँति समझ रहे थे। उन्हें यह मालूम था कि कांग्रेस कार्यसमिति के अध्यक्ष के अलावा अठारह में से चौदह सदस्य संविधान

सभा में सक्रिय थे। वे उसके सदस्य थे। गांधीजी ने कहा कि अगर उसे कांग्रेस नहीं मानती है तो उसका यह अधिकार है। लेकिन जो लोग ऐसा करेंगे, उन्हें नेतृत्व देने के लिए तैयार रहना चाहिए। इसे ही समझाने के लिए उन्होंने यह कहा, 'आलोचना तो मैं कर लेता हूँ, पर इससे आगे क्या? क्या मैं उसका भार उठा लूँ? क्या मैं नेहरू बनूँ? सरदार बनूँ? या राजेंद्र बाबू बनूँ? मुझे भी अगर आप इस काम में लगा दें, तो मैं नहीं कह सकता कि मैं क्या कर पाऊँगा।'[26] इसी आधार पर उन्होंने समय की अनिवार्यता का सहारा लिया। दूसरी बात, जो उन्होंने संकेतों में कही, वह यह थी कि कांग्रेस का जो नेतृत्व आज है, वह एक दिन में नहीं बना है। वह सालों के संघर्ष में से तपकर निकला है। उसे हटाकर कोई हल न तो संभव है और न ही उस नेतृत्व को हटाया जा सकता है। वह नेतृत्व ही समय का तकाजा है।

ये वही गांधीजी थे, जिन्होंने माउंटबेटन से अपनी दूसरी मुलाकात में सुझाया था कि नेहरू की अंतरिम सरकार को भंग कर दीजिए और जिन्ना को अपनी सरकार बनाने की पूरी आजादी दीजिए। वे जैसा चाहें, वैसा करें। किसे मंत्री बनाना है और उसमें कितने हिंदू रहेंगे और कितने मुसलमान, यह भी उन्हें तय करने दीजिए। इस सुझाव ने वायसराय को चौंका दिया था। वे सोचने लगे थे कि क्या यह काम करेगा! उन्हें अधिक मानसिक व्यायाम नहीं करना पड़ा, क्योंकि कांग्रेस के नेताओं ने इस सुझाव को सिरे से नकार दिया। इतिहासकार आर.सी. मजुमदार ने 'स्ट्रगल फॉर फ्रीडम' में बताया है कि 'माउंटबेटन ने भारत विभाजन के लिए जिस एक तर्क को आधार बनाया और उसे कांग्रेस के नेताओं के गले उतारा, वह यह था कि कैबिनेट मिशन योजना में केंद्र की सरकार बहुत कमजोर होगी, जबकि उनकी योजना में केंद्र की सरकार मजबूत होगी। मुसलिम प्रांतों के अलग हो जाने के बाद शेष भारत को ऐसा संविधान बनाने का अवसर सुलभ हो जाएगा, जिसमें एक मजबूत केंद्रीय सरकार होगी। वह भारत की एकता के लिए उपलब्धि होगी। आदर्शवाद को अवश्य नुकसान होगा, लेकिन व्यावहारिक राजनीति फायदे में होगी। इस तर्क ने कांग्रेस नेताओं पर जादू कर दिया।'[27] यह वह तर्क था, जो पहले वी.पी. मेनन ने दिया, जिसे पटेल ने समझा। पटेल ने गांधीजी को समझाया। गांधीजी ने इसी तर्क को अपने शब्दों में बढ़ाया। भारत विभाजन पर कांग्रेस का नेतृत्व सहमत हो गया। भले ही सबके तर्क अलग हों।

## संदर्भ—


1. ए. चेकर्ड ब्रिलिएंस, द मेनी लाइव्स ऑफ वी.के. कृष्ण मेनन, जयराम रमेश, अध्याय : असिस्टिंग नेहरू ऐंड माउंटबेटन, 1947, पृ. 286
2. भारतीय संविधान सभा के वाद-विवाद की सरकारी रिपोर्ट (हिंदी संस्करण), अंक-4, संख्या-1, 14 जुलाई, 1947, पृ. 8
3. वही, पृ. 1
4. वही, पृ. 15

5. वही, पृ. 15
6. वही, पृ. 15
7. वही, पृ. 16
8. वही, पृ. 16-17
9. वही, पृ. 18
10. भारतीय स्वतंत्रता आंदोलन का इतिहास, खंड-4, ताराचंद, अध्याय : देश का विभाजन और स्वतंत्रता-3, पृ. 587
11. ए. चेकर्ड ब्रिलिएंस, द मेनी लाइव्स ऑफ वी.के. कृष्ण मेनन, जयराम रमेश, अध्याय : असेस्टिंग नेहरू ऐंड माउंटबेटन, 1947, पृ. 291
12. संपूर्ण गांधी वाङ्मय, खंड-88, लॉर्ड माउंटबेटन को, पृ. 202
13. वही, पृ. 203
14. ए. चेकर्ड ब्रिलिएंस, द मेनी लाइव्स ऑफ वी.के. कृष्ण मेनन, जयराम रमेश, अध्याय : असेस्टिंग नेहरू ऐंड माउंटबेटन, 1947, पृ. 298
15. मांउटबेटन और भारत का विभाजन, लैरी कॉलिंस और डॉमिनिक लैपियर, पृ. 79
16. वही, पृ. 46
17. वही, पृ. 47
18. ए. चेकर्ड ब्रिलिएंस, द मेनी लाइव्स ऑफ वी.के. कृष्ण मेनन, जयराम रमेश, अध्याय : असेस्टिंग नेहरू ऐंड माउंटबेटन, 1947, पृ. 292
19. वही, पृ. 294
20. मांउटबेटन और भारत का विभाजन, लैरी कॉलिंस और डॉमिनिक लैपियर, पृ. 71
21. भारतीय स्वतंत्रता आंदोलन का इतिहास, खंड-4, ताराचंद, अध्याय : देश का विभाजन और स्वतंत्रता-3, पृ. 592
22. कांग्रेस का इतिहास, भाग-3, डॉ. पट्टाभि सीतारमय्या, अध्याय : उपसंहार, पृ. 398
23. वही, पृ. 400
24. संपूर्ण गांधी वाङ्मय, खंड-88, अखिल भारतीय कांग्रेस कमेटी की बैठक में भाषण-14 जून, 1947, पृ. 135
25. वही, पृ. 136
26. वही, पृ. 136
27. स्ट्रगल फॉर फ्रीडम, आर.सी. मजुमदार, अध्याय : द लास्ट डेज ऑफ ब्रिटिश रूल, पृ. 770

□

# 33

# सत्ता का हस्तांतरण कहाँ हुआ!

संविधान सभा का वह पाँचवाँ अधिवेशन था। 182 साल की ब्रिटिश पराधीनता का अंत होने जा रहा था। 1765 में ईस्ट इंडिया कंपनी ने बंगाल, बिहार और उड़ीसा में राजस्व वसूलने की शुरुआत की थी। रात के ग्यारह बज रहे थे। सन् 1947 में अगस्त की 14 तारीख थी। अध्यक्ष डॉ. राजेंद्र प्रसाद ने आसन ग्रहण किया। सूचना दी कि कार्यक्रम का पहला विषय है, वंदे मातरम् का गान। सुचेता कृपलानी ने वंदे मातरम् का पहला पद गाया। तत्पश्चात् अध्यक्ष डॉ. राजेंद्र प्रसाद के ये उद्गार हैं—'हमारे इतिहास के इस अहम मौके पर जब वर्षों के संघर्ष और जद्दोजहद के बाद हम अपने देश के शासन की बागडोर अपने हाथों में लेने जा रहे हैं, हमें उस परमपिता परमात्मा को याद करना चाहिए, जो मनुष्यों और देशों के भाग्य को बनाता है और हम उन अनेकानेक, ज्ञात और अज्ञात, जाने और अनजाने पुरुषों और स्त्रियों के प्रति श्रद्धांजलि अर्पित करते हैं, जिन्होंने इस दिन की प्राप्ति के लिए अपने प्राण न्योछावर कर दिए, हँसते-हँसते फाँसी के तख्तों पर चढ़ गए, गोलियों के शिकार बन गए, जिन्होंने जेलखानों में और कालापानी के टापू में घुल-घुलकर अपने जीवन का उत्सर्ग किया, जिन्होंने बिना संकोच माता-पिता, स्त्री-संतान, भाई-बहन, यहाँ तक कि देश को भी छोड़ दिया और धन-जन सबका बलिदान कर दिया। आज उनकी तपस्या और त्याग का ही फल है कि हम इस दिन को देख रहे हैं।'[1] उन्होंने महात्मा गांधी को इन शब्दों में याद किया, 'तीस वर्षों से वे हमारे पथ-प्रदर्शक और एकमात्र आशा, उत्साह की

ज्योति बने रहे हैं। हमारी संस्कृति और जीवन के उस मर्म के वे प्रतीक हैं, जिसने हमको इतिहास की आफतों और मुसीबतों में जिंदा रखा।'[2]

डॉ. राजेंद्र प्रसाद ने भारत विभाजन के प्रसंग पर कहा कि 'जिस देश को ईश्वर और प्रकृति ने एक बनाया था, उसके आज दो टुकड़े हो गए हैं।'[3] उन्होंने यह जोड़ा कि 'इस बँटवारे से हमारे दिल में दु:ख है। मगर इसके बावजूद हम पाकिस्तान के लोगों को उनकी नेकनीयती और उनकी तरक्की के लिए अपनी सदिच्छा प्रकट करना चाहते हैं।'[4] अंत में उन्होंने कहा कि 'हिंदुस्तान में जो अल्पसंख्यक लोग हैं, उनको हम आश्वासन देना चाहते हैं कि उनके साथ ठीक और इनसाफ का बरताव होगा।'[5] अध्यक्ष के भाषण के बाद शहीदों को मौन श्रद्धांजलि दी गई। संविधान सभा उनके सम्मान में दो मिनट खड़ी रही। इसके बाद पं. जवाहरलाल नेहरू ने एक प्रस्ताव रखा। वह स्वतंत्र भारत की संविधान सभा के सदस्य की शपथ का प्रारूप था। उससे पहले पं. नेहरू ने वह भाषण दिया, जो यादगार बन गया। जिसमें उन्होंने कहा कि 'कई वर्ष हुए कि हमने किस्मत से एक बाजी लगाई थी, एक इकरार किया था, प्रतिज्ञा की थी। अब वक्त आया है कि हम उसे पूरा करें। बल्कि वह पूरी तो शायद अभी भी नहीं हुई, लेकिन फिर भी एक बड़ी मंजिल पूरी हुई। हम वहाँ पहुँचे हैं। मुनासिब है कि ऐसे वक्त में पहला काम हमारा यह हो कि हम प्रण और एक नई प्रतिज्ञा फिर से करें।'[6] एक बात और उन्होंने कही कि 'जब हम आजादी के दरवाजे पर खड़े हैं, हम इसको खासतौर से याद रखें कि हिंदुस्तान किसी एक फिरके का मुल्क नहीं है, एक मजहबवालों का नहीं है, बल्कि बहुत सारे और बहुत किस्म के लोगों का है। बहुत धर्म और मजहबों का है।'[7] मुसलिम लीग के नेता चौधरी खलीकुज्जमा ने नेहरू के प्रस्ताव का समर्थन किया और कहा कि 'मैं समझता हूँ, हर वह सदस्य, जो यहाँ मौजूद है, निहायत ईमानदारी के साथ इस शपथ को लेगा और इस देश की सेवा में अपनी तमाम जिंदगी लगा देगा।'[8] स्वाधीनता प्राप्ति के उस ऐतिहासिक अवसर पर संविधान सभा में चार ही भाषण हुए। उनमें एक चौधरी खलीकुज्जमा का था। वे उत्तर प्रदेश से थे। उन्होंने जो कहा, उसका सीधा अर्थ यह निकलता है कि वे भारत की सेवा में अपना जीवन अर्पित करेंगे। अफसोस है कि वे कुछ महीने बाद ही जिन्ना के दबाव में अपना कहा भूलकर पाकिस्तान पहुँचे। पाकिस्तान के होकर रह गए। 1973 तक वे जीवित थे। उनकी चर्चित पुस्तक है—'पाथ वे टू पाकिस्तान'। लाहौर से 1961 में छपी।

उस अवसर पर सदस्यों में से सिर्फ डॉ. एस. राधाकृष्णन का भाषण हुआ। उन्होंने कहा कि 'आज के दिन को लेकर इतिहास रचा जाएगा। गाथाएँ प्रस्तुत की जाएँगी। हमारे गणतंत्र प्राप्ति के इतिहास में आज का दिन विशेष महत्त्वपूर्ण है, इससे हमारा एक नया क्रम प्रारंभ होता है। जब हम आज दासता और पराधीनता से मुक्त होकर स्वतंत्रता के प्रांगण में पदार्पण कर रहे हैं तो वस्तुत: यह आनंद का अवसर है। यह बड़े ही संतोष और प्रसन्नता का विषय है कि

इस परिवर्तन को इतने सुव्यवस्थित रूप से मर्यादापूर्वक कार्यान्वित किया जा रहा है। हाउस ऑफ कॉमन्स में मि. एटली ने जब यह कहा कि यह पहला महान् उदाहरण है, जब एक सुदृढ़, शक्तिशाली साम्राज्यवादी राज्य अपनी सत्ता अपने शासितों को सौंप रहा है, जिन पर उसने प्राय: दो शताब्दियों तक बड़ी दृढ़ता से और बलपूर्वक शासन किया है, तो उन्होंने एक अभिमान और गौरव का बोध किया था, जो स्पष्ट था। इसकी तुलना के लिए उन्होंने दक्षिणी अफ्रीका से ब्रिटेन के हट जाने का उदाहरण उपस्थित किया था। परंतु जिस परिस्थिति में और जिस पैमाने पर ब्रिटेन आज भारत से हट रहा है, उसकी तुलना में दक्षिणी अफ्रीका से उसका हटना कुछ भी नहीं है। जब हम आज इंडोनेशिया में डच लोगों के कारनामे देखते हैं, जब हम यह देखते हैं कि फ्रांस किस तरह आज अपने उपनिवेशों से चिपटा हुआ है, तो अंग्रेजों के राजनीतिक साहस और बुद्धिमत्ता की प्रशंसा किए बिना नहीं रहा जाता।'[9] उनके इस कथन पर संविधान सभा में हर्ष-ध्वनि हुई। इस पर आश्चर्य होता है। पं. मदनमोहन मालवीय अगर संविधान सभा में होते, तो क्या वे हर्ष-ध्वनि में शामिल हो जाते? यह कोई काल्पनिक प्रश्न नहीं है। इसका एक ऐतिहासिक आधार है। पं. मदनमोहन मालवीय उन विरले राष्ट्र नेताओं में से थे, जिन्हें दूसरे अधिवेशन से ही कांग्रेस में नेतृत्वकारी भूमिका मिल गई थी। वे आखिरी बार फैजपुर कांग्रेस में शामिल हुए थे। वह 28 दिसंबर, 1936 की तारीख थी। जिसमें उन्होंने अपने प्रेरक भाषण में एक भविष्यवाणी थी कि आप स्मरण रखें कि अंग्रेज जब तक आपसे डरेंगे नहीं, तब तक यहाँ से नहीं भागेंगे। इसमें यह भी उन्होंने जोड़ा था कि अपनी कायरता को दूर भगा दो, बहादुर बनो और प्रतिज्ञा करो कि आजाद होकर ही हम दम लेंगे। महामना को यहाँ स्मरण करना इसलिए जरूरी हो गया है, क्योंकि सचमुच और कारणों के अलावा अंग्रेजों ने भारत छोड़ने और सत्ता के हस्तांतरण का जो निर्णय किया, उसमें नौसेना विद्रोह से उत्पन्न उनकी असहाय स्थिति भी थी। इसे संविधान सभा ने अपनी आँख से ओझल कर दिया।

भारत विभाजन पर डॉ. राधाकृष्णन का कहना था कि 'राजनीतिक दृष्टि से हम भले ही विभक्त हो गए हों, पर हमारी सांस्कृतिक एकता अभी पूर्ववत् बनी हुई है। हमारा कर्तव्य है कि हम उन सांस्कृतिक बंधनों को स्थायी बनाए रखें, जिनके कारण अब तक हम एक प्राण थे।'[11] संविधान सभा की नजर घड़ी पर थी। उस ऐतिहासिक अवसर पर पं. नेहरू के बाद सिर्फ डॉ. राधाकृष्णन ही बोलेंगे। यह निर्णय जवाहरलाल नेहरू का ही था। 'दो दिन पहले पं. नेहरू ने डॉ. राधाकृष्णन से अनुरोध किया कि मेरे बाद 14 अगस्त, 1947 की रात में संविधान सभा के पटल पर आप को तब तक बोलना है, जब तक अर्धरात्रि के 12 बजे की घड़ी न आ जाए।'[12] ठीक 12 बजे यानी आधी रात से आधा मिनट पहले डॉ. राजेंद्र प्रसाद ने सूचना दी कि 'घड़ी के 12 बजे की घंटी देने की मैं प्रतीक्षा ही कर रहा हूँ।' जैसे ही 12 बजे कि अध्यक्ष और सदस्यगण खड़े हो गए। सामूहिक प्रतिज्ञा की। वह इस प्रकार थी—'मैं संविधान सभा का एक सदस्य हूँ।

बड़ी विनम्रता से स्वयं को भारत की सेवा में अर्पित करता हूँ, जिससे यह प्राचीन देश संसार में अपना उचित और गौरवपूर्ण स्थान पा सके। संसार में शांति स्थापना करने और मानवजाति के कल्याण में अपनी पूरी शक्ति खुशी-खुशी लगा सके।'[13]

'सत्ता का हस्तांतरण' जिस शब्द की अनुगूँज है, जो हर भारतीय नागरिक के मन-मस्तिष्क में अंकित है। प्रश्न यह है कि क्या वास्तव में हर कोई सत्ता हस्तांतरण की प्रक्रिया से परिचित है? दूसरा प्रश्न भी कम महत्त्व का नहीं है, वह यह कि क्या किसी रूप में भारत सरकार ने नागरिकों को इससे परिचित कराने का प्रयास किया? शब्द से परिचित होना एक बात है, पर प्रक्रिया से परिचय बिल्कुल भिन्न होता है। थोड़ी सी खोज करें तो पाएँगे कि यह भारतीय राजनीति और इतिहास का सबसे भ्रष्ट शब्द हो गया है। हर व्यक्ति के लिए इसका अपना अर्थ है। ऐसा जब किसी शब्द के साथ होता है, तो वह अपना अर्थ खोता जाता है। सत्ता हस्तांतरण के साथ भी ऐसा ही हुआ है। क्या इसलिए यह शब्द अर्थहीन होता गया, क्योंकि उसके संदर्भ को अस्पष्ट रखा गया है। एक मिथक का घेरा इस शब्द के चारों तरफ अनुभव किया जा सकता है। स्पष्टता के लिए यह जानना जरूरी है कि सत्ता का हस्तांतरण कहाँ हुआ? किनके बीच हुआ? कितने लोग जानते हैं कि सत्ता का हस्तांतरण संविधान सभा में हुआ। क्या उसकी कार्यवाही से लोग परिचित हैं? कार्यवाही में ही यह दर्ज है कि अध्यक्ष डॉ. राजेंद्र प्रसाद ने उस रात संविधान सभा में तीन बातें कहीं—एक, 'संविधान सभा ने भारत का शासनाधिकार ग्रहण कर लिया है।'[14] स्पष्ट है कि ब्रिटिश शासन ने संविधान सभा को सत्ता हस्तांतरित की। दो, 'संविधान सभा ने इस सिफारिश को स्वीकार कर लिया है कि 15 अगस्त, 1947 से लॉर्ड माउंटबेटन इंडिया के गवर्नर जनरल हों।'[15] तीन, 'यह संदेश अध्यक्ष तथा पं. जवाहरलाल नेहरू द्वारा लॉर्ड माउंटबेटन के पास पहुँचाया जाए।'[16] उनके प्रस्ताव की तीनों बातों को संविधान सभा ने हर्ष ध्वनि से स्वीकार किया। उसके बाद हंसा मेहता ने भारतीय महिलाओं की ओर से स्वतंत्रता के प्रतीक राष्ट्रीय ध्वज को प्रस्तुत किया। 'सारे जहाँ से अच्छा हिंदोस्ताँ हमारा' और 'जन-गण-मन अधिनायक जय हे', गान की कुछ पंक्तियों को सुचेता कृपलानी ने अंत में गाया। इस तरह संविधान सभा का वह विशेष अधिवेशन अगले दिन यानी 15 अगस्त को पुनः संपन्न करने के लिए स्थगित हुआ। उसी रात डॉ. राजेंद्र प्रसाद और पं. जवाहरलाल नेहरू ने लॉर्ड माउंटबेटन को संविधान सभा के गवर्नर जनरल संबंधी प्रस्ताव की सूचना दी, जिसे उन्होंने सहर्ष स्वीकार किया। लॉर्ड माउंटबेटन चाहते थे कि जवाहरलाल नेहरू, सरदार पटेल और जिन्ना उनसे दोनों उपनिवेश देशों का संयुक्त गवर्नर जनरल बनने का आग्रह करें। जिन्ना ने इसे नहीं माना। ऐसी स्थिति में वे असमंजस में थे। लेकिन एटली और चर्चिल ने उनसे कहा कि वे कांग्रेस नेतृत्व का आग्रह स्वीकार कर लें। इस तरह स्वतंत्र भारत के वे पहले गवर्नर जनरल हुए, जबकि पाकिस्तान के गवर्नर जनरल जिन्ना बने।

15 अगस्त को 10 बजे संविधान सभा उत्सव के माहौल में शुरू हुई। उससे पहले शपथ-ग्रहण समारोह हुआ। आज के राष्ट्रपति भवन (तब के वायसराय हाउस) में मुख्य न्यायाधीश हरिलाल जेकिसुनदास कनिया ने लॉर्ड माउंटबेटन को गवर्नर जनरल की शपथ दिलाई। फिर बारी थी, नए मंत्रिमंडल के शपथ की। गवर्नर जनरल लॉर्ड माउंटबेटन ने जवाहरलाल नेहरू को प्रधानमंत्री पद की और उनके मंत्रिमंडल के सदस्यों को शपथ दिलाकर नई शुरुआत की। वहाँ से वे संविधान सभा आए, जहाँ अध्यक्ष डॉ. राजेंद्र प्रसाद के साथ लॉर्ड माउंटबेटन और उनकी पत्नी ने सदन में प्रवेश किया। सबसे पहले अध्यक्ष ने विदेशों से प्राप्त शुभकामना संदेशों को पढ़ा। उसके बाद उन्होंने कहा, 'क्या मैं योर एक्सीलेंसी से सभा के समक्ष भाषण देने को कहूँ?'[17] इस ढंग से उन्होंने गवर्नर जनरल लॉर्ड माउंटबेटन से भाषण का अनुरोध किया। लॉर्ड माउंटबेटन ने पहले सम्राट् का संदेश सुनाया। वह चार हिस्से में है। पहला हिस्सा है—'इस ऐतिहासिक दिन, जबकि भारत ब्रिटिश राष्ट्रमंडल में एक स्वतंत्र और स्वाधीन उपनिवेश के रूप में स्थान ग्रहण कर रहा है, मैं आप सबको अपनी हार्दिक शुभकामनाएँ भेजता हूँ।'[18] स्पष्ट है कि भारत उस दिन स्वाधीन उपनिवेश बना। स्वतंत्र भारत की यात्रा प्रारंभ हुई। संविधान सभा में लॉर्ड माउंटबेटन के भाषण का मुख्य अंश इस प्रकार है—'छह महीने से भी कम हुआ कि जब एटली ने मुझसे भारत का अंतिम वायसराय होने को कहा था। उन्होंने यह भी स्पष्ट कर दिया था कि यह कोई सरल कार्य न होगा, क्योंकि सम्राट् की सरकार जून 1948 तक भारतीयों को सत्ता हस्तांतरित करने का निश्चय कर चुकी थी। उस समय बहुतों ने अनुभव किया था कि सम्राट् की सरकार ने सत्ता हस्तांतरित करने के लिए बहुत थोड़ी अवधि रखी है। प्रश्न था कि यह महान् कार्य 15 महीनों के अंदर किस तरह समाप्त हो?'[19]

'भारत में आए मुझे एक सप्ताह भी नहीं हुआ था कि मैंने अनुभव किया कि जून 1948 की अवधि बहुत थोड़ी नहीं, बल्कि बहुत अधिक थी। सांप्रदायिक मनमुटाव तथा उपद्रव इतनी अधिक मात्रा में बढ़ गए थे कि इंग्लैंड से रवाना होते समय मैं उनका अंदाजा नहीं लगा सका था। मुझे ऐसा प्रतीत हुआ कि यदि संपूर्ण उपमहाद्वीप में अव्यवस्था से बचना है तो शीघ्र ही कुछ-न-कुछ निर्णय होना चाहिए।'[20]

'मैंने सभी दलों के नेताओं से तुरंत बातचीत प्रारंभ कर दी और इसके परिणाम स्वरूप 3 जून वाली योजना सामने आई। इसके स्वीकार किए जाने को संसार भर में राजनीतिज्ञता का एक उत्तम उदाहरण कहा गया है। नेताओं से प्रत्येक अवस्था में प्रकट रूप से बातचीत द्वारा ही इस योजना का विकास हुआ। इसकी सफलता का मुख्य श्रेय भी इन नेताओं को ही है।'[21]

'मुझे विश्वास है कि ऐसी परिस्थिति के लिए, जिसमें समस्याएँ जटिल हों और उत्तेजना इतनी अधिक हो, प्रकट रूप से बातचीत करना ही उपयुक्त मार्ग हो सकता था। मैं यहाँ नेताओं की बुद्धिमत्ता, सहनशीलता तथा सद्भावनापूर्ण सहायता की प्रशंसा करना चाहता हूँ, जिसके

कारण पूर्वनिर्धारित समय से साढ़े दस महीने पहले ही सत्ता हस्तांतरित की जा सकी।'[22]

'जिस बैठक में 3 जून वाली योजना स्वीकृत हुई थी, उसमें मैंने नेताओं के सामने विभाजन के शासन संबंधी परिणामों के विषय में एक विचार-पत्र उपस्थित किया था और उसी समय हमने इतिहास की एक सबसे बड़ी शासन संबंधी कार्यवाही करने के लिए एक व्यवस्था भी स्थापित कर दी थी। यह कार्यवाही 40 करोड़ निवासियोंवाले इस उपमहाद्वीप के बँटवारे और ढाई महीने से भी कम समय में दो स्वाधीन सरकारों को सत्ता हस्तांतरित किए जाने के संबंध में थी। इन बातों को शीघ्रता से संपन्न करने का कारण यह था कि एक बार विभाजन का सिद्धांत स्वीकार करने के बाद शीघ्रातिशीघ्र उसे कार्यान्वित करने में ही सब दलों का हित था। सच तो यह है कि पहले जितनी शीघ्रता से काम होना संभव समझा जाता था, वह हुआ उससे भी कुछ कम समय में। इस आश्चर्यजनक परिणाम को प्राप्त करने के लिए जिन मंत्रियों तथा कर्मचारियों ने रात-दिन लगकर परिश्रम किया है, उनकी जितनी भी प्रशंसा की जाए, थोड़ी है।'[23]

'मैं भलीभाँति जानता हूँ कि स्वाधीनता जिस प्रसन्नता को लाई है, वह आपके हृदयों की इस उदासी से कुछ फीकी पड़ गई है, क्योंकि यह (स्वाधीनता) अखंड भारत में न आ सकी। बँटवारे के शोक ने आज की घटनाओं के उत्साह को कुछ कम कर दिया है। आपके नेताओं ने कठिन निर्णय करके जिस प्रकार देशभक्तिपूर्ण राजनीतिज्ञता का परिचय दिया है, उसी प्रकार आपने अपने नेताओं का समर्थन करके उदारता तथा यथार्थता की भावना का परिचय दिया है।'[24]

'मेरी स्थिति को सहानुभूतिपूर्वक समझकर इन राजनीतिज्ञों ने मुझे सदा के लिए अपना ऋणी बना लिया है। उदाहरण के लिए, उन्होंने अपनी इस मूल माँग पर जोर नहीं दिया कि ट्रिब्यूनल का अध्यक्ष मैं बनूँ। इसके अलावा, पंजाब और बंगाल के बँटवारे की जिम्मेदारी से भी मुझे छुटकारा देना उन्होंने आरंभ ही में स्वीकार कर लिया। उन्होंने ही सीमा कमीशन के अध्यक्ष तथा सदस्यों का चुनाव किया, उन्होंने ही यह निश्चय किया कि कमीशन किन बातों पर विचार करे और निर्णय को अमल में लाने का दायित्व भी उन्होंने वहन किया। आप यह अनुभव करेंगे कि अगर नेता ऐसा न करते तो मैं बड़ी असंभव स्थिति में पड़ जाता।'[25]

'अब मैं देशी रियासतों की समस्या को लेता हूँ। 3 जून वाली योजना में केवल ब्रिटिश भारत के सत्ता हस्तांतरण की व्यवस्था की गई थी। रियासतों के संबंध में तो सिर्फ एक पैराग्राफ में यह कहा गया था कि सत्ता हस्तांतरित होने पर रियासतें, जिनकी संख्या 565 है, स्वतंत्र हो जाएँगी। यह एक और महती समस्या थी और इस संबंध में सभी तरफ आशंका थी। परंतु रियासत विभाग स्थापित होने पर सम्राट् के प्रतिनिधि की हैसियत से मैं इस जटिल समस्या को भी हाथ में ले सका। रियासत विभाग के प्रधान दूरदर्शी राजनीतिज्ञ सरदार बल्लभभाई पटेल को इसका श्रेय प्राप्त है कि एक ऐसी योजना तैयार हो सकी, जो मुझे भारत के स्वाधीन

उपनिवेश तथा रियासतों, दोनों के लिए समान रूप में हितकर जान पड़ी। अधिकांश रियासतों के भौगोलिक संबंध भारत के स्वाधीन उपनिवेश से हैं और इसलिए इस समस्या को हल करने में उसकी दिलचस्पी भी अधिक है। यह एक तरफ रियासतों के राजाओं और उनकी सरकारों की तथा दूसरी तरफ भारत सरकार की यथार्थता और उत्तरदायित्व संबंधी भावना की ही विजय है कि दोनों पक्षों को स्वीकार होने योग्य प्रवेश-पत्र (इनस्ट्रूमेंट ऑफ एक्सेशन) बनाया जा सका और वह भी इतना स्पष्ट और सरल कि तीन सप्ताह से भी कम समय में प्राय: सभी संबंधित रियासतों के प्रवेश-पत्र तथा यथापूर्व (स्टैंड स्टिल) समझौते पर हस्ताक्षर हो सके। इस प्रकार 30 करोड़ मनुष्यों के इस उपमहाद्वीप के अधिकांश भाग की एक और अखंड राजनीतिक व्यवस्था स्थापित हो सकी है।'[26]

'प्रमुख महत्त्व की रियासतों में हैदराबाद ही एक ऐसी रियासत है, जो अभी तक शामिल नहीं हुई है। जनसंख्या, क्षेत्रफल और साधनों की दृष्टि से हैदराबाद की स्थिति अनूठी है। उसकी अपनी विशिष्ट समस्याएँ भी हैं। पाकिस्तान में शामिल होने की तो हैदराबाद के निजाम की मंशा नहीं है, लेकिन वे अभी तक भारत में शामिल नहीं हो सके हैं। निजाम ने मुझे विश्वास दिलाया है कि विदेशी मामले, रक्षा और यातायात के तीन आवश्यक विषयों में वे उस डोमिनियन से सहयोग रखेंगे, जिसके प्रदेश से उनकी रियासत घिरी है। सरकार की स्वीकृति से निजाम के साथ बातचीत जारी रखी जाएगी और मुझे आशा है कि हम संतोषप्रद समाधान ढूँढ़ निकालेंगे।'[27]

'आज से मैं आपका वैधानिक गवर्नर जनरल हूँ और आपसे अनुरोध करूँगा कि आप मुझे आज से अपने ही जैसा एक व्यक्ति समझें, जो भारत के हितों को अग्रसर करने के लिए सच्चे हृदय से प्रयत्नशील रहेगा। मैं यह देखकर अपने को सम्मानित अनुभव करता हूँ कि आपके नेताओं ने मुझे आपका गवर्नर जनरल बने रहने के लिए आमंत्रित किया है और आपने उसे स्वीकार कर लिया है। इसे स्वीकार करने में, मैं केवल इसी विचार से प्रेरित हुआ हूँ कि आगे जो कठिन समय आनेवाला है, उसमें शायद आपकी कुछ सहायता कर सकूँ। भारतीय स्वाधीनता कानून पर विचार करते समय आपके नेताओं ने 31 मार्च, 1948 को इस अंतरिम काल का अंत निर्धारित किया था। मैं अनुरोध करता हूँ कि अप्रैल में आप मुझे मुक्त कर दें। यह नहीं है कि आपकी सेवा में रहकर मैं अपने आप को सम्मानित नहीं अनुभव करता हूँ, किंतु मैं यह जरूर महसूस करता हूँ कि यथासंभव शीघ्र ही भारत अपनी प्रजा में से किसी को गवर्नर जनरल चुनने के लिए स्वतंत्र रहे। तब तक मेरी पत्नी और मैं आपके साथ और आपके बीच काम करके अपना सौभाग्य समझेंगे। सभी अवसरों पर हमारे प्रति जो समझौता, सहयोग, सच्ची सहानुभूति और उदारता की भावना व्यक्त की गई है, उसके लिए कृतज्ञता प्रकट करने को मेरे पास कोई शब्द नहीं हैं।'[28]

'मुझे यह घोषणा करते हुए प्रसन्नता होती है कि मेरी सरकार ने (जैसा कि मुझे अब

वैधानिक रूप से ऐसा करने का अधिकार है और मुझे ऐसा कहते हुए गर्व होता है) इस ऐतिहासिक अवसर पर कैदियों को उदारतापूर्वक क्षमा प्रदान करने का निश्चय किया है। सार्वजनिक नैतिकता और सुरक्षा को सर्वोपरि ध्यान में रखकर कैदियों की कितनी ही श्रेणियाँ तैयार की गई हैं और राजनीतिक उद्देश्य पर खास ध्यान दिया गया है। फौजी अदालतों से जिन सैनिकों को सजाएँ दी गई हैं, उनको छोड़ने में भी यही नीति बरती जाएगी।'[29]

'आपके आगे कार्य महान् है। युद्ध दो वर्ष पूर्व समाप्त हो चुका है। सच तो यह है कि दो वर्ष पूर्व इसी दिन, जब मैं भारत के महान् मित्र एटली के मंत्रिमंडल वाले कमरे में था, मुझे जापान के आत्मसमर्पण का समाचार मिला था। वह कृतज्ञता तथा खुशी का क्षण था, क्योंकि छह वर्ष तक विनाश और रक्तपात रहा था। परंतु भारत में हमने कहीं अधिक बड़ी सफलता प्राप्त की है, जिसे युद्ध के बिना ही शांति संधि कहा जा सकता है। फिर भी युद्धजन्य हानि के चिह्न संसार भर में दिखाई दे रहे हैं। भारत को भी, जिसने युद्ध में वीरतापूर्ण भाग लिया था और इसका साक्षी दक्षिण-पूर्वी एशिया से अपने अनुभव के कारण मैं खुद हूँ—अपनी आर्थिक व्यवस्था में असामंजस्य होने और अपने वीर योद्धाओं के हताहत होने के रूप में मूल्य चुकाना पड़ा।'[30]

'राजनीतिक समस्या में व्यस्त रहने के कारण आर्थिक सुधार के काम में बाधा पड़ी है। अब राष्ट्र के सुख और समृद्धि की व्यवस्था करना, खाद्य, कपड़ा तथा अन्य आवश्यक वस्तुओं के अभाव की पूर्ति का प्रबंध करना और एक सामंजस्य पूर्ण आर्थिक व्यवस्था का निर्माण करना आप ही का काम है। इन समस्याओं के निपटारे के लिए आपके तात्कालिक तथा पूर्ण हार्दिक प्रयत्न और दूरदर्शितापूर्ण आयोजन की आवश्यकता है। किंतु मुझे विश्वास है कि जन, साधन तथा नेतृत्व का अभाव न होने के कारण आप अपने इस कार्य में सफल हो सकेंगे।'[31]

'भारत में जो कुछ हो रहा है, उसका केवल राष्ट्रीय महत्त्व नहीं है। एक स्थिर तथा समृद्धिशाली राज्य की स्थापना संसार की शांति के लिए सबसे अधिक अंतरराष्ट्रीय महत्त्व की बात है। भारत की आर्थिक और सामाजिक उन्नति, सैन्य दृष्टि से इसकी महत्त्वपूर्ण अवस्थिति और उसके साधनों की दृष्टि से, इन घटनाओं का विशेष महत्त्व है। यही कारण है कि सिर्फ ब्रिटेन और स्वाधीन उपनिवेश ही नहीं, बल्कि संसार के सब महान् राष्ट्र उत्सुकता से इस देश की प्रगति दिलचस्पी से देखेंगे और उसकी समृद्धि और सफलता की कामना करेंगे।'[32]

'इस ऐतिहासिक घड़ी में हमें यह नहीं भूल जाना चाहिए कि भारत महात्मा गांधी का अहिंसा द्वारा उसकी स्वतंत्रता लानेवाले महान् सूत्रधार का कितना बड़ा ऋणी है। आज उनकी अनुपस्थिति हमें खल रही है और हम उन्हें बताना चाहते हैं कि उनका ध्यान हमें कितना अधिक है।'[33]

'श्रीमान अध्यक्ष महोदय, मैं आप तथा पिछली अंत:कालीन सरकार के अन्य सदस्यों

को सूचित करना चाहता हूँ कि आपकी तरफ से मुझे जो सहयोग और समर्थन मिलता रहा है, उसकी मैं कद्र करता हूँ।'[34]

'अपने प्रथम प्रधानमंत्री पं. जवाहरलाल नेहरू के रूप में आपको साहस तथा सूझबूझवाला एक संसार प्रसिद्ध नेता प्राप्त है। उनके विश्वास और मंत्रित्व से मुझे अपने कार्य में असीम सहायता प्राप्त हुई है। अब उनके नेतृत्व में और उन्होंने जिन साथियों को चुना है, उनकी सहायता तथा जनता के सच्चे सहयोग से भारत शक्ति और प्रभावपूर्ण स्थिति प्राप्त कर सकेगा और संसार के राष्ट्रों के बीच अपना उचित स्थान भी पा सकेगा।'[35] (अरसे तक तुमुल हर्ष ध्वनि)

अध्यक्ष डॉ. राजेंद्र प्रसाद ने घोषणा की कि 'आज से हिंदुस्तान पर ब्रिटिश प्रभुत्व खत्म होता है। हमारा ब्रिटेन से बराबरी का संबंध कायम होता है।'[36] उन्होंने संविधान सभा से अपील की कि 'संविधान बनाने का काम जो बाकी है, उसको जल्द-से-जल्द पूरा करना चाहिए, ताकि हम अपने बनाए संविधान से काम शुरू कर दें। इस संविधान को बनाने में सबकी सहायता आवश्यक है। ऐसा सुंदर उसे बनाना है, जिसमें जनमत प्रधान रहे और सेवा और जनता की उन्नति उद्देश्य रहे, और सबको इस बात का विश्वास रहे कि वह अपने धर्म, संस्कृति, भाषा, विचार सबको सुरक्षित रख सकते हैं और उनकी तरक्की के रास्ते में किसी किस्म की बाधा नहीं हो सकती। इसको बनाने में विदेशों के अनुभव और संविधान से हम लाभ उठाएँगे। अपनी संस्कृति और परिस्थिति से जो कुछ मिल सकता है, उसे लेंगे और जरूरत होगी तो आज की प्रचलित सीमाओं को, चाहे वह शासन पद्धति की हो अथवा प्रांतों की, लाँघकर नई सीमाएँ बनाएँगे। हमारा उद्देश्य है कि हम ऐसा संविधान बनाएँ, जिसमें जनमत की प्रधानता रहे और जिसमें व्यक्ति को केवल स्वतंत्रता ही न मिले, बल्कि वह स्वतंत्रता लोकहित का साधन बन जाए।'[37]

'आज तक इस देश के लोग देश को आजाद कराने के लिए संकल्प किया करते थे और इस कार्यसिद्धि के लिए त्याग और बलिदान की प्रतिज्ञा किया करते थे। आज दूसरे प्रकार के संकल्प और प्रतिज्ञा का दिन आया है। हममें से कोई ऐसा न समझे कि त्याग का दिन बीत चुका और भोग का समय आ गया। जो देश को उन्नत करने का महान् कार्य हमारे सामने है, उसमें आज तक हमने जितनी त्याग की भावना दिखाई है, उससे कहीं अधिक दृढ़ प्रतिज्ञा के साथ तत्परता, त्याग और कार्यपटुता दिखाने का समय है।'[38]

वायसराय लॉर्ड माउंटबेटन ने सत्ता हस्तांतरण की तारीख जून 1948 से 15 अगस्त, 1947 क्यों की? क्योंकि वे इसे दूसरा यादगार दिन अपने लिए बनाना चाहते थे। पहला दिन दो वर्ष पहले आया था, जिसका उल्लेख उन्होंने अपने भाषण में भी किया। उसका संबंध 15 अगस्त, 1945 के दिन जापान के आत्मसमर्पण की खबर से था। लॉर्ड माउंटबेटन ने यह तारीख स्वयं तय

की। उस पर लंदन से मंजूरी ली। जैसे ही यह बात फैली कि भारत के ज्योतिषियों ने गणना कर पं. नेहरू को बताया कि शुभ मुहूर्त तो 14 अगस्त की रात को 12 बजे है। इस कारण संविधान सभा उस रात 11 बजे बुलाई गई। लेकिन लॉर्ड माउंटबेटन ने जो रिपोर्ट दी, उसमें लंदन को बताया कि नेताओं में अधीरता बढ़ रही थी। इसलिए पार्टीशन काउंसिल ने यह तारीख तय की। उसकी बैठक लॉर्ड माउंटबेटन की अध्यक्षता में 22 जुलाई, 1947 को हुई थी, जिसमें सरदार बल्लभभाई पटेल, डॉ. राजेंद्र प्रसाद, जिन्ना, लियाकत अली खान और सरदार बलदेव सिंह उपस्थित थे।

**संदर्भ—**


1. भारतीय संविधान सभा के वाद-विवाद की सरकारी रिपोर्ट (हिंदी संस्करण), अंक-5, संख्या-2, 14 अगस्त, 1947, पृ. 1
2. वही, पृ. 1-2
3. वही, पृ. 2
4. वही, पृ. 3
5. वही, पृ. 3
6. वही, पृ. 4
7. वही, पृ. 5
8. वही, पृ. 7
9. वही, पृ. 7-8
10. तीस दिन मालवीय जी के साथ, रामनरेश त्रिपाठी, 29वाँ दिन, पृ. 185
11. भारतीय संविधान सभा के बाद-विवाद की सरकारी रिपोर्ट (हिंदी संस्करण), अंक-5, संख्या-2, 14 अगस्त, 1947, पृ. 10
12. राधाकृष्णन्—ए बायोग्राफी, सर्वेपल्ली गोपाल, अध्याय : बनारस, भाग-5, पृ. 189
13. भारतीय संविधान सभा के बाद-विवाद की सरकारी रिपोर्ट (हिंदी संस्करण), अंक-5, संख्या-2, 14 अगस्त, 1947, पृ. 12-13
14. वही, पृ. 14
15. वही, पृ. 14
16. वही, पृ. 14
17. वही, 15 अगस्त, 1947, पृ. 4
18. वही, पृ. 4
19. वही, पृ. 5
20. वही, पृ. 5
21. वही, पृ. 6
22. वही, पृ. 6
23. वही, पृ. 6
24. वही, पृ. 6
25. वही, पृ. 7
26. वही, पृ. 7
27. वही, पृ. 8

28. वही, पृ. 8
29. वही, पृ. 8
30. वही, पृ. 9
31. वही, पृ. 9
32. वही, पृ. 9
33. वही, पृ. 9
34. वही, पृ. 9
35. वही, पृ. 10
36. वही, पृ. 13
37. वही, पृ. 16
38. वही, पृ. 17

□

# 34

# संविधान सभा की बेताल पचीसी

बेताल पचीसी में एक साथ अनेक कथाएँ चलती रहती हैं। प्रतीत होता है, अनेक रास्ते भी साथ-साथ खुलते जाते हैं। ऐसा क्यों है ? विक्रमादित्य के कंधे पर बैठा बेताल हर बार एक नई कहानी सुनाता है। ऐसी पचीस कहानियों को 'बेताल पचीसी' कहते हैं। विक्रमादित्य की चूक से बेताल को नई कहानी कहने और फिर डाल पर पहुँचने का अवसर मिल जाता है। कुछ-कुछ वैसे ही कांग्रेस नेतृत्व की चूक से संविधान सभा की भारत विभाजन पर अनगिनत बेताल पचीसी हैं। वे कहानियाँ संविधान सभा की कार्यवाही में सूक्ष्म रूप में हैं, लेकिन उनका विराट् तो बाहर है। संविधान के इतिहास में उस विराट् के तीन नेता रूप महापुरुष 'वामन अवतार' हैं, महात्मा गांधी, पं. नेहरू और सरदार पटेल। महात्मा गांधी चोटी पर हैं। दूसरे स्थान पर पं. जवाहरलाल नेहरू और सरदार बल्लभभाई पटेल हैं। उस समय कांग्रेस नेतृत्व इन दो में ही सिमट गया था। वैसे तो नेतृत्व समूह में आचार्य जे.बी. कृपलानी और मौलाना अबुल कलाम आजाद भी थे। लेकिन निर्णय तो पं. नेहरू और सरदार पटेल ही कर रहे थे। इन पर वायसराय लॉर्ड माउंटबेटन का जादू छाया हुआ था। इन महापुरुषों के कंधे पर भारत विभाजन के इतिहास का बेताल जो सवार हुआ, वह आज भी बना हुआ है। वह उतरा नहीं। अभी भी वह कहानी-पर-कहानी कहे चला जा रहा है।

बेताल से पूछना नहीं पड़ता। वह स्वयं शुरू हो जाता है। वह बताता है कि संविधान

सभा अखंड भारत के लिए बनी थी। भारत क्यों खंडित हुआ ? इसकी अनंत कथाएँ हैं। अनेक स्पष्टीकरण भी हैं। भारत विभाजन पर जितना लिखा गया है, उस पर विराम नहीं लगा है। वह अभी पूरा नहीं हुआ है। नई पुस्तकें आ ही रही हैं। इतिहासकारों ने जैसा समझा और उन्हें जो तथ्य मिले, उससे एक तस्वीर बनाई। लेकिन ज्यादा महत्त्वपूर्ण यह है कि कांग्रेस नेतृत्व ने विभाजन के बारे में क्या-क्या कहा और कब कहा। वही इतिहास है। उस समय आचार्य जे.बी. कृपलानी कांग्रेस के अध्यक्ष थे। 'गांधी-जीवन और दर्शन' के 'बँटवारे की तैयारी' अध्याय में वे लिखते हैं, 'कांग्रेस के नेताओं को यह अहसास हो गया कि हिंदुओं और मुसलमानों के बीच निकट भविष्य में शांति स्थापना की संभावना नहीं है और वह मानने लगे थे कि देश का किसी-न-किसी रूप में बँटवारा अवश्यंभावी है। लेकिन तब तक वह कुछ पूर्व निर्धारित क्षेत्रों में प्रशासनिक विभाजन हो जाने तक ही सोच रहे थे। लेकिन ऐसा लग रहा था कि अंग्रेज नौकरशाह जिन्ना एवं लीग को उनकी पाकिस्तान की माँग को पूरा करने पर उतारू थे।'[1]...“एटली की घोषणा में कहा गया था कि 'यदि सभी क्षेत्रों के प्रतिनिधि संविधान सभा में शामिल नहीं हुए, तो जिन क्षेत्रों के प्रतिनिधि साथ आने को तैयार होंगे, वह केंद्र सरकार के अधीन आ जाएँगे तथा बाकी को तत्कालीन गठित विभिन्न प्रांतीय सरकारों को सौंप दिया जाएगा। एटली चूँकि यह जानते थे कि मुसलिम लीग संविधान सभा में शामिल नहीं हो रही है, इसलिए इसका एकमात्र अर्थ यही था कि अंग्रेज भारत का विभाजन करने के बाद ही जाने की तैयारी कर रहे थे, इसलिए पाकिस्तान अवश्यंभावी लग रहा था।'[2]

'जवाहरलाल नेहरू ने हमें आश्वस्त किया था कि भारत के बँटवारे का फैसला अगर हो भी गया, तो उसकी प्रक्रिया को पूरा करने में कम-से-कम दस साल लगेंगे। भारत से बर्मा को अलग करने में उतना ही समय लगा था। लेकिन वह शायद माउंटबेटन की दक्षता को भूल गए थे। शीघ्र ही वह समूचे भारत के स्वामी बन गए। उनकी सलाह के बिना उन दिनों कोई भी कार्य नहीं होता था। वह गांधीजी को भी यह जताने से नहीं चूके कि कांग्रेस 'मेरे साथ थी' और महात्मा के साथ नहीं।'[3]

'जवाहरलाल उन दिनों जो भी कार्य करते थे, उसमें वह माउंटबेटन की सलाह अवश्य लेते थे। मुझे पता था कि कश्मीर पर पाकिस्तान के हमले के मामले को संयुक्त राष्ट्रसंघ में माउंटबेटन की सलाह पर ही ले जाया गया था। जम्मू और कश्मीर रियासत के भारत में विलय की राह में स्थानीय नागरिकों की रायशुमारी का अनुच्छेद भी उन्हीं के सुझाव पर अंगीकृत किया गया था। गांधीजी की शवयात्रा का इंतजाम भी उन्हें ही सौंपा गया था। वह उस कार्य को अपनी समझ के अनुरूप ही, यानी सैन्य तरीके से कर सकते थे। गांधीजी के शव को तोपगाड़ी पर श्मशान तक ले जाया गया और इसका किसी ने कोई विरोध नहीं किया। आश्चर्य यह है कि आज भी उनके निर्वाण दिवस पर गांधीजी की समाधि की पवित्र भूमि पर उन्हें सैनिकों द्वारा बंदूकें उलटी करके सशस्त्र सलामी दी जाती है।'[4]

'भारत का बँटवारा एक प्रकार से हालाँकि माउंटबेटन ने ही किया था, लेकिन उनकी छवि जनमानस में ऐसी बस गई थी कि लोग उन्हें 'पं. माउंटबेटन' कहते थे। उन्होंने सरदार बल्लभभाई पटेल से मित्रता स्थापित करने की दूरदर्शिता भी दिखाई थी। जिन्ना को भी उनकी इच्छा का पालन करते हुए उनके हाथों उस पाकिस्तान को स्वीकार करना पड़ा, जिसे वह अंग-भंग और दीमक लगा पाकिस्तान कहते थे। लेकिन जिन्ना ने अपना बदला भी निकाला। यह तय किया गया था कि विभाजन की काररवाई संपन्न होने तक देश के दोनों भागों के गवर्नर जनरल माउंटबेटन ही रहेंगे। लेकिन विभाजन की घोषणा होते ही जिन्ना ने स्वयं को पाकिस्तान का प्रथम गवर्नर जनरल घोषित करके अपनी पुरानी महत्त्वाकांक्षा को पूरा किया।'[5]

'हम यदि लापरवाह न होते, तो हमें यह पता चलता कि माउंटबेटन भी लेबर पार्टी के अपने मालिकों की तरह फिरंगी नौकरशाही के षड्यंत्र और मंशा के अनुरूप ही कार्य कर रहे थे। उन्होंने देश के बँटवारे के लिए सावधानीपूर्वक तथा चतुराई से हालात बना दिए थे। माउंटबेटन शायद संयुक्त भारत की परिकल्पना अथवा गांधीजी के सुझाव के अनुसार भारत को जिन्ना और लीग के हाथों सौंपने की योजना पर विचार करते भी, लेकिन अंग्रेज नौकरशाही ने विभाजन की उस काररवाई के लिए पहले से ही पूरी तैयारी कर रखी थी, जिस पर उन्होंने अमल किया। उनके आने के उपरांत अंतरिम सरकार हालाँकि कैबिनेट मिशन योजना के अंतर्गत कार्यरत थी, लेकिन उन्होंने इसका कभी भी जिक्र नहीं किया। उन्होंने अपने सामने प्रस्तुत की गई विभाजन की योजना पर ज्यों-का-त्यों अमल किया। उससे इंग्लैंड सरकार को कंजरवेटिव पार्टी की संस्तुति पाने में भी सुविधा रही। एटली का जहाँ तक प्रश्न था, उन्होंने प्रांतों के बँटवारे का विकल्प देकर इसकी उद्घोषणा पहले ही कर दी थी। माउंटबेटन की योग्यता कांग्रेस के नेतृत्व को बँटवारे के लिए आसानी से तैयार कर लेने में रही। मुझे भावी परिस्थितियों की भनक माउंटबेटन के काफिले के सदस्य इस्मय से बात करने पर मिली। वह लीग की योजना के अनुरूप भारत को बाँटना चाहते थे। माउंटबेटन भी अपने पूर्ववर्ती वायसराय तथा नौकरशाहों की तरह अपने द्वारा बुलाई गई साझा बैठक में कांग्रेस और लीग को बराबर पलड़ों में रखते थे। परिस्थिति की त्रासदी यह रही कि हम अपने आप को उस दलदल से बाहर नहीं निकाल पाए, जिसमें हम स्वेच्छा से धीरे-धीरे धँसते चले गए।'[6]

'यदि स्थानीय फिरंगी नौकरशाही की शर्तों के अनुरूप, अल्पसंख्यकों के अधिकारों की रक्षा के नाम पर विभाजन की आधारशिला नहीं रखी गई थी, तो फिर यह कैसे संभव है कि इंग्लैंड जैसे आधुनिक लोकतांत्रिक देश ने नागरिकता अथवा राष्ट्रीयता तय करने के लिए धर्म को आधार बनाने जैसे रूढ़िवादी विचार को प्रश्रय दिया। यह भी समझ से परे है कि किसी लोकतंत्र में बहुसंख्यकों को अल्पसंख्यकों के समकक्ष कैसे माना जा सकता है ? अन्य पश्चिमी देशों की भाँति इंग्लैंड ने भी धर्म को राष्ट्रीयता का आधार मानना बंद कर दिया था।

वहाँ लोकतांत्रिक देश धर्मनिरपेक्ष देश होता है। भारत में लोकतांत्रिक इंग्लैंड ने पाकिस्तान की स्थापना धर्म आधारित देश के रूप में करवा दी, जबकि मुसलमानों की विशाल आबादी के साथ बाकी का भारत अंग्रेजों के शासन काल के समान ही धर्मनिरपेक्ष बना रहा।'[7]

आचार्य कृपलानी यह तो नहीं कहते कि कांग्रेस नेतृत्व ने रावी के तट पर जो शपथ ली थी, उसे तोड़ा, पर यह जरूर कहते हैं कि लापरवाही बरती। दूसरे शब्दों में वे जवाहरलाल नेहरू पर लॉर्ड माउंटबेटन के जादू का भी जिक्र करते हैं। भारत विभाजन की राजनीति, उसका संविधान सभा से संबंध और स्वाधीनता के लक्ष्य पर जैसा विवरण 'महात्मा गांधी-पूर्णाहुति' के तीसरे खंड में प्यारेलाल ने दिया है, वैसा दूसरी जगह कहीं उतनी समग्रता में नहीं मिलता। 2 जून, 1947 की रात दस बजे, तब के वायसराय भवन (राष्ट्रपति भवन) में नेताओं का सम्मेलन हुआ। 'कांग्रेस के प्रतिनिधि पं. नेहरू और सरदार पटेल थे। उनके साथ कांग्रेस के अध्यक्ष आचार्य कृपलानी थे। लीग की तरफ से जिन्ना और लियाकत अली खान गए। आचार्य कृपलानी के सामने रब निश्तर थे, जिन्हें आरंभ में जिन्ना ने अलग रखने का प्रयत्न किया था। सरदार बलदेव सिंह सिखों के प्रतिनिधि थे। वायसराय ने सब भारतीय दलों से कैबिनेट मिशन योजना को मनवाने का आखिरी बार औपचारिक प्रयत्न किया। जिन्ना ने उसे फिर ठुकरा दिया।'[8]

'इसके बाद लॉर्ड माउंटबेटन ने उनके सामने अपनी विभाजन की योजना रखी। उसके मुख्य बिंदु यह थे—पहला, जो मुसलिम बहुमत वाले प्रांत मौजूदा संविधान सभा में सम्मिलित होने को तैयार न हों, उनके लिए अलग संविधान सभा हो और साथ-ही-साथ पंजाब और बंगाल का विभाजन हो, जिसका निर्णय उन प्रांतों की अपनी विधानसभाएँ हिंदू और मुसलिम बहुमत वाले जिलों के लिए अलग मतदान करके करें। दूसरा, बंगाल बँटवारा होने की सूरत में सिलहट में जनमत लिया जाएगा और उसके द्वारा इसका निर्णय होगा कि वह कौन से प्रांत का भाग रहेगा—पूर्व बंगाल का या असम का। तीसरा, सत्तारूढ़ मंत्रिमंडल को छेड़े बिना सीमा प्रांत में इस बात का निर्णय करने के लिए जनमत लिया जाएगा कि वह दोनों संविधान सभाओं से किसमें शरीक होगा। चौथा, सिंध की विधानसभा सादे बहुमत से निश्चय करेगी कि वह भारत के किस भाग के साथ रहेगा। पाँचवाँ, बलूचिस्तान में कोई विधानसभा नहीं है, इसलिए उसके भविष्य का निर्णय करने की कार्यविधि भारतीय दलों से परामर्श करके निर्धारित करने के लिए वायसराय पर छोड़ दी जाए। छठा, विभाजन के अंतिम स्वरूप का निर्णय इसी काम के लिए नियुक्त एक सीमा आयोग करे। सातवाँ, देश का विभाजन होने तक अंतरिम सरकार में कोई परिवर्तन न हो। विभाजन के बाद दो अलग सरकारें स्थापित की जाएँगी, जिन्हें सब विषयों में पूरे अधिकार होंगे। आठवाँ, सत्ता का हस्तांतरण जल्द-से-जल्द होने की भारत के बड़े-बड़े राजनीतिक दलों की इच्छा को पूर्ण करने के लिए औपनिवेशिक दर्जे के आधार पर भारतीय सरकार को अथवा सरकारों को निश्चित तारीख से पहले ही सत्ता सौंप दी जाएगी। नौवाँ, औपनिवेशिक दर्जा प्राप्त होने के कारण

समय आने पर भारतीय संविधान सभाओं का यह निर्णय करने का अधिकार समाप्त नहीं होगा कि भारत के जिस भाग की सत्ता उन्हें प्राप्त हो, वह भाग ब्रिटिश राष्ट्रमंडल में रहे या न रहे। दसवाँ, देशी राज्यों की स्थिति वही रहे, जो कैबिनेट मिशन की योजना में थी।'[9] इस योजना में बंगाल की विधानसभा ने 20 जून और पंजाब विधानसभा ने 23 जून को विभाजन का प्रस्ताव पारित किया।

'कांग्रेस कार्यसमिति का विधिवत् निर्णय कांग्रेस अध्यक्ष ने वायसराय के नाम लिखे एक पत्र में रात को भेज दिया। नई योजना को 'कैबिनेट मिशन की योजना के परिवर्तित स्वरूप' में स्वीकार किया गया।'[10] प्यारेलाल ने लिखा है कि जिन्ना पर माउंटबेटन ने अंतिम 'गुप्त शस्त्र' का प्रयोग किया। वह चर्चिल का भेजा एक संदेश था। उसमें कहा गया था कि 'यदि जिन्ना ने इस योजना को स्वीकार नहीं किया, तो उनका पाकिस्तान का सपना सदा के लिए नष्ट हो जाएगा।'[11] भारत विभाजन पर कांग्रेस ने 14 जून, 1947 को मोहर लगाई। कांग्रेस कार्यसमिति के निर्णय पर अंतिम फैसला करने के लिए कांग्रेस महासमिति बुलाई गई थी। उस दिन दोपहर में पं. नेहरू गांधीजी से कहने आए कि शाम को उन्हें महासमिति में भाषण देने के लिए कहा जाएगा। पं. नेहरू के चले जाने के बाद गांधीजी बोले, 'वह (जवाहरलाल) स्फटिक की भाँति स्वच्छ है। उसकी निष्ठा और स्नेह अद्वितीय है।'[12] महात्मा गांधी महासमिति में गए। वहाँ बोले। विभाजन को स्वीकार करने के लिए कहा। 'मैं आपके सामने प्रस्ताव को स्वीकार करने का अनुरोध करने आया हूँ।'[13]

भारत विभाजन क्यों स्वीकार करना पड़ा, इस बारे में जवाहरलाल नेहरू के तीन मशहूर बयान हैं, जो अलग-अलग समय पर दिए गए। कांग्रेस महासमिति में उन्होंने कहा कि 'हमने ब्रिटिश सरकार से यह स्वीकार कराने की बहुत कोशिश की कि हमें संक्रांति काल में परंपरा के अनुसार औपनिवेशिक सरकार की तरह काम करने दिया जाए, परंतु अंतरिम सरकार की रचना ही ऐसी थी कि कोई समझौता काम नहीं दे सकता था। और कोई परंपरा स्थापित नहीं की जा सकती थी। इसलिए वायसराय ने 3 जून की योजना सुझाई और हमने उसे मान लिया। यह योजना ब्रिटिश सरकार के पुराने निर्णयों की तरह कोई थोपा हुआ निर्णय नहीं थी, जिसे या तो स्वीकार किया जाए, या तो अस्वीकार किया जाए। व्यावहारिक और कानूनी दृष्टिकोण से भारत एक घटक के रूप में अब भी विद्यमान है। अलबत्ता, कुछ प्रांत और प्रांतों के हिस्से अब उससे अलग हो जाना चाहते हैं।'[14]

कांग्रेस महासमिति में सरदार पटेल ने पं. नेहरू की बात का समर्थन किया और कहा कि 'हमें विभाजन स्वीकार करना पड़ा, क्योंकि हमारे सामने प्रशासन के भीतर अंग्रेजों और मुसलिम लीग के गुट की अड़ंगेबाजी से छुटकारा पाने का कोई और रास्ता नहीं रह गया था। यह गुट देश को तोड़-फोड़ की धमकी दे रहा था।'[15]

सरदार पटेल बोले, 'हमें यह चुनाव करना था कि भारत का एक ही विभाजन हो या अनेक हो। कांग्रेस के लिए तथ्यों का सामना करना जरूरी था। वह भावुकता में नहीं बह सकती थी।

उसे पक्ष और विपक्ष की बातों का ठंडे दिमाग से हिसाब लगाकर किसी निर्णय पर पहुँचना था। कैबिनेट मिशन की 16 मई, 1946 की योजना बेशक हमें संयुक्त भारत देती, तो भी उस योजना पर अमल नहीं किया जा सकता था। इस प्रकार, उस योजना का स्वरूप एक ऊपर से लादे हुए निर्णय जैसा था। अगर हम उस योजना को मान लेते, तो सारे भारत को पाकिस्तान के मार्ग पर जाना पड़ता। हमने स्वाधीनता के लिए काम किया है और हमें यह देखना चाहिए कि देश का अधिक बड़ा भाग स्वतंत्र और बलवान बने।'[16] वे अपना अनुभव बता रहे हैं—'नौ महीने मंत्री के पद पर काम करने से 16 मई, 1946 की कैबिनेट मिशन योजना की कल्पित अच्छाइयों के बारे में मेरा भ्रम बिल्कुल दूर हो गया। मैंने यह देख लिया है कि कुछ प्रतिष्ठित कर्मचारियों को छोड़कर बाकी सब मुसलमान कर्मचारी ऊपर से नीचे तक मुसलिम लीग का काम कर रहे हैं।'[17] 'इस मामले में कोई गलती नहीं होनी चाहिए। आज तो परस्पर निंदा और आरोपों का बोलबाला है।'[18] 'कांग्रेस पाकिस्तान के विरुद्ध है, फिर भी सदन के सामने जो प्रस्ताव है, वह विभाजन को स्वीकार करता है। महासमिति इसे पसंद करे या न करे, अमल में तो पंजाब और बंगाल दोनों में पहले से ही पाकिस्तान मौजूद है। ऐसी परिस्थिति में मैं वास्तविक पाकिस्तान को अधिक पसंद करूँगा, क्योंकि तब उन लोगों को जिम्मेदारी का कुछ ख्याल रहेगा।'[19]

इन नेताओं, नेहरू और सरदार पटेल से अलग सोच और स्वर आचार्य कृपलानी का था। उन्होंने कहा, 'मैं पिछले 30 वर्ष से गांधीजी के साथ रहा हूँ। उनके प्रति मेरी निष्ठा कभी कम नहीं हुई। यह निष्ठा व्यक्तिगत नहीं, राजनीतिक है। जब मेरा गांधीजी से मतभेद हुआ है, तब भी मैंने उनकी राजनीतिक अंत:प्रेरणा को अपने अत्यंत तर्कपूर्ण रवैयों से अधिक सही माना है। आज भी मुझे लगता है कि वह और उनकी परम निर्भयता सच्ची है और मेरा रवैया दोषपूर्ण है।'[20]

आचार्य कृपलानी ने पूछा, 'तब मैं उनके साथ क्यों नहीं हूँ?'[21] वे इसका कारण बताते हैं, 'क्योंकि मुझे लगता है कि सामुदायिक आधार पर समस्या को हल करने का अभी उन्हें कोई उपाय नहीं मिला है। जब उन्होंने हमें अहिंसक असहयोग सिखाया था, तब उन्होंने हमें एक निश्चित पद्धति दिखाई थी और उसका हमने कम-से-कम यांत्रिक रूप में अनुसरण किया था। आज वे स्वयं अपना मार्ग खोज रहे हैं। वे नोआखाली में रहे। उनके प्रयत्नों से स्थिति में सुधार हुआ। अब वे बिहार में हैं। वहाँ की स्थिति भी सुधरी है, परंतु इससे पंजाब की आग नहीं बुझ रही है। वे कहते हैं कि मैं बिहार से सारे भारत के लिए हिंदू-मुसलिम एकता की समस्या हल कर रहा हूँ। संभव है, ऐसा हो। परंतु यह समझना कठिन है कि उसे हल कैसे किया जा रहा है। अहिंसक असहयोग की तरह इसके लिए ऐसे निश्चित कदम दिखाई नहीं दे रहे हैं, जो वांछित ध्येय तक हमें पहुँचा सकें। और फिर हमारे दुर्भाग्य से आज गांधीजी नीतियाँ तो निर्धारित कर सकते हैं, परंतु वे कार्यान्वित मुख्यत: दूसरों के द्वारा की जाती हैं, और ये लोग उनकी विचारधारा को माननेवाले नहीं हैं। इस दु:खद परिस्थिति में ही मैंने भारत के विभाजन का समर्थन किया है।'[22]

जो भारत विभाजन के लिए सिर्फ नेहरू और पटेल को ही दोषी मानते हैं, इतिहासकार आर.सी. मजुमदार ने 'स्ट्रगल फॉर फ्रीडम' के अध्याय 'दी लास्ट डेज ऑफ ब्रिटिश रूल' में उन आलोचकों को याद दिलाया है कि 'कांग्रेस ने प्रत्यक्ष या परोक्ष रूप से 1934, 1942, 1945 और मार्च 1947 में आम राय से जो प्रस्ताव पारित किए, उनमें पाकिस्तान की माँग को स्वीकार किया गया था। गांधी और नेहरू ने अपने भाषण में इसे संयोगवश जो कहा, वह उन प्रस्तावों के संदर्भ में भी था। किसी कांग्रेस नेता को पाकिस्तान का विचार पसंद नहीं था, लेकिन हर किसी ने इसे आवश्यक बुराई समझकर मान लिया। हरेक के अपने कारण थे।'[23] मौलाना अबुल कलाम आजाद ने 'इंडिया विंस फ्रीडम' में कुछ गोपनीय बातें भी लिखीं, लेकिन उसे तीस साल बाद उजागर करने के लिए सुरक्षित कर दिया। जब वह सामने आया तो उसे प्रामाणिक नहीं माना गया। कारण कि मौलाना की याददाश्त पर सवाल उठे। आचार्य कृपलानी ने तो मौलाना को अनेक स्थानों पर जवाब दिया है। यह भी कहा जाता है कि मौलाना की पुस्तक को हुमायूँ कबीर ने लिखा था। जो भी हो, कांग्रेस में डॉ. राजेंद्र प्रसाद का स्थान अप्रतिम था। भारत विभाजन पर उनकी एक पुस्तक है—'इंडिया डिवाइडेड'। उसमें उन्होंने क्यों विभाजन स्वीकार किया, इसका वर्णन किया है कि कांग्रेस कार्यसमिति के सदस्य और मंत्रिमंडल में कांग्रेस के प्रतिनिधियों ने भारत विभाजन की योजना को स्वीकार किया। उन्होंने ऐसा इसलिए किया, क्योंकि जो परिस्थिति बन गई थी, उससे वह मुक्त होना चाहते थे। उन्होंने देखा कि दंगे हो रहे हैं, मार-काट मची है। उसे सरकार रोकने में विफल है। मुसलिम लीग के मंत्री प्रशासन चला रहे हैं। ऐसी परिस्थिति में प्रशासन ठप पड़ गया था। हमने सोचा कि भारत विभाजन स्वीकार कर लेने के बाद स्थिति सुधारी जा सकती है। विभाजन से जो भारत मिलेगा, उसमें शांति, सुख और खुशहाली लाई जा सकती है। कोई दूसरा विकल्प था नहीं, सिवाय विभाजन स्वीकार करने के, लेकिन अपनी पुस्तक का अंत इन शब्दों में किया है—'जब वास्तव में विभाजन हो गया तो वह दिल्ली का लड्डू साबित हुआ, जिसे मिला वह भी दु:खी और जिसे नहीं मिला वह भी दु:खी था'[24]

**संदर्भ—**

1. गांधी : जीवन और दर्शन, जे.बी. कृपलानी, अध्याय : बँटवारे की तैयारी, पृ. 319
2. वही, पृ. 319
3. वही, पृ. 320
4. वही, पृ. 321
5. वही, पृ. 321-322
6. वही, पृ. 322
7. वही, पृ. 323
8. महात्मा गांधी-पुर्णाहुति, खंड-3, प्यारेलाल, अध्याय : पराजय की लड़ाई, पृ. 274
9. वही, पृ. 274-275
10. वही, पृ. 276

11. वही, पृ. 277
12. वही, अध्याय : विष को अमृत बना लो, पृ. 326
13. वही, पृ. 327
14. वही, पृ. 329–30
15. वही, पृ. 330
16. वही, पृ. 330
17. वही, पृ. 331
18. वही, पृ. 331
19. वही, पृ. 331
20. वही, पृ. 332
21. वही, पृ. 332
22. वही, पृ. 332
23. स्ट्रगल फॉर फ्रीडम, आर.सी. मजुमदार, अध्याय : द लास्ट डेज ऑफ ब्रिटिश रूल, पृ. 767
24. इंडिया डिवाइडेड, राजेंद्र प्रसाद, पृ. 536

□

# 35

# सत्ता के लिए भारत विभाजन

सरदार बल्लभभाई पटेल के साथ के.एम. मुंशी 1947 में बिड़ला हाउस (आज का गांधी स्मृति भवन) में रहते थे। के.एम. मुंशी ने लिखा है कि 'एक दिन सरदार ने चिढ़ाने के ढंग से कहा कि 'हे अखंड हिंदुस्तानी! हम भारत का बँटवारा करने जा रहे हैं।'[1] यह सुनकर मैं अवाक् रह गया, क्योंकि सरदार ने राजगोपालाचारी के विभाजन प्रस्ताव की तब कटु आलोचना की थी। मैंने जब अपना आश्चर्य व्यक्त किया, 'तो सरदार ने दो तर्क दिए। पहला कि कांग्रेस ने अहिंसा का व्रत लिया हुआ है। हमारे लिए संभव नहीं है कि हिंसक तरीके से प्रतिरोध करें। अगर वह व्रत आज त्याग भी दें, तो कांग्रेस का अंत हो जाएगा और मुसलिम लीग के साथ हम लंबे हिंसक संघर्ष में फँस जाएँगे, जिसका फायदा उठाकर ब्रिटिश सरकार, सेना और पुलिस के बल पर हमारे ऊपर राज करती रहेगी। उन्होंने दूसरा तर्क दिया कि अगर हम विभाजन नहीं स्वीकार करते हैं तो सांप्रदायिक संघर्ष हर गली, मोहल्ले और यहाँ तक कि सेना और पुलिस में भी फैल जाएगा। इसमें हिंदू हानि में रहेंगे।'[2] के.एम. मुंशी ने अपना मत इस तरह लिखा है, 'सरदार का विचार कितना सही था, यह मैंने 1946-47 के दंगों में अनुभव किया। मैंने अनुभव किया कि अगर भारत का विभाजन न होता और मुसलिम लीग संविधान सभा में आती, तो भारत लोकतांत्रिक गणराज्य और संप्रभु राष्ट्र क्या बन पाता!'[3]

जवाहरलाल नेहरू अकेले नेता हैं, जो विभाजन पर विवादित हैं। वह अपना मत अनेक

बार बदलते रहे। मौलाना आजाद ने लिखा है कि नेहरू तो विभाजन के नाम पर ही भड़क गए थे। उन्हें सरदार पटेल ने शांत किया। लॉर्ड और लेडी माउंटबेटन के प्रभाव में वे आए और विभाजन स्वीकार किया। नेहरू के जीवनीकार माइकल ब्रेशर ने उनके एक कथन का हवाला दिया है, जिसे हिंदू अखबार ने 26 जुलाई, 1948 को छापा था। वह यह था—'हम विभाजन पर यह सोचकर सहमत हुए कि बड़ी कीमत चुकाकर शांति और सद्भावना खरीद रहे हैं।'[4] दूसरे शब्दों में उन्होंने स्वीकार किया कि इन हालात में भारत अगर आजाद हो गया और उसका संघ बन भी जाए, तो वह बहुत कमजोर होगा। ज्यादा अधिकार राज्यों को होंगे। भारत का बड़ा हिस्सा हमेशा तूफानों से घिरा रहेगा। पुनः-पुनः विभाजन का खतरा बना रहेगा। हम यह भी देख रहे थे कि भविष्य में आजादी पाने का कोई दूसरा मार्ग नहीं है, इसलिए हमने विभाजन स्वीकार किया। लक्ष्य रखा, मजबूत भारत बनाने का सपना। यह भी सोचा कि जो हमारे साथ नहीं रहना चाहते, उनको जबरदस्ती कैसे रखा जा सकता है ? लेकिन जवाहरलाल नेहरू ने लिओनार्ड मोसले से कुछ अलग ही बात कही। जो कहा, उसे इतिहासकारों ने 'सच के करीब' बताया है। लिओनार्ड ब्रिटिश पत्रकार थे। उनकी चर्चित पुस्तक है—'दी लास्ट डेज ऑफ ब्रिटिश राज'। भारत के बँटवारे पर जिस इतिहासकार ने भी लिखा है, उसने मोसले का हवाला अवश्य दिया है। पं. नेहरू से मोसले ने 1960 में यह बात की थी। पुस्तक 1961 में आई। नेहरू ने मोसले से कहा, 'सच यह है कि हम थक गए थे। सालों से लड़ते-लड़ते लड़ने का हमारा माद्दा चुकता जा रहा था। थोड़े ही लोग थे, जो फिर जेल जाने के लिए तैयार होते, अगर हम अखंड भारत के लिए पुनः संघर्ष में उतरते। संघर्ष का दूसरा मतलब था—जेल जाना। जेल हमारी प्रतीक्षा कर रही थी। हमने देखा कि पंजाब जल रहा है। रोज हत्याओं की खबरें आ रही थीं। विभाजन की योजना ने हमें रास्ता दिया।'[5] उन्होंने यह भी कहा कि 'अगर गांधी ने विभाजन को न माना होता, तो हम लड़ते और इंतजार करते। हमने स्वीकार किया। हमने सोचा कि विभाजन अस्थायी होगा। पाकिस्तान आखिरकार हमारे पास ही आएगा। हममें से किसी ने भी हत्याओं के उस दर्दनाक मंजर की कल्पना नहीं की थी। यह भी नहीं सोचा था कि कश्मीर के संकट से हमारे संबंध बिगड़ते चले जाएँगे।'[6] इस तरह नेहरू के तीन बयान अलग-अलग हैं। हर में कुछ सच्चाई है। पत्रकार लिओनार्ड मोसले ने अपनी पुस्तक में यह निष्कर्ष निकाला है कि कांग्रेस नेतृत्व अगर थोड़ी प्रतीक्षा करता, तो पाकिस्तान बनने का सवाल ही नहीं था। भारत विभाजन न होता। मोसले का कहना काल्पनिक नहीं है। 11 सितंबर, 1948 को जिन्ना का देहांत हो गया। संभवतः इसी आधार पर मोसले ने प्रतीक्षा की बात लिखी।

डॉ. राममनोहर लोहिया के कथन की ही पुष्टि नेहरू ने की, जब उन्होंने मोसले से वास्तविकता का वर्णन किया। यहाँ डॉ. लोहिया का यह कथन प्रासंगिक है—'जब मैंने यह बात लिखी थी, तब कई लोगों को लगा, ये तो अपनी कोई दुश्मनी निकाल रहे हैं।'[7] शशि थरूर

ने लिखा है कि 'फिलिप्स टेल्बॉट ने अनुभव किया कि नेहरू को यह अहसास ही नहीं हुआ था कि ब्रिटेन थक चुका था, लगभग दिवालिया हो गया था और लंदन में सरकार के अनुमान के अनुसार भारत पर अपने नियंत्रण को पुनः स्थापित करने के लिए आवश्यक 60,000 ब्रिटिश सैनिक भेजने में असमर्थ व अनिच्छुक था। लंदन डोर काटकर भागना चाहता था और ब्रिटिश यदि अपने पीछे संयुक्त भारत नहीं छोड़कर जा सके, तो वे भागने से पहले देश को शाब्दिक अर्थ में काट डालने, टुकड़े-टुकड़े कर देने के लिए तैयार थे।'[8]

इतिहासकार आर.सी. मजुमदार ने माउंटबेटन योजना का गहरे उतरकर विश्लेषण किया है। वे लिखते हैं कि 'माउंटबेटन ने बड़े प्रभावशाली तरीके से कांग्रेस नेताओं को विभाजन के लिए तैयार किया। उनकी हर योजना में एक बात समान थी। वह यह कि कैबिनेट मिशन योजना में अगर भारत आजाद होता है तो केंद्र दुर्बल होगा। राज्य ताकतवर होंगे। ऐसा मुसलमानों को संतुष्ट करने के लिए व्यवस्था की गई है। भारत की सांस्कृतिक-सामाजिक विविधता की रक्षा करते हुए अगर विभाजन हो जाता है, तो शेष भारत अपना ऐसा संविधान बना सकेगा, जिसमें केंद्र बलशाली होगा।'[9] इस तर्क को ही माउंटबेटन ने नेहरू और पटेल के गले उतारा। यही नेहरू के कथन में भी दिखता है। भारत विभाजन पर गांधीजी के रुख को लेकर आज भी भ्रम बना हुआ है। प्यारेलाल के इस लिखे से वह दूर हो जाना चाहिए। 'गांधीजी ने अपने भाषणों में यह उद्गार प्रकट किए थे कि जबरदस्ती से या जबरदस्ती की धमकी से भारत का बँटवारा होगा, तो वह मेरे शरीर के अंग-भंग के समान होगा और भारतीय दलों की सहमति के बिना 16 मई, 1946 वाली कैबिनेट मिशन की योजना में कोई परिवर्तन किया गया, तो वह वचन-भंग होगा और उसका प्रतिकार मैं अपने प्राणों की बाजी लगाकर भी करूँगा। इन उद्गारों की प्रतिध्वनियाँ अभी लोगों के कानों में गूँज ही रही थीं कि यकायक गांधीजी के भाषणों से यह स्वर विलीन हो गया। बहुत लोगों को, जो विभाजन के विरुद्ध प्रचंड और उग्र आंदोलन होने की आशा लगाए बैठे थे, इससे निराशा हुई। कुछ को लगा कि गांधीजी कमजोर हो गए हैं। कुछ दूसरों ने सोचा कि उन्होंने लक्ष्य को बीच में ही छोड़ दिया है। वायसराय के निकटवर्ती लोगों ने गांधीजी के कुछ पहले के भाषणों में पं. नेहरू को राजगद्दी से उतारने की तैयारी और किए गए समझौते की निंदा देखी। लेकिन दोनों ही पक्ष जिस बात को भूल गए, वह यह थी कि गांधीजी ने अपनी आदत के अनुसार विभाजन की योजना का, वह चर्चाधीन रही तब तक, अंतिम समय तक जोरदार विरोध किया था, परंतु निर्णय होते ही और कांग्रेस तथा लीग दोनों के उस पर हस्ताक्षर होते ही राजनीतिक अर्थ में वह उनके लिए जीवित प्रश्न नहीं रह गई।'[10]

'वायसराय ने 4 जून, 1947 के दिन गांधीजी को बुलाया और उन्हें अच्छी तरह समझाया कि क्यों विभाजन की योजना का उनकी तरफ से विरोध नहीं होना चाहिए। वायसराय ने अपनी

बात मनाने की संपूर्ण कला का उपयोग करके और विक्रेता के उत्साह के साथ इतनी कुशलता से रखी कि 'हाउ टु विन फ्रेंड्स ऐंड इंफ्लुएंस पीपुल' के लेखक को भी उनसे ईर्ष्या हो सकती थी। असल में 31 मई को कांग्रेस कार्यसमिति ने अपना विचार-विमर्श आरंभ किया, उसके बाद गांधीजी ने प्रार्थना प्रवचनों में विभाजन के संबंध में एक शब्द भी नहीं कहा। उस समय तक एक तरह से पासा फेंका जा चुका था।'[11]

भाजपा नेता और पूर्व प्रधानमंत्री लालकृष्ण आडवाणी ने 'मेरा देश, मेरा जीवन' में लिखा है कि 'विभाजन को एक खूनी परिणति तक ले जाने में ब्रिटिश सरकार के लिप्त होने का एक विश्वासोत्पादक विवरण मुझे स्टैनली वोल्पर्ट की पुस्तक 'शेमफुल फ्लाइट : द लास्ट ईयर्स ऑफ द ब्रिटिश एंपायर इन इंडिया' में मिला। ये प्रतिष्ठित अमेरिकन इतिहासकार हैं। जिन्होंने 'शेमफुल फ्लाइट' में इस भयानक मानवीय त्रासदी, जो पंजाब और बंगाल के विभाजन के लिए बनाए गए अविचारित टाइम-टेबल का परिणाम थी, के लिए भारत के अंतिम वायसराय लॉर्ड माउंटबेटन को मुख्य रूप से दोषी ठहराते हैं। ब्रिटिश प्रधानमंत्री क्लीमेंट एटली ने 20 फरवरी, 1947 को घोषणा की थी कि हिज मैजेस्टी की सरकार एक अविच्छिन्न या विभाजित भारत को जून 1948 तक सत्ता हस्तांतरित करने की मंशा रखती है। पागल बना देनेवाली पाँच महीनों की एक छोटी सी अवधि में, इस बात की परवाह किए बिना कि जल्दबाजी से भरी इस काररवाई के परिणाम क्या होंगे, माउंटबेटन ने भारत विभाजन का कार्य अगस्त 1947 में पूरा कर लिया।'[12]

अपने संस्मरण में आडवाणी ने लिखा है—'वोल्पर्ट बताते हैं कि संभावित हिंसा और उससे निपटने के लिए एक प्रभावी योजना के अभाव के बारे में माउंटबेटन अच्छी तरह जानते थे। साइरिल रेडक्लिफ द्वारा बनाए गए भारत और पाकिस्तान के नक्शे अत्यंत गोपनीयता से रखे गए थे और उन क्षेत्रों में रहनेवाले लोगों को नक्शों के बारे में कुछ पता नहीं था, जो सीमा-रेखा के आसपास पड़नेवाले थे। स्वाभाविक रूप से इससे उनके मनों में भारी अनिश्चितता पैदा हो गई थी। अनिश्चितता अकसर संदेह उपजाती है, जो पड़ोसी को पड़ोसी से भिड़ा देता है, खासतौर से सांप्रदायिक रूप से एक तनावपूर्ण वातावरण में। इससे, और साथ ही ब्रिटिश कानून व्यवस्था के अचानक ठप हो जाने से, वह भ्रातृहंता हिंसा और भी उग्र हो उठी। इस 'शर्मनाक निकासी' से उपजी कड़वाहट और द्वेष उस दु:खद घटना के बाद आज भी भारत और पाकिस्तान के रिश्तों के लिए अभिशाप बने हुए हैं।'[13]

भारत विभाजन पर सहमति को कार्यान्वित करने के लिए ब्रिटिश पार्लियामेंट ने 'भारतीय स्वाधीनता बिल' पारित किया। उससे पहले उसका मसौदा गांधीजी को दिखाया गया। भारत और पाकिस्तान को उस मसौदे में औपनिवेशिक दर्जा प्राप्त था। गांधीजी ने कांग्रेस नेताओं के साथ वायसराय भवन जाकर मसौदा देखा। उस पर उनकी पहली प्रतिक्रिया यह थी कि

औपनिवेशिक दर्जा अस्थायी होना चाहिए। इस बारे में उन्होंने 5 जुलाई, 1947 को अपनी प्रार्थना सभा में कहा, 'बहुत से आलोचकों की तरह मैं विधेयक (बिल) में कोई बुरा अर्थ नहीं देखता। एक भारत के बजाय दो भारत हो गए, यह स्वयं बहुत बुरी बात है। दोनों का दर्जा समान है और मुसलिम लीग को ऐसी परिस्थितियाँ पैदा करने का संपूर्ण श्रेय पाने का अधिकार है, जो कल तक असंभव दिखाई देती थीं। उसने कैबिनेट मिशन की गंभीर घोषणा को खत्म कर दिया। उसने कांग्रेस और सिखों को भारत का विभाजन स्वीकार करने के लिए विवश कर दिया। जो वस्तु स्वयं बुरी है, वह इसीलिए अच्छी नहीं हो जाती कि संबंधित पक्षों ने उसे स्वीकार कर लिया, भले ही हर पक्ष के लिए उसे स्वीकार करने के कारण अलग-अलग रहे हों। यह कोई संतोष लेने की बात नहीं कि जिन्ना जो कुछ चाहते थे, वह सारा उन्हें नहीं मिला। प्रकार में कोई अंतर नहीं है। वे एक सर्वसत्ताधारी राज्य चाहते थे। वह राज्य उन्हें पूर्णतम मात्रा में मिल गया है।'[14]

भारतीय स्वाधीनता बिल ब्रिटेन की संसद् में बिना किसी मतदान के पारित हुआ। क्योंकि चर्चिल ने पहले ही घोषणा कर दी थी कि बिल में जो योजना प्रस्तुत की गई है, उससे वे दोनों शर्तें पूरी होती हैं, जो क्रिप्स के प्रस्ताव में थीं। पहली शर्त थी कि भारत के दोनों दल सहमत हों। दूसरी कि औपनिवेशिक स्वराज्य की एक अवधि तय हो। इस प्रकार ब्रिटिश राजनेताओं ने जिस सहमति के ढोंग का ढिंढोरा पीटा, उसका भंडाफोड़ हाउस ऑफ कॉमन्स में गालाशर ने किया, 'मुझे यह वक्तव्य स्वीकार नहीं है कि लोग (भारत के) विभाजन के लिए जिम्मेदार हैं। वे भारत के विभाजन के लिए उतने ही जिम्मेदार हैं, जितने आयलैंड के लोग आयलैंड के विभाजन के लिए थे।''' यहाँ के शासक वर्ग को और भारत में इनके भाई-बंदों को ही भारत के विभाजन की जिम्मेदारी स्वीकार करनी चाहिए।'[15]

लार्ड सभा में बोलते हुए लार्ड रैंकीलोर ने भी उतनी ही साफ बातें कहीं। 19वीं शताब्दी के पहले भारत में जो कुछ हुआ था, उसका हवाला देते हुए उन्होंने विभाजन संबंधी निर्णय और उसके परिणामों के बारे में ब्रिटिश रुख को हाथ धोकर जिम्मेदारी से बचना बताया।

भारतीय स्वाधीनता कानून को ब्रिटिश सम्राट् ने 18 जुलाई, 1947 को स्वीकृति दे दी। जो 14-15 अगस्त, 1947 को लागू किया गया। सत्ता का हस्तांतरण बारीकी से नियोजित अनुष्ठानों और समारोहों के साथ किया गया, जिनमें से कुछ तो अंग्रेजों के साम्राज्य छोड़ने के रवैये को प्रतिबिंबित करते थे और कुछ भारतवासियों के प्रभुसत्ता पाने के रवैये को। इस कानून से भारत दो स्वतंत्र डोमिनियन में परिवर्तित हुआ। भारत की संविधान सभा की बनावट बदली। उससे सिंध, बलूचिस्तान, पश्चिमी पंजाब, पूर्वी बंगाल, पश्चिमोत्तर सीमा प्रांत और असम के सिलहट जिले के प्रतिनिधि भारत के संविधान सभा के सदस्य नहीं रहे। वह पाकिस्तान की संविधान सभा में चले गए। पश्चिम बंगाल और पूर्वी पंजाब के प्रांतों में नए निर्वाचन किए गए। इस प्रक्रिया

में डॉ. भीमराव आंबेडकर का स्थान भी रिक्त हो गया, क्योंकि वे बंगाल से निर्वाचित हुए थे। महात्मा गांधी की सलाह पर कांग्रेस ने उन्हें पुन: बंबई से चुनकर संविधान सभा में भेजा। इस प्रकार पुन: 22 जुलाई, 1947 को डॉ. आंबेडकर संविधान सभा के सदस्य बने।'[16] और नेहरू मंत्रिमंडल में उन्हें लिया। कानून मंत्री कनाया। इसका उल्लेख शेखर वंदोपाध्याय ने अपने ताजा शोध-पत्र में किया है। जब विभाजन के पश्चात् 31 अक्तूबर, 1947 को संविधान सभा बुलाई गई, तब उसमें कुल 299 सदस्य थे, जिनमें से 70 रियासतों के प्रतिनिधि थे।

भारत विभाजन एक महात्रासदी थी। पाकिस्तान जब अंतत: बन ही गया, तो उसमें छह करोड़ मुसलमान थे और 3.5 करोड़ मुसलमान भारत में ही रह गए। आयशा जलाल ने सवाल खड़ा किया है कि ऐसा पाकिस्तान भला बना कैसे, जो अधिकांश मुसलमानों के हितों से इतना अधिक बेमेल था। ब्रजकिशोर शर्मा ने लिखा है—'अंतरिम सरकार के मुसलिम सदस्यों के अवरोधक और विनाशकारी दृष्टिकोण से विवश होकर कांग्रेस ने विभाजन स्वीकार कर लिया। वास्तविकता तो यह थी कि कांग्रेस ने विभाजन तभी स्वीकार कर लिया था, जब चक्रवर्ती राजगोपालाचारी ने विभाजन की योजना प्रस्तुत की थी और गांधीजी ने उसका अनुमोदन किया था तथा उसके आधार पर जिन्ना से वार्त्ता की थी। किंतु स्वीकार करते समय कांग्रेस ने कोई योजना नहीं बनाई और इस बात का कोई अनुमान नहीं लगाया कि हिंदुओं को कितने दु:ख उठाने पड़ेंगे और कितने लोग प्राण गँवाएँगे। हिंदुओं की रक्षा के लिए कोई उपाय नहीं किए गए। उन्हें या तो धर्म-परिवर्तन करना पड़ा या प्राणों की रक्षा के लिए पाकिस्तान से भागकर भारत आना पड़ा। विश्व के इतिहास में यह विभाजन का एकमात्र उदाहरण है, जहाँ एक धार्मिक अल्पसंख्यक वर्ग को पृथक् वासस्थान दिया गया और फिर भी पुराने स्थान पर रहने दिया गया। विश्व में जब भी इस प्रकार का विभाजन हुआ, वहाँ जनसंख्या का विनिमय हुआ।'[17] 'भारत को विभाजित करने का काम सर साइरिल रेडक्लिफ को सौंपा गया। वे एक वकील थे और इससे पहले कभी भारत नहीं आए थे। भारत के इतिहास, समाज और परंपराओं के संबंध में उन्हें कुछ भी पता नहीं था। उन्होंने चालीस दिन के भीतर प्रांतों, जिलों, गाँवों और दिलों को बाँटनेवाले नक्शे तैयार कर दिए। यह कर, वे तुरंत अपने घर ब्रिटेन भाग गए। फिर कभी भारत नहीं लौटे।'[18]

'इसके कारण एक भयानक नरसंहार हुआ, जिसके लिए नेता और शासक पूर्णतया उत्तरदायी थे। विभाजन में भारत और पाकिस्तान के बीच कुल मिलाकर 1,20,00,000 लोग अपना स्थान छोड़ने के लिए विवश हुए। जिन लोगों की हत्या की गई, उनकी संख्या 10 लाख से कम नहीं होगी। यह अनुमान है कि 75,000 महिलाओं और लड़कियों के साथ बलात्संग किया गया, उनकी हत्या की गई या बलपूर्वक धर्म-परिवर्तन किया गया। एंड्रू मैलर ने यह लिखा है कि बहुत से गैर-मुसलिम 200 मील की दूरी पैदल चलकर आए। उन्होंने विस्थापितों का एक समूह देखा था, जो 47 मील लंबा था, जिसमें सैकड़ों बैलगाड़ियाँ और पशु थे।

संभवत: विभाजन को अस्वीकार करना श्रेयस्कर होता। भारत आज भी विभाजन की कीमत चुका रहा है। पाकिस्तान द्वारा प्रायोजित आतंकवाद निरपराध भारतीयों का रक्त ले रहा है।'[19] विभाजन की महात्रासदी में कितने लोग मारे गए और कितने बेघर हुए, इसके अलग-अलग अनुमान हैं। ज्यादातर ने माना है कि उस दौरान करीब डेढ़ करोड़ आबादी की आवाजाही हुई और लाखों लोग मारे गए। उसी दौरान एक पत्र गांधीजी को मिला, जिसमें जॉर्ज बर्नार्ड शॉ का अंग्रेज जाति के बारे में कथन का हवाला दिया गया था। 'कुछ भी ऐसा बुरा या ऐसा अच्छा नहीं है कि अंग्रेज वैसा करता हुआ न मिले, किंतु कभी भी तुम्हें अंग्रेज गलती पर नहीं मिलेगा। वह हर बात सिद्धांत पर करता है। वह तुमसे लड़ता है तो देशभक्ति के सिद्धांतों पर, वह तुम्हें लूटता है व्यापारिक सिद्धांतों पर, वह तुम्हें दास बनाता है साम्राज्यवादी सिद्धांतों पर, वह अपने राजा का समर्थन करता है राजकीय सिद्धांतों पर, और अपने राजा का सिर काट देता है गणतंत्रीय सिद्धांतों पर।'[20] इस पर पत्र लेखक ने पूछा था कि अंग्रेज इनमें से किस सिद्धांत के आधार पर भारत छोड़ रहा है? गांधीजी ने उत्तर दिया, 'मनुष्य में आत्मवंचना की उत्कृष्ट कला है। अंग्रेज इस कला में सबसे निपुण हैं।'[21]

विचारक और राजनीतिज्ञ पं. दीनदयाल उपाध्याय प्रज्ञावान पुरुष थे। यह उनके इस विचार से स्पष्ट है। भारत विभाजन के कालखंड में वे घटनाओं के साक्षी थे। जो देखा, वह लिखा। इतने सालों बाद भी उनका लिखा हुआ यह अंश इतिहास का पूरा सच है—'भारत विभाजन की अकल्पनीय घटना घटी तथा हमारे नेताओं ने उसे आशीर्वाद दिया। उनके सामने दूसरा मार्ग नहीं था, यदि विभाजन स्वीकार न किया जाता, तो भारत स्वतंत्रता से तो वंचित रहता ही, वरन् देश भर में भारी रक्तपात होता तथा हिंदू-मुसलिम समस्या और भी विकराल हो जाती। यह अंतिम तर्क का तीर है, जो कांग्रेसियों के तरकश में रह जाता है। किंतु यह कितना तीक्ष्ण है, इसका भी विचार करना होगा। भारत को स्वतंत्रता 3 जून की योजना के कारण नहीं मिली, बल्कि अंतरराष्ट्रीय परिस्थितियों, अंग्रेजों की गिरी हुई दशा तथा भारत की राष्ट्रीय जागृति के परिणामस्वरूप प्राप्त हुई है। इनमें से एक पर भी मुसलिम माँग का प्रभाव नहीं। हम भारत विभाजन मानते या न मानते, अंग्रेज भारत में टिक नहीं सकते थे। कैबिनेट मिशन ने स्वयं भारत विभाजन की माँग को ठुकरा दिया था। भारत की स्वतंत्रता की योजना 3 जून के बाद नहीं, बल्कि पहले ही बन चुकी थी। यदि अंग्रेज देर-सवेर करते, तो स्वतंत्रता के पुराने सिपाही चाहे थक गए हों, किंतु नए सिपाही उनका स्थान लेने के लिए तैयार थे। वास्तव में, इन नए सिपाहियों के भय से ही अंग्रेजों ने भारत छोड़ा, कारण, जिस मित्रता के व्यवहार की पुरानों से आशा थी, उसकी संभावना नयों से नहीं थी। कांग्रेस के नेता यदि डटे रहते तथा भारत की जनजागृति में मदद करते, तो अंग्रेज अखंड भारत छोड़कर जाते और सत्ता कांग्रेस के ही हाथ में देकर जाते।'[22]

'दूसरा भय भी भीषण रक्तपात का था। किंतु रक्तपात कम नहीं हुआ, बल्कि बढ़ा ही। भारत विभाजन के पूर्व और पश्चात् के नरमेध में जितनी बलि चढ़ी है, उतनी पिछले दोनों महायुद्धों में भी नहीं चढ़ी। फिर लूट, अपहरण और हत्याकांड में मानव का जो जघन्यतम पशु भाव प्रकट हुआ, वह तो युद्ध में कहीं नहीं हुआ। मुसलिम लीग की अराष्ट्रीय प्रवृत्ति और गुंडागर्दी का मुकाबला हमारे स्वातंत्र्य समय का एक अंग बन गया होता, तो हमने बहुत सा रक्तपात बचा लिया होता। उस स्थिति में हिंदू अल्पमत अपने आप को असहाय नहीं समझता, बल्कि युद्ध का सिपाही समझकर अपनी संपूर्ण शक्ति बटोरकर लड़ता। आज अगर वह कहीं लड़ा, तो केवल रक्षा के लिए और उसमें भी पंजाब और सीमा प्रांत में उसने मुसलिम गुंडागर्दी से हार नहीं खाई, किंतु नेताओं के हथियार डाल देने पर उसका मानसिक संबल टूट गया। निश्चित है कि प्रत्यक्ष युद्ध में मानसिक दृष्टि से ही नहीं, भौतिक दृष्टि से भी आज से कहीं कम हानि होती।'[23] भारत विभाजन में नेहरू, पटेल और जिन्ना की भूमिका पर शोध और अध्ययन का क्रम आज भी जारी है। स्टॉकहोम विश्वविद्यालय के प्रोफेसर इश्तियाक अहमद की हाल में ही पुस्तक 'जिन्ना, हिज सक्सेस, फेल्योर्स ऐंड रोल इन हिस्ट्री' आई है। जिसमें यह तथ्य पुनः स्थापित हुआ है कि 'भारत विभाजन इसलिए हुआ, क्योंकि ब्रिटिश मुसलिम लीग के नेतृत्ववाले पाकिस्तान पर सामरिक हितों के लिए भरोसा कर सकता था।'[24] इससे पं. दीनदयाल उपाध्याय का यह मत ऐतिहासिक रूप से सच साबित हो रहा है कि भारत विभाजन वास्तव में अंग्रेजों की चाल थी। एक प्रश्न, जो हमेशा बना रहेगा, भारत विभाजन के बाद बालिग मताधिकार से संविधान सभा पुनः गठित क्यों नहीं की गई?

**संदर्भ—**


1. इंडियन कॉन्स्टीट्यूशनल डॉक्यूमेंट्स, पिलग्रिमेज टू फ्रीडम, के.एम. मुंशी, अध्याय : सरदार पटेल और विभाजन, पृ. 126
2. वही, पृ. 126-127
3. वही, पृ. 127
4. नेहरू, ए पॉलिटिकल बायोग्राफी, माइकल ब्रेशर, अध्याय : ऐन एंग्युस, पृ. 374
5. लास्ट डेज ऑफ ब्रिटिश राज, लियोनार्ड मोसले, अध्याय : इपिलॉग, पृ. 285
6. वही, पृ. 285
7. समाजवादी आंदोलन का इतिहास, राममनोहर लोहिया, अध्याय : उफान युग की असफलताएँ और सफलताएँ, पृ. 71
8. अंधकार काल : भारत में ब्रिटिश साम्राज्यवाद, शशि थरूर, अध्याय : बाँटो और राज करो, पृ. 214
9. स्ट्रगल फॉर फ्रीडम, आर.सी. मजुमदार, अध्याय : द लास्ट डेज ऑफ ब्रिटिश रूल, पृ. 770
10. महात्मा गांधी : पूर्णाहुति, खंड-3, प्यारे लाल, अध्याय : सत्याग्रही असफलता को जानता नहीं, पृ. 280
11. वही, पृ. 280
12. मेरा देश, मेरा जीवन; लालकृष्ण आडवाणी, अध्याय : विभाजन : जिम्मेदार कौन, पृ. 44
13. वही, पृ. 44

14. महात्मा गांधी : पूर्णाहुति, खंड-3, प्यारे लाल, अध्याय : प्रभात से पहले का घोरतम अंधकार, पृ. 386
15. वही, पृ. 389
16. भारत का संविधान : एक परिचय, ब्रजकिशोर शर्मा, अध्याय : डॉ. आंबेडकर की भूमिका, पृ. 33
17. वही, पृ. 25
18. अंधकार काल : भारत में ब्रिटिश साम्राज्यवाद, शशि थरूर, अध्याय : बाँटो और राज करो, पृ. 225
19. भारत का संविधान : एक परिचय, ब्रजकिशोर शर्मा, अध्याय : संविधान की रचना के पूर्व की घटनाएँ, पृ. 25
20. महात्मा गांधी : पूर्णाहुति, खंड-3, अध्याय : प्रभात से पहले घोरतम अंधकार, पृ. 392
21. वही, पृ. 392
22. दीनदयाल उपाध्याय संपूर्ण वाङ्मय, खंड-2, अध्याय : पाकिस्तान का निर्माण, पृ. 73
23. वही, पृ. 73
24. जिन्ना, हिज सक्सेस, फेल्योर्स एंड रोल इन हिस्ट्री, इश्तियाक अहमद, अध्याय : द ब्रिटिश डिसिजन टू पार्टिशन इंडिया, पृ. 433-434

□

# 36

# सांप्रदायिकता का पाठ-शोधन

अंग्रेजों ने 'बाँटो और राज करो' की नीति के तहत जो अनेक उपाय किए थे, उनमें एक संवैधानिक सुधार की कथित प्रक्रिया थी। उसी में पृथक् निर्वाचन-क्षेत्र बनाया गया। संविधान सभा के नेतृत्व ने इस मर्म को समझा कि उससे सांप्रदायिकता का जहर इस कदर फैला कि भारत विभाजन की दुर्भाग्यपूर्ण घटना हुई। अंग्रेज एक वर्ग में यह धारणा बैठाने में सफल हो गए कि भारत नाम का कोई देश नहीं है, यह मात्र एक भूखंड है। इस धारणा के कारण भारतीय समाज में विभाजन के बीज बने रहे। जिसका अंग्रेजों ने अंततः देश का बँटवारा कर लाभ उठाया। इतिहास के इस काले अध्याय को समाप्त करने के लिए सरदार बल्लभभाई पटेल ने 27 अगस्त, 1947 को संविधान सभा में एक प्रस्ताव रखा—'केंद्रीय और प्रांतीय धारा सभाओं के सब चुनाव संयुक्त विधि से होंगे।'[1] इससे पृथक् निर्वाचन प्रणाली समाप्त हुई। लेकिन उसे कार्यरूप देने के लिए संविधान सभा ने इस प्रस्ताव को भी पारित किया—'अनुसूचित जातियों के अतिरिक्त अल्पसंख्यकों के लिए आरक्षण की पद्धति को समाप्त कर दिया जाए।'[2] इससे ही अंग्रेजों के जमाने से चली आ रही पृथक् चुनाव प्रणाली का अंत हुआ और आरक्षण की भी नई व्यवस्था बनी। सरदार पटेल का कहना था कि 'यह निर्णय अल्पसंख्यकों के विचारों से बहुमत के विचारों के समन्वय का परिणाम है।'[3]

स्वाधीनता के बाद संविधान सभा पर कैबिनेट मिशन योजना के बंधन अपने आप हट गए

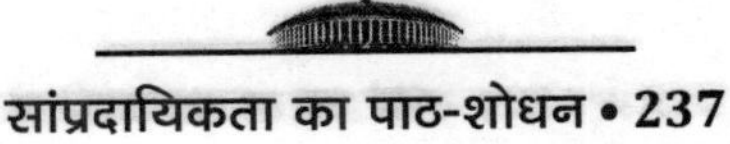

थे, लेकिन अल्पसंख्यकों के अधिकारों की परामर्श समिति उसी योजना में बनी थी। कैबिनेट मिशन योजना में प्रावधान था कि अल्पसंख्यकों के अधिकारों का संरक्षण करने के लिए संविधान सभा एक परामर्श समिति बनाएगी। सरदार पटेल की अध्यक्षता में जिस समय परामर्श समिति ने इस प्रश्न पर विचार प्रारंभ किया कि पृथक् निर्वाचन प्रणाली हो या संयुक्त, तब भारत का विभाजन हो गया था। उस समय यह भावना बड़ी प्रबल थी कि अल्पसंख्यकों के लिए पृथक् निर्वाचन-क्षेत्र बनाने से सांप्रदायिकता बढ़ी और उससे भारत को विभाजन के दुर्दिन से गुजरना पड़ा। परामर्श समिति ने अपनी रिपोर्ट में कहा कि 'सबसे पहला प्रश्न जिसको कि हमने निपटाया है, पृथक् चुनाव का है। हमने स्वयं अल्पसंख्यकों के लिए तथा सामूहिक रूप में देश के राजनीतिक जीवन के निमित्त इसे अत्यंत महत्त्वशाली समझा है। बहुत बड़े बहुमत से यह निश्चय किया है कि पृथक् चुनाव विधि को अवश्य ही इस संविधान से निकाल दिया जाना चाहिए। हमारे विचार में अतीत में इस विधि ने सांप्रदायिक भेदों को इस घातक सीमा तक भड़का दिया है कि वे आज स्वस्थ राष्ट्रीय जीवन की उन्नति के रास्ते में मुख्य रुकावट का साधन बने हुए हैं। देश में जो नए राजनीतिक हालात पैदा हो गए हैं, उनमें तो इन खतरों को हटाना और भी आवश्यक जान पड़ता है। इस दृष्टि को सामने रखते हुए तो पृथक् चुनाव के विरुद्ध युक्तियाँ पूर्णरूपेण निश्चयात्मक प्रतीत होती हैं। अत: हम सिफारिश करते हैं कि केंद्रीय और प्रांतीय धारा सभाओं के सब चुनाव सम्मिलित चुनाव विधि से होने चाहिए।'[4]

ब्रिटिश शासन में पृथक् निर्वाचन प्रणाली को सबसे पहले 1909 में लागू किया गया। इसका एक इतिहास है। आगा खान के नेतृत्व में एक प्रतिनिधि मंडल वायसराय मिंटो से मिला। कहते हैं कि वायसराय की टीम ने ही आगा खान को इसके लिए तैयार किया था। उस प्रतिनिधिमंडल ने माँग की कि मुसलमानों के लिए अलग निर्वाचन-क्षेत्र बनाया जाना चाहिए। अंग्रेज सरकार ने यह माँग तुरंत मान ली, क्योंकि उसे पृथकता का विष-बीज बोना था। 1916 में इस माँग ने अपने पंख फैलाए। कांग्रेस ने भी मुसलिम समर्थन के लिए इस सांप्रदायिकता भरी माँग को अपना सहयोग दिया। इतिहास में इसे 'लखनऊ समझौते' के नाम से जाना जाता है। 1932 के कम्युनल अवार्ड ने आरक्षण और पृथक् निर्वाचन प्रणाली को राजमार्ग बनाया। 1935 के अधिनियम ने उसे संविधान में महत्त्वपूर्ण स्थान दिया। कांग्रेस ने अपने अनुभवों से सीखा और सामुदायिकता को समाप्त करने के लिए संवैधानिक मार्ग अपनाया।

भारत विभाजन के बाद सलाहकार समिति में नए मुसलिम प्रतिनिधि नियुक्त हुए। वे थे—तजम्मुल हुसैन और बेगम एजाज रसूल। कुछ समय पहले तक तजम्मुल हुसैन मुसलिम लीग के उत्साही नेता थे। भारत विभाजन के बाद वे पाकिस्तान नहीं गए। यहीं रहना पसंद किया। सलाहकार समिति पर विभाजन का प्रभाव स्पष्ट था। उसकी पहली बैठक में अनेक सदस्यों ने नोटिस दिया कि अल्पसंख्यकों के लिए आरक्षण को समाप्त कर दिया जाना

चाहिए। उनमें एक नोटिस तजम्मुल हुसैन का भी था। लेकिन डॉ. भीमराव आंबेडकर की अलग राय थी। वे आरक्षण को इस आधार पर बनाए रखना चाहते थे, क्योंकि संविधान के प्रारूप में उसे हटाया नहीं गया था। सरदार पटेल ने निर्णय सुनाया कि सलाहकार समिति पर कोई बंधन नहीं है। वह इस मामले पर पुन: विचार कर सकती है। उन्होंने यह भी कहा कि इस बारे में अल्पसंख्यक समुदाय के प्रतिनिधियों में आम राय होनी चाहिए। अल्पसंख्यकों के लिए आरक्षण का प्रश्न विवाद का बड़ा कारण था। मुसलिम समुदाय में मौलाना आजाद के नेतृत्व में राष्ट्रवादी मुसलमानों ने भी माँग की थी कि आरक्षण रहना चाहिए। मौलाना हफीजुर रहमान इस समूह के प्रवक्ता थे। तजम्मुल हुसैन ने राष्ट्रवादी समूह की आक्रामक भाषा में आलोचना की। उन्होंने वास्तव में परोक्ष रूप से मौलाना आजाद पर हमला किया। कहा कि 'अतीत को भूल जाएँ और सेक्युलर राज्य बनाने में मदद करें।'[5] उनके इस सीधे और आक्रामक रुख से बेगम एजाज रसूल को बल मिला। उन्होंने इसे थोड़ा और विस्तार दिया। कहा कि 'पाकिस्तान बन गया है। भारत में जो मुसलमान हैं, उनके हितों का तकाजा है कि वे अलग-थलग न रहें, बल्कि भारत की मुख्यधारा में रहने का विचार बनाएँ, इसलिए आरक्षण की माँग को छोड़ देना बेहतर है।'[6] उस वाद-विवाद में सरदार पटेल मौन साक्षी थे। कभी-कभार वे वातावरण को हलका-फुलका करने के लिए मजाक भरी टिप्पणी करते रहते थे। बेगम के भाषण के बाद उन्होंने कहा कि 'मुसलिम समुदाय के प्रतिनिधि अभी भी दो मत में हैं। इसलिए आम सहमति के लिए हमें थोड़ा समय देना चाहिए। उसका इंतजार करना चाहिए।'[7]

इस तरह अल्पसंख्यकों के लिए आरक्षण का विषय विचारार्थ बना रहा। 11 मई, 1949 को पुन: यह विषय सलाहकार समिति के सामने आया। उस बैठक में राष्ट्रवादी मुसलमानों के प्रतिनिधि मौन थे। के.एम. मुंशी ने लिखा है कि 'मुझे बाद में पता चला कि मौलाना आजाद ने निर्देश दिया था कि आरक्षण का आग्रह नहीं करना है।'[8] तजम्मुल हुसैन एक प्रतिनिधिमंडल में विदेश गए थे। बेगम एजाज रसूल इस अंदेशे में हिम्मतपस्त थीं कि राष्ट्रवादी मुसलिम समुदाय उन पर हमलावर हो सकता है, इसलिए वे बोलने से कतरा रही थीं। इस कारण संयुक्त चुनाव क्षेत्र के लिए कोई बोलनेवाला नहीं था। तब सरदार पटेल ने के.एम. मुंशी की तरफ देखा। वे बेगम रसूल के बगलवाली सीट पर थे। उन्होंने बेगम को धीरे से कहा कि 'सरदार चाहते हैं कि आप बोलें।'[9] अंतत: साहस जुटाकर वे बोलीं। आरक्षण को समाप्त करना चाहिए। इसे सुनते ही सरदार ने कहा कि 'मुझे प्रसन्नता है कि मुसलिम समुदाय ने संयुक्त चुनाव क्षेत्र के लिए आम सहमति प्रकट की है।'[10] इस तरह उस दिन एच.सी. मुखर्जी ने अंत में प्रस्ताव किया कि 'अल्पसंख्यकों के लिए कोई आरक्षण की आवश्यकता नहीं है।'[11] यह प्रस्ताव तीन के मुकाबले 58 मतों से पारित हुआ। इससे अंग्रेजों की 'बाँटो और राज करो' की नीति को समाप्त करने का विचार बना। संविधान सभा ने 26 मई, 1949 को इसे स्वीकार किया।

सरदार पटेल ने 25 मई, 1949 को संशोधित प्रस्ताव रखा—1. 'कि इस संबंध में संविधान सभा द्वारा अब तक किए गए निर्णयों के बावजूद भारतीय संविधान के मसौदे के भाग 14 के उपबंधों को इस प्रकार संशोधित किया जाए कि उक्त प्रतिवेदन में दी हुई सलाहकार समिति की सिफारिशों को कार्यान्वित किया जा सके; और 2. कि पूर्वी पंजाब की निम्नलिखित जातियों को अर्थात् मजहबी, रामदासी, कबीरपंथी और सिकलीगरों को प्रांत की अनुसूचित जातियों की तालिका में शामिल किया जाए, ताकि ये भी विधानमंडलों में अनुसूचित जातियों को दिए गए प्रतिनिधित्व के लाभ के अधिकारी हो सकें।'[12] इन दोनों प्रस्तावों को संविधान सभा ने स्वीकार किया। जिससे इन्हें संविधान के मसौदे में शामिल किया गया और मसौदे को संशोधित किया गया। उससे पहले दो दिन बहस हुई। मुसलिम लीग के सदस्य मोहम्मद इस्माइल साहब ने विरोध में एक संशोधन प्रस्ताव रखा था। असल में बहस उनके संशोधन प्रस्ताव के कारण हुई। मोहम्मद इस्माइल साहब ने अपने संशोधन के पक्ष में लंबा भाषण किया। उनके लंबे भाषण की प्रतिक्रिया भी हुई। अनेक सदस्यों ने अध्यक्ष डॉ. राजेंद्र प्रसाद से पूछा कि उनके भाषण की कोई समय सीमा है। विरोध का यह संसदीय तरीका था। मोहम्मद इस्माइल साहब तब के मद्रास से आते थे। मुसलिम लीग के सदस्य थे। वहीं से एस. नागप्पा भी थे। अपने भाषण में अल्पसंख्यकों के अधिकार की कमेटी के अध्यक्ष सरदार पटेल और सदस्यों को उन्होंने बधाई दी। कहा कि 'अंग्रेजों ने दो शताब्दियों में जिसे समस्या बनाया, उसका सरदार ने दो वर्ष में समाधान कर दिया। अंग्रेजों ने फूट फैलाई थी। कमेटी ने एकता का सूत्र दिया।'[13] डॉ. एच.सी. मुखर्जी ईसाई समुदाय से आते थे। उनके ही प्रस्ताव पर सर्वसम्मति से निर्णय हुआ था। उन्होंने अपने भाषण में कहा कि हमें सरदार पटेल के प्रस्ताव पर स्वयं से दो प्रश्न पूछने चाहिए—'पहला यह कि जब हम कहते हैं कि हम एक असांप्रदायिक राज्य स्थापित करना चाहते हैं तो क्या हम सच्चे हैं? दूसरा प्रश्न यह है कि क्या हम एक ही राष्ट्र चाहते हैं? इनका एक ही उत्तर है कि हम धर्म के आधार पर अल्पसंख्यकों को राजनीतिक संरक्षण की मान्यता नहीं दे सकते।'[14] बेगम एजाज रसूल ने कहा कि 'मैं सरदार पटेल के प्रस्ताव का समर्थन करती हूँ। इस्माइल के संशोधन का सार यह है कि पृथक् निर्वाचक-मंडलों को रहने दिया जाए। मुझे यह अर्थहीन दिखता है।'[15]

संविधान सभा ने अल्पसंख्यकों, मूलाधिकारों के लिए सलाहकार समिति बनाई थी। सरदार पटेल उसके अध्यक्ष थे। जब भारत का विभाजन हो गया और पंजाब में अल्पसंख्यकों, विशेषकर सिखों के प्रश्न पर विचार करना असंभव हो गया, तो कमेटी ने 24 फरवरी, 1948 को एक विशेष उप-समिति बनाई, जिसे पूर्वी पंजाब और पश्चिमी बंगाल की अल्पसंख्यक समस्याओं पर रिपोर्ट देनी थी। उप-समिति में सरदार पटेल के अलावा जवाहरलाल नेहरू, डॉ. राजेंद्र प्रसाद, के.एम. मुंशी और डॉ. बी.आर. आंबेडकर थे। इसी समिति ने निर्णय किया कि

‘अनुसूचित जातियों के अतिरिक्त अल्पसंख्यकों के लिए आरक्षण की पद्धति को समाप्त कर दिया जाए।’[16] संविधान सभा की इस बहस में पं. जवाहरलाल नेहरू न बोलें, ऐसा संभव नहीं था। वे चुप रहते, तो उसका अनर्थ राजनीति में मुखर हो जाता। वे बोले, ‘इस प्रस्ताव के लिए इतनी सद्भावना प्रकट की जा चुकी है कि इसके समर्थन के लिए मेरा खड़ा होना अनावश्यक ही है। किंतु इसके समर्थन के लिए मैं एक मानसिक प्रेरणा का अनुभव कर रहा हूँ, क्योंकि देश के भाग्य में जो इतना बड़ा ऐतिहासिक परिवर्तन होने जा रहा है, उसके समर्थन में मैं भी शरीक होना चाहता हूँ। मेरे साथी उप-प्रधानमंत्री सरदार पटेल ने जो प्रस्ताव सभा के समक्ष उपस्थित किया है, वह वस्तुत: एक ऐतिहासिक प्रस्ताव है। इस प्रस्ताव का अर्थ यह है कि हम न केवल उस बात का परित्याग ही करने जा रहे हैं, जो कि बुरी है, बल्कि हम इसे सदा के लिए समाप्त कर अपनी पूरी शक्ति के साथ यह दृढ़ निश्चय कर रहे हैं कि हम ऐसे पथ पर चलेंगे, जिसे राष्ट्र के प्रत्येक वर्ग के लिए हम बुनियादी तौर पर अच्छा समझते हैं।’[17]

‘हमने यह विचार किया कि अनुसूचित जातियों के लिए तो आरक्षण की व्यवस्था रहने दी जाए, पर शेष सबके लिए समाप्त कर दी जाए। मैंने इस प्रस्ताव को बड़ी तत्परता और खुशी से स्वीकार किया। इसे मंजूर करने में मुझे ऐसा महसूस हुआ कि मेरी एक बहुत बड़ी तकलीफ दूर हुई। यह सब इसलिए कि अपने राजनीतिक क्षेत्र में पृथक् निर्वाचन या अन्य कोई अलगाव की व्यवस्था रखने के खिलाफ मेरे दिल और दिमाग में एक मुद्दत से संघर्ष चल रहा था और मैं जितना ही इस मसले पर सोचता था, मैं यही अनुभव करता था कि ऐसी व्यवस्था को उठाना ही सही बात है, न केवल शुद्ध राष्ट्रीयता की दृष्टि से—यह कार्य राष्ट्रीयता की दृष्टि से सही तो है ही—बल्कि हर अलग-अलग वर्ग के हित के ख्याल से भी या आप यह कह सकते हैं कि बहुसंख्यक और अल्पसंख्यक सभी के हित के लिए यह कार्य सही है।’[18]

‘इसलिए जब मैंने इस मसले पर गौर किया, तो मैं इसी नतीजे पर पहुँचा कि अगर अपने जातीय इतिहास की वर्तमान स्थिति में, जबकि हम अपने संविधान का निर्माण कर रहे हैं, जो हो सकता है कि बहुत स्थायी न हो—क्योंकि दुनिया में आखिर परिवर्तन होता ही रहता है, जो कि हम तो यही चाहते हैं कि हमारा संविधान काफी ठोस और स्थायी हो—हम इसमें कोई ऐसी बात रखते हैं, जो सरासर गलत है और जिसकी वजह से तय समझिए कि लोग गलत ही रास्ता पकड़ेंगे तो हमारा यह काम देश के हक में बड़ा बुरा होगा। कुछ दिन पहले एक-दूसरे के प्रश्न के प्रसंग में हमने यह निर्णय किया था कि सांप्रदायिकता से या बिलगाव पैदा करनेवाली अन्य किसी बात ही से हम कोई सरोकार न रखेंगे। उस समय किसी ने हमसे यह ठीक ही पूछा था कि ऐसी अवस्था में हम आरक्षणों की व्यवस्था क्यों रख रहे हैं, क्योंकि इससे राजनीतिक क्षेत्र में लोग अपने-अपने वर्ग की बात सोचने लगेंगे।’[19]

पं. नेहरू ने कहा कि ‘मैं चाहता हूँ कि आप थोड़ी देर के लिए एक खास तरीके से

इस पर विचार करें। ज्यादा नहीं, पाँच वर्ष पहले की ही परिस्थिति पर विचार कीजिए। उन समस्याओं का ख्याल कीजिए, जिनका मुझे और आपको तब सामना करना पड़ता था। उन समस्याओं की एक सूची बनाइए और उन विभिन्न समस्याओं की एक अलग सूची बनाइए, जिन पर इस महती सभा को रोज-ब-रोज विचार करना पड़ रहा है। आप देखेंगे कि दोनों सूचियों में जबरदस्त अंतर है। आज जो हमारे सामने समस्याएँ हैं, जिनका हल ढूँढ़ निकालना है, उनसे यह प्रगट है कि हम कितना बदल गए हैं। हमें यह भी याद रखना होगा कि अतीतकालीन विचारधाराओं की कई बातों का अब वर्तमान स्थिति में कोई स्थान नहीं रह गया है। पृथक् निर्वाचन का आरक्षण इसी श्रेणी में आता है। इसलिए मैं समझता हूँ कि इस व्यवस्था को समाप्त कर देना न केवल सिद्धांततः ही अच्छा है, यह अल्पसंख्यकों के लिए ही लाभप्रद नहीं है, बल्कि मनोवैज्ञानिक दृष्टि से भी देश के लिए और दुनिया के लिए भी अच्छा कदम है। इससे जाहिर होता है कि हम एक असांप्रदायिक लोकतंत्र की स्थापना के प्रयास में वस्तुतः निष्ठा और सच्चाई से कार्यरत हैं।'[20]

सेक्युलर जवाहरलाल नेहरू ने 24 जनवरी, 1948 को अलीगढ़ मुसलिम विश्वविद्यालय में सवाल उठाया कि 'मुझे अपनी विरासत और अपने पूर्वजों पर, जिन्होंने भारत को बौद्धिक और सांस्कृतिक दृष्टि से अग्रणी बनाया, गर्व है। तुम इस अतीत के बारे में कैसा भाव रखते हो? क्या तुम अनुभव करते हो कि तुम भी इस अतीत के सहभागी और उत्तराधिकारी हो और इसलिए तुम्हें भी किसी ऐसी चीज पर गर्व है, जो तुम्हारी और मेरी साझी विरासत है? या तुम इसे पराया समझते हो और इसके नजदीक से गुजरते समय तुम्हारे मन में वह अपनापन, वह स्पंदन पैदा नहीं होता, जो इस अनुभूति में से पैदा होता है कि हम इस विशाल खजाने के संरक्षक व उत्तराधिकारी हैं?'[21] भारत विभाजन ने वास्तव में यह सवाल जो तब पैदा किया था, वह आज भी ज्यों-का-त्यों है।

तजम्मुल हुसैन बिहार से आते थे। उन्होंने संशोधन के समर्थन में भाषण किया। कहा कि समिति में सात मुसलिम सदस्य थे। उनमें से दो मेरे प्रस्ताव के विरोध में थे। पाँच पक्ष में थे। इस बहस में विश्वनाथ दास, वेद एच. लारी, एम. थिरूमल राव, डॉ. एच.सी. मुखर्जी, तैयब मुहम्मद शादुल्लाह, जेरोम डिसूजा, प्रो. शिब्बन लाल सक्सेना, मौलाना हसरत मोहानी और महावीर त्यागी आदि ने अपने विचार रखे। सरदार पटेल ने दो दिनों की बहस का समापन करते हुए कहा कि 'अल्पसंख्यकों से संबंध रखनेवाली सलाहकार समिति का जब मुझे अध्यक्ष बनाया गया, तो मैंने भारी मन से इस काम को हाथ में लिया। मैं महसूस कर रहा था कि विदेशी शासन का जो इतिहास रहा है, उसके कारण हमारा काम थोड़ा कठिन होगा। उस समय परिस्थितियाँ विकट थीं। परस्पर संदेह का वातावरण था, लेकिन सत्ता के हस्तांतरण के बाद धीरे-धीरे लोगों में परिवर्तन आने लगा। परस्पर सद्भाव और विश्वास का वातावरण बना।'[22]

उन्होंने कहा कि समिति में जब यह विचार मैंने पहली बार रखा, तो अल्पसंख्यक वर्गों की अधिकाधिक सम्मति और सहमति मुझे मिल चुकी थी। डॉ. मुखर्जी शुरू से ही किसी प्रकार के राजनीतिक संरक्षण के विरोध में थे। आज वे खुश होंगे कि प्रस्तुत व्यवस्था उनकी इच्छा के अनुकूल हो रही है।

सरदार पटेल ने बिना नाम लिये मुसलिम लीग के नेता खलीकुज्जमा की अच्छी खबर ली। उन्होंने कहा कि 'वे इस संविधान सभा के प्रति निष्ठावान बने रहने की प्रतिज्ञा कर फौरन मय सरो-सामान कराची चले गए। अब वे वहाँ मुसलिम लीग का संचालन कर रहे हैं। अपनी विरासत मद्रास छोड़ गए हैं।'[23] उनका इशारा मोहम्मद इस्माइल साहब की ओर था।

उन्होंने कहा कि 'जो धारणा आपके दिमाग में अब तक थी और जिसके अनुसार अब तक आप चलते थे, उसे आप हमेशा के लिए हटा दीजिए। अब यह एक स्वतंत्र देश है। यह राज्य सर्वसत्ता प्राप्त राज्य है। आपकी यह सभा सर्वप्रभुता-संपन्न सभा है। यहाँ आप देश के भविष्य को अपनी मर्जी के मुताबिक स्वरूप दे रहे हैं। इसलिए बराय मेहरबानी आप अतीत को भूल जाइए; इसे भूलने की कोशिश कीजिए। अगर ऐसा करना आपके लिए असंभव है तो आपके लिए अच्छा यह है कि आपको अपने विचारों के अनुसार जो सर्वोत्तम स्थान मालूम पड़ता हो, आप वहाँ चले जाएँ। मैं गरीब मुसलिम जनता को अब नुकसान नहीं पहुँचाना चाहता हूँ, जिसने काफी मुसीबतें झेली हैं। अपने लिए अलग राज्य और भूभाग पाने के बारे में आपका जो भी दावा हो, मुझे उसके संबंध में कुछ नहीं कहना है। आपको जो भी प्राप्त हो गया है, उसके लिए भगवान् आपका भला करे। पर कृपया न भूलिए कि गरीब मुसलिम जनता ने कितने कष्ट उठाए हैं।'[24]

'इसलिए अल्पमत का भविष्य—चाहे कोई अल्पमत हो—इसी में है कि वह बहुमत का विश्वास करे! अगर बहुसंख्यक समुदाय दुर्व्यवहार करेगा, तो उसको भुगतना पड़ेगा। अगर बहुसंख्यक समुदाय अपने दायित्व को नहीं समझता है तो वह देश के लिए बड़े ही दुर्भाग्य की बात होगी।'[25]

सरदार पटेल ने प्रस्ताव का महत्त्व समझाते हुए कहा कि 'हम इतिहास के क्रम को बदलने जा रहे हैं। एक बहुत बड़ा दायित्व हमारे सिर पर है और इसलिए मैं आप सबसे यह अपील करूँगा कि इस पर अपनी राय देने से पहले खूब सोच लीजिए, अपने विवेक को टटोल लीजिए और यह सोच लीजिए कि भविष्य में इस देश में क्या होने जा रहा है? इस देश का भावी स्वरूप एक स्वतंत्र देश के अनुरूप होगा और स्वरूप उससे सर्वथा भिन्न होगा, जिसकी कल्पना देश विभाजन करानेवालों ने की थी। इसलिए देश विभाजन में जिन्होंने हाथ बँटाया है, उनसे मैं कहूँगा कि वह इस बात को खूब समझ लें कि अब समय बदल गया है, स्थिति बदल गई है और दुनिया बदल गई है और इसलिए अगर वह अपना कल्याण चाहते हैं तो वह

भी, लाजिमी है कि अपना परिवर्तन करें। अब पृथक् निर्वाचन के प्रश्न पर कुछ कहना समय बरबाद करना है।'[26]

संविधान सभा के इन प्रस्तावों को संविधान के मसौदे में शामिल किया गया। प्रारूप में यह नहीं था। इससे दो बातें हुईं। अल्पसंख्यकों के राजनीतिक आरक्षण की प्रथा समाप्त हो गई। निर्वाचन आयोग का जन्म हुआ। यह विचित्र बात है। लोकतंत्र का दंभ भरनेवाला ब्रिटेन भारत में विपरीत आचरण कर रहा था। संविधान सभा ने निर्वाचन आयोग का लोकतंत्र के लिए अनुसंधान किया।'[27] संविधान ने हर वयस्क को मताधिकार देकर दुनिया को यह दिखाया कि भारतीय स्वभाव से ही लोकतांत्रिक हैं। ब्रिटिश काल में चुनाव आयोग नहीं था। अफसरशाही ही चुनाव को संचालित करती थी। दुनिया ने वयस्क मताधिकार को लोकतांत्रिक क्रांति के रूप में देखा। संविधान का भाग 15 है, जिसमें अनुच्छेद 324-329क तक निर्वाचन के प्रावधान हैं, जिसका परिष्कार होता जा रहा है। सातवाँ अनुच्छेद इमरजेंसी की देन है।

**संदर्भ—**


1. भारतीय संविधान सभा के वाद-विवाद की सरकारी रिपोर्ट (हिंदी संस्करण), अंक-5, संख्या-8, 27 अगस्त, 1947, रिपोर्ट, पृ. 93
2. वही, पृ. 5
3. वही, पृ. 3
4. वही, रिपोर्ट, पृ. 93
5. इंडियन कॉन्स्टीट्यूशनल डॉक्यूमेंट्स, पिलग्रिमेज टू फ्रीडम, के.एम. मुंशी, अध्याय : आफ्टर पार्टीसन, पृ. 207
6. वही, पृ. 207
7. वही, पृ. 207
8. वही, पृ. 207
9. वही, पृ. 208
10. वही, पृ. 208
11. वही, पृ. 208
12. भारतीय संविधान सभा के वाद-विवाद की सरकारी रिपोर्ट (हिंदी संस्करण), अंक-8, संख्या-8, 25 मई, 1949, पृ. 431-432
13. वही, पृ. 458
14. वही, पृ. 466
15. वही, पृ. 469
16. वही, परिशिष्ट-(क), रिपोर्ट—अल्पसंख्यकों, मूलाधिकारों आदि संबंधी सलाहकार समिति, 11 मई, 1949, पृ. 483
17. भारतीय संविधान सभा के वाद-विवाद की सरकारी रिपोर्ट (हिंदी संस्करण), अंक-8, संख्या-91, 26 मई, 1949, पृ. 508
18. वही, पृ. 509
19. वही, पृ. 509-510

20. वही, पृ. 512
21. जवाहर लाल नेहरू, सेलेक्टेड स्पीचेज, खंड-एक, 1946-1949, प्रकाशन विभाग, पृ. 335
22. भारतीय संविधान सभा के वाद-विवाद की सरकारी रिपोर्ट (हिंदी संस्करण), अंक-8, संख्या-9, 26 मई, 1949, पृ. 540
23. वही, पृ. 541
24. वही, पृ. 542-543
25. वही, पृ. 543
26. वही, पृ. 545
27. कॉन्स्टीट्यूशन ऑफ इंडिया : ए कॉन्टेक्सचुअल एनालिसिस, अरुणा के. तिरुवेंगडम, पृ. 148

□

# 37

# मसौदे से गाँव गायब

भारत के सौभाग्य का सूर्योदय जब भी उदित हुआ, उसकी किरणें गाँवों से ही फूटीं। यह कोरी कल्पना नहीं है। एक ऐतिहासिक सच्चाई है, जिसका अनुसंधान पुनः स्वाधीनता संग्राम में किया गया। श्रीअरविंद, बालगंगाधर तिलक, लाला लाजपत राय और इसी क्रम में सबसे प्रमुख नाम है महात्मा गांधी का। इसकी किसी को कल्पना भी नहीं हो सकती थी कि भारत के भाग्योदय के लिए बन रहे संविधान के मूल मसौदे में गाँव का उल्लेख तक नहीं होगा, पर नियति का यह मजाक संविधान सभा में ही घटित हुआ। मूल मसौदे में राज्य व्यवस्था के अंग के रूप में गाँव का जिक्र तक नहीं था। यह जैसे ही लोगों को पता चला, बड़ा तूफान खड़ा हुआ। संविधान सभा उससे अप्रभावित कैसे रह सकती थी! जिस संविधान सभा के सदस्यों में महात्मा गांधी को आदरपूर्वक याद करने की होड़ रहती थी, मानो जो कुछ रचा जानेवाला है, वह उनके सपनों और कथनों को संविधान के शब्दों में उकेरा जाएगा। ऐसी संविधान सभा में जो मसौदा प्रस्तुत किया गया, वह अपने आप में महात्मा गांधी का ही सबसे बड़ा अपमान था। इसे संविधान के अध्येता चिह्नित करते रहे हैं। मसौदा एक प्रक्रिया में बना था, जिसमें संविधान सभा का नेतृत्व पूरी तरह शामिल था। फिर भी यह चूक विस्मयकारी थी। वह जितना महत्त्वपूर्ण और आश्चर्यजनक तब था, उतना ही 72 साल बाद भी बना हुआ है।

अमेरिकी पत्रकार लुई फिशर ने 1942 में महात्मा गांधी के साथ एक सप्ताह (4 से 10

जून) बिताया। उनसे बातचीत कर भावी भारत का चित्र क्या होगा, इस प्रयोजन को पूरा किया। यह अवसर उन्हें पं. नेहरू ने सुलभ कराया था। अपनी बातचीत के आधार पर लुई फिशर ने एक पुस्तक बनाई, जो बहुचर्चित है। पुस्तक का नाम ही है, 'महात्मा गांधी के साथ एक सप्ताह।' आज भी उसे लोग खोजकर पढ़ते हैं। उसका किंडल संस्करण भी है। उसी पुस्तक में महात्मा गांधी का यह कथन है—'सत्ता का केंद्रबिंदु इस समय दिल्ली, कोलकाता, मुंबई अर्थात् बड़े नगरों में है। मैं उसे भारत के सात लाख गाँवों में बाँटना चाहूँगा।'[1] लुई फिशर का यह लिखा और गांधीजी का कहा हुआ संविधान सभा के सदस्यों को तो याद था। क्या पं. नेहरू इसे भूल गए थे? पं. नेहरू, सरदार पटेल और डॉ. राजेंद्र प्रसाद ही संविधान सभा का वास्तव में नेतृत्व कर रहे थे। इतिहास की बड़ी विडंबना ही इसे कहेंगे कि उनके नेतृत्व के बावजूद संविधान के मसौदे में गाँव का कोई स्थान राज्य व्यवस्था में नहीं रखा गया था।

ऐसा भी नहीं था कि नेतृत्व को किसी ने इस बारे में याद न दिलाया हो। इतिहासकार धर्मपाल ने अपनी पुस्तक 'पंचायत राज एवं भारतीय राजनीति तंत्र' में गांधीजी के एक कथन का उद्धरण दिया है। संपूर्ण गांधी वाङ्मय में उसका संदर्भ है। 11 दिसंबर, 1947 को गांधीजी ने जो भाषण दिया, वह 21 दिसंबर, 1947 के 'हरिजन' में छपा। उसका प्रासंगिक अंश यह है—'आचार्य (श्रीमन्नारायण अग्रवाल) का कहना है कि भावी संविधान में ग्राम पंचायत और विकेंद्रीकरण के बारे में कोई उल्लेख अथवा निर्देश नहीं है। यदि हमारी आजादी को जनता की आवाज को प्रतिध्वनित करना है तो इस भूल को तत्काल सुधारा जाना चाहिए। पंचायत की ताकत जितनी ज्यादा होगी, जनता को उतना ही अधिक लाभ मिलेगा। फिर भी पंचायत को कारगर और प्रभावशाली बनाने के लिए लोक शिक्षा का स्तर काफी ऊँचा करना होगा।'[2] श्रीमन्नारायण अग्रवाल संविधान सभा पर गहरी नजर रखे हुए थे। उन्होंने अपना भी एक मसौदा बनाया था। उसे प्रसारित भी किया था।

उन्होंने ही गांधीजी को पत्र लिखा कि 'यह एक सवाल है, जो मेरे ख्याल से महत्त्व का है और जिसके बारे में मैं आपकी राय जानना चाहता हूँ।'[3] उनके पत्र पर ही गांधीजी ने अपना मत प्रकट किया। वह एक ऐतिहासिक संदर्भ बन गया है, लेकिन अकसर एक भ्रम भी इससे संविधान के अध्येताओं में बना हुआ है। वह यह कि गांधीजी की टिप्पणी डॉ. आंबेडकर की अध्यक्षतावाली मसौदा समिति के मसौदे पर थी। तथ्य यह है कि वह टिप्पणी उस मसौदे पर थी, जिसे संविधान सभा के सलाहकार बेनेगल नरसिंह राव ने बनाया था। अगस्त 1947 में संविधान सभा ने उन सिद्धांतों का निर्धारण कर दिया, जिन पर संविधान की रचना की जानी थी। इसके तुरंत बाद बेनेगल नरसिंह राव ने संविधान का पहला मसौदा बनाया। जैसे ही डॉ. आंबेडकर की अध्यक्षता में मसौदा समिति ने कार्य प्रारंभ किया तो संवैधानिक सलाहकार का पहला मसौदा ही उनके विचार का आधार बना। क्या ऐसा संभव है कि संवैधानिक सलाहकर बेनेगल नरसिंह

राव के मसौदे से पं. जवाहरलाल नेहरू अनभिज्ञ रहे हों। जिस समय श्रीमन नारायण ने गाँव और पंचायत के बारे में गांधीजी को ध्यान दिलाया, उस समय संवैधानिक सलाहकार का ही मसौदा उपलब्ध था। यह बात अलग है कि उस मसौदे में भी अध्याय तीन के अंतर्गत नीति-निदेशक तत्त्व के लिए जो अनुच्छेद थे, उसमें ग्राम पंचायत का कोई उल्लेख नहीं था। बेनेगल नरसिंह राव ने संविधान सभा के सचिवालय की मदद से जो पहला मसौदा बनाया, वह भारत शासन अधिनियम-1935 पर मुख्यत: आधारित था। वे उस अधिनियम के विशेषज्ञ थे।

संविधान सभा ने मसौदा समिति का गठन 29 अगस्त, 1947 को किया था, जिसमें अलादि कृष्णस्वामी अय्यर, एन. गोपालस्वामी आयंगर, भीमराव आंबेडकर, के.एम. मुंशी, मोहम्मद सादुल्ला, बी.एल. मित्तर और डी.पी. खेतान थे। कुछ दिनों बाद बी.एल. मित्तर ने इस्तीफा दे दिया। उनके स्थान पर एन. माधवराव नए सदस्य बने। डी.पी. खेतान का 1948 में देहांत हो गया। उनके स्थान पर टी.टी. कृष्णमाचारी सदस्य बनाए गए। 30 अगस्त, 1947 को संविधान सभा स्थगित हो गई। उसी दिन मसौदा समिति की पहली बैठक हुई, जिसमें सभी सदस्य उपस्थित थे, जहाँ एकमत से डॉ. आंबेडकर को अध्यक्ष बनाया गया। 27 जनवरी, 1948 को प्रक्रियाओं के निर्धारण के लिए संविधान सभा सिर्फ एक दिन के लिए बुलाई गई। यह अपवाद स्वरूप था। नहीं तो संविधान सभा 30 अगस्त, 1947 से 3 नवंबर, 1948 तक स्थगित रखी गई थी, जिससे संविधान का मसौदा बनाया जा सके। इस अवधि में संविधान सभा के मसौदे पर अनेक प्रकार से औपचारिक और अनौपचारिक रूप से कार्य चलता रहा। संविधान सभा की मसौदा समिति ही एक मात्र अधिकृत और औपचारिक समिति थी।

लेकिन अंतरिम सरकार का नेतृत्व संविधान सभा का सचिवालय और संवैधानिक सलाहकार बेनेगल नरसिंह राव भी संविधान के मसौदे को अपनी दृष्टि से बनाने के प्रयास में सक्रिय थे। मसौदा समिति को संवैधानिक सलाहकार बेनेगल नरसिंह राव के मसौदे की जहाँ छानबीन करनी थी, वहीं संविधान सभा की विभिन्न समितियों की संस्तुतियों के आधार पर संविधान का एक मसौदा तैयार करना था। बी. शिवाराव ने संविधान निर्माण के विभिन्न चरणों का पूरा विवरण दिया है। 'फ्रेमिंग ऑफ द इंडियाज कॉन्स्टीट्यूशन' के तीसरे खंड में उसका विवरण है, जिसमें वे लिखते हैं कि मसौदा समिति ने 27 अक्तूबर, 1947 से रोजमर्रा के स्तर पर विचार और कार्य शुरू किया। पहले ही दिन मसौदा समिति के सामने संवैधानिक सलाहकार ने अपना मसौदा उन्हें दिया। वे उस विमर्श में शामिल भी थे। मसौदा समिति के कार्य में संवैधानिक सलाहकार की भूमिका अत्यंत महत्त्वपूर्ण थी। मसौदा समिति ने कुल 42 दिन रोज लगातार विचार-विमर्श किया। मसौदे की रूपरेखा बनाई। उसके हर दिन का पूरा विवरण उपलब्ध है। मसौदा समिति ने अपना मसौदा फरवरी 1948 में बना लिया। डॉ. भीमराव आंबेडकर ने 21 फरवरी, 1948 को वह मसौदा संविधान सभा के अध्यक्ष डॉ. राजेंद्र

प्रसाद को सौंप दिया, जिसे सुझावों के लिए भारत सरकार के मंत्रालयों, प्रदेश सरकारों, विधानसभाओं, सुप्रीम कोर्ट और हाईकोर्ट को भेजा गया।

जो-जो और जहाँ-जहाँ से सुझाव मिले, उन पर मसौदा समिति ने 22-23-24 मार्च, 1948 को विचार किया। एक दूसरा मसौदा भी था, जिसे एक विशेष समिति ने बनाया था। उस समिति में संघीय संविधान समिति, संघीय शक्ति समिति और प्रांतीय संविधान समिति के सदस्य थे। यह विशुद्ध निर्गुण तथ्य है। इन समितियों के अध्यक्ष का नाम बताते ही इसे एक चेहरा मिल जाता है। उससे अनेक सवाल भी खड़े हो जाते हैं। इन समितियों में संघीय संविधान समिति और संघीय शक्ति समिति के अध्यक्ष जवाहरलाल नेहरू थे। प्रांतीय संविधान समिति के अध्यक्ष सरदार बल्लभभाई पटेल थे। इन तीनों समितियों की कुल सदस्य संख्या 54 थी। दूसरे शब्दों में, कांग्रेस की पहली और दूसरी कतार का पूरा नेतृत्व विशेष समिति में था। विशेष समिति की बैठक 10-11 अप्रैल, 1948 को हुई। मसौदा समिति के मसौदे पर सुझाव आने का क्रम बना हुआ था। इन सब पर मसौदा समिति ने 18-19-20 अक्तूबर, 1948 को विचार किया। विशेष समिति के मसौदे का क्या करना है ? इसका निर्णय विशेष समिति और मसौदा समिति को करना था। नेतृत्व को जल्दी थी। इसलिए उसने यह निर्णय किया कि मसौदा समिति ने जो मसौदा फरवरी 1948 में बनाया, उसे ही संविधान सभा में प्रस्तुत किया जाए।

इसी दौरान सचमुच एक दिलचस्प घटना घटी। उसे जितना महत्त्व दिया जाना चाहिए था, अगर संविधान सभा का नेतृत्व देता तो संविधान के इतिहास की धारा बदल जाती। यह जरूरी है कि पहले उस घटना को जानें। डॉ. राजेंद्र प्रसाद के कागजात में एक चिट्ठी है। उसे पढ़ने से मालूम होता है कि वह दूसरी चिट्ठी थी। संविधान के गहरे जानकार, बड़े वकील और दक्षिण भारत के ग्रामीण अंचल के जनजीवन पर लिखने के लिए जिनकी बड़ी ख्याति थी, वे थे—के. एस. वेंकटरमनी। उनका मात्र इतना ही परिचय नहीं है। रवींद्रनाथ ठाकुर की प्रेरणा से एक तमिल साप्ताहिक उन्होंने निकाला था। 'ए सर्च इन सिक्रेड इंडिया' के लेखक पाल ब्रंटन ने भी अपनी पुस्तक में वेंकटरमनी से भेंट का उल्लेख किया है।

उस के.एस. वेंकटरमनी ने डॉ. राजेंद्र प्रसाद को एक पत्र लिखा। वह राजेंद्र बाबू के कागजात में कहीं खो गया। जब उसका जवाब वेंकटरमनी को नहीं मिला तो उन्होंने दूसरा पत्र 9 मार्च, 1948 को लिखा। उस पत्र का जवाब डॉ. राजेंद्र प्रसाद ने 22 मार्च, 1948 को दिया है। जो जवाब दिया है, उससे समझा जा सकता है कि वेंकटरमनी ने संविधान के मसौदे पर अपने सुझाव भेजे थे। जो लेख लिखा था, उसकी कतरन भी भेजी थी। डॉ. राजेंद्र प्रसाद ने वेंकटरमनी को लिखा कि संविधान सभा की मसौदा समिति ने एक मसौदा बनाया है। वह मोटे तौर पर दूसरे देश के संविधान पर आधारित है। मैं यह दावा नहीं कर सकता कि वह गांधीजी के विचारों और शिक्षा पर आधारित है। इस समय के राजनीतिक प्रवाह के विपरीत जाना बहुत कठिन है। आज

की विभिन्न प्रस्थापनाओं के विपरीत जाना उससे भी ज्यादा कठिन है। यह पत्र वर्धा से है। वे उन दिनों वहीं थे।

डॉ. राजेंद्र प्रसाद का दूसरा पत्र संविधान सभा के सलाहकार बेनेगल नरसिंह राव को है। 10 मई, 1948 को उन्होंने एक लंबा पत्र उन्हें भेजा। उसके साथ वेंकटरमनी का लेख भी संलग्न किया। अपने पत्र में उन्होंने लिखा कि इस लेख में अनेक बातें दिलचस्प हैं। कुछ बातें हैं, जो मुझे भी उचित लगती हैं। जैसे यह कि संविधान में यह व्यवस्था हो कि सत्ता गाँव से शुरू हो और केंद्र तक पहुँचे। इसके विपरीत भारत शासन अधिनियम-1935 का प्रावधान है। इसमें केंद्र से सत्ता प्रांतों को जाती है। गाँव प्रांतों पर छोड़ दिए गए हैं। यही प्रणाली अपने मसौदे में है। इस लेख में इसे पलट देने के सुझाव हैं। जहाँ तक मैं समझता हूँ, अगर इसे अपने संविधान में स्थान देना है तो कई अनुच्छेदों को फिर से लिखना होगा। उनका क्रम ठीक करना होगा। इसके अलावा एक सुझाव यह भी है कि बालिग मताधिकार से गाँव पंचायत का निर्वाचन हो। विधानसभा और लोकसभा के निर्वाचन के लिए गाँव पंचायत के प्रतिनिधि निर्वाचक मंडल माने जाएँ। उन्होंने लिखा है कि मैं इसे सर्वथा उचित समझता हूँ। यह कांग्रेस के संविधान के अनुरूप है। उन्होंने अपने पत्र में इसकी व्याख्या भी की है। विधायकों और सांसदों के लिए न्यूनतम योग्यता के बारे में भी उन्होंने अपना विचार विस्तार से लिखा है। वे न्यूनतम योग्यता निर्धारण के पक्षधर थे।

डॉ. राजेंद्र प्रसाद संविधान सभा के अध्यक्ष थे। वे मसौदा समिति के अध्यक्ष डॉ. आंबेडकर को भी यह पत्र भेज सकते थे, लेकिन उन्होंने विचार के लिए संवैधानिक सलाहकार को लिखा। ऐसे ऐतिहासिक पत्रों को पंक्तियों के बीच पढ़ना पड़ता है। इस तरह से उनका पत्र दो बातें स्पष्ट करता है—एक कि संविधान की पूरी परिकल्पना बेनेगल नरसिंह राव की थी। दो कि वे ही थे, जो नया मसौदा बना सकते थे। जिसमें राज्य व्यवस्था का पिरामिड वैसा हो जाता, जैसा गांधीजी चाहते थे। बेनेगल नरसिंह राव ने डॉ. राजेंद्र प्रसाद को जवाब देने में देर नहीं की। उन्होंने लिखा कि 'इस समय पंचायतों की अवधारणा को संविधान के मसौदे में सम्मिलित करने का कार्य कदाचित् सरल नहीं है। संविधान सभा द्वारा किए गए निर्णय के अनुसार लोकसभा और विधानसभा के लिए प्रत्यक्ष चुनाव का प्रावधान है। पंचायत योजना की आवश्यकता के अनुसार परोक्ष चुनाव का प्रावधान यदि करना है तो सबसे पहले मसौदे में परिवर्तन करना पड़ेगा। मैं नहीं जानता कि यह कितना व्यावहारिक है। विश्व के सभी देशों में निचले सदन का सीधा चुनाव होता है। अमेरिका के संयुक्त राज्यों में 'सीनेट' का चुनाव पहले परोक्ष रूप से होता था, परंतु 1939 से उसका चुनाव भी सीधा होता है।' संवैधानिक सलाहकार ने संविधान सभा के अध्यक्ष को अपने लंबे पत्र के अंत में उन्होंने पंचायत संबंधी विचार को 'अव्यावहारिक' बताया। इस विचार को संविधान की विश्वव्यापी प्रचलित अवधारणा के विपरीत ठहराया। इसके लिए विदेशी संविधानों के तथ्यों का हवाला दिया।'[4]

संविधान के मसौदे का प्रस्ताव रखा जाए, इससे पहले अध्यक्ष डॉ. राजेंद्र प्रसाद ने 4 नवंबर, 1948 को संविधान सभा में कहा कि 'संविधान का मसौदा उस मसौदा समिति ने बनाया है, जिसको इस सभा ने नियुक्त किया था। आठ माह पहले सदस्यों को मसौदा भेज दिया गया था, जिससे सदस्यगण जो सुझाव अथवा संशोधन रखना चाहते हैं, उनको भेजें। केवल सदस्यों से ही नहीं, वरन् जनता, सार्वजनिक संस्थाओं, प्रांतीय सरकारों आदि से सुझाव तथा संशोधन बहुत बड़ी संख्या में आ चुके हैं। मसौदा समिति ने उन समस्त सुझावों तथा संशोधनों पर विचार किया है और सदस्यों अथवा जनता के सुझावों को ध्यान में रखते हुए अनेक अनुच्छेदों का फिर से मसौदा बनाया है। अत: इस समय हमारे समक्ष केवल मूल मसौदा ही नहीं है, बल्कि प्राप्त हुए सुझावों को ध्यान में रखते हुए अनेक अनुच्छेदों का समिति द्वारा फिर से तैयार किया गया मसौदा भी है। उन्हें सदस्यों को भेजा जा चुका है। अब जो मैं करना चाहता हूँ, वह यह है कि मसौदे पर विचार करनेवाले प्रस्ताव को स्वीकार कर लेने के बाद हम प्रत्येक अनुच्छेदों पर विचार करें और मैं उन सब संशोधनों को, जिनकी सूचना दी जा चुकी है, विचार के लिए रखूँ।'[5] संविधान सभा के अध्यक्ष डॉ. राजेंद्र प्रसाद के कार्यक्रम में अगले दिन से ही अनुच्छेदवार चर्चा होनी थी, लेकिन सदस्यों की आहत भावना पर मरहम लगाने का विचार उन्होंने किया होगा। इस कारण जो बोलना चाहते थे, उन्हें अवसर दिया। इस तरह एक सप्ताह सामान्य चर्चा में बीता। वह असाधारण घटना थी। सामान्य चर्चा में गाँव छाया रहा। संविधान के इतिहास में यह कलंक अमिट है कि गांधीजी ने पंचायत संबंधी जो सलाह दी थी, उसकी संविधान सभा के नेतृत्व ने उपेक्षा की।

डॉ. भीमराव आंबेडकर ने 4 नवंबर, 1948 के दिन संविधान सभा में संविधान का मूल मसौदा और सुझावों को प्रस्तुत किया, हालाँकि उस पर महीनों से बहस छिड़ी हुई थी, क्योंकि प्रतिक्रिया जानने के लिए उस मसौदे को सार्वजनिक कर दिया गया था। उस दिन तो मसौदा समिति के अध्यक्ष डॉ. भीमराव आंबेडकर ने संविधान सभा में उसे विधिवत् चर्चा के लिए प्रस्तुत किया। उससे पहले स्वाभाविक ही था कि मसौदा की खास-खास बातों को वे समझाते। ऐसा करते हुए, उन्होंने जो भाषण दिया, वह बेजोड़ था। मसौदे पर सामान्य चर्चा में सदस्यों ने उनके भाषण को विद्वत्तापूर्ण माना और फिर गाँव पर उनके कथन की जबरदस्त आलोचना की। जिसमें सदस्यों ने अपनी पीड़ा जिस तरह व्यक्त की, उसे पढ़कर अनुभव किया जा सकता है कि वे मानो ठगे गए का भाव प्रकट कर रहे हैं। संविधान सभा की उस समय के हर दिन की कार्यवाही इन बातों की गवाही देती है।

मसौदा समिति के अध्यक्ष डॉ. भीमराव आंबेडकर ने प्रस्ताव प्रस्तुत करने से पहले संविधान सभा को उसकी खास-खास बातों को एक प्रोफेसर की तरह समझाया। डॉ. आंबेडकर के भाषण को पढ़ें तो पाएँगे कि संविधान सभा को उस दिन उन्होंने ऊँचे दर्जे की कक्षा माना और सदस्यों को ऊँची कक्षा का छात्र। उनकी रुचि का ध्यान रखकर अपने भाषण को रोचक

बनाया। उन्होंने कहा कि 'संविधान सभा ने यह भी आदेश दिया था कि कतिपय विषयों में वह भारत सरकार के 1935 के अधिनियम के प्रावधानों का ही अनुगमन करे। मुझे आशा है कि सिवाय उन बातों के, जिनका हवाला मैंने 21 फरवरी, 1948 के अपने पत्र में दिया था, जिसमें मैंने बताया था कि मसौदा समिति ने वहाँ मार्गांतर ग्रहण किया है और क्या उसने विकल्प सुझाए हैं, आप यही पाएँगे कि मसौदा समिति ने आपके सभी आदेशों का पालन सच्चाई से किया है।'[6] उन्होंने कहा कि 'यह मसौदा एक महान् प्रलेख है। इसमें 315 अनुच्छेद और 18 अनुसूचियाँ हैं।'[7] इस मसौदे के बारे में दो बातें पूछी जाएँगी। पहली कि संविधान में किस प्रकार की सरकार की कल्पना की गई है ? दूसरी कि संविधान का स्वरूप क्या है ?

डॉ. आंबेडकर ने स्पष्ट किया कि संविधान के मसौदे में शासन की संसदीय प्रणाली प्रस्तावित की गई है। संविधान संघात्मक और एकात्मक का मिश्रण है। इसे उन्होंने अमेरिका और ऑस्ट्रेलिया के संविधानों का हवाला देकर तुलनात्मक रूप से समझाया। उनका कहना था कि हमारा संविधान समय, परिस्थिति और आवश्यकता के अनुसार एकात्मक या संघात्मक दोनों ही प्रकार का हो सकता है। 'इस मसौदे के अनुसार हमारे राष्ट्रपति का वही स्थान है, जो अंग्रेजी संविधान के अंतर्गत सम्राट् का है। वह राज्य का प्रधान है।'''वह राष्ट्र का प्रतीक है, शासन के मामले में उसका स्थान यही है कि वह अपनी मोहर की छाप से राष्ट्र के निर्णयों को ज्ञापित करता है।'[8]

आठ महीनों में देश भर में मसौदे पर जो विचार-मंथन चल रहा था, उसमें संविधान के मसौदे की आलोचना का मुख्य स्वर था कि मसौदे में कोई मौलिकता नहीं है। स्वाभाविक है कि डॉ. आंबेडकर मसौदे में सरकार की कल्पना और संविधान के स्वरूप को स्पष्ट करने के बाद आलोचनाओं का जवाब देते। जो उन्होंने दिया। उन्होंने कहा कि 'यह कहा गया है कि संविधान के इस मसौदे में कोई भी नई बात नहीं है। इसमें से करीब आधा तो भारत सरकार के 1935 के ऐक्ट से ही लेकर ज्यों-का-त्यों रख दिया गया है और शेष विभिन्न देशों के संविधान से लिया गया है। इसमें अपनी मौलिकता बहुत कम है।'[9]

इस पर उन्होंने कहा, 'मैं पूछना चाहता हूँ कि विश्व के इतिहास के वर्तमान काल में जो संविधान बनाया जाएगा, उसमें आखिर कोई क्या नई बात हो सकती है? आज करीब एक शताब्दी से कुछ अधिक समय बीत गया, जबकि विश्व का पहला लिपिबद्ध संविधान बना था। तब से इसी प्रथम संविधान के आधार पर बहुत से देश अपने-अपने संविधान का निर्माण करते आ रहे हैं। संविधान के दायरे में क्या-क्या बातें आनी चाहिए, यह बात बहुत पहले ही तय हो चुकी है। इसी प्रकार सारी दुनिया में यह बात भी मान ली जा चुकी है, स्वीकार कर ली गई है कि संविधान की बुनियादी बातें क्या हैं। इन सर्वसम्मत सिद्धांतों के आधार पर जो भी संविधान बनेंगे, उसमें मुख्य-मुख्य प्रावधानों के संबंध में निश्चय ही सादृश्य होगा। इस युग में, इतने

विलंब से जो संविधान बनेगा, उसमें अगर किसी नई बात का समावेश किया जा सकता है तो वह केवल इसी अभिप्राय से किया जा सकता है कि प्राचीन संविधानों की त्रुटियों को दूर कर उसे देश की वर्तमान आवश्यकता के अनुरूप बनाया जाए। प्रस्तुत संविधान अन्य देशों के संविधानों की केवल नकल मात्र है, इस आरोप का निश्चय ही यही कारण है कि आलोचकों का संविधान विषयक अध्ययन अपर्याप्त है। मैं यह बता चुका हूँ कि अपने संविधान के मसौदे में नई बात क्या है और मुझे विश्वास है कि जिन लोगों ने अन्य देशों के संविधानों का अध्ययन किया है और इस विषय पर तटस्थ हो, शांत चित्त हो विचार करने के लिए तैयार हैं, वे यह मानेंगे कि मसौदा समिति पर कदापि यह दोषारोपण नहीं किया जा सकता है कि संविधान निर्माण में उसने आँख बंद कर गुलामों की भाँति और संविधानों की नकल की है।'[10]

उनका यह भी कहना था कि 'इस अभियोग के संबंध में कि इस मसौदे में भारत सरकार के 1935 के ऐक्ट का ही एक वृहत् अंश रख दिया गया है, मुझे क्षमाप्रार्थी होने की कोई आवश्यकता नहीं। कहीं से भी कोई चीज ली जाए, इसमें लज्जित होने का कोई कारण नहीं है। यह कोई साहित्यिक चोरी नहीं है।'[11]...'इस मसौदे के विरुद्ध दूसरी आलोचना यह की गई है कि इसमें कहीं भी भारत की प्राचीन राजनीति को कोई स्थान नहीं दिया गया है। यह कहा जाता है कि इस नवीन संविधान का निर्माण प्राचीन हिंदू राज्य परंपरा के आधार पर होना चाहिए था और इसमें पाश्चात्य राजनीतिक सिद्धांतों का समावेश न कर, ग्राम और जिला पंचायतों की भित्ति पर इसे खड़ा करना चाहिए था। कुछ ऐसे लोग भी हैं, जिनकी विचारधारा बहुत आगे अति की ओर चली गई है। वे कोई भी केंद्रीय या प्रांतीय शासन नहीं चाहते। वे चाहते हैं कि भारत में केवल ग्राम सरकारें हों। बुद्धिसंपन्न भारतीयों का ग्राम-समाज के प्रति जो प्रेम है, वह यदि कारुणिक नहीं तो असीम तो अवश्य ही है। (हँसी) इस मनोवृत्ति का बहुत कुछ कारण तो यह है कि मेटकाफ ने जो ग्राम-समाज का स्तुतिगान किया है, इससे वे प्रभावित हैं।'[12]

डॉ. आंबेडकर ने ग्राम पंचायतों के बारे में कहा कि 'यह बात सच हो सकती है कि भयंकर उथल-पुथल के होते हुए भी यह जीवित रह गई। किंतु केवल जीवित रहने का क्या मूल्य है? प्रश्न तो यह है कि किस स्तर पर ये जीवित रहीं? निश्चय ही बड़े निम्न और स्वार्थपूर्ण स्तर पर ये जीवित रहीं। मेरा मत है कि ये ग्राम पंचायतें ही भारत की बरबादी का कारण रही हैं। इसलिए मुझे आश्चर्य होता है कि जो लोग प्रांतीयता की, सांप्रदायिकता की निंदा करते हैं, वही ग्रामों की इतनी प्रशंसा कर रहे हैं। हमारे ग्राम हैं क्या? ये कूप मंडूकता के परनाले हैं, अज्ञान, संकीर्णता एवं सांप्रदायिकता की काली कोठरियाँ हैं। मुझे तो प्रसन्नता है कि संविधान के मसौदे में ग्राम को अलग फेंक दिया गया है और व्यक्ति को राष्ट्र का अंग माना गया है।'[13]

डॉ. आंबेडकर ने अपने विद्वत्तापूर्ण भाषण का अंत इस तरह किया—'मसौदा समिति के संविधान के मसौदे के विरोध में जो भी आलोचनाएँ हुई हैं, उन सबका, मैं समझता हूँ, मैंने

जवाब दे दिया है। मैं नहीं समझता कि ऐसी किसी भी आवश्यक आलोचना का उत्तर देना अभी बाकी रह गया है, जो कि गत आठ महीनों के अंदर हुई हो। यह निर्णय करना अब संविधान सभा का काम है कि वह मसौदा समिति के संविधान को ही स्वीकार करेगी या इसमें परिवर्तन करके इसे स्वीकार करेगी।'[14] इसके बाद उन्हें एक बात और सूझी। इस कारण वे बोले और यही उनके भाषण का समापन अंश है—'कोई भी संविधान सर्वथा पूर्ण नहीं हो सकता, लेकिन यह मसौदा इस देश के कार्यारंभ के लिए काफी अच्छा है। यह लचीला है और इतना सबल है कि युद्ध और शांति दोनों ही समयों में देश को एक सूत्र में बाँधे रख सकता है। मैं यह कहूँगा कि यदि नवीन संविधान के अंतर्गत कोई गड़बड़ी पैदा होती है तो इसका कारण यह नहीं होगा कि हमारा संविधान खराब था, बल्कि यह कहना चाहिए कि सत्तारूढ़ व्यक्ति ही अधम था, नीच था। अध्यक्ष महोदय, इन शब्दों के साथ मैं प्रस्ताव करता हूँ कि इस पर विचार किया जाए।'[15]

मुसलिम लीग के मौलाना हसरत मोहानी बेसब्री से इस क्षण का इंतजार कर रहे थे। उन्हें अध्यक्ष ने संशोधन पेश करने की अनुमति दी। वे संविधान सभा का विघटन चाहते थे। यही मुसलिम लीग की शुरू से नीति थी। उसे ही एक संशोधन प्रस्ताव के रूप में रखा। उन्होंने एक अलग ही प्रश्न उठा दिया। वे चाहते थे कि संविधान सभा का निर्वाचन नए सिरे से हो। दो साल से जो संविधान सभा काम कर रही थी, उसके औचित्य का प्रश्न उन्होंने उठाया। इसके तर्क दिए। पहला तर्क था कि यह संविधान सभा तो राजनीतिक सौदेबाजी से बनी है, इसलिए यह सक्षम नहीं है। इसमें जनता का पूरा प्रतिनिधित्व भी नहीं है। उनका एक आरोप यह भी था कि जो मसौदा प्रस्तुत किया गया है, वह नकल है। 'कहीं की ईंट और कहीं का रोड़ा, भानुमती ने कुनबा जोड़ा' की कहावत इस पर चरितार्थ होती है।[16] उनका मूल प्रश्न था कि संविधान सभा की पहली बैठक में कांग्रेस, मुसलिम लीग और रियासतों के प्रतिनिधि रहने थे। मुसलिम लीग और रियासतों के प्रतिनिधि नहीं आए, इसलिए 'नतीजा यह हुआ है कि आपने जो संविधान बनाया है, वह एक पार्टी ने बनाकर रख लिया। आप उसको कैसे दूसरों पर लागू कर सकते हैं?'[17]

मौलाना हसरत मोहानी के संशोधन और भाषण के बाद संविधान सभा अगले दिन के लिए स्थगित हो गई। 5 नवंबर, 1948 को समाजवादी धारा के सेठ दामोदर स्वरूप ने मोहानी के ही प्रश्न को अपने ढंग से उठाया। अध्यक्ष ने उन्हें भी अनुमति दी। उनका संशोधन प्रस्ताव था कि 'यह संविधान सभा बालिग मताधिकार से नहीं बनी है। स्वतंत्र भारत का संविधान लोगों की इच्छा से बनना चाहिए। यह संविधान सभा संसद् के रूप में कार्य करे और यह नई संविधान सभा का निर्माण कराए। संविधान का मसौदा स्थगित रखा जाए और नई संविधान सभा जब गठित हो जाए तो वह उस पर विचार करे।'[18]

अगले दिन यानी 5 नवंबर को सेठ दामोदर स्वरूप को अध्यक्ष ने सबसे पहले अवसर दिया। कारण कि इन संशोधनों का निपटारा करने के बाद ही मसौदे पर चर्चा प्रारंभ हो सकती

थी। अपने भाषण में अन्य बातों के अलावा सेठ दामोदर स्वरूप ने एक नया तर्क दिया। उन्होंने पूछा कि 'इस मसौदे में गाँव का जिक्र क्यों नहीं है ?'[19] इसका उत्तर भी दिया, 'संविधान का आधार 'स्थानीय स्वशासन' होना चाहिए।'[20] इन दोनों का संविधान सभा के ज्यादातर सदस्यों ने भरपूर मजाक उड़ाया। अनेक सदस्यों ने आपत्ति भी की। लेकिन प्रो. शिब्बन लाल सक्सेना ने सलाह दी कि संविधान सभा को ग्राम पंचायत के बारे में सावधानी से विचार करना चाहिए। जरूरी है कि उचित संशोधन कर मसौदे में इसे स्थान दें। अध्यक्ष ने रायबहादुर श्यामनंदन सहाय के सुझाव पर मतदान कराया। पहले मौलाना हसरत मोहानी और बाद में सेठ दामोदर स्वरूप के संशोधन प्रस्ताव को सदन ने अस्वीकार कर दिया। इससे मसौदे पर सामान्य चर्चा की बाधाएँ दूर हुईं।

**संदर्भ—**


1. ए वीक विद गांधी, लुई फिशर, 4-10 जून, 1942, उद्धरण 7 जून, किंडल संस्करण, पृ. 82
2. संपूर्ण गांधी वांङ्मय, खंड-90, पृ. 203
3. वही, पृ. 202
4. पंचायत राज एवं भारतीय राजनीति तंत्र, धर्मपाल, पृ. 85
5. भारतीय संविधान सभा के वाद-विवाद की सरकारी रिपोर्ट (हिंदी संस्करण), अंक-7, संख्या-1, 4 नवंबर, 1948, पृ. 33
6. वही, पृ. 60
7. वही, पृ. 60
8. वही, पृ. 61
9. वही, पृ. 73
10. वही, पृ. 73-74
11. वही, पृ. 74
12. वही, पृ. 76
13. वही, पृ. 77
14. वही, पृ. 87
15. वही, पृ. 88
16. वही, पृ. 90
17. वही, पृ. 91
18. वही, संख्या-2, 5 नवंबर, 1948, पृ. 101
19. वही, पृ. 104
20. वही, पृ. 104


□

# 38

# आंबेडकर से संविधान सभा चकित

संविधान सभा के वाद-विवाद की सरकारी रिपोर्ट में जिसे सामान्य चर्चा लिखा गया है, वह सही मायने में असामान्य थी। सदस्यों में उत्तेजना इतनी थी कि नेतृत्व पर भी आँच आई। बड़े-बड़े झुलसते नजर आए। आज भी अगर कोई उन भाषणों को पढ़े, जो एक सप्ताह के दौरान हुए, तो उसे अनुभव होगा कि संविधान सभा के सदस्य अपनी घनीभूत पीड़ा को शब्दों का आँसू देकर व्यक्त कर रहे हैं। राज्य व्यवस्था में गाँव और ग्राम पंचायत का वह सवाल था, जो आजादी के सपने में पलता रहा। बहस की शुरुआत एच.वी. कामथ ने की। उन्होंने कहा, 'मैंने बड़े आनंद से उनका भाषण सुना, पर लाभ कुछ भी नहीं हुआ। मैं उनसे यह आशा करता था कि वे हमें यह बताते कि हमारे राजनैतिक अतीत से भारतीय जनता की अपूर्व राजनैतिक तथा आध्यात्मिक प्रतिभा से क्या लिया गया है। इस बारे में संपूर्ण भाषण में एक भी शब्द नहीं था। हो सकता है कि यह सब आजकल की रीति हो। अभी उस दिन संयुक्त राष्ट्र की आम सभा में बोलते हुए विजयलक्ष्मी पंडित ने बड़े गौरव से यह विचार प्रकट किया कि हमने भारतवर्ष में स्वतंत्रता, समानता और भ्रातृत्व का नारा फ्रांस से लिया, इंग्लैंड से यह लिया और अमेरिका से वह लिया; पर उन्होंने यह नहीं कहा कि हमने अपने अतीत से अपने राजनैतिक तथा ऐतिहासिक अतीत से अपने दीर्घकालीन रंग-बिरंगे इतिहास से, जिसका हमें गौरव है, क्या लिया।'[1] कह सकते हैं कि उन्होंने विजयलक्ष्मी पंडित के हवाले से नेहरू परिवार के दृष्टिकोण में मूल दोष का प्रश्न उठाया।

एच.वी. कामथ को डॉ. आंबेडकर का भाषण मिल नहीं पाया था। उन्होंने अखबारों में जो पढ़ा, उसे ही अपने वक्तव्य का आधार बनाया। गाँव के बारे में डॉ. आंबेडकर के कथन का हवाला देकर उन्होंने कहा कि 'ग्रामीण जनता के लिए हमारे करुण विश्वास का श्रेय डॉ. आंबेडकर ने किसी मेटकाफ नाम के व्यक्ति को दिया है। मैं यह कहूँगा कि यह श्रेय मेटकाफ को नहीं है, वरन् उससे कहीं महान् व्यक्ति को है, जिसने अभी हमें हाल ही में स्वतंत्र कराया है। गाँवों के लिए जो प्रेम हमारे हृदय में लहरा रहा है, वह तो हमारे पथ-प्रदर्शक तथा राष्ट्रपिता के कारण पैदा हुआ था। उन्हीं के कारण ग्राम जनतंत्र में तथा अपनी देहाती जनता में हमारा विश्वास बढ़ा और हमने अपने संपूर्ण हृदय से उसका पोषण किया। यह महात्मा गांधी के कारण है कि हम अपने देहाती भाइयों को प्यार करने लगे हैं। डॉ. आंबेडकर के प्रति पूर्ण आदर भाव रखते हुए, मैं इस संबंध में उनसे मतभेद रखता हूँ। कल का उनका ढंग एक प्रतिभाशाली नगर निवासी के समान था और यदि ग्राम निवासियों की ओर हमारा यही रुख रहा, तो मैं केवल यही कह सकता हूँ कि 'ईश्वर ही हमारी रक्षा करें।'[2]

उनका यह भी कहना था कि 'हमारे गाँवों के प्रति डॉ. आंबेडकर के इस प्रकार के, यदि घृणापूर्ण नहीं तो अनिच्छापूर्ण भाषण को सुनकर मुझे बहुत दुःख हुआ। कदाचित् मसौदा समिति बनाने में ही गलती हुई। उसकी समिति में केवल एक के.एम. मुंशी के अतिरिक्त अन्य कोई ऐसा सदस्य नहीं था, जिसने अपने देश की स्वतंत्रता के संघर्ष में प्रमुख भाग लिया हो। उनमें से कोई भी हमारे संघर्ष में प्रेरणा प्रदान करनेवाले उत्साह को समझने की क्षमता नहीं रखता।'[3]

उन्होंने कहा कि 'बरसों की सुदीर्घ प्रसव वेदना सहने के पश्चात् हुए हमारे राष्ट्र के पुनर्जन्म की बात ये हृदय से (मैं दिमाग, अर्थात् बुद्धि की बात नहीं करता, किसी भी बात को दिमाग से समझना सरल होता है।) नहीं समझ पाएँगे। इसीलिए हमारे अत्यंत गरीब, पिछड़ी जाति, साधारण स्तरवाले उपेक्षित लोगों के लिए डॉ. आंबेडकर ने ऐसा कठोर स्वर व्यक्त किया। हमारे इतिहासविद् और शोधकर्ता विद्वानों ने भी इस संदर्भ में अनमोल जानकारी दी है। मैं नहीं जानता कि उन्होंने डॉ. काशी प्रसाद जायसवाल की पुस्तक 'हिंदू पॉलिटी' (हिंदू राजतंत्र) पढ़ी है या नहीं। अन्य एक महापुरुष की पुस्तक—श्रीअरविंद लिखित 'द स्पिरिट एंड फॉर्म ऑफ इंडियन पॉलिटी (भारतीय राजनीति तंत्र की भावना और स्वरूप) पुस्तक भी उन्होंने पढ़ी है या नहीं, इसका भी मुझे पता नहीं है। इन पुस्तकों में हमें जानकारी मिलती है कि प्राचीन भारत में हमारा राज्य-तंत्र किस प्रकार स्वायत्त एवं आत्मनिर्भर ग्राम समूहों के आधार पर रचा गया था और उनके कारण ही कैसे हमारी संस्कृति युगों से बनी हुई है। हम मूलभूत शक्ति की ओर से दृष्टि हटा लेंगे, तो और कुछ दिखेगा ही नहीं।'[4]

उन्होंने कहा कि 'अपने परम विकास की हालत में और भारतीय सभ्यता के स्वर्ण युग

में ऐसी प्रशंसनीय राज्य व्यवस्था की झलक हमें मिलती है, जिसमें कार्य चलाने की अपरिमित योग्यता थी और जिसमें ग्राम तथा नागरिक स्वशासन के साथ-साथ शासन की स्थिरता तथा सुव्यवस्था भी पूर्ण मात्रा में वर्तमान थी। राज्य अपने प्रशासी, न्यायिक, वैत्तिक तथा रक्षात्मक कर्तव्यों की पूर्ति इस कौशल से करता था कि उसके किसी काम से भी उसकी जनता तथा उसी विभाग में कार्य करने की सुविधाओं का न तो पूर्णतया अपहरण होता था और न आंशिक अपहरण। राजधानी तथा देश के अन्य न्यायालय न्याय के सर्वोच्च प्राधिकारी थे, जो समस्त राज्य में न्याय-प्रशासन में सामंजस्य स्थापित करते थे।'[5]

उन्होंने संविधान संबंधी मुख्य प्रश्न पूछा और उसका इस प्रकार उत्तर दिया। 'राज्य किसलिए है ? राज्य की उपयोगिता का अनुमान इस बात से किया जाता है कि साधारण मनुष्यों के हितों पर उसका क्या प्रभाव पड़ता है। तत्त्वत: जिस विवाद का निर्णय हमें करना है, वह यह है कि व्यक्ति राज्य के लिए है अथवा राज्य व्यक्ति के लिए। अपने जीवनकाल में महात्मा गांधी ने यह प्रयत्न किया कि इन दोनों के बीच का पथ निकाला जाए और द्वंद्व को सुलझाया जाए और इस प्रयत्न के कारण वे पंचायत राज के सिद्धांत पर पहुँचे।'[6] इस प्रसंग को एच.वी. कामथ एक के बाद दूसरे उदाहरणों से समझाया। उन सिद्धांतों की चर्चा छेड़ी, जिनका मसौदे में उल्लेख तक नहीं था। जब वे यह कह रहे थे कि 'पाश्चात्य चमक-दमक का हमारे मन पर बड़ा प्रभाव है। सच तो यह है कि चमक-दमक का प्रभाव हमारी नस-नस में घुस गया है।'[7] तो वे चेतावनी दे रहे थे कि यह समय भारत की अजेय चेतना से जुड़ने और उसे आत्मसात् करने का है, किसी की नकल करने का नहीं है। डॉ. आंबेडकर के भाषण पर उनकी टिप्पणी थी कि 'डॉ. आंबेडकर के भाषण में मेघों का घोर नाद था और थी उसमें चपला की चमक। किंतु उसमें न थी शक्ति प्रदायिनी, स्फूर्ति संचारिणी, जीवनदायिनी, अमर ज्योति।'[8]

जब टी.टी. कृष्णमाचारी बोलने के लिए खड़े हुए तो पूरी संविधान सभा में उत्सुकता के भाव का संचार हुआ। वे मसौदा समिति के सदस्य भी थे। उनके बोलने का सीधा अर्थ था—सत्य से साक्षात्कार। इसीलिए मसौदा और संविधान की जब भी और जो भी आलोचना करता है तो वह टी.टी. कृष्णमाचारी के कथन का हवाला अवश्य देता है। अपने भाषण के प्रारंभ में ही उन्होंने कहा कि 'मेरा विश्वास है कि संविधान के इस मसौदे पर जितना ध्यान दिया जाना चाहिए था, उतना मसौदा समिति ने नहीं दिया है।'[9] इसे उन्होंने तथ्यों का सहारा इन शब्दों में दिया—'संविधान सभा को यह पता है कि मसौदा समिति के सात सदस्य थे। उनमें से एक ने त्याग-पत्र दे दिया। उनके स्थान पर अन्य सदस्य रखा गया था। एक सदस्य का देहांत हो गया, उनकी जगह कोई नहीं रखा गया। एक अमेरिका में थे। उनकी जगह खाली रही। एक सदस्य राज-काज में लगे हुए थे। एक या दो सदस्य दिल्ली से दूर थे। संभवत: अस्वस्थ होने के कारण मसौदा समिति की बैठकों में उपस्थित नहीं हो सके।'[10] फिर उन्होंने जो कहा, वह एक

यथार्थ था। वह यह कि 'संविधान का मसौदा बनाने का काम डॉ. आंबेडकर पर आ पड़ा।'[11]

उन्होंने डॉ. आंबेडकर की सराहना कर इसे रेखांकित किया कि 'ऐसे विषय के लिए जितने ध्यान की आवश्यकता थी, उतना ध्यान पूरी समिति इस पर नहीं दे सकी। अप्रैल में किसी समय संविधान सभा के कार्यालय ने मुझे तथा अन्य सदस्यों को यह सूचित किया कि आपने यह निश्चित किया था कि संघाधिकार समिति, संघ संविधान समिति तथा प्रांतीय संविधान समिति के सदस्यगण और कुछ अन्य निर्वाचित सदस्य सम्मिलित होंगे और संविधान सभा के सदस्यों द्वारा तथा सामान्य जनता द्वारा सुझाए गए संशोधनों का पर्यालोचन करेंगे। अप्रैल के अंत में दो दिन तक बैठक हुई और मेरा विश्वास है कि कुछ मात्रा में अच्छा काम हुआ और मैं देखता हूँ कि डॉ. आंबेडकर ने समिति की कुछ सिफारिशों को स्वीकार किया, इसके पश्चात् इस समिति के संबंध में कुछ भी नहीं सुना गया।'[12] उन्होंने अपना निष्कर्ष फिर दोहराया, 'हमारे संविधान के मसौदे पर उतना दत्तचित्त होकर ध्यान नहीं दिया गया, जितने की आवश्यकता थी, और यदि गोपालस्वामी आयंगर या के.एम. मुंशी या उन जैसे कुछ अन्य व्यक्ति समस्त बैठकों में उपस्थित होते तो ध्यान उस पर दिया जा सकता था।'[13]

उड़ीसा से थे विश्वनाथ दास। उनकी शिकायत संविधान सभा के अध्यक्ष से भी थी। उन्होंने कहा कि मसौदा समिति ने सुझाव रखने के लिए सदस्यों को बहुत कम समय दिया। 'मैं तो यहाँ तक विश्वास करता हूँ कि मसौदा समिति के सदस्यों के बहुमत ने भी अपना संयुक्त विचार प्रकट नहीं किया है। अतः मसौदा समिति का निर्णय थोड़े से माननीय सदस्यों का निर्णय रह जाता है। वे अपने कार्य में बड़े निपुण हो सकते हैं, परंतु हम इस विषय पर अधिक विचार-विमर्श चाहते थे। मैं दावा करता हूँ कि जो कुछ हुआ, वह पर्याप्त न था। एक वर्ष व्यतीत हो गया और कुछ ज्यादा काम नहीं हुआ। इस काल में बहुत काम हो सकता था। अगर यह हुआ होता तो संविधान सभा के सदस्यों के विचारों को मसौदा समिति के समक्ष रखने की कोई भी शिकायत आज नहीं हो सकती थी।'[14] उन्होंने इस कथन से एक नया आयाम जोड़ा, 'यदि 1948 के मई माह में संविधान सभा का अधिवेशन होता और अगर एक सप्ताह की बैठक होती तथा विचार-विमर्श होता, तो इस विषय को एक समिति के सुपुर्द कर दिया जाता, जो सिलेक्ट कमेटी का स्थान ग्रहण कर लेती और भिन्न-भिन्न संस्थाओं के विचारों पर सोचकर अब तक वह समिति विभिन्न धाराओं का पूर्ण परीक्षण कर लेती। मैं महसूस करता हूँ कि मसौदा समिति के सदस्यों ने उचित रूप से परीक्षण नहीं किया है, न इस सभा ने संपूर्ण प्रश्न पर विचार-विमर्श करने के लिए आवश्यक समय दिया है और न सदस्यों को उचित तथा पूर्ण रूप से अपने विचार सिलेक्ट कमेटी या इस सभा के समक्ष रखने का ही अवसर दिया है। मैं फिर यह कहूँगा कि एक ही स्थान पर 9 या 10 अप्रैल, 1948 को चार समितियों—मसौदा समिति, संघाधिकार समिति, संघ शक्ति समिति तथा प्रांतीय संविधान समिति की संयुक्त बैठक

हुई। मैं यह स्पष्ट कहूँगा कि जो निर्णय किए गए हैं, उनको मसौदा समिति ने स्वीकार नहीं किया। मैं यह पूछ सकता हूँ कि यह मसौदा समिति है या सिलेक्ट कमेटी है या सर्वशक्तिसंपन्न संविधान सभा है ? इन परिस्थितियों में इस कार्य से मैं किंचित् मात्र भी प्रसन्न नहीं हूँ।'[15]

उड़ीसा से ही लोकनाथ मिश्र थे। उन्होंने अपने भाषण की शुरुआत में ही टिप्पणी की कि संविधान का उद्देश्य संकल्प हमारे परिश्रम का सुंदर फल था, लेकिन संविधान का मसौदा उसके विपरीत है। उनका कहना था कि 'डॉ. आंबेडकर ने चाहे जो कुछ कहा हो और हमारे गाँवों से घृणा करनेवाले अपने जैसे व्यक्ति को अधिकार देने के लिए उन्होंने चाहे जो कुछ सोचा हो, मैं यह कहूँगा कि यह संविधान व्यक्ति को, कुटुंब को, ग्राम को, जिले को और प्रांत को कुछ भी अधिकार नहीं देता है। डॉ. आंबेडकर ने तो प्रत्येक अधिकार केंद्र को दे दिया है।'[16] अंत में उन्होंने कहा, 'डॉ. आंबेडकर के भाषण का सूक्ष्म परीक्षण करने के लिए मैं और अधिक समय लेता। मैं उनके ज्ञान के सामने तो सिर झुकाता हूँ। मैं उनकी भाषण स्पष्टता की तारीफ करता हूँ। मैं उनके साहस का आदर करता हूँ, परंतु मुझे यह देखकर आश्चर्य होता है कि इतना बड़ा विद्वान्, भारत का इतना यशस्वी पुत्र भारत के बारे में इतना अल्प ज्ञान रखता है। संविधान के मसौदे की वह आत्मा है और उसने ही मसौदे में ऐसी बातें दी हैं, जो अभारतीय है। अभारतीय से मेरा आशय यह है कि चाहे वे इस बात का कितना ही खंडन करें, पर है यह वास्तव में पश्चिम का दासतापूर्ण अनुकरण। इतना ही नहीं है, वरन् इससे भी अधिक पश्चिम के समक्ष दासवत अर्पण है।'[17]

प्रो. के.टी. शाह ने डॉ. आंबेडकर के शब्दों में ही पूछा कि 'इस संविधान के उद्देश्य क्या हैं ? यह संविधान क्या करेगा ?' इन प्रश्नों का उन्होंने स्वयं उत्तर इन शब्दों में दिया—'इस संविधान का उद्देश्य लगभग पूर्णतया राजनीतिक है। सामाजिक तथा आर्थिक तो है ही नहीं।'[18] उनका कहना था कि 'हमने संविधान का मसौदा बनाने के लिए उस समय निर्देश दिए तथा उसके सिद्धांत उस समय स्थिर किए थे, जिस समय तनाव था और हमारी बुद्धि अत्यंत विचलित थी। इसलिए साधारणतया मामूली, शांतिमय तथा नियमानुसार चलनेवाले सामाजिक जीवन की अपेक्षा हमने संकटकाल की हालत को ही अधिकतर अपनी दृष्टि में उस समय रखा था।'[19]

रामनारायण सिंह की पीड़ा एक राजनीतिक कार्यकर्ता की भावना को व्यक्त कर रही थी। उन्होंने कहा कि 'राजनीतिक कार्यकर्ताओं के रूप में हम स्वराज शब्द का सदैव प्रयोग करते थे और हम समझते थे कि अंग्रेजों के हाथ से सत्ता सीधे गाँववालों के हाथ में चली जाएगी, परंतु मेरे विचार से यह प्रस्तावित संविधान उन लोगों को यह अधिकार नहीं देगा।'[20]

पी.एस. देशमुख ने मसौदे की परिभाषा इस तरह की। 'अंग्रेज जो शासन व्यवस्था इस देश में छोड़ गए हैं, उसमें यह ठीक-ठीक बैठ जाए, इसी अभिप्राय से इसकी रचना हुई है।'

यही कारण है कि इसमें कोई नई बात नहीं है, कोई असर डालनेवाली और उत्साहजनक बात नहीं है।' उन्होंने स्पष्ट घोषणा की कि 'मैं इस विचारधारा से सहमत नहीं हूँ कि हमारा अतीत या हमारी प्राचीन सभ्यता इस योग्य नहीं है कि हम भारतीय राष्ट्र के भावी निर्माण के लिए उसका उपयोग करें।'[22] लेकिन उन्होंने संविधान के मसौदे में जो कमी रह गई थी, उसे दूर करने के लिए सुझाव दिया। यह उम्मीद की कि इसे माना जाएगा। उन्होंने कहा कि 'डॉ. आंबेडकर ऐसा संविधान तो नहीं बना पाए, जो भारतीय जनता की संस्कृति के अधिक निकट हो, किंतु आशा है कि ऐसे संशोधनों के संबंध में वे अनुकूल रुख रखेंगे।'[23]

अगले दिन भी चर्चा जारी रही। अरुणचंद्र गुहा ने जो कहा, वह आरोप है। 'मेरी यह धारणा है कि मसौदा समिति अपने निर्देश पदों से परे चली गई है। मेरे विचार से सारे संविधान में ऐसी बातें हैं, जो उन मुख्य सिद्धांतों के परे हैं, जिन्हें कि संविधान सभा ने निश्चित किया था। संविधान के सारे मसौदे में कहीं भी कांग्रेस के दृष्टिकोण का, गांधीवादी सामाजिक और राजनीतिक दृष्टिकोण का पता नहीं है। विद्वान् डॉ. आंबेडकर ने अपने लंबे और विद्वत्तापूर्ण भाषण में कहीं भी गांधीजी या कांग्रेस का उल्लेख नहीं किया है, यह कोई आश्चर्य की बात नहीं है, क्योंकि मेरे विचार से सारे संविधान में कांग्रेस के आदर्श की तथा कांग्रेस की विचारधारा की उपेक्षा है। संविधान हम केवल इस उद्देश्य से नहीं बना रहे हैं कि एक राजनीतिक ढाँचा तैयार किया जाए या केवल शासन प्रबंध की व्यवस्था की जाए, बल्कि इसलिए कि वह राष्ट्र के भविष्य के लिए सामाजिक तथा आर्थिक आधार प्रमाणित हो।'[24] इस भूमिका के बाद कहा कि 'डॉ. आंबेडकर ने गाँवों के संबंध में कुछ बातें कही हैं। हम वर्षों से कांग्रेस में रहे हैं। हमने ग्राम पंचायतों को भविष्य के शासन प्रबंध का आधार मानने की सीख पाई है। गांधीजी तथा कांग्रेस का दृष्टिकोण यह रहा है कि भावी भारत का संविधान पिरामिड के आकार का हो और वह ग्राम पंचायतों पर आधारित हो। डॉ. आंबेडकर के कथनानुसार भारत के विनाश के कारण गाँव ही रहे हैं और वे अज्ञान के अंधकार में पड़े हैं। यदि यह सत्य है तो इसके उत्तरदायी हम नगर निवासी ही हैं, जो विदेशी नौकरशाही और विदेशी सरकार के प्रकाश में चमकते रहे हैं। हमारे गाँवों को भूखा मारा गया, विदेशी सरकार ने जान-बूझकर हमारे गाँवों का गला घोंटा और इस अपावन कार्य में नगर निवासी उसके हाथ की कठपुतली बने रहे। मेरे विचार से स्वतंत्र भावी भारत का प्रथम कार्य गाँवों का पुनरुत्थान ही होना चाहिए।'[25]

टी. प्रकाशम ने भी स्पष्ट शब्दों में कहा कि 'संविधान का मसौदा गलत दिशा में चला गया है। उसमें संशोधन करने की बहुत आवश्यकता है।'[26] डॉ. आंबेडकर के कथन का उत्तर और अपना सुझाव देते हुए उन्होंने ये शब्द कहे, 'निस्संदेह जब इस देश में बाहर से आए हुए कई शासकों के अत्याचार से ग्राम पंचायतें निष्प्राण हो गई थीं, तो हम इस गति को प्राप्त हो गए थे, किंतु उनका अनेक प्रकार से दमन होते हुए भी वे जीवित रहीं। मेटकाफ दुनिया को

और हमें, जो इसकी उपेक्षा कर रहे हैं, यही बताना चाहते थे। इसलिए इस आधार पर ग्राम पंचायतों की निंदा नहीं की जा सकती। आज मैं एक क्षण के लिए भी इसका समर्थन नहीं कर सकता कि ग्राम पंचायतों का वह रूप हो, जिसका वर्णन मेटकाफ ने अपने समय की स्थिति के अनुसार किया है। ग्राम पंचायतें समयोचित होनी चाहिए और उनमें ग्रामवासियों को वास्तविक शक्ति प्रदान करने, उन पर शासन करने, धन प्राप्त करने और उसे व्यय करने की क्षमता होनी चाहिए। मैं यह जानना चाहता हूँ कि संविधान के इस मसौदे के अंतर्गत यह कैसी सरकार बनाई जा रही है! यह किसके लाभ के लिए है?'[27]

के. संथानम ने कहा कि 'मुझे खेद है कि डॉ. आंबेडकर ग्राम पंचायतों के संबंध में बोलते समय बहक गए और उनका यह कथन उचित नहीं है कि वे आधुनिक संविधान के लिए उचित पृष्ठभूमि नहीं प्रदान करते।'[28] आर.के. सिधवा का कहना था कि 'इस देश में लोकतांत्रिक व्यवस्था स्थापित करने के लिए यह संविधान बनाया गया है। लेकिन डॉ. आंबेडकर ने पंचायतों और गाँवों की उपेक्षा करके लोकतंत्र को त्रिशंकु बना दिया है। इसलिए यह संविधान विचार करने के योग्य ही नहीं है।'[29] लेकिन बालकृष्ण शर्मा का मत था कि 'संविधान में ग्राम पंचायतों की उन्नति के लिए कोई बाधा नहीं है।'[30] पं. ठाकुरदास भार्गव का कहना था कि 'यह संविधान भारत की आत्मा का प्रतीक नहीं है। (संविधान की प्रति को दिखाते हुए उन्होंने कहा) इस कैमरे में गाँवों का स्वायत्त शासन प्रतिबिंबित नहीं है और यह भारत के उस चित्र का सच्चा चित्रण नहीं कर सकता, जिसे कई लोग चाहते हैं। मसौदा समिति के सदस्यों की बुद्धि गांधीजी की बुद्धि और उन लोगों की बुद्धि के समान नहीं थी, जिनका यह विचार है कि भारत के असंख्य लोग इसमें प्रतिबिंबित हों।'[31]

शिब्बन लाल सक्सेना उत्तर प्रदेश के जाने-माने नेता थे। उन्होंने कहा कि 'डॉ. आंबेडकर ने ग्राम पंचायत संबंधी प्रथा की निंदा की है, जो भारत में प्रचलित थी। जिसे हमारे बुजुर्गों ने अपने संविधान के लिए एक आदर्श आधार माना था।'[32] उन्होंने यह भी कहा कि 'मैं अभी-अभी महात्मा गांधी का वह भाषण पढ़ रहा था, जिसे उन्होंने सन् 1931 में लंदन की गोलमेज सभा में दिया था। तब उन्होंने कहा था कि निर्वाचन के लिए गाँव को ही इकाई माना जाए। वस्तुतः उन्होंने ग्राम पंचायतों को ही आधारभूत महत्त्व दिया था। उन्होंने कहा था कि भारत की वास्तविक आत्मा ग्रामों में ही वास करती है।'[33] उन्होंने अपने अनुभव के आधार पर डॉ. आंबेडकर के कथन को चुनौती दी। कहा कि 'मैंने ग्रामों में काम किया है और ग्राम पंचायतों की कार्य शैली का मुझे गत पच्चीस वर्षों से अनुभव है और इस नाते मैं कह सकता हूँ कि उन्होंने इस संबंध में जो चित्र खींचा है, वह बिल्कुल ही काल्पनिक है।'[34]

चर्चा के दौरान एच.वी. कामथ ने देखा कि डॉ. आंबेडकर संविधान सभा में नहीं हैं। उन्होंने औचित्य का प्रश्न खड़ा किया। 8 नवंबर, 1948 की चर्चा में बेगम एजाज रसूल ने

डॉ. आंबेडकर से सहमति जताई और कहा कि मसौदे में नागरिक को महत्त्व दिया गया है, यह उचित ही है। वी.आई. मुनिस्वामी पिल्लै ने कहा कि 'किसी भी संविधान सभा का यह सर्वप्रथम कर्तव्य है कि वह ऐसा प्रावधान बनाए, जिससे ग्रामों को शासन व्यवस्था में समुचित स्थान प्राप्त हो।'[35] गोकुलभाई भट्ट के भाषण से उनकी आहत भावना प्रकट हुई। उन्होंने कहा कि 'इस संविधान में ग्राम पंचायती तंत्र होना चाहिए। उसकी बुनियाद इसमें नहीं है। तो मैं कहता हूँ कि वह भारत का संविधान कभी हो ही नहीं सकता है। जिस ग्राम पंचायत की प्रथा ने हमको उठाया है और जिस ग्राम पंचायत की प्रथा ने हमको आज तक जिंदा रखा है, उस चीज को हम भूल जाते हैं।'[36] इस पर उनको बड़ा अफसोस था कि इस भूल को क्षमायाचना के साथ स्वीकार क्यों नहीं किया गया, इसलिए उन्होंने व्यंग्य में यह टिप्पणी की कि 'बड़ी हिम्मत के साथ यह दावा किया जा रहा है कि हमने जान-बूझकर उस चीज (गाँव) को ठुकरा दिया है।'[37] इस पर वे बोले, 'मैं अपना विरोध दर्ज कराता हूँ।'[38]

चर्चा के चौथे दिन पं. जवाहरलाल नेहरू ने हस्तक्षेप किया। वे जब बोलने के लिए खड़े हुए तो सभा में स्वाभाविक रूप से हर्षध्वनि हुई। लेकिन यह प्रश्न भी सदस्यों के मन में रहा होगा कि वे क्या कहते हैं? अपने लंबे भाषण में जवाहरलाल नेहरू ने संविधान की परिभाषा समझाई। उन्होंने शुरुआत प्रश्न से की। 'आखिर संविधान क्या है?'[39] इसका उत्तर दिया, 'यह एक प्रकार की विधि-पुस्तिका है, जिसके अनुसार शासन व्यवस्था संचालित की जाती है और जिसके आधार पर देश का जीवन क्रम चलता है।'[40] इसके बाद वे सदस्यों की चिंता पर बोले, लेकिन उनकी उलझन भी स्पष्ट थी। जो उत्तेजना संविधान सभा में थी, उसकी वे आलोचना नहीं कर सकते थे। लेकिन उसे उतना महत्त्व भी वे देना नहीं चाहते थे, जितना सदस्यों की समझ में महत्त्व था। उनके शब्द हैं—'मेरा मतलब यह नहीं है कि जिन बातों को लेकर यहाँ उत्तेजना पैदा हुई है, वह महत्त्वशून्य है।'[41] उन्होंने सदस्यों को उद्‍देश्य संकल्प की याद दिलाई। उसके एक अंश को पढ़कर सुनाया। फिर कहा कि 'मैं ऐसा नहीं समझता कि यह प्रश्न कुछ ऐसा महत्त्वपूर्ण है कि इसको आज अभी तय कर लेना हमारे लिए आवश्यक है।··· इसको लेकर यहाँ बहुत उत्तेजना पैदा हो गई है।···इस पर उत्तेजना की अवस्था में, जल्दबाजी में हम विचार न करें, इस पर तो उपयुक्त समय आने पर ही विचार किया जा सकता है।'[42] जवाहरलाल नेहरू का यह कथन स्पष्ट करता है कि संविधान के मसौदे से वे परिचित थे। उनकी योजना में ही गाँव और पंचायत को दरकिनार कर दिया गया था, लेकिन उन्हें इसका अनुमान नहीं था कि संविधान सभा इस पर उबल पड़ेगी। यही वह उलझन थी, जो उनके भाषण में प्रकट हुई और वह संविधान सभा के दस्तावेज का अंग भी बन गई, जिसे आज भी पढ़ा जा सकता है।

अलादि कृष्णास्वामी ने डॉ. आंबेडकर से दो बातों पर अपनी असहमति जताई। उनकी

असहमति का अधिक महत्त्व इसलिए भी था, क्योंकि वे मसौदा समिति के सदस्य भी थे। पहला गाँव, समाज और दूसरा यह कि 'भारतीय भूमि पर लोकतंत्र केवल एक बाहरी आवरण है।'[43] उन्होंने कहा कि 'भारतीय इतिहास के आदि काल से ही यहाँ की विभिन्न संस्थाओं में लोकतंत्रीय सिद्धांतों का समावेश पाया जाता है। लोगों ने इन सिद्धांतों को यहाँ तभी से अपना रखा है। लोकतंत्र का आधुनिक स्वरूप यूरोपीय इतिहास में अपेक्षाकृत नया है। अभी हाल का है।'[44] उन्होंने संविधान के मसौदे पर हुई चर्चा को पाँच प्रकारों में बाँटा और कहा कि मसौदे की पाँच तरह की आलोचना हुई है—एक कि यह विदेशों की नकल है। दो, राज्यों को दुर्बल बनाने का प्रावधान है। तीन, समवर्ती विषयों की सूची बड़ी है। चार, ग्राम पंचायतों को महत्त्व नहीं दिया गया है। पाँच, मौलिक अधिकारों पर अनेक प्रतिबंध हैं।

सामान्य चर्चा का वह अंतिम दिन था। 9 नवंबर, 1948 की तारीख थी। प्रो. एन.जी. रंगा ने अपनी पीड़ा इन शब्दों में व्यक्त की। उन्होंने कहा, 'डॉ. आंबेडकर ने ग्राम पंचायतों के बारे में जो कुछ कहा, उसे सुनकर मुझे बहुत दुःख हुआ। उन्होंने हमारे देश की लोकतांत्रिक परंपरा की ओर कुछ भी ध्यान नहीं दिया। यदि वे पिछले एक हजार वर्ष से अधिक काल में दक्षिण भारत में ग्राम पंचायतों ने जो उन्नति की है, उससे परिचित होते तो वे ऐसी बातें न कहते। यदि उन्होंने भारत के इतिहास को उतनी ही सावधानी से पढ़ा होता, जितनी सावधानी से उन्होंने अन्य देशों के इतिहास पढ़े हैं, तो वे ऐसी बातें कदापि न कहते। मैं इस सभा के ध्यान में यह बात लाना चाहता हूँ कि इस संविधान में अधिक-से-अधिक राजनीतिक संस्थाओं को प्रवाहित किया जाए, ताकि हमारी ग्रामीण जनता लोकतांत्रिक संस्थाओं से अधिक-से-अधिक परिचय प्राप्त कर सके, जिससे वह लोकतंत्र के नवीन युग में प्रौढ़ मताधिकार द्वारा अपने उत्तरदायित्वों को पूरा कर सके। हमारे देश में इन ग्राम पंचायतों के अभाव में हमारे जन साधारण के लिए यह कैसे संभव होगा कि वे लोकतांत्रिक व्यवस्था में यथोचित भाग ले सकें?'[45]

एम. अनंतशयनम आयंगर का कहना था, 'मैं इसे स्वीकार करता हूँ कि इस संविधान में हमारी प्राचीन संस्कृति तथा परंपरा का कहीं भी प्रतिबिंब नहीं है। यह सच है कि पश्चिम के प्राचीन संविधानों के अंशों को लेकर उनको बेमेल ढंग से इसमें स्थान दिया गया है और यहाँ तक कि वहाँ के कुछ नवीन संविधानों की उपेक्षा भी की गई है। और साथ ही, 1935 के भारत सरकार के अधिनियम की नकल की गई है। यह सच है कि इन सबके अंशों को लेकर उन्हें एक साथ रखा गया है। इसके लिए डॉ. आंबेडकर उत्तरदायी नहीं हैं। इस प्रकार के संविधान का उत्तरदायित्व हम ही लोगों पर है।'[46] उन्होंने अपना मत बताया और कहा कि 'यह संविधान स्वतंत्र ग्राम पंचायतों पर आधारित होना चाहिए।'[47]··· 'हमें इसका ध्यान रखना चाहिए कि जिस सामाजिक व्यवस्था को हम स्थापित करने जा रहे हैं, उसकी इकाइयाँ ग्राम ही हों। ग्रामों में भी मैं चाहता हूँ कि परिवार को ही इकाई समझा जाए, यद्यपि संपूर्ण भारत के लिए हम

जो कार्य करें, उनके लिए व्यक्ति को ही इकाई समझा जाए और वही मतदान दें। गाँवों का इस आधार पर पुनर्निर्माण होना चाहिए, अन्यथा वे केवल व्यक्तियों के समूह मात्र रह जाएँगे और उनका कुछ भी सार्वजनिक उद्देश्य नहीं रह जाएगा। इस दशा में वे यदा-कदा ही एकत्र होंगे और उन्हें अपनी यथोचित आर्थिक तथा राजनीतिक व्यवस्था करने का अवसर प्राप्त नहीं होगा।'[48] उनके इस कथन में यथार्थ और भविष्य दृष्टि है। 'अपनी वर्तमान परिस्थिति में क्या हमारे लिए यह संभव है कि हम तुरंत ही अपने संविधान को ग्राम पंचायतों पर आधारित करें? मैं इसे स्वीकार करता हूँ कि हमारा लक्ष्य यही होना चाहिए। परंतु ये ग्राम पंचायतें हैं कहाँ? हमें उन्हें स्थापित करना है। वर्तमान परिस्थिति में पश्चिमी संविधानों पर आधारित जो संविधान हमारे सामने रखा गया है, उससे अच्छा संविधान हम बना ही नहीं सकते। इसलिए मेरी यह राय है कि हमें अपने निदेशक सिद्धांतों के साथ एक खंड इस बात पर जोर देने के लिए जोड़ना चाहिए कि भविष्य में जो सरकारें अस्तित्व में आएँ, वे ग्राम पंचायतों को स्थापित करें और उन्हें राजनीतिक स्वायत्त शासन तथा आर्थिक स्वतंत्रता प्रदान करें, ताकि वे अपने प्रश्नों को स्वयं अपने ढंग से हल कर सकें। भविष्य में एक समय ऐसा आएगा, जब हम इन स्वतंत्र पंचायतों के आधार पर एक संविधान बना सकेंगे।'[49]

महावीर त्यागी ने कहा कि 'मुझे इस संविधान को देखकर बहुत निराशा हुई। मुझे इसमें गांधीवाद की एक भी झलक दिखाई नहीं देती।'[50]... 'जब हमने इस संविधान के सिद्धांतों का निश्चय किया तो हमने उस समय की परिस्थिति का जो तकाजा था, उसे ध्यान में रखा। हमने इसे भी ध्यान में रखा कि हमारे निश्चय की पाकिस्तान में क्या प्रतिक्रिया होगी।'[51]... 'अब हमारे बीच में केवल वे मुसलमान, सिख और अन्य लोग रह गए हैं, जो भारत को अखंड देखना चाहते हैं। इसलिए हमारा संविधान वर्तमान परिस्थिति के अनुरूप होना चाहिए।'[52] जिस प्रश्न पर चर्चा मुख्यत: चल रही थी, उसके बारे में उन्होंने इन शब्दों में अपनी भावना प्रकट की। 'गाँवों के विरुद्ध डॉ. आंबेडकर ने जो कुछ कहा है, उसके विरुद्ध जब तक मैं अपनी आवाज नहीं उठाता हूँ, तब तक मैं अपने गाँवों के लोगों के सामने जाकर मुँह नहीं दिखा सकता। डॉ. आंबेडकर को यह पता नहीं है कि स्वतंत्रता संग्राम में गाँवों ने कितना बलिदान किया है। मेरा यह निवेदन है कि देश के शासन कार्य में गाँववालों का यथोचित भाग होना चाहिए।'[53] उनके इस कथन पर संविधान सभा में हर्षध्वनि हुई।

एल. कृष्णास्वामी भारती का कहना था कि 'डॉ. आंबेडकर ने जिस विद्वत्ता और तेजस्विता से संविधान के मसौदे की व्याख्या की है, उसके लिए वे इस सभा के धन्यवाद के पात्र हैं। उन्हें इस मसौदे के प्रावधानों के लिए इसलिए धन्यवाद नहीं दिया जा सकता कि उन्होंने इनकी रचना नहीं की है।'[54] उन्होंने संविधान सभा को याद दिलाया कि 'संविधान के मसौदे के अधिकांश खंडों पर इसी सभा में विचार-विमर्श हुआ और उनके संबंध में यही

निर्णय किया गया। केवल कुछ विषयों के समावेश का कार्य मसौदा समिति पर छोड़ दिया गया, परंतु उन्हें व्यवस्थित रूप देने के लिए वे इस सभा के धन्यवाद के पात्र हैं।'[55] उन्होंने यह कहा कि 'मुझे इस बात का खेद है कि डॉ. आंबेडकर ने ऐसे कुछ कथन कहने की छूट ली, जो इस सदन की इच्छा या भावनाओं के साथ सुसंगत न हों'' अनेक सदस्यों ने गाँवों का प्रश्न उठाया ही है। मैं उसमें कुछ जोड़ना चाहता हूँ। वे (डॉ. आंबेडकर) कहते हैं कि मसौदे में गाँवों को किनारे धकेलकर व्यक्ति को इकाई के रूप में अपनाया गया, इसकी मुझे प्रसन्नता है। मैं उनसे पूछना चाहता हूँ कि गाँवों को छोड़कर ऐसा व्यक्ति है कहाँ? गाँवों की उपेक्षा कर व्यक्ति पर ध्यान दिया गया है, ऐसा बताते समय वे सरलता से भूल जाते हैं कि व्यक्ति ही गाँवों का निर्माण करते हैं, जनसंख्या का नब्बे प्रतिशत भाग गाँवों में है और वे मतदाता भी हैं।'[56]

किशोरी मोहन त्रिपाठी का कहना था कि डॉ. आंबेडकर के गाँव संबंधी कथन की आलोचना सदन की प्रामाणिक संवेदनशीलता के कारण हुई है। हम चाहते हैं कि राष्ट्र के पुनर्निर्माण में गाँवों की महत्त्वपूर्ण भूमिका हो। विश्वंभर दयाल त्रिपाठी का कहना था कि भारत लोकतंत्र की जननी रहा है। डॉ. आंबेडकर का कथन ऐतिहासिक तथ्यों पर आधारित नहीं है। मोटरू सत्यनारायण ने कहा कि मसौदे में ग्रामवासियों का दृष्टिकोण आना चाहिए। सुरेश चंद्र मजुमदार का कहना था कि अगर संविधान में ग्रामीण समाज को प्राणवान बनाने का प्रावधान हो तो राज्य की शक्ति के गाँव मुख्य स्रोत बन सकने की क्षमता रखते हैं। एन. माधवराव मसौदा समिति के सदस्य थे। उन्होंने कहा कि 'संविधान के मसौदे में कोई भी ऐसी बात नहीं है, जिससे यथासंभव प्रगति और शीघ्रता से ग्राम पंचायतों का विकास करने में प्रांतीय सरकारों को बाधा का अनुभव हो। इस समय विचाराधीन विषय यह है कि निर्वाचन प्रक्रिया पंचायतों की नींव पर बनाई जानी चाहिए या नहीं। अगर ऐसा सदन का निर्णय होता है तो संविधान के मसौदे में दो अनुच्छेदों में संशोधन करना होगा।'[57] उनके इस कथन से स्पष्ट है कि मसौदा समिति ने विचारपूर्वक गाँव और पंचायत को राज्य व्यवस्था में हाशिए पर रखा था।

ग्राम पंचायत केंद्रित चर्चा पाँच दिन चली। फिर भी अनेक सदस्य बोलने का अवसर नहीं पा सके। अंतिम दिन चर्चा का उत्तर सैयद मुहम्मद सादुल्ला ने दिया। वे मसौदा समिति के सदस्य थे। डॉ. आंबेडकर की अनुपस्थिति का जब प्रश्न खड़ा हुआ था तो उसी समय यह संकेत मिल गया था कि मुसलिम लीग के नेता और असम के पूर्व प्रधानमंत्री ही चर्चा का समापन करेंगे। उन्होंने माना कि संविधान सभा ने मसौदा समिति को बताया था कि उसे उद्देश्य संकल्प के दायरे में ही मसौदा बनाना चाहिए। इस आधार पर जब सदस्यों ने आलोचना की कि मसौदा समिति ने सीमा का उल्लंघन किया है, इसे सादुल्ला ने स्वाभाविक आलोचना कहा। इसके अलावा, उन्होंने अपने भाषण में मसौदे को उचित ठहराया। इस चर्चा के बाद ही संविधान के मसौदे पर अनुच्छेदवार विचार प्रारंभ हो सका।

उसी क्रम में जब नीति-निदेशक तत्त्व के अनुच्छेद पर विचार का समय आया, तब फिर एक बार ग्राम पंचायत का विषय चर्चा के केंद्र में आ गया। 22 नवंबर, 1948 की तारीख थी। दो सदस्यों ने संशोधन का प्रस्ताव भेजा था। एम. अनंतशयनम आयंगर और दूसरे सदस्य थे के. संथानम। एम. अनंतशयनम आयंगर ने अनुभव किया कि संथानम के संशोधन की भाषा उनसे साफ-सुथरी है, इसलिए उनके सुझाव पर उपाध्यक्ष ने के. संथानम को संशोधन प्रस्तुत करने का अवसर दिया। उनका संशोधन था कि 'अनुच्छेद 31 में नया अनुच्छेद 31ए जोड़ा जाए।'[58] 'राज्य ग्राम पंचायतों का संगठन करने के लिए काररवाई करेगा और उन्हें स्वशासन के अंगों के रूप में कार्य करने देने के लिए यथावश्यक शक्ति एवं प्राधिकार प्रदान करेगा।'[59] डॉ. भीमराव आंबेडकर ने उस समय अचानक लचीला रुख अपनाकर पूरी संविधान सभा को चकित कर दिया। किसी को दूर-दूर तक इसकी संभावना नहीं दिख रही थी कि वे कोई संशोधन स्वीकार करेंगे। जैसे ही के. संथानम अपने भाषण का अंतिम वाक्य पूरा कर अपनी सीट पर बैठे कि डॉ. आंबेडकर खड़े हुए। वे बोले, 'मैं संशोधन को स्वीकार करता हूँ।'[60] इससे सदन में संतोष का भाव पैदा हुआ। प्रसन्नता की लहर चल पड़ी। इस कारण एक के बाद दूसरे उन सदस्यों ने अपनी प्रसन्नता व्यक्त की। उसमें टी. प्रकाशम, सुरेंद्र मोहन घोष, सेठ गोविंद दास, डॉ. सुब्रमण्यन, एल. कृष्णस्वामी भारती थे। उस समय जो नया अनुच्छेद स्वीकार हुआ, वह संविधान के नीति-निदेशक तत्त्व का अंग बन गया। लेकिन इससे संविधान का मौलिक रूपांतरण नहीं हो सका। संविधान की औपनिवेशिक निरंतरता ही बनी रही। जिस तरह कोई माँ अपनी संतान को बुरी नजर से बचाने के लिए उसके माथे पर काला टीका लगा देती है, वैसे ही संविधान सभा ने नीति-निदेशक तत्त्व में ग्राम पंचायत को जगह देकर एक टोटका किया। बेनेगल नरसिंह राव ने जो संवैधानिक स्वरूप निर्धारित किया था, वह यथावत बना रहा।

## संदर्भ—


1. भारतीय संविधान सभा के वाद-विवाद की सरकारी रिपोर्ट (हिंदी संस्करण), अंक-7, संख्या-2, 5 नवंबर, 1948, पृ. 116-117
2. वही, पृ. 117
3. वही, पृ. 118
4. वही, पृ. 118
5. वही, पृ. 118
6. वही, पृ. 122
7. वही, पृ. 122
8. वही, पृ. 119
9. वही, पृ. 139
10. वही, पृ. 139

11. वही, पृ. 139
12. वही, पृ. 139-140
13. वही, पृ. 140
14. वही, पृ. 150-151
15. वही, पृ. 151-152
16. वही, पृ. 157
17. वही, पृ. 159
18. वही, पृ. 164
19. वही, पृ. 165
20. वही, पृ. 173
21. वही, पृ. 177
22. वही, पृ. 179
23. वही, पृ. 180
24. भारतीय संविधान सभा के वाद-विवाद की सरकारी रिपोर्ट (हिंदी संस्करण), अंक-7, संख्या-3, 6 नवंबर, 1948, पृ. 185-186
25. वही, पृ. 187
26. वही, पृ. 192
27. वही, पृ. 190
28. वही, पृ. 201
29. वही, पृ. 203
30. वही, पृ. 221
31. वही, पृ. 222
32. वही, पृ. 239
33. वही, पृ. 239
34. वही, पृ. 240
35. वही, संख्या-4, 8 नवंबर, 1948, पृ. 288
36. वही, पृ. 300
37. वही, पृ. 300
38. वही, पृ. 300
39. वही, पृ. 303
40. वही, पृ. 303
41. वही, पृ. 304
42. वही, पृ. 310
43. वही, पृ. 337
44. वही, पृ. 338
45. वही, संख्या-5, 9 नवंबर, 1948, पृ. 366
46. वही, पृ. 370
47. वही, पृ. 370
48. वही, पृ. 371
49. वही, पृ. 371
50. वही, पृ. 385

51. वही, पृ. 385
52. वही, पृ. 385
53. वही, पृ. 388
54. वही, पृ. 393
55. वही, पृ. 393
56. वही, पृ. 394
57. वही, पृ. 433
58. वही, संख्या-10, 22 नवंबर, 1948, पृ. 695
59. वही, पृ. 695
60. वही, पृ. 696

□

# 39

# पूर्णाहुति पर असंतोष के उद्‌गार

संविधान निर्माण का कार्य पूरा होने जा रहा था। संविधान सभा की यात्रा उतार-चढ़ाव की घाटियों से गुजरती हुई अपनी मंजिल से कुछ कदम ही दूर रह गई थी। पहाड़ सामने ही था। राष्ट्रकवि रामधारी सिंह दिनकर की एक कविता है—'आशा का दीपक'। उसकी ये दो पंक्तियाँ हैं—'वह प्रदीप जो दिख रहा है, झिलमिल-झिलमिल। दूर नहीं है।'[1] जो संविधान सभा पर पूरी तरह चरितार्थ हो रही थी। 17 नवंबर, 1949 की वह तारीख है, जिस दिन अध्यक्ष डॉ. राजेंद्र प्रसाद ने एक वाक्य में बड़ी घोषणा की। 'अब हम संविधान के तृतीय पठन को आरंभ करेंगे।'[2] उनके इस कथन का सीधा अर्थ है, संविधान का निर्माण कार्य पूरा हो रहा है। जिसे उन्होंने तृतीय पठन कहा, वह अंतिम था और वास्तव में चौथा था। पश्चिम बंगाल से सदस्य थे नजीरूद्दीन अहमद। उन्होंने एक सुझाव रखा था, जिसे मसौदा समिति ने विरोध के बावजूद मान लिया। सुझाव था कि एक पठन मसौदा समिति स्वयं करे। ऐसा ही हुआ। इस तरह तृतीय पठन को अंतिम और चौथा कह सकते हैं। इसका अर्थ यह है कि संविधान तो बन गया है। उसे पारित किया जाना है। फिर भी किसी सदस्य को कुछ कहना हो तो अवश्य कहें। अध्यक्ष ने इस तरह सदस्यों को अपने अनुभव और उद्‌गार व्यक्त करने का अवसर दिया। जो बहस उस दिन शुरू हुई, वह संविधान

पर संविधान सभा में पहली और अंतिम बहस थी। वह अवसर संविधान के विहंगावलोकन में रूपांतरित हो गया। संविधान सभा के सदस्यों ने जो सवाल उस समय उठाए, वे भारत के मानस में 72 सालों बाद भी गहरे में बने हुए हैं। उसी बहस से जनमानस में यह धारणा बनी कि संविधान के विश्वकर्मा डॉ. आंबेडकर हैं।

डॉ. राजेंद्र प्रसाद ने अपनी घोषणा के बाद तुरंत मसौदा समिति के अध्यक्ष डॉ. भीमराव आंबेडकर को पुकारा। वे खड़े हुए। उन्होंने कहा, 'मैं यह प्रस्ताव उपस्थित करता हूँ कि संविधान को सभा ने जिस रूप में निश्चित किया है, उस रूप में पारित किया जाए।'[3] यह संविधान निर्माण की घोषणा थी। यह आग्रह भी कि इसे संविधान सभा स्वीकृति दे। स्वाभाविक था कि पूरी संविधान सभा में संतोष की साँस ली जाती। क्या ऐसा हुआ? अध्यक्ष डॉ. राजेंद्र प्रसाद ने व्यवस्था दी कि 'अब इस प्रस्ताव पर बहस हो सकती है।' उन्होंने सदस्यों से कहा कि जो बोलना चाहते हैं, वे अपना नाम भेज दें। तब तक उनके पास 71 सदस्यों ने अपने नाम दे दिए थे, जो बढ़ते-बढ़ते 125 नाम हो गए। प्रश्न था कि सबसे पहले कौन बोले? शुरुआत कौन करे? अध्यक्ष ने अपनी बनाई प्रथा को ही अपनाया। बोलने के लिए सदस्य अपने स्थान पर खड़े हो जाते थे। उनमें से एक को वे अवसर देते थे। फिर सिलसिला चल पड़ता था। उस दिन उन्होंने तमिलनाडु के वी.आई. मुनिस्वामी पिल्लै को सबसे पहले बुलाया।

संविधान निर्माताओं ने 17 नवंबर से–24 नवंबर, 1949 तक अपने मन के वे उद्गार व्यक्त किए जो वास्तव में उनकी अंतरात्मा की आवाज थी। वह सपना था जिसे वे संविधान में साकार होते देखना चाहते थे। कांग्रेस नेतृत्व की परवाह किए वगैर जो वे सोचते थे, वे बोले। अपने दर्द व्यक्त किए। क्या आज की पीढ़ी यह जानती है कि पं. कमलापति त्रिपाठी ने क्या कहा, संविधान की पूर्णाहुति पर। क्या यह कभी बताया गया है? क्या कभी यह लिखा गया है कि उनके उद्गार से जो मुद्दे उभरे, जो एजेंडा निकला, उसका संविधान में समावेश नहीं हुआ। संविधान तो वही पारित हुआ जिसे 17 नवंबर, 1949 को डॉ. भीमराव आंबेडकर ने प्रस्तुत किया था। संविधान पर जो बहस तब संविधान सभा में और देश के जनमानस में कसक के तौर पर छिड़ी वह जारी है। क्या संविधान की विकास यात्रा में वह बहस व्यर्थ हो जाएगी? इसे जानने समझने-अनुभव करने के लिए संविधान निर्माताओं के महत्त्वपूर्ण भाषण का सार पढ़ना चाहिए। जो यहाँ दिया जा रहा है।, यह पूरा नहीं पर अपने आप में पूर्ण भी है।

# शुरुआत से ही संदेह*

## वी.आई. मुनिस्वामी पिल्लै ( मद्रास )

'मसौदा समिति ने जो बहुमूल्य तथा महान् सेवा की है, उसकी मैं प्रशंसा करता हूँ। उसके सदस्य रात-दिन अथक परिश्रम करते रहे हैं, जिसके फलस्वरूप ही महत्त्वपूर्ण अनुच्छेदों के संबंध में निर्णय हो सका। मसौदा समिति के सभापति डॉ. आंबेडकर ने जिस बुद्धिमत्ता तथा कार्यक्षमता का परिचय दिया है, उसकी भी मैं प्रशंसा करता हूँ। (तुमुल हर्षध्वनि)। मैं भी उसी जाति का हूँ, जिसने डॉ. आंबेडकर को जन्म दिया है। मुझे इसका गर्व है कि उनकी कार्यपटुता को न केवल हरिजनों ने बल्कि भारत की सभी जातियों के लोगों ने स्वीकार किया है। अनुसूचित जातियों ने महान् भक्त नंदनार, महान् वैष्णव संत निरूपाजानालवार और महान् दार्शनिक निरूबलुवार को जन्म दिया है, जो इस देश के कोने-कोने ही में नहीं बल्कि सारे संसार में विख्यात हैं।'[5]....'मैं जानता हूँ कि 26 जनवरी, 1950 से जो संविधान प्रवर्तन में आएगा, उसका निर्माण करके उन्होंने केवल हरिजन समुदाय की ही नहीं बल्कि सारे भारत की सेवा की है।'[6]

'संविधान के मसौदे की एक अन्य महत्त्वपूर्ण बात यह है कि भारत के लोगों को वयस्क मताधिकार प्रदान किया जा रहा है। इसके फलस्वरूप इस देश के सभी वयस्कों को विशेषत: अनुसूचित जातियों के लोगों को जो भारत के जन-समुदाय के छठवें हिस्से हैं, उन्हें अपने यथेष्ट प्रतिनिधि भेजने के लिए समान अवसर मिल जाएगा। मुझे केवल यह संदेह है कि क्या ये लोग, जिन्हें अभी यथोचित शिक्षा नहीं मिली है, अपने मत समझदारी से देकर सुयोग्य प्रतिनिधियों को भेज सकेंगे या नहीं। किंतु मुझे विश्वास है कि भारत में विभिन्न समुदायों की सहायता से वे यथेष्ट प्रतिनिधि भेज सकेंगे।'[7]....'सभा के विचाराधीन इस संविधान की सबसे बड़ी बात यह है कि इससे 'अल्पसंख्यक' शब्द निकाल दिया गया है। वास्तव में मेरी अथवा मेरी जाति के लोगों की यह इच्छा कदापि नहीं है कि वे सदा अल्पसंख्यक अथवा अनुसूचित जाति के लोग कहे जाएँ। हम इस देश के तीस करोड़ लोगों में समाविष्ट हो जाना चाहते हैं। महात्मा गांधी ने यह ठीक ही कहा था कि आवश्यकता है हृदय परिवर्तन की। यदि सवर्ण हिंदू अथवा वे लोग, जिनका इस देश में बाहुल्य है, हृदय परिवर्तन का परिचय दें, तो हम स्वत: भारतीयों के बृहत् समुदाय में समाविष्ट हो जाएँगे। मैं नहीं चाहता कि हमेशा के लिए हम एक पृथक् वर्ग के लोग बने रहें।'[8]

## सेठ गोविंद दास : ( जबलपुर )

'आज मुझे अत्यंत हर्ष हो रहा है कि हमने जिस संविधान को लगभग तीन वर्षों में पूरा किया, उसका अब अंतिम पारायण होना आरंभ हुआ है। इस अवसर पर सर्वप्रथम मैं

* 17 नवंबर, 1949

डॉ. आंबेडकर साहब को बधाई देता हूँ कि उन्होंने इस संविधान की तैयारी में इतना परिश्रम किया और आज उन्होंने यह प्रस्ताव भी हमारे सामने उपस्थित किया कि यह संविधान, जो भी हमने उसमें संशोधन किए हैं, उन सबके साथ स्वीकृत किया जाए। डॉ. आंबेडकर साहब को वर्तमान काल का मनु कहा जाता है। जो कुछ हो, मेरा यह मत है कि उन्हें जो संविधान संबंधी यह कार्य दिया गया, उसके वे सर्वथा योग्य थे।'[9]

'हमारा देश संसार के छह प्राचीनतम देशों में एक है। वे प्राचीनतम देश हैं—भारत, चीन, यूनान, बेबीलोनिया और मैसापोटामिया।'[10] 'हम एक बात यह भी चाहते हैं कि जो संस्कृति और सभ्यता हमें सहस्रों वर्षों से प्राप्त हुई है, जिसकी परंपरा आज भी हमारे देश में दृष्टिगोचर होती है और जिस परंपरा को हमारे राष्ट्रपिता महात्मा गांधी ने इस शताब्दी में भी हमारे यहाँ पर स्थित रखने के लिए नाना प्रकार के प्रयत्न किए, उस प्राचीन संस्कृति और सभ्यता को हम सर्वथा विस्मृत न कर दें। आधुनिक जगत् में जिन वस्तुओं की हमें आवश्यकता है, आधुनिक काल में विज्ञान ने जो-जो आविष्कार किए हैं, उन सबको हमें ग्रहण करना चाहिए।'[11]...'आधुनिक भारत ऐसा भारत होना चाहिए जिसमें हमें प्राचीन संस्कृति और सभ्यता के भी दर्शन हों और आधुनिक काल की जो आवश्यकताएँ हैं, उनका भी समावेश हो। इस दृष्टि से यदि हम अपने संविधान को देखें तो इसमें हमें कई न्यूनताएँ दृष्टिगोचर होती हैं। कई लोग तो यह भी समझते हैं कि वर्तमान संविधान 1935 के गवर्नमेंट ऑफ इंडिया ऐक्ट का ही एक वृहद रूप है। चाहे हम को उस दृष्टि से इस संविधान में कुछ कमियाँ दृष्टिगोचर हों, पर मैं इसको मानने के लिए तैयार नहीं हूँ कि वर्तमान संविधान 1935 गवर्नमेंट ऑफ इंडिया ऐक्ट का ही एक वृहद रूप है। इस बात की आवश्यकता थी कि गवर्नमेंट ऑफ इंडिया ऐक्ट की कुछ धाराएँ इसमें रखी जाएँ। अन्य देशों के जो संविधान हैं, आयरलैंड का, कनाडा का, अमेरिका का, इन संविधानों की भी कई धाराएँ हमें संविधान में दृष्टिगोचर होती हैं। फिर इस संविधान में कोई मौलिकता न हो, यह बात भी नहीं, मौलिकता भी इस संविधान में पर्याप्त है। हाँ, इस बात को मानने के लिए मैं तैयार हूँ कि यह संविधान पूर्ण रूप से संतोषप्रद नहीं है।'[12]

'मुझे एक ही बात खटकती है और वह बात सदा खटकती रहेगी कि इस प्राचीनतम देश का यह संविधान देश के स्वतंत्र होने के पश्चात् विदेशी भाषा में बना है। मैं सदा आपके सामने इस प्रश्न को उठाता रहा हूँ और आपने भी एक बार नहीं अनेक बार इस बात का विश्वास दिलाया था कि आपकी यह इच्छा है कि हमारा संविधान हमारी राष्ट्रीय भाषा में हो। मेरा यह मत है कि यदि हम प्रयत्न करते तो हम अवश्य इस काम में पूर्ण सफलता प्राप्त कर सकते थे। तीन वर्ष तक हम लोग अंग्रेजी संविधान को पास करने के लिए यहाँ बैठे। इस संविधान को यदि हम एक मास और बैठकर हिंदी में पास करते तो यह बात न असंभव थी और न कष्टसाध्य। मैं आपसे कहना चाहता हूँ कि हमारी गुलामी की समाप्ति के पश्चात् हमारे स्वतंत्र होने के पश्चात्

संविधान जो हमने एक विदेशी भाषा में पास किया है, हमारे लिए सदा कलंक की वस्तु रहेगी। यह गुलामी का धब्बा है, यह गुलामी का चिह्न है। चाहे आप इस संविधान का अनुवाद 26 जनवरी तक प्रसारित कर दें तो भी मैं यह कहना चाहता हूँ, स्पष्ट रूप से कहना चाहता हूँ कि अनुवाद सदा अनुवाद ही रहेगा। अनुवाद मूल का स्थान नहीं ले सकता और जब कभी कोई भी संवैधानिक अड़चन हमारे सामने उपस्थित होगी, जब कोई संवैधानिक प्रश्न हमारे सुप्रीम कोर्ट, हमारे हाईकोर्ट या दूसरी कचहरियों के सामने उपस्थित होगा, हमारे सामने एक विदेशी भाषा का संविधान रहेगा और इसके कारण विदेशी भाषा का प्रभुत्व। यह बात हमें सदा सताती रहेगी, मैं उस समय की कल्पना करता हूँ, उस समय का स्वप्न देखता हूँ, जिस समय हमारा देश एक और संविधान सभा की सृष्टि करेगा और वह संविधान सभा हमारे सामने, हमारी राष्ट्रभाषा में हमारा मूल संविधान उपस्थित करेगी।'[13]

'जहाँ तक संविधान की भिन्न-भिन्न धाराओं का संबंध है, मैं तीन ही धाराओं के संबंध में कुछ कहूँगा। एक, हमारे नाम का संबंध है। 'इंडिया दैट इज भारत' इस संविधान में देश का नाम दिया गया है। भारत नाम होना यह उचित बात हुई, परंतु जिस ढंग से देश का नाम भारत रखा गया है, उससे हमें पूरा संतोष नहीं हो सका। 'इंडिया दैट इज भारत' एक विलक्षण नाम है। दूसरी धारा गो-रक्षा के संबंध में है, गो-रक्षा की धारा इस संविधान में जोड़ दी गई है, यह संतोष की बात है, परंतु जिस प्रकार हमने अपने मूल अधिकारों, फंडामेंटल राइट्स में यह लिखा है—अनटचेबिलिटी इज ए क्राइम, वहीं हमें यह भी लिखना चाहिए था कि काऊ किलिंग इज ए क्राइम। वह हम नहीं कर सके। तीसरी धारा हमारी भाषा के संबंध में है। इस धारा से भी हम को पूरा संतोष नहीं है। पंद्रह वर्ष तक इस देश में अंग्रेजी का दौर-दौरा रहेगा और नागरी लिपि के अंदर अंग्रेजी अंकों को रखकर उसका भी विरूपण कर दिया गया है। हिंदी भाषा भाषियों को इससे बड़ा क्षोभ है।'[14]

### लक्ष्मी नारायण साहू ( उड़ीसा )

'जिस आदर्श से हम यह संविधान बनाना चाहते थे, उस आदर्श से हम बहुत दूर भाग गए हैं। और अब जो आदर्श हम लोगों के सामने रखे हुए हैं, उससे भारत की आत्मा का कुछ परिचय नहीं मिलता है। यह एक खिचड़ी बन गया है। यह खिचड़ी बहुत आदमी जो दारू पीते हैं, उनकी तो कोकटेल के मुआफिक अच्छा मालूम होता है, यह जो खिचड़ी कभी-कभी खाते हैं, उनको भी अच्छा मालूम होता है। लेकिन प्रत्येक दिन के व्यवहार के लिए यह जो संविधान बनाया गया है, वह ठीक नहीं है और यह स्थायी रूप से चालू नहीं हो सकेगा।'[15]...'जब यह ड्राफ्ट कॉन्स्टीट्यूशन चालू होगा, तो हर एक प्रांत को ऐसा मालूम पड़ेगा कि मानो वह दूसरी नई गुलामी में पड़ गए हैं। इसलिए मैं डॉ. आंबेडकर को, जिन्होंने इतना परिश्रम किया है, उसके लिए मैं जरूर उन्हें धन्यवाद देता हूँ, लेकिन जब वह बदलते-बदलते एक मरकट (बंदर)

बना दिया, इसलिए मैं इसको पसंद नहीं कर सकता हूँ और उनको हार्दिक धन्यवाद नहीं दे सकता हूँ। यह तो मैं कह सकता हूँ कि यह सिर्फ डॉ. आंबेडकर के हाथ का काम नहीं है, वह ऐसा कहेंगे और यह सच भी है। देश में जो प्रधान दल है, उस दल की मंशा के ख्याल से डॉ. आंबेडकर को भी तोड़-मरोड़कर उसको बनाना होता है। मुझे तो ऐसा आभास होता है कि देश को दो-तीन बरस बाद एक नया संविधान जरूर बनाना होगा।'[16]

'पहले जवाहरलाल जी ने कहा था कि कॉमनवेल्थ में रहना तो हम लोगों के लिए कलंक है, उसमें हम कभी नहीं रह सकते हैं। जिस दिन हम स्वाधीन होंगे, हम कॉमनवेल्थ से निकल जाएँगे। लेकिन आज मैं देखता हूँ कि हम उसी कॉमनवेल्थ में घुसे हुए हैं। यह तो ऐसा हो रहा है, जैसे जहाज का लंगर उठाए बिना हम जहाज चलाने की कोशिश करते हैं, तो वह जहाज नहीं चलता है, और वह जहाज नहीं चलेगा। यह आप देख सकते हैं और फिर उसमें क्या है? इसमें कोई ऐसी बोल्ड पॉलिसी नहीं है। शायद हम लोगों के दिल और दिमाग में कोई ऐसा साहस, कोई ऐसी बुद्धि नहीं आई है, जिससे हम इस देश को जैसा उचित होगा, वैसा संविधान बनाएँगे। हम तो बराबर पश्चिम की ओर ताक रहे हैं और दुनिया कैसे चलती है, इसको देखते रहते हैं। जवाहरलाल जी कहते हैं कि हम अपना संविधान ऐसा बनाएँगे कि सारी दुनिया हमारी तरफ देखेगी और हमारी तरफ आएगी। दुनिया कैसे इंडिया की तरफ आएगी? इंडिया में क्या है? इस ड्राफ्ट कॉन्स्टीट्यूशन में क्या है। जो चरखा इस भारतभूमि का आदर्श था और महात्मा गांधीजी का प्रिय था, इस चरखे को फेंक दिया गया। जो चरखा नहीं है, उसके स्थान पर एक राज्य चक्र लगा दिया है। फिर जब मैं यह ड्राफ्ट कॉन्स्टीट्यूशन देखता हूँ, पहले तो यह था कि उसमें नेशनल सौंग होगा, वंदे मातरम् होगा, जन गण मन होगा, वह सब कहाँ भाग गया? इस कॉन्स्टीट्यूशन में है क्या?'[17]

'पहले देश का नाम भारत रखा गया, लेकिन भारत दुनिया की समझ में नहीं आएगा, इसलिए 'इंडिया दैट इज भारत' कर दिया। यह क्या बात है! नैशनल लैंग्वेज क्या होगी? इसकी कोई चर्चा नहीं है। इसके विपरीत ऑफिशियल लैंग्वेज क्या होगी, ऐसा लिखा है। वह हिंदी होगी। फिर अंग्रेजी चलेगी। फिर पाँच बरस के बाद देखेंगे। फिर पंद्रह बरस के बाद फिर देखेंगे। ऐसा कहा गया है। इस तरह से हमारा कॉन्स्टीट्यूशन क्या बन गया है। मैं समझता हूँ कि यह सब एकदम वृथा है, एक दम रद्दी है। इसमें मुझे कुछ मालूम नहीं होता है।'[18]....'भारतवर्ष का जो स्थान है, वह ग्राम में है। ग्राम का ख्याल न करके हम सिटीजन बन जाते हैं और सिटीजनशिप राइट्स माँगते हैं। मैं तो कहता हूँ कि ऐसा कुछ होना चाहिए कि विलेजियन के राइट्स होना चाहिए। इस संविधान में हम लोगों को विलेजियनशिप राइट्स कहीं नहीं मालूम होता। हम को इस समय क्या करना चाहिए। कॉटेज इंडस्ट्रीज पुनर्जीवित करना चाहिए। लेकिन इसको करने का हमें ख्याल नहीं होता। थोड़े आदमी जब किसी संबंध में कुछ चिल्लाते हैं तो

कह दिया जाता है कि अच्छा इस विषय को भी इसमें रखो।'[19]...'यह सब हो रहा है मैजारिटी के नाम पर। यह हम देख रहे हैं कि देखते-देखते जैसे हम लोगों का देश पत्थर जैसा हो गया है। डिसेंट्रलाइजेशन की बात एक दम नहीं है, आदर्श तो था कि इतने बड़े भारतवर्ष को विकेंद्रित करना चाहिए। और ठीक करना चाहिए। इसीलिए मैं कहता हूँ कि कॉन्स्टीट्यूशन हमारी पसंद का नहीं है।'[20]

**के. हनुमनथय्या ( मैसूर )**

'आज संविधान के पूर्ण चित्र पर दृष्टिपात करने पर मेरी अपनी यह धारणा होती है कि इस पूरे संविधान की न तो प्रशंसा की जा सकती है और न इसका स्वागत ही किया जा सकता है। इसके बहुत से गुण अवश्य हैं—कोई संदेह नहीं कि इस संविधान में स्वतंत्रता, समता तथा बंधुता के सिद्धांत सन्निहित हैं। यह हर्ष की बात है। किंतु इस संविधान में कई अन्य बातें ऐसी हैं, जिनसे संभवत: बहुत से लोगों की आशाएँ पूरी न हो सकें। प्रश्न यह उठता है कि आखिर इस संविधान का निर्माण किसने किया।'[21]

'जब मैंने मसौदा समिति के सदस्यों की नामावलि देखी तो मैं यह कहूँगा कि मेरी यह धारणा हुई कि उनमें से अधिकांश बहुत ही आदरणीय पुरुष हैं। उनमें से अधिकांश सुयोग्य व्यक्ति हैं, किंतु उनमें से कुछ ही की स्वतंत्रता आंदोलन से सहानुभूति रही। मेरी यह धारणा बनती है कि उनमें से अधिकांश लोगों ने स्वतंत्रता आंदोलन में उस अर्थ में भाग नहीं लिया, जिस अर्थ में हमारे अधिकांश नेताओं ने भाग लिया था। संभवत: उन्होंने अपने दृष्टिकोण तथा अपने ज्ञान को संविधान में स्थान दिया है। कांग्रेस को अथवा देश को इस प्रकार के ज्ञान अथवा मनोविज्ञान की आवश्यकता नहीं है। मैं नम्रतापूर्वक निवेदन करता हूँ कि इसमें कोई संदेह नहीं कि उन्हें स्वतंत्रता-प्राप्ति के पूर्व की बहुत सी विधियों का तथा नियमों का ज्ञान है। उन्हें न्यायालय-निर्णय-विधि तथा संहिता-विधि का बहुत अच्छा ज्ञान है। परंतु भारत जैसे महान् देश के लिए तथा उसके भविष्य के लिए यह ज्ञान पर्याप्त नहीं था। हम चाहते थे—वीणा और सितार का संगीत। हमें प्राप्त हुआ अंग्रेजी वाद्यों का संगीत। इसका कारण यह था कि हमारे संविधान-निर्माताओं की शिक्षा-दीक्षा ही इस ढंग की हुई थी। मैं उनको दोष नहीं देता। मैं उन लोगों को अर्थात् हममें से उन लोगों को दोष देता हूँ, जिन्होंने उन्हें यह कार्य सौंपा।'[22]

'स्वतंत्रता संग्राम के दिनों में हमने कुछ सिद्धांतों तथा आदर्शों को अंगीकार किया था, जिन्हें महात्मा गांधी ने हमारे सामने रखा था और जिनकी शिक्षा हमें दी थी। अपनी विवरणपूर्ण भाषा में उन्होंने पहली सलाह यह दी थी कि इस देश के संवैधानिक ढाँचे का आधार विस्तृत होना चाहिए। उसका स्वरूप पिरामिड के आकार का होना चाहिए। इसकी नींव जमीन पर डालनी चाहिए और उसे शंकु के समान ऊँचा उठाना चाहिए। किंतु किया गया है, बिल्कुल इसका उलटा। पिरामिड को उलट दिया गया है। प्रांतों और राज्यों से तथा लोगों से अधिकार

ले लिया गया है और सब शक्ति केंद्र को दे दी गई है। यदि महात्मा गांधी किसी संविधान को नहीं चाहते थे तो वह इसी प्रकार का संविधान था। हम अभी इसका निर्णय नहीं कर सकते कि लोकतंत्रात्मक संविधान में विश्वास खोकर तथा गांधीजी के संविधान निर्माण के विचारों का परित्याग करके हमने ठीक किया है या नहीं। इसका निर्णय भविष्य ही करेगा।'[23]

'यद्यपि हमारे संविधान निर्माताओं ने विकेंद्रीकरण का मार्ग नहीं अपनाया है। किंतु फिर भी मुझे भारत के लोगों पर विश्वास है। वे भविष्य में आगे बढ़कर लोकतंत्र को हिमालय से लेकर कन्याकुमारी तक न्यायपूर्ण ढंग से कार्यान्वित कर सकेंगे। चाहे हम जैसे भी नियमों को रखें और जैसे भी अनुच्छेदों को बनाएँ, किंतु मनुष्य के जीवन में मनुष्य के मस्तिष्क का तथा मनुष्य की शक्ति का अधिक महत्त्व होता है। मुझे पूरी आशा है कि भविष्य में वे सभी दोषों को दूर कर सकेंगे।'[24]

'स्वभावत: मेरे कुछ मित्रों को इसका खेद है कि संविधान हिंदी में नहीं लिखा गया और राष्ट्र भाषा को सीधे-सीधे नहीं स्वीकार किया गया। यह भी स्थितिवश तथा कालवश ही हुआ है। यदि हममें से कुछ लोगों को बालकाल से ही हिंदी में शिक्षा नहीं मिली है तो इसके लिए हम दोषी नहीं हैं। यह उस समय की स्थिति का दोष है। हमने अंग्रेजी सीखी और इसलिए अंग्रेजी से प्रेम करने लगे। एक दिन वह आएगा, जब लोग हिंदी सीखेंगे और हिंदी से उतना ही प्रेम करने लगेंगे। केवल कुछ धैर्य, उदारता तथा सहिष्णुता की आवश्यकता है और मुझे इसकी प्रसन्नता है कि जो लोग हिंदी के प्रेम में अंधे हैं, वे भी इतनी सहिष्णुता तथा उदारता दिखाने के लिए तैयार हैं।'[25]

'हमने जिस संविधान का निर्माण किया है वह एक विचित्र प्रकार का संविधान है। इतिहास के विद्यार्थी दो प्रकार के संविधानों से परिचित थे, अर्थात् फैडरल संविधान से और एकात्मक संविधान से। यह संविधान इन दो शीर्षकों में से किसी शीर्षक के अधीन नहीं आ सकता। यह एक नवीन प्रकार का संविधान है, मैं इसे 'संघीय संविधान' कहूँगा। संवैधानिक शब्दावली को यह पदावली इस सभा की देन है।'[26]

### के.टी. शाह ( बिहार )

'मैं इसको आदर्श मसौदा नहीं समझता। किंतु मैं यह स्वीकार करता हूँ कि जिस स्थिति में इस कार्य को संपन्न करना पड़ा, उसमें मसौदा समिति ने तथा विशेषत: उसके सभापति ने बदलती हुई स्थिति तथा दशाओं में कार्य करने की योग्यता तथा बुद्धिमत्ता का परिचय दिया। इसके लिए वे इस सभा तथा सरकार की प्रशंसा के पात्र हैं।'[27]

'मुझे स्वरूप और सिद्धांत के उन दोषों को बताना चाहिए, जिनसे मेरे विचार से यह संविधान दूषित है। इस कारण उस स्वरूप को प्राप्त नहीं है, जिस स्वरूप की हमें आशा थी।'[28] 'उद्देश्य संकल्प में हमने जो वचन दिया है, वह उस अर्थ में पूरा नहीं किया गया है, जिस अर्थ

में हम आशा करते थे। उदाहरणार्थ, हमारा यह दावा है कि हमारा देश संपूर्ण प्रभुत्व संपन्न स्वतंत्र गणराज्य है। किंतु जब तक वह ब्रिटिश राष्ट्रमंडल का सदस्य बना रहेगा, तब तक हम उस संपूर्ण प्रभुत्व संपन्न स्वतंत्रता को व्यवहार में नहीं ला सकते, जिसका हमने इस संविधान में उल्लेख किया है और जिसे हम समझते हैं, हम इस संविधान के द्वारा प्राप्त कर रहे हैं।'[29]…"हो सकता है कि संविधान का स्वरूप लोकतंत्रात्मक हो और उसका लक्ष्य भी लोकतंत्र ही हो। किंतु यदि कोई व्यक्ति इस संविधान के विभिन्न अनुच्छदों की सावधानी से परीक्षा करे तो उसे ज्ञात हो जाएगा कि लोगों का शासन, लोगों के लिए शासन और लोगों द्वारा शासन के रूप में लोकतंत्र की मंजिल अभी बहुत दूर है।'[30] 'इसलिए मेरी यह धारणा है कि यद्यपि भारत के लोगों को यह विश्वास दिलाया गया है कि उन्होंने सक्रिय लोकतंत्रात्मक व्यवस्था प्राप्त कर ली है, किंतु वास्तव में वह पूर्णरूप से इस संविधान में सन्निहित नहीं है।'[31]…"जिस रूप में संविधान इस समय है, उस रूप में उसके द्वारा वास्तविक व्यावहारिक लोकतंत्र का उतना विकास नहीं होगा, जितना कि फासिज्म का विकास होगा। राज्यों की अपेक्षा केंद्र में इसका खतरा अधिक है। संविधान में आपने शक्तियों का संकेंद्रण किया है और इस कारण यदि प्रधानमंत्री चाहे तो वह वास्तव में एक तानाशाह हो सकता है। इस दशा में मंत्रिमंडल के सहकारी तथा संसद् भी केवल उसके रजिस्टरी के दफ्तर का रूप धारण कर लेगी।'[32]

'इस संविधान में जो-जो आशंकाएँ सन्निहित हैं, उनका विचार करके मैं काँप उठता हूँ। मुझे आशा है कि जिस रूप में मैं इन आशंकाओं के चरितार्थ होने की कल्पना कर रहा हूँ, उस रूप में ये चरितार्थ नहीं होंगी। किंतु फिर भी मुझे यह देखकर खेद होता है कि इस संविधान में ऐसे उपबंधों को स्थान दिया गया है, जिनका सहारा लेकर राष्ट्रपति अथवा उसके नाम पर प्रधानमंत्री एक खतरनाक तानाशाह बन सकता है।'[33] 'जो संविधान हम पारित करने जा रहे हैं, उसमें कई सारवान विषयों के संबंध में उन आदर्शों का अनुसरण नहीं किया गया है, जिनका अनुसरण किए जाने की हमें आशा थी। किंतु फिर भी मैं यह कहने के लिए तैयार नहीं हूँ कि इस संविधान को इसकी कमजोरियों तथा इसके दोषों के कारण अस्वीकार कर दिया जाए।'[34]

### रुस्तम के सिधवा ( मध्य प्रदेश )

'मुझे याद आ रहा है कि 9 दिसंबर, 1946 को इस ऐतिहासिक संविधान सभा में प्रवेश करने के पूर्व हम कुछ मित्र आपस में साधारणत: इस संबंध में चर्चा कर रहे थे कि किस प्रकार का संविधान बनाया जाएगा और उसे बनाने में कितना समय लगेगा। इस सभा के एक प्रख्यात सदस्य ने, जिन्होंने बाद में त्याग-पत्र दे दिया, मुझ से कहा कि अंग्रेज भारत नहीं छोड़ने जा रहे हैं। यह संविधान वास्तव में एक द्वितीय नेहरू प्रतिवेदन होगा। एक अन्य माननीय मित्र सेठ गोविंद दास ने मुझ से कहा कि उसे बनाने में छह महीने लगेंगे। मैंने कहा कि इसे बनाने में कम-से-कम दो वर्ष लगेंगे। (महावीर त्यागी : आपने ठीक कहा था)। आज हम देखते हैं कि

तीन वर्ष बीत चुके हैं अथवा यों कहिए कि 15 दिन कम तीन वर्ष बीत चुके हैं, और अब हम संविधान को पूरा करने जा रहे हैं। 9 दिसंबर, 1946 से लेकर 1947 तक विचार-विमर्श करने के पश्चात् 1 फरवरी, 1948 को हमें संविधान का मसौदा दिया गया। उसमें संविधान के 393 अनुच्छेद थे। आज इस सभा में 395 अनुच्छेद प्रस्तुत किए गए हैं, अर्थात् पहले के मसौदे में 82 नवीन अनुच्छेद और जोड़ दिए गए हैं। इसके अतिरिक्त लगभग 220 पुराने अनुच्छेदों को बिल्कुल मिटा ही दिया गया और लगभग 120 अनुच्छेदों की शब्दावली में सारवान परिवर्तन किया गया है। यद्यपि प्रस्तावना का एक शब्द और एक विराम भी नहीं बदला गया है, किंतु बहुत से अनुच्छेद बदल दिए गए हैं। मुझे इसकी प्रसन्नता है और सभा को भी इसकी प्रसन्नता है कि हमने अपने अनुभव के आधार पर यह विचार किया कि हमें संविधान जल्दी में नहीं तैयार करना चाहिए। इसलिए यदि कुछ अधिक समय लेकर हमने संविधान तैयार किया है तो हमने ठीक ही किया है, विशेषतया जबकि वह एक ऐसा संविधान है, जिस पर हम सब गर्व करेंगे। इस सभा के बाहर यह आलोचना की गई है कि हमने अधिक समय लिया है और कुछ धन नष्ट किया है। मुझे उसकी कोई भी परवाह नहीं है। यह भी कहा गया था कि हम संशोधनों को केवल इसलिए भेज रहे हैं कि हमें उन्हें उपस्थित करना है और भाषण देने हैं। हमने न तो इस प्रकार के तर्कों को सुना और न उनकी परवाह ही की। हम अपना मत व्यक्त करने के लिए इस संविधान सभा में संघर्ष कर रहे थे। और हमने सुंदर ढंग से संघर्ष किया। मुझे इसकी प्रसन्नता है कि मसौदा समिति ने हमारे संघर्ष को यथोचित दृष्टि से देखा। हमने अपना कर्तव्य पूरा कर लिया है। इस सभा की कार्यवाही के प्रतिवेदन को भावी पीढ़ियाँ देख सकती हैं। इतिहासकार इसका निर्णय कर सकते हैं कि हमने समय नष्ट किया अथवा इस देश के लोगों के प्रति अपने कर्तव्य का पालन किया।'[35]

'मुझे वास्तव में खेद है कि ग्राम पंचायतों के संबंध में यह संविधान मौन है। मौन इस अर्थ में है कि उन्हें वह अधिकार नहीं दिया गया है, जिसके दिए जाने की हमें आशा थी। हमारी यह आकांक्षा है कि प्रत्येक गाँववाला सुसंपन्न तथा आत्मनिर्भर हो। हमारे महान् नेता महात्मा गांधी ने अपने सामने 'ग्राम स्वराज' का आदर्श रखा था। वे यह चाहते थे कि प्रत्येक गाँव आत्मनिर्भर हो। मैं खेद के साथ कहता हूँ कि इस संविधान में इस आदर्श का समावेश नहीं है। इस उद्‌देश्य से मैंने कई संशोधन उपस्थित किए थे, किंतु मुझे खेद है कि मसौदा समिति उन्हें स्वीकार नहीं कर सकी।'[36]....'मुझे आशा है कि चाहे संविधान कैसा ही क्यों न हो, प्रांतीय सरकारें गाँवों को आत्मनिर्भर बनाने का प्रयास करेंगी। जब तक हम गाँवों को आत्मनिर्भर नहीं बनाएँगे, तब तक साधारण नागरिक न तो सुखी हो सकेगा और न संपन्न।'[37]

'इस संविधान का एक अन्य उज्ज्वल अंग यह है कि इसके द्वारा सांप्रदायिकता को समाप्त कर दिया गया है। मेरा समुदाय एक अल्पसंख्यक समुदाय है। मेरा अपने जीवनपर्यंत

यही विचार रहा है कि अल्पसंख्यकों का प्रश्न हमारे राजनैतिक जीवन के लिए क्षय रोग तथा विष के समान है। बाद को इस सभा ने यह अनुभव किया कि सांप्रदायिक प्रतिनिधित्व की विभिन्न व्यवस्थाओं को समाप्त कर देना चाहिए और वे समाप्त कर दी गई हैं। वह एक शुभ दिन था, जब अल्पसंख्यक समिति के सभापति सरदार पटेल के प्रयत्नों के फलस्वरूप संविधान में जिस सांप्रदायिक प्रतिनिधित्व की व्यवस्था की गई थी, उसे समाप्त कर दिया गया।'[38]

**नजीरूद्दीन अहमद ( पश्चिम बंगाल )**

'इस संविधान के संबंध में सबसे बड़ा आश्चर्य यह है कि हमने इसे बना लिया है।'[39]...'यह मेरा ही सुझाव था कि 'द्वितीय पठन में जो कार्य हो, उसे मसौदा समिति को दुहराना चाहिए। जब संविधान का स्वरूप निश्चित कर लिया जाए, तब उसे मसौदा समिति के पास भेजा जाए और वह उसे दुहराए। उस समय डॉ. आंबेडकर ने उस सुझाव का बहुत विरोध किया किंतु अंत में वे उसे स्वीकार करने के लिए सहमत हो गए। अब हम देख सकते हैं कि वह किस प्रकार व्यवहार में लाया गया है। दुर्भाग्य से इस प्रक्रिया का परिणाम यह हुआ कि जो उपबंध कठिन या पेचीदा या अयुक्त समझे गए, वे मसौदा समिति के पास भेजे जाने लगे। केवल एक शर्त रखी गई और वह यह थी कि मसौदा समिति केवल रस्मी परिवर्तन करे और सदस्य इन्हीं परिवर्तनों के संबंध में संशोधन उपस्थित करें। किसी विधानमंडल के सचिव को जो कार्य दिया जाता है, वही कार्य मसौदा समिति को दिया गया। इसका एक अप्रत्याशित दुष्परिणाम यह हुआ कि सभा बहुत से अयुक्त उपबंधों पर विचार नहीं कर सकी। द्वितीय पठन में भी वे नहीं उठाए जा सके। यह उस नियम के कारण हुआ, जिसे दुर्गाबाई ने जारी किया। विराम, व्याकरण के दोष आदि के संबंध में तथा अन्य रस्मी संशोधनों को उठाया ही नहीं गया, जैसे कि उनका कोई अर्थ ही नहीं था। उन पर मसौदा समिति ने कभी विचार नहीं किया और सभा को भी उन पर विचार करने से वंचित रखा गया। यह पठन मेरे विचार से वास्तव में चतुर्थ पठन कहा जा सकता है। संसार के सामने यह एक नया उदाहरण रखा गया है।'[40]

'कई गलतियाँ तथा अनावश्यक बातें रह गई हैं और कई स्थलों पर उन्हीं बातों को दुहराया गया है।'[41]...'मसौदा समिति का सब से बड़ा दोष यह रहा है कि वह अपने विचार बदलती रही है। वास्तव में इन परिवर्तनों से सभी परिचित हैं। ये परिवर्तन प्रतिदिन किए गए और बार-बार किए गए। इसलिए इनकी चर्चा करने की आवश्यकता नहीं है। इनके कारण कई अयुक्त बातें पैदा हो गई हैं।'[42] 'भारत डोमीनियन' पदावलि को बड़े प्रेम से बार-बार प्रयोग किया गया है। वास्तव में इस संबंध में उस चिड़िया का उदाहरण दिया जा सकता है, जो बहुत काल तक पिंजरे में रही हो। जब उसे छोड़ा जाता है तो वह फिर उसी पिंजरे में वापस चली आती है। इसी प्रकार जो अपराधी जेल में रहने का अभ्यस्त हो गया हो, वह

मुक्त होने पर फिर अपराध करता है और फिर जेल चला जाता है। यद्यपि हम डोमीनियन के बंधनों से मुक्त हो गए हैं, किंतु हम उन्हें फिर स्वीकार करना चाहते हैं। 'भारत की संविधान सभा' जैसी सीधी-सादी पदावलि प्रयोग न करके मसौदा समिति ने बिना किसी आवश्यकता के 'डोमीनियन की संविधान सभा' पदावलि प्रयोग किया है। इसकी बिल्कुल आवश्यकता नहीं है। किंतु डॉ. आंबेडकर ने हमें बताया कि उनके लिए इसके अतिरिक्त और कोई चारा नहीं था। इसका सीधा-सादा उपाय था। वे केवल 'भारत की संविधान सभा' कह सकते थे। इससे पूरा आशय प्रकट हो जाता। हमने इस पदावलि को इतना अधिक प्रयोग किया है कि इससे कोई अयुक्त बात पैदा नहीं होगी।'[43]

'यह किसी को विदित नहीं है कि इस सभा को कौन से विशेषाधिकार प्राप्त हैं। द्वितीय पठन के अवसर पर मैंने बताया था कि कामंस सभा के सदस्यों के विशेषाधिकार किसी को विदित नहीं हैं और उनका उल्लेख यत्र-तत्र इंग्लिस्तान के कई नियमों में तथा पाठ्य-पुस्तकों में मिलता है। इन उल्लेखों को संकलित करना चाहिए था। इस काम को केवल कामंस सभा के सदस्यों के विशेषाधिकार का अस्पष्ट शब्दों में उल्लेख करके टाल न देना चाहिए था। विशेषाधिकारों की गणना करनी चाहिए थी और उन्हें संविधान में समाविष्ट करना चाहिए था। किंतु इसके लिए मसौदा समिति के पास न तो समय था और न इस ओर उसकी प्रवृत्ति ही थी।'[44]

'मेरा निवेदन है कि जैसा कि टी.टी. कृष्णमाचारी ने एक अन्य पद धारण करते हुए कहा था, इस संविधान का मसौदा इतना दोषपूर्ण है कि वकील इसे प्राप्त करके निहाल हो जाएँगे। इसमें कोई संदेह नहीं कि मसौदा समिति जैसी समुन्नत संस्था में समुन्नत स्थान प्राप्त करके उन्होंने अपनी राय बदल दी है।'[45] 'यद्यपि संविधान के मसौदा में ये दोष हैं और कई अन्य दोष भी हैं, किंतु उसे स्वीकार कर लेना चाहिए।'[46]

**बी. दास ( उड़ीसा )**

'इस सभा के बाहर मैंने उन लोगों के आरोप सुने हैं, जो अपने को समाजवादी कहते हैं। वे यह कहते हैं कि यह संविधान प्रभावशून्य हो जाएगा। मुझे स्मरण है कि कुछ महीने पूर्व समाजवादियों ने 'एक ड्राफ्ट कॉन्स्टीट्यूशन' नाम की एक किताब निकाली थी। यदि समाजवादी तथा उनके नेता जयप्रकाश नारायण धृष्टता से यह कहते हैं कि संविधान प्रभावशून्य हो जाएगा तो मैं उन्हें तथा उनके नेता को और समाजवादी दल को चुनौती देता हूँ। यदि वे कांग्रेस से स्वर्ग के साम्राज्य को इस देश की सरकार को प्राप्त करना चाहते हैं तो···एच.वी. कामथ बोले, 'हम पार्थिव साम्राज्य चाहते हैं।'[47]

'यदि वे हम से अर्थात् कांग्रेस दल से शासन की बागडोर लेना चाहते हैं तो उन्हें यथार्थवादी तथा व्यावहारिक होना चाहिए। उनका दल एक बहुत ही अल्पसंख्यक दल है। इसलिए उन्हें यह न कहना चाहिए कि यह संविधान रद्द कर दिया जाएगा। इसके स्थान पर वे क्या रखना

चाहते हैं? मैं जयप्रकाश नारायणजी का आदर करता हूँ किंतु इस सभा के मंच से मैं उनसे अनुरोध करता हूँ कि वे व्यावहारिक हों। यदि उनका यह विचार है कि वे शासन कार्य कांग्रेस सरकार से अच्छी तरह चला सकते हैं तो वे एक संविधान बनाएँ। हम देखेंगे कि इस संविधान में तथा जिस संविधान की वे कल्पना करते हैं, उसमें कितना आधारभूत अंतर है।'[48]…'क्या हमारा देश एक गणराज्य है अथवा क्या राष्ट्रमंडल के देशों के साथ संबंध स्थापित करके हम अब भी एक पाप के भागी हैं?'[49]…'26 जनवरी, 1950 को जब भारतीय गणराज्य की घोषणा की जाएगी तो मैं यह घोषणा करूँगा कि हमने राष्ट्रमंडल से और विशेषतया इंग्लिस्तान से नाता तोड़ दिया है।'[50]

'मैं दो शब्द वयस्क मताधिकार के संबंध में कहना चाहता हूँ। यह लोकतंत्र का एक सुंदर सिद्धांत है। किंतु यह एक पश्चिमी विचार है। हमने इसे पाश्चात्य लोगों से लिया है। मैंने इसे स्वीकार किया है, किंतु मैं कह नहीं सकता कि इसे व्यवहार में लाया जा सकता है या नहीं और हमारे मंत्री वयस्क मताधिकार की प्रणाली के अधीन जनवरी, 1951 तक निर्वाचन कर भी सकेंगे या नहीं। बाहर से लिए हुए विचार भारत की भूमि में नहीं पनपते। इसलिए संभवतः पाँच या दस वर्ष के पश्चात् जब हम यह देखेंगे कि भारत में वयस्क मताधिकार को व्यवहार में लाना संभव नहीं है तो हो सकता है कि हमें अपनी विचारधारा बदलनी पड़े।'[51]

'इस संविधान में जो बातें रह गई हैं, उन्हें इस महीने की 25 अथवा 26 तारीख से पहले उसमें समाविष्ट कर लेना चाहिए। राष्ट्रगान के संबंध में हमें निर्णय कर लेना चाहिए। मेरा यह भी निवेदन है कि हमें राष्ट्रीय पोशाक भी निश्चित कर देनी चाहिए। टाई कालर लगाए हुए पदाधिकारियों को इधर-उधर जाते देखकर मुझे घृणा होती है। केवल इस कारण कि हमारा राष्ट्रमंडल से संबंध बना हुआ है, किसी को विदेशी पोशाक पहनने का अधिकार नहीं मिल जाता। उन्हें विदेशी पोशाक नहीं पहननी चाहिए। संसद् को विधि द्वारा उसका प्रतिरोध करना चाहिए। राज्य की सेवा में जो व्यक्ति लगा हुआ है, उसे विदेशी पोशाक नहीं पहननी चाहिए।'[52]

**संदर्भ—**


1. संचयिता, दिनकर, आशा का दीपक, पृ. 70
2. भारतीय संविधान सभा के वाद-विवाद की सरकारी रिपोर्ट (हिंदी संस्करण), अंक-11, संख्या-4, 17 नवंबर, 1949, पृ. 3703
3. वही, पृ. 3703
4. वही, पृ. 3703

5-6. वही, पृ. 3705

7. वही, पृ. 3707

8-9. वही, पृ. 3708

10-11. वही, पृ. 3709

12-13. वही, पृ. 3710

14-15. वही, पृ. 3712
16-17. वही, पृ. 3713
18. वही, पृ. 3714
19-20. वही, पृ. 3715
21-22. वही, पृ. 3715-3716
23-25. वही, पृ. 3717
26. वही, पृ. 3715-3716
27-28. वही, पृ. 3719
29-30. वही, पृ. 3720
31. वही, पृ. 3721
32-34. वही, पृ. 3723
35. वही, पृ. 3725
36-38. वही, पृ. 3727
39. वही, पृ. 3734
40-41. वही, पृ. 3735
42. वही, पृ. 3737
43-44. वही, पृ. 3739
45. वही, पृ. 3740
46. वही, पृ. 3741
47-49. वही, पृ. 3742
50. वही, पृ. 3743
51. वही, पृ. 3744
52. वही, पृ. 3745

□

# 40

## संतुष्ट तो कोई नहीं था*

**रामनारायण सिंह ( बिहार )**

'हम अपना एक संविधान बना रहे हैं, यह विचार बहुत आनंददायी है, लेकिन जब संविधान को देखता हूँ कि इसमें क्या-क्या स्वीकृत हुआ है, इसके मुताबिक हमारे देश का शासन कैसे होगा तो बहुत तकलीफ होती है। यह तो ठीक है कि बहुत दिनों से हम लोग गुलाम थे, लेकिन एक जमाना था, जब हम लोगों का भी राज्य था, साम्राज्य भी था। जहाँ-तहाँ प्रजातंत्र भी चलता था। लेकिन जो लोग संविधान का इतिहास नहीं जानेंगे, हमारी भावी संतान होगी, वह तो कहेगी कि यह संविधान दिल्ली में नहीं बना था। यह लंदन में बना था। लोगों को यह शक होगा। किसी को यह शक भी होगा कि हिंदुस्तान के प्रतिनिधियों ने इस संविधान को बनाया था या लंदन के व्हाइटहाउस के अंग्रेजों ने यह कृपा करके बना दिया। इसकी भाषा तो अंग्रेजी है ही। एक तरह की अजीब ढंग की खिचड़ी है, विश्व में प्रचलित विभिन्न संविधानों का अनोखा सम्मिश्रण।'[1]

'मैंने आरंभ में कुछ संशोधन भी दिए थे, मंजूर तो नहीं हुए। हमारे देश में सेवक मंडल की जरूरत है। 'सोसायटी ऑफ सरवेंट्स', सरकार नहीं चाहिए। जो हमारे देश की रक्षा करेंगे, सच्ची सेवा करेंगे। लेकिन आज भी जो सरकार है, शासन है, उसका दावा तो है कि वह भी

* 18 नवंबर, 1949

पब्लिक सरवेंट्स हैं, सेवक हैं, लेकिन जैसा काम देखा जाता है, उससे सेवा का क्या संबंध, बिल्कुल मालिक की बात होती है। लेकिन आज जरूरत है देश को, मैं सीधे-सीधे कह देता हूँ कि अब हमारे देश को शासक की जरूरत नहीं है, सेवक की जरूरत है, शासन की जरूरत नहीं है, सेवा की जरूरत है।'[2]

'कराची कांग्रेस में आप भी थे, हमारे बहुत से और साथी भी थे, और मैं भी था। हम लोगों ने पास किया था कि हमारे देश में ऊँचा-से-ऊँचा वेतन होगा पाँच सौ, इससे अधिक नहीं। यहाँ पर जो वेतन चलाए गए थे, वह अंग्रेजों के चलाए हुए थे, लेकिन अंग्रेज तो यहाँ सेवा के लिए नहीं थे, वे तो लूट के लिए थे, और जिन लोगों को उन लोगों ने यहाँ पर शामिल किया अपने कार्य में, उनको लूट का हिस्सा दिया। लेकिन दु:ख की बात है कि आज कांग्रेस से प्रतिकूल, अपने सिद्धांतों के प्रतिकूल, अपने निर्णय के प्रतिकूल, आज भारत के प्रतिनिधि हम लोग यहाँ जमा होकर प्रस्ताव पास करते हैं कि एक व्यक्ति को पाँच हजार दो, और किसी को छह हजार और किसी को दस हजार दो। याद रहे, यह सेवा नहीं है। यह शासन है। मैं पूछता हूँ कि देश की हालत कैसी है। उस दिन जब हमने प्रस्ताव पास किया था, उस समय में और आज में क्या परिवर्तन हो गया। क्या देश में लोगों की आमदनी बहुत बढ़ गई है? संसार का कानून है कि पब्लिक सर्वेंट का वेतन पब्लिक का जो औसत स्टैंडर्ड है, उसके मुताबिक होना चाहिए।'[3]

'यह जो संविधान बना है, इसमें संसदीय प्रणाली रखी गई है, यानी दलबंदी का राज। यह हिंदुस्तान के लायक नहीं है। दुर्भाग्यवश हमारे देश में तो वैसे ही बहुत दलबंदी है। कास्ट सिस्टम की दलबंदी तो यहाँ पहले ही से है। फिर और आप दलबंदी कर देंगे, तो क्या होगा। जो आपने दलबंदी के इस राज्य में सबको मताधिकार दे दिया है, उसके माने होंगे कि उसमें कुछ धूर्त और कुछ धनी मिलेंगे, वे ऐसा प्रबंध करेंगे कि वोट वह ले लेंगे। इनके साथियों की कमी नहीं रहेगी। लोकतंत्र इस तरह नहीं आ सकता। मैं तो कहता हूँ कि दलबंदी का राज्य तो सर्वोत्तम लोकतंत्र पर कुल्हाड़ी मारता है। उसमें भी तो दो-चार आदमियों का राज्य रहता है।'[4]

## कुलधर चालिहा (असम)

'इन परिस्थितियों में हमने एक ऐसा संविधान बनाया, जो आवश्यक था'।[5] 'यह कहा जाता है कि मसौदा समिति के सदस्य स्वतंत्रता युद्ध में आगे नहीं आए थे, पर मैं समझता हूँ कि इससे लाभ ही हुआ, क्योंकि वे निष्पक्ष होकर विचार कर सके।'[6] तृतीय पठन की चर्चा के आरंभ में हमने मुनिस्वामी पिल्लै से यह सुना कि छह करोड़ अछूतों को इस संविधान से समाधान हो गया है। यह वास्तव में एक महान् कार्य है और जिन अछूतों की हम उपेक्षा करते चले आए थे, उनका यदि हमने समाधान कर दिया, जो मैं समझता हूँ कि हमने एक आश्चर्यजनक कार्य कर लिया।'[7]

संविधान के 'निदेशक सिद्धांतों के अधीन हमने ऐसी बहुत-सी बातें रखी हैं, जिससे हममें से प्रत्येक व्यक्ति का समाधान हो जाएगा। यदि कोई व्यक्ति समाजवादी है तो उसके विचारों के

अनुकूल उसमें समता का अधिकार है। यदि कोई व्यक्ति अछूत है तो उसके हितों की संरक्षा के लिए हमने कुछ संरक्षण रखे हैं। यदि कोई व्यक्ति पिछड़ा हुआ है तो उसके हितों के संबंध के उपबंध भी हमने रखे हैं। अतः हम उसे चाहे किसी दृष्टि से देखें, हमें यह विदित होता है कि जो संविधान हमने बनाया है, उससे अच्छा संविधान हम नहीं बना सकते थे।'[8]

'नागरिकता की परिभाषा पर बड़ी ही सद्भावना से विचार किया गया है, पर उसमें एक ऐसी कमी है, जिसके कारण संभव है कि हम स्वयं धोखा खा जाएँ। यदि कोई व्यक्ति 19 जुलाई से छह महीने पहले आ जाता है और भारत सरकार द्वारा नियुक्त पदाधिकारियों द्वारा पंजीबद्ध कर लिया जाता है तो वह नागरिक हो सकता है। पर जब आप इसे असम जैसे प्रांत पर लागू करेंगे तो आपको बड़ी कठिनाई होगी। आप विघटन की ओर अग्रसर होंगे। अतः जब यह लागू होगा तो हमें बहुत सावधान रहना पड़ेगा और हमें इस बात पर ध्यान रखना पड़ेगा कि हम उन उच्च सिद्धांतों में न बह जाएँ, जो इस संविधान में निर्धारित कर दिए गए हैं। अतः इस तथ्य के होते हुए भी कि नागरिकता की परिभाषा बड़ी अच्छी तरह से बनाई गई है, पर फिर भी उसको यदि आप इस प्रकार से लागू करना चाहते हैं, जिस प्रकार से हमने यहाँ रखी है तो उसमें कुछ थोड़ा सा संकट है। असम से हमारे पास तार आ रहे हैं कि हम नाश की ओर अग्रसर हो रहे हैं। शायद यहाँ प्रत्येक सदस्य को असम से तार पर तार मिल रहे हैं कि इस सिद्धांत को कुछ रोकथाम के साथ हम पर लागू करना चाहिए।'[9]

'संविधान की छठी अनुसूची पर मेरा घोर विरोध है, जिसको इस संविधान में अधिनियमित कर दिया है। इसका इस गलत आधार पर निर्माण किया गया है कि जनजातियों का विचार यह है कि हम उनके शत्रु हैं। अंग्रेजों ने उनमें यह विचार भरा था। उन्होंने जनजातियों को पृथक् रखा और उनका मेल-जोल नहीं होने दिया। अंग्रेज जब यहाँ से गए तो उनसे कहा कि भारतीय अर्थात् हिंदू तुम्हारे शत्रु हैं। हम तुम्हारे मित्र हैं। हम एक कठिन परिस्थिति की ओर अग्रसर हो रहे हैं और यदि जनजातियाँ हमारे लिए उपद्रव खड़ा करें तो उसका कारण हम स्वयं ही हैं।'[10]
'असम के नाम के संबंध में मुझे असम के मुख्यमंत्री गोपीनाथ बारदोलोई से विदित हुआ है कि नाम परिवर्तन से वे सहमत हो चुके हैं।'[11]

**गोकुलभाई दौलतराम भट्ट ( मध्य प्रदेश )**

'यह संविधान हमने कई जटिल समस्याओं को पार करके बनाया है। कभी-कभी ऐसा संदेह होने लगा था कि कहीं इस पर बड़ा झगड़ा न चल पड़े, जैसे कि भाषा के सवाल पर, देश के नाम के सवाल पर, जो अचल मिल्कियत है, उसको किस तरह केंद्र या प्रांत जनता के लिए ले सके इस सवाल पर। इस तरह के दूसरे सवाल भी हमारे सामने आए थे, जिनको हम लोगों ने अपनी अक्ल और होशियारी से तय किया। जो हमारे नेता थे, उनके मार्ग प्रदर्शन से उन सवालों को तय किया और इन झगड़ों का निबटारा किया, समझौता किया।'[12]

'इस संविधान में महात्माजी की विचार-शैली कितनी आई है और कहाँ तक उनकी विचारधारा ने हमें प्रेरणा दी है, इस संबंध में मेरे अल्पमत में यह कहता हूँ कि अच्छा होता, अगर पंचायतों के जरिए हमारा काम आगे बढ़ता। मैं इस प्रश्न को बहुत ही जरूरी समझता हूँ। जब-जब मुझे बोलने का मौका मिला है यहाँ, और दूसरी जगहों पर भी। मैंने पंचायत की संस्था के बारे में बहुत कुछ आग्रह रखा है। हमारा जो इलेक्टोरेट हो, वह गाँव की पंचायत होनी चाहिए और उनके जरिए जो प्रतिनिधि चुने जाएँ, वे हमारे लोकप्रिय प्रतिनिधि माने-जाने चाहिए।'[13]

'यह आरोप है कि केंद्र को सब सौंप दिया गया है। मैं यह मानता हूँ कि समय तो ऐसा है कि अभी फिलहाल दस-पंद्रह साल तक जब तक हम केंद्र के आधीन सब चीजों को नहीं सौंपेंगे, तब तक हम नई चीज अच्छे तरीके से नहीं बना पाएँगे। जो नवनिर्माण हम करना चाहते हैं, वह अगर आप शृंखलाबद्ध केंद्र के नीचे रहकर नहीं करेंगे, तब तक यह चीज चलनेवाली नहीं है, ऐसा मेरा नम्र निवेदन है, और यही एक वास्तविक चीज है। वैसे स्वप्नलोक में विचरना दूसरी बात है। उससे हम कहीं पहुँचनेवाले नहीं हैं।'[14]

**एन.वी. गाडगिल ( महाराष्ट्र )**

'इन तीन वर्षों में जो अनुभव प्राप्त किया गया है, वह इस संविधान के खंडों में लिख दिया गया है। चूँकि इस संविधान की यहाँ तथा बाहर आलोचना हुई है, इस कारण संविधान के प्रमुख प्रावधानों का मैं विहंगावलोकन करना चाहता हूँ। इस प्रयोजन के लिए मैंने दो पक्षों को चुना है—समाजवादी और हिंदू महासभा। एक 'भारतीय गणराज्य के संविधान का मसौदा' शीर्षक के अधीन प्रकाशित हुआ है, जिसका रंग लाल है, जो रंग कदाचित् साम्यवादियों के एकाधिपत्य में है, पर इस पर जो चिह्न है, वह उनसे भिन्न है। दूसरे पक्ष-हिंदू महासभा ने भी 'हिंदुस्तान के स्वतंत्र राज्य का संविधान' नाम से पुस्तक प्रकाशित की है। मैंने इन दोनों का सावधानीपूर्वक अध्ययन किया है। मैंने यह देखा है कि इस देश में जिस संविधान का प्रचलन होना चाहिए, उसकी मुख्य बातों में समानता है।'[15]

'एक आधुनिक संविधान की परीक्षा पाँच दृष्टिकोण से की जा सकती है। (1) राज्य का प्रकार जिसके लिए संविधान बनाया गया है। (2) स्वयं संविधान का प्रकार। (3) विधानमंडल का प्रकार। (4) कार्यपालिका का प्रकार। (5) न्यायपालिका का प्रकार। आखिरकार प्रत्येक संविधान अतीत के संचित ज्ञान का प्रतीक होता है। उसमें संवैधानिक प्रयोगों के कुछ तत्त्व निहित होते हैं। कोरे कागज पर लिखना हमारे लिए संभव भी नहीं था। गत ड़ेढ सौ वर्षों से और विशेषकर पिछले चालीस वर्षों से देश कुछ राजनैतिक संस्थाओं से प्रभावित हो चुका था और देश में जिन राजनैतिक विचारधाराओं तथा प्रवृत्तियों का प्रचार हो चुका था, उनसे यकायक सारवान रूप में अलग होना संभव नहीं था। अतः यह स्पष्ट था कि राज्य का प्रकार फेडरल हो।

यह एक ऐसा विषय है कि जिस पर इस देश में सब पक्षों की पूर्ण सहमति है। विवाद इस पर है कि इस फेडरल राज्य में केंद्र दृढ़ होना चाहिए या दुर्बल। इस विषय में भी दोनों समाजवादी तथा हिंदू महासभाई भी इस बात से सहमत हैं कि फेडरल राज्य में केंद्र दृढ़ होना चाहिए।'[16]

'इसके पूर्व कि हम यह कह सकें कि भारतीय राज्य इस रूप में एक पूर्ण इकाई है कि वह एक ठोस तथा सुगठित राज्य है, हमें अभी बहुत कुछ करना बाकी है। अब भी विघटनात्मक प्रवृत्तियाँ हैं, अब भी ऐसी व्यक्तिगत तथा प्रांतीय प्रवृत्तियाँ हैं कि यदि कोई अप्रिय बात हो जाती है तो बाहर हो जाना चाहते हैं और आवश्यक राजभक्ति में अब भी तीव्रता की उस मात्रा की कमी है, जो हम अन्य फेडरल राज्यों में देखते हैं। जब हमने तीन वर्ष पूर्व यह कार्य आरंभ किया था तो वास्तव में हमारे सामने महानतम कठिनाई यह थी कि उन अनेक राज्यों को किस प्रकार संगठित किया जाए, जो एकदम स्वतंत्र हो गए थे तथा संपूर्ण प्रभुत्व संपन्न भी हो गए थे। पर धीरे-धीरे इस देश का संघटन हुआ और यह देखने के लिए कि यह पूर्ण रूप से सुसंगठित हो और किसी विघटनात्मक प्रवृत्ति या संबंध-विच्छेद के संकट से परे हो, मेरा अभी भी यह विचार है कि अभी कम-से-कम दस वर्ष के लिए एक शक्तिशाली केंद्र की आवश्यकता है।'[17]

'एक स्वतंत्र देश में एक सर्वसाधारण व्यक्ति जो कुछ चाहता है या जिसके लिए उत्सुक रहता है, वह सुशासन है।'[18] संविधान एक यंत्र है और वह स्वयं लक्ष्य की पूर्ति नहीं है। चतुर कारीगर के हाथों में वह कार्य करने में सहायता देने का एक अच्छा औजार है। एक दृढ़-प्रतिज्ञ कारीगर के हाथ में जाकर वह उसे जो कुछ वह चाहता है, प्रदान कराने में सहायक होगा। मेरी तुच्छ सम्मति में दोषों के होते हुए भी (इस संविधान में दोष अवश्य हैं और इसकी प्रशंसा करते हुए मैंने विवेक का परित्याग नहीं किया है, यद्यपि अन्य व्यक्तियों के समान विश्वामित्र की तरह मैं इसका खंडन करना नहीं चाहता हूँ) इस संविधान से वे सामाजिक और आर्थिक लक्ष्य प्राप्त किए जा सकते हैं, जिनका प्रस्तावना में समर्थन है।'[19]

**एम. अनंतशयनम आयंगर (मद्रास)**

कैबिनेट मिशन की योजना के अधीन जब हमने कार्यारंभ किया था, यह आशा थी कि केंद्र के अंतर्गत पाकिस्तान सहित समस्त भारतीय संघ आ जाएगा और उस सबके लिए संविधान बनेगा। उस समय यह विचार किया गया था कि केंद्र केवल प्रतिरक्षा, संचार और विदेशी विषयों पर ही शक्तियाँ रखते हुए दुर्बल होना चाहिए। यदि हम उस योजना को स्वीकार कर लेते तो देश के 565 राज्य सरलता से इस ढाँचे में नहीं आते। यद्यपि हमारा कोई दोष न था, फिर भी मुसलिम लीग उसमें सम्मिलित नहीं हुई। हमें उसके सम्मिलित होने की आशा में प्रतीक्षा करनी पड़ी। 15 अगस्त, 1947 के बाद हमें उन कठिनाइयों का सामना करना पड़ा, जो विभाजन, शरणार्थियों, महात्मा गांधी की हत्या, हैदराबाद का झगड़ा और कश्मीर युद्ध के कारण पैदा हुई और इन कठिनाइयों में हमारा बहुत सा समय लग गया। बहुत समय बाद हम इस कार्य में लगे

और जितने दिन हम बैठे, उसका हिसाब लगाया जाए तो इस दीर्घकाल में हमने पाँच महीने से अधिक समय नहीं लगाया है।'[20]

'हमने बहुत सी आश्चर्यजनक सफलताएँ प्राप्त की हैं। हमने भारत का एकीकरण किया। यह कोई कागज पर की गई मात्र सफलता नहीं है, वास्तविक है। यथार्थ है। जैसे-जैसे हम इस संविधान के विभिन्न अनुच्छेदों का निर्माण करते गए वैसे ही वैसे हम उनको प्रवृत्त भी करते गए। हमने वास्तव में कई समस्याओं को सुलझाया और उसके बाद उनको संविधान में रखा। किसी अन्य देश में बिना खून बहाए 565 राज्यों का प्रवेश नहीं हो सकता था, जैसा कि भारतीय संघ में हुआ है। अल्पसंख्यक वर्गों की समस्या सरलता से हल नहीं की जा सकती थी, पर विभिन्न धार्मिक तथा अन्य अल्पसंख्यक वर्गों को धन्यवाद है कि उन पृथक् निर्वाचक मंडलों का परित्याग कर दिया गया, जिनके द्वारा ब्रिटिश सरकार ने इस देश में एक संप्रदाय को दूसरे संप्रदाय से विभाजित किया और देश पर शासन किया।'[21]

'यह संविधान पूर्णतया लोकतंत्रात्मक संविधान है। यह संविधान संपूर्ण प्रभुत्व संपन्नता को जनता में निहित करता है। इसे पूर्ण रूप से प्रयोग करने की उसको शक्ति देता है। राजनैतिक प्रभुता के साथ-साथ इस संविधान में सामाजिक न्याय भी दिया गया है। व्यक्ति में परस्पर कोई भेद-विभेद नहीं है। बिना किसी पक्षपात के सब समान अधिकारों का प्रयोग कर सकते हैं, जब तक कि कोई व्यक्ति शील या लोक-चेतना के विरुद्ध न हो। अस्पृश्यता को सदा के लिए मिटा दिया गया है।' 'इस संविधान के विरुद्ध एक यह तर्क प्रस्तुत किया जाता है कि यह भारत सरकार अधिनियम 1935 की प्रतिलिपि मात्र है और यह हमारे राष्ट्र की विचारधारा का प्रतीक नहीं है। इस तर्क में कुछ सच्चाई है, पर वह पूर्णतया सच नहीं है।'[22]

'हमारे देश में 14 प्रतिशत से अधिक साक्षर नहीं हैं। सबको साक्षर बनाने में काफी समय लगेगा। अतः मुझे तो इस बात में भी संदेह है कि वयस्क मताधिकार इस देश में सफल भी हो सकेगा या नहीं। यदि यह बात मुझ पर छोड़ी जाती तो संविधान में मैं यह प्रावधान कराता कि गाँव को एक इकाई बनाया जाए। उसमें वयस्क मताधिकार से ग्राम पंचायत बनाई जाए। जिसे स्थानीय स्वशासन के पूरे अधिकार हों। ग्राम पंचायत के बाद सारे चुनाव परोक्ष हों।'[23]

मैंने प्रस्तावना में इस प्रकार का संशोधन प्रस्तुत करना चाहा था कि उसमें प्रारंभ इस तरह से हो कि हम परमात्मा से आशीर्वाद प्राप्त कर अपना कार्य प्रारंभ करें। इसके अलावा मैंने सोचा कि इसी प्रकार से हमें अपने राष्ट्रपिता 'महात्मा गांधी' का भी आशीर्वाद पाने के शब्दों का उल्लेख उसमें हो। पर मेरा संशोधन पेश नहीं होने दिया गया। मैंने देखा था कि आयरलैंड के संविधान में इसी प्रकार का प्रावधान रखा गया है।'[24]

**बी.ज़ी. खेर ( बंबई )**

'हमारी पहली बैठक 9 दिसंबर, 1946 को हुई थी और इन तीन वर्षों में इतनी अधिक

घटनाएँ हुईं कि सामान्यतया उनको सुलझाने में शायद तीन दशक लगते। बाहर जो घटनाएँ हुईं, उनके कारण हमारे संविधान में भी रूप-भेद हुआ है।'[25] 'यह सही है कि हमने भारत शासन अधिनियम को यह देखने के लिए आदर्श माना है कि कोई महत्त्वपूर्ण प्रश्न, कोई महत्त्वपूर्ण समस्या, कोई महत्त्वपूर्ण मद ऐसे महत्त्वपूर्ण लेखों के निर्माण करने में से रह न जाए, पर यह सत्य है कि 1935 के अधिनियम और संपूर्ण प्रभुत्व संपन्न गणराज्य के इस संविधान में कोई समानता नहीं है, जिसका इतनी सावधानी से परीक्षण कर, विचार-विमर्श कर और पहले सोच-समझकर चार सौ अनुछेदों को बनाकर हम निर्माण कर सके हैं। इसमें संदेह नहीं कि हमने तीन सूचियाँ स्वीकार की हैं, जैसी कि 1935 के अधिनियम में हैं, पर हमने वर्तमान समय की व्यावहारिक आवश्यकताओं पर ध्यान दिया है।'[26]

'समता, स्वतंत्रता तथा बंधुता और सामाजिक न्याय के स्वप्न को पूरा करने की उत्सुकता में हम इस तथ्य को न भूल जाएँ कि इन महान् बातों की प्राप्ति भी तभी संभव है, जबकि अपने नवजीवन के आरंभ काल ही में हमारा क्षय न हो और अज्ञानता अथवा दुष्टता के कारण इस समस्त यंत्र का विध्वंस न हो। ऐसे राजनैतिक पक्ष हैं, जो देश में उपद्रव पैदा करना चाहते हैं, क्योंकि उनका विश्वास है कि केवल इसी ढंग से और केवल हिंसा द्वारा ही वे अपने स्वप्नों को पूरा कर सकते हैं। राष्ट्रपिता ने इसके विपरीत सोचा और इसके विपरीत शिक्षा दी तथा हमने उनके पद चिह्नों का अनुसरण किया और हमें उसका परिणाम बड़ा सुखद मिला। हम इस संविधान को शीघ्र बना सकें।'[27]

### एच.वी. पातस्कर ( महाराष्ट्र )

'वह संकल्प 13 दिसंबर, 1946 को पेश किया गया था और 22 जनवरी, 1947 को सर्वसम्मति से पारित किया गया था। मैं सभा का ध्यान उन तीन बातों की ओर आकर्षित करना चाहूँगा, जो उस संकल्प में थीं। सर्वप्रथम उसमें यह निर्धारित किया गया था कि भारत एक स्वाधीन संपूर्ण प्रभुत्व-संपन्न गणराज्य होगा। दूसरी बात यह है कि भारत एक संघ या फेडरेशन होगा और उस फेडरेशन में अपनी वर्तमान सीमाओं सहित तथा ऐसी अन्य सीमाओं सहित जो संविधान सभा द्वारा विनिश्चित की जाएँ, राज्य क्षेत्र होंगे और ये राज्य क्षेत्र अवशिष्ट शक्तियों सहित न्यूनाधिक रूप में स्वायत्तशासी इकाई होंगे, और सिवा उन शक्तियों और कृत्यों के जो केंद्र को सौंपे जाएँ या सौंपे जाएँगे, ये इकाई सरकार और प्रशासन की सब शक्तियों और कृत्यों का प्रयोग करेंगे।'[28]

'पर इसी समय में कई घटनाएँ हुईं। 15 अगस्त, 1947 को भारत की जनता को शक्ति हस्तांतरित की गई और उसी समय भारत का विभाजन भी हुआ। यह हमारे कार्य आरंभ करने के पश्चात् और भारतीय स्वतंत्रता के आदेश-पत्र के नाम से ज्ञात संकल्प को पारित करने के पश्चात् हुआ। इसके पश्चात् जैसा कि हम सबको भली प्रकार विदित है, विभाजन के बाद कई दुःखद

घटनाएँ हुईं और केवल हमारे नेताओं पर ही नहीं, वरन् संविधान सभा पर भी भारी उत्तरदायित्व लादा गया, जो भारत स्वाधीनता अधिनियम के अधीन दोनों संविधान निर्माता निकाय के रूप में तथा केंद्रीय संसद् के रूप में भी कार्य करने लगी। यदि ये घटनाएँ न होतीं तो राज्य इकाइयों का एक वैज्ञानिक व्यवस्थानुसार, पूर्ण फेडरेशन बनाने की अपनी मूल योजना पर हम जमे रहते।'[29]

'भारत विभाजन की घटनाओं ने मिलकर हमारे दृष्टिकोण और हमारे कार्य के कई पहलुओं पर भी प्रभाव डाला। इस काल में इन विरोधी घटनाओं के यकायक होने से कुछ सीमा तक हमारी दृष्टि धुँधली हो गई। एक शक्तिशाली केंद्रीय सरकार एकदम एक प्रमुख विषय बन गया। स्वयं पाकिस्तान की उत्पत्ति ने ही बहुत सी कठिनाइयाँ पैदा कर दी हैं। पाकिस्तान के भूत ने, जो भारत के ही शरीर से पैदा हुआ था, भारत के तीन टुकड़े कर दिए और उसी पर उन निर्दोष हत्याओं का उत्तरदायित्व है, जिसका उदाहरण मानव इतिहास में नहीं है और उसके कारण हम शेष भारत में कभी भी कोई भाग रखने के विचार मात्र से काँपने लगे। इसके कारण उस समस्या के प्रति हमारे दृष्टिकोण में परिवर्तन हो गया, जो हमारे सम्मुख थी। यदि हम उन बातों पर ध्यान दें, जिनको हम सदा विचारते आए थे तो हम यह देखेंगे कि पहले हम शुद्ध रूप में फेडरल संविधान बनाने का प्रयास करने में संलग्न थे, पर इन अंतरकालीन घटनाओं, विभाजन की दुःखपूर्ण घटना और बाद में जो घटनाएँ हुईं, उन्होंने हमारे प्रथम स्वाधीनता के आदेश-पत्र में परिवर्तन करने के लिए हमें विवश किया और जो लक्ष्य हमने अपने सामने निश्चित किया था, उससे अपने आपको हटा लेने के लिए विवश किया।'[30]

'इन बातों से भयभीत हो जाने के परिणामस्वरूप मैं देखता हूँ कि निम्नलिखित परिवर्तन इस संविधान के निर्माण में हो गए हैं। निर्वाचित राज्यपाल के स्थान में राष्ट्रपति द्वारा नियुक्त राज्यपाल हो गया। अवशिष्ट शक्तियाँ जो यदि संविधान वास्तव में फेडरल होता तो राज्यों को होनी चाहिए थीं, वे संघ को दे दी गई हैं। इसकी तो धारणा ही गलत है। एक और आश्चर्यजनक बात हुई। प्रथम पठन में हमने यह विनिश्चित किया कि राज्यों में निर्वाचन जैसा साधारण विषय स्वयं राज्यों द्वारा नियंत्रण होना चाहिए।'[31]

'इस संविधान निर्माण कार्य के आरंभ करने और इसको समाप्त करने तक के समय में ऐसी बहुत सी बातें हुई हैं जिनके कारण हमारी बुद्धि मलिन हो गई और इसका परिणाम यह हुआ है कि हम एक शक्तिशाली केंद्र के विचार को लेकर दौड़ लगा रहे हैं। कदाचित् अबोध, अनजान तथा अप्रतिहत होकर अपने आपको उस ओर ले जा रहे हैं, जिस ओर संभव है कि सफलता न मिले। यदि हम अपने विचार और कर्म की धारा की उलझन को स्पष्ट रूप में समझ गए हैं तो उसका आशय यह है कि हमारा यह मत है कि समस्त जनता जनसाधारण, एक लोकतंत्रात्मक फेडरेशन के नागरिक के रूप में अपने अधिकारों का ठीक-ठीक प्रयोग करने की सामर्थ्य नहीं रखती है। इस दशा में सर्वोत्तम मार्ग यही है कि फेडरेशन के विचार को पूर्ण

तिलांजलि दे दी जाती और एकात्मक शासन पद्धति का संविधान बनाया जाता। इस बात को मैं समझ सकता था। उस समय हम यह कह सकते थे, 'हम फेडरेशन के पक्ष में नहीं हैं; इस देश के लिए हम एकात्म शासन पद्धति चाहते हैं। पर ऐसा हमने नहीं किया।'[32]

'मैं जानता हूँ कि हम एक कोरे कागज पर नहीं लिख रहे थे, ब्रिटिश साम्राज्य से हमारे पूर्व संबंध थे और उस साम्राज्य के अधीन सौ वर्ष से अधिक काल तक हम रहे थे। वह हम पर शासन करता था और भारत शासन अधिनियम 1935 लागू था। भारत शासन अधिनियम क्या था? वह इंग्लैंड के अलिखित संविधान के कुछ सिद्धांतों के अनुकूलन मात्र था और जिस रूप में भारत उस समय अधीन था उस अधीनता के लिए वह अनुकूलित किया गया था तथा उपयुक्त बनाया गया था। यह स्पष्ट है कि वह स्वतंत्र भारत के संविधान का एक बहुत ही उपयुक्त आधार नहीं हो सकता था।'[33]

## खांडूभाई के. देसाई ( बंबई )

'मुझे यह स्पष्ट कर देना चाहिए कि हममें से बहुत से व्यक्ति, जिनको इस संविधान सभा में संविधान बनाने के लिए भेजा गया है, उनको संविधानों के विषय में केवल कुछ बातों का अस्पष्ट सा ज्ञान था। एक स्वतंत्र गणराज्य का कैसा संविधान होना चाहिए, इस विषय में हमारे कुछ नारे, कुछ विचार और कुछ सैद्धांतिक धारणाएँ थीं। इस कारण जहाँ तक मेरा संबंध है—औरों के लिए मैं नहीं कह सकता, यह सभा मेरे लिए तो एक प्रकार की पाठशाला रही है। मैंने यह सीखा है कि संविधान किस प्रकार बनाए जा सकते हैं, जिससे कि यथार्थ परिस्थिति पर ध्यान रखा जा सके।'[34] 'ये तीन वर्ष ऐसे नहीं थे कि इस समय में समाज की दशा स्थिर रही हो। समाज की दशा और भारतीय संप्रदाय की दशा अस्थिर रही थी, परिवर्तन हो रहे थे और उन परिवर्तनों को हमें अपने संविधान में भी रखना पड़ा। हमारे उन दो महान् नेताओं ने हमें मंत्रणा दी, जो सर्वोच्चासन पर हैं। जो वास्तव में महात्मा गांधी की हमारे लिए देन है।'[35] 'यह एक ऐसा संविधान है, जो हमारी अपेक्षाओं के अनुरूप है। हम सिद्धांतों के आधार पर इसको क्यों आँकें? हमारी अपेक्षाएँ क्या हैं? हमारी अपेक्षाएँ ये हैं कि एक ऐसा राजनैतिक ढाँचा हो, जो यह देखने के लिए कि आर्थिक या राजनैतिक ह्रास न हो, केंद्र को पर्याप्त शक्तियाँ देने के साथ-साथ उसे लागू करने का कार्य इकाइयों पर छोड़ दें।'[36]

'क्या इस उद्देश्य की पूर्ति हुई है, इस विषय में मेरी तुच्छ धारणा यह है कि उद्देश्य की यथार्थ रूप में पूर्ति हुई है। कोई मुझसे यह प्रश्न कर सकता है।'[37] 'आप यह निश्चयोक्ति क्यों करते हैं? इसका मैं यह उत्तर दूँगा कि मैं यह निश्चयोक्ति नहीं करता हूँ, पर सौभाग्यवश इस संविधान के बनाने में विभिन्न प्रांत के प्रधानमंत्रियों ने पूर्ण भाग लिया है। वे कभी-कभी केंद्र से झगड़ जाते थे। कभी-कभी केंद्र उनसे झगड़ जाता था। अंत में वे लोग जो विकेंद्रीकरण के पक्ष में थे और वे जो केंद्रीकरण के पक्ष में थे, किसी दुःखद परिणाम पर पहुँचते थे। जैसा कि मैंने

आरंभ में कहा था, हम लोग जो न तो प्रशासन कार्य के विशेषज्ञ थे और न संविधान कार्य के विशेषज्ञ थे और इस कारण जब ये लोग इस परिणाम पर पहुँच जाते थे कि जो कुछ उन्होंने तय किया है वह हमारी आवश्यकताओं के अनुकूल है तो हमें यह स्वीकार कर लेना चाहिए कि वह सच है। फिर हमें यह भी विचार करना है कि हम यहाँ संसार के एक सबसे महान् गणराज्य के लिए संविधान बनाने के लिए एकत्र हुए हैं। वह भी एक अहिंसात्मक तथा लोकतंत्रात्मक क्रांति की एक अनोखी रीति के द्वारा स्वाधीनता प्राप्त करने के पश्चात्। यह वास्तव में संतोष का विषय है कि हम एक शांतिपूर्ण तथा लोकतंत्रात्मक वातावरण में यह संविधान बना सके।'[38]

'पर एक विषय ऐसा है, जिसमें अपने देश के प्रति अपना कर्तव्य पालन करने में हम सब असफल हुए हैं। हमने देश के प्रत्येक यथार्थ पहलू पर विचार किया है, पर हम एक यथार्थ पहलू को भूल गए और वह है हमारे देश की राष्ट्रीय संपत्ति। हमने संविधान में कुछ वेतनों की व्यवस्था की है और संविधान द्वारा उनकी प्रत्याभूति की गई है। मेरे विचार से जिन उच्च वेतनों की इस संविधान के अधीन प्रत्याभूति की गई है, वे अपने देश की राष्ट्रीय संपत्ति की तुलना में अवास्तविक हैं।'[39]

**पं. ठाकुरदास भार्गव (पंजाब)**

'आज मेरी खुशी का कोई ठिकाना नहीं है, जबकि हजारों वर्ष गुलामी के बाद यह मौका हमको नसीब हुआ कि हम अपने देश का कॉन्स्टीट्यूशन बनाने की थर्ड रीडिंग पर चल रहे हैं।'[40]

'सरदार बल्लभभाई पटेल वह एक शख्स हैं, जिन्होंने एक अमेंडमेंट भी नहीं भेजी। लेकिन यह भी सच है कि उन्होंने ही यह संविधान बनवाया। सरदार बल्लभभाई पटेल ने सब कुछ मामले को इस खूबसूरती से सुलझाया है, इस अच्छी तरह से सुलझाया कि मेरे ख्याल में शायद अगर उनको आर्किटेक्ट ऑफ इंडिया कहा जाए तो कुछ बेजा न होगा।'[41]

'संविधान का यह प्रीएंबल सचमुच जवाहरपारा है। यह हमारे सारे कॉन्स्टीट्यूशन की जान है। यह सारे कॉन्स्टीट्यूशन की कुंजी है और प्रॉबल्म के हल करने का सही यार्डस्टिक है या तौल की तराजू है। मैं यह अर्ज करना चाहता हूँ कि जहाँ तक इस प्रीएंबुल का 395 दफाओं से ताल्लुक है तो इस प्रीएंबुल के काँटे पर जो प्रावीजंस दुरुस्त हैं, वह फिलवाके हमारे वास्ते दुरुस्त हैं और जो इस काँटे पर दुरुस्त नहीं हैं, वह सही नहीं हैं।' 'मैं तो चाहता हूँ कि इस कसौटी पर सारे प्रावीजंस देखे जाएँ और इस कसौटी से फैसला करें कि हमारा कॉन्स्टीट्यूशन दुरुस्त है या नहीं। मैं अर्ज करता हूँ कि हमारी तीन साल की मेहनत में हमने जरूर एक ऐसा कॉन्स्टीट्यूशन बनाया है, जिस पर कि हम नाज कर सकते हैं, जिसको कि हम कम-से-कम टोलरेबली गुड कह सकते हैं। इसके अंदर खामियाँ हैं, इससे मैं इनकार नहीं करना चाहता और न खामियों के वास्ते हम लड़ते रहे हैं, लेकिन ताहम मुझे इसके कहने में जरा भी ताम्मुल नहीं है

कि यह एक अच्छा कॉन्स्टीट्यूशन है, जो दुनिया के कॉन्स्टीट्यूशन में शामिल हो सकता है।'[42]

'हम दुनिया में इंडिया ही रहेंगे, और अपने देश में अपने दिलों के अंदर, अपनी सोल के अंदर भारत भारत ही रहेगा। तो इस तरह इन दोनों चीजों का मेल हुआ है। दुनिया हमको इंडिया के नाम से पुकारेगी और हम अपने को भारत के नाम से पुकारेंगे। ईस्ट और वेस्ट को ब्लेंड होना पड़ेगा। जो रूह है वह हम को मिल गई और जैसे हमारे बुर्जुगों ने नाम रखा था, वही नाम भारत हमने रखा। सिटीजनशिप जो इस संविधान में दी गई है, वह हमने आज के ही सिटीजंस को नहीं दी है, बल्कि हम इसमें दूर चले गए हैं, काफी दूर चले गए हैं और मुझे खुशी है कि पचास-साठ लाख आदमी जो पाकिस्तान में उजड़कर यहाँ आए उन सबको बिना किसी तकलीफ से इस कॉन्स्टीट्यूएंट असेंबली ने अपना सिटीजन बना लिया। और इतना ही नहीं, जो पाकिस्तान चले गए, वहाँ से जो वापस आए, इनमें से जो गवर्नमेंट ऑफ इंडिया के पास लेकर आए, उनको हमने अपना सिटीजन बनाया। बेशक इसमें कोई शक नहीं कि कानून की रूह से पाँच वर्ष तक इंतजार करना चाहिए था। मैं समझता हूँ कि अगर वह इस देश में रहना चाहते हैं, कोई फर्क नहीं, वह यहाँ से चले गए, तो हम इस देश के रहनेवालों को सिटीजनशिप राइट देंगे। फंडामेंटल राइट्स के बारे में हाउस को मालूम है कि मैं बहुत लड़ता आया हूँ और हाउस ने मेरी तरमीम दफा 19 शब्द रीजनेबल मंजूर करके उनको जस्टिसिएबल बना दिया है। यह फंडामेंटल राइट्स तथा डायरेक्टिव प्रिंसिपल, यह दोनों के दोनों सारे कॉन्स्टीट्यूशन की जान हैं। आप इन दोनों को मिला दीजिए और अगर यह दोनों कायम हो जाएँ तो मुझे कोई शुबहा नहीं है कि हम महात्माजी का रामराज्य कायम कर सकते हैं।'[43]

## संदर्भ—


1. भारतीय संविधान सभा के वाद-विवाद की सरकारी रिपोर्ट (हिंदी संस्करण), अंक-11, संख्या-5, 18 नवंबर, 1949, पृ. 3747-3748
2. वही, पृ. 3748
3. वही, पृ. 3749
4. वही, पृ. 3749-3750
5. वही, पृ. 3751
6. वही, पृ. 3751
7. वही, पृ. 3751
8. वही, पृ. 3752
9. वही, पृ. 3752
10. वही, पृ. 3755
11. वही, पृ. 3755
12. वही, पृ. 3761
13. वही, पृ. 3761-3762
14. वही, पृ. 3763

15. वही, पृ. 3771
16. वही, पृ. 3772
17. वही, पृ. 3772
18. वही, पृ. 3774
19. वही, पृ. 3776
20. वही, पृ. 3776-3777
21. वही, पृ. 3777
22. वही, पृ. 3778-3779
23. वही, पृ. 3780
24. वही, पृ. 3781
25. वही, पृ. 3782
26. वही, पृ. 3784
27. वही, पृ. 3786
28. वही, पृ. 3790
29. वही, पृ. 3790
30. वही, पृ. 3790-3791
31. वही, पृ. 3792
32. वही, पृ. 3793
33. वही, पृ. 3793-3794
34. वही, पृ. 3801
35. वही, पृ. 3802
36. वही, पृ. 3802
37. वही, पृ. 3802
38. वही, पृ. 3802
39. वही, पृ. 3804
40. वही, पृ. 3806
41. वही, पृ. 3808
42. वही, पृ. 3809
43. वही, पृ. 3810-3811

□

# 41

## उम्मीद ज्यादा थी*

**एच.वी. कामथ ( मध्य प्रदेश )**

'मैं डॉ. आंबेडकर के प्रस्ताव का सीमित तथा सशर्त समर्थन करता हूँ। हम भारत के लोग एक लंबी यात्रा के अंत पर पहुँच चुके हैं। किंतु यह एक अधिक लंबी, श्रमपूर्ण तथा जोखिमपूर्ण यात्रा का प्रारंभ है। कई दशाब्दियों के संघर्ष के बाद हम स्वतंत्रता के लक्ष्य पर पहुँचे हैं। इन दशकों में हमने भाग्य के कई उलट-फेर देखे तथा जिन नेताओं ने हमारा पथ-प्रदर्शन किया, उनमें से कई आज हमारे बीच में नहीं रहे हैं। भारतीय स्वभाव के अनुरूप हमारा संघर्ष, हमारी जागृति, आध्यात्मिक पुनरुत्थान से आरंभ हुई थी, जिसका नेतृत्व रामकृष्ण परमहंस, स्वामी विवेकानंद तथा स्वामी दयानंद ने किया था। इन आध्यात्मिक नेताओं के पश्चात् राजनैतिक जागृति और सांस्कृतिक पुनरुत्थान हुआ, जिसके पथ-प्रदर्शक, नेता तथा प्रवर्तक लोकमान्य तिलक, अरविंद और महात्मा गांधी थे। अंततः किंतु किसी से कम नहीं, नेताजी सुभाषचंद्र बोस थे। उन दिनों के नेता, आप जैसे नेता, और पं. नेहरू तथा सरदार पटेल अब भी हमारे साथ हैं। जो हमें उस लक्ष्य तक पहुँचाएँगे, जो महात्मा गांधी ने हमारे लिए निश्चित किया था। महात्मा गांधी ने जो लक्ष्य बनाया था, वहाँ अभी हम नहीं पहुँच पाए हैं और भारत को उस लक्ष्य तक पहुँचाना ही आज इस सभा का और भारत के लोगों का उद्‌देश्य है।'...[1]

* 19 नवंबर, 1949

‘यह दुर्भाग्य है कि यह सभा एक पूर्ण सभा नहीं है। हमारे देश के दो राज्यों विंध्य प्रदेश तथा हैदराबाद के प्रतिनिधि अब भी इस सभा में नहीं हैं। मुझे आशा है कि उन दो राज्यों, हैदराबाद तथा विंध्य प्रदेश के प्रतिनिधि, इस सभा के जनवरी में समाप्त होने से पूर्व हमारे साथ आ बैठेंगे।’...[2]

‘महात्मा गांधी चाहते थे कि भारत में विकेंद्रित लोकतंत्र हो। हमने इस योजना को छोड़ दिया और हमने एक भिन्न योजना बना ली, अंशत: इस कारण कि हम कठिन संक्रमण काल में हैं। एक समय आएगा, जब भारत स्थिर तथा शक्तिशाली बन जाएगा, और मुझे आशा है कि उस समय हम फिर पंचायत राज अर्थात् विकेंद्रित लोकतंत्र की पुरानी योजना को अपनाएँगे, जिसमें ग्राम एक इकाई होगी, जो भोजन, वस्त्र तथा मकान के विषय में स्वावलंबी होंगे और अन्य मामलों में परस्परावलंबी होंगे। मुझे आशा है कि हम बाद में पंचायत राज को पुन: अपनाएँगे। मेरे विचार में वही एक व्यवस्था है, जिससे भारत और संसार का त्राण हो सकता है और जिसे मैं आध्यात्मिक साम्यवाद कह सकता हूँ, मेरे दिमाग में भौतिकवाद का साम्यवाद नहीं है। मेरे दिमाग में आध्यात्मिक साम्यवाद है। यही बात गांधीजी के दिमाग में थी, जबकि उन्होंने भावी-शासन व्यवस्था की भावना को इस आधार पर रखा था कि मानवीय मामलों पर देवत्व का नियंत्रण होगा। उनका अभिप्राय आध्यात्मिक साम्यवाद से ही था।’...[3]

‘हमने जो विनायक बनाया है, वह गणेश की मूर्ति के समान न होकर वानर सा लगता है।’...[4]

‘26 जनवरी, 1950 के दिन हमारे यहाँ जो समारोह होगा, उसके विषय में मैं एक सुझाव देना चाहता हूँ। मेरा सुझाव यह है कि गणराज्य की उद्घोषणा अर्धरात्रि के समय नहीं होनी चाहिए, जैसा कि अगस्त 1947 में किया गया था, किंतु सूर्योदय से जरा पहले होनी चाहिए, क्योंकि यह भारतीय परंपरा है।’...[5]

‘हम भारत के लोग अपनी आध्यात्मिकता को तथा अपनी प्राचीन परंपराओं को नहीं भूलेंगे। स्वामी विवेकानंद ने ही कहा था कि जिस दिन भारत ईश्वर को भूल जाएगा, जिस दिन वह आध्यात्मिकता को त्याग देगा, उस दिन वह मर जाएगा, और उस दिन वह संसार में कोई शक्ति नहीं रहेगा। मुझे आशा है कि हम अपनी परंपराओं को बनाए रखेंगे, चाहे हम प्रस्तावना में भगवान् के नाम को रखना भूल गए। आइए, हम इस संविधान को दैविक पथ प्रर्दशन की भावना से दैविक अनुकंपा तथा आशीर्वाद के अधीन क्रियान्वित करें।’...[6]

‘संविधान जनसाधारण, सामान्य मनुष्य के सुख, जीवन तथा स्वतंत्रता में सहायक होगा तो जीवित रह सकेगा और उनमें बाधक होगा तो स्वयं समाप्त हो जाएगा। उसी के नाम से हमने इस संविधान का निर्माण किया है, उसी के नाम से हमने स्वतंत्रता के लिए संघर्ष चलाया और उसे प्राप्त करके यहाँ समवेत हुए। हमें इस संविधान को उसी के नाम से क्रियान्वित करना

चाहिए। हमें सर्वशक्तिमान के आशीर्वाद से तथा उसके पथ-प्रदर्शन में और भारत के लोगों के पूर्ण सहयोग के साथ उसी जनसाधारण के नाम से आगे बढ़ना चाहिए। हमें उस लक्ष्य पर पहुँचने का प्रयास करना चाहिए, जिसे महात्मा गांधी ने और हमारे सब अवतारों, ऋषियों तथा मुनियों ने निश्चित किया है, मैं उस लक्ष्य को साधुनामराज्यम् अर्थात् पृथ्वी पर ईश्वर का राज्य कहूँगा, मैं उसे केवल पंचायत राज्य कहूँगा।'...[7]

**सेठ दामोदर स्वरूप ( उत्तर प्रदेश )**

'एक सदस्य की हैसियत से मुझे भी इस संविधान के पूरा हो जाने पर संतोष और खुशी होनी चाहिए। लेकिन आप मुझे यह कहने की इजाजत दें कि आज जब मैं इस संविधान के संबंध में इस सदन में कुछ कह रहा हूँ तो मुझे न केवल कुछ संतोष ही नहीं है, कुछ खुशी ही नहीं है, बल्कि सच बात तो यह है कि मुझे अंदर से ऐसा मालूम होता है कि मेरा दिल बैठा जा रहा है। उसके अंदर जो काम करने की शक्ति है, वह छिनी जा रही है। कारण यह है कि लगभग दो वर्ष से ज्यादा गुजर चुके, जब से अंग्रेजी हुकूमत हमारे देश से विदा हो चुकी है, लेकिन बदकिस्मती से यहाँ आम जनता, यहाँ के जनसाधारण ने आज तक भी यह महसूस नहीं किया कि शासन का परिवर्तन होने से उनकी किसी प्रकार की बेहतरी हो सकी है।'...[8]

'यह संविधान दुनिया के सारे संविधानों से लंबा-चौड़ा और भारी संविधान हो सकता है, ज्यादा विस्तृत भी हो सकता है। यह हिंदुस्तान के बड़े-बड़े कानूनदानों के लिए एक स्वर्ग भी हो सकता है। हिंदुस्तान के पूँजीपतियों के लिए इसमें मैग्नाकार्टा भी हो सकता है। लेकिन जहाँ तक हिंदुस्तान के गरीब और करोड़ों मेहनत करनेवाले भूखे-नंगों की जनता का ताल्लुक है, उसके लिए इस संविधान में कुछ नहीं है।'...[9]

'अभी हमारे हिंदुस्तान की पार्लियामेंट के जो माननीय स्पीकर साहब हैं, उनकी बात की तरफ मुझे आपका ध्यान दिलाना है। वह कहते हैं कि जो संविधान तैयार हुआ है, उसमें हिंदुस्तान की प्रतिभा का नाम व निशान बिल्कुल नहीं है। उसके वह सर्वथा प्रतिकूल है। अगर मैं गलती नहीं करता तो इस हाउस के अंदर ही कांग्रेस के जनरल सेक्रेटरी साहब शंकर राव देव ने भी अपने विचार इस संविधान के ऊपर प्रकट किए हैं। उन्होंने कहा है कि अगर जनमत लिया जाए तो इस संविधान को अस्वीकार किया जाना निश्चित है। तो जब इस संविधान के संबंध में हम आम जनता की राय को छोड़ भी दें और इतने बड़े-बड़े आदरणीय लोगों की राय की ओर ही ध्यान दें, तो फिर इस संविधान के संबंध में हम कैसे कहें कि जनता को इससे कुछ संतोष हो सकता है।'...[10]

'आजकल के राज्यों का ढाँचा दो खंभा होता है। कुछ अधिकार प्रांतों को होते हैं और शेष अधिकार केंद्र को होते हैं। वह खुद ही जरूरत से ज्यादा केंद्रित ( सेंट्रलाइज्ड) है। अगर हम चाहते हैं कि भ्रष्टाचार बंद हो, तो इसके लिए आज का दो खंभा राज का ढाँचा उपयुक्त नहीं मालूम देता

है। इसके लिए तो जरूरी यही था कि ढाँचा चौखंभा हो। जैसा कि मैंने पहले एक दफा सुझाव दिया था, कि हमारे गाँवों की अलग प्रजातंत्र होती, शहरों की प्रजातंत्र अलग होती और सूबों की प्रजातंत्र अलग होती, और उनका केंद्रीय रिपब्लिक के रूप में संघ बनता तो यह सच्चे मानों में प्रजातांत्रिक संघ का ढाँचा बनता। लेकिन जैसा मैंने अभी कहा, आज संघ के नाम पर हमने एक यूनिटरी, एक ही राज्य का जैसा संविधान बनाकर रख दिया है। इसका लाजिमी नतीजा यही होगा कि जरूरत से ज्यादा केंद्रीकरण होगा। हमारी सरकार, जो कि जनता की सरकार होनी चाहिए, वह एक फासिस्ट जैसी सरकार बन जाएगी। तो इस दृष्टिकोण से देखने पर भी सभापतिजी हम इसी नतीजे पर पहुँचते हैं कि यह जो संविधान हमारे देश में बनकर तैयार हुआ है, उससे न हमारी जनता की भलाई होती है और न उन ऊँचे सिद्धांतों की रक्षा होती है, जिनके आधार पर हमने इस संविधान को बनाया है। यही कारण जान पड़ता है कि हिंदुस्तान की सोशलिस्ट पार्टी ने यह घोषणा की है कि जब कभी ऐसा अवसर हुआ कि उनके हाथ में सत्ता आई तो पहला काम वह यह करेंगे कि बालिग मताधिकार पर एक दूसरी संविधान सभा बनाई जाएगी। वह या तो इस सारे संविधान को समूल बदल देगी या इसमें आवश्यक संशोधन करेगी।'...[11]

**टी. प्रकाशम् ( आंध्र प्रदेश )**

'यह संविधान वह नहीं है, जिसकी मैं अपने देश के लोगों के लिए आशा करता था। जिसकी आशा बहुत से लोग करते थे, जो इस देश की स्वतंत्रता को प्राप्त करने के लिए प्रयत्न करते रहे हैं, जिस संविधान की योजना महात्मा गांधी ने बनाई थी, केवल योजना ही नहीं बनाई थी, वरन् क्रियान्वित भी करने का प्रयत्न किया था। पंचायत राज्य की योजना बनाई गई थी और राष्ट्र के समक्ष पेश की गई थी। उनके आने से पहले और देश के समक्ष अपना कार्यक्रम रखने से पहले कोई स्वप्न में भी नहीं सोच सकता था कि जनता, जो सब प्रकार विभक्त थी, एक नेतृत्व में आएगी, एक झंडे के नीचे आकर उनके तथा कांग्रेस के आदेशों पर चलेगी। वे ही एक व्यक्ति थे, जिन्हें संविधान बनाना चाहिए था, वे ही इस देश के लोगों के लिए संविधान बना सकते थे, जिससे सबको, करोड़ों को विश्राम मिल सकता था। उनकी योजना थी कि करोड़ों को शिक्षित किया जाए और उनके द्वारा आजादी के लिए संघर्ष कराया जाए, यह योजना उसी समय से थी, जब वे दक्षिण अफ्रीका से लौटकर इस देश में आए थे। महात्मा गांधी के विषय में आप मेरे से या देश में किसी से भी अधिक जानते हैं। जब संविधान का मसौदा बन रहा था, तब आपने कृपा करके एक रचनात्मक कार्यकर्ता के, जो अधिवक्ता था, शिक्षित व्यक्ति था और जिसने काफी समय से ग्रामों में अपना जीवन बिताया था, पत्र का उत्तर दिया था। उस पत्र में उसने महात्मा गांधी की इस पंचायत व्यवस्था का सुझाव दिया था। आपने उसे सविवरण उत्तर दिया और आप उससे प्रभावित हुए, क्योंकि आप महात्मा गांधी के अग्रतम अनुयायियों में से हैं। उस मित्र ने उस पत्र की एक प्रतिलिपि मुझे दी थी। उस पत्र को आपने संवैधानिक परामर्शदाता

बी.एन. राव को भेज दिया था। जब हम चर्चा कर रहे थे, तब अन्यत्र मैंने उस प्रश्न को उठाया था और सब वहाँ प्रभावित हुए थे। मैं जो संविधान चाहता था, वह वैसा संविधान था। केवल उसी संविधान से करोड़ों को भोजन तथा कपड़ा और जीवन की सब आवश्यकताएँ प्राप्त हो सकती हैं।'...[12]

'संविधान एक महान् लेख है और इसे बनानेवाले डॉ. आंबेडकर एक महान् वकील हैं, एक बहुत योग्य व्यक्ति हैं। यहाँ उन्होंने जो काम किया है, उससे उन्होंने यह सिद्ध कर दिया है कि वे ग्रेट ब्रिटेन में राजा के परामर्शदाता बनने के योग्य हैं, शायद वूलसेक पर ही बैठने के योग्य हैं, किंतु यह संविधान ऐसा नहीं है कि जो इस देश के लोग चाहते थे।'...[13]

'हमने ब्रिटेन में भारत के सेक्रेटरी ऑफ स्टेट तथा कैबिनेट के निर्देश के अंतर्गत संविधान सभा का निर्माण करके अपने संविधान की रचना का काम चलाया है। 1947 के भारत स्वतंत्रता अधिनियम को देखिए। उसी अधिनियम के अंतर्गत हम यह सबकुछ करते हैं। हाँ, उन्हें तो वह अधिनियम पारित करना ही पड़ता। मुझे उस पर आपत्ति नहीं है, क्योंकि वे अपनी संसद् के द्वारा सार्वजनिक रूप से यह घोषणा करना चाहते थे कि उन्होंने भारत से अपने संबंध तोड़ लिये हैं, कि वे किसी बात के लिए उत्तरदायी नहीं होंगे।'...[14]

'मैं इस संविधान की कमजोरी बता रहा हूँ, जो कि भारतीय स्वतंत्रता अधिनियम के फलस्वरूप ब्रिटेन के तत्त्वावधान में बनाया गया है। मैं बता रहा हूँ कि भारत स्वतंत्रता अधिनियम के पारित होने के दिन तक ब्रिटेन इस देश पर अपना अधिकार रखना चाहता था, उस अधिनियम की धारा 17 में वे कहते हैं कि अंग्रेज लोग जब सरकार चला रहे थे, उस समय की गई किसी बात का दायित्व भारत सचिव पर नहीं होगा। वहाँ यह भी लिखा है कि उनके पदासीन रहने पर उन्होंने जो कुछ किया है, उसके लिए ब्रिटिश एक्सचेकर का दायित्व नहीं होगा। मैंने इस बात पर दो-तीन वर्ष विचार किया है। मैं यह बताने के लिए आतुर हूँ कि ब्रिटेन ने इस देश के लोगों के साथ सबसे बड़ा अन्याय किया था, जबकि उसने भारत शासन अधिनियम 1935 की धारा 315 के अंतर्गत कुछ ऋण लिये थे।'[15]

'मुझे यह भी प्रसन्नता है कि निदेशक सिद्धांतों में पंचायत व्यवस्था रखी गई है। इसकी सफलता आप पर और दूसरों पर निर्भर है, जो इस देश के तथा शासन के भार साधक होंगे। मुझे पता लगा था कि उत्तर प्रदेश में पं. गोविंद बल्लभ पंत के प्रशासन ने पंचायतें स्थापित कर दी हैं। असम ने तो उससे पहले ही ऐसा कर दिया था। यदि भारत के प्रांत इस उदाहरण का अनुसरण करें तो भारत के करोड़ों लोगों के उद्धार का दिन अधिक दूर नहीं होगा।'...[16]

**शिब्बन लाल सक्सेना ( उत्तर प्रदेश )**

'भारत के इतिहास में यह ऐतिहासिक अवसर है, जबकि यह महान् सभा अपना कार्य समाप्त करनेवाली है। स्वतंत्र भारत का अज्ञात शताब्दियों के पश्चात् यह पहला स्वतंत्र

संविधान होगा। भारत एक प्राचीन देश है और उसका इतिहास विस्मृत अतीत काल से आरंभ होता है। बहुत प्राचीन साहित्य है। किंतु मुझे किसी ऐसे लिखित संविधान का ज्ञान नहीं है, जो प्राचीन भारत में रचा गया हो, जिसमें समस्त देश के शासन की व्यवस्था हो तथा जो आज भी उपलब्ध हो।'...[17]

'किंतु हम भूल नहीं सकते कि यह संविधान विभक्त भारत का संविधान है, जिसमें हमारी मातृभूमि भारत के प्रदेश का 4/5 अंश ही शामिल है।...'[18] देश पर अत्यंत अस्वाभाविक विभाजन थोपा गया। मुझे विश्वास है कि जब तक यह विभाजन रहेगा, तब तक न भारत और न पाकिस्तान ही शांति में रह सकते हैं। दोनों भागों की मुक्ति अंततः इसी में है कि भारत के दोनों भागों का पुनः एकीकरण करके एक संपूर्ण प्रभुत्व-संपन्न लोकतंत्रात्मक गणराज्य बनाया जाए। मैंने गत तीस वर्षों से जिस स्वतंत्र भारत का स्वप्न देखा है, वह तो तभी पूरा होगा जब यह विभक्त भारत के स्थान पर समस्त भारत का, जो विभाजन से पूर्व था, संविधान बन जाए। मुझे विश्वास है कि हमारी मातृभूमि का यही स्वाभाविक लक्ष्य है।'...[19]

'यह संविधान एक मध्यमार्ग है और उसमें मध्यमार्ग की समस्त त्रुटियाँ हैं। यह कांग्रेस दल में विभिन्न विचारों के लोगों के बीच जो रूढ़िवादी भी हैं, क्रांतिवादी भी हैं, समझौता है। एक सहस्र वर्षों की स्वतंत्रता से नव प्राप्त स्वतंत्रता के बीच के संक्रमण काल में यह शायद स्वाभाविक ही है कि हमें वर्तमान स्थिति पर विचार करना चाहिए, जो इस संविधान में प्रतिबिंबित है। मैं इसे मेरे स्वप्नों के स्वतंत्र भारत का संविधान नहीं कह सकता।'[20]...'मुझे विश्वास है कि शीघ्र ही संक्रमण काल समाप्त हो जाने पर भारतीय जनता के प्रतिनिधि वयस्क मताधिकार के आधार पर जाग्रत् मतदाताओं द्वारा निर्वाचित होकर इस संविधान की पुनर्रचना करेंगे और ऐसा संविधान बनाएँगे, जिससे हमारे स्वप्न पूरे होंगे। मैं चाहता था कि सदन मेरे इस संशोधन को स्वीकार कर लेता कि आरंभ के पश्चात् दस वर्ष के अंत में यह संविधान साधारण बहुमत से स्वतः पुनरीक्षित होता।'...[21]

'हमने जो प्रक्रिया स्वीकार की थी, उसके अंतर्गत मसौदा समिति समूचे सदन के स्वतंत्र मत का लाभ नहीं उठा सकी और केवल कांग्रेस दल के विनिश्चय ही उसके लिए बाध्यकारी थे। मेरा व्यक्तिगत रूप से यह अनुभव है कि इसी कारण संविधान में बहुत सी त्रुटियाँ रह गई हैं। गत वर्ष समय-समय पर कार्यावली में जो दस हजार संशोधन छपे थे, उनमें से मेरे विचार में सदन को मुश्किल से कुछ सौ पर विचार करने का अवसर मिला था।'...[22]

'हमने ब्रिटिश राष्ट्रमंडल से अपना संबंध बनाए रखने का जो विनिश्चय किया है, उस पर मैं अपनी कटु निराशा को व्यक्त करना नहीं भूल सकता। मैं इसे हमारी प्रभुता का अल्पीकरण समझता हूँ। मुझे विश्वास नहीं होता कि सर्प अपने विष को एक दिन में ही छोड़ सकता है, और मैं अनुभव करता हूँ कि ब्रिटिश राष्ट्रमंडल से हमारा संबंध हमारे लिए किसी प्रकार कभी

उपयोगी नहीं हो सकता। हमें इसका पहला फल यह मिला है कि हमारे रुपए का नाशकारी अवमूल्यन हो गया है। मुझे आशा है कि हम शीघ्र ही अपनी दासता की मनोवृत्ति से छुटकारा पा सकेंगे और यह प्रत्येक ब्रिटिश वस्तु का प्रेम मिट जाएगा, और हम विश्व में पूर्ण स्वतंत्र राष्ट्र के रूप में अपना सर ऊँचा उठाए खड़े होंगे तथा संसार के महानतम राष्ट्रों में स्थान पाएँगे।'...[23]

**डॉ. रघुवीर ( मध्य प्रदेश )**

'हमको इस देश में स्वतंत्रता मिली, स्वराज्य मिला, गणराज्य मिला, लोकराज्य मिला। भारत का नया जन्म हुआ। इस जन्म में हमको आश्वासन दिया गया कि आर्थिक समुन्नति होगी, सामाजिक समुन्नति होगी, किंतु एक प्रश्न रह गया और उसका इस संविधान में कहीं पर मुझे स्थान दिखलाई नहीं पड़ा। वह था—भारतवर्ष की सांस्कृतिक स्थिति। जिस समय भी कोई देश दूसरे देश के ऊपर अपना राज्य जमाता है, जैसे अंग्रेजों ने इस देश पर अपना राज्य जमाया, तो उसका बड़ा भारी कर्तव्य यह होता है कि वह अपने राज्य को स्थायी बनाने के लिए, अपने राज्य की नींव नीचे गाड़ने के लिए कुछ ऐसा काम करता है, जिससे जिस देश पर उसने अपना राज्य जमाया, उस देश की जड़ों को वह ढीला करे, उस देश को वह दुर्बल बनाए। इसमें तीन बातें होती हैं—एक भाषा, दूसरा उसका धर्म और तीसरा उसका आदर्श। हमारी जाति के धर्म को उन्होंने नीचे गिराया। कितने प्रकारों से वह नीचे गिराया गया, यह तो आज मेरा विषय यहाँ नहीं हो सकता। धर्म को यहाँ राज्य में स्थान नहीं मिला। संस्कृत का इतना सुंदर शब्द 'धर्म' उन्होंने, अंग्रेजों ने तथा उनके अनुयायी भारतीयों ने एक बड़े निकम्मे, छोटे और संकीर्ण शब्द 'रिलीजियन' से जोड़ दिया। 'धर्म' शब्द का अर्थ 'रिलीजियन' न कभी हुआ और न कभी हो सकता। 'रिलीजियन' के लिए शायद 'पंथ' शब्द का प्रयोग हो सकता है, किंतु 'धर्म' शब्द का प्रयोग इस अर्थ में कभी नहीं हो सकता। अंग्रेजों ने यहाँ इसका प्रयोग किया।'...[24]

'मैंने अपने एक मित्र से बात की तो वह कहने लगे कि संविधान तो लॉज है, जिन पर न्यायालयों में वाद-विवाद हो सकता है, केवल वही बातें संविधान में आ सकती हैं। किंतु यह देश केवल राज्य नियम नहीं चाहता, यह तो ऊँचा उठना चाहता है।'[25]...'तो हमको आवश्यकता थी कि ऊँचा उठने के लिए हम सांस्कृतिक क्षेत्र में अपने मस्तिष्क की अभिव्यक्ति और उन्नति के लिए कुछ प्रयत्न करते। किंतु वह बात नहीं आई। इसकी बड़ी आवश्यकता थी कि यह शब्द हम अपनी प्रस्तावना, अपनी प्रीएंबुल में रखते। हमने लिबर्टी, इक्वेलिटी और फ्रैटरनिटी, तीन बड़े सुंदर शब्द फ्रेंच इतिहास से लिये, किंतु ये सुंदर शब्द भारत के इतिहास में कभी क्रांति लाने में समर्थ नहीं हुए और जहाँ तक मैं देख सकता हूँ कि अब भी इन शब्दों के नाम पर यहाँ क्रांति नहीं आएगी। हम दूसरे देशों से वे बातें ले सकते हैं, जिनसे हमारे देश को वास्तव में लाभ हो। किंतु जहाँ हमने इन तीनों शब्दों को अपने संविधान में रखा था, स्थान दिया था, तो क्या इस देश के प्राचीन शब्दों के लिए इसमें स्थान नहीं था। क्या 'रामराज्य' जैसे एक सरल शब्द को,

जिसको ग्राम का एक-एक बच्चा समझता है, इस संविधान में स्थान नहीं था?'...[26]

'हमारे यहाँ इस संविधान में हमको कहीं भी ऐसी बात दिखाई नहीं पड़ी कि हमने इसके लिए यत्न किया हो। मैं अपने देश के इतिहास से जब कुछ बातें आपके सामने रखूँ, यदि आपको वे अच्छी नहीं लगतीं तो आप उनको न लें, किंतु जिस समय हमारे संविधान की सलाह देनेवाले मंत्रदाता बी.एन. राव और दूसरे सज्जन आयरलैंड में जा सकते हैं, जिस समय वे लोग स्विट्जरलैंड और अमेरिका में जा सकते हैं, यह देखने के लिए कि दूसरे देश अपने राज्य का कारोबार किस तरह चलाते हैं, तो क्या इस देश में कोई ऐसा जाननेवाला, लिखने-पढ़नेवाला व्यक्ति विद्यमान नहीं था, जो आपको यह बतलाता कि यह देश भी कुछ अनुभव रखता है, इस देश के रक्त में भी कुछ ऐसे विचार हैं, जो लोगों के अंदर घुसे हुए हैं और उनसे भी हमको लाभ उठाना चाहिए। यह बात हमारे सामने नहीं आई और यह एक दु:ख की बात है।'...[27]

'मेरे पास बहुत वक्त नहीं है, दो-तीन बात कहकर मैं अपना भाषण समाप्त करूँगा। भाषा के संबंध में, जो कि सभ्यता का एक बड़ा भारी अंश है, मुझे बड़ा हर्ष हुआ है कि हिंदी को माना गया। सब भाइयों ने माना, सब प्रांतों ने माना। मुझे बड़ा हर्ष है कि कोई भी एक भाषा सारे देश की भाषा मानी गई। किंतु जिस प्रकार उसको माना गया और जिस प्रकार उसको 15 वर्ष तक हटा दिया गया है, उससे मुझे क्षोभ हुआ है। यह क्षोभ केवल मुझको ही नहीं हुआ है, बल्कि कई मित्रों को, जो भारतीय भाषा के पक्षपाती थे, इसके लिए क्षोभ हुआ। किंतु मेरा क्षोभ 100 गुना बढ़ गया, जब विदेशी मित्र, दूसरे देशों के जो यहाँ पर राजदूत हैं, उनसे मेरी बात हुई। वह कहने लगे कि अभी तो तुम्हारे देश में अंग्रेजी का साम्राज्य रहेगा। मित्रो, इस बात को न भूलो, अच्छी प्रकार स्मरण रखो कि अंग्रेज अभी तक इस देश में बने हुए हैं। इस देश के अंदर कोई भी और किसी देश का भी राजदूत विद्यमान नहीं, जिसको यह बात अच्छी लगी हो। क्योंकि राजनीति से भाषा का संबंध है। यूरोप के अंदर किसी भी नेशनलिज्म का निश्चय भाषा के आधार पर होगा, इसलिए वे लोग जानते हैं कि भाषा का राजनीतिक जीवन में क्या स्थान है। इसलिए अंग्रेजी को जिस समय आप देश के अंदर रखते हैं तो आपका गठजोड़ अंग्रेजी के साथ हो जाता है। यहाँ फ्रेंच व्यक्ति आए और वे कहने लगे कि फ्रेंच भाषा का स्थान यहाँ की यूनिवर्सिटियों में क्यों नहीं है। स्पेनिश भाषा का स्थान इस देश में क्यों नहीं है? अगर फ्रेंच और रूसी का स्थान यहाँ के विश्वविद्यालयों में होता तो फ्रेंच को बड़ी प्रसन्नता होती और रूस को बड़ी प्रसन्नता होती, इसलिए कि वे जानते हैं कि आप लोग उनके साहित्य को पढ़ सकते हैं और उनसे मैत्री कर सकते हैं। इसलिए राजनीतिक दृष्टि से अंग्रेजी को इस देश में 15 वर्ष तक के लिए रखे रखना हमारे लिए उचित नहीं था। हिंदी इस प्रकार परे रखी गई, जैसे कि वह हमारे में घुस न आए। और अंग्रेजी इस प्रकार से कि अंग्रेजों के समय अंग्रेजी को वह स्थान प्राप्त नहीं था, जो हमारे संविधान में अंग्रेजी को प्राप्त है।'[28]...'यह तो किसी घाव पर नमक छिड़कने के समान है। यदि इस समय

महात्मा गांधीजी जीवित होते तो मुझे विश्वास है कि वे इस बात को कदापि स्वीकार नहीं करते और संविधान के अंदर अंग्रेजी को 15 वर्ष तक रखने की इजाजत न देते।'...[29]

'हमने तो एक और भी अपने कर्तव्य की अवहेलना की, वह कश्मीर के संबंध में। कश्मीर के जो महाराजा हैं, उन्होंने भारतवर्ष में मिलने के लिए कहा। कश्मीर की जो जनता है, वह भारतवर्ष में मिलना चाहती है। कश्मीर में जम्मू प्रांत के जो लोग हैं, वे भारतवर्ष में मिलना चाहते हैं। कश्मीर में जो लद्दाख के लोग हैं, वह शेष कश्मीर से अलग होकर भारतवर्ष में मिलना चाहते हैं और कहते हैं कि हमको भारतवर्ष में ले लो। किंतु हमारी संसद् को यह अधिकार नहीं होगा कि वह कश्मीर के बारे में कोई नियम बना सके। हमारी सेना कश्मीर में शत्रु को बाहर निकालने के लिए गई, उसने अपना लहू बहाया और अनेक प्रकार के कष्ट सहे व सह रही है। किंतु कश्मीर के अंदर भारतवर्ष का झंडा अकेला नहीं लहराता। वहाँ एक और झंडा लहराने की क्या आवश्यकता थी? मुझे इस बात का क्षोभ है कि इतना रुपया, इतनी संपत्ति और इतना लहू बहाकर कश्मीर को अपना न बना सके। हमारी सेना को आगे बढ़ने से रोका गया। अंत में मुझे एक बात और कहनी है, वह यह है कि मुझे यह दिखाई देता है कि हम अभी तक अंग्रेजों के चंगुल से बाहर नहीं निकले। हमारी राजनीति में अंग्रेजों का बड़ा भारी हाथ है। अंग्रेजों को हमने अपने देश से बाहर निकाल दिया है, किंतु वह हमारे दिलों में घर किए हुए हैं।'[30] जैसा कि लार्ड मैकाले ने शिक्षा आरंभ करने के समय प्रसिद्ध वाक्य कहे थे—अंग्रेजी पढ़कर भारतवर्ष के लोग काले तो रहेंगे, किंतु उनके विचार और उनका रहन-सहन सारा अंग्रेजी हो जाएगा। वही सारा दृश्य हमारे सामने हैं।'...[31]

'इन्हीं विचारों को हमारे संविधान में रखा गया है और उसमें भारतीयता का कोई भी अंश नहीं। मुझे आशा है कि कुछ वर्षों में यह संविधान जिस रूप में पास किया गया है, यह संविधान उस रूप में नहीं रहेगा, इसका भारतीय स्वरूप बनाना होगा। भारतवर्ष की जो विशेष आवश्यकताएँ हैं, उनकी पूर्ति संविधान में होनी चाहिए थी।'...[32]

**के. संतानम् (मद्रास)**

'इस संविधान का उद्देश्य यह है कि जनता की इच्छा ही चले और इस संविधान में कोई ऐसी बात नहीं है, जिससे किसी प्रकार उसमें बाधा हो।'...[33]

'हमें अब पूर्ण लोकतंत्र मिल गया है, जो किसी संविधान से मिल सकता है। वह लोकतंत्र कैसे क्रियान्वित होगा, उसे केवल राजनीतिक लोकतंत्र ही नहीं, वरन् औद्योगिक लोकतंत्र और सामाजिक लोकतंत्र बनाने में किस हद तक सफलता मिलेगी, यह तो उन पर निर्भर होगा, जो इस संविधान पर अमल करेंगे। भारत की जनता की और भारतीय लोगों द्वारा बनाए गए नेताओं की व्यापक इच्छा पर निर्भर होगा। किसी संविधान में इन बातों की व्यवस्था नहीं की जा सकती। संविधान में केवल यही उपबंध हो सकता है कि जनता की इच्छा चलेगी और मेरे विचार में इस

संविधान में यह बात पूरी तरह रख दी गई है। अतएव यह अपेक्षित है कि हमें आलोचना करने की बजाय आगे से इस संविधान की पवित्रता की भावना उत्पन्न करनी चाहिए। जनता को यह विश्वास दिलाने पर ही यह पवित्र बनेगा कि वे इस संविधान के द्वारा जो चाहें प्राप्त कर सकते हैं, और तभी कोई सैनिक शक्ति या कोई अन्य शक्ति संविधान को छल-बल से समाप्त नहीं कर सकेगी। यही बड़ी बात है, जो अपेक्षित है। इस संविधान की कमियों को समुचित संशोधनों द्वारा यथासमय संशोधित किया जा सकता है। मेरे विचार में बहुत ही कम संशोधन करने होंगे। आनेवाले कई दशकों में शायद कोई संशोधन करना ही न पड़े। वर्तमान संविधान इतनी अधिक और इतनी पूर्ण शक्तियाँ देता है, जितनी कि निकट भविष्य में लोगों को संभवत: आवश्यकता हो सकती है। अतएव मैं चाहता हूँ कि संविधान को लोकप्रिय बनाने के लिए उपाय किए जाएँ। मैं एक सुझाव देना चाहता हूँ, कि इस सभा के प्रत्येक सदस्य को आपके हस्ताक्षर सहित संविधान की एक प्रतिलिपि दी जाए, जो भावी संतति को स्मृति के रूप में मिल सके।'...[34]

'संविधान पर केवल सदन के प्रांगण में ही विचार नहीं हुआ है, वरन् कांग्रेस दल की बैठकों में बहुत ध्यानपूर्वक विचार किया गया है। मैं नामों का उल्लेख नहीं करना चाहता, किंतु दल के कुछ व्यक्तियों ने प्रत्येक खंड पर और प्रत्येक अनुच्छेद पर विचार करने में बहुत परिश्रम किया और उन बैठकों में बहुत से सुधार किए गए। यदि वे इस प्रकार इस पर विचार नहीं करते तो संविधान ऐसा अच्छा नहीं बनता जैसा कि अब बन पड़ा है। कुल मिलाकर हमने सफलता से कार्य किया है और मुझे आशा है कि यह संविधान भविष्य में संतति को वर्तमान युग के महानतम कार्य के रूप में प्राप्त होगा।'[35]

## संदर्भ—


1. भारतीय संविधान सभा के वाद-विवाद की सरकारी रिपोर्ट (हिंदी संस्करण), अंक-11, संख्या-6, 19 नवंबर, 1949, पृ. 3815
2. वही, पृ. 3816
3. वही, पृ. 3816-3817
4. वही, पृ. 3818

5-6. वही, पृ. 3819

7. वही, पृ. 3819-3820
8. वही, पृ. 3821

9-10. वही, पृ. 3822

11. वही, पृ. 3825-3826
12. वही, पृ. 3826-3827
13. वही, पृ. 3827
14. वही, पृ. 3830
15. वही, पृ. 3831
16. वही, पृ. 3833

17-18. वही, पृ. 3835

19. वही, पृ. 3836

20-22. वही, पृ. 3837

23. वही, पृ. 3840

24-25. वही, पृ. 3846

26. वही, पृ. 3846-3847

27. वही, पृ. 3848

28. वही, पृ. 3848-3849

29. वही, पृ. 3849

30. वही, पृ. 3849-3850

31-32. वही, पृ. 3850

33-34. वही, पृ. 3855

35. वही, पृ. 3856

□

# 42

# आपत्तियाँ अनेक थीं*

**अरुण चंद्र गुहा ( पश्चिम बंगाल )**

'इस संविधान सभा की सृष्टि हो पाई है एक क्रांति के फलस्वरूप। हम अभी इस क्रांति से होकर गुजर रहे हैं। सुतरां, जो संविधान हम बनाने जा रहे हैं या जो बना चुके हैं, वह ऐसा होना चाहिए कि हमारी वर्तमान क्रांतिकालीन स्थितियों के सर्वथा उपयुक्त हो। यदि हमने यह संविधान यह मानकर तैयार किया है कि वर्तमान सामाजिक शक्तियाँ ही यहाँ स्थायी तौर पर बनी रहेंगी और अगर हमने इस संविधान को बनाया है, केवल इसलिए कि वह वर्तमान सामाजिक व्यवस्था को चालू रखने में सहायक हो तो मुझे शक है कि इस संविधान से देशवासियों का प्रयोजन शायद ही सिद्ध हो सकेगा।'[1]

'इसकी अपनी कोई विशेषता नहीं है। रूस के संविधान में यह साफ-साफ कहा गया है कि इसके द्वारा जिस राज्य की स्थापना की गई है, उसकी व्यवस्था समाजवाद पर आधारित होगी और सारे सामाजिक प्राधिकार निहित रहेंगे वहाँ की सोवियत में। अपने संविधान में इस तरह की कोई बात नहीं कही गई है। मेरा ख्याल है कि जनता की आकांक्षाओं को हम संविधान में नहीं प्रतिबिंबित कर पाए हैं और न उस विचाराधारा को ही प्रतिबिंबित कर सके हैं, जिसके

* 21 नवंबर, 1949

आधार पर हमने उस क्रांति का संचालन किया है, जिसके फलस्वरूप इस संविधान सभा की उत्पत्ति हो पाई है। संविधान में हमें यह साफ-साफ कह देना चाहिए था कि अपने नवनिर्मित राज्य की व्यवस्था ग्राम पंचायतों के आधार पर विकेंद्रोन्मुखी व्यवस्था होगी और इसी आधारभूत सिद्धांत पर हम राज्य की व्यवस्था करेंगे।'[2]

'अपना संविधान एक मिश्रित संविधान है, जो कई विचारधाराओं के आधार पर बनाया गया है। यह एक संघात्मक संविधान है, पर इसका निर्माण शिखर से शुरू किया गया है, न कि आधार से, जैसा संघात्मक राज्यों के लिए होना चाहिए। इसमें केंद्र ही संघ के अंगभूत घटकों को शक्तियाँ सौंपता है, न कि सर्वसत्ताधारी होकर अंगभूत घटक अपनी कुछ शक्तियाँ केंद्र को सौंपते हैं, जैसा कि अमेरिका के संविधान में है। इसलिए यह स्वाभाविक ही है कि केंद्र जो सत्ता सौंप रहा है, वह इसमें कृपणता से ही काम लेगा। इस स्थिति में संघबद्ध होनेवाले घटकों को जो सम्यक् अधिकार नहीं मिल पाए हैं, जो कि संघात्मक राज्य में उनको मिलना चाहिए, वह स्वाभाविक ही है। फिर भी यह मैं जरूर कहूँगा कि वित्त विषयक उपबंधों को कुछ और उदार बनाया जा सकता था, ताकि हर घटक को स्वेच्छानुसार अपने विकास का अवसर मिलता और छोटी-मोटी आर्थिक सहायता के लिए उसे हमेशा केंद्र की ओर न देखना पड़ता।'[3]

'एक क्रांतिकारी आंदोलन के फलस्वरूप इस संविधान की उत्पत्ति हुई इसलिए इसमें देश के क्रांतिकारी जनसमूह की आकांक्षाओं को समुचित स्थान दिया जाना चाहिए था। हम एक क्रांति का संचालन कर रहे थे और अभी भी हम उसी क्रांति से होकर गुजर रहे हैं और अभी अपनी आखिरी मंजिल पर नहीं पहुँच पाए हैं। स्वतंत्रता संग्राम के दिनों में हमारे दिमाग में कुछ क्रांतिकारी आर्थिक विचार भरे गए थे, पर उनको संविधान में समुचित स्थान नहीं मिल पाया है। हाँ, इतना किया गया है कि अनुच्छेद 40 और 43 में गांधीजी की विचारधारा के संबंध में दो साधारण उपबंध जरूर रखे गए हैं। ये दोनों उपबंध हैं—ग्राम पंचायत और ग्रामोद्योग के संबंध में। केंद्र में सत्ता निहित करते हुए भी, समाज की स्थिरता के लिए कुछ शक्ति केंद्र को देते हुए भी इन सब बातों के बारे में इकाइयों को अधिकार दिया जा सकता था और संविधान में इसके लिए उपबंध रखा जा सकता था। इसलिए अपना यह संविधान क्रांतिजनित आवश्यकताओं की पूर्ति नहीं कर पाता है। फिर भी मैं निराशा का अनुभव नहीं कर रहा हूँ। मैं जानता हूँ कि इतिहास विकासशील होता है। किसी देश का संविधान एक प्रयास में स्थिर रूप से नहीं बन पाया है।'[4]

'कांग्रेस के अभी जयपुर अधिवेशन में इस आशय का एक प्रस्ताव स्वीकृत हुआ था कि राजनीतिक स्वतंत्रता तो देश ने प्राप्त कर ली है, पर उस स्वतंत्रता का विस्तार हमें सामाजिक तथा आर्थिक क्षेत्रों तक कर देना चाहिए। किंतु मैं नहीं समझता हूँ कि अपने इस संविधान के द्वारा हम आर्थिक तथा सामाजिक क्षेत्रों तक इस स्वतंत्रता को विस्तृत कर सकते हैं। गांधीजी ने हमारे सामने यही आदर्श रखा था कि देशवासियों को आर्थिक एवं सामाजिक क्षेत्र में पूर्ण

स्वतंत्रता प्राप्त हो जाना चाहिए और इसी आदर्श की प्राप्ति के लिए हमने स्वतंत्रता संग्राम चलाया था, जिसे राष्ट्र भूल नहीं गया है। यह संविधान हमारी आशा के अनुरूप नहीं हो पाया है, इससे मैं निराश या उत्साहशून्य नहीं हो बैठा हूँ। हमें स्थिति का दृढ़ता से सामना करना होगा और गांधीजी के बताए मार्ग पर चलना होगा।'[5]

**शंकर राव देव ( बंबई )**

'संविधान एक बार बना दिए जाते हैं, पर उसके बाद अपना विकास वे स्वयं भी करते रहते हैं। संविधान निर्माताओं को संविधान विषयक सिद्धांतों की पूरी जानकारी होनी चाहिए। उन्हें इस बात की पूरी जानकारी होनी चाहिए कि भिन्न-भिन्न काल में और भिन्न-भिन्न देशों में क्या संविधान सिद्धांत रहे हैं और उन पर अमल किस तरह किया गया है। यदि हम इस वृहद लेख को पढ़ें, जो कि चंद दिनों के अंदर ही भारत के लोकतंत्रीय संघ का संविधान बनने जा रहा है, तो हम यह देखेंगे कि पूर्वगामी क्रांतियों के प्रवर्तकों की विचारधारा को इसमें स्थान दिया गया है। यदि हम इसके वृहदाकार की ओर दृष्टिपात करें तो हम देखेंगे कि इसका आकार इतना बड़ा है कि अन्य कोई भी संविधान इसकी बराबरी नहीं कर सकता है, किंतु इसका इतना वृहद होना ही इसकी एक बड़ी कमी सिद्ध हो सकता है। ऐसा प्रतीत होता है कि आगे के लिए इसमें कोई बात छोड़ी ही नहीं गई है और राष्ट्र के लिए संविधानरूपी एक तंग जामा बना दिया गया है, जिसके अंदर रहकर ही राष्ट्र को अपना विकास करना होगा। होना यह चाहिए था कि बहुत-सी बातों को रूढ़ि के लिए छोड़ दिया जाता, ताकि भविष्य की घटनाओं के अनुसार, देशवासियों की आकांक्षाओं के अनुसार और उनके विकास के अनुसार रूढ़ियाँ अपने आप विकसित होतीं और संविधान का काम देतीं। इतने वृहदाकार संविधान का कठोर होना अनिवार्य है, इसमें लचीलापन रह नहीं सकता है और इसलिए डर इस बात का है, आशंका इस बात की है कि देशवासियों के विकास में यह बाधा न हो जाए।'[6]

'संविधान की रचना में हमने राजनीतिक व्यक्तियों की बुद्धिमत्ता से लाभ उठाना पसंद नहीं किया। राजनीतिज्ञों के पास जो सबसे बड़ी निधि होती है, वह है—उनका अवसर चातुर्य तथा सहज ज्ञान। पर उनकी इन खूबियों से हमने कोई सहायता नहीं ली और न अपनी क्रांति की धारा के आधार पर ही अपना संविधान बनाया, क्योंकि अपने संविधान निर्माताओं में कोई भी ऐसा व्यक्ति नहीं है, जो यह दावा कर सकता है कि 1946 में संविधान सभा के समवेत होने के पहले यहाँ जो क्रांतिकारी संग्राम चला था, उसकी अग्निपरीक्षा में वह उत्तीर्ण हुआ है। सच तो यह है कि यह कहा ही नहीं जा सकता है, यह संविधान क्रांतिजनित संविधान है।'[7]

'किंतु खेदपूर्वक हमें यह स्वीकार करना होगा कि जहाँ तक हम लोगों का संबंध है, हम आज इस स्थिति में नहीं हैं कि हम ऐसे संविधान को अपना सकें, जो हमारे लिए और शेष दुनिया के लिए अहिंसात्मक सामाजिक व्यवस्था का प्रबंध करता हो। ग्राम पंचायत संबंधी

अनुच्छेद 40 के सिवाय, जो 395 अनुच्छेद और एक वृहत अनुसूची रखनेवाले इस विशाल ग्रंथ में केवल चार पंक्तियों में रखा गया है और ग्रामोद्योग के केवल उल्लेख मात्र के सिवाय इस संविधान में गांधी विचारधारा की और किसी बात को स्थान नहीं दिया गया है। गांधी विचारधारा के हिसाब से तो अपना यह संविधान पिरामिड के आकार का एक विशाल स्तूप होना चाहिए था, जिसमें आधार का काम करतीं लाखों पंचायतें, जो जनता की रचनात्मक एवं प्रेरणात्मक शक्ति से सदा सजीव रहतीं।'[8]

'इसकी काफी गुंजाइश है कि संविधान में बिना कोई उथल-पुथल पैदा करनेवाला परिवर्तन किए ही धीरे-धीरे महत्त्वपूर्ण और बुनियादी परिवर्तन लाया जा सके। यदि हम अपने आदर्शों के प्रति सच्चे रहते हैं तो धीरे-धीरे अपनी व्यवस्था में महत्त्वपूर्ण परिवर्तन कर सकते हैं।'[9]

**सैयद मुहम्मद सादुल्ला ( असम )**

'अध्यक्ष महोदय, कहा जाता है कि कभी-कभी मौन रहना सर्वोत्तम होता है, जबकि बोलना केवल उत्तम होता है। मेरी विनम्र राय में आज का अवसर भी ऐसा ही अवसर है, जबकि हमारा मौन रहना ही इस महती सभा के लिए शोभा की बात होती। द्वितीय पठन में हमने उन सभी संशोधनों को पास कर लिया है, जो संविधान के मसौदे में आए हैं। अब तृतीय पठन में संविधान के किसी उपबंध की आलोचना करना ऐसा ही है, जैसे कि मृत्यु के बाद शव की डॉक्टरी परीक्षा करना है।'[10]

'संविधान रचना के काम में मसौदा समिति बिल्कुल स्वतंत्र नहीं थी। शुरू से ही इसे विभिन्न प्रणालियों और परिस्थितियों के अंदर रहकर ही काम करना पड़ा है। हमें आदेश यह दिया गया था कि लक्ष्य प्रस्ताव रूपी शिशु के लिए हम परिधान तैयार कर दें। इस लक्ष्य प्रस्ताव को इस गौरवशाली सभा ने स्वीकार किया था। हमसे यह कहा गया कि संविधान लक्ष्य संबंधी प्रस्ताव के अनुसार ही बनना चाहिए और इस प्रस्ताव से सर्वथा संगत होना चाहिए।'[11]

'मुझे याद है कि मसौदे के कई उपबंधों में सात बार परिवर्तन किए गए हैं। किसी खंड के मसौदे को समिति के सदस्य अपनी बुद्धि के अनुसार अच्छा-से-अच्छा रूप देते थे। फिर शासन के एक विशेष सचिवालय द्वारा उसकी छानबीन की जाती थी। सचिवालय जो कमी समझता था, उसके हिसाब से फिर खंड का मसौदा तैयार किया जाता था। इतना होने के बाद फिर सभा का बहुमत प्राप्त दल, अर्थात् कांग्रेस पार्लियामेंटरी पार्टी इस पर विचार करती थी और वही उसे यहाँ पास करने का आदेश दे सकती थी। कभी-कभी ऐसा होता था कि यह पार्टी भी नए सुझाव रख देती थी, जिसे हमें समुचित संवैधानिक रूप देना पड़ता था।'[12]

'क्योंकि मैं मसौदा समिति का एक सदस्य हूँ, पर संविधान में रखे गए कई सिद्धांतों पर मुझे ही आपत्ति है। संविधान के मसौदे के किसी उपबंध की आलोचना करने का मुझे हक नहीं

है, क्योंकि उसे संविधान में स्थान देने के लिए मैं भी उतना ही उत्तरदायी हूँ, जितना कि समिति के शेष सदस्य हैं। फिर भी मैं इस लालच को नहीं रोक सकता हूँ कि आपका ध्यान संविधान के केवल दो या तीन उपबंधों की ओर आकृष्ट करूँ, जो स्वतंत्र लोकतंत्रात्मक संविधान के सर्वथा प्रतिकूल हैं।'[13]

'खामी की पहली बात इसमें यह है कि केंद्र को अधिकार देने पर इसमें आवश्यकता से अधिक जोर दिया गया है। राष्ट्रपति को विस्तृत आपात शक्तियाँ प्रदत्त की गई हैं। इसमें दूसरी त्रुटि यह है कि नागरिक स्वतंत्रता संबंधी उपबंधों तथा मूल अधिकारों को कई ऐसे प्रतिबंधों से जकड़ दिया गया है, जो आपत्तिपूर्ण हैं। इसकी तीसरी खराबी यह है कि प्रांतों को आर्थिक सहायता देने के लिए कोई उपबंध नहीं रखा गया है। स्वतंत्रता संग्राम में हम यही कहा करते थे कि हमारे अंग्रेज शासक देश का शासन नहीं करते हैं, बल्कि उसका शोषण करते हैं।'[14]

'अपने हृदय पर हाथ रखकर हम यह नहीं कह सकते हैं कि इस वर्तमान संविधान से हमें वैसी खुशी हो रही है, जैसी कि होनी चाहिए। यह संविधान, जो स्वीकृत होकर दो महीने के अंदर ही प्रभावी हो जाएगा, एक समझौते का संविधान है। कई सदस्यों ने यहाँ यह कहा है कि यह संविधान केवल संक्रांति काल के लिए है। मैं यही उम्मीद करता हूँ कि अपने भावी विधि-निर्माता यह कोशिश करेंगे कि जहाँ तक हो सके, इसे पूर्ण बनाया जाए।'[15]

**एच.जे. खांडेकर ( मध्य प्रदेश )**

'देश की अनुसूचित जातियाँ इस संविधान का जिस उत्साह के साथ स्वागत करेंगी, उस उत्साह के साथ और वर्ग इसका स्वागत शायद ही कर सकें और अनुसूचित जातियों के उत्साहित होने का करण यह है कि इसमें अस्पृश्यता को समाप्त करने का उपबंध रखा गया है, जिससे हरिजन लोग अब यहाँ मनुष्य की तरह रह सकेंगे।'[16]

**महबूब अली बेग साहब ( मद्रास )**

'संविधान में जो त्रुटियाँ हैं, खराबियाँ हैं, वे उस स्थिति के कारण संविधान में अनिवार्य रूप से आ गई हैं, जिसमें कि डॉ. आंबेडकर को रखा गया था।'[17]

'मेरी राय में इसके तीन कारण हैं—पहला कारण यह है कि इसमें से अधिकांश लोगों का, जिसमें कि मसौदा के सदस्य भी शामिल हैं, ब्रिटिश साम्राज्यवादी वातावरण में ही लालन-पालन हुआ है, शिक्षा-दीक्षा मिली है और ब्रिटिश साम्राज्य अपने अंतिम समय में बड़ा ही दमनकारी हो गया था, खास करके उस समय, जब कि स्वतंत्रता आंदोलन चल पड़ा था और राज्य की सुरक्षा और स्थिरता के नाम पर उसने नागरिकों को नागरिक अधिकारों से और वैयक्तिक स्वतंत्रता से वंचित कर रखा था। यह सच है कि जिन लोगों को दमन की तकलीफें झेलनी पड़ीं, उन्होंने दमन व्यवस्था का घोर विरोध किया था, पर स्वतंत्रता-प्राप्ति के बाद जब

उन्हें संविधान निर्माण का काम करना पड़ा तो ये लोग उस मानसिक स्थिति से अपने को मुक्त न कर सके, जो राज्य की सुरक्षा और स्थिरता संबंधी ख्यालों के कारण पैदा हुई थी, जिनका उपदेश यहाँ ब्रिटिश साम्राज्यवाद ने दिया था।'[18]

'जब यह संविधान मसौदा समिति में था और उसके बाद जब यह सभा के कांग्रेसी सदस्यों के सामने आया था और अंत में जब यह इस सभा के समक्ष रखा गया था, उस समय देश में शांति नहीं थी। तीसरा कारण यह है कि ब्रिटिश हुकूमत का सारा उत्तराधिकार मिला यहाँ एक दल को और वही दल सारे अधिकारों का उपयोग करता आ रहा है। मेरा विश्वास यही है कि इन्हीं तीन बातों के कारण संविधान इस रूप में निर्मित हुआ है, जिस रूप में कि यह हमारे सामने रखा गया है। मेरी राय में तो यह संविधान सर्वथा निराशापूर्ण है, दकियानूसी है और प्रतिगामी है।'[19]

'जब नमूने का संविधान हमारे सामने रखा गया था, उस समय माननीय सरदार पटेल ने यह प्रस्ताव रखा था कि संविधान से उन उपबंधों को हटा देना चाहिए, जिनके द्वारा नागरिक स्वतंत्रता में कमी आती हो। यह प्रस्ताव भी उस समय माननीय पटेल ने ही रखा था कि जहाँ तक वैयक्तिक स्वतंत्रता का संबंध है, उनके संबंध में निर्णय होना चाहिए एक न्यायिक समिति द्वारा। जहाँ तक प्रांतों का संबंध है, उस समय इनको स्वायत्त शासन देने की बात ही सोची गई थी। पर चूँकि सारी सत्ता एक राजनीतिक दल में निहित थी और दमन की याद धीरे-धीरे धुँधली पड़ती जा रही थी और देश में चारों ओर उपद्रव और अशांति पैदा करनेवाले लोग सिर उठा रहे थे, इसलिए संविधान का सारा रूप ही बदल दिया गया और बदल करके इसे खराब कर दिया गया। नागरिक स्वतंत्रता में अब कमी कर दी गई है; वैयक्तिक स्वतंत्रता पर अनेक प्रतिबंध लगा दिए गए हैं और केंद्र के अधिकारों में वृद्धि कर दी गई है। कुछ लोगों का कहना यह है कि देश में जो स्थिति वर्तमान है, उसे देखते हुए, नागरिक स्वतंत्रता में कमी करना ठीक है।'[20]

'मेरा कहना यह है कि इस संबंध में हमें विचार करना होगा दो बातों पर। पहली बात यह है कि अपना यह संविधान हम बना रहे हैं हमेशा के लिए या केवल अपनी वर्तमानकालीन आवश्यकताओं की पूर्ति के लिए। दूसरी विचारणीय बात यह है। हमने अपना संविधान बनाया है संसदीय लोकतंत्रीय व्यवस्था के लिए, यानी ऐसी शासन व्यवस्था के लिए, जिसका संचालन करेगा केवल एक राजनीतिक दल। अब हमें सोचना यह है कि इस संविधान में व्यक्ति के लिए परित्राणमूलक उपबंध क्या रखे गए हैं। इन दो प्रश्नों पर हमें विचार करना होगा।'[21]

### एस.एम. घोष ( पश्चिम बंगाल )

'अब मैं संविधान की ओर आता हूँ। मैं जानता हूँ कि हम में से बहुत लोग इससे संतुष्ट नहीं हैं, क्योंकि इसमें भारत को ब्रिटिश राष्ट्रमंडल के साथ बाँधकर रखा गया है। यह सच है, पर माननीय मित्रों को मैं यह बताना चाहता हूँ कि देश के भावी भाग्य का फैसला संविधान उतना नहीं करेगा, जितना कि जनता की मर्जी। इस लिपिबद्ध संविधान में कुछ भी क्यों न रखा गया

हो, हमें देखना केवल यह है कि इसमें ऐसी कोई बात तो नहीं है, जो हमारे ऐसे प्रयास में बाधक होती हो, जो हम अपनी रुचि के अनुसार भारतीय जनता की भलाई के लिए करना चाहते हों। जहाँ तक इस बात का संबंध है, मुझे पक्का विश्वास है कि इस संविधान में ऐसी कोई बात नहीं है, जो हमें जनता की भलाई के लिए किए जानेवाले किसी काम में बाधक हो सकती हो। अगर कोई ऐसी बात है भी, तो मुझे विश्वास है कि बहुत कुछ निर्भर करेगा उन रूढ़ियों पर, जिनका विकास हम करेंगे।'[22]

'पंचायत संबंधी उपबंधों पर मैं विशेष रूप से जोर दूँगा। मैं जानता हूँ कि हम जिस उपबंध को रखना चाहते थे, वह यह नहीं है। फिर भी मुझे विश्वास है कि अगर हम तन-मन से कोशिश करते हुए इस संविधान पर अमल करते हैं, जिसमें पंचायतों की बुनियाद रखी गई है, तो ईश्वर चाहेगा तो हमें सफलता अवश्य मिलेगी।'[23]

**सरदार हुकम सिंह ( पंजाब )**

'विभिन्न प्रकार के संविधानों के आधार पर यह संविधान तैयार किया गया है। इसलिए यह टिकाऊ नहीं हो सकता है, क्योंकि न तो यह देशी है और न पूरी तौर पर किसी खास एक संविधान के आधार पर ही तैयार किया गया है। यह संविधान न संघात्मक और न एकात्मक। यह संविधान क्या तैयार किया गया है, एक पहेली तैयार की गई है।'[24]

'मेरी राय में यह एक गलत बुनियाद है, जिस पर हमने अपने संविधान का समूचा ढाँचा खड़ा कर रखा है। व्यक्ति और राज्य के प्रति समुचित न्याय करने के बारे में विधानमंडल की अपेक्षा न्यायपालिका पर हम अधिक निश्चिंतता के साथ भरोसा कर सकते हैं।'[25]

'अपना यह संविधान व्यक्ति को कोई भी ऐसा अधिकार नहीं देता है, जो सारवान हो। केवल मीठे वादे और कोरी सदिच्छाएँ ही इस संविधान द्वारा हमें प्राप्त होती हैं। मूलाधिकारों को इसमें रखा जरूर गया, पर वह भी सर्वथा व्यर्थ हैं, क्योंकि इन अधिकारों पर भी कई प्रतिबंध लगा दिए गए हैं और नागरिकों को सर्वथा विधानमंडल की मर्जी पर छोड़ दिया गया है। काम पाने के अधिकार की इसमें कोई गारंटी नहीं दी गई है। बुढ़ापे के लिए परवरिश पाने की इसमें कोई व्यवस्था नहीं की गई है और न बीमार और अशक्त की परवरिश की इसमें कोई व्यवस्था की गई है। इसमें तो निःशुल्क प्रारंभिक शिक्षा देने के लिए भी कोई उपबंध नहीं रखा गया है। इसमें अल्पसंख्यकों की ओर, खासकर के सिखों की तो सर्वथा उपेक्षा की गई है। प्रांतों की स्थिति नगरपालिका निकायों की सी कर दी गई है। साधारण नागरिक को तो राजनीतिक अधिकारों से वंचित कर दिया गया है और राष्ट्रपति को मुगल सम्राट् की सुविधाएँ दी गई हैं, ताकि दिल्ली में बैठे-बैठे पूरी शान और तड़क-भड़क के साथ वह देश पर हुकूमत करता रहे। संविधान में इस बात की काफी गुंजाइश है कि कोई भी उच्चाभिलाषी राष्ट्रपति अपने को यहाँ का सर्वेसर्वा घोषित कर सकता है, भले ही दिखावटी तौर पर वह संविधान के

अधीन ही काम करता समझा जाएगा। जनता की आर्थिक कठिनाइयाँ जब तक हल नहीं की जाती हैं, यहाँ असंतोष और अशांति बढ़ती ही जाएगी। इन सब बातों का परिणाम यही होगा कि प्रशासन को फासिस्टी राज्य कायम करने में सुविधा मिलेगी, जिसकी संविधान में काफी गुंजाइश रखी गई है।'[26]

**एस. नागप्पा ( मद्रास )**

'अनुसूचित जातियों के हिसाब से तो उनकी बात उसी दिन पूरी हो गई, जब डॉ. आंबेडकर मसौदा समिति के लिए चुन लिये गए। अनुसूचित जातियों के हितों के वह हमेशा से ही एक बड़े समर्थक रहे हैं। उन्हीं को यहाँ मसौदा समिति का अध्यक्ष चुना गया।'[27]

'बात यह नहीं है कि अनुसूचित जातियों की शक्ति ने इनको मसौदा समिति का अध्यक्ष बनवाया, बल्कि बहुमत प्राप्त दल की सद्‌भावना के सहारे ही उन्हें यह महत्त्वपूर्ण पद प्राप्त हो सका और एतदर्थ हम बहुमत प्राप्त दल के प्रति अपनी कृतज्ञता ज्ञापित करते हैं।'[28]

'इस संविधान को मैं एक ऐसा संविधान मानता हूँ, जिससे जनसाधारण को भलाई और समुन्नति प्राप्त हो सकती है। इस संविधान को हम जनसाधारण का संविधान कह सकते हैं।'[29]

'बहुसंख्यक समुदाय ने हमारे इस अनुरोध को—मैं इसे माँग नहीं कहूँगा कि अभी कुछ वर्षों तक विधानमंडलों के लिए हमें स्थान रक्षण प्राप्त रहे, मान लिया है। उनकी इस उदारता और विशाल ह्रदयता के लिए हम उनके कृतज्ञ हैं। स्थान-रक्षण संबंधी माँग को हम खुशी-खुशी छोड़ देते, अगर हमें भी वही हैसियत मिली रहती, जो अन्य अल्पसंख्यकों की है; अगर आर्थिक, सामाजिक और शैक्षिक दृष्टि से हमारी भी वही स्थिति होती, जो अन्य अल्पसंख्यकों की है। पर दुर्भाग्यवश हम न केवल इन बातों में ही औरों से पिछड़े रहे हैं, बल्कि अछूत होने का कलंक भी हमारे साथ सदा लगा रहा है। बहुसंख्यक समुदाय के हम कृतज्ञ हैं कि उसने आज उस अन्याय को समझा, जो शताब्दियों से हम पर वह करता आ रहा है। उन्होंने अब संविधान में एक उपबंध रखकर अस्पृश्यता को उठा दिया है, जो सौजन्य की बात है। अस्पृश्यता को हमने उठा अवश्य दिया है, पर संविधान निर्माताओं से तथा उन लोगों से जो 26 जनवरी, 1950 के बाद उसको अमल में लाएँगे, मैं यह अपील करूँगा कि वह इस बात की कोशिश करें कि हर तरह से अस्पृश्यता यहाँ से उठ जाए। जब आपने इस बात की प्रतिज्ञा की है कि दस साल के अंदर देश के सभी लोगों को आप एक समान स्तर पर ला देंगे, तो इसको पूरा करने की जिम्मेदारी सबसे ज्यादा आप पर है। आशा है कि आपकी इस उदारता और सद्‌भावना की सहायता से हम सब अवश्य उसी स्तर पर पहुँच जाएँगे, जो देश के अन्य वर्गों को प्राप्त है। हम सब अपनी ओर से भी इस बात का यथासंभव प्रयास करेंगे कि यथाशीघ्र हम अभीष्ट स्तर पर पहुँच जाएँ।'[30]

'संविधान रचना का काम हम समाप्त कर चुके हैं। यह संविधान इसी 26 जनवरी से

प्रवर्तन में आएगा। मैं एक बार पुनः सदस्यों से इस बात की अपील करूँगा, उन्हें सदा इस बात की चेष्टा करनी चाहिए कि इस पर उसी भावना से अमल किया जाए, जिस भावना से इसकी रचना की गई है। ऐसा होने पर ही हमारा वह स्वप्न पूरा हो सकेगा, जिसके लिए हमने यह संविधान बनाया है। ग्राम पंचायतों की स्थापना से ग्रामोद्योग की स्थापना से तथा मद्यनिषेध को लागू करने से हमारे गरीब देशवासियों को बड़ी सहायता मिल सकेगी।'[31]

**जसपत राय कपूर ( उत्तर प्रदेश )**

'इस अवसर पर हम यहाँ समवेत हुए हैं इस हेतु कि नवजात संविधान को हम अपनी शुभकामनाएँ दें, अपना आशीर्वाद दें, क्योंकि हम यह चाहते हैं कि यह सफल हो, चिरस्थायी रहे और देशवासियों को सुख-समृद्धि दे सके।'[32]

'हमारी स्थिति इस समय उस मोर की तरह है, जो अपने चमकीले सुंदर पंखों को देखकर गर्व के मारे नाचने लगता है, पर जब उसकी नजर अपनी टाँगों पर पड़ती है तो उनकी कुरूपता को देखकर वह रोने लगता है। स्वतंत्रता-प्राप्ति पर हमें प्रसन्नता अवश्य होती है, पर जब हमें देश-विभाजन की याद आती है और विशेष करके अपने विस्थापित बंधुओं के कष्टों का ख्याल आता है, तो हम यह अनुभव करते हैं कि इस स्वतंत्रता का हम पूर्ण उपभोग नहीं कर सकते हैं। इसलिए मैं यह कहूँगा कि इन विस्थापित बंधुओं को इस स्वतंत्रता-प्राप्ति के लिए जो महान् बलिदान करने पड़े हैं, उसका हमें ख्याल रखना चाहिए और इनके लिए हमसे जो भी हो सके, करना चाहिए। इनके पुनर्वास के प्रश्न को हमें सर्वोपरि मानना चाहिए।'[33]

'इस संविधान की एक बड़ी विशेषता यह है कि इसके प्रायः सभी खंड सर्वसम्मति से स्वीकृत हुए हैं और उन लोगों ने भी इस पर सहमति दी है, जिन पर इसका प्रतिकूल प्रभाव पड़ता है। यत्र-तत्र के किसी खंड से हो सकता है किसी को मतभेद हो, पर कुल मिलाकर यह कहना होगा कि संविधान को सभा के सभी सदस्यों का समर्थन प्राप्त है।'[34]

'मुझे इस बात से बड़ा शोक और आश्चर्य हुआ है और मेरा विश्वास है कि और कई लोगों के साथ भी यही बात होगी कि इन विरोधी आलोचकों की जमात में अभी-अभी आनेवालों में संयुक्त प्रांत के शिक्षा मंत्री संपूर्णानंद जैसे व्यक्ति भी हैं। गत शनिवार को आगरा विश्वविद्यालय के दीक्षांत समारोह के अवसर पर छात्रों के समक्ष बोलते हुए, आपने संविधान की बड़ी निंदा की और इसे सर्वथा व्यर्थ बताया। उनके पास ही बैठा हुआ मैं उनको सुन रहा था और मुझे आश्चर्य हो रहा था इस बात पर, उनको यह बताना चाहिए था कि दुनिया में जब वह प्रविष्ट होने जा रहे हैं तो उनका कर्तव्य क्या होना चाहिए। उन्होंने संविधान का सर्वथा उपहास किया और शायद स्नातकों से भी यही आशा की कि वह भी उसका उपहास करेंगे। उनके जैसे जिम्मेदार और योग्य व्यक्ति से तो हम यह आशा करेंगे कि वह छात्रों को यह सलाह देगा कि उन्हें संविधान को बनाने का प्रयास करना चाहिए।'[35]

'आपकी अनुमति हो तो मैं यहाँ उन तीन-चार बातों का उल्लेख करूँ, जो डॉ. संपूर्णानंद ने भाषण में कही थीं।'[36]

1. 'मेरा यह विश्वास है कि यह संविधान वस्तुत: हमारे योग्य नहीं है। यह 'एक वृहद ग्रंथ' है, जो बहुत भारी है। संविधान के कंधे इसके भार का वहन नहीं कर सकते हैं।'[37]
2. 'संविधान एक पवित्र वस्तु है, जिससे भावी पीढ़ियों को प्रेरणा प्राप्त होती है। महत्त्वपूर्ण राज्यों के लिए यह रचयिताओं के सजीव विश्वास की, जीवन संबंधी दर्शन की एक प्रतिमा होती है। सोवियत रूस के संविधान को देखने से ही आपको हमारा यह कथन समझ में आ जाएगा।'[38]
3. 'जब हम इस कसौटी पर इसे परखते हैं तो इसे सर्वथा व्यर्थ पाते हैं। इस पर भारतीय संस्कृति की कोई छाप नहीं पड़ पाई है और न यह उस गांधीवाद से ही अनुप्राणित है, जिसकी देश-विदेश में हम अपनी दुहाई देते हैं। यह एक साधारण अधिनियम जितना महत्त्व रखता है, जैसेकि 'मोटर व्हीकल ऐक्ट' है।'[39]
4. 'इसमें अन्य और कई दोष हैं, पर मैं यहाँ केवल एक दोष का ही उल्लेख करूँगा। सारी शक्तियों को केंद्र के हाथ में रखने की कोशिश की गई है और यह बात छिपी नहीं रह सकी है। प्रांतीय शासनों की स्थिति संविधान में यही रह गई है कि वह केंद्र के एजेंट मात्र रह गए हैं। यह एक बहुत बुरी बात है। यहाँ देश में पहले भी कई बार समस्त देश को एक केंद्र के अधीन रखने के प्रयोग का परीक्षण किया जा चुका है। इन परीक्षणों का परिणाम क्या रहा है, इसे इतिहास के छात्र अच्छी तरह जानते हैं।'[40]

डॉ. संपूर्णानंद के भाषण का हवाला देने के बाद जसपत राय कपूर ने कहा कि गांधीजी चाहते थे कि 'यहाँ ग्राम पंचायतों की स्थापना हो और इनको स्वशासन का कुछ हद तक अधिकार प्राप्त रहे। संविधान में अनुच्छेद 40 द्वारा ग्राम पंचायतों की व्यवस्था भी कर दी गई है।'[41]

'इस तरह ग्राम पंचायतों के लिए संविधान में एक स्पष्ट उपबंध रख दिया गया है। जो लोग यह शिकायत करते हैं कि प्रशासन के सारे अधिकार केंद्र में निहित किए गए हैं, उनको संविधान के इस अनुच्छेद 40 को पढ़ लेना चाहिए। यह सच है कि यह अनुच्छेद निदेशक सिद्धांतों में रखा गया है पर और इसे रखा ही कहाँ जा सकता है ? वर्तमान स्थिति में इससे अधिक और किया ही क्या जा सकता है ? केवल लिख देने या जादू की छड़ी घुमा देने से तो ग्राम पंचायतों की स्थापना नहीं हो जाएगी। हम इसके लिए यही कर सकते थे कि इस दिशा में अग्रसर होने के अपने दृढ़ निश्चय को संविधान में लिपिबद्ध कर देते और यह काम हमने किया है।'[42]

### अलगू राय शास्त्री ( उत्तर प्रदेश )

'अध्यक्ष महोदय, आज हम अपनी स्वतंत्रता की लड़ाई के बाद जो नए राष्ट्र के निर्माण के लिए संविधान बनाने चले थे, उसकी यात्रा की अंतिम मंजिल पर पहुँच गए हैं और इस देश के

वे लोग, जो यहाँ जनता के प्रतिनिधि के रूप में बैठे हैं, महान् भाग्यशाली हैं कि उन्होंने पराधीनता की बेड़ियों को तोड़ा और वह दिन देखा, जबकि अपना संविधान अपने हाथों बना रहे हैं। मुझे ऐसा लगता है कि जैसे राम के राज्याभिषेक के समय जब उनको राज्य मिला तो जो वानर-भालू लंका विजय में उनके साथ थे, उन्हीं के साथ अयोध्या आए। उपहार में उन्होंने उनको मणियों की माला दी। जिस तरह से उस मणि माला को लेकर वानर-भालुओं ने अपने को सनाथ समझा था, आज भारत की वह जनता, जिसने अपने त्याग और उत्सर्ग से कांग्रेस का साथ देकर, उन महान् नेताओं का साथ देकर, जिनके पुरुषार्थ का फल है कि आज भारत स्वतंत्र होकर यह संविधान बनाने बैठा है, उनको इस योग्य बनाया और देश की स्वतंत्रता प्राप्त करने में उनका साथ दिया, ठीक उसी तरह जिस तरह वानर-भालुओं ने लंका से माता सीता को लाने में राम का साथ दिया था। आज उपहार स्वरूप मणियों की माला के रूप में यह विशालकाय स्वतंत्रता का संविधान इस संविधान निर्मात्री समिति के विद्वान् सदस्यों द्वारा प्राप्त कर रही है। मुझे ऐसा लगता है कि यह सचमुच मणियों की माला है। हमारा संविधान इस मायने में और भी ज्यादा अच्छा है कि उसमें विपक्षियों की दृष्टि से भी देखें और अनेक दोष देखें तो भी इतनी बात तो निर्विवाद सिद्ध है कि इतना बड़ा देश, जो इतनी रियासतों में बँटा हुआ था, जो इतने भीतरी भेदों के कारण छिन्न-भिन्न हो रहा था, उसको एकता के सूत्र में बाँधने का सफल प्रयत्न जो इस संविधान के द्वारा हुआ है, उसका उदाहरण मिलना कठिन होगा। यह एक अपूर्व कृति है। बड़े साहस से, बड़े परिश्रम से, बड़ी सद्भावना से हमने इसका निर्माण किया है। प्रत्येक वर्ग ने अपनी-अपनी ओर से कुछ त्याग किया है और उसका फल है आज का हमारा यह संविधान।'[43]

'देश के नाम पर आते हैं तो पहले खंड में भारत एक राष्ट्र होगा, उसके नाम का प्रश्न आता है। मुझे अफसोस है कि हम इसमें गुलामी की दासता की मनोवृत्ति से ऊपर नहीं उठ सके। हमने खोलकर यह नहीं कहा कि हमारे देश का नाम क्या होगा। संसार के किसी राष्ट्र का नाम ऐसा नहीं है, 'इंडिया दैट इज भारत' यह क्या नाम है? हमने अपने देश का नाम भी ठीक तरह से नहीं दिया। यह मैं समझता हूँ कि इतनी सुंदर पदावली के होते हुए भी, इस नाम का ठीक-ठीक उदारतापूर्वक प्रयोग न करने से रामनाम शून्य हो गया है और हनुमान को ग्राह्य नहीं है।'[44]

'हम उसके बाद आ जाते हैं नागरिकता से संबंधित धाराओं पर, इसमें कहा गया है कि फलाँ तारीख को आए हुए पाकिस्तान से जो यहाँ आ गए हैं, वह भारत के नागरिक होंगे। हमको कहना चाहिए था कि वे हिंदू तथा सिख जो स्वेच्छापूर्वक विदेशी नागरिकता न ले लिये हों, चाहे जब आएँ, वे इस देश के नागरिक होंगे। इस तरह के सिटीजनशिप के ऊपर कोई प्रतिबंध नहीं रखना चाहिए था। भारत के विभाजन के जो कारण हुए, जो यहाँ से भागकर चले गए हों और इस तरह से न जाने क्या-क्या भावनाएँ लेकर यहाँ फिर से बसना चाहते हैं, उनको सिटीजनशिप का राइट मिलने में काफी प्रतिबंध होना चाहिए था, इसकी आवश्यकता

थी। इसकी भी कमी नजर आती है। इसलिए वह लोग, जो देशभक्ति की भावना रखते हैं, वह इससे संतुष्ट नहीं हो सकते। उसके बाद हम धीरे-धीरे करके फंडामेंटल राइट्स पर आते हैं। मूलाधिकार की बात पर आते हैं। उसमें मनुष्य की स्वतंत्रता की रक्षा करने का पूरा निर्णय किया गया है। प्रत्येक नागरिक को पूरा अधिकार दिया गया है, उसके स्वत्व की रक्षा का वचन दिया गया है। मगर हमने राष्ट्र को बलिष्ठ बनाने की ओर नागरिकों का क्या उत्तरदायित्व है, इसकी तरफ उनका ध्यान नहीं दिलाया है। हम उत्सुक हैं कि माइनॉरिटीज कहलानेवालों को यह संरक्षण दे और वह संरक्षण दें कि इन संरक्षणों की जरूरत है। परंतु उनका राष्ट्र के प्रति क्या कर्तव्य है, किस तरह वह राष्ट्र की सेवा करें, विदेशी भावना उनमें न आने पाए और दूसरे राष्ट्रों के प्रति ऐसी भावना न बढ़ने पाए, जो अपने देश के लिए घातक सिद्ध हो, उसके लिए जितना प्रतिबंध रखना चाहिए था, उतना नहीं रखा गया है।'[45]

'जो सरकार की सहायता से चलनेवाली संस्थाएँ हैं, उनमें धार्मिक शिक्षा नहीं दी जाएगी, यह प्रावधान संविधान में कर दिया। मेरी समझ में यह उचित नहीं किया गया। महात्मा गांधी प्रार्थना सभा में रोज 'रघुपति राघव राजा राम' गाते थे। महात्मा गांधी गीता, रामायण का पाठ करते थे। अगर ये और दूसरे धर्मग्रंथ नहीं पढ़े जाएँगे तो हमारी नागरिकता का रूप कैसा बनेगा? अगर हम धर्म को छोड़ देते हैं तो हम आचार-विचार की मर्यादा कहाँ से स्थापित करेंगे? यह बड़ा दोष मौलिक अधिकारों में नजर आता है। आगे बढ़कर जब हम वहाँ पहुँचते हैं, जो डायरेक्टिव प्रिंसिपल्स के नाम से इस संविधान की धारा में हैं, जिसमें हमारे राष्ट्र के आदर्श तथा उनके अधिकार दिए गए हैं, उनमें जाते हैं तो वहाँ अच्छी-खासी पदावलि है, ललित, बहुत सुंदर गौरवपूर्ण वह भाग है, किंतु उसमें भी राष्ट्र ने यह जिम्मेदारी खुले तौर पर नहीं ली है कि हम अन्न, वस्त्र तथा दूसरी आवश्यक जीवनोपयोगी वस्तुओं के लिए लोगों को आश्वासन देते हैं। हमने यह अवश्य कहा है कि हम यथासाध्य इसकी पूर्ति के लिए प्रयत्न करेंगे। किंतु जहाँ पर शासन की सत्ता अपने हाथ में लेते हैं और जहाँ हम को उच्च स्वर से गर्व से तथा अहंकार से कहना चाहिए था कि प्रत्येक नागरिक यह समझ ले कि हम उसको भोजन, वस्त्र तथा निवास की सुविधा देंगे, यह हमारा उत्तरदायित्व है। वहाँ हम विनयशील बन गए हैं। वहाँ हम 'यथासाध्य यथाशक्ति' की बात करने लग गए हैं। जो हमारा मुख्य उत्तरदायित्व है, उसको मौलिक अधिकारों में स्थान नहीं मिला। इसीलिए जो इसमें इस तरह की बात देखने की आशा करते थे, उनको संतोष नहीं होता। हमारे यहाँ भिखमँगे, लूले, कोढ़ी, लँगड़े और अंधे सड़कों पर मारे-मारे फिरते हैं तथा चलनेवालों को, राहगीरों को परेशान करते हैं और 'पैसा, दो पैसा' चिल्लाते रहते हैं। उसको रोकने की इसमें कोई व्यवस्था नहीं है। इसको रोकने की जिम्मेदारी सरकार ने अपने ऊपर नहीं ली है। हम यथासाध्य और यथासाधन आदि बातें यहाँ करते हैं, यह उसकी बड़ी भारी खामी है। उसमें स्पष्ट रूप से गायों और दूसरे पशुओं के वध करने पर निषेध

होना चाहिए था। हमने बहुत समय से खुले तौर पर पशुओं और गायों के वध को रोकने के लिए आंदोलन किया। लेकिन हमने इस संविधान में इस स्थान पर यह नहीं कहा कि वह उसी भावना में पली है। गौहत्या नरहत्या के समान मानी जाएगी और उसको रोक दें। यह भावना उसके अंदर नहीं है। यह खटकने वाली बात है।'[46]

'यह संविधान भारतीय जनता रूपी हनुमान को प्यारा नहीं है। वह यह देखती है, जनता देखती है कि यह संविधान मणियों की माला है या नकली मणियों की। पन्ना की खानों से निकले हुए पन्नों की है, गोलकुंडा के हीरों की है या यह माला काँच की है। वह इसे काँच की माला समझती है। जिस भाषा में यह संविधान बना है, वह जनता की भाषा नहीं है, जनता की भाषा वह भाषा है, जिसमें उत्तर भारत में आप देखेंगे, कि सूर की कविताएँ हैं, तुलसी का महाकाव्य है।'[47]

**संदर्भ—**


1. भारतीय संविधान सभा के वाद-विवाद की सरकारी रिपोर्ट (हिंदी संस्करण), अंक-11, संख्या-7, 21 नवंबर, 1949, पृ. 3864-3865
2. वही, पृ. 3865
3. वही, पृ. 3867
4. वही, पृ. 3867-3868
5. वही, पृ. 3868-3869
6. वही, पृ. 3869-3870
7. वही, पृ. 3871
8. वही, पृ. 3873
9. वही, पृ. 3874
10. वही, पृ. 3875
11. वही, पृ. 3875
12. वही, पृ. 3876
13. वही, पृ. 3876
14. वही, पृ. 3876
15. वही, पृ. 3879
16. वही, पृ. 3881
17. वही, पृ. 3888
18. वही, पृ. 3888-3889
19. वही, पृ. 3889
20. वही, पृ. 3889
21. वही, पृ. 3889-3890
22. वही, पृ. 3892-3893
23. वही, पृ. 3893
24. वही, पृ. 3899
25. वही, पृ. 3900
26. वही, पृ. 3906

27. वही, पृ. 3907
28. वही, पृ. 3907
29. वही, पृ. 3907
30. वही, पृ. 3908
31. वही, पृ. 3912
32. वही, पृ. 3913
33. वही, पृ. 3913
34. वही, पृ. 3914
35. वही, पृ. 3915
36. वही, पृ. 3915
37. वही, पृ. 3915
38. वही, पृ. 3916
39. वही, पृ. 3916
40. वही, पृ. 3916
41. वही, पृ. 3917
42. वही, पृ. 3917
43. वही, पृ. 3921
44. वही, पृ. 3922
45. वही, पृ. 3922
46. वही, पृ. 3923
47. वही, पृ. 3926

□

# 43

# मिश्रित भाव*

**बेगम ऐजाज रसूल ( संयुक्त प्रांत )**

'अध्यक्ष महोदय, इसमें कोई संदेह नहीं है कि आज एक पवित्र तथा शुभ दिवस है, क्योंकि आज संविधान सभा ने स्वतंत्र भारत के लिए एक संविधान बनाने का महान् कार्य समाप्त किया है। वह भी एक ऐसा संविधान बनाने का कार्य, जिसमें भारतीयों की आशाएँ तथा आकांक्षाएँ मूर्तिमान हुई हैं। यदि किसी संविधान को उसकी पदावलियों तथा उपबंधों से जाँचा जा सकता है तो यह संविधान अवश्य ही संसार के संविधानों में बहुत ऊँचा स्थान प्राप्त करेगा। मेरे विचार से यह सर्वथा उचित ही है कि हम इस पर गर्व करें। डॉ. आंबेडकर तथा मसौदा समिति के सदस्यों ने जो अद्भुत कार्य किया है, उसके लिए मैं उन्हें बधाई देती हूँ। अध्यक्ष महोदय, आपने जिस धैर्य और योग्यता से इस सभा की कार्यवाही का संचालन किया है, उसके लिए आपको धन्यवाद देती हूँ।'[1] 'संविधान में सबसे अधिक महत्त्व इसका है कि भारत एक धर्मनिरपेक्ष राज्य होने जा रहा है। यह संविधान इस कारण एक पवित्र संविधान है कि इसमें धर्मनिरपेक्षता का समर्थन किया गया है। हमें इसका गर्व है। मुझे पूरा विश्वास है कि इस धर्मनिरपेक्षता की सदा रक्षा की जाएगी। इस पर कलंक नहीं लगने दिया जाएगा, क्योंकि इसी पर भारत के लोगों की अखंडता

* 22 नवंबर, 1949

निर्भर है। बिना इसके उन्नति की सभी आशाएँ विफल हो जाएँगी।'[2]

'मुझे खेद है कि संविधान में संपत्ति विषयक अनुच्छेद 31 का प्रावधान किया गया है, जो बहुत ही अनुचित तथा अन्यायपूर्ण है। नगर निर्माता जैसे नगर को सभी कालों के लिए बनाते हैं, वैसे ही संविधान निर्माता भी संविधान को सभी कालों के लिए बनाते हैं। उसमें सार्वभौमिक सिद्धांतों का समावेश करते हैं। संविधान में किसी एक दल, किसी एक समूह अथवा किसी एक प्रांत के पक्ष में उपबंध नहीं रखे जाने चाहिए। यह खेद की बात है कि अनुच्छेद 31 के उपबंध इस कसौटी पर खरे नहीं उतरते। वास्तव में वे कुछ प्रांतों में एक दल विशेष के कार्यक्रम को कार्यान्वित करने में सुविधा पैदा करने के लिए रखे गए हैं। उनमें संयुक्त प्रांत, बिहार और मद्रास के अतिरिक्त अन्य प्रांतों में जमींदारी उन्मूलन के संबंध में विभेद किया गया है। कृषि संपत्ति तथा औद्योगिक संपत्ति में भी विभेद किया गया है। इन प्रांतों में कृषि संपत्ति के संबंध में न्याय-अधिकारों का अपहरण किया गया है। यह एक अजीब उपबंध है। इसके कारण एक सुंदर चित्र में धब्बा लगता है।'[3]

'संविधान के सबसे अधिक महत्त्वपूर्ण तथा ऐतिहासिक विशेषताओं में से एक विशेषता यह भी है कि अल्पसंख्यकों के लिए अब स्थान सुरक्षित नहीं रखे जाएँगे। मुझे इसकी प्रसन्न है कि मुझे सभा को यह सूचित करने का अवसर मिला है कि जैसा कि मैंने इस संविधान प्रथम पठन के अवसर पर कहा था, मैं आरंभ से ही इस विचारधारा का समर्थन करती चली आई हूँ कि इन स्थानों को सुरक्षित नहीं रखना चाहिए। इन सुरक्षित स्थानों को हटाने में मैंने भी हाथ बँटाया। अपने उत्तरदायित्व को पूर्णतया समझकर हाथ बँटाया। वह इस कारण कि मेरा विश्वास है कि धर्म पर आधारित किसी अल्पसंख्यक समुदाय के लिए सांप्रदायिक आधार पर स्थानों के रक्षण की माँग करके पृथक्करण की भावना बनाए रखना आत्मघात के अतिरिक्त और कुछ नहीं होगा। वास्तव में भले ही अल्पसंख्यक अपने को बहुसंख्यक समुदाय से पृथक् रखने के लिए एक दीवार खड़ी कर लें, किंतु उससे उनकी कुछ भी रक्षा नहीं हो सकती। इससे उनका समुदाय बिल्कुल ही पृथक् समुदाय हो जाएगा। देश के अन्य समुदायों के निकट नहीं आ सकेगा। मुझे आशा है कि स्थानों के रक्षण की व्यवस्था को समाप्त करके हमारी वे कठिनाइयाँ तथा भ्रम भी मिट जाएँगे, जिनके कारण कुछ वर्षों से हमारा सार्वजनिक तथा राजनैतिक जीवन दूषित रहा है। मैं उस दिन की प्रतीक्षा कर रही हूँ, जब लोग अपने को धार्मिक अल्पसंख्यक समुदायों के सदस्य नहीं समझेंगे। किंतु अध्यक्ष महोदय, यह तभी संभव हो सकेगा, जब बहुसंख्यक समुदाय के सदस्य भी अपने को बहुसंख्यक नहीं समझें और सभी समुदायों के सदस्य, चाहे वे अल्पसंख्यक हों या बहुसंख्यक अपने को एक धर्मनिरपेक्ष राज्य के पूर्ण तथा समान अधिकार प्राप्त नागरिक समझें।'[4]

**डॉ. पी.एस. देशमुख ( मध्य प्रांत और बरार )**

'इस संविधान का एक महान् गुण यह है कि इस देश के निवासी एक ऐसे संविधान को अपनाने जा रहे हैं, जिससे वह पिछले दस या बारह वर्ष तक परिचित रहे हैं। केंद्र के उत्तरदायित्व विषयक उपबंधों को छोड़कर अन्य उपबंधों के आधार पर यह कहा जा सकता है कि यह संविधान बहुत कुछ 1935 के अधिनियम के समान ही है। मैं यह उसकी निंदा की दृष्टि से नहीं कह रहा हूँ। मैं इसे उसका गुण मानता हूँ न कि दोष, क्योंकि लोगों को संविधान को समझने में अधिक कठिनाई नहीं होगी। गवर्नर अथवा राज्यपाल रखे ही गए हैं। गवर्नर जनरल का नाम बदलकर प्रेसीडेंट अथवा राष्ट्रपति कर दिया गया है। साथ ही, 1935 के अधिनियम का ढाँचा ज्यों-का-त्यों रखा गया है। एक महत्त्वपूर्ण परिवर्तन किया गया है। मुझे आशा है कि उसके कारण इस देश के लोगों की सामाजिक तथा राजनैतिक स्थिति में बहुत अंतर हो जाएगा। यह महत्त्वपूर्ण परिवर्तन लोगों को वयस्क मताधिकार प्रदान करना ही है। इसके अतिरिक्त संविधान में शायद ही कोई ऐसी बात मिलेगी, जिसके कारण लोगों में उत्साह उत्पन्न हो सकता है।'[5]

'संविधान को दो दृष्टिकोणों से देखने पर मुझे वह असंतोषजनक ही प्रतीत होता है। पहले यदि हम उसकी एक शक्तिशाली राष्ट्र के निर्माण की दृष्टि से परीक्षा करें तो हमें विदित होगा कि हमने संगठन की कई ऐसी शक्तियों की उपेक्षा की है, जो सभी समाजों और राष्ट्रों के लिए उपयोगी सिद्ध हुई हैं। जो हमारे लिए भी उपयोगी सिद्ध हो सकती थी। उदाहरणार्थ—संगठन की एक शक्ति धर्म भी है। मेरे विचार से इस समय संसार में भारत के समान अधार्मिक और कोई देश नहीं है। इस बहाने से अथवा इस आधारभूत सिद्धांत के कारण कि हम आप संविधान को एक धर्मनिपेक्ष संविधान बनाना चाहते थे, हमने अपने संविधान में धर्म की परछाईं तक नहीं पड़ने दी है। मैं स्वयं कोई बहुत अधिक धार्मिक व्यक्ति नहीं हूँ, किंतु मेरे विचार से प्रत्येक समाज के जीवन में तथा कई राज्यों के प्रशासन में धर्म का एक निश्चित स्थान रहा है और अवश्य ही रह भी सकता है। यदि हम संसार के सबसे उत्कृष्ट धर्म अर्थात् हिंदू धर्म को स्थान देते तो मुझे कुछ भी आपत्ति नहीं होती, यदि हमने यह भी घोषित किया होता कि हमारा राज्य हिंदू राज्य होगा तो मुझे इस संबंध में कुछ भी संदेह नहीं है कि हमारा संविधान हमारी इच्छानुसार धर्मनिरपेक्ष ही रहता। इसका कारण यह है कि हिंदुत्व की अपेक्षा संसार में अन्य कोई धर्म अधिक ऐतिहासिक नहीं है। (वाह-वाह)। यदि मुझे इसकी स्वतंत्रता होती, तो मैं भावी भारतीय राष्ट्र के निर्माण के लिए तथा उसे सुदृढ़ बनाने के लिए अपने पूर्वजों से प्राप्त धर्म का उपयोग करता।'[6]

'एक अन्य दृष्टिकोण से भी मुझे यह संविधान दोषपूर्ण दिखाई देता है। इस संसदीय लोकतंत्र का उद्देश्य वास्तव में वर्तमान स्थिति को बनाए रखना है। इसका उद्देश्य यह नहीं है कि वर्तमान स्थिति में आधारभूत परिवर्तन हो। हम विभिन्न संस्थाओं को बनाए रखना चाहते हैं। हम समाज के विभिन्न स्तरों को बनाए रखना चाहते हैं। इस कारण यदि यह संविधान अधिक

दिन नहीं चला, तो मुझे कुछ भी आश्चर्य नहीं होगा, क्योंकि इसके द्वारा इस समय के जनसाधारण की आकांक्षाओं की पूर्ति नहीं हो सकती। मेरे कई माननीय मित्रों ने समता, स्वतंत्रता तथा बंधुता के सिद्धांतों की प्रशंसा की है। मेरे विचार से अब दो सौ वर्ष से अधिक समय के पश्चात् इन ऊँचे शब्दों का महत्त्व कुछ भी नहीं रह गया है। कई देश इन पदावलियों का सहारा लेकर ऊँचे स्तरों को बनाए रहे और नीचे स्तरों के लोगों का मनमाने ढंग से शोषण करते रहे। मेरे विचार से यदि इस संविधान को ठीक भावना से व्यवहार में लाया गया और वयस्क मताधिकार के कारण कुछ परिवर्तन हो गया और जनसाधारण से हमें ठीक तरह के प्रतिनिधि प्राप्त हो गए, तभी लोग अपने मनोवांछित फल को प्राप्त कर सकेंगे। अन्यथा जो बातें फ्रांस की क्रांति के पश्चात् अच्छी समझी गई थीं, वे 1949 के लिए अच्छी नहीं कही जा सकतीं। शासन व्यवस्था के वर्तमान ढाँचे को बदलने के लिए किसी प्रकार की क्रांति की आवश्यकता होगी, जिससे जनसाधारण अपना अधिकार तथा अपनी शक्ति प्राप्त कर सकेंगे और देश का कल्याण स्वयं कर सकेंगे।'[7]

'संसदीय लोकतंत्र से वर्तमान युग की आवश्यकताओं की पूर्ति नहीं होती। जब तक वयस्क मताधिकार के व्यवहार में आने से स्थिति में परिवर्तन नहीं होता, जब तक निहित स्वार्थ वाले, जो वर्तमान स्थिति को बनाए रखने के लिए प्रयास करेंगे, भविष्य में स्थिति के बदलने के कारण अपने अधिकार को बनाए रखने की शक्ति खो नहीं बैठेंगे, तब तक यह संविधान व्यवहार में आ नहीं सकेगा। अन्यथा वर्तमान युग को इससे बिल्कुल ही भिन्न संविधान की अपेक्षा है, कम-से-कम ऐसे संविधान की अपेक्षा तो है ही, जैसा कि महात्माजी चाहते थे। आखिर पिछले तीन वर्षों में हम इसी संविधान को तो व्यवहार में लाए हैं। अपने अनुभव के आधार पर हम कह सकते हैं कि पिछले तीन वर्षों में हम जिस प्रकार प्रशासन कार्य चलाते रहे हैं उसमें तथा आगे जिस प्रकार चलाएँगे, उसमें कोई विशेष अंतर नहीं होगा। अगर हम उसका सिंहावलोकन करें तो हम इस परिणाम पर पहुँचेंगे कि हम लोगों की आकांक्षाओं की पूर्ति नहीं कर सके हैं। यह कोई अतिशयोक्ति नहीं है कि सरकार और लोगों के बीच कलह है, चाहे वह इस समय थोड़ा सा ही क्यों न हो। हमें यह कहकर संतोष न करना चाहिए कि इस असंतोष ने अभी संगठित रूप धारण नहीं किया है और इसे व्यक्त करने के लिए लोगों ने अभी कोई ऐसा दल संगठित नहीं किया है, जो वर्तमान प्रशासन को विनष्ट कर देगा। किंतु इस प्रकार का दल आसानी से संगठित हो सकता है, क्योंकि असंतोष के बीज बो दिए गए हैं। लोगों को वर्तमान प्रशासन से बहुत सी शिकायतें हैं। वे उससे असंतुष्ट हैं और उसे अपना प्रशासन नहीं समझते हैं, इसलिए इस दृष्टि से मुझे संदेह है कि वास्तव में यह संविधान भारतीयों के स्वभाव के अनुरूप है या नहीं और इसके वर्तमान युग की आवश्यकताओं की पूर्ति होगी या नहीं।'[8]

'भारत में जो समुदाय पिछड़े हुए समुदाय कहे जाते है, उनके लिए वह सब नहीं किया गया है, जो मैं चाहता था। इस संबंध में मैंने जो सुझाव रखा था, उसे यदि स्वीकार कर लिया

गया होता तो कोई हानि नहीं होती। उसे संविधान में समाविष्ट करने योग्य नहीं समझा गया है, किंतु मुझे आशा है कि अनेक लोगों की उनके प्रति जो सहानुभूति है, वह भविष्य में विधि-निर्माण करते समय अथवा नीतियों को निश्चित करते समय व्यक्त की जाएगी। आखिर अर्थ और शिक्षा की दृष्टि से सारा भारत पिछड़ा हुआ है। बहुत कम लोग ऐसे हैं, जो सुसंपन्न हैं, सुशिक्षित हैं और जीवन की सुंदर वस्तुओं का उपभोग करते हैं। जनसाधारण अधिकतर निराश्रित हैं; उन्हें पेट भर भोजन नहीं मिलता है और उनके स्वास्थ्य की ओर कुछ भी ध्यान नहीं दिया जाता। इसलिए अनुसूचित जातियों अथवा आदिम जातियों की जो कठिनाइयाँ हैं, वही कठिनाइयाँ हिंदुओं के बड़े-बड़े समुदायों की भी हैं। इस स्थिति में मेरा निवेदन है कि अनुसूचित जातियों तथा आदिम जातियों के प्रति जिस प्रकार हम सहानुभूति दिखाते हैं, उसी प्रकार हम उन लोगों के प्रति भी सहानुभूति का परिचय दें, जिन्हें अभी तक स्वतंत्रता से कुछ भी लाभ नहीं हुआ है। जितनी अधिक सहानुभूति हम दिखाएँगे, उतना ही अधिक सामंजस्य हम भारतीय समाज में ला सकेंगे।'[9]

**सीताराम एस. जाजू ( मध्य भारत )**

'मैं यह कहूँगा कि एक देशी राज्य के प्रतिनिधि होने के नाते मुझे इस संविधान सभा से देशी राज्यों के लोगों का उत्तरोत्तर घनिष्ठ संबंध स्थापित होने से बहुत संतोष हुआ। हम देशी राज्यों के लोग भारत के वर्तमान प्रधानमंत्री माननीय पं. जवाहरलाल नेहरू की अध्यक्षता में और बाद को डॉ. पट्टाभि सीतारमय्या तथा शेख अब्दुल्ला की अध्यक्षता में देशी राज्यों के लोगों का भारतीय संघ से संबंध स्थापित करने के लिए प्रयास करते रहे तथा आंदोलन करते रहे। हम यह चाहते थे कि देशी राज्यों के लोगों के प्रतिनिधियों में और ब्रिटिश भारत के लोगों के प्रतिनिधियों में कोई विभेद न किया जाए। हम यह समझते थे कि वंश, जाति, संस्कृति तथा अन्य सभी बातों की दृष्टि से हम सब एक ही लोग हैं, एक ही जाति के लोग हैं। देश के संबंध में हमारे हित एक समान हैं। हमारे सौभाग्य से राष्ट्रपिता महात्मा गांधी तथा राष्ट्र के अन्य नेताओं ने इसे समझा। उनके आशीर्वाद से हमें उत्तरोत्तर सफलता प्राप्त हुई। अंततोगत्वा हम आप के सुयोग्य नेतृत्व में इस सभा के कार्य में भाग ले रहे हैं। अध्यक्ष महोदय, आपने नरेशों से बातचीत आरंभ की, जिसका परिणाम यह हुआ कि अब केवल थोड़े से लोग उनके मनोनीत किए हुए हैं। अन्य सब भारतीयों के निर्वाचित सदस्य हैं। वास्तव में हमारी यह धारणा है कि एक वाक्य लिखकर ही हमने दो सौ वर्ष या इससे भी अधिक वर्षों का इतिहास मिटा दिया है। इस काल में विदेशी सरकार ने अपने सांप्रदायिक स्वार्थों को तथा इस देश पर अपने आधिपत्य को बनाए रखने के लिए विभिन्न हितों को स्थापित किया था।'[10]

'इस संविधान के देशी राज्य विषयक अध्याय के संबंध में हमारी यह धारणा है कि देशी राज्यों पर केंद्र के नियंत्रण की जो व्यवस्था की गई है, वह एक गलत व्यवस्था है। मेरी यह

प्रबल धारणा है कि इस प्रकार के नियंत्रण को रखने का अर्थ देशी राज्यों का अपमान करना ही है। इस दृष्टि से मैंने तथा मेरे अन्य मित्रों ने विशेषत: बलवंत सिंह मेहता ने इस विषय की ओर मसौदा समिति, उसके सभापति डॉ. आंबेडकर तथा टी.टी. कृष्णमाचारी और अन्य लोगों को ध्यान दिलाया। उन्होंने कृपा करके हमारी बात सुनी। हमसे कहा कि देशी राज्यों में स्थिति ही ऐसी है कि वे इससे भिन्न व्यवस्था नहीं कर सकते हैं। हम बहुत आगा-पीछा करके उनसे सहमत तो हो गए, किंतु अब भी हमारा यह विश्वास है कि संविधान में इस प्रकार का विभेद करने की आवश्यकता नहीं थी। बाद को हमने सुना कि प्रांतों के प्रति भी इसी प्रकार का व्यवहार किया गया है। अब हम देखते हैं कि संविधान में इस संबंध में उपबंध रखे गए हैं। इससे हमें कुछ संतोष हुआ है, क्योंकि कहावत है कि दूसरे को भी अपने ही दु:ख का भागी देखकर अपना दु:ख पीड़ा नहीं देता। किंतु फिर भी हमारी यह धारणा है कि हमारे साथ इस प्रकार का व्यवहार नहीं किया जाना चाहिए।'[11]

'श्रीमान, देश-विभाजन के पश्चात् देश की राजनैतिक विचारधारा में परिवर्तन हुआ है। पहले प्रांतीय स्वायत्तता पर जोर दिया जाता था। अब केंद्र को सुदृढ़ बनाने तथा उसे अधिक-से-अधिक शक्ति प्रदान करने पर जोर दिया जाने लगा है। विचारधारा में जो परिवर्तन हुआ है, उसकी मैं आलोचना नहीं करना चाहता, क्योंकि संभवत: हमारे नेताओं का मत इसके पक्ष में है। वे देश को शक्तिशाली बनाना चाहते हैं। देश विभाजन के पश्चात् अन्य घटनाएँ भी घटित हुई हैं। उन घटनाओं के लिए हम उत्तरदायी नहीं हैं। किंतु हमारी यह धारणा है कि देशी राज्यों में जो कुछ किया गया है, वह एक महान् कार्य है। साथ ही, उप-प्रधानमंत्री महोदय ने हमें यह आश्वासन दिया है कि राज्यों के प्रशासन में कम-से-कम हस्तक्षेप किया जाएगा। मुझे आशा है कि हमें अलग समझकर हमारे साथ व्यवहार नहीं किया जाएगा।'[12]

'सबसे बड़ी बात, जो हमने हासिल की है, यह है कि राज्यों के लोगों को जिन्हें अभी तक मनुष्य तक नहीं समझा जाता था और जिन्हें कोई नागरिक अधिकार अथवा नागरिक स्वतंत्रताएँ प्राप्त नहीं थीं; अब ये अधिकार प्रदान किए गए हैं। उन्हें उसी स्तर पर रखा गया है, जिस स्तर पर देश के अन्य नागरिक हैं। पुरानी प्रणाली मिटा दी गई है। बलात् श्रम लेने की तथा अन्य अमानुषिक प्रथाएँ अब नहीं रहेंगी। किंतु अभी हमें यह देखना है कि इस संविधान के उपबंधों को व्यवहार में लाने में कितनी सफलता प्राप्त होती है। मुझे इस संबंध में कुछ भी संदेह नहीं है कि हमारे प्रधानमंत्री तथा उप-प्रधानमंत्री के सुयोग्य नेतृत्व में हमारी सभी आकांक्षाएँ पूरी हो जाएँगी।'...[13]

**पं. हृदयनाथ कुंजरू ( संयुक्त प्रांत )**

'यह संविधान प्रत्येक व्यक्ति की इच्छा के अनुरूप न बना हो, किंतु सदस्यों ने इस पूरे संविधान की जो निंदा की है, उसका कोई अर्थ नहीं है।'[14]

'मैं एक प्रश्न को और उठाना चाहता हूँ। केंद्र और प्रांतों के बीच शक्ति के बँटवारे के संबंध में जो उपबंध हैं, उनके गुण-दोषों पर विचार करने में मैं किसी सिद्धांत का सहारा नहीं लूँगा। संघ शासन की एक परिभाषा नहीं है। विभिन्न प्रकार के संघीय संविधान हैं। हमें केवल यह देखना चाहिए कि क्या केंद्र के और अंगभूत इकाइयों के संबंध ऐसे हैं कि उनसे लोकतंत्र का विकास होगा और प्रांतीय सरकारों में उत्तरदायित्व की भावना जाग्रत् होगी। संसार के विभिन्न भागों में संघीय सरकारों का जो अनुभव रहा है, उसके आधार पर यह कहा जा सकता है कि केंद्रीय सरकार को कुछ ऐसे महत्त्वपूर्ण विषयों के संबंध में काररवाई करने का अधिकार होना चाहिए, जिन्हें कुछ संविधानों में अंगभूत इकाइयों के क्षेत्राधिकार में रखा गया है। इस समय जिस प्रकार की स्थिति है, उसके अनुभव के आधार पर भी यह कहा जा सकता है कि आर्थिक क्षेत्र में भी केंद्रीय सरकार को पर्याप्त शक्ति प्राप्त होनी चाहिए, ताकि वह लोगों के जीवन स्तर को ऊँचा उठा सके और देश को अधिक सुसंपन्न बना सके। हम जानते हैं कि विभिन्न देशों में आर्थिक प्रश्न का क्या महत्त्व रहा है। इसलिए इस संविधान द्वारा संघीय सरकार को आर्थिक मामलों के संबंध में जो शक्ति दी गई है, उसका अवश्य ही स्वागत किया जाना चाहिए।'...[15]

'इसके अतिरिक्त संविधान की इस विशेषता का भी स्वागत करना चाहिए कि केंद्रीय सरकार को अपनी की हुई संधियों को तथा उन अभिसमयों को व्यवहार में लाने की शक्ति होगी, जिनके लिए वे सहमत हुई हो। मेरे विचार से तथा साधारणतया सभी भारतीयों के विचार से 1935 के भारत शासन अधिनियम का यह सबसे बड़ा दोष था कि केंद्रीय सरकार को यह शक्ति प्राप्त नहीं थी। इसके अतिरिक्त श्रीमान यह आवश्यक है कि केंद्रीय सरकार को जो देश की सुरक्षा के लिए उत्तरदायी है, बाहर के अथवा भीतर के कारणों से राष्ट्रीय सुरक्षा संकट में पड़ने पर प्रभावपूर्ण ढंग से हस्तक्षेप करने की शक्ति प्राप्त हो। किंतु केंद्रीय सरकार को कुछ ऐसी शक्तियाँ दी गई हैं, जिनकी मेरे विचार से अन्य देशों के अनुभव को देखते हुए और पिछले युद्ध के पश्चात् संसार में जो घटनाएँ घटित हुई हैं, उन्हें देखते हुए आवश्यकता नहीं है।'[16]

'जहाँ अभी तक बिल्कुल सीमित मताधिकार रहा है, वहाँ लोगों को यकायक सार्वभौम मताधिकार प्रदान करने में कोई बुद्धिमत्ता नहीं है। यदि हम मताधिकार धीरे-धीरे प्रदान करते और एक निश्चित समय में, जैसेकि पंद्रह वर्ष में वयस्क मताधिकार प्रदान करते और इस समय केवल 40 प्रतिशत से लेकर 50 प्रतिशत तक को मताधिकार प्रदान करके संतोष कर लेते, तो हम लोगों को फुसलाने वालों को अधिक अवसर नहीं देते। राजनैतिक दलों के तथा उम्मीदवारों के निर्वाचकों के संपर्क में आने में तथा उन्हें शिक्षा देने में सुविधा प्रदान करते। किंतु इस संविधान के व्यवहार में आने पर जो स्थिति उत्पन्न हो जाएगी, उस स्थिति में निर्वाचकों को शिक्षा देना एक बहुत ही कठिन कार्य हो जाएगा। जिन लोगों को निर्वाचकों के अज्ञान का अनुभव है, वे मताधिकार को यकायक विस्तृत बनाने के संबंध में मैंने जो विचार व्यक्त किए

हैं, उनसे सहमत होंगे। चूँकि अब विचाराधीन संविधान में कुछ परिवर्तन नहीं किया जा सकता, इसलिए मुझे आशा है कि देश के राजनैतिक दल तथा वे लोग हितैषी लोग, जिनकी यह प्रबल इच्छा रहती है कि प्रत्येक व्यक्ति एक उत्तरदायी नागरिक हो, निर्वाचकों को अपने कर्तव्यों से परिचित कराने के लिए तथा ऐसी स्थिति उत्पन्न करने के लिए यथासंभव प्रयत्न करेंगे, जिससे निर्वाचक आत्माभिमानी नागरिक हो सकें। कम-से-कम इतनी योग्यता तो प्राप्त कर सकें कि साधारण प्रश्नों पर विचार कर सकें।'[17]

'किंतु संविधान के कई अंग ऐसे हैं, जिनका हम हृदय से समर्थन नहीं कर सकते। चाहे जो भी उपबंध हों, इस अवसर पर हमें संविधान का समर्थन करना ही चाहिए। मेरे विचार से कोई भी व्यक्ति उसके विरोध में मत नहीं दे सकता है। साथ ही मैं यह कहूँगा कि हम में से कुछ लोग इस संविधान के कुछ महत्त्वपूर्ण उपबंधों से असंतुष्ट हैं। हमारी यह इच्छा है, जैसा कि प्रधानमंत्री महोदय ने कुछ मास पूर्व कहा था कि क्या ही अच्छा होता, यदि यह संभव होता कि संविधान को कुछ वर्ष तक हम उसी प्रकार संशोधित कर सकते, जैसे कि हम किसी साधारण विधि को संशोधित कर सकते हैं।'[18] (इस पर संविधान सभा में हर्षध्वनि हुई।)

**श्यामनंदन सहाय ( बिहार )**

'मेरे विचार से कितना अच्छा होता, यदि इस संविधान में आध्यात्मिकता का भी समावेश होता तथा उसे एक महत्त्वपूर्ण स्थान दिया जाता। इससे यह संविधान अन्य संविधानों से भिन्न नहीं हो जाता, क्योंकि हम देखते हैं कि अन्य संविधानों में भी इस प्रकार का उल्लेख है। हमारे लिए इस विषय का और भी अधिक महत्त्व है, क्योंकि इतिहास में पहली बार हमारे यहाँ महात्मा ने धर्म और राजनीति का संबंध स्थापित किया है। उन्होंने केवल यही नहीं बताया कि राजनीति में धर्म का क्या स्थान है, बल्कि पहली बार यह सिद्धांत भी प्रतिपादित किया कि केवल लक्ष्य ही सच्चा तथा उत्कृष्ट न होना चाहिए, बल्कि उसे प्राप्त करने के साधन भी सच्चे तथा उत्कृष्ट होने चाहिए, क्योंकि तभी उससे वास्तव में लोगों का हितसाधन हो सकेगा। हम में से कुछ लोगों की यह धारणा है कि राजनीति का अध्यात्म से नाता जोड़ना ठीक नहीं है। मेरे विचार से वर्तमान समय में इस प्रकार की आवश्यकता नहीं है। इस देश में अथवा विदेशों में बोलते हुए क्या हमारे नेता इस देश के आध्यात्मिक इतिहास के महत्त्व को नहीं बताते? अपने राष्ट्र के सर्वप्रथम कार्य में यदि हम इस अध्यात्म को अभिव्यक्त नहीं करते तो क्या इससे हमारी प्रशंसा होगी? किंतु चाहे इसका इस देश के लिखित संविधान में समावेश हो या न हो, किंतु मुझे विश्वास है कि इस संविधान के उद्देश्य को पूरा करने में हमारे देशवासी तथा हमारे नेता कभी ईश्वर का विस्मरण नहीं होने देंगे। तभी हमारा संविधान वास्तव में सफलता के साथ प्रवर्तन में आएगा।'[19]

'इतिहास में यह एक अद्वितीय अवसर है। यदि हम अपने इतिहास का अवलोकन करें तो हमें यह स्वीकार करना होगा। एक समय सुयोग्य शासकों के राज में इस देश में दूध की नदियाँ

बहती थीं। इस समय हम जिस रामराज्य की स्थापना के लिए सचेष्ट हैं, वह एक समय यहाँ अस्तित्व में था। किंतु था वह लोकहितैषी शासकों का शासन ही और लोकप्रतिनिधियों का स्वयं अपनाया हुआ विधि शासन नहीं था। इसलिए मेरा निवेदन है कि यदि आप वर्तमान काल की तुलना प्राचीन काल से भी करें तो आपको प्रत्यक्ष हो जाएगा कि आज का अवसर अद्वितीय अवसर है। मेरा निवेदन है कि भविष्य के लिए भी यह अवसर अद्वितीय ही रहेगा। हम भविष्य में संविधान में सुधार कर सकते हैं। अधिक उत्कृष्ट बातों को अपना सकते हैं, किंतु यह फिर भी स्वीकार करना ही होगा कि आरंभ में यही संविधान बना था, और कोई संविधान नहीं बना था।'[20]

'अब भारत में हिमाचल से लेकर कन्याकुमारी तक एक ही प्रकार का शासन होगा। जब हम यह सब विचार करते हैं तो हमें इस पर खेद होता है कि इस देश के दो भागों को पृथक् कर दिया गया है। किंतु हम आशा करते हैं कि हमारे देशवासी, चाहे वे कहीं भी क्यों न हों, सद्बुद्धि को ग्रहण करेंगे। हम फिर भारत को उसी रूप में देख सकेंगे, जिस रूप में हम उसे अतीत काल से देखते आए हैं।'[21]

'इस देश में स्वतंत्र युग आरंभ होने जा रहा है। यह स्वतंत्र, अहिंसात्मक असहयोग अथवा सत्याग्रह के उपाय से प्राप्त हुआ है, जो उपाय पहले कभी विदित नहीं था। अपने विरोधी के प्रति बिना किसी प्रकार का द्वेष भाव रखे हुए अहिंसा के उपाय से उसका सामना करने से आश्चर्यजनक सफलता प्राप्त हुई है। इस पर अब सारे संसार का अटल विश्वास हो गया है। यह कितने दुःख का विषय है और विधि का कैसा कठोर विधान है कि जिस व्यक्ति की तपस्या से यह सबकुछ प्राप्त हुआ है, वह अब हमारे बीच में नहीं है। भारत को उनकी आज और भी अधिक आवश्यकता थी।'[22]

'मेरे विचार से इस संविधान के निर्माता यह नहीं कहते कि यह दोषमुक्त है। किंतु यह स्वीकार करना होगा कि वर्तमान स्थिति में इसे जितना अधिक दोषमुक्त बनाया जा सकता था, इतना अधिक दोषमुक्त बनाने के लिए सच्चाई और ईमानदारी के साथ प्रयत्न किया गया है। कुछ मित्रों और आलोचकों ने इसकी उस संविधान से तुलना की है, जो फ्रांस में टेनिस के एक मैदान में बनाया गया था अथवा उस संविधान से तुलना की है, जो अमेरिका के बहुत कुछ स्वनिर्वाचित इकतीस सदस्यों ने बनाया था। 1787 में जो प्रशासन संबंधी प्रश्न अथवा सिद्धांत थे, उनकी अपेक्षा अब बिल्कुल भिन्न प्रश्न और सिद्धांत हैं। किसी देश के लिए अथवा किन्हीं लोगों के लिए जो संविधान के निर्माण का बीड़ा उठाना चाहते हैं, यह उचित नहीं है कि पिछले पौने दो सौ वर्षों में संसार में जो उन्नति हुई है, उसकी उपेक्षा करें।'[23]

'मेरी यह धारणा है कि हमने एक ऐसे संविधान का निर्माण किया है कि हम एक उच्च स्तर से उसे लोगों पर आरोपित कर सकेंगे। यह प्रयास नहीं किया है कि उसका आधार ग्रामीण जीवन हो। आपको स्मरण होगा कि इस विषय पर इस सभा में महत्त्वपूर्ण वाद-विवाद हुआ था और मैं

यह कहूँगा कि पहली बार मेरे मन में यह विचार उठा कि डॉ. आंबेडकर गलती कर रहे हैं। बहुत बड़ी गलती कर रहे हैं। इस देश के ग्रामीण जीवन के संबंध में उनकी जो धारणा है, वह एक गलत धारणा है। वास्तव में गाँव ही शहरों की आवश्यकताएँ पूरी करते हैं। चाहे आप सैनिक प्रशासन को देखें अथवा असैनिक प्रशासन को, चाहे आप खाद्य के उत्पादन को ही देखें; आपको स्पष्ट हो जाएगा कि ग्रामीण ही हमारी सब आवश्यकताएँ पूरी करते हैं। यह न कहना चाहिए कि उनका सुधार हो ही नहीं सकता। आखिर हमारे देशवासी अधिकतर ग्रामीण ही हैं। यदि वे अभी उस स्तर पर नहीं पहुँचे हैं, जिस स्तर पर हम में से कुछ लोग उन्हें देखना चाहते हैं, तो इसके लिए कौन दोषी है? केंद्र ने कभी उनकी ओर ध्यान ही नहीं दिया। क्या अब भी हम यही करना चाहते हैं? मेरा निवेदन है कि यदि हम ऐसा करेंगे तो हमारी ही हानि होगी। दुर्भाग्य से हमने अधिकतर 1935 के अधिनियम का ही अनुसरण किया है। इसलिए हम इस देश के उत्थान के लिए जो अन्य कार्य आवश्यक थे, उन पर न विचार ही कर सके हैं और न उनकी ओर यथेष्ट ध्यान ही दे सके हैं।'[24]

**हंसा मेहता (बंबई)**

'अध्यक्ष महोदय, अब हम अपनी यात्रा समाप्त करने जा रहे हैं। हमें हर्ष है कि आखिर यह सुदिन भी आ गया। मेरी यह इच्छा थी कि हम इस यात्रा में कम समय लगाते। समय का बहुत महत्त्व होता है। मनोविज्ञान की दृष्टि से जिस घड़ी का महत्त्व होता है, यदि वह बीत जाती है तो चाहे कोई चीज कितनी ही सुंदर क्यों न हो, उसमें दिलचस्पी नहीं रह जाती। यही इस संविधान के संबंध में भी कहा जा सकता है। इस सभा में तथा इसके बाहर पूछा जाता है कि यह संविधान अच्छा है या नहीं और आखिर यह किस प्रकार व्यवहार में आएगा? यदि इससे लोगों का हितसाधन होगा तो यह सुंदर संविधान कहा जाएगा। यदि इससे उनकी हितहानि होगी तो यह एक बुरा संविधान कहा जाएगा। भविष्य के निर्वाचकों को चाहिए कि वे ठीक तरह के लोगों को चुनें, ताकि वे इस संविधान द्वारा लोगों का हितसाधन करें। इसलिए जिम्मेदारी लोगों की ही है। एक बात मैं कहूँगी और वह यह है कि जिस स्थिति में हम थे, उसमें इससे अच्छा संविधान बनाया नहीं जा सकता था। इस सभा में इतना मत-वैषम्य होने पर भी यह एक आश्चर्य की बात है कि इस संविधान में जो कुछ है, कम-से-कम उसके लिए तो सभा की सहमति प्राप्त हो गई। एक ओर सेठ गोविंद दास गौरक्षा का बीड़ा उठाए हुए थे और दूसरी ओर प्रो. के.टी. शाह गरीब लोगों के उत्थान का बीड़ा उठाए हुए थे। इन दो बिल्कुल ही भिन्न विचार रखनेवालों के बीच में अनेक मत रखनेवाले अनेक लोग थे।'[25]

'हमें जिन पेचीदे प्रश्नों को हल करना पड़ा है, उन्हें भी दृष्टि में रखते हुए, मैं यह कह सकती हूँ कि हम अपने कार्य में असफल नहीं रहे हैं। हमारे लिए सबसे कठिन प्रश्न अल्पसंख्यकों का प्रश्न रहा है। संविधान में किसी स्थल पर भी हमने अल्पसंख्यकों की परिभाषा नहीं की है। हमारे अंतिम शासकों ने हमें जो परिभाषा प्रदान की, उसी को हमने

स्वीकार कर लिया। उन्होंने धर्म और संप्रदायों के आधार पर अल्पसंख्यक तैयार किए, ताकि वे फूट डालकर शासन करते रहें। उस नीति का परिणाम यह हुआ है कि देश का विभाजन हो गया है। हम नहीं चाहते कि देश का फिर विभाजन हो। आखिर अल्पसंख्यक चाहते क्या है? उनकी माँगें हो ही क्या सकती हैं। इस संविधान ने विधि के सामने समता तथा अवसर की समानता तथा धार्मिक अधिकारों की प्रत्याभूति दी है। अल्पसंख्यक और काहे की माँग कर सकते हैं? यदि वे विशेषाधिकार चाहते हैं तो यह लोकतंत्र की भावना के विरुद्ध है। वे विशेषाधिकारों की माँग नहीं कर सकते। केवल अनुसूचित जातियों के लिए अपवाद किया जा सकता है। उन्हें हिंदू समाज में बहुत काल तक उत्पीड़न सहना पड़ा है। यदि उनके लिए कोई अपवाद किया गया तो वह उस उत्पीड़न के निराकरण की ओर एक कदम होगा। इस संबंध में मैं यह कहूँगी कि अस्पृश्यता का अंत करना ही हमारा सबसे बड़ा कार्य रहा है। इस पर आनेवाली पीढ़ियाँ बहुत गर्व करेंगी।'...[26]

'मूलाधिकार समिति में इस प्रश्न पर विचार-विमर्श करते समय हमने एक प्रश्न और उठाया था। हमारी प्रबल इच्छा थी कि परदे की प्रथा को समाप्त करने पर भी विचार किया जाए। यह एक अमानुषिक प्रथा है। भारत के कुछ भागों में अब भी चलन में है। दुर्भाग्य से हमसे यह कहा गया कि इस प्रश्न को उठाने से कुछ लोगों की धार्मिक भावनाओं पर आघात पहुँचेगा। जहाँ तक हिंदू धर्म का संबंध है, उसमें परदे का कोई स्थान नहीं है। इसलाम में उसका स्थान है, किंतु मेरी यह धारणा है कि इसलाम को इस दोष से मुक्त कर देना चाहिए।'...[27]

**लोकनाथ मिश्र ( उड़ीसा )**

'इस संविधान का आरंभ तो बहुत ऊँचे शब्दों से हुआ है, किंतु इसके आदर्श निरर्थक ही हैं। इसमें न्याय, स्वतंत्रता, समता और बंधुता का वचन दिया गया है, जिससे व्यक्ति की गरिमा तथा राष्ट्र की एकता सुनिश्चित होगी। परंतु व्यक्ति! राष्ट्र!'[28]

'इस संविधान में कहीं भी यह नहीं कहा गया है कि वह राष्ट्र कैसा है, वह व्यक्ति कैसा है और भारत का वह कौन सा व्यक्तित्व है, जिसके कारण भारत भारत है, जिसका हम पोषण करने जा रहे हैं। मैं देखता हूँ कि इस संविधान में कहीं भी भारत के व्यक्तित्व का वर्णन नहीं है उस व्यक्तित्व का, जिसके कारण भारत अन्य राष्ट्रों से भिन्न है। मैं संविधान में किसी स्थल पर भी इसे वर्णित नहीं देखता हूँ कि वह व्यक्ति कौन है, उसका प्रारब्ध कैसा है और उसका पुरुषार्थ कैसा है और राष्ट्र आखिर किस आदर्श के लिए प्रयत्न करे और व्यक्ति, परिवार तथा देश किस आदर्श को लेकर प्रयत्नशील हो।'[29]

'मैं इस सभा से पूछता हूँ कि भारतीय राष्ट्र के किस व्यक्तित्व का हम निर्माण करना चाहते हैं? संसार को तथा आधुनिक सभ्यता को कौन सा संदेश देना चाहते हैं? मेरा निवेदन है कि हमने केवल नकल की है। इसे भारतीय संविधान न कहकर मैं इसे भारत का आंग्ल-

अमेरिका संवैधानिक अधिनियम कहूँगा। इसका उचित नाम यही है।'[30]

'यह संविधान एक उत्कृष्ट संविधान हो सकता था। वह तब, जब कि इसका निर्माण पंचायत राज के आधार पर किया जाता, क्योंकि अभी भी पंचायत राज हमारे रक्त में है। लोग उसे पसंद करते हैं। इससे हमारे देश में छोटे-छोटे लोकतंत्रात्मक राज्य स्थापित हो जाते और लोकतंत्र-प्रेमी लोग अपना उत्तरदायित्व समझकर उत्साह तथा हर्ष से अधिकार प्रयोग करते। किंतु अब इस संविधान के अधीन दो वर्ग स्थापित हो जाएँगे—एक तो शासकों का वर्ग होगा, जो शिखर पर होगा और दूसरा वर्ग उन साधारण लोगों का होगा, जो सबसे नीचे होंगे और पाँच वर्ष में एक बार मत देंगे। इनके बीच में मध्यवर्ग होगा, जो बिल्कुल ही कुचल दिया जाएगा। मेरा निवेदन है कि यदि मध्यवर्ग कुचल दिया गया तो देश में बुद्धिमान लोगों का बिल्कुल अभाव हो जाएगा, तब कहा नहीं जा सकेगा कि देश का भविष्य क्या होगा।'[31]

'यह संविधान अधिक-से-अधिक लोगों को प्रसन्न करने के लिए बनाया गया है, किंतु यह अनेक विचारों और विचारधाराओं का मिश्रण हो गया है। उसका आधार इतना सुव्यवस्थित तथा सुगठित नहीं है कि हम एक सूत्र में बँधे रहे सकें। इसका एकमात्र कारण यह है कि वर्षों से आधुनिक विचारों को अपनाए हुए रहने के कारण हम उनके रंग में इतने रंग गए हैं कि हम अपने को भूल गए हैं। क्या इस देश की भूमि इतनी ठोस नहीं थी कि उस पर हमारे भावी संविधान की नींव रखी जा सकती? आप एक ऐसी सभ्यता को अंगीकार करना चाहते हैं, जो अभी इस देश में नहीं परखी गई है तो आप सभी सच्ची बातों को मिटा देंगे। इस दशा में मैं कह नहीं सकता कि भविष्य में हमें किस स्थिति का समाना करना पड़ेगा।'[32]

'वास्तव में इस संविधान के फलस्वरूप लोगों में अनुत्तरदायी होने की प्रवृत्ति बढ़ेगी। उन्हें पाँच वर्ष में एक बार मत देकर ही संतोष कर लेना होगा। वे केवल केंद्र की ही चिंता करेंगे। किसी-न-किसी लाभ के लिए केंद्र के शक्तिसंपन्न लोगों की खुशामद करते रहेंगे। इस प्रकार हमने इस आशा से इस उत्तरदायित्व विहीन संविधान की रचना की है कि लोग उत्तरदायी शासन को प्राप्त कर सकें।'[33]

**यदुवंश सहाय ( बिहार )**

'वास्तविक लोकतंत्र का अर्थ यह है कि हम यह समझें कि हम लोगों के सेवक हैं तथा लोगों के वास्तविक प्रतिनिधि हैं। मैं यह कहूँगा कि भारत के इतिहास में यह सबसे बड़ा प्रयोग है, क्योंकि चाहे शास्त्रों और पुराणों से हम कितने ही उद्धरण पढ़कर क्यों न सुनाएँ, इस प्रकार का लोकतंत्र पहले अस्तित्व में नहीं था। यदि यह महाप्रयोग विफल हुआ तो इस संविधान के कारण विफल नहीं होगा, बल्कि इस कारण विफल होगा कि हम में से वे लोग, जिन्हें करोड़ों मील दूर रहनेवाले लोगों का भाग्यवश प्रतिनिधित्व करना पड़ रहा है, वास्तव में उनका प्रतिनिधित्व नहीं करते हैं।'[34]

## गोपाल नारायण ( संयुक्त प्रांत )

'कुछ महीने पूर्व उत्तर प्रदेश के शिक्षा मंत्री डॉ. संपूर्णानंद एक सम्मेलन में भाग लेने के लिए यहाँ आए थे और उन्होंने इस संविधान के संबंध में मेरी सम्मति पूछी थी। मैंने उनसे स्पष्ट शब्दों में कहा था कि यह बहुत कुछ 1935 के भारत शासन अधिनियम पर आधारित है। इसमें कुछ बातें अमेरिका, कनाडा आदि के संविधानों में से लेकर जोड़ दी गई हैं। इससे संकेत लेकर उन्होंने आगरा विश्वविद्यालय के स्नातकों को दीक्षांत भाषण देते हुए कहा कि यह संविधान 'कतरनों को जोड़कर' बनाया गया है। मैं उनसे पूर्णतया सहमत हूँ। किंतु मैं अपने मित्र सेठ दामोदर स्वरूप से सहमत नहीं हूँ, जिन्होंने इस संविधान को जागीरदारों तथा पूँजीपतियों का संविधान कहा है। इस संविधान के संबंध में मेरी यह सम्मति है कि इस संविधान से हमारे आदर्श की पूर्ति नहीं हुई है। यह उसके निकट की चीज नहीं है, जो कांग्रेस जन पिछले तीस वर्षों तक स्वतंत्रता के लिए संग्राम करते रहे हैं।'[35]

'जिन कांग्रेसजनों ने तीस वर्ष तक स्वतंत्रता के लिए संग्राम किया है, उनके मस्तिष्क में संविधान का बिल्कुल भिन्न चित्र था। वे इससे बिल्कुल भिन्न संविधान की कल्पना करते थे। इससे उनकी आशाएँ पूरी नहीं हुई हैं।'[36]

## अजित प्रसाद जैन ( संयुक्त प्रांत )

'इस संविधान में कोई ऐसी बात नहीं है, जो नवीन हो अथवा जो चित्राकर्षक हो। इसमें जो उपबंध रखे गए हैं, वे अन्य लोगों के अनुभव के आधार पर रखे गए हैं। मेरे मित्रों का चाहे जो भी विचार हो, किंतु मेरा यह मत है कि संविधान निर्माण के संबंध में रूढ़िरक्षक होना उचित नहीं है, परंतु साथ ही यह भी आवश्यक है कि संविधान प्रगति तथा उन्नति के मार्ग में बाधक सिद्ध न हो। इस संविधान के विभिन्न अनुच्छेदों को देखने से यह स्पष्ट हो जाएगा कि इस संविधान में विकास के लिए बहुत स्थान है, संविधान में कुछ स्पष्ट उपबंधों के विरुद्ध संसद् को विधि बनाने की शक्ति दी गई है और इसके लिए संविधान में संशोधन करने की आवश्यकता नहीं है। वास्तव में देश के कुछ भाग ऐसे हैं, विशेषतया वे राज्य जो पहले देशी राज्य कहे जाते थे, जहाँ संवैधानिक तथा राजनैतिक उन्नति अभी उस स्तर तक नहीं पहुँची है, जिसका वर्णन इस संविधान में किया गया है और न वहाँ का प्रशासन संगठन ही उस स्तर तक पहुँचा है। मुझे अधिकृत रूप से ज्ञात हुआ है कि इन भागों को इस योग्य बनाने के लिए कि ये प्रथम सामान्य निर्वाचन में भाग ले सकें, बहुत प्रत्यन करने की आवश्यकता पड़ेगी। जब ऐसे प्रदेशों के लिए संविधान बनाया जा रहा था, जो प्रगति के विभिन्न स्तरों पर हैं तो यह स्वाभाविक ही था कि रुककर कदम उठाया जाता। इसके अतिरिक्त संविधानों के प्रसंग में किसी बात को पवित्र नहीं कहा जा सकता। स्थिति में परिवर्तन होने पर हम एक नए संविधान का निर्माण भी कर सकते हैं। नए संविधान का निर्माण करने में हमारे लिए कोई भी बात बाधक नहीं होगी।'[37]

**एस.वी. कृष्णमूर्ति राव (मैसूर)**

'मसौदा समिति तथा उसके सभापति ने जिस उत्कृष्ट ढंग से अपना कार्य संपन्न किया है, उसे ध्यान में रखते हुए मैं कह सकता हूँ कि कोई अन्य समिति हमारे लिए इससे अच्छा संविधान तैयार नहीं कर सकती थी।'[38]...'एक आरोप यह लगाया गया है कि संविधान सभा ने तीन वर्ष का अत्यधिक समय लगाया है। हमें यह न भूलना चाहिए कि अमेरिका की संविधान सभा ने वहाँ का संविधान नौ वर्ष में तैयार किया था। ऑस्ट्रेलिया, कनाडा और अफ्रीका ने अपने संविधानों को तैयार करने में दो वर्ष से अधिक समय लगाया। एक और आपत्ति यह की गई है कि यह बहुत ही बड़ा संविधान हो गया है, अर्थात् यह आकार में रूस के संविधान का तीन गुना और अमेरिका के संविधान का नौ गुना है।'[39]

'भारत के इतिहास में प्रथम बार राजनैतिक, वित्तीय, आर्थिक न्यायिक तथा प्रतिरक्षा संबंधी एकीकरण किया गया है। इस संविधान के अधीन अब छोटी-छोटी सेनाएँ नहीं रह सकेंगी। इस प्रकार की सेनाओं का एक उदाहरण हैदराबाद की सेना थी। इस संविधान के अधीन केवल एक सेना रहेगी और वह भारत के राष्ट्रपति के कमान में रहेगी। राजनैतिक तथा आर्थिक एकीकरण के संबंध में मैं केवल 'लंदन टाइम्स' से एक उद्धरण दूँगा। 'लंदन टाइम्स' के 7 फरवरी, 1949 के अंक के एक अग्रलेख में कहा गया था—'बिसमार्क ने जिन काररवाइयों से जर्मन रीख को एक सूत्र में बाँधा था, वे भारत सरकार की काररवाइयों की तुलना में बहुत साधारण प्रतीत होती हैं, क्योंकि उसने अल्पकाल में ही अनेक राज्यों का स्वरूप ही बदलकर भारत के बहुरंगी नक्शे को एक ही रंग में रंग दिया है। इतना विशाल परिवर्तन हुआ है, किंतु वहाँ की शांति भंग नहीं हुई है।'[40]

'यदि हमें इस प्रकार के कार्य का कहीं उदाहरण मिलता है तो अमेरिका के संविधान निर्माण के इतिहास में मिलता है। मैं कार्ल वान डोरेन द्वारा लिखित 'ग्रेट रिहर्सल' पुस्तक से एक उद्धरण देता हूँ। उसमें कहा गया है—

'उस समय के अमेरिका निवासियों के हृदय में अपने-अपने राज्यों के लिए वफादारी बसी हुई थी। नवीन केंद्रीय सरकार के प्रति वफादारी की भावना उत्पन्न करना कोई आसान काम नहीं था। कई प्रकार के समझौतों को करने की तथा अनेक प्रकार के राजनैतिक संगठन स्थापित करने की आवश्यकता थी और तभी यह आशा की जा सकती थी कि सम्मेलन में आए हुए प्रतिनिधि नवीन संविधान के संबंध में एकमत हो सकेंगे। शांति स्थापित होने पर राज्य पृथक् होने लगे थे। उनमें से अधिकांश राज्य अपने संकुचित स्वार्थों का परित्याग करने में अपने को असमर्थ पा रहे थे। देश के आर्थिक हित तो संकटापन्न थे ही, किंतु साथ ही वाणिज्य के क्षेत्र में उससे कहीं अधिक अव्यवस्था फैल गई थी।'[41]

'क्रांतिकाल में वाशिंगटन को गृहकार्य का और फ्रेंकलिन को वैदेशिक कार्य का बहुत

बड़ा भार उठाना पड़ा। वे इतने सत्यनिष्ठ थे कि संदेह का उन पर कोई प्रभाव ही नहीं पड़ता था और इतने महान् थे कि उनके संबंध में द्रोह की कल्पना तक नहीं की जा सकती थी।'[42]

'मेरा निवेदन है कि लेखक की यह बातें भारत के प्रसंग में सौ गुना सच्ची ठहरती हैं। हमारे राज्य का कार्य संचालन जिन दो महान् नेताओं ने किया है, उन्हें बहुत बड़ा भार उठाना पड़ा है। इस संविधान सभा को भी अत्यधिक कार्य करना पड़ा है, क्योंकि अंतरिम काल में इसे संसद् के रूप में भी कार्य करना पड़ा है।'[43]

'इन दो वर्षों में हमें कई बाधाओं को दूर करना पड़ा और देश के जटिल प्रश्नों को हल करने में हमें जितना परिश्रम करना पड़ा, उसे ध्यान में रखते हुए मैं यह कहूँगा कि हमने बहुत कम समय लिया और वास्तव में इस स्थिति में अन्य कोई सभा इससे कम समय न लेती।'[44]

'यह भी आलोचना की गई है कि गांधीजी के सिद्धांतों को बलि की वेदी पर चढ़ा दिया गया है। मैं यह निवेदन कर चुका हूँ कि हमने अस्पृश्यता का अंत करने, राष्ट्र भाषा को व्यवहार में लाने, सांप्रदायिक सामंजस्य उत्पन्न करने तथा अल्पसंख्यकों के प्रति सद्भावना प्रदर्शित करने और उनके हितों की सुरक्षा की प्रत्याभूति देने के संबंध में और ग्राम पंचायतों, ग्रामोद्योगों तथा दुधारू पशुओं की रक्षा को बढ़ावा देने के संबंध में उपबंध रखे हैं। इस देश में गांधीवाद इन्हीं बातों से फैला और इन्हीं के फलस्वरूप यहाँ अहिंसात्मक क्रांति का सूत्रपात हुआ। यदि संविधान में इन सिद्धांतों का समावेश किया गया है तो मैं पूछता हूँ कि इस संविधान द्वारा गांधीवाद को किस प्रकार बलि की वेदी पर चढ़ा दिया गया है। मेरा निवेदन है कि राष्ट्रपिता ने जिस कार्यक्रम की घोषणा की थी, उसे व्यवहार में लाने के लिए पर्याप्त उपबंध रखे गए हैं। इस संविधान में सर्वोत्कृष्ट भारतीय परंपरा, अन्य देशों के राजनैतिक और संवैधानिक अनुभव और गांधी के आदर्शों का बहुत सामंजस्यपूर्ण समन्वय है। सारा संविधान वास्तविकता के रंग में रंगा हुआ है। यदि सद्भावना तथा देशसेवा का परिचय दिया गया और स्वतंत्रता संग्राम के समय हम जिस आत्मत्याग की भावना से ओतप्रोत थे, वही आत्मत्याग अब भी प्रदर्शित किया गया तो इस संविधान से देश सुखी हो सकता है।'[45]

**संदर्भ—**


1. भारतीय संविधान सभा के वाद-विवाद की सरकारी रिपोर्ट (हिंदी संस्करण), अंक-11, संख्या-8, 22 नवंबर, 1949, पृ. 3931
2. वही, पृ. 3931
3. वही, पृ. 3932
4. वही, पृ. 3932-3933
5. वही, पृ. 3934
6. वही, पृ. 3934-3935
7. वही, पृ. 3935
8. वही, पृ. 3935-3936

9. वही, पृ. 3936-3937
10. वही, पृ. 3937
11. वही, पृ. 3937-3938
12. वही, पृ. 3938
13. वही, पृ. 3938
14. वही, पृ. 3941
15. वही, पृ. 3942
16. वही, पृ. 3942
17. वही, पृ. 3947
18. वही, पृ. 3947
19. वही, पृ. 3948
20. वही, पृ. 3949
21. वही, पृ. 3949
22. वही, पृ. 3949
23. वही, पृ. 3950
24. वही, पृ. 3952
25. वही, पृ. 3960-3961
26. वही, पृ. 3961
27. वही, पृ. 3961-3962
28. वही, पृ. 3963
29. वही, पृ. 3963-3964
30. वही, पृ. 3964
31. वही, पृ. 3961
32. वही, पृ. 3966
33. वही, पृ. 3967
34. वही, पृ. 3971
35. वही, पृ. 3973
36. वही, पृ. 3973
37. वही, पृ. 3980
38. वही, पृ. 3980
39. वही, पृ. 3981
40. वही, पृ. 3981-3982
41. वही, पृ. 3983
42. वही, पृ. 3984
43. वही, पृ. 3984
44. वही, पृ. 3984
45. वही, पृ. 3984-3985

□

# 44

# संविधान के मौलिक दोष*

**आर.वी. धुलेकर ( संयुक्त प्रांत )**

'अब संविधान की सब त्रुटियों को और अच्छाइयों को बताने का समय नहीं रहा है। समूचे संविधान को लिया जाए, तो वह बहुत ही अच्छा है। सबको पता है कि दूध में 75 प्रतिशत से भी अधिक जल होता है और यदि संतुलन अच्छा हो तो उससे हमारी शक्ति की रक्षा होती है और हमें बल मिलता है। उससे हम दीर्घायु होते हैं, इसलिए मैं त्रुटियों पर अधिक समय लगाने का प्रयत्न नहीं करूँगा। चाहे वे 75 प्रतिशत से भी अधिक हों, मुझे कोई चिंता नहीं है, मुझे तो यही चाहिए कि यदि जमाखाते में रकम ज्यादा हो और यदि हमारे बनाए हुए संविधान में वे सब सारतत्त्व हों, जो इस जीते-जागते भारत के लिए अपेक्षित है, तो मुझे विश्वास है कि यह अच्छा संविधान है।'[1]

'पहली बात यह है कि हमने एक लौकिक राज्य स्थापित करने का मार्ग प्रशस्त कर दिया है। मुझे विश्वास है कि भारत में जो धर्म है, वह सदा से लौकिक ही है। यह परस्पर विरोधी बातें दिखाई दे सकती है, किंतु मैं यह कहूँगा कि भारत में हमने कभी किसी व्यक्ति का अनुसरण नहीं किया। हम कभी किसी पुस्तक के अनुयायी नहीं बने। हमने कभी किसी पंथ का अनुसरण नहीं

* 23 नवंबर, 1949

किया, कभी किसी 'वाद' में विश्वास नहीं किया। वेदों और उपनिषदों आदि सब में लिखा है कि हम कभी किसी एक व्यक्ति या ग्रंथ के अनुयायी नहीं हैं। वेदों के मंत्रों में हम देखते हैं कि जिस व्यक्ति ने किसी महान् सत्य को कभी आत्मसात् किया, वह मंत्र उसी के नाम से चलता है। हम इस देश में कभी भी रूढ़िवादी नहीं थे। हम कभी भी कट्टरपंथी थे ही नहीं। लोग कहते हैं कि बौद्धमत भारत से निकाल दिया गया। मैं कहता हूँ—नहीं, बौद्धमत केवल 'मत' के रूप में भारत से चला गया, किंतु बौद्धमत की सब अच्छाइयाँ अब भी शेष हैं। हिंदूमत में बहुत हद तक पशुबलि की प्रथा आ गई थी। बुद्ध का यह प्रभाव शेष रहा कि पशुबलि और धर्मांधता भारत से उठ गई। मुझे आशा है कि समय की गति के साथ इसलाम भी इस अर्थ में भारत से चला जाएगा कि भारत में कट्टरता नहीं रहेगी और इस देश के मुसलिमों में से धर्मांधता मिट जाएगी। इसलिए मुझे यह सोचकर प्रसन्नता है कि हमने यह सिद्धांत रख दिया है कि इस देश पर किसी व्यक्ति, धर्म या मत या किसी भी वाद का शासन नहीं होगा।'[2]

'दूसरी बात, जो बहुत बड़ा कार्य है, वह है वयस्क मताधिकार। प्रत्येक व्यक्ति जो 21 वर्ष की आयु का है, जिसमें संविधान में उल्लिखित कोई अयोग्यता नहीं है, राष्ट्रपति के पद तक चढ़ने का अधिकारी है, जो सबसे बड़ा सम्मान है, जो यह देश उसे दे सकता है। यह ए[illegible] बड़ी चीज है। बाजार में चलनेवाला व्यक्ति सबसे ऊँचे स्थान पर चढ़ सकता है, जो भारत [illegible]स दे सकता है।'[3]

'तीसरी बात यह है कि हमारे यहाँ ग्राम पंचायतें बनेंगी, जो निम्नतम आधार पर लोकतंत्र का विस्तार है। कुछ वर्षों से भारत में लोकतंत्र चल रहा है, किंतु जनसाधारण ने कभी यह अनुभव नहीं किया कि उसे लोकतंत्र मिला है। जब हम अपने लोकतंत्र को गाँवों में ले जाकर ग्राम पंचायतें स्थापित करेंगे और जनसाधारण को स्वशासन देंगे तो मुझे विश्वास है कि भारत इंगलिस्तान या अमेरिका से कहीं अच्छा रहेगा।'[4]

'चौथी बात, जो मैं संविधान के पक्ष में कहना चाहता हूँ, वह संयुक्त निर्वाचन है। अल्पसंख्यकों के प्रश्न को हटा दिया गया है। अब पृथक् मतदाता मंडल नहीं होंगे। प्रत्येक मनुष्य, जो भारत में रहता है तथा भारत में पैदा हुआ है, बराबर है और वह किसी धर्म या मत विशेष का अनुयायी है, इस आधार पर वह राज्य से किसी पक्षपात का दावा नहीं कर सकता। मुझे यह बात सोचकर प्रसन्नता है कि अंग्रेजों द्वारा छोड़ा गया महान् कलंक महान् अधर्म सब मिटा दिया गया है।'[5]

'फिर पाँचवीं बात यह है कि देशी राज्यों को मिटा दिया गया है। मुझे खुशी है कि नरेश, देशी राज्यों के शासक नरेश बहुत उदार निकले। उन्होंने अपने आप की बलि देकर महानता दिखाई। मैं जानता हूँ कि उस बलिदान के बिना हमारे माननीय सरदार पटेल को सफलता नहीं मिलती। इसलिए मैं कहता हूँ कि जब मैं सरदार पटेल की बुद्धिमानी और दृढ़ता की सराहना

करता हूँ तो मैं भारत के उन पुत्रों की नरेशों, राजा-महाराजाओं की भी सराहना करता हूँ, जो अपने आप को बलिदान करके इस देश के जनसाधारण के समान बन गए हैं।'[6]

'छठी बात है, अंतरराष्ट्रीय शांति। हम अंतरराष्ट्रीय शांति के लिए प्रार्थना करते हैं। हम सदा उसमें विश्वास करते रहे हैं। मुझे यह कहने में गर्व है कि भारत ने अपने राज्यक्षेत्र के बाहर कभी किसी देश पर आक्रमण नहीं किया है। मुझे इस बात पर प्रसन्नता है। सिकंदर महान् या सिकंदर डाकू के समान भारत के किसी राजा ने किसी दूसरे देश पर कभी चढ़ाई नहीं की। नादिरशाह या महमूद गजनवी या मुहम्मद गौरी के समान भारत का कोई राजा किसी विजय या प्रदेश को प्राप्त करने के लिए देश के बाहर नहीं गया। अतएव जब हम कहते हैं कि अंतरराष्ट्रीय शांति हमारा अंतिम ध्येय है, तो मैं कह सकता हूँ कि समस्त संसार को हम पर विश्वास करना चाहिए।'[7]

'संविधान के पक्ष में सातवीं बात यह है कि अवशिष्ट शक्तियाँ केंद्र में होंगी। यह बहुत अच्छी वस्तु है। आरंभ में शब्द यह है, 'भारत एक संघ होगा।' इसका अर्थ यह है कि हमारे यहाँ शक्तिशाली केंद्र होगा और भारत सदा अविभक्त तथा प्रबल रहेगा।'[8]

'आठवीं बात यह है कि हिंदी को भारत की राष्ट्रभाषा स्वीकार कर लिया गया है। कुछ लोग कह सकते हैं कि पंद्रह वर्ष अंग्रेजी भाषा का शासन रहेगा। दूसरे कहते हैं कि अन्याय हुआ है, क्योंकि हिंदी भाषा को आज से भी लागू नहीं कर दिया गया। किंतु मैं कहता हूँ कि हमने जो प्रस्ताव पारित किया है, वह एक महान् विजय है। अंग्रेज भारत में दो सौ वर्ष से भी अधिक रहे, परंतु उन्हें भारत से जाना पड़ा। इसी प्रकार मैं अपने सब मित्रों को हिंदी के प्रेमियों को आश्वासन देना चाहता हूँ कि अंग्रेजी भाषा भी एक-दो वर्ष में ही भारत से चली जाएगी और पाँच वर्ष के पश्चात् अंग्रेजी में लिखा कोई पत्र देहातों में पढ़वाना मुश्किल हो जाएगा। मुझे इस पर पूर्ण विश्वास है, इसलिए मैं अनुभव करता हूँ कि चाहे कुछ भी निर्वंधन लगाए गए हों, वे ऐसे नहीं हैं कि हिंदी को अपना उपयुक्त स्थान लेने से रोक सकें।'[9]

'नौवीं बात, जिस पर मैं जोर देना चाहता हूँ, यह है कि कुछ लोग कहते हैं इस संविधान में समाजवाद या साम्यवाद के पक्ष में कोई बात नहीं है। मैं कहता हूँ कि कोई भी 'वाद' चाहे वह कितना ही अच्छा क्यों न हो, कट्टरता पैदा करता है।'[10]

'दसवीं बात यह है। इस संविधान में लोकतंत्र के लिए पूरा क्षेत्र है। लोकतंत्र क्या है? मैं उसकी परिभाषा करता हूँ एक शब्द में। लोकतंत्र सहिष्णुता है। कोई व्यक्ति, जो लोकतंत्र की इस छोटी सी परिभाषा को नहीं समझ सकता, वह कभी लोकतांत्रिक नहीं हो सकता।'

'अध्यक्ष महोदय, आपने हमारी कार्यवाही को चलाया है। हमें संविधान दिया है। अब मैं प्रार्थना करता हूँ कि संविधान सभा के अध्यक्ष के रूप में आप चले जाएँ, किंतु संविधान के अध्यक्ष (राष्ट्रपति) के रूप में आप कृपया वापस आइए। मुझे विश्वास है कि समस्त सदन की मेरे साथ यही इच्छा है कि आप उच्च पद पर पुनः चुने जाएँगे।'[11]

**बी.पी. झुनझुनवाला ( बिहार )**

'जब डॉ. आंबेडकर कहते हैं कि ग्रामीणों ने और ग्राम गणराज्यों ने देश के रक्षण में भाग नहीं लिया, तब मैं उनसे पूछूँगा कि क्या उन्होंने असहयोग के इतिहास को पढ़ा है ? यदि उन्होंने पढ़ा है, तो उन्हें पता लगेगा कि ग्रामीणों ने हमारे उन योग्य नेताओं के कहने पर कार्य किया। जो यह सोचकर ग्रामों में गए थे कि ग्राम ही देश को स्वतंत्रता दिला सकते हैं। ग्रामीणों ने स्वतंत्रता के संघर्ष में बहुत महत्त्वपूर्ण भाग लिया है। यह कहना अत्यंत अनुदारता है कि ग्रामीणों और ग्राम गणराज्यों ने कुछ नहीं किया है। उन्होंने देश को बरबाद कर दिया है। वास्तव में देश की बरबादी ग्राम गणराज्यों के कारण नहीं हुई है, वरन् बात उल्टी है। ब्रिटिश शासन में केंद्र ने गाँवों को बरबाद कर दिया, जिनमें भारत के 90 प्रतिशत लोग रहते हैं और समूचे भारत को अपनी आवश्यकताओं के लिए भिखारी के समान बना दिया। हाँ, उस समय केंद्र में हम नहीं थे। दूसरे लोग थे। उन्हें कोई और प्रयोजन सिद्ध करना था। अब जनता के लोग कामकाज सँभाले हुए हैं और स्थिति भिन्न होनी चाहिए।'[12]

'मैं यह कहना चाहता हूँ कि यदि हम देश की अर्थव्यवस्था को सुधारना चाहते हैं, यदि हम जनता को सुखी बनाना चाहते हैं, तो हमें केवल आदर्श के रूप में ही नहीं, वरन् व्यावहारि मार्ग के रूप में ग्रामों का संगठन प्राचीन आधार पर करना होगा। ग्राम पंचायतों का संगठन उसी आधार पर होना चाहिए, जिस पर वे अतीत में चलती थीं। उस प्रकार देश की अर्थव्यवस्था को विकेंद्रित करना होगा। वर्तमान संसार में हमारे लिए वस्तुओं का बड़े पैमाने पर निर्माण बंद कर देना संभव नहीं है, किंतु फिर भी हमारे देश की अर्थव्यवस्था को यथासंभव शीघ्र ही विकेंद्रित कर देना चाहिए। हम जितनी जल्दी ऐसा करें, हम जितनी जल्दी इस पर ध्यान दें, उतना ही हमारे लिए अच्छा होगा। यद्यपि संविधान के मुख्य भाग में ऐसा नहीं लिखा है और संविधान ग्राम गणराज्यों को केंद्र का अंग मानकर नहीं बनाया गया है; फिर भी निदेशक सिद्धांतों में लिखा है। ग्रामों पंचायतों का यथासंभव अधिकतम शक्तियों के साथ संगठन करना चाहिए। मैं अपने नेताओं से प्रार्थना करना चाहता हूँ कि इस चीज को यथासंभव शीघ्र क्रियान्वित करना चाहिए, मानो कि यह संविधान में ही समाविष्ट हो।'[13]

**अलादि कृष्णस्वामी अय्यर ( मद्रास )**

'इस संविधान का आधार वे सिफारिशें हैं, जो इस सदन की विभिन्न समितियों ने की थीं। वह मसौदा है, जो पहले मसौदा समिति ने पेश किया था। बाद में उसे दोहराया था। यह संविधान अपने अंतिम स्वरूप में उस लक्ष्य संबंधी संकल्प की भावना का सच्चा प्रतिबिंब है, जो इस सभा ने अपना कार्यारंभ करने पर पारित किया था।'[14]

'भारतीय लोगों की अज्ञानता और निरक्षरता के बावजूद संविधान सभा ने वयस्क मताधिकार के सिद्धांत को स्वीकार कर लिया है। जिसका अर्थ यह है कि जनसाधारण में और

लोकतंत्रात्मक शासन की सफलता में उसे पूर्ण विश्वास है। उसे पूरा भरोसा है कि वयस्क मताधिकार के आधार पर लोकतंत्रात्मक शासन की स्थापना से जनसाधारण को बुद्धि प्राप्त होगी। उसकी भलाई, जीवन-स्तर और आराम में वृद्धि होगी। वयस्क मताधिकार के सिद्धांत को यों ही स्वीकार नहीं कर लिया गया था, वरन् उसके आशय को पूरी तरह समझकर ही ऐसा किया गया। यदि लोकतंत्र का आधार विस्तृत होना है और शासन का अंतिम आधार समूची जनता की इच्छा होनी है, तो ऐसे देश में जहाँ अधिक जनता निरक्षर है और संपत्ति वाले व्यक्ति बहुत कम हैं, मताधिकार के लिए किसी संपत्ति संबंधी या शिक्षा संबंधी योग्यता को रखने से लोकतंत्र के सिद्धांतों का ही निराकरण हो जाता है।'[15]

'इस बात को पूर्णतया समझते हुए कि सांप्रदायिक निर्वाचक वर्ग और लोकतंत्र दोनों साथ-साथ नहीं रह सकते। ब्रिटिश साम्राज्यवादियों ने लोकतंत्र का स्वस्थ तथा मजबूत आधार पर स्वतंत्र विकास होने से रोकने के लिए ही सांप्रदायिक निर्वाचक वर्ग का उपाय अपनाया था। इस संविधान सभा ने सांप्रदायिक निर्वाचनों को समाप्त कर दिया है और अनुसूचित जातियों तथा अनुसूचित आदिम जातियों के लिए अस्थायी काल के लिए संयुक्त निर्वाचक वर्ग के आधार पर विशेष व्यवस्था कर दी है। जैसा कि उस समय सरदार पटेल ने अपनी प्रसिद्ध वक्तृता में ठीक ही कहा था—हमें संसार को यह दिखाना है कि हमें लोकतंत्र के मूल सिद्धांतों में विभेद के बिना लौकिक राज्य की स्थापना में सच्चा विश्वास है।'[16]

'सांप्रदायिक निर्वाचक वर्गों को हटाने के विषय में जो सिद्धांत संविधान के अनुच्छदों में निहित हैं, उनसे ही अत्यंत संबद्ध उपबंध मूल अधिकारों के अध्याय में है कि राज्य के अधीन किसी पद पर नियुक्ति संबंधी मामलों में प्रत्येक नागरिक को अवसर-समता होगी। राज्य के अधीन किसी नियुक्ति या पद के विषय में किसी नागरिक के साथ धर्म, जाति, प्रजाति, लिंग, वंश, जन्म स्थान आदि के आधार पर विभेद नहीं किया जाएगा। मैं उन विशेष उपबंधों को तो गिन ही नहीं रहा हूँ, जो नागरिकों के पिछड़े हुए वर्गों के पक्ष में रखे गए हैं। संयुक्त राज्य अमेरिका तक के संविधान में ऐसी भाषा में ऐसी कोई घोषणा नहीं है।'[17]

'नागरिकता के विषय में संविधान ने जान-बूझकर समूचे भारत के लिए एक नागरिकता के सिद्धांत को स्वीकार किया है। इस विषय में भारतीय संविधान कुछ संघीय संविधानों से आगे बढ़ा हुआ है। आशा की जाती है कि इससे भारत संघ का एकीकरण हो जाएगा। संविधान का उद्‌देश्य यह नहीं है कि नागरिकता के विषय में कोई विस्तृत विधि बनाई जाए। यह कार्य भारत की भावी संसद् पर छोड़ दिया गया है।'[18]

'संविधान में न्यायपालिका को समुचित स्थान दिया गया है, जो एक लिखित और विशेषत: एक संघीय संविधान में होना चाहिए। संघवादी की भाषा में अमेरिका में न्यायालय की पूर्ण स्वतंत्रता संघीय संविधान के ठीक प्रकार से कार्य करने के लिए विशेषत: आवश्यक है। राज्य

के विविध अंगों को सीमा में रखने का तरीका केवल न्यायालयों का माध्यम ही है। राष्ट्रपति विल्सन के अनुसार न्यायालय संविधान के संतुलन चक्र हैं। भारतीय संविधान के अंतर्गत भारत के उच्चतम न्यायालय को बहुत शक्तियाँ हैं, जितनी किसी अन्य संघ के न्यायालय में नहीं हैं।'[19]

'मैं समझता हूँ कि राज्य की नीति के निदेशक सिद्धांत भी संविधान की महत्त्वपूर्ण विशेषता हैं। उन अनुच्छेदों में कई विस्तृत प्रकार के विषयों का उल्लेख है। उन विषयों को न्याय का बनाना स्पष्टत: कठिन है, इसलिए उन्हें राज्य की नीति के निदेशक सिद्धांतों की श्रेणी में रखा गया है। सामाजिक नीति के सिद्धांतों का आधार संविधान की प्रस्तावना और लक्ष्यमूलक संकल्प हैं। अनुच्छेद 37 में स्पष्ट शब्दों में लिखा है कि उनमें जो सिद्धांत हैं, वे देश के शासन में आधारभूत हैं और राज्य का कर्तव्य है कि उन सिद्धांतों का विधि निर्माण में प्रयोग करे। कोई मंत्रिमंडल, जो जनता के प्रति उत्तरदायी हो, संविधान के भाग 4 के उपबंधों की यों ही उपेक्षा नहीं कर सकता।'[20]

'संविधान सभा ने समूचे भारत के लिए एक राजभाषा की आवश्यकता को पूर्णतया समझा, जिससे कि राष्ट्र का एकीकरण और संगठन हो सके। ऐसे विस्तृत देश में प्रादेशिक भाषाओं के महत्त्व को भी पहचाना, अत: इसने ऐसी योजना बनाई है, जिससे कि हिंदी यथासंभव शीघ्र भारत की राजभाषा बन जाए। साथ ही संविधान सभा यह नहीं भूली कि कुछ समय तक वैधानिक प्रयोजनों के लिए और आज की दुनिया में वैज्ञानिक तथा अंतरराष्ट्रीय प्रयोजनों के लिए अंग्रेजी की भी आवश्यकता है।'[21]

'यह दावा किया जा सकता है कि संविधान में इसके लिए काफी अवसर है कि भारत गणराज्य उन सब महान् उद्देश्यों को प्राप्त कर सके, जो इस संविधान की प्रस्तावना में हैं।'...[22]

## हैदर हुसैन ( संयुक्त प्रांत )

'यह भारतीय पुनरुत्थान में एक महत्त्वपूर्ण घटना है और राजनैतिक विचारधारा में प्रगति का चिह्न है।'[23] 'हमारा संविधान संसार के विद्यमान संविधानों में सबसे आगे बढ़ा हुआ है और हमारे देश की आवश्यकताओं के अनुरूप भी है। सदस्यों को जो ढेर सारा साहित्य एकत्र करके भेजा गया था, वह इस बात का प्रमाण है कि संसार भर के देशों के संविधानों की कितनी विस्तृत खोज की गई है। इस सभा की कार्यवाही से स्पष्ट हो गया है कि मसौदा समिति ने और सभा के माननीय सदस्यों ने उस साहित्य का पूर्ण प्रयोग किया है।'[24]

'यह ठीक है कि संविधान की बहुत आलोचना की गई है। मैं इसे ठीक ही समझता हूँ। इससे मूल मसौदे में बहुत सुधार हुआ है। हममें से कुछ के मनों में अब भी जो मतभेद हैं, उन्हें कम-से-कम कुछ समय के लिए तो अब भूल ही जाना चाहिए। हमें अब भी समझना चाहिए कि आलोचना का समय समाप्त हो गया है। काम करने का समय आ गया है। हमारा कर्तव्य है कि उसे शब्दश: और भावनानुरूप सफल बनाने के लिए संयुक्त प्रयत्न करें। तभी और केवल तभी हमारा देश दुर्गति से आगे बढ़ सकता है।'...[25]

'हमारा संविधान काफी लचकदार है। मुझे विश्वास है कि सरकार के समक्ष कोई भी ज्ञात आदर्श हो, वह इस पर अमल कर सकती है। संविधान किसी दल विशेष के लिए या किसी निश्चित कार्यक्रम के लिए नहीं बनाए जाते। एक लिखित संविधान राष्ट्र की आकांक्षाओं का प्रतिबिंब होता है। संसार के लिए एक संदेश होता है कि हम क्या चाहते हैं। हमारे संविधान से हमें एक आधार मिल गया है। हमें एक भवन बनाना है, जो हमारी प्राचीन बपौती के योग्य होगा। इस महान् कार्य में हम सबको सहयोग देना चाहिए। देश को प्रत्येक नर, नारी और बालक की सेवाओं की आवश्यकता है, जो अपने आप को भारतीय कहता है। तभी और केवल तभी हमारे स्वप्न पूरे हो सकते हैं। नए भारत के उस महान् प्रवर्तक का स्वप्न पूरा हो सकता है। हाँ, वह आज हमारे साथ नहीं है, किंतु उसके चित्र का प्रकाश हमारी काररवाई पर पड़ रहा है।'...[26]

'इस संविधान के विविध उपबंधों की आलोचना करने का यह समय नहीं है। आलोचना तो बहुत हो चुकी है, यहाँ भी और बाहर भी। मेरा उत्तर यह है कि देश के उपलब्ध योग्य व्यक्ति जैसा बना सकते थे, वैसा यह है। यदि हम अधिक अच्छा चाहते हैं तो हमें देश में अधिक योग्य और विवेकशील व्यक्ति पैदा करने होंगे। यदि हो सके तो निकट भविष्य में ही।'...[27]

**बी.एम. गुप्ते ( बंबई )**

'यह संविधान समझौतों से बना है। अतः इसमें कुछ ऐसी बातें हैं, जिन पर हमें बहुत गर्व हो सकता है और बहुत सी ऐसी बातें भी हैं, जिन्हें हम हटाना चाहते थे। इस समन्वय के प्रयास में संविधान में कुछ सुसंगति और व्यवस्था कम हो गई है, किंतु उसकी शक्ति और स्थिरता बढ़ गई है। मुझे विश्वास है कि इस संविधान का निर्माण काल असाधारण न होता तो यह अधिक प्रगतिशील होता। संसार भर में अव्यवस्था है और भारत भी उससे बच नहीं सकता। इस देश में और बाहर हमारे चारों ओर जो बेचैनी, अस्थिरता और कोलाहल है, उनका प्रभाव इस संविधान पर बहुत पड़ा है। फिर भी यह लोकतंत्रात्मक संविधान है और इससे सामाजिक समता स्थापित हो जाती है।'[28]

'हमारे कुछ आलोचकों ने कहा है कि यह सभा प्रतिनिधित्वपूर्ण नहीं है। क्योंकि यह सीधी वयस्क मताधिकार के आधार पर नहीं चुनी गई है, इसलिए यह संविधान ऐसा समाजवादी नहीं बना है, जैसा कि यह अन्यथा बनता। मैं इस बात को नहीं मानता। सिद्धांत के अनुसार यह बात ठीक हो सकती है, किंतु मुझे विश्वास है कि यदि इस सभा की रचना के समय निर्वाचन वयस्क मताधिकार के आधार पर होता तो भी कांग्रेस अवश्य ही अधिकाधिक स्थान प्राप्त कर लेती, इसलिए इस सभा की बनावट में मुश्किल से ही कोई परिवर्तन होता। इसलिए मेरा निवेदन है कि यह सभा काफी प्रतिनिधित्वपूर्ण है। यह संविधान उस समय के जनमत का सार रूप में प्रतिबिंब है, जब कि यह बना था।'[29]

'अब कुछ दोषों को लेता हूँ। मैं राज्यों और केंद्र के बीच संबंधों के विषय में उपबंधों को

पसंद नहीं करता। पहले एक बार मैंने कहा था कि हमारा राज्य संघीय नहीं है, वरन् विकेंद्रित एकात्मक राज्य है।'[30]

'जब मैं इस विषय पर बोला था, तब मैंने बताया था कि केंद्र की अधीनता के क्या चिह्न हैं। अब उन्हें दोहराना मेरे लिए अपेक्षित नहीं हैं। केंद्र का प्रभुत्व है। किंतु मेरी शिकायत यह है कि इस कार्य को अप्रत्यक्ष रूप में किया गया है। यदि इस काम को सीधे-सीधे स्पष्ट रूप में किया जाता तो मैं बुरा नहीं मानता। राज्यों को वित्तीय मामलों में पूर्णतः केंद्र की कृपा पर छोड़ दिया गया है। मेरे विचार में यही सबसे आपत्तिजनक बात है कि स्वाधीनता का दिखावा करके वित्त के मामले में इकाइयों को केंद्र के ऊपर पूर्णतः आश्रित रखा गया है।'[31]

'मैं रचना संबंधी दोषों पर आता हूँ। मेरा अवश्य यह ख्याल है कि रचना का सुधार हो सकता था, यद्यपि जहाँ तक मौखिक सुधारों का संबंध है, मैं मसौदा समिति को दोष नहीं देना चाहता। हम लगातार समय के मुकाबले में दौड़ लगा रहे थे। एक के बाद दूसरी अवधि नियत करते थे। जल्दी के काम में मसौदा समिति को इस विषय पर विचार करने का अवसर नहीं मिला। मैं इस बात से भी सहमत नहीं हूँ, जो कई आलोचकों ने कई बार प्रकट की है कि यह संविधान वकीलों के लिए कामधेनु है। यह हमारे संविधान की कोई नवीनता नहीं है। यह तो सारे ही आधुनिक संविधानों की विशेषता है। इसी प्रकार प्रत्येक संविधान की ही यह बात है। संसार इतना उलझा हुआ है कि पूर्ण मसौदा बनना असंभव है। वकीलों की बुद्धि सदा मसौदाकार की बुद्धि को पछाड़ती रहेगी। इसके अतिरिक्त इस संविधान में विस्तृत उपबंधों के कारण चयन की कोई गुंजाइश ही नहीं रही, इसलिए कोई नहीं कह सकता कि मसौदा समिति के वकील सदस्यों ने अपने पेशे के पक्षपात के कारण इस संविधान को वकीलों के लिए कल्पवृक्ष बना दिया है।'...[32]

'किंतु मसौदा लेखन पर मेरी आपत्ति अधिक मूलभूत है। मेरी राय में उत्तरदायी शासन के विषय में एक बहुत गंभीर त्रुटि है। इस मामले में हमने आयरिश संविधान की नकल की है, यद्यपि कनाडा या ऑस्ट्रेलिया के संविधानों में ऐसा उपबंध नहीं है। आयरलैंड के संविधान में एक उपबंध है कि मंत्रिमंडल विधानमंडल के प्रति उत्तरदायी होगा। हमने इसे ले लिया है, किंतु हमने साथ ही उसके इस उपबंध की नकल नहीं की कि राष्ट्रपति मंत्रिमंडल की मंत्रणा पर चलने के लिए बाध्य होगा। हमने उसे छोड़ दिया है। मैं असल में नहीं जानता कि क्यों? इससे बहुत भ्रांति उत्पन्न हो गई है। कई लोगों का विचार है कि राष्ट्रपति तानाशाह बन सकता है।'[33]

**बलवंत सिंह मेहता ( राजस्थान )**

'जहाँ तक मेरा ख्याल है, हमने संविधान को जितना बड़ा बनाया है, उतना ही अच्छा भी बनाया है। इसको जब बाहर के लोग देखेंगे तो वास्तव में इस पर काफी आश्चर्य प्रकट करेंगे।

इस संविधान को बनाने में सब ही प्रतिनिधि हमारे संविधान समिति के महानुभावों और खास करके डॉ. आंबेडकर साहब, टी.टी. कृष्णमाचारी, अलादि कृष्णस्वामी आदि ने इसमें काफी परिश्रम किया है।'[34]

'कुछ लोगों का कहना है कि इसमें प्राचीन शासन प्रणाली का अनुसरण नहीं किया गया है। आपको मालूम होना चाहिए; इस समय हमारे पास प्राचीनता का बहुत कम और धुँधला सा रूप मौजूद है। हमारे पास इसकी कोई रूपरेखा भी नहीं है। इसमें ऐसे काफी तत्त्वों का समावेश किया गया है, जिससे हमारी संस्कृति की रक्षा होती है।'[35]

'हम को राजनैतिक आजादी मिल गई, लेकिन हमें आर्थिक आजादी अभी प्राप्त करना बाकी है। अत: महात्मा गांधी का आदर्श, यानी उनके गांधीवाद का इसमें समावेश होता, तो यह वास्तव में सोने में सुगंध का काम देता। हमारा संविधान ऐसा होता, जिससे बाहर वाले भी सबक सीख सकते। आज संसार में घोर अशांति छाई हुई है। अगर अन्य राष्ट्र किसी की तरफ इस अशांति से मुक्ति पाने के लिए देख रहे हैं तो वह भारत की तरफ ही देख रहे हैं। अगर हमारे संविधान में गांधीजी की आर्थिक योजना का समावेश और उसके सामाजिक आदर्शों का उल्लेख होता, तो अच्छा होता।'[36]

'हमने हिंदी को राजभाषा स्वीकार किया है। यह स्वयं अकेला ही ऐसा कार्य है, जो हमारे सारे राष्ट्र को एकसूत्र में रख सकता है और रखेगा। यह बहुत बड़ा कार्य हुआ, लेकिन अब हमें राजभाषा को राष्ट्रभाषा बनाना है। इस काम की खासकर जिम्मेदारी उन लोगों के ऊपर है, जिनकी भाषा हिंदी है।'[37]

'एक खेद वाली बात यह है कि हमारी प्रादेशिक भाषाओं की जो सूची स्वीकार की गई है, उसमें हमारी 'राजस्थानी' को स्थान नहीं दिया गया। यह डेढ़ करोड़ मनुष्यों की भाषा है। उसमें बड़ा साहित्य है। हिंदी के प्राचीन और वीर रस के साहित्य में इस भाषा का काफी ऊँचा स्थान रहा है। ऐसी भाषा को उस सूची से अलग रखना हमारे लिए काफी दु:ख की बात है। मैं समझता हूँ कि हमारे महारथी आगे इसको पार्लियामेंट के द्वारा प्रादेशिक भाषाओं की सूची में अपना उचित स्थान दिलाएँगे।'[38]

'एक बात जो राजस्थानियों को खटकने वाली है और आघात पहुँचाने वाली हुई है, वह सिरोही का विभाजन है। सिरोही एक ऐसा स्थान है, जो कि राजस्थान में बहुत महत्त्व का स्थान रखता है। सिरोही का मतलब राजस्थानी में तलवार से होता है और वह वास्तव में राजस्थान की तलवार है। हमारे श्रद्धेय नेता सरदार साहब ने हमारे महाराणा प्रताप के राजस्थान निर्माण का स्वप्न पूरा किया था, लेकिन अगर उसकी यह तलवार तोड़ दी जाती है तो मैं समझता हूँ कि यह एक ऐसी चीज है, जिससे प्रत्येक राजस्थानी को दु:ख होगा। सिरोही का संबंध बराबर राजस्थान से रहा है।'[39]

**नंदकिशोर दास ( उड़ीसा )**

'हमारे समक्ष एक संविधान है, जो अपने परिणाम और अपने मूल्य में संसार के सर्वोत्तम संविधानों में से हो सकता है। सदन में एक वर्ष पूर्व संविधान का मसौदा पेश करते हुए डॉ. आंबेडकर ने कहा था कि इस संविधान में 313 अनुच्छेद हैं, इसलिए यह संसार में सबसे भारी संविधान है। अब तो अनुच्छेदों की संख्या बढ़कर 395 हो जाने पर यह और भी भारी हो गया है।'[40]

'किंतु यह स्वीकार करना ही होगा कि यह संविधान संसार के सर्वोत्तम कागजी संविधानों में से होते हुए देश में काफी उत्साह उत्पन्न नहीं कर सका है। संविधान के अत्यंत प्रशंसकों के मन में भी संदेह है कि इसमें कुछ कसर है। यह यथेष्ट वस्तु नहीं है। कुछ मित्रों ने शिकायत की है कि यह संविधान गांधीजी की विचारधारा के अनुरूप नहीं है। इसी कारण उन्हें बहुत निराशा हुई है। मुझे इस बात पर जरा भी निराशा नहीं है कि यह संविधान गांधीजी के आदर्श के अनुसार नहीं बना है, क्योंकि मुझे हमारे संविधान निर्माताओं से गांधीवादी संविधान की जरा भी आशा ही नहीं थी। हम सब राष्ट्रपिता का नाम लेते हैं, किंतु हममें कितनों ने अपने दैनिक जीवन में उनके उपदेशों को अपनाया है ? हममें से कितने हैं, जिन्हें प्राचीन आत्मनिर्भर ग्राम प्रणाली पर समाज का निर्माण करने में अखंड विश्वास है ? गांधीवादी संविधान केवल मशीनी तरीके से नहीं बन जाएगा। उसके लिए यह आवश्यक है कि उनके विचारों के सर्वथा अनुरूप समाज को बनाने का हमारा पूर्ण विश्वास हो और दृढ़ निश्चय हो। यह दृढ़ निश्चय देश में लगभग कहीं भी नहीं है। अत: गांधीवाद से विहीन दिमागों से गांधीवादी संविधान का निकलना संभव है ही नहीं। गांधीजी ने अपने जीवन भर में शक्तियों के विकेंद्रीकरण पर जोर दिया, किंतु हमारा संविधान बिल्कुल उल्टे ही मार्ग पर चला है, वह है अत्यधिक केंद्रीयकरण। हमारे नेताओं का विचार है और ठीक भी है कि सशक्त केंद्र नहीं होगा तो इस शिशु लोकतंत्र को सब ओर से विघ्नशील शक्तियों द्वारा नष्ट होने का खतरा रहेगा। स्वतंत्रता मिलने के पश्चात् देश में जो घटनाएँ हुई हैं, उससे इस प्रकार के संविधान का औचित्य पर्याप्त रूप में सिद्ध हो जाता है। अत: संविधान के लिए उत्साह की कमी का ठीक-ठीक कारण ढूँढ़ा जाए तो वह संविधान में किसी आंतरिक त्रुटि के कारण नहीं है, इसका कारण वह परिवर्तनशील और दु:खद परिस्थिति है, जो इस देश में स्वतंत्रता मिलने के पश्चात् ढाई वर्ष से चल रही है।'[41]

**टी.जे.एम. विल्सन ( मद्रास )**

'आज हम सब ही स्वतंत्रता की बात करते हैं, यह स्वतंत्रता कई शताब्दियों के संघर्षों, क्रांतियों और अनुभव से हमें प्राप्त हुई है, अतएव यह आलोचना बिल्कुल गलत है कि हमने विदेशी संविधानों से बहुत कुछ लिया है।'[42] 'आज तक मानवता कितनी प्रगति कर चुकी है! हमारे संविधान में इस मानव प्रगति का कितना आभास है ? चाहे उपायों और प्रणालियों में कुछ भी अंतर हो, इस समय समस्त मानवीय विचारधारा का साहित्य, विज्ञान, कला और दर्शन

सबका सकेंद्रण एक ही आधारभूत तत्त्व पर है। वह है—जनसाधारण और उसका उत्थान। जनसाधारण की स्थिति ऐसी स्थिर हो गई है कि उसके शत्रु भी उसका नाम लेकर अपना प्रचार करते हैं। इसी कारण आज प्रत्येक व्यक्ति लोकतंत्र की बात करता है, यद्यपि इस अभागे शब्द का अर्थ इतना तोड़ा-मोड़ा जाता है। लोकतंत्र की सबसे मूल आवश्यकता यह है कि प्रत्येक नागरिक को मतदान का अधिकार है। हमने उसे अपने संविधान में रखा है, किंतु इस पर हमारे कुछ मित्रों ने इस आधार पर आपत्ति की थी कि वे इतने शिक्षित नहीं हैं कि देश का शासन चला सकें। उनका कहना यह है कि देश के शासन के लिए केवल मस्तिष्क की आवश्यकता है, किंतु परिस्थितियाँ बदल चुकी हैं और सिद्धांत भी बदल चुके हैं। शासन भी बदल गया है। अब शासन कोई अध्यात्म तत्त्व की या रहस्य की वस्तु नहीं है। आज सरकार को जनता की वास्तविक स्थिति और आवश्यकताओं को सँभालना पड़ता है।'[43]

'जनता की इन आवश्यकताओं को जनता से अधिक समझने का दावा कौन कर सकता है? विचार तो आवश्यक है ही, मस्तिष्क भी वास्तव में अत्यावश्यक है। किंतु यदि वह कार्यान्वित न हो, यदि वह जनता के अनुभव पर आधारित न हो तो उसमें सफलता नहीं मिल सकती। अतएव वयस्क मताधिकार का प्रयोजन प्रत्येक व्यक्ति को मताधिकार देने का प्रयोजन, यह है कि कार्यवाही और विचारधारा के बीच के अंतर को मिटाया जाए।'[44]

'लोकतंत्र का सार केवल यही नहीं है कि राजनैतिक दलों आदि का अस्तित्व रहे, किंतु लोकतंत्र का सार यह है कि व्यक्ति देश के शासन में प्रभावी रूप में भाग ले सके। शासन में व्यक्ति का भाग जितना अधिक होगा और जितना प्रभावी होगा, उतना ही वहाँ लोकतंत्र होगा। लोकतंत्र अभी तक एक आदर्श है, जहाँ तक मानवता को पहुँचना है। इस दिशा में विकेंद्रीकरण से कुछ हो सकता था, यदि हम इसकी अपने संविधान में व्यवस्था कर देते, किंतु संविधान के संघीय रूप को भी काफी संकीर्ण बना दिया गया है। कभी-कभी तो वह धीमी और संकीर्ण संघीयता भी नहीं रहती और एकात्मक व्यवस्था आ जाती है। कुछ वक्ताओं ने ग्राम पंचायतों का निर्देश किया है। उन प्राचीन स्वावलंबी भारतीय समाजों का जहाँ कृषि और बुनाई उद्योग साथ-साथ चलते थे, जो शताब्दियों के आक्रमणों और पराजयों के बावजूद बने रहे, जिन्हें ब्रिटिश साम्राज्यवाद ने उखाड़ दिया और नष्ट कर दिया, जिसकी शानदार सफलता पर गवर्नर जनरल ने 1884 में रिपोर्ट भेजी थी। 'भारत के मैदानों में जुलाहों की हड्डियाँ फैली हुई हैं।' मैं उन लोगों में से नहीं हूँ, जो इन पंचायतों को पूर्ण या शाश्वत समझते हैं। परंतु मेरा तो यह कहना है कि इस सभा को भारतीय समाज की उस प्राचीन, देशी प्रणाली को अपनाना चाहिए था। कोई ऐसी व्यवस्था करनी चाहिए थी, जिससे कि व्यक्ति देश के शासन में प्रभावी रूप से भाग ले सकता और सत्ता का वहन चोटी से न होकर नीचे से चोटी की ओर होता। मैं व्यक्ति से इस सहयोग के लिए अनुरोध करता हूँ, केवल इसी कारण नहीं कि यह लोकतंत्र के लिए अत्यावश्यक है, वरन्

इसलिए भी कि केवल इसी से केंद्र को शक्ति और क्षमता प्राप्त होगी, यद्यपि कुछ लोगों का यह गलत ख्याल है कि शक्ति का आधार केंद्रीकरण है और प्रबल केंद्र है। मैं फिर कहता हूँ कि सब दृष्टिकोणों से प्रभावी और समझदार नागरिकों का लोकतंत्र किसी भी शासन व्यवस्था से अधिक शक्तिशाली और अधिक कार्यकुशल होता है और लोकतंत्र की कमजोरी की सामान्य चर्चा नितांत मूर्खता है।'[45]

'संविधान का क्षेत्र सीमित होता है। उसका मुख्य कार्य शासन के लिए व्यवस्था निश्चित करना है। इस संविधान में शासन के लिए व्यवस्था ही कर दी गई है, चाहे वह किसी प्रकार की हो। कुछ अध्यायों में जो भी रियायतें या अधिकार रखे गए हैं, वे केवल ऐसे हैं, जो हम प्राप्त कर चुके हैं। संविधान में केवल वे ही अधिकार निहित किए गए हैं, जो हम प्राप्त कर चुके हैं। यही मूल बात है, जिस पर मैं जोर देना चाहता हूँ, क्योंकि अन्यथा यदि हमने संविधान के कुछ अधिकार रख दिए होते, जो अभी हमने प्राप्त नहीं किए हैं तो उससे देश का तोड़ा-मरोड़ा हुआ, असत्य और आडंबरपूर्ण चित्र उपस्थित हो जाता है और इससे बड़ी बात यह होती कि संविधान अक्रियात्मक बन जता।'[46]

**कमलापति त्रिपाठी ( संयुक्त प्रांत )**

'हमारे राष्ट्र का, हमारे स्वतंत्र देश का स्वतंत्र संविधान हमारे सामने उपस्थित हो रहा है।'[47]...'इस संविधान में कौन सी भारी विशेषता है? कौन सा महान् गुण है? इसकी ओर जब दृष्टिपात करता हूँ तो यह देखता हूँ कि मुख्य रूप से तीन बातें हैं। मेरे जिन साथियों ने भी इस संविधान का गुणगान किया है, उन सबने बराबर प्रायः इन्हीं तीनों बातों को दोहराया है। इस संविधान ने हमें बालिग मताधिकार दिया है। दूसरी बात है कि संविधान ने छुआछूत मिटा दिया और तीसरी बात, जिस पर बड़ा गर्व किया जा रह है, वह है पृथक् निर्वाचन को मिटाकर संयुक्त निर्वाचन की पद्धति, जिसे संविधान में स्वीकार किया गया है।'[48]...'यही तीन बातें मुख्य रूप से इसकी विशेषताएँ बताई जा रही हैं। इसी के लिए बधाइयाँ बाँटी जा रही हैं। यहाँ तक कि कानून के प्रकांड पंडित मेरे आदरणीय सर अलादि कृष्णस्वामी अय्यर ने आज प्रात:काल जो भाषण किया, उसमें भी प्रायः इन्हीं तीन बातों को फेंट-फेंटकर हमारे सामने रखा। मैं अत्यंत नम्रतापूर्वक यह निवदेन करना चाहता हूँ, अध्यक्ष महोदय, कि यह कोई ऐसी भारी विशेषता नहीं है, जिसके लिए मन-ही-मन हम फूले न समाएँ। गर्व करें तथा स्वयं अपने को ही इस कार्य के लिए बधाई दें। अरे, मैं पूछता हूँ कि जब देश ने आपको निर्वाचित करके भेजा, आप संविधान बनाने के लिए यहाँ आए, तो भला इतनी मोटी-मोटी बातें अगर आप संविधान में नहीं रखते, तो संविधान बनाते किस चीज का?'[49]

'हमें यह देखना है कि हमसे जो बन पड़ा, वह तो हमने किया, पर जो नहीं किया अथवा जो नहीं कर सके, वह क्या है? उसकी तरफ हमको संकेत करना है, इसलिए कि हम समय

पाकर स्वयं उन त्रुटियों को दूर कर सकें, जो किसी कारण रह गई हैं। साथ ही, देश को बता सकें कि हम जो नहीं कर सके, वह क्या है।'[50]...'आज यह देखने की आवश्यकता है कि हमारे इस संविधान में वे कौन सी त्रुटियाँ रह गई हैं, जिन्हें दूर किए बिना काम नहीं चल सकता। साथ-साथ यह भी देखा जाए कि वे कौन सी बातें रह गई हैं, जिनकी आवश्यकता थी, जिनकी आवश्यकता राष्ट्र अनुभव करता था, जिन आवश्यकताओं को हम पूरा नहीं कर सके हैं। मैं तो अत्यंत नम्रता के साथ निवेदन करता हूँ, अध्यक्ष महोदय, कि जब इस दृष्टि से मैं इस संविधान की ओर देखता हूँ, तो मुझे लगता है कि यह संविधान, जिसकी रचना का उत्तरदायित्व हम सब पर रहा है, हमारे लिए संतोषजनक तथा हमारी आवश्यकताओं की पूर्ति के योग्य नहीं है। संभव है कि मेरा ऐसा कहना छोटा मुँह बड़ी बात हो, पर अवसर यह माँग करता है कि प्रत्येक व्यक्ति जो समझ रहा है, उसे एकमात्र देशहित को सामने रखकर कहे। इसी भावना ने मुझे ऐसा कहने का साहस प्रदान किया है।'[51]

'मैं अब कुछ उन मौलिक त्रुटियों की ओर आपका ध्यान आकर्षित करता हूँ, जो मेरी समझ में मुख्य रूप से इस संविधान में रह गई हैं।'[52]...'पहला अत्यंत मौलिक दोष इस संविधान का है, इसका अत्यंत प्रचंड और घोर केंद्रित स्वरूप। मुझे ऐसा लगता है कि हमने इस संविधान में जो व्यवस्था निर्धारित की है, उसके फलस्वरूप शक्ति, अधिकार और सत्ता का घोर केंद्रीकरण केंद्रीय सरकार में होना अनिवार्य होगा। मैं केंद्रीकरण की इस व्यवस्था को दोषपूर्ण और खतरनाक समझता हूँ। मुझे ऐसा लगता है कि केंद्रीकरण की व्यवस्था अनिवार्यतः उन प्रवृत्तियों को उत्पन्न करती है, जो भयावह हो सकती हैं। फिर एक बात और, गत तीस वर्षों तक हमें अपने जिस नेता के पीछे चलने का सौभाग्य प्राप्त हुआ था, उसने हमें एक दृष्टि, एक कल्पना और एक विचारधारा प्रदान की। हमारे बापू प्रकाशपुंज थे। उन्होंने हमें यह बताया कि केंद्रीकरण चाहे वह राजनीतिक क्षेत्र में हो अथवा आर्थिक क्षेत्र में, निश्चय ही जनता-जनार्दन की राजनीतिक तथा आर्थिक स्वतंत्रता का अपहरण करने की ओर अग्रसर होगा। यह थी एक नई कल्पना और एक नई विचारधारा, जो उन्होंने हमें प्रदान की। उन्होंने बताया कि सच्चे लोकतंत्र का उदय ऊपर से नहीं, नीचे से होना चाहिए। अधिकार और शक्ति ऊपर कहीं केंद्रित नहीं, बल्कि नीचे समाज के आधार जनमंडल में वितरित होना चाहिए। उसी स्थिति में वस्तुतः जनतंत्र की सच्ची स्थापना हो सकती है। तभी जनता स्वतंत्रता का भोग कर सकती है। आज जो व्यवस्था हम बनाने जा रहे हैं, वह अधोमुखी है। ऐसा वृक्ष लगाया जा रहा है, जिसकी जड़ तो ऊपर है और जिसकी शाखाएँ नीचे की ओर हैं।'[53]

'हमारे इस संविधान में भारत की आत्मा का कोई परिचय नहीं है। यह संविधान ऐसा मालूम होता है कि एकमात्र अवसर को देखकर बनाया गया है। परिस्थितियों के भय से जो प्रतिक्रिया हमारे मन पर हुई कि न-जाने कौन अराजकता कब उत्पन्न हो जाए, न-जाने कौन

सी परिस्थिति अभी पैदा हो जाए, न-जाने स्वतंत्रता कब खतरे में पड़ जाए, उसने ही हमें प्रभावित किया है। उसके प्रभाव में पड़कर हमने ऐसा संविधान बना डाला। आज के संक्रमण काल में यह परिस्थिति हमारे सामने है, उसमें संदेह नहीं, जब एक बनी-बनाई व्यवस्था चूर होती है, एक स्थापित अट्टालिका गिरती है तो उसके गर्जन से पृथ्वी में भी कंपन होता है। इस कंपन से उत्पन्न स्थिति में भय और आशंका भी निर्विवाद है, स्वाभाविक है। एक महान् शक्तिशाली साम्राज्य हमारे देखते-देखते लुप्त हुआ है। इस संक्रमण काल में हमारे मन में भय है और आशंका है, पर इसकी प्रतिच्छाया हमारे संविधान पर पड़े, यह मैं समझता हूँ, उचित नहीं हुआ।'[54]

'इस संविधान की रचना करते हुए हमने यह न देखा कि हमारे इस प्राचीन पुरातन देश में, जिसकी सहस्राब्दियों की संस्कृति है, जिसने राजनीतिक जीवन के रंगमंच पर बहुत अभिनय किए हैं, उसकी अपनी राजनीतिक विचारधारा भी कुछ रही है। राजनीति के क्षेत्र में हमारे इस देश ने महान् प्रयोग किए हैं, जिनका इतिहास साक्षी है। हमने कभी इसकी ओर दृष्टिपात करने की इच्छा नहीं की। कैसे हम कह सकते हैं कि हमारे इसी देश में बहुतंत्र व्यवस्था नहीं रही है। आज इतिहास साक्षी है कि हमारा देश वह भूमि है, जहाँ कि सर्वप्रथम यदि विशुद्ध लोकतंत्र नहीं, तो बहुतंत्र की प्रतिष्ठा हो चुकी है। जिस समय सिकंदर ने इस देश पर आक्रमण किया था, उस युग में भी भारत के पश्चिम में समस्त पांचाल की भूमि गणतंत्रों से भरी हुई थी। कपिलवस्तु का भी गणतंत्र ही था, जहाँ भगवान् बुद्ध उत्पन्न हुए थे। लिच्छवियों का एक बड़ा गणतंत्र था, जिससे भगवान् बुद्ध का बहुत गहरा संबंध रहा था। इस देश में गणतंत्रों की महिमा हजारों वर्ष तक छाई रही है। वेदों में, उपनिषदों में, ब्राह्मणों में साम्राज्य की, वैराग्य की, अराजक राज्यों की पूरी कल्पना मिलती है। कैसे आप कह सकते हैं कि हमारे देश में गणतंत्र का, बहुतंत्र का या लोकतंत्र का ज्ञान नहीं रहा है। इस देश में राजनीतिक विचारों की पूरी विचारधारा प्रवाहित होती रही है। महाभारत में जो कुछ महर्षि वेदव्यास ने भीष्म के मुँह से कहलवाया है, आप यदि उसकी तरफ दृष्टिपात करें तो आप देखेंगे कि पूरा संविधान मौजूद है, पूरी राजनीतिक विचारधारा है। क्या हमने कभी इसकी तरफ दृष्टिपात किया है? बाहर की तमाम चीजें इस संविधान में अवश्य हैं। सबसे बढ़कर चाहे आप कितना ही अस्वीकार करें, 1935 के गवर्नमेंट ऑफ इंडिया के काले ऐक्ट की काली छाया इस संविधान पर प्रत्यक्ष दिखाई देती है। चाहे हम इसका कितना ही विरोध करते रहे हों, पर इसकी छाया हमारे संविधान पर पड़ी है, इससे हम इनकार नहीं कर सकते। इस प्रकार भारत का संविधान बनाते हुए हमने उसे देश की संस्कृति, परंपरा, इतिहास और राष्ट्र की आत्मा, हृदय तथा प्रतिभा से उसे दूर कर दूसरी मौलिक भूल की है। स्मरण रखिए कि इस सांस्कृतिक विच्छेद ने इस संविधान को न केवल अभारतीय, बल्कि इसे निष्प्राण भी बना डाला है।'[55]

'इसका तीसरा मौलिक दोष है—नागरिक अधिकारों में हस्तक्षेप। आप कहते हैं कि हमने अछूतपना मिटाया है। आप पूछते हैं कि क्या हमने फंडामेंटल राइट्स की इस संविधान में गारंटी नहीं की है? पर मैं पूछता हूँ कि क्या फंडामेंटल राइट्स में हमने रुकावटें नहीं लगा दी हैं? क्या बिल्कुल सही नहीं है कि इसमें एक के बाद दूसरी ऐसी अनेक धाराएँ हैं, जो फंडामेंटल राइट्स में हस्तक्षेप करती हैं? यह क्या है? यह प्रेरणा आपको कहाँ से मिली है? अध्यक्ष महोदय, मैं नम्रतापूर्वक कहना चाहता हूँ कि यह प्रेरणा मिली है, पुराने गवर्नमेंट ऑफ इंडिया ऐक्ट से। यह अंग्रेजों का तरीका रहा है कि जो चीज एक हाथ से दो, वही दूसरी तरफ से वापस ले लो। यह संस्कार हमारे ऊपर उनके पड़े हैं।'[56]…'भीष्म ने युधिष्ठिर से कहा था कि देश की सुरक्षा का एकमात्र मार्ग है कि प्रजा का पूर्ण पालन हो। उसकी बुभुक्षा और उसकी नग्नता और उसकी पीड़ा का विनाश हो। ऐसे राज्य की प्रतिष्ठा करो, जो सूर्य के समान है, जो पृथ्वी से रस को ग्रहण करता है और जितना ग्रहण करता है, उससे आठ गुना उसके कल्याण के लिए पृथ्वी को देता है। ऐसे राज्य की रक्षा के लिए शस्त्र की आवश्यकता नहीं, सेना की आवश्यकता नहीं है। बापू ने भी हमें यही बताया कि जो राज्य केवल शक्ति के भरोसे टिके रहने की कोशिश करेगा, वह टिक नहीं सकेगा। उसका सहारा शस्त्र ही उसके लिए खतरनाक हो जाएगा।'[57]

'चौथा मौलिक दोष यह है कि हमने इसमें गरीबों के लिए, भारत की दरिद्र जनता के लिए कुछ नहीं किया है। आप देखें कि डायरेक्टिव प्रिंसिपल्स में भी, जो हमें गारंटी दी गई है, वह पूरी नहीं दी गई है। उसमें भी यही कहा गया है कि जहाँ तक हो सकेगा, हम करेंगे। उसमें यह गारंटी कहाँ दी गई है कि देश में भुखमरी नहीं रह जाएगी। सड़कों पर एक भी भिखमंगा भविष्य में नहीं रह जाएगा? इसकी कोई गारंटी नहीं है। यह गारंटी कहाँ दी गई है कि देश में एक भी व्यक्ति बेकार नहीं रहेगा। काम देना सरकार का काम होगा? यह कहाँ हमने गारंटी दी है? हमने अपने प्रेसीडेंट की दस हजार तनख्वाह की जरूर गांरटी कर दी है। अपने संविधान के बड़े भारी पोथे में एकाउंटेंट जनरल और गवर्नर तथा जज इन सबकी तनख्वाह निश्चित कर दी हैं, लेकिन हमने यह निश्चित किया कि हमारे चपरासियों को क्या तनख्वाह मिलनी चाहिए? हमने कहाँ यह निश्चित किया कि हमारे देश में कम-से-कम वेतन क्या होना चाहिए?'[58]

'हमने इस देश के लिए एक भाषा स्वीकार की, पर दूसरी ओर उसके पीछे एक के बाद दूसरी ऐसी धाराएँ लगा दीं, जिनका एकमात्र भाव यह है कि वह भाषा, जिसे हम राष्ट्रभाषा करनेवाले हैं, कहीं जल्दी से न चली आए। अध्यक्ष महोदय, मैं आपसे अत्यंत नम्रतापूर्वक निवेदन करना चाहता हूँ कि 15 वर्ष में ही हिंदी आ गई तो सेक्रेटेरिएट की नौकरियाँ कैसे ठीक होंगी। सिर्फ इस अवसरवादिता पर तो हमने ध्यान दिया, पर यह नहीं सोचा कि भाषा का संबंध राष्ट्र के हृदय से, उसकी आत्मा से होता है। भाषा भावों के प्रवाह का आधार होती है।

भाषा संस्कृति का आधार होती है और संस्कृति राष्ट्रों के इतिहास और उनके जीवन और उनके उत्थान और विकास का आधार हुआ करती है। भाषा और संस्कृति का कितना संबंध है ? भाषा के बिना हमारी रचना की भित्ति क्या हो सकती है ? हमने इस बात की ओर ध्यान न दिया और विदेशी भाषा को आज भी अपनाए रहे। आपने अपने शासन संविधान की भित्ति के लिए कौन सी भाषा खोजी है ? भारत के पास कुछ और रहा हो या नहीं, परंतु भाषा और लिपि के क्षेत्र में हमारा यह देश कभी दरिद्र नहीं रहा। इतिहास साक्षी है कि समस्त एशियाई देशों में हमारी लिपि से सहारा लेकर अपनी लिपियों का निर्माण किया है। हमारी भाषा में ऐसा ऊँचा वाङ्मय है, जिसके आगे संसार नतमस्तक है। कितनी लज्जा की बात है कि हमारे देश का संविधान, जिसे हम प्रामाणिकता प्रदान करने जा रहे हैं, वह भी एक विदेशी भाषा में लिखा हुआ हो। यह ऐसे दोष हैं, जिनकी ओर हमारा ध्यान जाना चाहिए।'[59]

**दीप नारायण सिंह ( बिहार )**

'हमारा देश गाँवों का देश है। हमारी जनता गाँवों में बसती है, मैं कह सकता हूँ कि दुनिया के बड़े-बड़े देश शहरों के देश हैं, लेकिन मेरा देश तो गाँवों का देश है। हमारी सभ्यता, हमारी संस्कृति गाँवों में ही है। अभी भी जो कुछ भी हमारी सभ्यता या संस्कृति बची हुई है, वह गाँवों के पुण्यप्रताप से ही बची हुई है। लेकिन इस संविधान में गाँवों की प्रधानता तो अलग रही, उसका कोई स्थान भी नहीं है। हाँ, मैंने देखा है कि एक छोटे से आर्टिकल में गाँवों की पंचायत की चर्चा की गई है; लेकिन वह केवल याद मात्र है। गाँवों की रूपरेखा क्या होगी, गाँवों का स्थान भविष्य में क्या होगा, इसकी तरफ हमारा संविधान चुप है। संविधान में जिस शासन प्रणाली की रूपरेखा दी हुई है, जिस समाज का ढाँचा बनाया गया है, उसमें गाँवों का कोई स्थान नहीं है। मैं तो चाहता था कि शासन के कामों में या और दूसरे-दूसरे कामों में गाँवों की ही प्रधानता होती। गाँव को ही आधार मानकर हमारे देश की शासन की रूपरेखा बनती, पर इस संविधान में ऐसा नहीं है। मैं इसको एक भारी कमी मानता हूँ। मैं समझता हूँ कि बिना सोचे-विचारे यह कमी आ गई है। लेकिन यह है बहुत भारी मौलिक कमी। अगर हम चाहते हैं कि हमारे देश की काफी तरक्की हो। हमारा देश सुख और शांति से शीघ्र पूर्ण हो जाए, तो हमें गाँवों को सभी कामों में प्रधानता देनी होगी। गाँवों को ही आधार मानकर निर्माण की सभी स्कीमों को बनाना होगा, चाहे उनका संबंध शासन से हो या और दूसरे कामों से। यदि हम ऐसा न कर सकेंगे, तो हम अपने देश का पिछला दुःखदपूर्ण इतिहास दोहराएँगे। मैं चाहता हूँ कि भविष्य में अपने संविधान को काम में लाते समय इस त्रुटि पर हम ध्यान देंगे और राष्ट्र-निर्माण की सभी स्कीमों में गाँव को ही आधार बनाएँगे।'[60]

**संदर्भ—**


1. भारतीय संविधान सभा के वाद-विवाद की सरकारी रिपोर्ट (हिंदी संस्करण), अंक-11, संख्या-9, 23 नवंबर, 1949, पृ. 4004
2. वही, पृ. 4004
3. वही, पृ. 4004
4. वही, पृ. 4004-4005
5. वही, पृ. 4005
6. वही, पृ. 4005
7. वही, पृ. 4005
8. वही, पृ. 4006
9. वही, पृ. 4006
10. वही, पृ. 4006
11. वही, पृ. 4007
12. वही, पृ. 4014-4015
13. वही, पृ. 4015
14. वही, पृ. 4015
15. वही, पृ. 4015-4016
16. वही, पृ. 4016
17. वही, पृ. 4016-4017
18. वही, पृ. 4018
19. वही, पृ. 4018
20. वही, पृ. 4020
21. वही, पृ. 4022
22. वही, पृ. 4022
23. वही, पृ. 4023
24. वही, पृ. 4024
25. वही, पृ. 4024
26. वही, पृ. 4024
27. वही, पृ. 4025
28. वही, पृ. 4026
29. वही, पृ. 4027
30. वही, पृ. 4027
31. वही, पृ. 4027-4028
32. वही, पृ. 4028
33. वही, पृ. 4028-4029
34. वही, पृ. 4040
35. वही, पृ. 4031
36. वही, पृ. 4031
37. वही, पृ. 4031-4032
38. वही, पृ. 4032
39. वही, पृ. 4032

40. वही, पृ. 4035
41. वही, पृ. 4036-4037
42. वही, पृ. 4042
43. वही, पृ. 4042-4043
44. वही, पृ. 4043
45. वही, पृ. 4043
46. वही, पृ. 4044
47. वही, पृ. 4048
48. वही, पृ. 4049
49. वही, पृ. 4050
50. वही, पृ. 4051
51. वही, पृ. 4051-4052
52. वही, पृ. 4052
53. वही, पृ. 4052-4053
54. वही, पृ. 4053-4054
55. वही, पृ. 4054
56. वही, पृ. 4055
57. वही, पृ. 4055
58. वही, पृ. 4055
59. वही, पृ. 4056
60. वही, पृ. 4060

□

# 45

# जनता का संविधान*

**मानिक लाल वर्मा ( राजस्थान )**

'महात्मा गांधीजी की इच्छा थी कि हमारे देहातों और गाँवों को पंचायतों से और उसके बाद जिलों की पंचायतों से जो लोग चुनकर आएँगे, वे राष्ट्र की समस्या को ठीक तरह से समझने वाले होंगे। अगर यह नया प्रयोग सफल हुआ तो वह ठीक बात होगी। हम लोगों ने बालिग मताधिकार का नारा लगाया अवश्य है, किंतु इस असफल प्रयोग को करना गलत बात होगी।'[1]

'मैं थोड़ा राजस्थानी भाषा के बारे में भी कहना चाहता हूँ, जो कि डेढ़ करोड़ की भाषा है। मैं यहाँ पर एक उदाहरण देता हूँ। जिस समय महाराणा प्रताप अकबर के साथ लड़ रहे थे तो उस समय पृथ्वीराज बीकानेर को यह खबर लगी कि प्रताप अब थककर अकबर से समझौता कर रहे हैं, पृथ्वीराज ने महाराणा प्रताप को वीररस की एक कविता भेजी। जिसका प्रभाव पड़ा कि महाराणा प्रताप ने अपना इरादा बदला।...यह राजस्थानी भाषा का उदाहरण है, जो वीरता से भरी हुई है। जिसे सीखकर बंगाल ने वीरता सीखी और बंगाल ने राष्ट्र–प्रेम की भावना को बढ़ाया, जो देश में फैली। इस राजस्थानी भाषा को हमारे इस संविधान में जरूर जगह मिलनी चाहिए।'[2]

* 24 नवंबर, 1949

'एक आखिरी बात फिर कहनी रह गई है, जो मुझे एक चोट की तरह मालूम हो रही है, इस संविधान के द्वारा सिरोही का बँटवारा हो गया है। उसमें से आबू गुजरात में मिला लिया गया है। इस बारे में आपको थोड़ा ध्यान दिलाना चाहता हूँ। यह ठीक है कि आबू को गुजरात में मिला दिया गया है। यह भारत सरकार के अधिकार की बात है, वह कुछ कर सकती है। हम लोग जो कांग्रेस में हैं, जिनके सिर झुके हुए हैं। कांग्रेस के अनुशासन से हम लोग कुछ बोल नहीं सकते हैं। जिस तरह से आबू को गुजरात में मिलाया गया है, उसी तरह से अब बाँसवाड़ा, डूँगरपुर और उदयपुर तथा दूसरे स्थान का नंबर आनेवाला है। आजकल गुजराती भाई जिस तरह यहाँ गुजरात का नारा लगा रहे हैं, उसका जहर राष्ट्र में फैले बिना नहीं रहेगा। इस प्रकार की भावना ठीक नहीं है। इससे हमारा राष्ट्र कमजोर हो जाएगा। अगर आबू के संबंध में न्याय करना हो तो बंगाल, पंजाब और महाराष्ट्र के व्यक्तियों का एक कमीशन नियुक्त किया जाए, उसके निर्णय के बाद पता लगेगा कि आबू राजस्थान का है अथवा गुजरात का। उसके अनुसार भारत सरकार फैसला दे। अब जो कुछ भी आबू के संबंध में फैसला हो, वह न्यायपूर्ण हो। उसके लिए हम लोग तैयार हैं।'[3]

**ब्रजेश्वर प्रसाद ( बिहार )**

'मैं खड़ा हो रहा हूँ संविधान को सीमित समर्थन देने के लिए, अगर-मगर के साथ इसका समर्थन करने के लिए। अगर संविधान में हिंदी को राष्ट्रभाषा न बनाया गया होता और अस्पृश्यता न समाप्त की गई होती, तो मैं कभी इसका समर्थन न करता। मैं संविधान का उसी हद तक समर्थन करता हूँ, जहाँ तक कि यह एकात्मक है। मैं संघ व्यवस्था, प्रांतीय स्वशासन, संसदीय पद्धति, वयस्क मताधिकार तथा मूलाधिकारों के सर्वथा विरुद्ध हूँ।'[4]

'संविधान पर आदर्शवाद की कतई कोई छाप नहीं है। यह संविधान ऐसा संविधान है, जो देशवासियों की संस्कृति और उनकी प्रकृति के लिए सर्वथा अपरिचित है। यह वकीलों का संविधान है। यह बनाया गया है मध्यम वर्ग और पूँजीपति वर्ग के हितों को उनके आर्थिक एवं राजनैतिक हितों को स्थायित्व देने के लिए। अनुच्छेद 24 के द्वारा प्रगति का मार्ग अवरुद्ध कर दिया गया है। उत्पादन के साधनों पर व्यक्ति के स्वामित्व को जब खत्म नहीं किया जाता, भारत का भविष्य उज्ज्वल हो नहीं सकता है।'[5]...'वर्तमान भारत शासन अधिनियम में समुपयुक्त संशोधन कर देने से ही हमारी आज की जरूरतें अच्छी तरह पूरी हो जा सकती थीं। हम अभी संक्रमण काल से होकर गुजर रहे हैं। क्रांति हमारे दरवाजे पर खड़ी है। हम इस समय इस स्थिति में नहीं हैं कि आनेवाली शताब्दी की जरूरतों का ठीक-ठीक अनुमान कर सकें। चारों ओर अवनति दिखाई दे रही है।'[6]

'इस समय संविधान बनाने की हमें कोई जरूरत नहीं थी। हमें इस बात का अभी पता नहीं है कि निकट भविष्य में भारत किस ओर जाना चाहेगा। उसके सामने तीन रास्ते हैं। या तो वह

उस रास्ते को अपना सकता है, जिस पर आज मास्को चल रहा है या उस पथ को अपना सकता है, जिस पर इंग्लैंड और अमेरिका चल रहे हैं। उसके सामने एक तीसरा मार्ग भी है। मेरी समझ से तो इसी मार्ग को अपनाना हमारे लिए सर्वोत्तम होगा। यदि भारत की रगों में उसके खून में कुछ भी जान और गरमी रह गई है तो वह अपनी संस्कृति और अपनी परंपरागत विचारधारा के प्रति निष्ठावान रहेगा। दुनिया की राजनीति में एक तृतीय पथ के नेता के रूप में अपना स्वतंत्र अस्तित्व बनाए रखेगा।'[7]

'यदि भारतवर्ष को अपनी प्राचीन परंपरा के प्रति निष्ठावान बना रहना है तो उसे संविधान के बुनियादी सिद्धांतों को छोड़ना ही होगा। प्राचीन भारत में धर्म ही सदा प्रशासन का आधार रहा है। यदि ज्ञानशून्य और भूखी जनता की इच्छा को ही यहाँ प्रशासन का आधार बनाया जाता है तो इसका मतलब यह होगा कि भारतीय समाज की सभी ऊँची और अच्छी बातों का सर्वथा लोप हो जाएगा। साधारण जनता अपनी कोई मर्जी नहीं रखती। वह तो तात्कालिक आवेश के वशीभूत हो चलती है और परिस्थितियों और परंपराओं का दास होती है। दुनिया के किसी भाग में भी जनता की मर्जी को आधुनिक प्रशासन का आधार मानकर नहीं चला जा सकता है। खास करके भारतवर्ष में तो ऐसा किया ही नहीं जा सकता है, क्योंकि यहाँ जनता में अनेक कमियाँ हैं। धर्म की जो कल्पना है, उसमें सभी ऊँची और अच्छी बातें आ जाती हैं, जो संसदीय व्यवस्था में पाई जा सकती है। जो राज्य धर्म पर आधारित होगा, वह आर्थिक वैषम्य को तथा सामाजिक अन्याय को कभी बरदाश्त नहीं कर सकता है। वह इस सिद्धांत को भी नहीं स्वीकार कर सकता है कि जनता की मर्जी ही प्रशासन का आधार है। जनता की इच्छा सदा मलिन, पाशविक और अविकसित होती है। लोकतंत्र की बुनियादी बातों से धर्म का कभी असामंजस्य नहीं हो सकता है। लोकतंत्र का सार यही है कि लोगों में यह भावना हो कि जनमत के अनुसार सारा काम चले। लोकतंत्र का सार इसी बात में है कि जनता की वास्तविक इच्छा का पूरा ध्यान रखा जाए। प्रकट रूप से जो मत उसने व्यक्त किया हो, उसको प्रधानता न दी जाए। उसका प्रकट मत आवेश और पक्षपात से ओतप्रोत रहता है। उसमें प्रतिक्षण परिवर्तन हुआ करता है। वह आज कुछ और कल कुछ हो जाएगा। जनता प्रकट रूप से जो मत व्यक्त करती हैं, उसमें मानव जीवन की वह सभी बातें रहती हैं, जो अधम और मूर्खतापूर्ण हैं। उन्हें प्रशासन का आधार नहीं बनाया जा सकता है। इसके प्रतिकूल जनता के वास्तविक मत को बड़े-बड़े स्थानीय विचारकों ने पवित्र माना है। उसको प्रधानता देना संसार के बड़े-बड़े विचारकों के उपदेशों से तथा नीति से सर्वथा संगत है।'[8]

'संसदीय पद्धति के विरुद्ध मैं इसलिए हूँ कि आज के युग में इस पद्धति का कोई भविष्य नहीं रह गया है। आज के उद्योग प्रधान समाज की जो जटिल एवं गहन समस्याएँ हैं, उन्हें जनसाधारण नहीं समझ सकता है। वह विशेषज्ञों का युग है।'[9]....'जब हम शक्तियों के

विकेंद्रीकरण की बात करते हैं तो उसमें हमारा मुख्य प्रयोजन यही रहता है कि सारी शक्तियों को केंद्र से छीनकर उन्हें प्रांतीय शासकों को सौंप दिया जाए। मेरा यह मत है कि अगर केंद्र के अधिकारों को और छीना जाता है तो भारत सरकार की हैसियत वही रह जाएगी, जो राष्ट्र संघ को प्राप्त थी। जमाने की जो सामाजिक आवश्यकताएँ हैं, उन्हें अगर आप पूरा करना चाहते हैं तो केंद्र के हाथ में और अधिक अधिकार देने होंगे। विकेंद्रीकरण का सिद्धांत एकात्मक राज्य के सिद्धांत से सर्वथा विपरीत है। आज जरूरत है एकात्मक राज्य की। यदि प्रांतीयता और सांप्रदायिकता रूपी विषवृक्ष का हमें विनाश करना है तो विकेंद्रीकरण की बात हमें सोचनी भी नहीं चाहिए।'[10]

'पूज्य महात्माजी विकेंद्रीकरण के बड़े समर्थक थे। विकेंद्रीकरण उनका जो सिद्धांत था, वह आधारित था रामराज्य की कल्पना पर।'[11] 'विकेंद्रीकरण तो केवल एक ऐसे समाज में ही किया जा सकता है, जो सम्यक् रूपेण अहिंसात्मक हो और जिसमें लोग हिंसा की प्रवृत्ति का सर्वथा दमन कर चुके हों। किंतु जब तक संसार में युद्धोद्धत राष्ट्र रहेंगे, हम विकेंद्रीकरण की बात भी नहीं सोच सकते हैं। जब तक आर्थिक वैषम्य बना रहेगा, विकेंद्रीकरण का स्वप्न कभी पूरा नहीं हो सकता है। विकेंद्रीकरण के सिद्धांत को प्रयोग में लाते ही राज्य समाप्त हो जाएगा। जब तक संसार में सैनिकवाद रहेगा, शक्तियों का विकेंद्रीकरण असंभव है।'[12]

### मुहम्मद ताहिर ( बिहार )

'आखिर मैं एक बात अर्ज करना चाहता हूँ कि यह निहायत शर्म की बात है कि हमारा संविधान हमारे मुल्क के नाम के साथ न्याय नहीं कर सका। जनाब डॉ. आंबेडकर की जहानत का सुबूत है कि जिन्होंने एक खिचड़ीनुमा नाम तजवीज फरमाकर मंजूर करा दिया। भला डॉ. साहब से कोई पूछे कि जनाब का दौलत खाना किस मुल्क में है तो इसका जवाब वह फख्र से यह दे सकते थे कि मैं भारत का रहनेवाला हूँ या यों कहते कि इंडिया या हिंदुस्तान का रहनेवाला हूँ। मगर अब तो जनाब डॉ. साहब को जवाब देना होगा कि मैं इंडिया दैट इज भारत का रहनेवाला हूँ। अब जनाब वाला खुद ही मुलाहजा फरमाएँ कि कितना बेहतर और खुशनुमा जवाब है।'[13]

### पूर्णिमा बनर्जी ( संयुक्त प्रांत )

'आज इस संविधान में हमें 'समता, स्वतंत्रता और बंधुता' शब्द मिल रहे हैं। ये शब्द इतिहास प्रसिद्ध शब्द हैं। दुनिया के अन्य भागों में भी इनका नारा उठाया गया है। हमेशा इनका नारा उठता रहेगा, जब तक कि संसार में समता, बंधुत्व और स्वतंत्रता स्थापित न हो जाएँगी। उन दिनों के अपने मापदंड से जब हम वर्तमान को आँकते हैं तो यह मालूम पड़ता है कि भले ही हम अपने लक्ष्य की पूर्ण प्राप्ति तक न पहुँच पाए हों, पर हमने प्रगति अवश्य की है। जहाँ

तक कि आम समाज की तात्कालिक आवश्यकताओं का संबंध है, संविधान में उसकी पूर्ति की व्यवस्था अवश्य कर दी गई है। अब हमसे कोई यह नहीं कह सकता कि हमारा देश एक राष्ट्र नहीं है। हम अभी स्वराज्य को नहीं चला सकते हैं।'[14]

'मैं ऐसा अनुभव करती हूँ कि संविधान का स्वागत सब लोगों ने एक भाव से नहीं किया है। यह संविधान ही ऐसा है कि इस पर लोगों की भिन्न-भिन्न रायें होंगी। फिर भी संविधान में खास बुनियादी बात यह मानी गई है कि यहाँ की शासन व्यवस्था लोकतंत्रात्मक होगी। सभी देशवासियों की राष्ट्रीयता एक होगी। अपने संविधान में यह कहा गया है कि चाहे हम देश के किसी भी भाग में बसते हों, पर हम सभी एक ही मातृभूमि की संतान हैं। देश की महत्ता के लिए हम चाहे जहाँ भी होंगे, मिलकर काम करेंगे। जाति, धर्म, रंग और प्रांत के आधार पर कोई भेद नहीं बरता जाएगा। विघटन की प्रवृत्तियों को हम यहाँ अनेकता न लाने देंगे। हर वयस्क नागरिक, जो अभ्यर्थी के लिए रखी गई अल्पमत अर्हताओं को पूरा करता है, वह देश के परमोच्च पद पाने की अभिलाषा कर सकता है, इसलिए कम-से-कम हमने एक मंजिल तो पूरी ही कर ली है। ऐसी स्थिति में पहुँच गए हैं, जहाँ हम यह महसूस नहीं करते हैं, देश के विशिष्टतम व्यक्ति को अब किसी विदेशी शासक के सामने सिर झुकाने की नौबत आएगी।'[15]

'स्वतंत्रता आंदोलन के जमाने में हम खुद यह कहते थे कि हम जो लड़ाई लड़ रहे हैं, वह पद से प्राप्त होनेवाली तुच्छ सुविधाओं के लिए नहीं, बल्कि इसलिए कि राजनीतिक शक्ति हमारे हाथ में आ जाए, ताकि सारी सामाजिक व्यवस्था को बदलकर उसका इस तरह से पुनर्निर्माण करें कि जनता की यह जानमारू गरीबी दूर हो जाए, उसका जीवन-स्तर समुन्नत हो जाए और हम देश में एक ऐसे समाज का निर्माण कर सकें, जहाँ सभी समान हों। इस लक्ष्य की कसौटी पर संविधान को कसने पर मैं यह महसूस करती हूँ कि संविधान में इसकी व्यवस्था जरूर कर दी गई है कि स्थिति में आवश्यक परिवर्तन किया जा सके। निदेशक सिद्धांतों में ऐसे उपबंध रखे गए हैं, जिनके द्वारा देश की स्थिति में अपेक्षित परिवर्तन किया जा सकता है। सारहीन लोकतंत्र की व्यवस्था कर देने से ही अर्थात् मतदान के अधिकार की व्यवस्था कर देने से सरकार बनाने के अधिकार का और उसे बदलने के अधिकार की व्यवस्था करके ही हम संतुष्ट नहीं हो गए हैं। ये अधिकार महत्त्वपूर्ण अवश्य हैं, पर मैं यह समझती हूँ कि जिन मूलाधिकारों को हमने संविधान में रखा है, लोकतंत्रात्मक व्यवस्था को क्रियान्वित करने के लिए उनका संविधान में होना बहुत जरूरी है। अगर हम एक ऐसे लोकतंत्र की स्थापना करना चाहते हैं, जो हमारे आज के विकासशील समाज की आवश्यकताओं को पूरा कर सकता हो तो हमें वह साधन जनता के हाथ में देने होंगे, जिनके द्वारा शासन की स्थापना की जा सकती हो। इसके लिए यह जरूरी है कि जनता को संघ बनाने का, अभिव्यक्ति की स्वंत्रतता का अधिकार प्राप्त रहे, जिसका प्रयोग करके वह शासन में परिवर्तन कर सकें। मैं यह जरूर

महसूस करती हूँ श्रीमान कि इन मूलाधिकारों पर प्रतिबंध लगानेवाले जो खंड रखे गए हैं, उनको संविधान में नहीं रखना चाहिए था, ताकि शांतिपूर्ण उपायों द्वारा जनता देश के शासन को अपने हितार्थ बदल सकती।'[16]

'इस देश में नमक के पीछे एक बड़ा इतिहास है, जो हमारे लिए उतना ही महत्त्व रखता है, जितना अमेरिका वालों के लिए बोस्टन चाय का इतिहास। यह तो मैं समझती हूँ कि शासन नमक पर कर लगाने का कोई इरादा नहीं रखता है, पर मैं ऐसा महसूस करती हूँ कि स्वतंत्रता के उपलक्ष्य में देशवासियों को नमक कर से सर्वथा मुक्त कर देना चाहिए था। संविधान में यह उपबंध रख देना चाहिए था कि भारत में बने नमक पर कोई कर नहीं लगेगा। कराची वाले कांग्रेस अधिवेशन में जो प्रस्ताव पास हुआ था, उसमें नमक को करमुक्त रखने की बात भी कही गई है।'[17]

'यहाँ का स्त्री समुदाय भी अब जीवन के एक नवद्वार पर खड़ा है। परदे के जाल से निकलकर स्त्री समाज अब एक नए जीवन में आ गया है, जहाँ उसके व्यक्तित्व को विकास मिलेगा। उसे अपने घर में और देश में एक नया स्थान मिल रहा है, जो काफी दायित्वपूर्ण और कठिन है। गृहस्थी के कामों में उसे सहधर्मिणी बताया गया है और गृहस्थी निर्माण के काम में उसकी जो देन है, वह अब राष्ट्रीय महत्त्व के कार्यों तक जानी चाहिए। राष्ट्रीय कार्यों में भी उसे वही महत्त्वपूर्ण स्थान मिलना चाहिए, जो गृहस्थी निर्माण के काम में उसे प्राप्त है। पुरुषों के बराबर की वह साझीदार है और उनकी सहायक साथी है। राष्ट्र-निर्माण के लिए उन्हें भी बहुत कुछ करना है। अभी स्त्रियों को यह स्थिति नहीं प्राप्त हो पाई है कि पुरुषों के समान राष्ट्र-निर्माण के काम में वह भी योगदान दें। स्वतंत्रता-प्राप्ति के लिए जो संग्राम चला है, उसमें स्त्रियाँ पीछे नहीं रही हैं और मुझे विश्वास है कि नवप्राप्त स्वंतत्रता को सुरक्षित रखने में भी वह पीछे नहीं रहेंगी।'[18]

### बसंत कुमार दास ( बंगाल )

'अध्यक्ष महोदय, मुख्यत: तीन बातें हैं, जिन्होंने संविधान को यह रूप दिया है। इन्हीं को मैं संविधान का आधार मानता हूँ। ये यह हैं—(1) वह अनुभव, जो भारत शासन अधिनियम 1935 को क्रियान्वित करने में हमें प्राप्त हुआ है। (2) स्वाधीनता प्राप्त जनता की आवश्यकताएँ और आकांक्षाएँ। (3) देश और विदेश में होनेवाली घटनाओं का तथा अभी आगे कम-से-कम दस साल तक घटनेवाली घटनाओं के आघात।'[19]

'इस संबंध में मैं यह स्वीकार करूँगा कि विकेंद्रित शासन व्यवस्था के लिए समाज में जो क्रांतिकारी परिवर्तन अपेक्षित हैं, वह अभी हम नहीं ला पाए हैं। सत्य और अहिंसा के महान् पुजारी की शिक्षाओं के बावजूद हम अपने जीवन-विचार राजनीति को ऐसा अध्यात्ममूलक नहीं बना पाए हैं कि विकेंद्रित शासन व्यवस्था यहाँ स्थापित की जा सके। इसके लिए समाज में एक

क्रांतिकारी परिवर्तन अपेक्षित है और वह परिवर्तन जिस दिन समाज में आ जाएगा, इस संविधान में परिवर्तन करना ही पड़ेगा। किंतु आज तो हमें इस संविधान को एक महान् कृतित्व समझकर इसका अभिनंदन करना चाहिए।'[20]

**जी. दुर्गाबाई ( मद्रास )**

'संविधान को परखने का मापदंड केवल एक है। लोकतंत्रात्मक संविधान का प्रयोजन यही होता है कि एक ऐसी व्यवस्था निकाली जाए और स्थापित की जाए, जिसके द्वारा जनमत का पता लग सके और जनमत के अनुसार ही सारी बातों की व्यवस्था की जा सके। हमें देखना यह है कि क्या अपना संविधान इस प्रयोजन को पूरा करता है या नहीं। विचार हमें इसी बात पर करना है। जब संविधान में सभी वयस्कों को मताधिकार दिया गया है और कार्यपालिका को नियंत्रण में रखने की पर्याप्त व्यवस्था की गई है तथा मूलाधिकारों की सुरक्षा की प्रत्याभूति दी गई है तो मैं नहीं समझती कि कोई विवेकी आदमी यह कह सकता है कि जिस लोकतंत्रात्मक प्रयोजन के लिए संविधान बनाए जाते हैं, उसकी पूर्ति इससे नहीं हो पाती है और न इससे इस बात का मौका मिल सकेगा कि प्रशासन के काम में जनता की मर्जी को प्राधान्य प्राप्त रहे। मैं कहना चाहती हूँ कि संविधान निर्माताओं का न यह उद्देश्य होता है और न होना चाहिए कि संविधान में वह किसी विशेष राजनीतिक दल की विचारधारा को ही महत्त्व दें। यह ठीक ही हुआ है, जो यह काम जनता पर छोड़ दिया गया है। जनता को इस बात की स्वतंत्रता रहनी चाहिए कि अपनी इच्छानुसार वह देश के भाग्य का निर्माण करे और अपनी मर्जी के मुताबिक शासन व्यवस्था रखे। जब तक संविधान में जनमत को प्राधान्य प्राप्त रहता है, उसकी इच्छा के अनुसार ही सारा काम होना चाहिए। संविधान निर्माताओं की यह गलती होती, अगर वह संविधान में रखे गए उपबंधों में किसी खास राजनीतिक विचारधारा को ही प्रधानता देते। संविधान का काम यही है कि जनता को वह इस बात की पर्याप्त स्वतंत्रता दे कि अपनी-अपनी राजनीतिक विचारधारा का प्रचार कर सके। संविधान द्वारा जनता को इस बात का साधन प्राप्त रहना चाहिए कि जब तक जनमत के अनुसार शासन व्यवस्था चलती है, जनता अपनी इच्छा को प्रधानता दिला सके।'...[21] दुर्गाबाई के कथन का एक अर्थ यह भी आज निकाला जा सकता है कि इंदिरा गांधी ने आपातकाल के दौरान संविधान का दलीय दुरुपयोग किया।

'यह संविधान जनता का संविधान है, जिसमें देशवासियों को इस बात की पूरी आजादी दी गई है कि समाजवाद या साम्यवाद अथवा जिस किसी वाद के संबंध में उनका यह विश्वास हो कि उससे देश सुखी और संपन्न हो सकता है, उसका वह यहाँ प्रयोग करें। संविधान निर्माता अगर अपनी राजनीतिक विचारधारा को संविधान में रखते तो यह उनकी गलती होती। संविधान को उन्होंने जो बिल्कुल शत-प्रतिशत जनता का संविधान बनाया है यह उन्होंने ठीक ही किया है'[22]

'हमें इस संविधान के सहारे भविष्य का निर्माण करना है। वयस्क मताधिकार के गुण-दोषों पर यहाँ बहुत से लोगों ने अपनी राय जाहिर की है। वयस्क मताधिकार की व्यवस्था एक बड़ी सुंदर व्यवस्था है अगर देशहित का ध्यान रखते हुए लोग इसको अमल में लाएँ। प्रश्न यह है कि इस चरम परिणति की प्राप्ति के लिए हमें क्या करना चाहिए? यह कहा जाता है कि वयस्क मताधिकार की व्यवस्था से ऐसी विस्तृत शक्तियाँ बंधन मुक्त होकर क्षेत्र में आ जाएँगी, जो शायद राष्ट्रीय हित को ध्यान में न रखकर केवल वर्गीय हितों के लिए काम करने लग जाएँगी। अधिकार के ऐसे दुरुपयोग के विरुद्ध पर्याप्त परित्राण की व्यवस्था करने का काम निर्भर करता है नेताओं पर, जो देश का भाग्यसूत्र अपने हाथ में लेने जा रहे हैं। वे संविधान को कार्यान्वित करने जा रहे हैं। यह काम उतना कठिन नहीं है, जितना लोग समझते हैं। अगर हम केवल इतना कर दें कि इस सभा की सदस्यता को, यानी संसद् की सदस्यता को असाधारण प्रतिष्ठा या शक्ति का पद न बनाकर इसे कठोर कर्तव्य का गंभीर दायित्व का कठिन श्रम काम का पद बना दें तो यह समस्या आसानी से हल हो जाएगी। संसदीय लोकतंत्र की बहुत सी त्रुटियाँ अपने आप दूर हो जाएँगी। पर तभी जब ऐसा किया जाए। हमें एक ऐसा उपाय निकालना चाहिए कि निर्वाचित प्रतिनिधियों के बारे में लोग यह समझें कि वह किसी विशेष अधिकार और सुविधा प्राप्त वर्ग के आदमी नहीं हैं, बल्कि ऐसे लोग हैं, जो यहाँ बात करने के अलावा जैसा कि अभी हम कर रहे हैं, गंभीर दायित्व और कठोर कर्तव्यों का भार वहन करते हैं।'[23]

**डी.वी. सुब्रमण्यम ( मद्रास )**

'इस संविधान में मुझे एक कमी दिखाई देती है। शालिवाहन शमाबद्ध जैसे एक नए संवत्सर की स्थापना के लिए इसमें कोई उपबंध नहीं रखा गया है। शालिवाहन संवत्सर के अनुसार यह 1872वाँ साल चल रहा है और कलि के हिसाब से 5051वाँ साल चल रहा है। मैं यह चाहता हूँ कि संविधान के प्रवर्तन में आने के साथ ही सारे राजकीय प्रयोजनों के लिए हमें गांधी संवत्सर के नाम से एक नया संवत्सर चालू करना चाहिए। इस संवत्सर के प्रथम वर्ष का पहला दिन वह होना चाहिए, जिस दिन या तारीख को गांधीजी की हत्या की गई थी। गांधीजी के जन्म या मृत्यु का दिन ऐसा दिन है, जिस दिन से एक नया संवत्सर चलना सर्वथा उचित है।'[24]

'गांधी संवत्सर की प्रमुख विशेषता यह होगी कि राज्य के बजाय व्यक्ति को अधिक महत्त्व दिया जाए। राज्य में अंगभूत व्यक्तियों के व्यक्तित्व के विकासार्थ समुचित स्थिति पैदा करने की आवश्यकता पर ही गांधीजी ने अपने सभी लेखों और भाषणों में सदा जोर दिया है। वह इस आदर्श की पूर्ति को सर्वथा संभव समझते थे, पर केवल उसी स्थिति में जब शक्ति का आर्थिक एवं राजनीतिक दोनों शक्तियों का सर्वथा विकेंद्रीकरण कर दिया जाए। अपने कतिपय साथियों के इस विचार से मैं अपने को सर्वथा सहमत पाता हूँ कि इस संविधान ने देश में ऐसी स्थिति लाने पर कतई ध्यान नहीं दिया गया है। संविधान में राजनीतिक शक्तियों को इतना केंद्रित

कर दिया गया है कि यह संभावना ही खतरे में पड़ गई है कि शक्तियों का विकेंद्रीकरण यहाँ हो पाएगा। मानव समाज के विकास के लिए शक्तियों को विकेंद्रित करना परमावश्यक है।'[25]

**सतीश चंद्र सामंत ( बंगाल )**

'मैंने इस बात के लिए एक संशोधन रखा था कि मूलाधिकारों में ग्राम पंचायतों की स्थापना की बात भी रखी जाए। यह बात मूलाधिकारों में तो नहीं रखी गई, पर निदेशक सिद्धांतों में इसको स्थान अवश्य दिया गया है। यदि ग्राम पंचायतों का ठीक-ठीक गठन किया जाता है, जैसा कि नीति-निदेशक सिद्धांतों में वर्णित है तो महात्मा गांधी की इच्छा अवश्य पूरी हो जाएगी। इस संविधान में कई अनुच्छेद ऐसे रखे गए हैं, जिनके द्वारा राष्ट्रपिता के आदर्शों को पूरा करने का प्रयास किया गया है। उनके आदर्शों को हमें पूरा करना ही चाहिए।'[26]

**जयपाल सिंह ( बिहार )**

'मैं जानता हूँ आदिवासियों से संबंध रखनेवाली बहुत सी ऐसी बातें हैं, जो संविधान में लिपिबद्ध नहीं की गई हैं। उदाहरण के लिए, हमें अभी भी यह नहीं मालूम हो पाया है कि राष्ट्रपति अनुसूचित क्षेत्र घोषित करने के बारे में किस तरह काम करेंगे। हमें यह नहीं मालूम है कि विभिन्न अनुसूचित जातियों की सूची किस तरह तैयार की जाएगी। हमें अभी भी इस बात का पता नहीं है कि इन क्षेत्रों का शासन केंद्र से एक रूप में होगा, ताकि जहाँ अनुसूचित जातियाँ हैं, उन प्रांतों का काम इस संबंध में विनियमित रूप में हो। इनमें किसी भी बात का उल्लेख संविधान में नहीं हुआ है, फिर भी मैं पर्याप्त विश्वास के साथ यह कहता हूँ कि अनुसूचित जातियों का तथा औरों के सामने सुंदर भविष्य अवश्य आएगा, क्योंकि इस देश के भविष्य को बनाना या बिगाड़ना, इस संविधान को बनाना या बिगाड़ना हम लोगों पर निर्भर करता है। इस महत विश्वास को लेकर ही मैं इस संविधान का सम्यक् समर्थन करता हूँ।'[27]

**ए. थानू पिल्लै ( त्रिवांकुर राज्य )**

'इस संविधान को अब हम अंतिम रूप से स्वीकार करने जा रहे हैं। वयस्क मताधिकार के विरुद्ध यहाँ चाहे जो भी आलोचना की गई हो, पर मैं तो इस व्यवस्था को संविधान का प्राण मानता हूँ। इस व्यवस्था को स्वीकार करके हमने सर्वथा एक उचित और न्यायपूर्ण काम ही किया है। वस्तुतः मुझे इस बात पर आश्चर्य हो रहा है कि अभी भी इसके विरुद्ध आपत्ति उठाई जा रही है। इस व्यवस्था को रखना न केवल लोकतंत्रात्मक सिद्धांतों के ख्याल से ही ठीक है, बल्कि देश की स्थिति को देखते हुए भी इस व्यवस्था को रखना परमावश्यक है। आज राष्ट्र की मनोदशा क्या है, इसका हमें ध्यान रखना होगा। वयस्क मताधिकार के अलावा और भी कोई व्यवस्था है क्या, जो आज देशवासियों को संतुष्ट कर सकती है ? मेरा तो यह निश्चित मत

है कि संविधान के आधार के लिए इससे कम कोई बात और रखी ही नहीं जा सकती थी।'[28]

'मैं केवल उन चंद बातों को बताने के लिए ही खड़ा हुआ हूँ, जिनका संविधान को कार्यान्वित करने में हमें ध्यान रखना चाहिए। मैं संतानम से सर्वथा सहमत हूँ, जिन्होंने यह कहा कि संविधान के समस्त उपबंधों को देश को पूरी तरह समझा देना चाहिए। जहाँ तक हो सके, जल्द-से-जल्द हमें चुनाव कर लेना चाहिए। संविधान में विभिन्न दोषों की चर्चा यहाँ की गई है, पर आमतौर पर इसके बारे में यही मत व्यक्त किया गया है कि राष्ट्र के सभी कामों का नियंत्रण संविधान द्वारा जनता के हाथ में ही दिया गया है।'[29]

'मुझे बड़ी खुशी है कि संविधान में एक उपबंध इस आशय का रख दिया गया है कि किसी भी राज्य में हिंदी राजभाषा के रूप में अपनाई जा सकती है। इस संबंध में मुझे एक बात कहनी है। मैं इस उपबंध पर बहुत जोर देना चाहता हूँ। यह सुझाव रखना चाहता हूँ कि कोई प्रांत भले ही हिंदी भाषी न हो, पर शासन संबंधी प्रयोजनों के लिए प्रशासन के उच्च स्तर पर हिंदी को ही हमें अपनाना चाहिए। राष्ट्र के राजनीतिक जीवन में अब हिंदी को वही स्थान मिल जाना चाहिए, जो अंग्रेजी को प्राप्त है। मैं जानता हूँ कि मेरी इस राय को अहिंदी भाषी प्रांतों में शायद लोग स्वीकार न करें। अपनी इस राय के खिलाफ मैं प्रभावशाली व्यक्तियों को पाता हूँ, जिनके हाथ में आज शिक्षा संबंधी कामकाज की बागडोर है। जिनका मत यह है कि प्रांत या राज्य की भाषा ही वहाँ राजभाषा होनी चाहिए। मैं इन लोगों से सहमत नहीं हूँ। मैं यह चाहता हूँ कि जब अंग्रेजी को हटाना है तो उसकी जगह हिंदी को ही हमें स्थान देना चाहिए। अंग्रेजों से हमारा कितना ही मतभेद क्यों न रहा हो, पर हमें यह बात न भूलनी चाहिए कि उन्होंने हमारा एक बड़ा भारी उपकार किया है। हम यहाँ आज क्यों समवेत हुए हैं? आप यहाँ मेरी बात क्यों समझ रहे हैं और आपकी बात को मैं क्यों कर समझने को समर्थ हो रहा हूँ? इसका कारण यह है कि हम सबने यहाँ एक भाषा अपना रखी है, हम सब अंग्रेजी के जरिए ही अपना विचार व्यक्त कर रहे हैं। मैं यह सोच रहा हूँ कि अब हमें अंग्रेजी का स्थान एक भारतीय भाषा को देना चाहिए और वह एकमात्र हिंदी ही हो सकती है। अत: अंग्रेजी का स्थान अब हिंदी को मिलना ही चाहिए।'[30]

**ओ.पी. अलगेशन (मद्रास)**

'संविधान के विरुद्ध एक आलोचना यह है कि इसमें ग्रामों को राजनीतिक इकाई नहीं माना गया है। मेरा ख्याल तो यह है कि वयस्क मताधिकार की व्यवस्था में अविश्वास का होना ही इस आलोचना का मुख्य कारण है। ग्रामों को इकाई बनाने की बात इसीलिए तो सोची गई थी कि गाँव के मतदाता अपनी-अपनी पंचायत का चुनाव करें और इन पंचायतों के सदस्य ही केंद्रीय तथा प्रांतीय विधानमंडलों के चुनाव में मतदान करें। किंतु अब यह किया गया है कि गाँवों के मतदाता ही सीधे अपने प्रतिनिधि चुनेंगे। खुद वही सभी मामलों को सोच-समझकर चुनाव का फैसला करेंगे। ग्राम इकाइयाँ पंचायत का चुनाव करें। पंचायतों के सदस्य विधानमंडलों

के प्रतिनिधि चुनें। यह व्यवस्था तो अप्रत्यक्ष निर्वाचन की व्यवस्था होगी। मैं दावे के साथ कह सकता हूँ कि इस व्यवस्था से कहीं अधिक प्रगतिशील व्यवस्था है, वह जो अब संविधान में रखी गई है। संविधान के विरुद्ध यही शिकायत नहीं की गई है। इसके विरुद्ध यह भी कहा गया है कि संविधान पर देश की संस्कृति की छाप नहीं पड़ी है। मैं नहीं समझ पाया हूँ कि इस शिकायत का ठीक-ठीक मतलब क्या है। यदि देश की संस्कृति की छाप का ही आपको इतना ख्याल है तो यहाँ संस्कृति से केवल राजतंत्र ही सदा अभिप्रेत रहा है। इस देश में सदा राजतंत्रात्मक व्यवस्था ही प्रचलित रही है, किंतु आज के जमाने में गंभीरतापूर्वक कोई यह सुझाव नहीं रखेगा कि हम राजतंत्रात्मक व्यवस्था की ओर अब वापस चलें। तथ्य यह है कि इस व्यवस्था के जो भी चिह्न यहाँ बच गए हैं, उन्हें हम हटा देने की कोशिश कर रहे हैं। इसलिए यह शिकायत कि संविधान पर देश की संस्कृति की छाप नहीं पड़ी है, बिल्कुल निरर्थक है। वस्तुतः इस अभियोग में भावुकता-ही-भावुकता है, सार की कोई बात नहीं है। कोई भी देश इस बात का दावा नहीं कर सकता है कि धर्म, दर्शन, राजनीति और समाज विज्ञान आदि सभी क्षेत्रों में वह सभी विचारों का आविष्कार कर चुका है। आखिर हर देश अपने ढंग से महान् होता है। हर देश को दूसरे देशों से कुछ-न-कुछ अच्छी बात ग्रहण करनी ही पड़ती है। जिस तरह कि पाश्चात्य देशों को हमसे हमारे प्राचीन महर्षियों के धर्म एवं दर्शन संबंधी विचारों को ग्रहण करना पड़ता है, उसी तरह हमें भी अन्य देशों से राजनीति और समाज विज्ञान संबंधी पद्धतियों को ग्रहण करना चाहिए। ऐसा करने में कोई खराबी नहीं है।'[31]

### एल. कृष्णस्वामी भारती ( मद्रास )

'श्रीमान, भारत के इतिहास में ऐसी स्मरणीय घटनाएँ कभी नहीं हुईं, जो पिछले तीन वर्षों के इस अल्पकाल में यहाँ हुई हैं। जब से हमने संविधान बनाने के इस महान् कार्य को आरंभ किया, प्रत्येक व्यक्ति उन परिवर्तनों से प्रभावित हुआ है, जो हमारे देश के इतिहास में हुए हैं।'...'इस महत्त्वपूर्ण काल में पाँच बड़ी महत्त्वपूर्ण स्मरणीय घटनाएँ हुई हैं। वे घटनाएँ क्रम से इस प्रकार हैं—(1) हमारे देश का विभाजन, (2) स्वाधीनता प्राप्ति, (3) राष्ट्रपिता महात्मा गांधी का निधन, (4) देशी रियासतों के नाम से प्रसिद्ध राज्यों का एकीकरण और अंतिम पर महत्त्व में किसी से कम नहीं, (5) स्वतंत्र भारत के संविधान की रचना।'[32]

'न तो किसी ने इस समूचे के समूचे संविधान को निंदनीय बताया है और न किसी ने इसे पूर्ण रूप से स्वीकार ही किया है। यह सत्य है कि यह एक ऐसी सभा है, जिसमें सर्वसम्मत स्वीकृति प्राप्त करना संभव नहीं है।'[33]

'यदि इस संविधान पर गांधीवादी आदर्श के मूलाधारों की दृष्टि से विचार किया जाए, तो मुझे यह स्वीकार करना पड़ेगा कि यह उस आदर्श तक नहीं पहुँच सका है। कदाचित् यह कहना तो गलत है कि इसमें गांधीवादी आदर्श की पूर्ण रूप से उपेक्षा की गई, पर मेरा यह स्पष्ट विचार

है कि गांधीवादी आदर्श के आधारभूत तथा मूल सिद्धांत को इस संविधान में बेमन से हिचकते हुए तथा झिझकते हुए रखा गया है।'[34]

'इतना समय नहीं कि विषय को विस्तारपूर्वक लिया जा सके। फिर भी कुछ दृष्टांत मैं प्रस्तुत करूँगा। राष्ट्रीय झंडे से चरखे का हटाना एक ऐसा ही उदाहरण है। मैं जानता हूँ कि अपने मृत्यु समय तक महात्मा गांधी स्वयं इस परिवर्तन से सहमत नहीं हो सके थे। दूसरी बात यह है कि गांधीजी के लोकतंत्र के विकेंद्रीकरण के विचार को मूर्त रूप नहीं दिया गया है। जीवन की प्रमुख आवश्यकताओं खाना और कपड़ा के संबंध में ग्रामीण स्तर की आर्थिक आत्मनिर्भरता के गांधीजी के आदर्श को न इस संविधान में रखा गया है और न उस पर जोर दिया गया है। तीसरी बात यह है कि पदाधिकारियों का उच्च वेतन गांधीजी के दृष्टिकोण से सर्वथा विरुद्ध है। चौथी बात यह है कि नमक कर संवैधानिक रूप से प्रतिसिद्ध ही किया गया है। और अंतिम, पर अंतिम होने से इसका महत्त्व कम नहीं हो जाता है, बात यह है कि राज्य की भाषा के संबंध में गांधीजी की इच्छाओं की पूर्ण उपेक्षा की गई है। इन विषयों के विस्तार में मैं नहीं जाना चाहता हूँ।'[35]

**हरगोविंद पंत ( संयुक्त प्रांत )**

'अध्यक्ष महोदय, मैं पं. आंबेडकर महोदय के प्रस्ताव का समर्थन करने के लिए यहाँ उपस्थित हुआ हूँ। मैं पंडित शब्द का प्रयोग जान-बूझकर कर रहा हूँ। क्योंकि डॉ. आंबेडकर द्वारा इस संविधान की पांडुलिपि की रचना, उसका प्रतिपादन तथा युक्तियुक्त समर्थन जिस पांडित्य के साथ इस भवन में किया गया है, वह किसी से छिपा हुआ नहीं है। उन्हें इस पद का अधिकारी सिद्ध करता है। इतना ही नहीं, उनके पांडित्य से प्रभावित होकर हमारे कतिपय सदस्यों ने उन्हें मनु भगवान् का पद दे देने तक की कृपा की है। यह वैवश्वत नाम का मन्वंतर है। एक मन्वंतर में 72 चतुर्युगी अर्थात् चौकड़ी होती हैं। वैवश्वत नाम के सातवें मनु की 28वीं चौकड़ी का समय चल रहा है। इसमें नए मनु की स्थापना करना शायद एक वैधानिक संकट उपस्थित करेगा। इसलिए मैं समझता हूँ कि 'मनु', 'नहीं', 'उप मनु' की उपाधि दी जा सकती है। पर इस संबंध में एक बात विचारणीय यह है कि इस संविधान के बनाने में आठ मनुओं का योग रहा है। अत: यदि इन सबको ही हम अष्ट 'उपमनु' कहें तो अनुचित नहीं होगा।'[36]

'मैं वर्तमान संविधान के दीर्घायु होने की आशा करता हूँ। मुझे तो इतना ही कहना है कि यह जो संविधान बना है, वह सबके समझौते से बना है।'[37] 'हमारे संविधान में धर्म के लिए क्या स्थान है, यह बतलाने की मुझे आवश्यकता नहीं है। जहाँ धर्म का ही स्थान इस प्रकार संदिग्ध हो, वहाँ मोक्ष की चर्चा करनी और भी अनावश्यक है'[38] 'शेष रह जाते हैं—अर्थ और काम। इन दोनों की हमारे संविधान में उचित ही व्यवस्था की गई है। सबको उनकी प्राप्ति का समान

अधिकारी माना गया है। प्राचीन भारत तो यह मानता आया है, दोनों दुनिया में भलाई धर्म के ही आधार पर मिल सकती है।'[39]

'सबका सुख या समाज का हित वास्तव में धर्म के आधार पर ही हो सकता है, यदि उसको भुला दें और उसके अनुसार काम न करें, तो राष्ट्र तथा व्यक्ति कदापि सुखी नहीं हो सकते हैं। संविधान में जिस हद तक गौवध निषेध का जिक्र किया गया है, वह उचित ही हुआ है। पूर्वकाल में ब्राह्मण लोग अकिंचन होते थे। अपनी रक्षा करना आवश्यक नहीं समझते थे। वे अपने लिए कोई संरक्षण प्राप्त करना, अपना धर्म नहीं समझते थे। अत: उनके विधान के अनुसार रक्षा का प्रबंध होता था। वर्तमान संविधान में परिगणित जातियों और कबीलों का संरक्षण कुछ समय के लिए रखा गया है। उनका संरक्षण भी जरूरी था, क्योंकि वह भी अपना खुद संरक्षण नहीं कर सकते। इस तरह हम पाएँगे कि पुरानी मनुस्मृति और आज की स्मृति में एक प्रकार की समता सी आ जाती है। अंतर केवल इतना है कि 'गौ-ब्राह्मण हिताय' के स्थान में 'गो परिगणित हिताय' हो गया है। अत: मनुस्मृति के विरुद्ध प्रदर्शन उचित नहीं थे। खैर, जो भी हो, मैं तो इस विषय में अधिक न कहते हुए इस बात पर जोर दूँगा कि जो संविधान सबकी मर्जी से सबके समझौते से तैयार हुआ है, उसकी हम पूर्णतया रक्षा करें। इसमें हमने बालिग मताधिकार रखकर एक बड़ा सुंदर कार्य किया है, दूसरी विभूति हमें मूलाधिकार के रूप में प्राप्त हुई है और तीसरी हमें हासिल हुई है, यह जो पृथक् निर्वाचन का तरीका था, उसका खात्मा हो गया है, यह हमारे लिए तीसरी निधि प्राप्त हुई है। राष्ट्र भाषा हिंदी होगी, यह चौथी निधि हमें प्राप्त हुई है, इन्हीं चार निधियों को हम चतुर्वर्ग की प्राप्ति मान सकते हैं।'[40]

'तिब्बत पर चीन के साम्राज्यवादियों की नजर पड़ने लगी है और तिब्बत हमारे इस प्रदेश से बिल्कुल मिला हुआ है। संभव है कि थोड़े ही समय में हमें अपना कर्तव्य देश के प्रति पालन करने का अवसर आ जाए और हम यह दिखा सकें कि वास्तव में हम लोग देश की सेवा अपने तन, मन और धन से करने के लिए तत्पर रहते हैं।'[41]

### सारंगधर दास ( उड़ीसा )

'अध्यक्ष महोदय, इस संविधान को मैं पूर्ण समर्थन नहीं दे सकता हूँ, क्योंकि यह कोई क्रांतिकारी संविधान नहीं है। इस संविधान के अनुसार देश का वर्तमान सामाजिक और आर्थिक ढाँचा ज्यों का त्यों बना ही रहेगा। पर इसके कुछ दोष ऐसे हैं, जो बिल्कुल प्रत्यक्ष हैं। मैं इन्हीं दोषों को और खास करके जिनका संबंध मूलाधिकारों से है, सभा की निगाह में देना चाहता हूँ। इसमें शक नहीं कि मूलाधिकारों के द्वारा कतिपय बहुत ही महत्त्वपूर्ण अधिकार जनता को दिए गए हैं, पर बाद के एक अनुच्छेद द्वारा अर्थात् अनुच्छेद 22 के द्वारा जो निवारक निरोध के बारे में है, इनमें से बहुत से अधिकार छीन भी लिये गए हैं।'[42] उस दिन चार नए सदस्य तत्कालीन विंध्यप्रदेश के संयुक्त राज्य से संविधान सभा में आए। शपथ ली और रजिस्टर पर हस्ताक्षर किए।

**संदर्भ—**

1. भारतीय संविधान सभा के वाद-विवाद की सरकारी रिपोर्ट (हिंदी संस्करण), अंक-11, संख्या-10, 24 नवंबर, 1949, पृ. 4066

2-3. वही, पृ. 4068

4-5. वही, पृ. 4069

6. वही, पृ. 4069

7-8. वही, पृ. 4070

9. वही, पृ. 4070

10-11. वही, पृ. 4071

12. वही, पृ. 4071

13. वही, पृ. 4073

14. वही, पृ. 4074

15. वही, पृ. 4074-4075

16. वही, पृ. 4075

17. वही, पृ. 4077

18. वही, पृ. 4078

19. वही, पृ. 4083-4084

20. वही, पृ. 4085

21. वही, पृ. 4086

22-23. वही, पृ. 4087

24-25. वही, पृ. 4091

26. वही, पृ. 4094

27-28. वही, पृ. 4098

29. वही, पृ. 4098-4099

30. वही, पृ. 4100-4101

31. वही, पृ. 4108

32-35. वही, पृ. 4111

36-38. वही, पृ. 4119

39-40. वही, पृ. 4120

41. वही, पृ. 4121

42. वही, पृ. 4122

□

# 46

# भारत-राष्ट्र बनाने की आवश्यकता*

**फ्रैंक एंथनी ( मध्य प्रांत बरार )**

'अपनी दाहिनी ओर बैठे हुए अपने माननीय मित्र डॉ. आंबेडकर की विशेष रूप से प्रशंसा करना चाहता हूँ। हममें से कोई व्यक्ति भी इसकी आसानी से कल्पना नहीं कर सकता कि इस वृहत ग्रंथ को तैयार करने में; जिसमें बहुत दुरूह विषयों की चर्चा की गई है, कितनी बुद्धि लगानी पड़ी होगी और कितना परिश्रम करना पड़ा होगा। कुछ अवसरों पर मैं डॉ. आंबेडकर के विचारों से सहमत नहीं रहा हूँ। किंतु मुझे यह देखकर प्रसन्नता हुई है कि उनका केवल सैद्धांतिक बातों पर ही नहीं, बल्कि अनेक प्रकार के विवरण पर भी बहुत अधिकार है। वे अपना तर्क स्पष्ट शब्दों में उपस्थित करने में समर्थ हैं। इस संविधान को लोगों ने विभिन्न भावनाओं से स्वीकार किया है। यह स्वाभाविक ही था, क्योंकि इस संविधान में विभिन्न भावनाओं का तथा विभिन्न आदर्शों का समावेश है। मेरे विचार से इसमें आदर्शवाद तथा यथार्थवाद के बीच का रास्ता अपनाया गया है। मेरे कुछ आदर्शवादी मित्रों ने इसकी आलोचना की है। वे चाहते थे कि इसमें इंजील (देवदूत) के दस आदेशों के समान आदर्शवादी बातें ही होतीं। किंतु व्यवहार में प्रशासन और राजनीति की कठिनाइयों का सामना करना पड़ता है, इस दृष्टि से उनका कुछ भी महत्त्व न रह जाता।'[1]

* 25 नवंबर, 1949

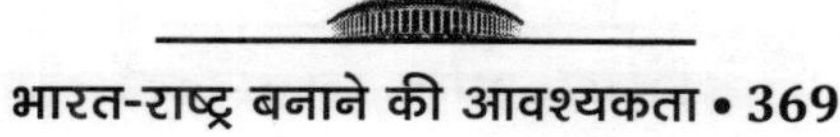

**डॉ. बी. पट्टाभि सीतारमय्या ( मद्रास )**

'अध्यक्ष महोदय, जो व्यक्ति बहुत बातूनी होता है, उसके लिए सीमित समय में अपनी बात समाप्त करना बहुत कठिन हो जाता है। विशेषतया जब कि यह सभा अपना विचार-विमर्श समाप्त करनेवाली ही हो, तो यह कठिनाई और भी बढ़ जाती है, चूँकि हम अब विचार-विमर्श समाप्त करनेवाले हैं, इसलिए अब बोलने में मैं कुछ घबराहट का अनुभव कर रहा हूँ, मुख्यत: इसलिए कि मुझे थोड़े ही समय में अपना भाषण समाप्त कर देना है। मैं सारी स्थिति का सिंहावलोकन करना चाहता था, किंतु इसके लिए अब समय नहीं है।'[2]

'आपको स्मरण होगा कि एक समय हम किस प्रकार की अटपटी बातें करते थे। 1927 में हम 'संविधान सभा' के संबंध में स्पष्ट भाषा में चर्चा करते हुए हिचकते थे। 1934 में द्वितीय नमक सत्याग्रह आंदोलन के विफल होने पर हमने यह चर्चा फिर आरंभ की थी। यह उस समय हमने अनुभव किया था कि विवश होकर हमें वापस लौटना पड़ रहा है। अंत में हमें यकायक इस संविधान सभा को अनेक वर्गों तथा समूहों के साथ अपनाना पड़ा। बहुत मूल्य चुकाकर हमने इन वर्गों और समूहों से अपना पीछा छुड़ाया। 9 दिसंबर, 1946 को हमने अपना विचार-विमर्श आरंभ किया तो हम चाहते थे कि तुरंत ही उसे समाप्त कर दें। वास्तव में हम में से [illegible] लोग तो यह समझते थे कि छह महीने में ही हम अपना कार्य समाप्त कर देंगे। यदि 194[illegible] में हम अपने संविधान को समाप्त करते तो वह एक गड़बड़झाला ही होता। यदि 1948 में समाप्त करते तो वह एक गोरखधंधा ही होता। जितना भी विलंब हुआ है, उसके फलस्वरूप हमने सभी बातों पर यथोचित रूप से विचार किया। जैसे-जैसे राजनैतिक घटनाएँ घटित हुईं, वैसे-वैसे हमने प्रशासन में भी परिवर्तन किए। यदि हम 15 अगस्त, 1947 के पूर्व अपना संविधान समाप्त कर देते तो उसका स्वरूप कैसा होता? वह उसके वर्तमान स्वरूप से बिल्कुल भिन्न होता। हमें अंग्रेजों से जो परंपरा प्राप्त हुई है, उसे भी इस विलंब से हम अपनी इच्छा के अनुरूप बना सके हैं। कई लोगों का यह विचार है कि यह संविधान 1935 के अधिनियम की केवल नकल ही है और वास्तव में निंदनीय ढंग से उसकी नकल की गई है। उनका यह भी विचार है कि यह संविधान क्रांतिकारी नहीं है। जहाँ हमें वास्तव में मौलिक रचना करनी चाहिए थी, वहाँ हमने वास्तव में केवल नकल ही की है। यह बातें आधी सच हैं और आधी झूठ। 'क्रांतिकारी दस्तावेज' इस पदावलि में विशेषण और विशेष्य में विरोध है। क्रांति दस्तावेजों का सृजन नहीं करती और न दस्तावेज ही क्रांति का सृजन करते हैं।'[3]

'हमने 1935 के अधिनियम की इस कारण नकल की है कि सौभाग्य से अथवा दुर्भाग्य से, हम किसी रक्तपूर्ण क्रांति के फलस्वरूप अपने बंधनों से मुक्त नहीं हुए हैं। वास्तव में नौकरशाही और दासत्व की अवस्था से धीरे-धीरे उठकर हमने गणराज्य और सहयोगमूलक राज्य की अवस्था प्राप्त की है। हमें कभी सैनिक विधि का सामना नहीं करना पड़ा। हमें लोगों को कभी

गलियों में अथवा पेड़ों से लटकाकर फाँसी नहीं देनी पड़ी, हमें अपराध सिद्ध लोगों को गोली से नहीं उड़ाना पड़ा। न हमें कभी अपना अथवा अपने शत्रुओं का एक बूँद भी रक्त बहाना पड़ा। इसी कारण सामयिक उत्तेजना से प्रभावित न होकर हमने एक प्रकार के शांतिपूर्ण असैनिक शासन का परित्याग करके एक दूसरे प्रकार के असैनिक शासन को अपनाया, जो लोकप्रिय शासन है। हमारा अपना शासन है। जो विलंब हुआ है, उसके फलस्वरूप हमारे शासक 562 छिन्न-भिन्न देशी राज्यों को एक सूत्र में बाँध सके हैं। इस प्रकार संविधान के विकास के साथ-साथ अथवा संविधान को विकसित करने के प्रयत्नों के साथ-साथ अंग्रेजों द्वारा अनेक भागों में विभाजित इस देश में एकता स्थापित करने के लिए भी प्रशासन संबंधी काररवाई की गई है।'[4]

'आखिर हमें क्या प्राप्त हुआ? हमें एक ऐसा देश प्राप्त हुआ, जो प्रांतों तथा राज्यों में, समुदायों तथा वर्गों में, शहरी तथा देहाती क्षेत्रों में और अनुसूचित जातियों तथा आदिम जातियों में विभाजित था, इन सबको एक सूत्र में बाँध दिया गया है। प्रशासन की सुविधा के लिए प्रांतों का होना आवश्यक है, किंतु देशी राज्य सरकारों का स्वरूप प्रांतों की सरकारों के अनुरूप ही कर दिया गया है। इस प्रकार देश में सामंजस्य उत्पन्न हो सका है। एक ही केंद्रीय सरकार तथा एक ही संघीय ढाँचे का निर्माण हो सका है। इसके अतिरिक्त 1906 के पश्चात् अंग्रेजों ने अत्यंत प्रयत्न करके तथा विभिन्न समुदायों में फूट डालकर और पहले हिंदू-मुसलमानों को, फिर सिख और हिंदुओं को तथा हरिजन और हिंदुओं को एक-दूसरे से पृथक् करके जिन पृथक् निर्वाचन क्षेत्रों की स्थापना की थी, उन्हें हम समाप्त कर सके हैं। अब सभी निर्वाचकों का एक ही समुदाय बना दिया गया है। यह कोई साधारण काम नहीं हुआ है।'[5] 'हमने मताधिकार को अधिक विस्तृत बनाया है। जिस समय अंग्रेज इस देश को छोड़कर गए, उस समय केवल साढ़े तीन करोड़ मतदाता थे। अगले वर्ष मतदाताओं की सूची में लगभग साढ़े सत्रह करोड़ मतदाताओं के नामों का उल्लेख होगा।'[6]

'आखिर संविधान का क्या अर्थ है? वह राजनीति का व्याकरण है। राजनैतिक नाविक के लिए एक कुतुबनुमा है। वह चाहे कितना ही अच्छा क्यों न हो, किंतु स्वयं वह प्राणशून्य और चेतनाशून्य है। वह स्वयं किसी प्रकार का कार्य करने में असमर्थ है। वह हमारे लिए उतना ही उपयोगी होगा, जितना उपयोगी हम उसे बना सकते हैं। वह विपुल शक्ति का भंडार है, किंतु हम उसका जितना उपयोग करना चाहेंगे, उतना ही उपयोग कर सकेंगे।'[7] 'क्या हमने गांधीजी के उपदेशों का अनुकरण किया है? जी हाँ, हमने किया है। हमने अंत तक उनकी इच्छाओं को पूरा किया है। यदि गांधीजी की इच्छा कभी पूरी नहीं हुई तो उनके जीवन काल में ही पूरी नहीं हुई। उन्होंने देश विभाजन का विरोध किया था, किंतु अंततोगत्वा उन्हें उसे स्वीकार करना पड़ा। इस प्रकार अंग्रेजों पर चतुर्मुखी आक्रमण के सिद्धांत और देश के पुनर्निर्माण के सिद्धांतों के समान आधारभूत सिद्धांतों का हमने अपने संविधान में समावेश किया है। इस प्रकार बिना किसी

संकोच के यह कह सकते हैं कि हमने उनकी इच्छाओं को पूरा किया है।'[8]

'मैं यह कहूँगा कि हमने एक बहुत बड़े उद्देश्य की पूर्ति की है। हमने जो कार्य किया है, उसका महत्त्व घटाना उचित नहीं है। बहुत कार्य परोक्ष में हुआ है। यदि इस सभा के बहुसंख्यक दल ने कठोर अनुशासन को स्वीकार न किया होता तो इसके विचार-विमर्श के फलस्वरूप हमें इतना सुखद परिणाम प्राप्त न हुआ होता।'[9]

**टी.टी. कृष्णमाचारी ( मद्रास )**

'यह कहा गया है कि हमने इसका कहीं भी उल्लेख नहीं किया है कि राष्ट्रपति एक संवैधानिक प्रधान है। इस कारण यह कहा नहीं जा सकता कि भविष्य में राष्ट्रपति की शक्तियों का क्या होगा? यह प्रश्न इस दृष्टि से एक सारवान प्रश्न है।'[10] 'मसौदा समिति ने इस प्रश्न की कुछ हद तक परीक्षा की है। उत्तरदायी शासन में राष्ट्रपति की वह स्थिति नहीं होती, जो अमेरिका के समान प्रतिनिधि शासन में उसकी होती है। इस सभा के कई सदस्यों ने जब यह कहा कि राष्ट्रपति तानाशाह हो जाएगा तो उन्होंने गलती की, क्योंकि उन्होंने यह नहीं समझा कि राष्ट्रपति को प्रधानमंत्री से मंत्रणा लेकर कार्य करना होगा। इस आरोप में कुछ तथ्य है कि प्रधानमंत्री तानाशाह हो सकता है। यदि वह दल, जिसने प्रधानमंत्री को निर्वाचित किया हो तथा वह संसद्, जिसके प्रति वह उत्तरदायी हो, अकर्मण्य हो जाएँ तो वह अवश्य ही तानाशाह हो जाएगा। साथ ही प्रधानमंत्री उसी अवधि तक सत्तारूढ़ रह सकता है, जब तक कि उसके विरुद्ध अविश्वास का प्रस्ताव पारित न किया जाए। जब प्रधानमंत्री की पदावधि इतनी अल्प हो सकती है तो जब तक कोई अन्य कारण न हो, जिसके फलस्वरूप वह संसद् पर तथा अपने दल पर अपना प्रभुत्व स्थापित न करे, मेरी समझ में नहीं आता कि वह तानाशाह कैसे हो जाएगा?'[11] 'जहाँ तक राष्ट्रपति और मंत्रिमंडल के संबंधों का प्रश्न है, मैं यह कहूँगा कि इस संबंध में हमने उस उत्तरदायी शासन की प्रणाली को अपनाया है, जो इस समय इंगलिस्तान में चलन में है। हमने उसमें कोई विशेष परिवर्तन नहीं किया है। यदि कोई किया है तो इस कारण किया है कि हमारा संविधान संघात्मक है।'[12]

'मैं यह चाहता हूँ कि सभा यह समझ ले कि मूलाधिकारों पर विचार करते समय लोगों के मन में दो विरोधी धारणाएँ उत्पन्न होती हैं—पहली यह कि मूलाधिकारों का क्षेत्र विस्तृत हो गया है। दूसरी है कि मूलाधिकारों का क्षेत्र विस्तृत नहीं है। मुझे अपने माननीय मित्र पं. कुंजरू और पं. ठाकुर दास भार्गव के विचार को लेने दीजिए, जिनकी अनुच्छेद 19, 21 और 22 तथा कुछ अन्य अनुच्छेदों पर भी यह आपत्ति है कि व्यक्ति को जो अधिकार दिए गए हैं, उनमें कमी कर दी गई है। ठीक है, मैं यह कहूँगा कि विशुद्ध औचित्य के आधार पर और हमारे चारों तरफ इस समय जो कुछ हो रहा है, पहले जो कुछ हुआ है, उसके आधार पर मैं पूर्ण रूप से उनसे सहानुभूति रखता हूँ। स्वतंत्रता की इच्छा और अंग्रेजी शासन से घृणा के फलस्वरूप हम सबने

राजनीति में इस कारण पदार्पण किया कि हम व्यक्ति के अधिकारों से संयुक्त स्वतंत्रतावादी परंपराओं से आकर्षित हुए थे। उस समय, जब कि एक विदेशी शासक हम पर शासन कर रहा था, हम इन अधिकारों की रक्षा चाहते थे। परंतु आज इन अधिकारों में यदि कमी की जाती है तो वह कमी संसद् द्वारा तथा राज्यों के विधानमंडलों द्वारा की जाएगी; सच पूछो तो अंतिम रूप में संसद् को ही यह शक्ति होगी, क्योंकि अधिकांश विषय जिनके अंतर्गत व्यक्तिगत स्वतंत्रता आता है, समवर्ती सूची में हैं और इन विषयों में संसद् के अधिनियमों की ही प्रधानता रहेगी। यदि संसद् के किसी विधान पारित करने पर आपत्ति की जाती है तो इसका यह अर्थ है कि जिस संसद् का निर्वाचन वयस्क मताधिकार के आधार पर होगा, उस संसद् के प्रति कुछ मात्रा में विश्वास का अभाव है। यह तर्क चाहे विवेकहीन प्रतीत हो, पर है यह कटु सत्य।'[13]

'जो लोग संविधान की इस आधार पर आलोचना करते हैं कि जो मूलाधिकार दिए गए हैं, वे व्यर्थ हैं, क्योंकि उनमें कमी कर दी गई है। मैं यह चाहता हूँ कि वे लोग इस बात को समझें कि संसद् द्वारा ही इनमें कमी की जा सकती है। यदि संसद् में उनका कुछ विश्वास है तो जब तक ऐसा करना नितांत आवश्यक नहीं होगा, तब तक संसद् ऐसा नहीं करेगी। मैं इस बात से सहमत हूँ कि वर्तमान परिस्थितियों के कारण हमारी निगाह बदल जाती है। इनकी ओर हम इस प्रकार से देखने लगते हैं कि नक्शा बदरंग दिखाई देने लगता है। किसी प्रांत की विधि और व्यवस्था का उत्तरदायित्व मुझ पर नहीं रहा; मुझे शक्ति नहीं मिली है, अतः अपने उन मित्रों से सहानुभूति रखना मेरे लिए सरल कार्य है, जो यह समझते हैं कि यद्यपि अंग्रेज चले गए हैं, पर उनका चोला अभी तक यहाँ लटक रहा है। जो नागरिक सरकार की आलोचना करते हैं, उसका प्रभाव हम पर पड़ता है। इसका प्रभाव उन लोगों पर भी पड़ता है, जिनके हाथ में शासन है, क्योंकि उन्होंने हमारे पूर्ववर्ती शासकों की परंपराओं को अपनाया है।'[14]

'यह संविधान मेरे समक्ष समझौते का परिणामस्वरूप है, जैसा कि अन्य सदस्यों ने इसका वर्णन किया है। 206 व्यक्ति, जो यहाँ एकत्र हुए हैं, आर्थिक विषयों पर भिन्न-भिन्न मत रखते हैं और यदि मैं यह कहूँ कि किसी खास बात को मैं नहीं होने दूँगा और अन्य लोगों को मेरी बात माननी चाहिए तो कोई बात तय नहीं होगी और हम संविधान नहीं बना सकते हैं। लगभग यह सारा का सारा संविधान, विशेषकर इस संविधान के बहुत ही महत्त्वपूर्ण भाग तत्संबंधी पक्षों में परस्पर किए गए अंतिम समझौते के विषय हैं और यदि कुछ व्यक्ति अधिकांश प्रस्थापनाओं से सहमत होकर किसी एक प्रस्थापना पर आपत्ति करते हैं तो वे एक ऐसा कार्य करते हैं, जो ठीक नहीं है। इस संविधान को हम में से अधिकांश लोगों में परस्पर किए गए समझौते के रूप में पूरा किया गया है। मैं समझता हूँ कि इस विशिष्ट विषय में हमने जनसाधारण को मुकदमेबाजी के अधीन कर दिया है और संभव है कि इसका निर्णय करने में एक वर्ष लग जाए और इसके कारण हमारी आर्थिक उन्नति में अवनति हो। मैंने यह इसलिए मान लिया कि इस संविधान में

बहुत सी ऐसी बातें हैं, जो उन मित्रों ने मान ली हैं, जिनके उस विषय में विरोधी विचार थे।'[15]

'इसमें संदेह नहीं कि प्रधानमंत्री पं. जवाहरलाल नेहरू से हमें बड़ी शक्ति और सहायता मिली। उन्होंने वास्तव में इस संविधान और उसके विभिन्न अनुच्छेदों को आरंभ से ही समझा और कई बार एक मसौदा लेखक तथा लेखक के रूप में हमें उनकी महान् योग्यताओं का परिचय मिला, जब कि उन्होंने सभा के समक्ष रखे गए विशिष्ट अनुच्छेदों की भाषा में सुधार किए। निस्संदेह यह दुर्भाग्यपूर्ण बात थी कि हमारे इस कार्य के आरंभ में बीमार होने के कारण माननीय सरदार पटेल हमारा साथ न दे सके, पर अंतिम तीन या चार माह में हमें कई बार उनकी मंत्रणा लेने के लिए जाना पड़ा और उन्होंने बड़े प्रेम और हर्षपूर्वक अपनी मंत्रणा दी। आखिर ये लोग इस संविधान के सच्चे निर्माता हैं।'[16]

'हमने इस देश के जनसाधारण के लिए एक संविधान बनाने के प्रयोजन से मेहनत की। यह संविधान उनको सम्मानपूर्ण जीवन बिताने में सहायक होगा। मैं यह सुझाव दूँगा कि यह संविधान जनसाधारण को अर्पित किया जाए।'[17]

**महावीर त्यागी ( संयुक्त प्रांत )**

'आपने जो चार या पाँच मिनट दिए हैं, ये मेरे भूत, भविष्य और वर्तमान जीवन के बड़े ही अमूल्य क्षण हैं। बड़े ही रोमांचकारी क्षण हैं। आज मैं अपने बड़े पुराने स्वप्नों के चित्र के तथा तीस वर्ष के अपने घोर परिश्रम के परिणाम के समक्ष खड़ा हुआ हूँ। हमारे सामने एक साकार चित्र है। मुख्य कलाकार डॉ. आंबेडकर ने अपनी कूची दूर रख दी है। जनता के निरीक्षण तथा आलोचना के लिए चित्र का उद्घाटन कर दिया है। सभा ने जो खुलकर आलोचना की है। इस चित्र को हम सबने मिलकर बनाया है। इसकी मैं और अधिक आलोचना नहीं करना चाहता हूँ। इस चित्र के पक्ष में जो कुछ भी कहा गया है, मैं उसका पूर्ण समर्थन करता हूँ।'[18]

'यह दिखाई देता है कि इस चित्र में संकट भी है। इन संकटों को मैं अभिलेखबद्ध कराना चाहता हूँ।'[19] 'हम एक ऐसा प्रयोग कर रहे हैं, जो संसार में असफल रहा है। हम लोकतंत्र की स्थापना कर रहे हैं; वह लोकतंत्र, जिसका जहाँ-जहाँ प्रयास किया गया है, वहाँ वह जनता तथा जनसमुदाय की कोई वास्तविक भलाई करने में सफल नहीं हुआ है। हम कर तो उसी प्रयोग को रहे हैं, पर एक उन्नत रूप में। हमारा लोकतंत्र दोनों इंग्लैंड के संसदीय लोकतंत्र और अमेरिका के गणराज्यात्मक लोकतंत्र से उन्नत रूप का है। शायद वह दोनों का सम्मिश्रण है। देखिए, यहाँ सफल होता है या नहीं।'[20]

'फिर भी एक संकट और है। वयस्क मताधिकार का। कई मित्रों ने समर्थन किया है। मैं स्वयं बड़ा प्रसन्न हूँ, क्योंकि इस संविधान के समर्थकों को जब बहुत से तर्क नहीं मिले तो वे उन चंद बातों का राग अलापने लगे, जिनको इस संविधान में रखने का मैंने और मेरे जैसे विचार वाले कुछ मित्रों ने आग्रह किया था। मेरा आशय 'ग्राम गणराज्यों', 'घरेलू उद्योग-धंधे' और

'प्रतिषेध' से है। पहले इन बातों का कई उत्तरदायित्वपूर्ण लोगों ने विरोध किया था, पर अब मैं देखता हूँ कि वे ही लोग इस संविधान के समर्थन में उन्हीं तर्कों का सहारा ले रहे हैं।'[21]

'इस संविधान के प्रति मेरे हृदय में बड़ा सम्मान है। मैं इसकी प्रशंसा करता हूँ, फिर भी एक बात है, जिसका मुझे बड़ा भारी भय है। वह यह है कि इस संविधान में एक वर्ग उत्पन्न करने की प्रवृत्ति पाई जाती है। एक वह वर्ग, जिसका लोकतंत्र ने सर्वत्र सृजन किया है—'वृत्ति भोगी राजनीतिज्ञों' का वर्ग। सब लोकतंत्रों का संचालन 'वृत्तिभोगी राजनीतिज्ञों' द्वारा किया जाता है। उनके असफल होने का यही मुख्य कारण है, क्योंकि ऐसे व्यक्ति लोकतंत्रों पर ही जीवन बिताने लग जाते हैं। उनके लिए यह एक वृत्ति का साधन बन जाता है। राजनीति ही उनके जीवन का साधन मात्र हो जाती है। यह बात लोकतंत्र के लिए घातक है। भावी संतानों को मैं इससे परिचित कराना चाहता हूँ। यह 'वृत्ति भोगी राजनीतिज्ञों' का सृजन करती है। वे लोग, जिनकी वृत्ति राजनीति पर आश्रित है और इसका परिणाम यह होता है कि वे अन्य सृजनात्मक वृत्तियों से अपने आपको पृथक् कर लेते हैं। यदि इस लोकतंत्र का भी संचालन ऐसे व्यक्तियों द्वारा किया जाता है, जिनके पास जीवन बिताने का अन्य और कोई साधन नहीं होगा, सिवाय मंत्रालयों के या संसद् सदस्यता के, तो मुझे विश्वास है कि यह लोकतंत्र भी विनाश को प्राप्त होगा।'[22]

'पर ग्रामीणों के दृष्टिकोण से यह चित्र भद्दा और निर्जीव है। न इसमें कोई ऐसी वस्तु स्पष्ट है, जिसके द्वारा वह इस संविधान को अच्छी तरह से समझ सकें; क्योंकि ग्रामीणों को हमने मत के अतिरिक्त और कुछ नहीं दिया है। हमने उसको केवल यही एक वस्तु दी है। अत: मैं निवेदन करता हूँ कि जब उन लोगों को, जो खेती करते हैं, यह संविधान संचालन करने दिया जाएगा, तभी वे इसे अधिकारों तथा स्वतंत्रता का अपना अधिकार-पत्र समझेंगे, अन्यथा यह संविधान भद्दा है। कोई नेता होना चाहिए। मैं आशा करता हूँ कि हमारी भारतीय भूमि इतनी ऊसर नहीं है कि वह किसी ऐसे नेता को जन्म न दे, जो इस संविधान में ऐसा जीवन अनुप्राणित करे कि यह बोल सके। वह बोलेगा, यदि हमें अपने सिद्धांतों में दृढ़ विश्वास है। मैं आपसे कहता हूँ कि महामंत्र का जपना आवश्यक है। आज भारत में ऐसा कोई नहीं है, जो इस महामंत्र को फूँके, जो हमारे समस्त राष्ट्र को इस छोटी सी पुस्तक पर न्योछावर होने के लिए प्रेरित करे। और क्या मैं इस बात का संकेत करूँ कि वह महामंत्र क्या है? केवल एक बात इस संविधान को आकर्षक बना देगी। यदि इस समूचे संविधान में एक सर्वोच्च उपबंध या रक्षाकवच रख दिया जाता तो मैं समझता हूँ कि सब बातें ठीक हो जातीं। वह उपबंध यह है, यदि हम इसमें एक परंतुक रख देते।'[23] वह यह कि 'भारत का कोई भी नागरिक लोकनिधि से या गैर-सरकारी उद्यम से अपने प्रयोग के लिए इतना वेतन, लाभ या भत्ता नहीं लेगा, जो एक औसत श्रम भोगी की आय से अधिक हो।'[24] 'यदि यह संविधान में हो तो सारा भारत इस संविधान द्वारा संगठित हो जाए। जब तक यह बात उसमें नहीं है, तब तक भारत इसको नहीं समझ पाएगा, क्योंकि यह संविधान केवल

उन लोगों के लिए रोटी की व्यवस्था करता है, जिनके पास भरपेट रोटी है, न कि उन लोगों की रोटी की, जिनके पास नहीं है।'[25]

## सुरेशचंद्र मजुमदार ( पश्चिम बंगाल )

'आज मुझे वह समय अच्छी तरह याद है, जब श्री अरविंद बड़ौदा से बंगाल आए थे। उन्होंने कला-कौशल की जागृति के लिए एक आंदोलन का सूत्रपात किया था। एक निर्भीक स्पंदित राष्ट्रीयता के नए युग को जन्म दिया था। उन्होंने एक उग्र क्रांतिकारी संगठन बनाने के लिए प्रोत्साहित किया। अपने गुरु स्वर्गीय जतेंद्रनाथ मुखर्जी द्वारा मुझे एक शिविर-अनुचर होने का सौभाग्य प्राप्त हुआ। इसके बाद दु:ख और कष्टों से परिपूर्ण स्वदेशी और क्रांतिकारी आंदोलनों का अनोखा समय आया। लोग अपने खून-पसीने और आँसुओं से विदेशी राज्य के विरुद्ध संघर्ष करते रहे। इसके बाद यकायक प्रथम विश्वयुद्ध आ धमका और उसके साथ भारत प्रतिरक्षा अधिनियम के रूप में दमनकारी सशक्त दानव आया। इस दानव ने स्वतंत्रता आंदोलन का बड़ी निर्दयता से दमन किया। ऐसा प्रतीत होता था कि यह आंदोलन अब न पनप सकेगा। सारे देश में घोर अंधकार छा गया। कहीं कोई प्रकाश की रेखा तक दृष्टि में नहीं आती थी, पर वह एक अस्थायी रूप ही था। उस समय मुझे ऐसा ही लगा। प्रथम विश्व युद्ध की समाप्ति के साथ-साथ भारतीय रंगमंच पर गांधी का देदीप्यमान रूप प्रकट हुआ। नवभारत का भाग्यविधाता राष्ट्रपिता गांधी प्रकट हुआ, जिनके अतुलनीय नेतृत्व ने राष्ट्रीय स्वतंत्रता के लिए संघर्ष करने के लिए एक शक्तिशाली यंत्र के रूप में कांग्रेस का पुनः संघटन किया। अंधकार दूर होने लगा। कई संघर्षों में उन्होंने हमारा तब तक नेतृत्व किया, जब तक कि उन्होंने भारत को स्वतंत्र संपूर्ण प्रभुत्वसंपन्न बनाने के अंतिम लक्ष्य की प्राप्ति नहीं की। ऐसा लगता है कि इस ऐतिहासिक संघर्ष में एक तुच्छ सेवक के रूप में भाग लेना और अपने नेताओं, साथियों के साथ मिलकर स्वतंत्र भारत गणराज्य के लिए संविधान बनाना एक बहुत बड़ा गौरव है।'[26]

'इस संविधान की सारे देश में चर्चा हो रही है। इसकी प्रशंसा करने में आकाश तक को छा लिया गया है। कटु-से-कटु भाषा में इसकी बुराई भी की गई है। कुछ ऐसे हैं और मेरे विचार से इनका ही बहुमत है, जो इसमें भली और बुरी दोनों बातों का सम्मिश्रण देखते हैं। समूचे रूप में इसे व्यावहारिक तथा मान्य समझते हैं। मुझे यह संविधान कैसा लगा? मेरे मन में एक ही विचार है, जो अन्य सब विचारों पर छा जाता है। वह यह विचार कि यह संविधान पूर्णतया हमारा है। शत-प्रतिशत भारत निर्मित है। यह चाहे भला हो, चाहे बुरा, पर इसे हम भारत निवासियों ने बनाया है। न तो यह बाहर से हम पर लादा गया है, न किसी विदेशी प्राधिकार ने हम पर इसे आरोपित किया है। जिस प्रकार से हमने इसे बनाया है, उसी प्रकार से यदि हम चाहें तो भविष्य में इसका संशोधन कर सकते हैं। अच्छी और यदि कोई बुरी बात हो तो उसके भी सहित यह हमारी ही कृति है। इस संविधान का बनना स्वयं ही एक सर्वोच्च कोटि का स्वतंत्र कार्य है।

इस रूप में मैं इसका स्वागत करता हूँ। इस बात से मुझे स्वतंत्रता का तुरंत आभास होता है। मैं अपने देशवासियों के उस वर्ग के समक्ष अपना यह व्यक्तिगत प्रमाण प्रस्तुत करता हूँ, जो एक आवेशपूर्ण मोह में फँसकर चीखते हैं कि यह आजादी झूठी है।'[27]

'एक और बात, जिसका इस संविधान के बनाने के संबंध में वर्णन करने से मैं अपने आपको नहीं रोक सकता हूँ, वह यह है कि जब संविधान सभा बुलाई गई थी। उसे समस्त भारत का संविधान बनाने का कार्य दिया गया था। पर उसके पश्चात् चूँकि यह देश दो भागों में विभाजित हो गया, यह वर्तमान संविधान केवल एक भाग पर ही लागू होता है। इस बात को भविष्य ही जानता है कि क्या कभी समस्त देश के लिए एक ही संविधान हो सकेगा।'[28]

**लाला देशबंधु गुप्ता ( देहली )**

'यह संविधान देश और संसार के सामने जा रहा है। इसे हमने देहली में बैठकर पिछले तीन वर्ष में इस संविधान को बनाया है। लेकिन खेद की बात है कि देहलीवालों के लिए इसमें उत्साह का कोई सामान नहीं है। मैं शिकायत नहीं करता, इसलिए कि मुझे विश्वास है कि इस संविधान सभा के सदस्य दिल्लीवालों की माँग के साथ हमदर्दी रखते हैं। अगर उनका बस चलता, तो वह जरूर ऐसी तरमीम करते कि देहलीवालों को भी आज खुशी मनाने का अवसर होता। 26 जनवरी के बाद जब यह संविधान देश में लागू होगा, तो देहली के दिन भी फिरते। मैं जानता हूँ कि संविधान सभा के सदस्य देहली के लिए अपने दिल में स्थान रखते हैं। देहलीवालों की मुसीबतों का भी उन्हें थोड़ा बहुत अंदाजा है, लेकिन देहली के दुर्भाग्य की वजह से कुछ समस्याएँ सामने आती रही हैं, जिनकी वजह से रास्ते में रुकावटें खड़ी हो गईं। इस संविधान में देहली को कोई स्थान नहीं मिला। जिस देहली ने आजादी की लड़ाई 1857 से लड़ी है, जिस देहली के लोगों ने छह-छह माह तक चने चबा-चबाकर दुश्मनों की तोपों का मुकाबला किया, जिस देहली के चप्पे-चप्पे पर आज भारत का इतिहास लिखा हुआ है, उसी देहली की लगभग बीस लाख जनता को आज यह अनुभव होता है कि अब भी, जब कि सारे देश में स्वराज्य हो गया है, जनता का राज्य हो गया है, देहलीवालों के लिए कोई परिवर्तन राजप्रणाली में नहीं हुआ। अगस्त 1947 से पहले जो एडमिनिस्ट्रेटिव सेटअप अंग्रेजों ने बनाया था, इस संविधान के बाद भी वही सेटअप जारी रहेगा। इससे दिल्लीवालों की निराशा का अंदाजा लगाया जा सकता है।'[29]

**पं. बालकृष्ण शर्मा ( संयुक्त प्रांत )**

'अध्यक्ष महोदय, जब कि मैं इस संपूर्ण वाद-विवाद में इस संविधान के पक्ष और विपक्ष में विभिन्न भाषणों को बैठा हुआ सुन रहा था। मुझे विक्टर ह्यूगो की प्रसिद्ध पुस्तक 'दी नाइंटी थ्री' की याद आई। उस पुस्तक में ह्यूगो अभिसमय (परंपरा) के बारे में लिखते हैं, 'अब हम अभिसमय को लेते हैं। अब हम हिमालय के समीप आते हैं।' वह यह भी लिखते हैं कि इस अवसर के संपूर्ण

महत्त्व को हम नहीं समझ सकते हैं, क्योंकि हम इसके बहुत निकट हैं। उनकी यह बात सही है। पहाड़ की ओर कुछ दूरी से देखिए, तो आप उसकी विशालता का कुछ अनुभव कर सकेंगे। पर यदि आप उसके बहुत निकट हैं तो आप उसकी विशालता का अनुभव नहीं कर सकते।'[30]

'श्रीमान, मैं समझता हूँ कि मेरे उन आलोचक और समर्थक मित्रों में जो हमारे संविधान के तृतीय पठन की स्थिति में बोले हैं, उनमें इस ऐतिहासिक अवसर के महत्त्व को समझने की उचित विचार व्यापकता तथा क्षमता नहीं है। हम यहाँ आए। हमने अपने ही संविधान की आलोचना की। हाँ, यह हो सकता है कि इसमें दोष हों, यह भी हो सकता है कि ऐसे लोग हों, जिनके विचार इस संविधान के सब उपबंधों से पूर्णतया मेल न रखते हों, पर फिर भी हमें यह शोभा नहीं देता है कि यहाँ आकर इस महानसभा को निंदात्मक आलोचना करने की भावना से संबोधित करें। यदि इस संविधान में त्रुटियाँ हैं तो उनका उत्तरदायित्व आखिर किस पर है ? क्या हम ही वे लोग नहीं हैं, जो इसमें गत तीन वर्ष तक लगे रहे, जिनको इसके प्रति उत्तरदायी समझा जाए। यदि सेठ दामोदर स्वरूप जैसे व्यक्ति खड़े होकर यह कहें कि यह एक ऐसा संविधान है, जिसे इस देश के लोग नहीं मानेंगे तो मैं इस बात को समझ सकता हूँ, पर मैं उनको यह कह सकता हूँ कि हम यहाँ गत तीन वर्षों से जनता के प्रतिनिधियों के रूप में बैठे रहे हैं। मैं आपको यह कह सकता हूँ कि इस संविधान का हर एक खंड इस देश के लोगों को मान्य है। इस बात में कोई भी शंका नहीं होनी चाहिए।'[31]

'पाँच बातें हैं, जिनके लिए इस संविधान की आलोचना की गई है—पहली यह है कि हम केंद्रीयकरण की ओर बहुत झुक गए हैं। दूसरी यह आपत्ति उठाई गई है कि मूलाधिकारों के चारों ओर अनेक अवरोधों द्वारा कँटीली झाड़ियाँ लगा दी गई हैं। तीसरी आपत्ति यह है कि इसकी भावना अभारतीय है। चौथी आपत्ति यह है कि न्यूनाधिक रूप में यह भारत शासन अधिनियम की प्रतिलिपि है। पाँचवीं बात यह है कि यह संविधान देश को उस आर्थिक स्वतंत्रता के प्रकाश का आभास करने का कोई अवसर नहीं देता, जिसका उपभोग हम सब चाहते हैं कि यह देश करे।'[32]

'इन पाँच बातों के लिए इस संविधान की आलोचना की गई है। आइए, हम प्रत्येक आपत्ति पर विचार करें और इन पर कुछ तर्क का प्रकाश डालें। जब हम यह कहते हैं कि केंद्रीयकरण का पक्ष लेकर हमने बड़ी भारी भूल की है। जब हम अपने संविधान की इसी बात के कारण आलोचना करते हैं तो क्या हम अपने इतिहास में, अपनी परंपरा में पृथक् होने की ऐतिहासिक परंपरा को नहीं भूल जाते हैं। यह देश इस नाशक प्रवृत्ति का शिकार रहा है। इसके कारण इस देश की उन्नति में बाधाएँ आई हैं। यह याद रखिए, इतिहास में भारत ने अपना मस्तक तभी ऊँचा किया है, जबकि एक शक्तिशाली केंद्रीय सरकार की स्थापना हुई, अन्यथा भारतीय इतिहास जैसी कोई वस्तु नहीं है। अत: हमें यह नहीं भूलना चाहिए कि जब हमें इस नाशक विघटनकारी प्रवृत्ति का विरोध करना है तो यह अत्यावश्यक है कि केंद्र को शक्तिशाली बनाया जाए।'[33]

‘दूसरी आपत्ति यह है कि मूलाधिकार एक हाथ से दिए गए हैं और दूसरे हाथ से छीन लिये गए हैं। मैं इस तर्क को कभी भी नहीं समझ पाया। महात्मा गांधी के शब्दों में क्या नागरिक स्वतंत्रता का अर्थ आपराधिक लाइसेंस है? नागरिक स्वतंत्रता का अर्थ आपराधिक लाइसेंस नहीं है। यदि वाक् स्वतंत्रता है तो इसका अर्थ यह नहीं है कि मैं जिस किसी व्यक्ति को न चाहूँ, उसको गाली देने में स्वतंत्र हो जाऊँ। अतः यह तर्क मुझे बहुत ही निराधार प्रतीत होता है।’[34]

‘तीसरा तर्क कि यह भारत शासन अधिनियम की प्रतिलिपि है और अभारतीय है। डॉ. आंबेडकर संकीर्णता की किसी भी भावना से प्रेरित नहीं हुए। आखिर हम एक संविधान बना रहे हैं। हमारे सामने आधुनिक प्रवृत्तियाँ, आधुनिक कठिनाइयाँ और आधुनिक समस्याएँ हैं। अपने संविधान में इन सबके लिए हमें उपबंध करना है। इस कार्य के लिए यदि हमने भारत शासन अधिनियम का सहारा लिया है तो मैं नहीं समझता हूँ कि हमने कोई पाप किया।’[35]

‘इस आलोचना के संबंध में कि यह अभारतीय है, जो कुछ मैं कह सकता हूँ, वह यह है कि हम भारतीय यहाँ समवेत हुए हैं। हमने यह संविधान बनाया है। वाक्यावली अवश्य अभारतीय हैं। इस संविधान में देश पर शासन करने की एक शैली निर्धारित कर दी गई है। इसलिए मैं कहता हूँ कि यह अभारतीय नहीं है।’[36]...‘इस केंद्रीकरण और मूलाधिकारों के बारे में मेरे मित्र टी.टी. कृष्णमाचारी ने क्षमायाचना की है। उन्होंने कहा, ‘हमें अपने अतीत इतिहास की ओर देखते हुए, हमें इस बात पर बड़ा दुःख है।’ मैं इसके प्रति कोई क्षमायाचना नहीं करता हूँ।’[37]...‘प्रश्न यह है कि इस संविधान को कौन कार्यान्वित करेगा? जो इस संविधान को कार्यान्वित करेगा, वह एक निष्कलंक, पवित्र तथा सुसंगठित राजनैतिक पक्ष होगा या उपद्रवी मनुष्यों का कोई गिरोह होगा? आज मैं अपनी आँखों के सामने ही इस महान् राष्ट्रीय संघटन को छिन्न-भिन्न होते हुए देखता हूँ, जिसका निर्माण राष्ट्रपिता ने किया था। प्रश्न यह है कि कौन व्यक्ति आगे बढ़े और मशाल अपने हाथ में लेकर प्रकाश दिखाए। उस महान् संघटन को एक बार फिर संगठित करे, जिसने मानव इतिहास में एक बड़ी ही आश्चर्यजनक क्रांति की। वह आश्चर्यजनक क्रांति अहिंसा द्वारा देश को स्वतंत्र करना है। हाँ, यह सत्य है कि यह सब उस एक महान् आत्मा की प्रेरणा द्वारा हुआ उस आत्मा की प्रेरणा द्वारा, जो दो हजार वर्ष में एक बार अवतरित होता है। परंतु हमारे लिए भविष्य के गर्भ में क्या छिपा हुआ है? इस संविधान को क्रियान्वित करने का एक ही मार्ग है। वह मार्ग यह है कि हमारे प्रधानमंत्री अपने पद से त्यागपत्र दे दें। भारतीय राष्ट्रीय कांग्रेस की अध्यक्षता स्वीकार करें। लोगों में नया विश्वास भरें। इस प्रकार एक ऐसी स्थिति पैदा करें, जिसमें इस संविधान का कार्यान्वित करना सरल हो जाए।’[38]

**राजबहादुर ( राजस्थान )**

‘मैं इसे महानतम महत्त्व का अवसर कहता हूँ, क्योंकि हमारे इतिहास में यह प्रथम अवसर है, जब कि राष्ट्र के चुने-चुने प्रतिनिधि एक स्थान पर एकत्र हुए हैं। उन्होंने देश के

लिए संविधान बनाया है। इसका महत्त्व और भी दूना हो जाता है, चूँकि इस संविधान के निर्माता हमारे वे महान् और योग्य नेता हैं, जिन्होंने हमारे देश को स्वतंत्र किया। फिर भी हमारे इतिहास में प्रथम बार जनसाधारण को मानव मूलाधिकार दिए हैं। इस प्रकार के संविधान बनाने के साहसिक प्रयत्न में पूर्ण रूप में एकमत होना असंभव है। कदाचित् एकमत होने की संभावना केवल मूर्ख समाज में ही की जा सकती है। अत: यदि मतभेद हैं तो यह हमारी बुद्धिमत्ता का चिह्न है, इस बात का चिह्न है कि हमारा राष्ट्र विचारशील है, मननशील है। हम सबके लिए प्रत्येक विषय में तथा समस्त प्रश्नों पर एकमत हो जाना असंभव है। आश्चर्य इस बात पर नहीं है कि हम इससे अच्छा संविधान न बना सके। आश्चर्य तो इस बात पर है कि हम किसी एक उस सीमा तक एकमत हो गए, जो इस संविधान में समाविष्ट है।'[39]

'जहाँ तक देशी राज्यों की जनता का संबंध है, हम सबके लिए यह एक बड़ी कृतज्ञता का विषय है। जब हमने इस विशाल भवन के द्वार में प्रवेश किया, हमारे मन में यह संशय था कि जैसा विभिन्न करार पत्रों में दिया हुआ है, इन राज्यों को अपनी संविधान सभाएँ बुलानी होंगी। सौभाग्यवश यह सब संशय निराधार सिद्ध हुए। अब जब कि इस संविधान को अंतिम रूप दिया जा रहा है, जब यह महान् कार्य समाप्ति पर है, हमारे लिए यह बड़े संतोष की बात है कि वही संविधान राज्यों पर भी लागू होगा, जो हमारी एकता का प्रतीक है। पर इसका अर्थ यह नहीं है कि इस संविधान के उपबंधों के प्रति मुझे कोई खेद नहीं है। देशी राज्यों से संबंध रखनेवाले कुछ उपबंधों के प्रति मुझे खेद है। मुझे इस कारण खेद है कि अनुच्छेद 371 के अधीन दस वर्ष की अवधि के लिए इन राज्यों के प्रशासन पर केंद्र के नियंत्रण का आरोपण किया गया है।'[40]

'मैं केवल यही कहूँगा कि इस संविधान में चाहे जो दोष या गुण हों, सारी बातें इसके क्रियाकरण पर निर्भर हैं। जैसा ब्राइस ने कहा है, 'एक संविधान रूपी पौध का लगाना सरल है, पर उस प्रवृत्ति रूपी पौधा का लगाना सरल नहीं है, जिसकी उस संविधान को कार्यान्वित करने में आवश्यकता है।' अत: हम सब उस महान् अमेरिका निवासी महान् राजनीतिज्ञ बेंजामिन फ्रेंकलिन के शब्दों को याद करें, जिन शब्दों को मैं इस सभा के तथा बाहर के लोगों के लिए प्रस्तुत करता हूँ, 'अपने मिथ्याभिमान को हम छोड़ दें। हम यह न समझें कि हम त्रुटि नहीं कर सकते हैं।' हममें से ऐसा कोई भी नहीं है, जो त्रुटि नहीं करता हो। इस संविधान में चाहे जो कुछ गुण या दोष हों, पर इस बात में कोई संदेह नहीं है कि यह संविधान कार्यान्वित हो सकता है। इस संविधान की परिसीमाएँ हमारी अनोखी परिस्थिति की परिसीमाएँ हैं। इसकी सफलताएँ इस पीढ़ी की सफलताएँ हैं। वह पीढ़ी, जिसने देश को दासत्व से छुड़ाकर स्वतंत्र किया। अत: मैं इसका अपने नेताओं की एक महान् सफलता के रूप में स्वागत करता हूँ। यदि हम प्रस्तावना के भावानुसार इस संविधान को कार्यान्वित करते हैं तो मुझे विश्वास है कि हमारे देश का भविष्य महान् होगा।'[41]

**डॉ. बी.आर. आंबेडकर**

'संविधान सभा में अनुसूचित जातियों के स्वार्थों की रक्षा कराने के अतिरिक्त मैं अन्य किसी महानतर आकांक्षा को लेकर नहीं आया था। मुझे स्वप्न में भी यह विचार नहीं पैदा हुआ था कि मुझे और भी बड़े-बड़े कार्यों को हाथ में लेने के लिए आमंत्रित किया जाएगा। इस कारण जब सभा ने मुझे मसौदा समिति में निमंत्रित किया तो मुझे बड़ा आश्चर्य हुआ। जब मुझे मसौदा समिति का सभापति चुना गया तो और अधिक आश्चर्य हुआ।'[42] 'जो श्रेय मुझे दिया गया है, उसका वास्तव में मैं अधिकारी नहीं हूँ। उसके अधिकारी बी.एन. राव भी हैं, जो इस संविधान के संवैधानिक परामर्शदाता हैं। जिन्होंने मसौदा समिति के विचारार्थ संविधान का एक मोटे रूप में मसौदा बनाया।'[43]...'सबसे अधिक श्रेय इस संविधान के मुख्य मसौदा लेखक एस.एन. मुकर्जी को है। बहुत ही जटिल प्रस्थापनाओं को सरल से सरल तथा स्पष्ट से स्पष्ट वैध भाषा में रखने की उनकी योग्यता की बराबरी कठिनाई से की जा सकती है। कठिन परिश्रम करने की उनकी सामर्थ्य की तुलना किसी से नहीं की जा सकती है। इस सभा के लिए वे एक देन स्वरूप थे। यदि उनकी सहायता न मिलती तो इस संविधान को अंतिम स्वरूप देने में इस सभा को कई और वर्ष लगते।'[44]

'मसौदा समिति का कार्य बहुत ही कठिन हो जाता, यदि यह संविधान सभा विभिन्न विचार वाले व्यक्तियों का एक समुदाय मात्र होती। एक उखड़े हुए फर्श के समान होती, जिसमें कहीं एक काला पत्थर होता, तो कहीं सफेद और जिसमें प्रत्येक व्यक्ति या प्रत्येक समुदाय स्वयं अपने को विधिवेत्ता समझता। सिवाय उपद्रव के और कुछ नहीं होता। सभा में कांग्रेस पक्ष की उपस्थिति ने इस उपद्रव की आशंका को पूर्णतया मिटा दिया। इसके कारण कार्यवाहियों में व्यवस्था और अनुशासन दोनों बने रहे। कांग्रेस पक्ष के अनुशासन के कारण ही मसौदा समिति यह निश्चित रूप में जानकर कि प्रत्येक अनुच्छेद और प्रत्येक संशोधन का क्या भाग्य होगा, इस संविधान का संचालन कर सकी। अतः इस सभा में संविधान के मसौदे के शांत संचालन के लिए कांग्रेस पक्ष ही श्रेय का अधिकारी है।'[45]

'अध्यक्ष महोदय, मुझे आपको धन्यवाद देना चाहिए कि आपने बड़ी कुशल रीति से इस सभा की कार्यवाहियों का संचालन किया। जिन लोगों ने इस सभा की कार्यवाहियों में भाग लिया है, वे उस उदारता और सहृदयता (सहानुभूतिपूर्वक व्यवहार) को नहीं भूल सकते हैं, जो आपने इस सभा के सदस्यों के साथ प्रदर्शित की। ऐसे अवसर आए, जब कि केवल पारिभाषिक आधार पर मसौदा समिति के संशोधनों को रोकने का प्रयास किया गया। मेरे लिए वे बड़े चिंतापूर्ण क्षण थे। मैं आपका इस बात के लिए बड़ा कृतज्ञ हूँ कि आपने विधिवाद को संविधान निर्माण कार्य पर विजय नहीं होने दी।'[46]

'इस संविधान में जो सिद्धांत निहित हैं, वे वर्तमान पीढ़ी के विचार हैं। यदि आप इस

कथन में कुछ अतिशयोक्ति समझें तो मैं यह कहूँगा कि ये संविधान सभा के सदस्यों के विचार हैं।'[47]...'इस संविधान के किसी भी आलोचक को मैं यह चुनौती देता हूँ कि वह यह सिद्ध करे कि संसार में कहीं भी किसी संविधान सभा ने, उन परिस्थितियों में, जिनमें यह देश फँसा हुआ है, संविधान के संशोधन के लिए इतनी सुविधाजनक प्रक्रिया उपबंधित की हो। जो लोग इस संविधान से असंतुष्ट हैं, उन्हें केवल दो-तिहाई बहुमत प्राप्त करना है। यदि वे वयस्क मताधिकार द्वारा निर्वाचित संसद् में दो-तिहाई बहुमत भी प्राप्त नहीं कर सकते हैं तो यह नहीं समझा जा सकता है कि जनसाधारण उनके असंतोष में उनका साथ दे रहा है।'[48]

'इस बात की बड़ी शिकायत की गई है कि केंद्रीयकरण बहुत अधिक है। राज्यों की स्थिति नगरपालिकाओं जैसी कर दी गई है। यह स्पष्ट है कि यह विचार केवल अतिशयोक्ति ही नहीं है, बल्कि यह इस बात के प्रति मिथ्याधारणा पर भी आधारित है कि संविधान यथार्थ रूप में किन-किन बातों के लिए प्रयास करता है। केंद्र और राज्यों में परस्पर संबंध के विषय में उस मूलाधिकार को ध्यान में रखना आवश्यक है, जिस पर यह संबंध निर्भर करता है। संघीय शासन पद्धति का यह मूलभूत सिद्धांत है कि विधायी और कार्यपालिका के अधिकार का विभाजन केंद्र और राज्यों में केंद्र द्वारा निर्मित किसी विधि द्वारा नहीं होता, वरन् स्वयं संविधान द्वारा किया जाता है। यही यह संविधान करता है। हमारे संविधान के अधीन राज्य अपने विधायी और कार्यपालिका अधिकार के लिए किसी प्रकार से भी केंद्र पर आश्रित नहीं हैं। इस विषय में केंद्र और राज्यों की स्थिति समान है।'[49]

'दूसरा अभियोग यह है कि केंद्र को राज्यों पर अतिक्रमण करने का अधिकार दिया गया है। इस अभियोग को स्वीकार कर लेना चाहिए। पर इन अतिक्रमणकारी शक्तियों के होने के कारण इस संविधान की निंदा करने से पूर्व कुछ बातों पर ध्यान देना चाहिए—पहली बात यह है कि ये अतिक्रमणकारी शक्तियाँ इस संविधान का शांतिकालीन रूप नहीं है। उनका प्रयोग और प्रवर्तन स्पष्ट रूप से केवल आपात के लिए ही सीमित है। दूसरी बात यह है, क्या हम आपात हो जाने पर केंद्र को अतिक्रमणकारी शक्ति देने का वर्जन कर सकते थे? जो लोग आपात में भी केंद्र को इन अतिक्रमणकारी शक्तियों के देने के औचित्य को स्वीकार नहीं करते हैं वे, ऐसा प्रतीत होता है कि इस विषय के मूल में जो समस्या है, उसका वे स्पष्ट ज्ञान नहीं रखते हैं।'[50]

'जनता के एक विशाल वर्ग की सम्मति के अनुसार आपातकाल में नागरिक की अवशिष्ट राज्यभक्ति केंद्र के प्रति होनी चाहिए, न कि संघटक राज्य के प्रति। क्योंकि केंद्र ही सार्वजनिक लक्ष्य के लिए तथा समूचे देश के सामान्य हित के लिए प्रयत्नशील हो सकता है।'[51]...'आपातकाल में प्रयोग करने के लिए केंद्र को कुछ अतिक्रमणकारी शक्तियाँ देने के पक्ष में यह प्रमाण है। और फिर इन आपात शक्तियों द्वारा संघटक राज्यों पर क्या आधार डाले जाते हैं? इससे अधिक और कुछ नहीं कि आपात में अपने स्थानीय हितों के साथ-साथ समूचे राष्ट्र

की सम्मति और हितों का भी विचार किया जाए।'[52]

'राजनैतिक लोकतंत्र से ही हमें संतुष्ट नहीं हो जाना चाहिए। अपने राजनैतिक लोकतंत्र को हमें सामाजिक लोकतंत्र का रूप भी देना चाहिए। सामाजिक लोकतंत्र का क्या अर्थ है ? इसका अर्थ जीवन के उस मार्ग से है, जो स्वतंत्रता, समता और बंधुत्व को जीवन के सिद्धांतों के रूप में अभिज्ञात करता है। स्वतंत्रता, समता और बंधुत्व के इन सिद्धांतों को इन तीनों के एक संयुक्त रूप से पृथक्-पृथक् मदों के रूप में नहीं समझना चाहिए। इन तीनों का मिलकर एक इस प्रकार का संयुक्त रूप बनता है कि एक का दूसरे से विच्छेद करना लोकतंत्र के मूल प्रयोजन को ही विफल करना है। स्वतंत्रता को समता से पृथक् नहीं किया जा सकता, समता को स्वतंत्रता से पृथक् नहीं किया जा सकता। और न स्वतंत्रता या समता को ही बंधुत्व से पृथक् किया जा सकता है। समताविहीन स्वतंत्रता से कुछ व्यक्तियों की अनेक व्यक्तियों पर प्रभुत्व का प्रादुर्भाव होगा। स्वतंत्रताविहीन समता व्यक्तिगत उपक्रम का ह्रास करेगा। बंधुत्व के बिना स्वतंत्रता और समता अपना स्वाभाविक मार्ग ग्रहण नहीं कर सकते।'[53]

'मेरी यह सम्मति है कि इस बात में विश्वास करके कि हमारा एक राष्ट्र है, हम एक बड़े मायाजाल में अपने आप को डाल रहे हैं। हजारों जातियों में बँटी हुई जनता किस प्रकार एक राष्ट्र हो सकती है ? जितना शीघ्र हम यह अनुभव कर लें कि अभी हम राष्ट्र शब्द के सामाजिक और मनोवैज्ञानिक अर्थ में राष्ट्र नहीं है, उतना ही हमारे लिए लाभदायक होगा। क्योंकि यह अनुभव कर लेने पर ही हम एक राष्ट्र बनाने की आवश्यकता का अनुभव करेंगे। इस लक्ष्य को प्राप्त करने के मार्ग और साधनों के बारे में गंभीर विचार करेंगे। इस लक्ष्य की प्राप्ति बहुत कठिन है, संयुक्त राज्य अमेरिका में जितनी कठिन थी, उससे कहीं अधिक कठिन है। संयुक्त राज्य अमेरिका में जाति समस्या न थी। भारत में जातियाँ हैं। ये जातियाँ राष्ट्रीयता की विरोधिनी हैं। सर्वप्रथम इस कारण कि ये सामाजिक जीवन में पार्थक्य प्रस्तुत करती हैं। ये इस कारण भी राष्ट्रीयता की विरोधिनी हैं कि परस्पर जातियों में ईर्ष्या और द्वेष उत्पन्न करती हैं, परंतु यदि हम वास्तव में एक राष्ट्र के रूप में स्थापित होना चाहते हैं तो हमें इन सब कठिनाइयों पर विजय प्राप्त करनी होगी।'[54]

'यदि हम इस संविधान का रक्षण करना चाहते हैं, जिसमें हमने जनता के लिए जनता द्वारा जनता की सरकार के सिद्धांत की प्रतिष्ठा करने का प्रयास किया है तो हम इस बात का संकल्प करें कि जो बुराइयाँ हमारे मार्ग में हैं, उन्हें समझने में विलंब न करें और उन बुराइयों को दूर करने के उपक्रम में दुर्बलता न दिखाएँ।'[55]

## विशेष टिप्पणी

संविधान सभा में 17 नवंबर से 25 नवंबर, 1949 तक जो बहस हुई, उसका डॉ. आंबेडकर ने उत्तर दिया। इस तरह वह बहस पूरी हुई। डॉ. आंबेडकर का भाषण मुख्यतः तीन हिस्से में

था। पहला हिस्सा है, जिसमें वे विस्तार से उस आलोचना का समाधान-कारक उत्तर दे रहे हैं, जिसमें आरोप था कि संविधान सभा ने ज्यादा समय लगाया। दूसरे हिस्से में उन्होंने संविधान की आलोचनाओं पर अपना मत व्यक्त किया। तीसरे हिस्से में वे उन आशंकाओं को उठा रहे हैं, जो उनके मन-मस्तिष्क में उभरे थे। इसे उनकी भविष्य के लिए चेतावनी भी कह सकते हैं। यहाँ सिर्फ संविधान संबंधी हिस्सा ही दिया गया है। ***भारतीय संविधान में डॉ. आंबेडकर का एक मौलिक योगदान है, जिसकी उपेक्षा की गई है। पं. जवाहरलाल नेहरू ने जो उद्देशिका प्रस्तावित की थी, उसमें बंधुता का समावेश डॉ. आंबेडकर ने किया। भारत की एकता और अखंडता के लिए वे बंधुता को अनिवार्य समझते थे। यह उनके इस समापन भाषण में भी है। उन्होंने जो मसौदा डॉ. राजेंद्र प्रसाद को 21 फरवरी, 1948 को सौंपा, उसके पत्र में 'बंधुता' शब्द जोड़ने का स्पष्ट उल्लेख है।***

**संदर्भ—**


1. भारतीय संविधान सभा के वाद-विवाद की सरकारी रिपोर्ट (हिंदी संस्करण), अंक-11, संख्या-11, 25 नवंबर, 1949, पृ. 4164
2. वही, पृ. 4170

3-4. वही, पृ. 4171

5. वही, पृ. 4172
6. वही, पृ. 4173
7. वही, पृ. 4174-4175
8. वही, पृ. 4176
9. वही, पृ. 4178
10. वही, पृ. 4191

11-12. वही, पृ. 4192

13. वही, पृ. 4195-4196
14. वही, पृ. 4196
15. वही, पृ. 4197
16. वही, पृ. 4200
17. वही, पृ. 4200-4201

18-19. वही, पृ. 4202

20-22. वही, पृ. 4203

23-25. वही, पृ. 4204

26. वही, पृ. 4205
27. वही, पृ. 4205-4206
28. वही, पृ. 4206
29. वही, पृ. 4207
30. वही, पृ. 4208

31-32. वही, पृ. 4209

33. वही, पृ. 4209–4212
34–37. वही, पृ. 4210
38. वही, पृ. 4211
39. वही, पृ. 4211–4212
40–41. वही, पृ. 4212
42–43. वही, पृ. 4218
44. वही, पृ. 4218–4219
45–46. वही, पृ. 4219
47. वही, पृ. 4220–4221
48. वही, पृ. 4221–4222
49. वही, पृ. 4222
50–51. वही, पृ. 4223
52. वही, पृ. 4224
53. वही, पृ. 4226
54. वही, पृ. 4228
55. वही, पृ. 4229

□

# 47

# समापन भाषण
# मुझे भी खेद है : डॉ. राजेंद्र प्रसाद*

'हम एक ऐसा संविधान बनाने में सफल हुए हैं, जिसके अंतर्गत सारा देश और सारी जनसंख्या आ जाती है। आकार के अतिरिक्त और भी कठिनाइयाँ थीं, जो इस समस्या ही के अंतर्गत थीं। हमारे यहाँ देश में कई संप्रदाय रहते हैं। हमारे यहाँ देश के भिन्न-भिन्न भागों में कई भाषाएँ प्रचलित हैं। हमारे यहाँ और भी अन्य प्रकार की भिन्नताएँ हैं, जो भिन्न-भिन्न भागों में मनुष्यों को परस्पर विभाजित करती हैं। हमें केवल उन क्षेत्रों के लिए ही उपबंध नहीं बनाने पड़े, जो शैक्षणिक तथा आर्थिक रूप में उन्नत हैं; हमें जनजातियों जैसे पिछड़े लोगों के लिए तथा जनजाति क्षेत्रों के समान पिछड़े क्षेत्रों के लिए भी उपबंध बनाने पड़े। सांप्रदायिक समस्या एक बहुत ही जटिल समस्या थी, जो इस देश में एक अरसे से प्रचलित थी। दूसरा गोलमेज सम्मेलन, जिसमें महात्मा गांधी गए थे, इसी कारण असफल हुआ कि सांप्रदायिक समस्या हल न हो सकी। इसके बाद का देश का इतिहास इतना आधुनिक है कि उसके कहने की यहाँ आवश्यकता नहीं है। पर हम यह जानते हैं कि परिणामस्वरूप देश का विभाजन करना पड़ा और पूर्वोत्तर तथा पश्चिमोत्तर में हमारे देश में से दो भाग निकल गए।'[1]

* 26 नवंबर, 1949

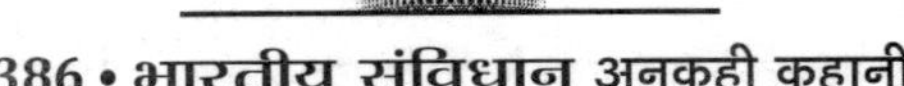

'हमारे यहाँ लगभग छह सौ रियासतें थीं, जो भारत के राज्य क्षेत्र के तिहाई भाग से अधिक भाग को घेरे हुए थीं, जिनमें देश की एक-चौथाई जनसंख्या थी। छोटे-छोटे ठिकानों से लेकर मैसूर, हैदराबाद, कश्मीर इत्यादि बड़ी-बड़ी रियासतों तक वे भिन्न-भिन्न आकार प्रकार की थीं। जब अंग्रेजों ने इस देश को छोड़ना निश्चित किया तो उन्होंने हमको शक्ति दी, पर इसके साथ-साथ उन्होंने यह भी घोषणा की, राज्यों से जो संधियाँ या संबंध उनके थे, वे सब भंग हो गए। यह प्रभुत्व भी मिट गया, जिसका वे इतने काल तक प्रयोग करते रहे, जिससे वे शासकों को व्यवस्थानुसार चला सकते थे। भारत सरकार को इन राज्यों में जिन समस्याओं का सामना करना पड़ा, वे भिन्न-भिन्न प्रकार की शासन व्यवस्थाओं से उपजी थीं। उन्हें सुलझाना पड़ा।'[2]

'आरंभ में ही रियासतों के प्रतिनिधियों को सभा में लाने के लिए संविधान सभा को उनसे बातचीत करनी पड़ी, जिससे कि उनसे परामर्श कर संविधान बनाया जा सके। प्रथम प्रयास में ही सफलता मिली। कुछ रियासतें शुरू में ही इस सभा में आ गईं, पर कुछ रियासतें संकोच करती रहीं। यह आवश्यक नहीं है कि उन घटनाओं के गुप्त भेदों को खोला जाए, जो उन दिनों परदे की आड़ में हो रही थीं। केवल यह कहना पर्याप्त होगा कि अगस्त 1947 तक जब कि स्वाधीनता अधिनियम प्रवृत्त हुआ, लगभग सब रियासतें भारत में प्रवेश कर गईं। इसके दो उल्लेखनीय अपवाद रहे, उत्तर में कश्मीर और दक्षिण में हैदराबाद। कश्मीर ने तुरंत ही अन्य राज्यों के उदाहरण का अनुसरण किया और प्रविष्ट हो गया। हैदराबाद सहित सब रियासतों से आगे काररवाई न करने (स्टैंडस्टिल) के करार हुए और हैदराबाद की स्थिति पूर्ववत् बनी रही। जैसे-जैसे समय व्यतीत होता गया, यह स्पष्ट होता गया कि छोटे-छोटे राज्यों के लिए अपनी पृथक् स्वाधीन सत्ता रखना किसी प्रकार संभव नहीं था, अतः भारत में सम्मिलित होने का कार्य आरंभ हुआ। कुछ समय में केवल छोटी-छोटी रियासतें ही भारत के किसी-न-किसी प्रांत से मिलकर एक नहीं हो गईं, वरन् कुछ बड़ी-बड़ी रियासतें भी मिल गईं। बहुत सी रियासतों ने अपने संघ बना लिए। ये संघ भारतीय संघ के भाग बन गए हैं। यह कहना चाहिए कि रियासतों की जनता और शासकों को श्रेय प्राप्त है। सरदार पटेल के बुद्धिमत्तापूर्ण तथा दूरदर्शी पथ-प्रदर्शन के अधीन 'राज्य मंत्रालय' के लिए भी यह कम श्रेय की बात नहीं है कि अब, जब कि हम यह संविधान पारित कर रहे हैं, रियासतों की स्थिति न्यूनाधिक रूप में वही है, जो कि प्रांतों की है। देशी रियासतों और प्रांतों के सहित सबका हम इस संविधान में राज्यों के रूप में वर्णन कर सके हैं। जो घोषणा सरदार पटेल ने अभी की है[3], उससे स्थिति बहुत स्पष्ट हो गई है। अब इस नए संविधान में रियासतों और प्रांतों में वह अंतर नहीं है, जो पहले था।'[4]

'जिस रीति को संविधान सभा ने अपनाया, वह यह थी कि सर्वप्रथम 'विचारणीय बातें'

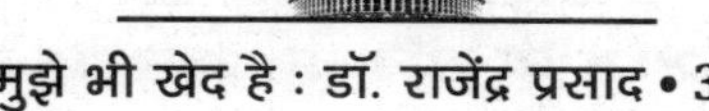

निर्धारित की गईं, जो कि लक्ष्यमूलक संकल्प के रूप में थीं। जिसको एक ओजस्वी भाषण देकर पं. जवाहरलाल नेहरू ने पेश किया था। जो अब हमारे संविधान की प्रस्तावना है। इसके बाद संवैधानिक समस्याओं के भिन्न-भिन्न पहलुओं पर विचार करने के लिए कई समितियाँ नियुक्त की गईं। डॉ. आंबेडकर ने इन समितियों के नामों का वर्णन किया था। इनमें से कई समितियों के सभापति या तो पं. जवाहरलाल नेहरू होते थे या सरदार पटेल। अत: इस प्रकार हमारे संविधान की मूलभूत बातों का श्रेय इन्हीं को है। मुझे केवल यही कहना है कि इन सब समितियों ने उचित और ठीक रीति से कार्य किया। अपने दो प्रतिवेदन प्रस्तुत किए, जिन पर सभा ने विचार किया। उनकी सिफारिशों को उन आधारों के रूप में ग्रहण किया गया, जिन पर संविधान का मसौदा तैयार किया गया था। यह कार्य बी.एन. राव ने किया, जिन्होंने अपने इस कार्य में अन्य देशों के संविधानों के पूर्ण ज्ञान और इस देश की दशा के व्यापक ज्ञान तथा अपने प्रशासी ज्ञान का भी पुट दिया। इसके बाद सभा ने मसौदा समिति नियुक्त की, जिसने बी.एन. राव द्वारा निर्मित मूल मसौदे पर विचार किया। संविधान का मसौदा बनाया, जिस पर द्वितीय पठन की स्थिति में इस सभा ने विस्तारपूर्वक विचार किया। जैसा कि डॉ. आंबेडकर ने बताया था, 7635 से कम संशोधन नहीं थे, जिनमें से 2473 संशोधन पेश किए गए। केवल यह सिद्ध करने के लिए यह कह रहा हूँ कि केवल मसौदा समिति के सदस्य ही इस संविधान पर दत्तचित्त होकर अपना ध्यान नहीं दे रहे थे, वरन् अन्य सदस्य भी सचेष्ट थे। वे मसौदे की पूर्ण रूप से जाँच-परख कर रहे थे। यह कोई आश्चर्य की बात नहीं है कि मसौदे के केवल प्रत्येक अनुच्छेद पर ही नहीं, वरन् लगभग प्रत्येक वाक्य पर और कभी-कभी तो प्रत्येक अनुच्छेद के प्रत्येक शब्द पर हमें विचार करना पड़ा। माननीय सदस्यों को यह जानकर खुशी होगी कि इस कार्यवाही में जनता बड़ी दिलचस्पी ले रही थी। मुझे यह विदित हुआ है कि जितने समय तक संविधान विचाराधीन रहा, उस समय में 53,000 दर्शकों को दर्शक गैलरी में जाने दिया गया। परिणाम यह हुआ कि संविधान के मसौदे का आकार बढ़ गया। अब इसमें बी.एन. राव के मूल मसौदे के 243 अनुच्छेद और 13 अनुसूचियों के स्थान पर 395 अनुच्छेद और 8 अनुसूचियाँ हो गई हैं। मैं उस शिकायत को कोई महत्त्व नहीं देता हूँ, जो कभी-कभी इस रूप में की जाती थी कि यह संविधान बहुत विशाल हो गया है। यदि उपबंधों पर भली प्रकार से विचार कर लिया गया है तो इस वृहदाकार से हमारे चित्त की स्थिर वृत्ति में कोई विघ्न नहीं पड़ना चाहिए।'[5]

एंडरसन ने अपनी चर्चित पुस्तक में लिखा है कि 'भारतीय संविधान सभा ने जो संविधान बनाया, वह ज्यादातर वेस्टमिंस्टर प्रावधानों वाला ही है, 395 अनुच्छदों में 250 शब्दश: वही है, जिसे वाल्डविन कैबिनेट ने 1935 में भारत अधिनियम के रूप में पारित कराया था।'[6]

'हमारे लिए यह कोई बंधन नहीं है कि हम एक ऐसा संविधान रखें, जो संसार के

संविधानों की ज्ञान श्रेणियों के पूर्णतया अनुरूप हो। हमें अपने देश के इतिहास के कुछ तथ्यों को लेना पड़ेगा और इतिहास के तथ्यों जैसी इन वास्तविकताओं का इस संविधान पर कोई कम प्रभाव नहीं पड़ा है।'[7]...'हम एक गणराज्य बना रहे हैं। भारत में प्राचीन काल में गणराज्य थे, पर यह व्यवस्था 2000 वर्ष पूर्व थी। इससे भी अधिक समय पूर्व थी। वे गणराज्य बहुत छोटे-छोटे थे। जिस गणराज्य की हम अब स्थापना कर रहे हैं, उस गणराज्य जैसा गणराज्य हमारे यहाँ कभी नहीं था, यद्यपि उन दिनों में भी और मुगल काल में भी ऐसे साम्राज्य थे, जो देश के विशाल भागों पर छाए हुए थे। इस गणराज्य का राष्ट्रपति एक निर्वाचित राष्ट्रपति होगा। हमारे यहाँ ऐसे बड़े राज्य का निर्वाचित मुखिया कभी नहीं हुआ, जिसके अंतर्गत भारत का इतना बड़ा क्षेत्र आ जाता है। यह प्रथम बार ही हुआ है कि देश के तुच्छ-से-तुच्छ और निम्न-से-निम्न नागरिक को भी यह अधिकार मिल गया है कि वह इस महान् राज्य के राष्ट्रपति या मुखिया के योग्य हो और बने। जो आज संसार के विशालतम राज्यों में गिना जाता है।'[8]

'कुछ लोगों ने वयस्क मताधिकार के निर्णय पर संदेह व्यक्त किया है कि यह बुद्धिमानी की बात नहीं होगी। यद्यपि मैं इसे एक ऐसे प्रयोग के रूप में देख रहा हूँ, जिसके परिणाम के संबंध में आज कोई भी व्यक्ति भविष्यवाणी नहीं कर सकता है, पर मैं इससे आश्चर्यचकित नहीं हुआ हूँ। मैं एक ग्रामीण व्यक्ति हूँ, यद्यपि अपने कार्य के कारण मुझे बहुत अधिक समय तक नगरों में रहना पड़ा है, परंतु मेरी जड़ अब भी वहीं है। अत: मैं उन ग्रामीण व्यक्तियों से परिचित हूँ, जो इस महान् निर्वाचक मंडल का एक बड़ा भाग होगा। मेरी सम्मति में हमारे इन लोगों में बुद्धि और साधारण ज्ञान है। उनकी एक संस्कृति भी है, जिसको आज की आधुनिकता में रँगे हुए लोग चाहे न समझें, पर है वह एक ठोस संस्कृति। वे साक्षर नहीं हैं और पढ़ने-लिखने का मंत्रवत् कौशल उनमें नहीं है। पर इस बात में मुझे रंचमात्र भी संदेह नहीं है कि यदि उनको वस्तुस्थिति समझा दी जाए, तो वे अपने हित तथा देश के हित के लिए उपक्रम कर सकते हैं।'[9]...'अत: समूचे देश की सरकार, दोनों केंद्र में तथा प्रांतों में, जनता की इच्छा पर निर्भर होगी, जो दिन-प्रति-दिन विधानमंडलों में उसके प्रतिनिधियों द्वारा व्यक्त हुआ करेगी और कभी-कभी साधारण निर्वाचनों में प्रत्यक्ष रूप से जनता द्वारा व्यक्त होगी।'[10]

'संविधान में हमने एक न्यायपालिका की व्यवस्था की है, जो स्वाधीन होगी। उच्चतम न्यायालय और उच्च न्यायालयों को कार्यपालिका के प्रभाव से मुक्त करने के लिए इससे अधिक कुछ और सुझाव देना कठिन है। अगर न्यायपालिका को भी किसी बाह्य या असंबद्ध प्रभाव से मुक्त रखने का संविधान में प्रयास किया गया है, हमारा एक अनुच्छेद राज्य की सरकारों के लिए कार्यपालिका के कृत्यों को न्यायिक कृत्यों से पृथक् करने के विषय को प्रस्तुत करने के कार्य को सरल कर देता है। उस दंडाधिकारी न्यायालय को, जो आपराधिक मामलों पर विचार करता है, व्यवहार न्यायालयों के आधार पर लाने के कार्य को सरल कर

देता है। मैं केवल यही आशा प्रकट कर सकता हूँ कि यह सुधार, जो बहुत समय पूर्व हो जाना चाहिए था, राज्यों में तुरंत कर दिया जाएगा।'[11]

'हमारे संविधान में कुछ स्वाधीन अभिकरणों की योजना की गई है। अतः इसमें दोनों संघ और राज्यों के लिए लोकसेवा आयोगों की व्यवस्था की गई है। इन आयोगों को स्वतंत्र आधार पर रखा है, जिससे कि कार्यपालिका से प्रभावित हुए बिना ये अपने कर्तव्य का निर्वहन कर सकें। एक बात, जिससे हमें बचना है, वह यह है कि जहाँ तक मानवीय रूप में संभव हो सकता है, स्वार्थ साधन, कुल पोषण और पक्षपात के लिए कोई गुंजाइश नहीं होनी चाहिए। मेरा विचार है कि जिन उपबंधों को हमने अपने संविधान में पुनः स्थापित किया है, वे इस दिशा में बड़े सहायक होंगे।'[12]

'एक और स्वाधीन प्राधिकारी नियंत्रण महालेखा परीक्षण है, जो हमारी वित्त व्यवस्था की देखभाल करेगा। इस बात पर ध्यान रखेगा कि भारत या किसी भी राज्य के आगमों के किसी अंश का बिना समुचित प्राधिकार के किसी प्रयोजनों या मदों के लिए उपयोग न हो। जिसका यह कर्तव्य होगा कि वह हमारे हिसाब-किताब को ठीक रखेगा। जब हम इस बात पर विचार करें कि हमारी सरकार को अरबों में काम करना होगा तो यह स्पष्ट हो जाता है कि यह विभाग कितना महत्त्वपूर्ण और आवश्यक होगा। हमने एक और महत्त्वपूर्ण प्राधिकारी की व्यवस्था की है, अर्थात् निर्वाचन आयुक्त। जिसका कार्य विधानमंडलों के निर्वाचनों का संचालन तथा निरीक्षण करना होगा। इस संबंध में अन्य आवश्यक काररवाई करनी होगी। एक संकट, जिसका हमें सामना करना होगा, वह किसी ऐसे भ्रष्टाचार से उत्पन्न होता है, जिसका शायद पक्ष, अभ्यर्थी या शक्ति प्राप्त सरकार आचरण कर बैठे। हमें एक दीर्घकाल से लोकतंत्रात्मक निर्वाचनों का कोई अनुभव प्राप्त नहीं है, सिवाय पिछले कुछ वर्षों के और अब जबकि हमें यथार्थ शक्ति प्राप्त हो गई है, भ्रष्टाचार का संकट केवल काल्पनिक मात्र ही नहीं है। अतः यह बात ठीक ही है कि हमारा संविधान इस संकट के प्रति सतर्क है और मतदाताओं द्वारा एक ठीक तथा यथार्थ निर्वाचक के लिए उपबंध करता है।'[13]

'इस संविधान की दो अनुसूचियों में, अर्थात् 5 और 6 अनुसूचियों में अनुसूचित क्षेत्रों और अनुसूचित जनजातियों के प्रशासन और नियंत्रण के लिए विशेष उपबंध रखे गए हैं। असम को छोड़कर अन्य राज्यों में जनजातियों और जनजाति क्षेत्रों के विषय में जनजाति मंत्रणादात्री परिषद् के द्वारा जनजातियाँ प्रशासन पर प्रभाव डाल सकेंगी।'[14]

'संघ और राज्यों के प्रशासी तथा अन्य कार्यों के सब रूपों में संघ और राज्यों में परस्पर शक्ति तथा कार्यों के विभाजन संबंधी विषय को इस संविधान में बड़े विवरणपूर्ण ढंग से लिया गया है। कुछ लोगों ने यह कहा कि जो शक्तियाँ केंद्र को दी गई हैं, वे बहुत अधिक हैं। बहुत ही व्यापक हैं। राज्यों को उस शक्ति से वंचित कर दिया है, जो उनके अपने क्षेत्र में वास्तव

में उनकी ही होनी चाहिए थी। इस आलोचना पर मैं कोई निर्णय देना नहीं चाहता हूँ और केवल यह कह सकता हूँ कि अपने भविष्य के प्रति हम आवश्यकता से अधिक सतर्क नहीं हो सकते हैं, विशेषकर जब हम इस देश के कई शताब्दियों के इतिहास को याद रखें। पर वे शक्तियाँ, जो केंद्र को राज्यों के क्षेत्र के अंतर्गत कार्यवाही करने के लिए दी गई हैं, वे केवल आपात संबंधी हैं, जो चाहे राजनैतिक हो या वित्तीय और आर्थिक आपात हो, और मुझे यह आशा नहीं है कि केंद्र की ओर से उस शक्ति की अपेक्षा और अधिक शक्ति हथियाने की प्रवृत्ति होगी, जो इस समूचे देश के सुप्रशासन के लिए आवश्यक है।'[15]

'एक समस्या, जिसके सुलझाने में संविधान सभा ने बहुत समय लिया, वह देश के राजकीय प्रयोजनों के लिए भाषा संबंधी समस्या है। यह एक स्वाभाविक इच्छा है कि हमारी अपनी भाषा होनी चाहिए। देश में बहुत सी भाषाओं के प्रचलित होने के कारण कठिनाइयों के होते हुए भी हम हिंदी को अपनी राजभाषा के रूप में स्वीकार कर सके हैं, जो एक ऐसी भाषा है, जिसे देश में सबसे अधिक लोग समझते हैं। जब हम यह विचार करते हैं कि स्विट्जरलैंड जैसे एक छोटे से देश में तीन राजभाषाओं से कम राजभाषा नहीं हैं। दक्षिण अफ्रीका में दो राजभाषाएँ हैं, तो मैं इसे एक बड़े ही महत्त्वपूर्ण विनिश्चय के रूप में देखता हूँ। देश को एक राष्ट्र के रूप में संघटित करने के दृढ़ निश्चय की ओर सुविधा-क्षमता की भावना इस बात से प्रकट होती है कि वे लोग, जिनकी भाषा हिंदी नहीं है, उन्होंने स्वेच्छापूर्वक इसे राष्ट्रभाषा के रूप में स्वीकार किया है। (तालियाँ) अब भाषा के आरोपण करने का प्रश्न ही नहीं है। अंग्रेजी राज्य में अंग्रेजी और मुसलिम राज्य में फारसी कचहरी और राज-काज की भाषाएँ थीं। यद्यपि लोगों ने इन भाषाओं का अध्ययन किया और उनमें विशेष योग्यता प्राप्त की, पर कोई यह दावा नहीं कर सकता है कि उनको इस देश के अधिकांश लोगों ने स्वेच्छापूर्वक ग्रहण किया। अपने इतिहास में पहली बार इस समय हमने एक भाषा स्वीकार की है, जिसका समस्त राजकीय प्रयोजनों के लिए सारे देश में प्रयोग होगा। मुझे यह आशा करने दीजिए कि यह उन्नत होकर एक ऐसी राष्ट्रीय भाषा का रूप धारण करे, जिसमें सबको समान रूप से गौरव मिले। इसके साथ-साथ प्रत्येक क्षेत्र को अपनी निजी भाषा को उन्नति करने की स्वतंत्रता ही नहीं होगी, वरन् उसको उस भाषा को उन्नत बनाने के लिए प्रोत्साहित भी किया जाएगा, जिसमें उसकी संस्कृति और परंपरा पवित्र रूप से स्थापित है। व्यावहारिक कारणोंवश इस अंतरकालीन समय में अंग्रेजी का प्रयोग अनिवार्य समझा गया। इस विनिश्चय से किसी को निराश नहीं होना चाहिए, जिसको विशुद्ध व्यावहारिक विचारों के आधार पर किया गया है। अब यह इस समूचे देश का कर्तव्य है, विशेषकर उनका, जिनकी भाषा हिंदी है कि इसको ऐसा रूप दें और इस प्रकार से विकसित करें कि यह एक ऐसी भाषा बन जाए, जिसमें भारत की सामाजिक संस्कृति की पर्याप्त तथा सुंदर रूप में अभिव्यक्ति हो सके।'[16]

‘हमारे संविधान की एक और महत्त्वपूर्ण बात यह है कि इसमें सरलता से संशोधन किया जा सकता है। यहाँ तक कि संवैधानिक संशोधन भी ऐसे कठिन नहीं हैं, जैसे कुछ अन्य देशों में हैं। इस संविधान के बहुत से उपबंधों का संशोधन तो साधारण अधिनियमों द्वारा संसद् कर सकती है। संवैधानिक संशोधनों के लिए निर्धारित प्रक्रिया का पालन करना आवश्यक नहीं है। एक समय एक ऐसा उपबंध रखा गया था, जिसमें यह प्रस्थापित किया गया था कि इस संविधान के प्रवृत्त होने के बाद पाँच वर्ष तक इसमें संशोधन करना सरल बना दिया जाए, पर इस कारण ऐसा उपबंध अनावश्यक हो गया कि इस संविधान में संवैधानिक संशोधनों के लिए निर्धारित प्रक्रिया के बिना संशोधन करने के लिए अनेक अपवाद रख दिए गए हैं।’[17]

‘ऐसी केवल दो खेद की बातें हैं, जिनमें मुझे माननीय सदस्यों का साथ देना चाहिए। विधानमंडल के सदस्यों के लिए कुछ अर्हताएँ निर्धारित करना मैं पसंद करता। यह बात असंगत है कि उन लोगों के लिए हम उच्च अर्हताओं का आग्रह करें, जो प्रशासन करते हैं या विधि के प्रशासन में सहायता देते हैं और उनके लिए हम कोई अर्हता न रखें, जो विधि का निर्माण करते हैं, सिवाय इसके कि उनका निर्वाचन हो। एक विधि बनानेवाले के लिए बौद्धिक उपकरण अपेक्षित हैं। इससे भी अधिक वस्तुस्थिति पर संतुलित विचार करने की स्वतंत्रतापूर्वक कार्य करने की सामर्थ्य की आवश्यकता है। सबसे पहले अधिक आवश्यकता इस बात की है कि जीवन के उन आधारभूत तत्त्वों के प्रति सच्चाई हो। एक शब्द में यह कहना चाहिए कि चरित्रबल हो। (वाह-वाह) यह संभव नहीं है कि व्यक्ति के नैतिक गुणों को मापने के लिए कोई मापदंड तैयार किया जा सके और जब तक यह संभव नहीं होगा, तब तक हमारा संविधान दोषपूर्ण रहेगा। दूसरा खेद इस बात पर है कि हम किसी भारतीय भाषा में स्वतंत्र भारत का अपना प्रथम संविधान नहीं बना सके। दोनों मामलों में कठिनाइयाँ व्यावहारिक थीं और अविजेय सिद्ध हुईं, पर इस विचार से खेद में कोई कमी नहीं हो जाती है।’[18]

‘हमने एक लोकतंत्रात्मक संविधान तैयार किया है। पर लोकतंत्रात्मक सिद्धांतों के सफल क्रियाकरण के लिए उन लोगों में, जो इन सिद्धांतों को कार्यान्वित करेंगे, अन्य लोगों के विचारों के सम्मान करने की तत्परता और समझौता करने तथा श्रेय देने के लिए सामर्थ्य आवश्यक है। बहुत सी बातें, जो संविधान में नहीं लिखी जा सकती हैं, अभिसमयों (परंपरा) द्वारा की जाती हैं। मुझे यह आशा करने दीजिए कि हम में ये योग्यताएँ होंगी और इन अभिसमयों का हम विकास करेंगे। मतदान तथा सभाकक्षों में मत विभाजन की शरण लिये बिना जिस रीति से हम यह संविधान बना सके हैं, वह इस आशा को प्रबल बनाती हैं।’[19]

‘अपने उद्देश्य को प्राप्त करने के लिए जिन साधनों को अपनाना होता है, उनकी पवित्रता पर महात्मा गांधी ने जोर दिया था। हमें यह नहीं भूलना चाहिए कि यह शिक्षा चिरस्थायी है। यह केवल संघर्ष काल के लिए ही नहीं थी, वरन् आज भी इसका उतना महत्त्व तथा मूल्य

है, जितना पहले था। यदि कोई काम गलत हो जाता है तो हमारी यह प्रवृत्ति है कि हम दूसरों को दोष देते हैं, परंतु अंतर्परीक्षण कर यह देखने का प्रयास नहीं करते कि हमारा दोष है या नहीं। यदि कोई व्यक्ति अपने कर्मों और उद्देश्यों का विवेचन करना चाहे तो दूसरों के कर्मों और उद्देश्यों को सही-सही जानने की अपेक्षा अपने कर्मों और उद्देश्यों का विवेचन करना बहुत सरल है। मैं यही आशा करूँगा कि वे सब लोग, जिनको भविष्य में इस संविधान को कार्यान्वित करने का सौभाग्य प्राप्त होगा, यह याद रखेंगे कि वह एक असाधारण विजय थी, जिसको हमने राष्ट्रपिता द्वारा सिखाई गई अनोखी रीति से प्राप्त किया था। जो स्वाधीनता हमने प्राप्त की है, उसकी रक्षा करना और उसको बनाए रखना और जनसाधारण के लिए उसको उपयोगी बनाना उन पर ही निर्भर करता है। विश्वासपूर्वक सत्य तथा अहिंसा के आधार पर और सबसे अधिक यह कि हृदय में साहस धारण कर और ईश्वर में विश्वास कर हम अपने स्वाधीन गणराज्य के संचालन करने के इस नए कार्य में संलग्न हों।'[20]

भाषण के पश्चात् डॉ. राजेंद्र प्रसाद ने अध्यक्ष के रूप में पूछा—प्रश्न यह है कि 'इस सभा द्वारा निश्चित किए गए रूप में यह संविधान पारित किया जाए।'[21] इस प्रकार ध्वनिमत से संविधान स्वीकृत किया गया। सदन में देर तक तालियाँ बजती रही। वह आश्वासन का पल था।

## संदर्भ—


1. भारतीय संविधान सभा के वाद-विवाद की सरकारी रिपोर्ट (हिंदी संस्करण), अंक-11, संख्या-2, 26 नवंबर, 1949, पृ. 4234
2. वही, पृ. 4234
3. डॉ. राजेंद्र प्रसाद के समापन भाषण से पहले सरदार वल्लभभाई जे. पटेल ने राज्यों की स्थिति के संबंध में यह घोषणा 26 नवंबर, 1949 को संविधान सभा में की—'नए संविधान के अधीन राज्यों की स्थिति पर 12 अक्तूबर को जो विवरणपूर्वक वक्तव्य मैंने दिया था, उसमें मैंने माननीय सदस्यों को उस प्रक्रिया से परिचित कराया था, जिसको हमने राज्यों द्वारा इस संविधान की स्वीकृति के संबंध में विचारा था। मैं प्रसन्नतापूर्वक सभा को यह सूचना देता हूँ कि हैदराबाद राज्य के सहित इस संविधान की प्रथम अनुसूची के भाग 'ख' में उल्लिखित समस्त नौ राज्यों ने 12 अक्तूबर को दिए मेरे वक्तव्य में इंगित रीति के अनुसार इस संविधान को स्वीकार करना प्रकट किया है, जिसे यह सभा इस समय स्वीकार करनेवाली है।'
4. वही, पृ. 4235
5. वही, पृ. 4236-4237
6. द इंडियन आइडियोलॉजी, पेरी एंडरसन, अध्याय : रिपब्लिक, पृ. 106-107
7. भारतीय संविधान सभा के वाद-विवाद की सरकारी रिपोर्ट (हिंदी संस्करण), अंक-11, संख्या-12, 26 नवंबर, 1949, पृ. 4237
8. वही, पृ. 4238
9. वही, पृ. 4241

10-12. वही, पृ. 4242

13. वही, पृ. 4242-4243


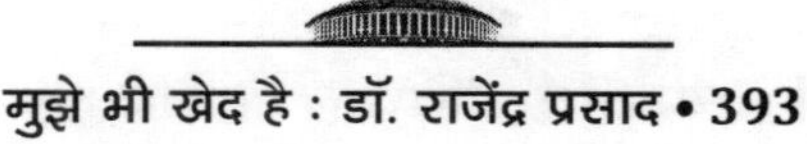

14. वही, पृ. 4243
15. वही, पृ. 4243–4244
16. वही, पृ. 4244–4245
17. वही, पृ. 4245
18. वही, पृ. 4246
19. वही, पृ. 4246–4247
20. वही, पृ. 4248
21. वही, पृ. 4250

□

# 48

# देश की बहस

भारत के लोकतांत्रिक गणराज्य की यात्रा 26 जनवरी, 1950 को सदियों बाद प्रारंभ हुई। वह बिना रुके, बिना थके अपनी निरंतरता में अबाध गति से चल रही है। देश ने सात दशकों का पड़ाव पार कर लिया है। मंजिल के 72वें सोपान पर कदम रखा है। हर पीढ़ी की चुनौती अलग होती है। सात पीढ़ियाँ इस यात्रा की गवाह हो गई हैं। नई पीढ़ी के सामने संविधान के यथार्थ की नई चुनौतियाँ उपस्थित हैं। क्या उनका संबंध उस अधूरे एजेंडे से भी है, जो संविधान निर्माण में शेष रह गए? अगर हाँ, तो यह जानना पहली जरूरत है कि वे हैं क्या? संविधान सभा में लंबी बहस हुई, छोटी बहस हुई, सार्थक बहस हुई या विचार प्रकट किए गए, यह सब जाना-समझा हुआ है। संविधान पर देश के अग्रणी व्यक्तियों, संस्थाओं और स्वाधीनता सेनानियों ने भी बहस छेड़ी। उसे चलाई। वह क्या थी? यहाँ उसे प्रस्तुत करने का प्रयास है। उसकी कसौटी पर रखकर यह भी जानना संभव है कि जो संविधान सभा में बहस थी, क्या वह नए शब्दों में उसका रूपांतरण था? क्या देश में चल रही बहस की वह प्रतिछाया थी? क्या उस बहस में आज के प्रश्नों के लिए कुछ भी प्रासंगिक है? जरूरी एक प्रश्न और है। संविधान निर्माण के दौरान जो बहस तब थी, क्या वह सिर्फ उस पीढ़ी की ही थी? इसमें यह आ ही जाता है कि उसका आज के प्रश्नों से संबंध अगर है तो कितना? इसे जानने के लिए उस दौर में लौटना जरूरी है, जिसमें संविधान का निर्माण किया गया। कैसा था

वह समय? उस सुदूर अतीत के राष्ट्रीय आकाश में बड़े नक्षत्र कौन थे? जो संविधान सभा से बाहर थे। उनके सरोकार क्या थे?

भारत में संवैधानिकता की गंगोत्तरी का वह पहला चरण है, नींव के निर्माण का चरण, जिसमें संविधान की रचना हुई। भारत का सामान्य व्यक्ति जिस संविधान की अपेक्षा कर रहा था, उसका संबंध उस संपूर्ण राष्ट्रीयता से था, जो 19वीं सदी के अंतिम चरण में अवतरित हुई। उसी दौर में एक अधिनियम ब्रिटिश सरकार लाई। उसे 1892 का भारतीय परिषद् अधिनियम कहते हैं। उस अधिनियम को राष्ट्रीयता की धारा ने कंस सरीखा समझा। ठीक ही समझा। स्वाभाविक था कि कृष्णावतार होता। इस अर्थ में तब राष्ट्रीयता का पूर्णावतार प्रकट हुआ। कैसे? स्वामी विवेकानंद दुनिया के मंच पर भारत का संदेश देते हैं। वह 1893 का साल है। उस साल की वह एकमात्र घटना नहीं है। घटनाओं की लड़ी में वह कोहिनूर जैसी है, जिससे आत्मबोध का भाव भारत में जगने लगता है। उसी साल श्रीअरविंद भारत लौटते हैं। एनी बेसेंट भारत पहुँचती हैं। महात्मा गांधी दक्षिण अफ्रीका जाते हैं। लोकमान्य बाल गंगाधर तिलक गणपति उत्सव प्रारंभ कराते हैं। माताजी तपस्विनी ने कलकत्ता में महाकाली पाठशाला शुरू कराई। हिंदू धर्म पर आधारित शिक्षा का वह निष्ठापूर्ण प्रयास था। इन संदर्भों में भारतीय परिषद् अधिनियम को देश ने अपने लिए चुनौती समझा। उस राष्ट्रीय ललकार के तीन महानायकों की किस भारतीय को याद नहीं होगी, वे तो आज भी सबकी जुबान पर हैं, लाल-बाल-पाल। लाल यानी लाला लाजपत राय। बाल का पूरा विस्तार होता है, बाल गंगाधर तिलक में। पाल से अर्थ है, विपिन चंद्र पाल। लय बनाने के लिए जिसे इसमें छोड़ दिया गया है, वे हैं श्रीअरविंद। इन्होंने राष्ट्र जीवन को वाणी दी। समाज में साहस का संचार किया। लोगों को आत्मबोध की भावना दी। उससे एक नई गति पैदा हुई। देश ने नई दिशा पहचानी। लोकमान्य तिलक के महावाक्य 'स्वराज्य हमारा जन्मसिद्ध अधिकार है और हम इसे प्राप्त करके ही रहेंगे' में अर्थ का रंग भरा। मई 1917 में नासिक में दिए गए भाषण में लाकमान्य बाल गंगाधर तिलक ने इस वाक्य को पहली बार कहा—

जरूरी था कि स्वाधीनता का सही अर्थ सामने आए। यह कार्य श्रीअरविंद ने किया। 'वंदे मातरम्' साप्ताहिक के 18 फरवरी, 1908 में 'स्वराज्य' शीर्षक एक लेख में उन्होंने लिखा— 'हमारी राजनीतिक चेष्टा का उद्‌देश्य है स्वाधीनता, परंतु स्वाधीनता है क्या, इसमें मतभेद है। कोई स्वायत्त शासन को स्वाधीनता कहता है, कोई औपनिवेशिक स्वराज्य को, तो कोई संपूर्ण स्वराज्य को। आर्य ऋषि संपूर्ण, व्यावहारिक और आध्यात्मिक स्वाधीनता और उसके फलस्वरूप अक्षुण्ण आनंद को स्वराज्य कहा करते थे। राजनीतिक स्वाधीनता है स्वराज्य का एक अंगमात्र; उसके दो पक्ष हैं—बाह्य स्वाधीनता और आंतरिक स्वाधीनता। विदेशी शासन से पूर्ण मुक्ति है बाह्य स्वाधीनता, लोकतंत्र है आंतरिक स्वाधीनता का चरम विकास। जब तक

दूसरे का शासन या राज्य रहता है, तब तक किसी राष्ट्र को स्वराज्य प्राप्त स्वाधीन राष्ट्र नहीं कहा जाता। जब तक लोकतंत्र नहीं स्थापित हो जाता, तब तक राष्ट्र के अंतर्गत नागरिक को स्वाधीन मनुष्य नहीं कहा जा सकता। हम चाहते हैं पूर्ण स्वाधीनता, विदेशी आदेश और बंधन से पूर्ण मुक्ति और अपने घर में नागरिक का पूर्ण आधिपत्य, यही है हमारा राजनीतिक लक्ष्य।'[1] संविधान के लिए यह मौलिक कसौटी होनी चाहिए। क्या ऐसा हो सका?

बीसवीं सदी के प्रारंभ में किस तरह की बहस थी, उसे श्रीअरविंद के शब्दों में पढ़ें—'आजकल यह बात उठी है कि ब्रिटिश साम्राज्य से बाहर स्वाधीनता की आशा करना है धृष्टता का परिचायक और राजद्रोह का सूचक। जो औपनिवेशिक स्वायत्त शासन से संतुष्ट नहीं हैं, वे निश्चय ही राजद्रोही, राष्ट्र-विप्लवी हैं और सर्वविध राजनीतिक कार्यों से अलग रखे जाने योग्य हैं। किंतु उस तरह की आशा और आदर्श के साथ राजद्रोह का कोई संबंध नहीं। अंग्रेजी राजत्व के आरंभ से ही बड़े-बड़े अंग्रेज राजनीतिज्ञ यह कहते आ रहे हैं कि उस तरह की स्वाधीनता अंग्रेजी सरकार का भी उद्देश्य है, अब भी अंग्रेज विचारक मुक्त कंठ से कह रहे हैं कि स्वाधीनता के आदर्श का प्रचार और स्वाधीनता प्राप्त करने की वैध चेष्टा कानूनन उचित और दोषरहित हैं। किंतु हमारी स्वाधीनता ब्रिटिश साम्राज्य से बाहर या उसके भीतर रहकर होगी—इस प्रश्न की मीमांसा राष्ट्रीय दल कभी आवश्यक नहीं समझता। हम पूर्ण स्वराज्य चाहते हैं।'[2] यह राष्ट्रीय दल से अभिप्राय कांग्रेस से है।

श्रीअरविंद ने लोकतंत्र की स्पष्ट अवधारणा दी। उनके कथन में दो बातें विशेष हैं—पहली बात यह कि भारत में अनादिकाल से लोकतंत्र रहा है। दूसरी बात यह कि भारतीय लोकतंत्र की मूल स्थापनाओं से ही आधुनिक शासन प्रणाली निकली है। वे लिखते हैं—'लोकप्रिय शासन का सिद्धांत यह है कि सरकारी बागडोर सामान्य जनता के हाथ में हो; लेकिन इसका यह मतलब नहीं है कि वास्तविक शासन जनसाधारण के हाथ में हो। जब जनता सरकार के किए गए कार्यों को स्वीकार या अस्वीकार कर सकती हो और जब उसे यह विश्वास हो कि उसकी स्वीकृति या अस्वीकृति का पूरा-पूरा असर होगा, तब कहा जा सकता है कि यह जनतंत्र है, भले उसका रूप पूरी तरह न बन पाया हो। भारतवर्ष के अतीत में जनतंत्र की यह भावना थी। आरंभ में समाज के भी तीन मुख्य भाग थे—राजा, सामंत और जनसाधरण। आधुनिक काल की बहुत सी शासन प्रणालियाँ इन्हीं से निकली हैं।'[3]

महात्मा गांधी ने एक बार कहा कि 'स्वराज्य वैदिक शब्द है'।[4] उनके इस कथन में भारत के स्वर्णिम इतिहास की चेतना है। उसकी झलक है। इस बात की आत्म स्वीकृति है कि स्वराज्य हमारी नियति है। संविधान सभा का स्वरूप कैसा होना चाहिए, इस बारे में महात्मा गांधी के जिस कथन का अकसर उल्लेख किया जाता है, वह 1922 का है।[5] इसका कारण यह लगता है कि डॉ. सच्चिदानंद सिन्हा ने संविधान सभा के पहले दिन उस कथन का उद्धरण दिया था।

पर निर्णायक कथन वह है, जिसे महात्मा गांधी ने 7 जुलाई, 1946 को कांग्रेस महासमिति के समक्ष कहा। बंबई में कांग्रेस महासमिति की बैठक थी। कार्यसमिति के निर्णय पर महासमिति में विचार हो रहा था। प्रश्न था कि निर्णय को स्वीकार करें या नकार दें। कांग्रेस कार्यसमिति ने कैबिनेट मिशन योजना को स्वीकार कर लिया था। इसी पर महासमिति को अपना निर्णय सुनाना था। कांग्रेस के समाजवादी नेता संविधान सभा के बहिष्कार के प्रबल पक्षधर थे, जिनका नेतृत्व जयप्रकाश नारायण और अच्युत पटवर्धन कर रहे थे। तब महात्मा गांधी ने, विशेषकर समाजवादियों के नेता जयप्रकाश नारायण की आलोचनाओं को केंद्र में रखकर जो कहा, वह यह है, 'मैं यह स्वीकार करने को तैयार हूँ कि प्रस्तावित संविधान सभा जनता की पार्लियामेंट या संसद् नहीं है। उसमें अनेक दोष हैं, परंतु आप सब अनुभवी और महारथी योद्धा हैं। सैनिक खतरे से कभी नहीं डरता। खतरे में उसको आनंद आता है। यदि प्रस्तावित संविधान सभा में त्रुटियाँ हैं तो उन्हें दूर कराना आपका काम है। वह तो लड़ाई की चुनौती होना चाहिए, न कि इनकार का एक कारण। मुझे आश्चर्य होता है कि जयप्रकाश नारायण ने कल यह कहा कि प्रस्तावित संविधान सभा में भाग लेना खतरनाक होगा और इसलिए कार्यसमिति का प्रस्ताव अस्वीकार कर देना चाहिए। जयप्रकाश जैसे परखे हुए योद्धा के मुँह से ऐसी हार की भाषा सुनने के लिए मैं तैयार नहीं था''सत्याग्रही तो पराजय को जानता ही नहीं।'[6]

'एक सत्याग्रही से मैं यह बात सुनने की भी आशा नहीं रखता कि अंग्रेज जो कुछ करेंगे, वह बुरा ही होगा। यह जरूरी नहीं कि अंग्रेज बुरे ही हों। अन्य प्रजाओं की तरह अंग्रेज प्रजा में भी भले और बुरे आदमी हैं। अंग्रेजों की आज की शक्ति बन नहीं सकती थी, अगर उनमें कोई अच्छाई न होती। हम स्वयं दोषों से मुक्त नहीं हैं।''कुछ लोग यह कहते हैं कि जिस मनुष्य में नैतिक भावना नहीं होती, उसके सामने सत्याग्रह व्यर्थ है। मैं इस कथन का विरोध करता हूँ। अगर हम सच्चे हैं और हम में काफी धीरज है तो पत्थर के दिलवाले को भी पिघलना पड़ेगा। सत्याग्रही अपने प्राण दे देता है, परंतु अपनी बात कभी नहीं छोड़ता। 'करो या मरो' का यही अर्थ है।'[7]''''विलास या आराम के लिए समय नहीं है।'' संविधान सभा आप लोगों के लिए कोई फूलों की शैया सिद्ध नहीं होगी, बल्कि काँटों की शैय्या होगी। आप उससे बच नहीं सकते।'[8]''''अगर आप मुझसे यह पूछें कि आप प्रस्तावित संविधान सभा को रद्द कर दें अथवा संविधान सभा अस्तित्व में आए ही नहीं, तो क्या मैं लोगों को सविनय अवज्ञा—व्यक्तिगत या सामूहिक रूप में—छेड़ देने की सलाह दूँगा अथवा मैं स्वयं उपवास करूँगा? तो मेरा उत्तर होगा, 'नहीं'। मैं तो अकेले ही चलने में विश्वास करता हूँ। मैं इस दुनिया में अकेला ही आया था, मृत्यु की छाया में अकेला ही चला हूँ और समय आने पर अकेला ही चला जाऊँगा। मैं जानता हूँ कि अकेला होने पर भी मुझमें सत्याग्रह छेड़ने की पूरी क्षमता है। मैंने इसके पहले भी ऐसा किया है, परंतु यह अवसर उपवास या सविनय अवज्ञा का नहीं है। मैं

संविधान सभा को सत्याग्रह का स्थानापन्न मानता हूँ। वह रचनात्मक सत्याग्रह है।'[9]

एक दिन पहले कांग्रेस महासमिति में जयप्रकाश नारायण ने कहा था कि '1942 में ब्रिटिश साम्राज्य से मुक्ति के लिए भारत छोड़ो आंदोलन चलाया गया। उसका लक्ष्य पूरा नहीं हुआ, लेकिन उस आंदोलन से अनेक ऊर्जावान नई शक्तियाँ उदित हुईं। वे उस लक्ष्य की दिशा में देश को बहुत दूर तक पहुँचाने में सफल रहीं। आज प्रश्न यह नहीं है कि ब्रिटिश साम्राज्यवादियों की कथित संविधान सभा की योजना को स्वीकार करें, बल्कि यह है कि उन शक्तियों को कैसे उपयोग में लाएँ, जिससे अंग्रेज भारत से तुरंत चले जाएँ। जो संविधान सभा प्रस्तावित है, वह पं. जवाहरलाल नेहरू की मूल कल्पना से बहुत दूर है। इसलिए कांग्रेस कार्यसमिति का निर्णय गलत है और उसे महासमिति को अस्वीकार कर देना चाहिए।'[10] उनका यह भाषण 6 जुलाई, 1946 को महासमिति में हुआ। गांधीजी की अपील पर महासमिति ने निर्णय संविधान सभा में जाने के पक्ष में किया। उससे पहले मतदान हुआ। 204 मत पक्ष में और 51 मत विरोध में थे।

आज जिन्हें लोकनायक जयप्रकाश नारायण का मान-सम्मान सहज ही प्राप्त है, वे तब कांग्रेस में समाजवादी समूह के नेता थे। कांग्रेस सोशलिस्ट पार्टी के अग्रणी विचारक थे। भारत छोड़ो आंदोलन के महान् क्रांतिकारी थे। उनकी ख्याति उन दिनों महात्मा गांधी के बाद सबसे ज्यादा थी। कांग्रेस महासमिति के निर्णय पर उन्होंने 12 जुलाई, 1946 को एक बयान दिया।[11] अपना विरोध प्रकट किया। 'जनता' साप्ताहिक में एक लेख लिखा। उसका शीर्षक था—'कांग्रेस महासमिति का अधिवेशन, जहाँ नेतृत्व विफल हो गया।'[12] उन्होंने प्रश्न किया कि महासमिति का निर्णय क्या भारत के जनमत का प्रतिनिधित्व करता है? उनका मत था कि 'मैं ऐसा नहीं समझता।' उन्होंने कहा कि संविधान सभा के लिए जो समझौते की बातचीत दिल्ली में चली है, उस पर देश में संदेह का बादल बहुत घना हो गया है। कांग्रेसजन भी इसके विरोध में हैं। उन्होंने अपने लेख में मौलाना अबुल कलाम आजाद और गांधीजी के भाषण पर निराशा व्यक्त की। समाजवादी क्यों विरोध कर रहे हैं? इसका विश्लेषणात्मक उत्तर उनके लेख में है। याद करें कि जे.पी. 1920 के असहयोग आंदोलन में मौलाना के भाषण से ही प्रेरित होकर कूदे थे। परीक्षा का बहिष्कार कर दिया था।

उसी जे.पी. का विश्लेषण था, 'भारत आज पहले से अधिक शक्तिशाली स्थिति में है। 1942 ने लोगों के मन में क्रांति ला दी है। आजाद हिंद फौज ने नई चेतना पैदा की है। देश में आत्मविश्वास का भाव लबालब भर गया है। लोगों में क्रांति की भावना उफान ले रही है। ब्रिटिश इससे भलीभाँति परिचित हैं।'''लेकिन नेतृत्व समझता है कि वह लाचार है, इसलिए शत्रु से समझौता कर रहा है। अगर हमारा नेतृत्व अपनी शक्ति को पहचानता तो वह अंग्रेजों से भारत को छोड़ने और सत्ता सौंपने पर अड़ जाता। कांग्रेस नेतृत्व ने अंग्रेजों के भारत में रहने पर

सहमति जता दी है। अंग्रेजों की देखरेख में हमारी समस्याओं को हल करने का रास्ता कांग्रेस नेतृत्व ने चुन लिया है।'[13] इस विश्लेषण का दूसरा अर्थ यह है कि जे.पी. ने अनुभव किया कि कांग्रेस नेतृत्व ब्रिटिश औपनिवेशिक शक्तियों का उपकरण बन गया। उनका क्रांतिकारी मन इसे कतई स्वीकार करने के लिए तैयार नहीं था। उन्होंने अपने लेख में उन बातों का भी जवाब दिया, जिन्हें गांधीजी ने अपने भाषण में उठाया था। जे.पी. के हर शब्द का व्यापक प्रभाव पड़ता था।

जे.पी. ने अपना अभियान जारी रखा। 28 जुलाई, 1946 को उन्होंने एक पत्र सभी स्वाधीनता सेनानियों को लिखा। वह लंबा एक लेख है, जिसे 'जनता' साप्ताहिक ने छापा। उन्होंने मूल प्रश्न उठाया कि क्या अंतरिम सरकार में शामिल होने और संविधान सभा में जाने से स्वतंत्रता और लोकतंत्र को प्राप्त करना संभव होगा? उनका निष्कर्ष था कि 'कांग्रेस का यह निर्णय स्वतंत्रता और लोकतंत्र के लिए घातक होगा।'[14] तो क्या करना चाहिए? क्या हमें कांग्रेस से अलग हो जाना चाहिए? इस प्रश्न पर उन्होंने अपने सहयोगियों से बात की। समाजवादी नेतृत्व दो निष्कर्ष पर पहुँचे—एक कि अगस्त क्रांति के दौरान जिस तरह कांग्रेस में रहकर कार्य किया गया, वह अब संभव नहीं है। दो, समाजवादियों को कांग्रेस में ही रहकर कार्य करना है। इसके लिए कांग्रेस सोशलिस्ट पार्टी के संगठन को सजीव और सक्रिय करना है। उनका अनुमान था कि स्वाधीनता सेनानियों में सौ में 95 व्यक्ति समाजवादी रुझान के हैं। एक प्रश्न और था, जिस पर उन्होंने अपने लेख में तर्क-वितर्क कर निर्णय दिया। क्या वाम पक्ष से एकता की कोशिश करनी चाहिए? इसे उन्होंने असंभव एकता का प्रयास कहा।

जे.पी. ने बहस को बढ़ाया। जनमत को अपने तर्कों के अनुरूप करने के लिए संविधान सभा के निर्णयों की समीक्षा कराई। साथ-ही-साथ संविधान का एक ड्राफ्ट बनवाया। उसे पं. जवाहरलाल नेहरू और बेनेगल नरसिंह राव को भेजा। संविधान सभा की मसौदा समिति ने जो मसौदा जारी किया था, उसकी पुनः समीक्षा कराई। काशी हिंदू विश्वविद्यालय में राजनीतिशास्त्र के विभागाध्यक्ष प्रो. मुकुट बिहारी लाल ने यह कार्य किया था। वे नेहरू और समाजवादियों के द्रोणाचार्य थे। संविधान के उस प्रस्तावित प्रारूप में 318 अनुच्छेद थे, जिसमें अंतिम अनुच्छेद एक घोषणा थी। वह यह कि संविधान के लागू होते ही भारत अधिनियम-1935, भारत अधिनियम-1946 और भारत की स्वतंत्रता का अधिनियम-1947 स्वतः समाप्त हो जाएगा। उस प्रारूप में संविधान सभा की मसौदा समिति के मसौदे में नीति-निर्देशक सिद्धांत और मौलिक अधिकारों पर विशेष रूप से आपत्तियाँ थीं।

जे.पी. ने जवाहरलाल नेहरू को अपना मसौदा और अन्य दस्तावेज जिस दिन भेजे, उसी दिन उन्होंने एक बयान भी दिया। यह 21 अप्रैल, 1948 की बात है,[15] जिसमें वे कहते हैं कि 'संविधान सभा 85 फीसद जनता का प्रतिनिधित्व नहीं करती।'[16] जिसका वह प्रतिनिधित्व कर

रही है, उसे उन लोगों ने भी सीधे नहीं चुना है। हालाँकि उन्होंने यह माना कि संविधान सभा अब संप्रभु हो गई है, फिर भी उसे भंग कर देना चाहिए। जे.पी. ने संविधान सभा को भंग किए जाने की माँग को पूरे देश में फैलाया। इसके लिए लेख लिखे और सभाएँ कीं। जे.पी. के लेखों में एक पीड़ा भी प्रकट होती है। वे अनुभव कर रहे थे कि अगस्त क्रांति की भावना तिरोहित होने लगी है। लोग अपने कामकाज में व्यस्त हो गए हैं, संविधान की रचना के बड़े प्रश्नों से उदासीन होते जा रहे हैं। दूसरी तरफ जे.पी. का रोष कांग्रेस नेतृत्व के पथभ्रष्ट होने पर प्रकट हो रहा था। वे जवाहरलाल नेहरू को 'भाई' कहकर संबोधित करते थे। वह निजी रिश्ता था, जिसे वे निभा तो रहे थे, लेकिन मोहभंग की मन:स्थिति उनके भाषणों और लेखों में स्पष्ट दिखती है।

आचार्य नरेंद्र देव के लेखों और भाषणों से स्पष्ट होता है कि कांग्रेस से समाजवादी समूह ने नाता क्यों तोड़ा। उन्हें कांग्रेस नेतृत्व ने मजबूर किया। बाहर का दरवाजा दिखाया। आचार्य नरेंद्र देव ने अपने एक भाषण में कहा, 'कांग्रेस ने अपना दरवाजा हमारे लिए बंद कर दिया। किसी भी आत्म सम्मान के समाजवादी व्यक्ति का नई कांग्रेस में रहना संभव नहीं था, क्योंकि हमसे कहा गया कि कांग्रेस समाजवादी पार्टी को विघटित कर दीजिए।'[17] उन्होंने इसे स्पष्ट किया। महत्मा गांधी के जाते ही कांग्रेस ने एक प्रस्ताव पारित किया कि कांग्रेस में दूसरी किसी पार्टी का अस्तित्व स्वीकार नहीं किया जाएगा। यह प्रस्ताव 21-22 फरवरी, 1948 को डॉ. राजेंद्र प्रसाद की अध्यक्षता में स्वीकार किया गया। इसके बाद कांग्रेस समाजवादी पार्टी के नेताओं ने समाजवादी पार्टी बनाई। कांग्रेस से मुक्ति पा ली। इससे कांग्रेस समाजवादी पार्टी की दुविधा समाप्त हो गई। संविधान के प्रश्न पर इसके नेताओं को अपना विचार रखने और जनमत बनाने का अवसर मिल गया। इससे संविधान सभा पर एक नैतिक दबाव बना, हालाँकि उसका कोई सकारात्मक परिणाम नहीं निकला, लेकिन समाजवादियों की आलोचना की उपेक्षा भी संभव नहीं थी। संविधान सभा में जवाहरलाल नेहरू के भाषणों में वह साफ दिखता है। डॉ. भीमराव आंबेडकर ने भी अपने अंतिम भाषण में समाजवादी पार्टी के मुद्दों को यथोचित महत्त्व दिया। उसे एक सिद्धांत माना।

आचार्य नरेंद्र देव ने विधिवत् एक प्रस्ताव मेरठ कांग्रेस में रखा था।[18] संविधान सभा की पहली बैठक से वह कुछ दिन पहले ही हुआ था। उसमें समाजवादी समूह का दृष्टिकोण जहाँ स्पष्टतया प्रस्तुत किया गया था, वहीं जवाहरलाल नेहरू के नेतृत्व की अंतरिम सरकार से अपेक्षा की गई थी कि वह संविधान सभा के कार्यों में अनुकूलता के लिए हर संभव प्रयास करेगी। उस प्रस्ताव में संविधान सभा के लिए स्पष्ट लक्ष्य भी प्रस्तुत किया गया था। आचार्य नरेंद्र देव ने प्रधानमंत्री जवाहरलाल नेहरू के एक रेडियो भाषण का जवाब देने के लिए अपना एक जवाबी बयान जारी किया, जिसमें उन्होंने इस पर अफसोस जाहिर किया कि उन्हें नेहरू के साथ एक अप्रिय विवाद में उतरना पड़ रहा है, लेकिन यह जरूरी है, क्योंकि नेहरू ने ही

इसे छेड़ा है। कॉमनवेल्थ में भारत की सदस्यता का प्रसंग था। आचार्य नरेंद्र देव ने उसे ब्रिटिश सरकार की एक चाल बताया। 'कॉमनवेल्थ को उन्होंने नव-साम्राज्यवाद का प्रतीक कहा,'[19] हालाँकि आचार्य नरेंद्र देव और जवाहरलाल नेहरू के संबंध परस्पर सम्मान के थे। लेकिन ब्रिटिश कॉमनवेल्थ की भारत ने जैसे ही सदस्यता प्राप्त की कि आचार्य नरेंद्र देव ने प्रधानमंत्री जवाहरलाल नेहरू को कठघरे में खड़ा किया। पूछा कि इससे भारत का कौन सा हित सधेगा? जवाहरलाल नेहरू ने आरोप लगाए, लेकिन आचार्य नरेंद्र देव के प्रश्नों का संतोषजनक उत्तर नहीं दे सके। आचार्य नरेंद्र देव ने अपने बयान में नेहरू को ऐतिहासिक संदर्भों की याद दिलाई। उनसे पूछा कि 1907 की सूरत कांग्रेस में जो मुद्‍दा था, क्या उसकी उन्हें याद नहीं है? 1928 में नेहरू ने स्वयं पहल की थी और कलकत्ता कांग्रेस में झंडा उठाया था। अतीत में कॉमनवेल्थ के सवाल पर नेहरू जो कहते थे, उसे याद दिलाकर आचार्य नरेंद्र देव ने जो प्रश्न खड़े किए, उससे नेहरू विचलित हो गए। आचार्य नरेंद्र देव ने एक और मुद्‍दा छेड़ दिया, जो नेहरू सरकार पर भारी पड़ा। उन्होंने सोवियत संघ का उदाहरण देकर कहा कि जिस तरह 1936 में सोवियत संघ ने अपने संविधान पर घर-घर चर्चा करवाई और लोगों की प्रतिक्रिया प्राप्त की, उसी तरह भारत सरकार को भी चाहिए था कि वह संविधान के पहले मसौदे पर चर्चा कराए। ऐसा नहीं कराकर लोक शिक्षण के दायित्व का नेहरू सरकार ने निर्वाह नहीं किया। यही नहीं, संविधान निर्माण से लोगों को दूर भी रखा। आचार्य नरेंद्र देव ने भी जे.पी. की ही भाँति इस बात पर अफसोस जताया कि लोक शिक्षण के अभाव में जनता की संविधान निर्माण में कोई दिलचस्पी नहीं दिखती है।

कॉमनवेल्थ की सदस्यता को देश पचा नहीं सका। 1949 में पत्र-पत्रिकाओं में इस विषय पर लेख खूब छपे, जिससे जनमत बना। लोगों को इस पर अफसोस जो उस समय था, वह स्थायी रूप से बना रहा। प्रसिद्ध क्रांतिकारी नेता राजा महेंद्र प्रताप ने कॉमनवेल्थ सहित कुछ मुद्‍दों को जनजीवन की चेतना में बैठाया। उदयपुर के नवजीवन साप्ताहिक में एक रिपोर्ट मिलती है, जिसमें शीर्षक है—'भारत को हम कॉमनवेल्थ से निकालकर रहेंगे।'[20] यह उनके भाषण से निकला शीर्षक है। वे तीन बातें मुख्यतया अपने भाषण में कहते थे—एक, भारत को अखंड बनाएँगे। दो, कॉमनवेल्थ से बाहर आएँगे। तीन, ग्राम स्वराज्य स्थापित करेंगे। 19 सितंबर, 1949 को उनका भाषण छपा है।

संविधान के लागू हो जाने के बाद समाजवादी पार्टी ने जुलाई 1950 में एक प्रस्ताव पारित किया, जिसमें कहा कि 'संविधान को उसकी उद्‍देशिका की कसौटी पर देखें तो लोकतांत्रिक सिद्धांतों के पैमाने पर खरा नहीं उतरता।'[21] बालिग मताधिकार, समान नागरिकता और जवाबदेह सरकार का अवश्य संविधान में प्रावधान है। मौलिक अधिकार एक हाथ से नागरिकों को दिए गए हैं तो दूसरे हाथ से ले लिया गया है। इस पर संतोष प्रकट किया गया

कि नागरिक अपने अधिकारों के लिए न्यायपालिका के दरवाजे जा सकेगा। नीति-निदेशक तत्त्व अस्पष्ट हैं। समाजवादी पार्टी ने अपने प्रस्ताव में स्वस्थ लोकतंत्र की प्रथा के लिए कार्य करने का संकल्प दोहराया और इसे पाने के लिए संविधान में संशोधन या नई संविधान सभा की रचना का रास्ता अपने लिए चुना। समाजवादी आंदोलन के अग्रणी व्यक्तियों में रहे प्रो. कृष्णनाथ ने अपने एक इंटरव्यू में 'यथावत' पाक्षिक को बताया कि 'डॉ. राममनोहर लोहिया ने उन समाजवादी नेताओं को बरजा, जो नए संविधान की रचना का विचार रखते थे और उनसे कहा कि जैसा भी संविधान बन गया, वह बन गया। अब यदि बनेगा तो उससे भी बुरा बनेगा। इसलिए इस मसले को फिर से मत उठाओ और जो है, उसी का पूरा उपयोग अपनी प्रखरता और प्रतिभा के साथ करो।'[22]

संविधान निर्माण के अंतिम चरण में अखिल भारतीय विद्यार्थी परिषद् ने 'भारत-भारती सप्ताह' मनाया। यह 24 से 31 जुलाई, 1949 की बात है। उसी दौरान विद्यार्थी परिषद् ने एक सर्वे किया,[23] जिसमें 26 लाख से ज्यादा नागरिकों का मत जाना। प्रश्न थे कि राष्ट्रभाषा क्या हो, संविधान में देश के नाम का उल्लेख क्या हो, राष्ट्र गीत क्या हो और संविधान की भाषा क्या हो? ज्यादातर लोगों ने जो जवाब दिए, उससे निष्कर्ष निकला कि राष्ट्र भाषा हिंदी हो, देश का नाम भारत होना चाहिए, राष्ट्र गीत वंदे मातरम होना चाहिए और संविधान हिंदी में लिखा जाना चाहिए। इस सर्वेक्षण के निष्कर्ष को ज्ञापन के रूप में विद्यार्थी परिषद् के प्रतिनिधि मंडल ने संविधान सभा के अध्यक्ष डॉ. राजेंद्र प्रसाद को सौंपा।

यह बात भी 1949 की ही है। पं. दीनदयाल उपाध्याय छात्रों के एक अधिवेशन में गए। वे मुख्य अतिथि थे। उस अधिवेशन के स्वागताध्यक्ष कांग्रेस के बड़े नेता थे। उनको कांग्रेसियों ने सलाह दी कि आप स्वागताध्यक्ष का पद स्वीकार न करें। उन्होंने यह सलाह नहीं मानी। उनको जो सलाह दी गई थी, उसका कारण यह था कि उस अधिवेशन को अखिल भारतीय विद्यार्थी परिषद् ने बुलाया था। कांग्रेस के नेता सच ही यह मानते थे कि अखिल भारतीय विद्यार्थी परिषद् को तो राष्ट्रीय स्वयंसेवक संघ ने बनाया है। इसी आधार पर कांग्रेसी विरोध कर रहे थे। जवाहरलाल नेहरू का वह जमाना था। कांग्रेसी स्वागताध्यक्ष पर दबाव बनाए हुए थे कि वे मना कर दें। पं. दीनदयाल उपाध्याय से जब अधिवेशन के स्वागताध्यक्ष मिले तो उन्होंने अपनी समस्या बताई। कहा कि अपने भाषण में आप चाहे जो कुछ कहें, किंतु एक बार महात्मा गांधी का अवश्य उल्लेख कर दें तो मेरे लिए वह हितकर होगा। पंडितजी ने उनसे विनम्र, परंतु दृढ़ता से कहा कि अगर कहीं जरूरी होगा, तभी मैं महात्मा गांधी का उल्लेख करूँगा। नहीं तो नहीं करूँगा। पंडितजी का उत्तर यहाँ पढ़ें—'मैं महात्मा गांधी के प्रति पूर्ण श्रद्धा रखता हूँ, किंतु इस प्रकार प्रयोजन हो या न हो, उनके नाम का उपयोग मेरी समझ में नहीं आता। भाषण में कोई विषय आ गया तो उनका नाम अवश्य आएगा, अन्यथा उस विद्यार्थी की भाँति जो रटे विषय

को प्रश्नपत्र में न पूछे जाने पर भी कहीं-न-कहीं लिखने का हास्यास्पद और अलाभकारी प्रयत्न करता है, उनका नाम जबरदस्ती लाना अनुपयुक्त होगा।'[24]

इस प्रसंग से दो बातें हम चाहें तो पं. दीनदयाल उपाध्याय के बारे में समझ सकते हैं—पहली बात यह कि वे महात्मा गांधी में पूरी श्रद्धा रखते थे, इसलिए कि उन्हें वे भारत का एक महापुरुष मानते थे। दूसरी बात इससे भी ज्यादा महत्त्वपूर्ण है कि पं. दीनदयाल उपाध्याय किसी को प्रसन्न करने के लिए अपनी राह नहीं बदलते थे। वही करते थे, जो उचित समझते थे। इसे उनके उन लेखों में भी हम देख सकते हैं, जो उन्होंने संविधान पर लिखे। उनके लेखों में एक राजनीतिक विश्लेषक की तटस्थता है। दूसरी तरफ वे विषय वस्तु को दलीय दृष्टि से देखने की बजाय राष्ट्रीय हित की कसौटियों पर कसते हैं। उन्होंने जब संविधान पर लेख लिखे, तब वे जाने-माने नाम नहीं थे। जहाँ वे सक्रिय थे, वहाँ और उनके आसपास के लोग उनके बड़प्पन और बुद्धिमत्ता के कायल जरूर थे, परंतु वह दायरा छोटा था, अत्यंत सीमित था। उसकी आभा आज जैसी तब दूर तक फैली हुई नहीं थी। यह भी एक कारण हो सकता है कि भारत के संविधान पर छपी पुस्तकों में पं. दीनदयाल उपाध्याय के लेखों का उल्लेख नहीं मिलता।

आज तो पं. दीनदयाल उपाध्याय इतिहास पुरुष हैं। उनके संविधान पर लिखे लेख अ इसलिए प्रासंगिक हो गए हैं, क्योंकि उनके जीवन का सौ साल बड़े धूमधाम से मनाया गया। इस अवसर पर उनके पुराने लेखों से 15 खंडों में 'दीनदयाल उपाध्याय संपूर्ण वाङ्मय' बना है। यह डॉ. महेश चंद्र शर्मा के अथक प्रयास से संभव हो सका है। यह किसी महापुरुष का पहला वाङ्मय है, जो सरकार के प्रयास से नहीं, एक अध्येता की पहल से बन सका है। पहले खंड में पं. दीनदयाल उपाध्याय के संविधान पर छह लेख हैं। इन लेखों से पं. दीनदयाल उपाध्याय की सजग राष्ट्रीय दृष्टि प्रकट होती है। क्या कोई यह सोच सकता है कि उस समय जब संविधान सभा अपना काम प्रारंभ कर चुकी थी और बहस मोटे तौर पर उन लोगों के बीच में थी, जो कांग्रेस जगत् के प्रतिनिधि थे, उस समय एक ऐसा व्यक्ति जो किसी पद पर नहीं था, जो किसी राजनीतिक विचारधारा का मान्य प्रतिनिधि नहीं था, जो सिर्फ एक सजग सामाजिक कार्यकर्ता था, वह संविधान सभा का साक्षी बनकर उसकी हर भाव-भंगिमा को भारत के पुनर्निर्माण के परिप्रेक्ष्य से देख रहा था और जरूरत पड़ने पर लिखकर वह जनमानस को बनाने का प्रयास कर रहा था।

उनका पहला लेख है—'यात्रा से पूर्व'। यह छपा 5 अगस्त, 1948 को। पं. दीनदयाल उपाध्याय कैसे थे? उनकी विचार प्रक्रिया क्या थी? क्या वे सकारात्मक व्यक्तित्व के धनी थे? क्या वे तटस्थ भाव से निर्मल मन से घटनाओं को देखने और समझने में समर्थ थे? ऐसे जो-जो प्रश्न हो सकते हैं, उनके उत्तर इस लेख में हैं, जिसे पढ़कर जाना जा सकता है। उदाहरण के लिए, 15 अगस्त भारत के इतिहास में कहाँ ठहरता है? उसका ऐतिहासिक महत्त्व क्या है?

जहाँ वे इसे आनंद और उत्सव का क्षण मानते हैं, वहीं उसकी कठोर वास्तविकता पर चिह्न लगाना नहीं भूलते। वे लिखते हैं कि 'अपने जीवन को बनाने-बिगाड़ने की जिम्मेदारी अब हमारे ही ऊपर आ पड़ी है। इस जिम्मेदारी को हमें सँभालना होगा।'[25] उस जिम्मेदारी में दृष्टि क्या हो? इसका वे सटीक वर्णन करते हैं कि 'भारतीयता हमारी योजनाओं का सबसे प्रमुख गुण होना चाहिए। उसी से आत्मविकास संभव है और उसी से संपूर्ण देश आत्मप्रेरणा ग्रहण कर सकता है।'[26] लेकिन वे एक पक्षीय विचार की बजाय संतुलित और समग्रता में सोचने की सलाह देते हैं। इसीलिए वे लिखते हैं कि 'भारतीय जीवन का विचार करते समय हमको संसार सागर को उद्वेलित करनेवाली विचार-वीथियों को दृष्टिगत रखना ही होगा, अपनी तरणी हमको सागर की अवस्था का विचार करके ही निर्माण करनी होगी।'[27] यह थी उनकी मौलिक दृष्टि। इसी आधारभूमि पर उन्होंने संविधान सभा के कामकाज को देखा और फिर लिखा। इस लेख का समय अत्यंत महत्त्वपूर्ण है। वैसे तो संविधान सभा 1946 की 9 दिसंबर को शुरू हो गई थी। लेकिन मूल कामकाज उस समय शुरू हुआ, जब संविधान के पहले प्रारूप को जारी कर दिया गया। उसी दौरान ही पं. दीनदयाल उपाध्याय ने अपना पहला लेख लिखा।

अपने दूसरे लेख में वे संविधान सभा का सीधा उल्लेख करते हैं। यह लेख एक विचार दर्शन का परिचायक है, जिसमें संविधान सभा के लिए कांग्रेस के प्रयासों का ऐतिहासिक विवरण है। वे बताते हैं कि संविधान सभा का महत्त्व क्या है? इसे समझाने के लिए उन्होंने मोतीलाल नेहरू कमेटी की रिपोर्ट का संदर्भ दिया है। हम जानते हैं कि 1927 में जब मद्रास में कांग्रेस का अधिवेशन हुआ, तब संविधान की रूपरेखा बनाने के लिए एक कमेटी बनी, जिसकी अध्यक्षता पं. मोतीलाल नेहरू ने की। उसकी रिपोर्ट 1928 में आई। उसमें संविधान सभा के सिद्धांत का निरूपण था। उसे ही अपने लेख में पं. दीनदयाल उपाध्याय ने रेखांकित किया। 'कांग्रेस का कथन था कि वयस्क मताधिकार पर चुनी हुई संविधान सभा को ही संविधान बनाने का अधिकार होगा।'[28] इस आधार पर उन्होंने बताया और जो सच भी था कि जो संविधान सभा काम कर रही है, वह भारत की संपूर्ण जनता का प्रतिनिधि होने का दावा नहीं कर सकती, क्योंकि वह सीमित मताधिकार और परोक्ष निर्वाचन से बनी है। इसे सभी जानते हैं। जो बात बहुत-थोड़े लोग ही जानते हैं, उसे पं. दीनदयाल उपाध्याय ने उजागर किया। यह बताया कि जिन विधानसभाओं से चुनकर संविधान सभा बनी है, वे विधानसभाएँ तो संविधान सभा बनाने के लिए बनी ही नहीं थीं। वे दूसरे एजेंडे के लिए निर्वाचित की गई थीं। इसे पं. दीनदयाल उपाध्याय ने संविधान सभा की 'तात्त्विक कमजोरी'[29] बताया। एक अर्थ में संविधान सभा अवैध थी, क्योंकि उसका वैधानिक आधार नहीं था। वह आरोपित किया गया था।

वे एकपक्षीय विचार के अभ्यस्त नहीं थे। विचार के समय हर पक्ष को ध्यान में रखते थे, इसीलिए उन्होंने यह भी लिखा और आज जब नई संविधान सभा बनाने की यदा-कदा आवाज

उठती है, तब उनका यह लिखा हुआ अधिक बोधमय हो जाता है। वे लिखते हैं कि 'अगर वयस्क मताधिकार के आधार पर भी चुनाव होते तो जैसी संविधान सभा बनी उससे भिन्न नहीं बनती।'[30] फिर क्या होता? इसे वे बताते हैं और कहते हैं कि संविधान सभा में कांग्रेस के लोग तो जितना आना था, उतना आ ही जाते, लेकिन वे लोग नहीं आ पाते, जिन्हें विद्वान् और कांग्रेस के प्रतिपक्ष का होते हुए इसमें आने का मौका मिला। खतरा वास्तव में जो था, वह दूसरा था। उसकी ओर उन्होंने इशारा किया। बताया कि संविधान सभा ने दूसरी विचारधाराओं की उपेक्षा कर दी। इससे यह आशंका उस समय पैदा हुई थी कि कहीं कांग्रेस सत्ता में बने रहने के लिए संविधान सभा का उपयोग तो नहीं करेगी। इस पर पं. दीनदयाल उपाध्याय का सुझाव था कि 'यह आशंका तभी निर्मूल हो सकती है, जब कांग्रेस अपने को विसर्जित कर दे।'[31] महात्मा गांधी ने भी कांग्रेस को विसर्जन की सलाह दी थी।

पं. दीनदयाल उपाध्याय ने संविधान सभा को प्रमाण सहित अधूरा बताया था। दूसरी बात, जो उन्होंने तब उठाई वह यह थी कि भारत को राष्ट्रमंडल में रखने के लिए संविधान में शब्दों का एक खेल किया गया, वह यह कि संविधान का उद्देश्य ही बदल दिया गया। ब्रिटेन की देखा देखी संसदीय प्रणाली को अपनाया गया। जब टोका-टोकी हुई तो डॉ. आंबेडकर ने बचाव में कहा कि 'स्थायित्व के स्थान पर उत्तरदायित्व को मान्यता दी गई।'[32] पं. दीनदयाल उपाध्याय का कहना था कि भारत को स्थायित्व की अत्यधिक आवश्यकता है। इस लेख में उन्होंने समझाया और इसके लिए संविधान सभा के सदस्यों के कथन को आधार बनाया कि संविधान, जो बनने जा रहा है, उसमें 'भारत का कुछ भी नहीं है।' उन्होंने लिखा कि 'वास्तव में तो स्वतंत्र भारत का संविधान भारतीय परंपरा के अनुकूल ही होना चाहिए था। अपनी संस्कृति एवं उसकी विशेषताओं की अभिव्यक्ति जिस संविधान में हो और जो अपनी संस्कृति, साहित्य और परंपराओं के विकास में सहायक हो, वही संविधान देश के लिए हितकर और स्थायी होगा।'[33]

उन्होंने संविधान में भारतीयता, ग्राम पंचायतों और अपनी भाषा की उपेक्षा पर चिंता जताई। पं. दीनदयाल उपाध्याय का मत था कि भारत की सामाजिक और राजनीतिक जीवन की इकाई पंचायतें हैं। उनकी उपेक्षा कर दी गई है। व्यक्ति को इकाई बना दिया गया है। इससे सामूहिक दायित्व और सामूहिकता का भाव धीरे-धीरे विलुप्त होता जाएगा। उनकी यह चेतावनी कितनी सटीक थी और भविष्यवाणी जैसी थी, इसे हम आज अनुभव कर सकते हैं। समाज के विघटन का एक बड़ा कारण यह भी है। संविधान के विशेषज्ञ आज लंबे अनुभव के बाद उसी निष्कर्ष पर पहुँचे हैं, जिस पर पं. दीनदयाल उपाध्याय ने तब चिंता जताई थी। इसीलिए उन्होंने लिखा था कि 'संसार के इतिहास में यह पहला अवसर है, जबकि एक स्वतंत्र देश का संविधान विदेशियों की उस भाषा में बन रहा है, जो कि परतंत्रता की प्रतीक और बौद्धिक एवं सांस्कृतिक दासता का साधन रही है।'[34] उन्होंने राष्ट्र गीत, राष्ट्र ध्वज और राष्ट्र

भाषा के प्रश्न को मूलभूत बताया था। उन्होंने संविधान सभा को अपने लेख में पाँच सलाह दीं—एक, भारत की आत्मा का हनन न होने दें। दो, बौद्धिक दासता के फंदे में न फँस जाए। तीन, मानवीय अधिकार और स्वातंत्र्य चतुष्ट्य को सुरक्षित रखें। भारतीय जनता के सर्वतोभावी विकास के मार्ग खुले रखें। चार, भारत को सर्वरूपेण शक्तिशाली बना दें। पाँच, भारतीय एकता की प्रतिष्ठापना करें। इस तरह संविधान सभा की प्राथमिकता सूची पर पं. दीनदयाल उपाध्याय ने कई गंभीर सवाल उठाए।

पं. दीनदयाल उपाध्याय कितने सजग और साथ-साथ दूरदर्शी व्यक्ति थे, इसे जानना हो तो हमें उनका वह लेख अवश्य पढ़ना चाहिए, जिसे उन्होंने 24 नवंबर, 1949 को लिखा। इस तारीख का एक ऐतिहासिक महत्त्व है। संविधान सभा का आखिरी अधिवेशन 26 नवंबर, 1949 को पूरा हुआ। संविधान को उसी दिन स्वीकार किया गया। उससे एक दिन पहले डॉ. भीमराव आंबेडकर का ऐतिहासिक भाषण हुआ, जिसमें संविधान की पृष्ठभूमि, बनने की प्रक्रिया और भविष्य की चुनौतियों का उल्लेख है। ऐसे समय में ही पं. दीनदयाल उपाध्याय का यह लेख आया। जो 24 नवंबर, 1949 को पाञ्चजन्य में छपा। वे लिखते हैं कि संविधान सभा का कार्य पूरा होने जा रहा है। जो संविधान बनने जा रहा है, उसका गहरा संबंध संविधान सभा के निर्माण, संगठन और निर्माण की प्रक्रिया में आई कठिनाइयों से है। वे बताते हैं कि यह संविधान सभा अपने मूल से पूरी तरह भिन्न है। इसका उन्होंने विस्तार से वर्णन किया है। यहाँ उनकी संवैधानिक दृष्टि का कोई भी कायल हो सकता है। जो उन्होंने लिखा, वह इतिहास की अमिट निशानी है। दूसरी बात उन्होंने उठाई कि संविधान सभा अपने को ब्रिटिश नीति के प्रभाव से मुक्त नहीं कर पाई। अगर कर पाई होती तो अल्पसंख्यक के बारे में उसका दृष्टिकोण वह नहीं होता, जो दिखाई पड़ रहा है। इसके उदाहरण देकर उन्होंने निष्कर्ष निकाला कि 'देश की बदलती हुई राजनीतिक, आर्थिक एवं सामाजिक स्थिति के कारण संविधान सभा के संगठन एवं उसके सदस्यों की मानसिक स्थिति में ज्यों-ज्यों परिवर्तन होता जा रहा है, त्यों-त्यों संविधान के स्वरूप में भी परिवर्तन हो रहा है। अत: यह मानना होगा कि हमारे संविधान का विकास हो रहा है।'[35]

उनका अंतिम लेख है—'संविधान का क्या करें?' यह लेख 2 फरवरी, 1950 को 'राष्ट्रधर्म' में छपा। साफ है कि संविधान के प्रभावी हो जाने के बाद जो सवाल जनमानस में थे, उसे ध्यान में रखकर इसे पं. दीनदयाल उपाध्याय ने लिखा। इस लेख को पढ़ते हुए, यह कहीं से नहीं लगता है कि इसका लेखक भविष्य में विपक्ष की उस पार्टी का सूत्रधार होगा, जो 2014 में राष्ट्रीय स्तर पर विकल्प बनकर उभरेगी। इसमें तथ्य हैं, उनका विश्लेषण है और उस आधार पर भ्रम निवारण के अलावा एक स्टेट्समैन का ऐसा मत है, जिसमें पूर्वाग्रह रहित वह कथन है, जो समय के किसी भी क्षितिज से परे हो जाता है। संविधान पर सवाल पहले दिन से हैं। वे सवाल अकारण नहीं हैं। अनुचित भी नहीं हैं। वास्तविक हैं। पं. दीनदयाल

उपाध्याय की विशेषता यह है कि वे सवाल उठाते अवश्य हैं, लेकिन उसमें उलझते नहीं हैं। सवाल को हल करते हैं। इसी तरीके से वे वह बात कह जाते हैं, जो समाधान के रूप में ग्रहण की जाती है। संविधान सभा ने जिस तरह काम किया, उस पर उन्होंने बहुत सवाल उठाए। इस लेख में उन्होंने एक छोटी सी कहानी से बात शुरू की है। कहानी है कि 'एक काबुली ने एक साबुनवाले की दुकान से एक साबुन की बट्टी कलाकंद के भ्रम में खरीद ली और खाने लगा। मुँह में पड़ते ही साबुन का स्वाद तो मालूम हो गया, किंतु फिर भी वह खाता ही रहा। इस पर किसी ने पूछा कि खान! क्या खाते हो? तो खान ने तपाक से जवाब दिया, 'खान खाता क्या है? अपना पैसा खाता है।' बस यही बात आज अपने संविधान के संबंध में एक साधारण भारतीय की मन:स्थिति है।'[36]

अपने लेख में वे विवरण और उदाहरण देकर लिखते हैं कि कांग्रेस ने संविधान सभा संबंधी अपने मूल संकल्प से समझौता किया। उसका मूल संकल्प देशभक्ति से भरा हुआ था। जिसमें यह कहा गया था कि भारत की जनता के प्रतिनिधि जो वयस्क मताधिकार से चुने जाएँगे, वे ही संविधान को बनाएँगे। ब्रिटिश सरकार की बनाई संविधान सभा कांग्रेस को बिल्कुल स्वीकार नहीं थी। इससे कांग्रेस ने जब समझौता किया तो पं. दीनदयाल उपाध्याय ने उसे 'स्वराज्य' से किया हुआ समझौता कहा। पं. दीनदयाल उपाध्याय का यह वाक्य भविष्य का महावाक्य बन गया है—'स्वराज्य की भूख को सुराज्य से नहीं मिटाया जा सकता।'[37] उन्होंने 'भारत शासन अधिनियम-1935' का बिना उल्लेख किए लिखा कि इसका सबसे बड़ा दोष था कि परकीय सत्ता ने उसे बनाया था। इसके बाद जो उन्होंने लिखा, वह ही तब और अब के सवाल का समाधान है। 'आज के भारत के संविधान का सबसे बड़ा गुण यह है कि उसका निर्माण इस देश के ही कतिपय लोगों ने किया है, इसलिए इस संविधान को स्वीकार करना प्रत्येक देशभक्त का कर्तव्य हो जाता है।'[38] समाजवादियों ने संविधान सभा का बहिष्कार किया था। क्या पं. दीनदयाल उपाध्याय के इस लेख से एक नई हवा बही? जिससे समाजवादियों ने भी वही राह ली, जिसकी पगडंडी पं. दीनदयाल उपाध्याय ने बनाई। ऐसा एक मत हो सकता है। यह निराधार नहीं है।

संविधान को स्वीकार कर लेने की सलाह देकर पं. दीनदयाल उपाध्याय ने उन सवालों को उठाया, जो राष्ट्र के पुनर्निर्माण से सीधे जुड़े हुए थे। तब संविधान में नागरिक के मौलिक अधिकार थे, लेकिन कर्तव्य का कोई उल्लेख नहीं था। पं. दीनदयाल उपाध्याय ने लिखा—'आज तो निर्माण का काल है, क्या अधिकार की भावना से यह निर्माण हो सकेगा।'[39] इसे समझाने के लिए उन्होंने उस 'ज्यूसेप मेत्सिनी' (यही सही उच्चारण है, जिसे बोलचाल में मेजिनी कहा जाता है) के कथन का हवाला दिया, जिसे इटली को स्वतंत्र और एक करने का इतिहास में श्रेय प्राप्त है। मेत्सिनी का मशहूर कथन है कि 'अधिकार अपने नग्न रूप में विरोध का संगठन कर सकता है, ध्वंस कर सकता है, पर निर्माण नहीं कर सकता। कर्तव्य निर्माण करता है और

समाज की सामूहिक शक्ति की एकता को स्थापित करता है।'[40] पक्के तौर पर आज यह नहीं कहा जा सकता कि पं. दीनदयाल उपाध्याय की उस चिंता को प्रधानमंत्री इंदिरा गांधी ने समझा या किसी ने उन्हें समझाया, लेकिन यह सच है कि आपातकाल के दौरान संविधान में ज्यादातर तो अनिष्टकर संशोधन हुए, परंतु एक संशोधन वह था, जिसकी जरूरत पं. दीनदयाल उपाध्याय ने संविधान के बनते ही अनुभव की थी। आपातकाल के दौरान संविधान में नागरिक के कर्तव्य को जोड़ना तो ठीक था, लेकिन उसका समय गलत चुना गया। इसलिए उसकी न कोई चर्चा होती है और न वह किसी की दृष्टि में महत्त्वपूर्ण रहा है। असमय संशोधन का यह परिणाम है। संविधान की ऐसी अनेक त्रुटियों को पं. दीनदयाल उपाध्याय ने अपने लेख में उजागर किया। उन्होंने लिखा कि 'भारत की संघीय कल्पना एक मौलिक भूल है।'[41] उनका यह कहना आज भी बहुत प्रासंगिक है कि 'संविधान में एक ओर तो ऊँचे आदर्शों का संकल्प है, जिसमें समाज की वर्तमान स्थिति का कोई भी ध्यान नहीं रखा गया है, तो दूसरी ओर निहित स्वार्थों के संरक्षण की व्यवस्था भी कर दी गई है। इस तरह संविधान के विकास का मार्ग ही बंद कर दिया गया है।'[42] एक-एक अनुच्छेद को पढ़कर पं. दीनदयाल उपाध्याय ने बताया और लिखा कि इसमें अनेक तो अनावश्यक हैं, संविधान पर बोझ हैं। इसलिए अगर संविधान को आकाश में उड़ना है और जमीन पर उसे बिना किसी दुर्घटना के उतर जाना है तो उसे बोझ रहित करना चाहिए।

अंत में, उन्होंने यह सवाल उठाया कि 'तो फिर क्या संविधान का बहिष्कार किया जाए?' इसका वे इस तरह जवाब देते हैं—'अगर अपने ही लोगों द्वारा निर्मित संविधान का बहिष्कार किया गया तो एक गलत परंपरा निर्मित होगी, जिसमें भावात्मक के स्थान पर अभावात्मक एवं क्रियात्मक के स्थान पर प्रतिक्रियात्मक वृत्ति ही निर्माण होगी।'[43] यह लिखकर वे रुके नहीं। जितने भी पहलू हो सकते थे, उन पर विचार किया। अंत में समाधान रूप यह वाक्य लिखा—'परिष्कार के लिए पुरस्कार।'[44] अर्थात् संविधान को स्वीकार करें। उसे सुधारते रहने का हमेशा प्रयास करें। इस तरह पं. दीनदयाल उपाध्याय ने संवैधानिक राष्ट्रीयता की राह दिखाई।

संविधान सभा के विधिवत् गठन से पहले ही इस पर सोच-विचार शुरू हो गया था कि स्वतंत्र भारत का संविधान कैसा होना चाहिए। इस दिशा में पहला प्रयास मानवेंद्र नाथ राय का था। उन्होंने 1944 में 'स्वतंत्र भारत का संविधान' जारी किया। उसे उनकी पार्टी ने जारी किया। जिसका नाम था—रेडिकल डेमोक्रेटिक पार्टी। विचारक दत्तोपंत ठेंगड़ी ने लिखा है कि 'एम.एन. राय ने दुनिया के अधिकांश देशों के संविधानों का अध्ययन किया था। साम्यवाद की तथा संसदीय प्रणालियों की कमियों को जानने के पश्चात् उन्होंने अपने क्रांति के अभियान को स्वतंत्रता, तार्किकता तथा सामाजिक सामंजस्य का आधार दिया।'[45]...'इस नई राज्य व्यवस्था में पूरी वयस्क जनता के सीधे सहभाग का प्रावधान था। यह सहभाग जनसमितियों के माध्यम से होना था, जो जनतंत्र की आधारभूत प्राथमिक इकाइयाँ थीं।'[46]...'स्वतंत्र भारत के संविधान

के इस प्रारूप में भारतीय राज्यों का गठन देशभर में फैली हुई जनसमितियों के आधार पर होना था। उन समितियों को कानून बनाने, विचाराधीन मसौदों पर परामर्श देने, जनप्रतिनिधियों को वापस बुलाने और महत्त्वपूर्ण राष्ट्रीय प्रश्नों की समीक्षा करने जैसे विस्तृत अधिकार प्राप्त होने थे।' यह प्रारूप मानवेंद्र नाथ राय ने अपने 22 शोध-पत्रों और घोषणा-पत्रों में प्रतिपादित सिद्धांतों के आधार पर बनाया था। उनका निष्कर्ष था कि दलीय राजनीति जनतंत्र के आदर्शों से मेल नहीं खाती। वह सत्ता राजनीति में परिवर्तित हो सकती है।'[47]

जिस संविधान की चर्चा अकसर की जाती है। उसे श्रीमन्नारायण अग्रवाल ने जनवरी 1946 में 'स्वतंत्र भारत में गांधी विचार का भारतीय संविधान'[48] प्रसारित किया था। उसकी प्रस्तावना में महात्मा गांधी ने लिखा था कि 'मेरी दृष्टि में संविधान कैसा होना चाहिए, उसका मौटे तौर इस पुस्तिका में विस्तार किया गया है।'[49] वह 60 पेज का 22 अध्यायों में बँटा हुआ दस्तावेज है। इसी तरह एक संविधान हिंदू महासभा ने बनाया था, जिसकी संविधान सभा में भी एक सदस्य ने प्रसंगवश चर्चा की थी। संविधान के ये प्रारूप भी देश में बहस के माध्यम बने। उनके गुणों पर चर्चा आज भी होती है। संविधान के उन प्रारूपों को देश ने स्मरण रखा है।

**संदर्भ—**


1. श्रीअरविंद का बँगला साहित्य, अनुवादक : हृदय, अध्याय : स्वाधीनता का अर्थ, पृ. 103
2. वही, पृ. 104
3. समय की आवश्यकता (श्रीअरविंद के भारत संबंधी कुछ लेख), अध्याय : प्राचीन भारत की राज्य व्यवस्था, पृ. 21
4. यंग इंडिया, 19 मार्च, 2021
5. संपूर्ण गांधी वाङ्मय, खंड-22, स्वतंत्रता की पुकार, पृ. 149
6. महात्मा गांधी पूर्णाहुति, खंड-1, प्यारे लाल, अध्याय : जटिल और उनकी नई कहानी, 11, पृ. 314

7-8. वही, पृ. 314

9. वही, पृ. 314-315
10. जयप्रकाश नारायण, सेलेक्टेड वर्क्स, खंड-4 (1946-1948), संपादक बिमल प्रसाद, पृ. 20
11. वही, पृ. 21
12. वही, पृ. 23
13. वही, पृ. 24
14. वही, पृ. 30
15. वही, खंड-5 (1948-1950), पृ. 16
16. वही, पृ. 16-17, 18, 19, 43, 45
17. सेलेक्टेड वर्क्स ऑफ आचार्य नरेंद्र देव, खंड-3, (1948-1952), संपादक : हरिदेव शर्मा, पृ. 10
18. वही, खंड-2, (1941-1948), संपादक : हरिदेव शर्मा, पृ. 132
19. वही, खंड-3, (1948-1952), संपादक : हरिदेव शर्मा, पृ. 168
20. नवजीवन, उदयपुर, 19 सितंबर, 1949, पृ. 1
21. जयप्रकाश नारायण, सेलेक्टेड वर्क्स, खंड-5, (1948-1950) पृ. 504
22. यथावत पाक्षिक, अंक-1, 15 नवंबर, 2013, पृ. 44

23. आकाशवाणी, 14 अगस्त, 1949
24. दीनदयाल उपाध्याय, संपूर्ण वाङ्मय, खंड-1, संपादक : डॉ. महेश चंद्र शर्मा, अध्याय : गांधीवाद का भविष्य, पृ. 306
25. वही, अध्याय : यात्रा से पूर्व, पृ. 219
26. वही, पृ. 220
27. वही, पृ. 220
28. वही, अध्याय : स्वत्रंत भारत का संविधान, पृ. 237
29. वही, पृ. 237
30. वही, पृ. 237-238
31. वही, पृ. 238
32. वही, पृ. 240
33. वही, पृ. 241
34. वही, पृ. 243
35. वही, अध्याय : भारतीय संविधान पर एक दृष्टि, पृ. 265
36. वही, पृ. 274
37. वही, पृ. 274
38. वही, पृ. 275
39. वही, पृ. 276
40. वही, पृ. 276
41-43. वही, पृ. 277
44. वही, पृ. 278
45. तीसरा विकल्प, दत्तोपंत ठेंगड़ी, अध्याय : कोई प्रतिक्रिया नहीं अथवा कोई राय नहीं, पृ. 212
46-47. वही, पृ. 213
48. हमारा संविधान : एक पुनरावलोकन, संपादक : रामबहादुर राय एवं डॉ. महेश चंद्र शर्मा, अध्याय : भारतीय संविधान और महात्मा गांधी डॉ. रमेश भारद्वाज, पृ. 233
49. वही, पृ. 233

□

# 49

# 'संविधान के प्रधान निर्माता' बेनेगल नरसिंह राव

अंतिम चरण में बड़ी बहस हुई। फिर संविधान सर्वसम्मति से स्वीकृत हुआ। स्वाभाविक ही था कि प्रारूप समिति के अध्यक्ष डॉ. भीमराव आंबेडकर बहस का जवाब देते, जो उन्होंने दिया। वह ऐतिहासिक संदर्भ बन गया है, जिसके विभिन्न अंश अकसर चिह्नित किए जाते हैं। उस भाषण पर मंत्रमुग्ध होनेवालों की संख्या बढ़ती जा रही है। उन्हीं के वक्तव्य का यह अंश है, जो बेनेगल नरसिंह राव से सीधे संबंधित है, 'जो श्रेय मुझे दिया गया है, उसका वास्तव में मैं अधिकारी नहीं हूँ। उसके अधिकारी बेनेगल नरसिंह राव भी हैं, जो इस संविधान के संवैधानिक परामर्शदाता हैं और जिन्होंने मसौदा समिति के विचारार्थ संविधान का एक मोटे रूप में मसौदा बनाया।'[1] यह उन्होंने 25 नवंबर, 1949 को कहा।

संविधान सभा के अध्यक्ष डॉ. राजेंद्र प्रसाद ने भी संविधान स्वीकृत होने से पहले अपने भाषण में यह कहा, 'इन सब समितियों ने उचित और ठीक रीति से कार्य किया। अपने दो प्रतिवेदन प्रस्तुत किए, जिन पर सभा ने विचार किया। उनकी सिफारिशों को उन आधारों के रूप में ग्रहण किया गया, जिन पर संविधान का मसौदा तैयार किया गया था। यह कार्य बेनेगल नरसिंह राव ने किया। जिन्होंने अपने इस कार्य में अन्य देशों के संविधानों के पूर्ण ज्ञान और इस देश की दशा के व्यापक ज्ञान तथा अपने प्रशासी ज्ञान का भी पुट दिया। इसके बाद सभा

ने मसौदा समिति नियुक्त की, जिसने बेनेगल नरसिंह राव द्वारा निर्मित मूल मसौदे पर विचार किया। संविधान का मसौदा बनाया।'[2] 26 नवंबर, 1949 के उनके भाषण का यह एक अंश है। तब बेनेगल नरसिंह राव संयुक्त राष्ट्र में भारत का प्रतिनिधित्व कर रहे थे। वे यह सुनने के लिए संविधान सभा में उपस्थित नहीं थे, उन्होंने 1948 के अंत में संवैधानिक सलाहकार पद से इस्तीफा दे दिया था। ऐसा क्यों किया? यह जानना अपने संविधान का वह परिचय पाना है, जो अज्ञात है।

डॉ. राजेंद्र प्रसाद ने बहुत बाद में एक पुस्तक 'इंडियाज कॉन्स्टीट्यूशन इन द मेकिंग' के फॉरवर्ड में लिखा, 'अपने ज्ञान, अनुभव और प्रज्ञा के कारण बेनेगल नरसिंह राव संविधान सभा के संवैधानिक सलाहकार पद के लिए अपरिहार्य व्यक्ति थे, जिन्होंने संविधान को बनाने में बड़ी सहायता की। संवैधानिक सलाहकार बनते ही उन्होंने संविधान सभा के सदस्यों के लिए आवश्यक सहायक सामग्री खोजी। उसे साधारण आदमी की समझ के लिए सरल शब्दों में प्रस्तुत किया। संविधान सभा के ज्यादातर सदस्य स्वाधीनता सेनानी थे। उन्हें संविधान की जटिलताएँ नहीं मालूम थीं। जो वकालत पेशे से थे, वे भी संविधान के विशेषज्ञ नहीं थे। संविधान निर्माण का कार्य अपने आप में विशेषज्ञता की माँग करता है। संविधान पर सामग्री की कमी नहीं थी, लेकिन उसका सही चयन और उसकी उचित व्याख्या का कार्य अवश्य चुनौतीपूर्ण था। दुनिया के लिखित और अलिखित संविधानों का गहन अध्ययन कर संवैधानिक इतिहास से भारत के लिए उपयोगी तथ्य और तर्क उन्होंने अपने दस्तावेजों में समय-समय पर दिए। उसे सदस्यों के लिए उपलब्ध कराया। अनेक ब्रोसर बनवाए। पुस्तिकाएँ बनवाईं। सदस्यों के लिए जरूरी नोट्स बनाए और आवश्यक प्रचुर अध्ययन-सामग्री उपलब्ध कराई।'[3]

डॉ. राजेंद्र प्रसाद के इन शब्दों में बेनेगल नरसिंह राव की वह महत्त्वपूर्ण भूमिका स्पष्ट हो जाती है, जिसे भारत के सार्वजनिक जीवन में विस्मृत कर दिया गया है। अलबत्ता पुस्तकों में उनका प्रमुख स्थान बना हुआ है। संविधान संबंधी दस्तावेजों में वे पूरी तरह अपनी अक्षर देह में मौजूद हैं। इन दिनों दुनिया के अनेक नामी विश्वविद्यालयों के प्रोफेसर अपनी शोधपरक नई पुस्तकों में बेनेगल नरसिंह राव के विशिष्ट योगदान को पूरे संदर्भ सहित अनेक कोणों से उभार रहे हैं। डॉ. राजेंद्र प्रसाद ने इस पुस्तक में उनके बारे में यह जो कहा, वह भी संविधान निर्माण प्रक्रिया और इतिहास के बारे में शोध के लिए एक बड़ा आधार प्रदान करता है, 'अगर डॉ. भीमराव आंबेडकर संविधान निर्माण के विभिन्न चरणों में कुशल पायलट की भूमिका में थे, तो बेनेगल नरसिंह राव वे व्यक्ति थे, जिन्होंने संविधान की एक स्पष्ट परिकल्पना दी और उसकी नींव रखी। संवैधानिक विषयों के वे जहाँ विशेषज्ञ थे, वहीं साफ-सुथरी भाषा में उसे लिखने की उन्हें कमाल की योग्यता प्राप्त थी। संविधान संबंधी किसी भी विषय की वे तह तक जाते थे। किसी समस्या के हर पहलू की छानबीन करते थे। उस पर वे जो परामर्श देते थे, वह भ्रम

निवारण में सहायक होता था। संविधान सभा की बहस में जब कभी विवाद के विषय उठे, तो उस पर उनका परामर्श सर्वथा उचित और संपूर्ण होता था, जो उनके गहरे अध्ययन पर आधारित होता था। संविधान सभा की जो उन्होंने सहायता की, उसकी भारत और विदेशों में सर्वत्र सराहना हुई। भारत के संविधान का इतिहास जब लिखा जाएगा, तब उसमें बेनेगल नरसिंह राव का महत्त्वपूर्ण स्थान होगा।'[4]

डॉ. राजेंद्र प्रसाद ने इसे 'इंडियाज कॉन्स्टीट्यूशन इन द मेकिंग' पुस्तक के फारवर्ड में लिखा, जो 1960 में छपकर आई, जिसका संपादन बी. शिवाराव ने किया। पुस्तक को पलटते ही यह मिलता है कि लेखक के स्थान पर बेनेगल नरसिंह राव का नाम है। यह उचित ही है, क्योंकि उनके ही लिखे दस्तावेजों को संपादित कर पुस्तक बनी है। यह पुस्तक 510 पृष्ठों की है। इसमें 29 अध्याय हैं, जो बेनेगल नरसिंह राव के ज्यादातर वे दस्तावेज हैं, जो संविधान निर्माण में मदद पहुँचाने के लिए उन्होंने लिखे थे। इसका 24वाँ अध्याय एक लेख है, जिसे बेनेगल नरसिंह राव ने 15 अगस्त, 1948 को 'हिंदू' अखबार के लिए लिखा था। अखबार ने उसे स्वाधीनता दिवस के अंक में प्रकाशित किया था। एक अध्याय बर्मा के संविधान पर है। वह उनकी ही रचना है। उसका एक रोचक इतिहास है। पुस्तक की प्रस्तावना में बी. शिवाराव ने लिखा है कि बेनेगल नरसिंह राव को भावी पीढ़ियाँ 'संविधान के प्रधान निर्माता'[5] के रूप में याद करेंगी। इन दिनों इसे जो भी पढ़ेगा, वह बिना आश्चर्य में पड़े नहीं रह सकता। कारण कि भारत के सार्वजनिक जीवन में जो आख्यान चल रहा है, वह इसके अनुरूप नहीं है, बल्कि विपरीत ही है। बी. शिवाराव लिखते हैं कि 'बेनेगल नरसिंह राव के जीवन की वह सबसे बड़ी उपलब्धि थी।'[6] यह एक विचार है। एक दृष्टिकोण है। लेकिन इसमें वह पूरी कहानी भी बिना कहे अपने आप बोलती है, जो संविधान निर्माण के एक महत्त्वपूर्ण कालखंड में सचमुच घटित हुई थी। वह कथा 'त्रिदेव' की है। उन्हें 'त्रिमूर्ति' भी कह सकते हैं। 'त्रिदेव' और 'त्रिमूर्ति' अलग नहीं, परस्पर पर्याय है। संविधान सभा के संदर्भ में वह थे कौन? पं. जवाहरलाल नेहरू, डॉ. राजेंद्र प्रसाद और बेनेगल नरसिंह राव। अगर ज्यामिति की शब्दावली में कहें, तो वे एक त्रिभुज बनाते थे, जिसकी आधार रेखा थे—बेनेगल नरसिंह राव। आदि से अंत के नियामक ये ही तीनों थे। अन्य भी थे, जिन्हें विभिन्न भूमिकाओं में जाना, माना और पहचाना जाता है।

संविधान का पहला मसौदा प्रकाशित कर दिया गया था। उस पर देश भर में बहस छिड़ी हुई थी। संविधान सभा के अधिवेशन की तारीख सोची जाती थी और टल जाती थी। ऐसी ही एक तारीख जुलाई 1948 के लिए सोची गई थी। उससे पहले डॉ. राजेंद्र प्रसाद ने बेनेगल नरसिंह राव को एक पत्र भेजा। वह बड़े महत्त्व का है। उसमें एक विषय कॉमनवेल्थ का भी था। यह आज भी सचेत भारतीय के दिमाग में एक सवाल के रूप में स्थायी रूप से बना हुआ है। इसे औपनिवेशिकता की लंबी डोर मानते हैं। इस प्रश्न के अलावा संविधान के पूरे मसौदे पर वे

बेनेगल नरसिंह राव के साथ फुरसत में बैठकर निजी चर्चा करना चाहते थे। इसके लिए उन्होंने शिमला को चुना था। बेनेगल नरसिंह राव शिमला गए या नहीं और वह चर्चा हुई भी या नहीं, इसके कोई प्रमाण नहीं हैं। लेकिन डॉ. राजेंद्र प्रसाद के पत्र का जो जवाब बेनेगल नरसिंह राव ने दिया, वह उनके कागजात के ढेर में अपनी गरदन ऊँची करके झाँकता रहता है। वैसे ही, जैसे नारद को चिढ़ाने के लिए शिव के दो गणों का वर्णन पौराणिक साहित्य में आता है। क्या वे दोनों की प्रेतात्मा उस पत्र में हैं? कहना कठिन है। बेनेगल नरसिंह राव का पत्र जितना कहता है, उससे कई गुना ज्यादा बातें वह इतिहास के तहखाने में डाल देता है और बता देता है कि वहाँ उसे ढूँढ़ें, अगर खोज सकें। जैसे कि डॉ. राजेंद्र प्रसाद ने अपने पत्र में उन्हें पूर्व सूचना देने के अंदाज में लिखा कि संभवत: प्रधानमंत्री अर्थात् जवाहरलाल नेहरू आपको कोई विशेष दायित्व देने का विचार कर रहे हैं? इसके जवाब में बेनेगल नरसिंह राव ने अपने पत्र में वह पूरी कहानी लिख दी, जो उनके मन में थी। बेनेगल नरसिंह राव के उस पत्र को उनकी व्यथा और संविधान सभा के नेतृत्व से गंभीर मतभेद का प्रमाण माना जाता है। पर यह कहना ज्यादा उचित होगा कि उस पत्र में ऐसा कोई स्पष्ट संकेत नहीं है। सिर्फ यह है कि वे यह दावा कर रहे हैं कि वे अपनी पहल पर और अपनी ही शर्तों पर संवैधानिक सलाहकार बने थे। जो कार्य उन्होंने किया, वह स्वांत: सुखाय था। उन्होंने लिखा कि उनकी ओर से वह कार्य पूरा हो गया है, इसलिए वे डॉ. राजेंद्र प्रसाद से अनुरोध कर रहे हैं कि आप मुझे अब मुक्त कर सकते हैं। वहीं वह पत्र यह भी रेखांकित करता है कि बेनेगल नरसिंह राव के मन में डॉ. राजेंद्र प्रसाद के प्रति अपार आदर है।

डॉ. राजेंद्र प्रसाद का पत्र कोई लंबा-चौड़ा नहीं है। उसके विषय अवश्य अति व्यापक हैं—आकाश जैसे असीम। लेकिन उस पत्र में प्रसंगवश, जो दूसरे विषय का उल्लेख है, वह कॉमनवेल्थ का है। बेनेगल नरसिंह राव कॉमनवेल्थ के बारे में संविधान सभा के गठन के दिन से ही सचेत और सक्रिय हैं। यहाँ तक कि नेहरू को समझा रहे हैं कि इस विषय पर वे क्या बोलें। बाद में उन्होंने 'भारत और कॉमनवेल्थ' पर दो शोधपूर्ण आलेख लिखे। बी. शिवाराव के संपादन से बनी उनकी पुस्तक में वे दोनों दस्तावेज के रूप में छपे हैं। उसे उन्होंने किसे-किसे भेजा, यह कोई नहीं जानता, लेकिन डॉ. राजेंद्र प्रसाद को जरूर भेजा था। उन्होंने उसे पूरा पढ़ लिया था। अपने पत्र में डॉ. राजेंद्र प्रसाद ने अपना सुविचारित मत इन शब्दों में लिखा—'एक उपयोगी और विचारोत्तेजक यह आलेख है, जो विमर्श में सहायता करने के विचार से प्रेरित है, न कि परामर्श देने के लिए।'[7] इन शब्दों में बेनेगल नरसिंह राव के व्यक्तित्व का वह अनोखापन है, जो बनी-बनाई धारणाओं को ध्वस्त करता है। इसमें उस व्यक्ति का उनको एक प्रमाण-पत्र भी है, जो देशभक्तों में असुरों का भी अजातशत्रु था।

डॉ. राजेंद्र प्रसाद ने अपने पत्र में कॉमनवेल्थ पर सिर्फ यह लिखा कि संविधान सभा में इसे असाधारण महत्त्व का विषय समझकर बहुत ऊँचे धरातल पर चर्चा करनी होगी। क्योंकि बेनेगल

नरसिंह राव ने जिस स्तर पर इसे उठाया है, वह असाधारण और बौद्धिक धरातल बहुत ऊँचा है। भारत सरकार और संविधान सभा के सदस्य इस बारे में निर्णय करेंगे। लेकिन इस आलेख से यह स्पष्ट हो जाता है कि बेनेगल नरसिंह राव की 'भारत और कॉमनवेल्थ' के विषय में कितनी गहरी दिलचस्पी है। पहले आलेख में बेनेगल नरसिंह राव ने अपनी भूमिका को स्पष्ट किया है। वास्तव में अपने बारे में उनका यह एक स्पष्टीकरण भी है। यहाँ वे जवाहरलाल नेहरू की भाँति अंग्रेजियत के प्रभाव को अपने व्यक्तित्व के गठन में स्वीकार करते हैं। 'जो भी विचार मैंने इसमें व्यक्त किया है, वे मेरे अपने हैं और नितांत निजी हैं। कोई भी व्यक्ति जिसका पूरा जीवन प्रशासन के न्यायिक तंत्र में विभिन्न रूपों में गुजरा है, उसका संविधान संबंधी अध्ययन और निष्कर्ष जो भी होगा, उस पर अतीत के अनुभवों का प्रभाव बिना पड़े नहीं रह सकता।'[8] वे शुरू में ही यह भी स्पष्ट कर देते हैं कि अंग्रेजों की बनाई संस्थाओं के प्रति सम्मान का भाव उनमें है। वे यह भी बताते हैं कि उन संस्थाओं ने भारत को क्या दिया है। विधि की सर्वोच्चता, उसके सामने हर व्यक्ति निर्दोष है, जब तक कि वह दोषी सिद्ध नहीं हो जाता। यह परंपरा हमें ब्रिटेन से मिली है। संविधान की कार्यप्रणाली में भी ब्रिटिश संसदीय प्रणाली की सरकार का प्रभाव हमारे स्वभाव का हिस्सा बन गया है। इसमें सबसे महत्त्वपूर्ण तत्त्व यह है कि संसदीय प्रणाली में न केवल आलोचना को सहानुभूतिपूर्वक सुना जाता है, बल्कि उसका स्वागत भी किया जाता है। उसे आवश्यक भी माना जाता है। इतना ही नहीं है, बल्कि यह भी है कि उस संसदीय प्रणाली में विपक्ष का नेता उसी तरह वेतन प्राप्त करता है, जैसे सत्ता पक्ष का प्रधानमंत्री। हमने इसे अभी नहीं अपनाया है, लेकिन इसमें संदेह नहीं है कि भविष्य में हम इसे अपना लेंगे। यहाँ वे भविष्यद्रष्टा सिद्ध हो जाते हैं। संसद् में विपक्ष के नेता का पद दशकों से उसी तरह निर्धारित हो रहा है। इस पद्धति का हमने न्यायिक प्रशासन में अनुकरण कर लिया है, यह प्रसन्नता का विषय है। अगर कोई व्यक्ति आरोपित होता है और वह अपनी कानूनी रक्षा कर पाने में असमर्थ है तो राज्य उसे एक वकील देता है। इससे एक आचार और व्यवहार का सिद्धांत निकलता है। वह यह कि विपक्षी भी सही हो सकता है।

इस भूमिका के बाद बेनेगल नरसिंह राव ने कॉमनवेल्थ से संबंध बनाए रखने के पक्ष में तर्क दिए हैं। इसमें वे भारत के हितों का वास्ता देते हैं। उन हितों को उन्होंने दो हिस्से में रखा—तात्कालिक और दीर्घ-कालिक। उन्होंने तात्कालिक हित की दृष्टि से जम्मू, कश्मीर और हैदराबाद का उल्लेख किया। तब तक हैदराबाद का प्रश्न भी उलझा हुआ था और वैश्विक बन रहा था। बी. शिवाराव ने लिखा है कि 'निजाम हैदराबाद के सलाहकार उन्हें सलाह दे रहे थे कि संयुक्त राष्ट्र सुरक्षा परिषद् में मुकदमा करें। हैदराबाद को भारत के हस्तक्षेप और विलय से बचाने के लिए निजाम को यह सलाह दी गई थी। क्या कोई भारतीय राज्य या रियासत ऐसा कर सकती है ? इस बारे में एक संवैधानिक कानूनों पर आधारित परामर्श नोट बेनेगल नरसिंह राव

ने तैयार किया। ऐसा निर्देश उन्हें प्रधानमंत्री जवाहरलाल नेहरू और सरदार पटेल से प्राप्त हुआ था। उनकी कानूनी सलाह पर ए. रामास्वामी मुदलियार ने सुरक्षा परिषद् में भारत का बचाव किया।"[9] दीर्घकालिक दृष्टि से वे विश्व के शक्ति-संतुलन में परिवर्तन का आधार देते हैं और भारत का उसमें स्थान रहे, इस कारण वे कॉमनवेल्थ की सदस्यता की हिमायत करते हैं। वे बिना हिचक के यह कह रहे हैं कि भारत को कॉमनवेल्थ से अपना संबंध बनाए रखना चाहिए। कोई भी यहाँ यह प्रश्न उठा सकता है कि वे ब्रिटिश हितों की कहीं हिमायत तो नहीं कर रहे हैं। यह एक दृष्टिकोण है, जिसका ऐतिहासिक आधार भी है, क्योंकि कॉमनवेल्थ की अवधारणा में ब्रिटिश साम्राज्य को बचाने का भाव रहा है। प्रथम विश्वयुद्ध के दौरान साम्राज्य के सभी देशों से सहयोग पाने के लिए लायनेल कोर्टिस ने एक पुस्तक 'द प्रॉब्लम ऑफ द कॉमनवेल्थ' में पहली बार 'कॉमनवेल्थ' की अवधारणा प्रस्तुत की। वे ब्रिटिश साम्राज्य की नई परिभाषा कर उसे बचाने के लिए बौद्धिक आधार प्रस्तुत कर रहे थे।

प्रधानमंत्री जवाहरलाल नेहरू ने उनमें अपने दूत की क्षमता देखी। विदेश मंत्रालय में उन दिनों गिरजा शंकर वाजपेयी सेक्रेटरी जनरल थे। उनसे बेनेगल नरसिंह राव को संयुक्त राष्ट्र में भारत का प्रतिनिधि बनवाया। संविधान निर्माण के ही दौरान यह नियुक्ति क्या कॉमनवेल्थ की सदस्यता में उपस्थित बाधाओं को दूर करने के लिए की गई? इस प्रयास को गोपनीय रखने के लिए संयुक्त राष्ट्र का माध्यम चुना गया? यह प्रश्न तब नहीं, अब जरूर पूछे जाने चाहिए। यह कोई संयोग मात्र नहीं था। वास्तव में प्रधानमंत्री जवाहरलाल नेहरू की योजना में ही बेनेगल नरसिंह राव संयुक्त राष्ट्र में भारत के प्रतिनिधि बनाए गए, जहाँ वे कॉमनवेल्थ में भारत का स्थान सुरक्षित कराने के प्रयास में सक्रिय हो गए। उनका 'दूसरा आलेख'[10] इसकी सूचना देता है। उसमें उन्होंने ब्रिटेन के लॉर्ड चांसलर टोविट और स्टेफर्ड क्रिप्स के लिए भारत और ब्रिटेन की कॉमनवेल्थ संबंधी कानूनी और राजनीतिक स्थिति पर एक नोट भेजा। यह 1949 में अप्रैल के पहले हफ्ते की बात है। उसमें लिखा कि भारत में कॉमनवेल्थ की सदस्यता पर गंभीर राजनीतिक बहस चल रही है। कुछ पार्टियाँ विरोध में हैं, जिसके कारण प्रधानमंत्री को बहुत सतर्क रहना पड़ रहा है कि क्या बोलना है और क्या नहीं बोलना है। इसके बाद उन्होंने अपना सुझाव दिया कि ब्रिटेन को भारत की भावना का आदर करना होगा। ऐसा नहीं लगना चाहिए कि भारत अपनी स्वाधीनता से समझौता कर रहा है। उस सुझाव का मानो ब्रिटेन इंतजार कर रहा था। अप्रैल के अंत में लंदन से एक औपचारिक घोषणा की गई कि भारत सरकार ने कॉमनवेल्थ की सदस्यता स्वीकार करने पर सहमति दे दी है। इस घोषणा के बाद बेनेगल नरसिंह राव ने संयुक्त राष्ट्र रेडियो पर एक वक्तव्य दिया, जिसमें ब्रिटेन की घोषणा को उचित ठहराया और उसे दोनों देशों के हित में बताया।

माइकल ब्रेशर ने जवाहरलाल नेहरू की जीवनी में लिखा है कि भारत जब कॉमनवेल्थ में

सदस्य बनने पर राजी हुआ तो इसकी भारत में जबरदस्त प्रतिक्रिया हुई। जवाहरलाल नेहरू पर अपने वादे को तोड़ने के गंभीर आरोप लगे। उनकी सर्वत्र आलोचना होने लगी। विपक्ष ने निशान लगाकर याद दिलाया कि कांग्रेस अध्यक्ष के नाते जवाहरलाल नेहरू समय-समय पर तीन बातें दोहराते रहे। 1935 का कानून गुलामी का दस्तावेज है। संविधान सभा वयस्क मताधिकार से बननी चाहिए। कॉमनवेल्थ की सदस्यता ब्रिटिश साम्राज्यवाद की अधीनता का प्रतीक होगी। लेकिन संविधान के लक्ष्य संबंधी प्रस्ताव पर बहस का जवाब देते हुए, 22 जनवरी, 1947 को उन्होंने संविधान सभा में कहा कि 'अगर हम भारत को स्वतंत्र लोकतंत्र बनाना चाहते हैं तो इसलिए नहीं कि हम दूसरे देशों से अलग हो जाना चाहते हैं, बल्कि इसलिए कि एक स्वतंत्र राष्ट्र के रूप में शांति और स्वतंत्रता की स्थापना के लिए हम सभी देशों को—ब्रिटेन को, ब्रिटिश कॉमनवेल्थ के राष्ट्रों को, अमेरिका को, रूस को तथा अन्य सभी छोटे-बड़े राष्ट्रों को अपना पूरा सहयोग देना चाहते हैं।'[11] उनका यह कथन संवैधानिक सलाहकार बेनेगल नरसिंह राव के लिखित परामर्श पर आधारित था। अपने लेटर पैड पर हाथ से लिखा हुआ वह परामर्श बेनेगल नरसिंह राव ने जवाहरलाल नेहरू को भेजा था। वह उनकी पत्र इस पुस्तक में अगले पृष्ठ पर दिया गया है।

तब से और अंत तक, यानी अप्रैल 1949 तक प्रधानमंत्री जवाहरलाल नेहरू के दूत बनकर बेनेगल नरसिंह राव लंदन में जो-जो अड़चनें भारत के सदस्य बनने के रास्ते में थीं, उन्हें दूर करने के प्रयास में लगे रहे। अड़चन कॉमनवेल्थ के नियमों में थी। कॉमनवेल्थ के नियमों में किसी लोकतांत्रिक गणराज्य को सदस्य नहीं बनाया जा सकता था। अक्तूबर 1948 में कॉमनवेल्थ के प्रधानमंत्रियों का लंदन में सम्मेलन हुआ, जिसमें जवाहरलाल नेहरू सम्मिलित हुए। वहाँ ब्रिटिश प्रधानमंत्री क्लीमेंट एटली और जवाहरलाल नेहरू में एक अनौपचारिक वार्त्ता हुई। उसी समय यानी 1948 के अक्तूबर में चर्चिल की कैबिनेट में भारत मंत्री रहे एल.एस. एमरी ने एक बयान दिया। वह लंदन में हुई उच्च स्तरीय वार्त्ता के बाद जारी किया गया था। उस वार्त्ता में एमरी के अलावा दक्षिण अफ्रीका और कनाडा के प्रतिनिधि थे। भारत की ओर से स्वयं गिरजा शंकर वाजपेयी थे। उस बातचीत को अंजाम देने के लिए बेनेगल नरसिंह राव की संयुक्त राष्ट्र में नियुक्ति होती है। बेनेगल नरसिंह राव के प्रयासों से दोनों तरफ की बाधाओं को दूर करने पर सहमति बनी। ब्रिटेन ने नियम बदलवाए। जवाहरलाल नेहरू ने कांग्रेस के अपने सहयोगियों को समझाया। सरदार पटेल पहले से ही कॉमनवेल्थ की सदस्यता के पक्षधर थे। इससे सरकार और कांग्रेस में सहमति सरलता से हो गई।

कॉमनवेल्थ की सदस्यता पर संविधान सभा में भी चर्चा हुई। जवाहरलाल नेहरू ने 16 मई, 1949 को एक प्रस्ताव रखा, 'यह निश्चय किया जाता है कि यह सभा भारत के कॉमनवेल्थ का सदस्य बने रहने के बारे में उस घोषणा का अनुसमर्थन करती है, जिसके लिए भारत के

CONSTITUTIONAL ADVISOR

May I take the liberty of suggesting that in your reply on the "Objectives Resolution" you might slightly amplify what you said in your opening speech about the future relations between India and England? Something on the following lines occurs to me, but you would know best what to say.

"The question has sometimes been asked, What will be the relations between the new Indian Republic and the British Commonwealth? The answer is not difficult: in the world of to-day, the relations between States are not governed by labels. The U.S.A. has been a Republic for over 150 years; nevertheless, in two successive World Wars it fought on the same side as England to ward off a common peril. Ireland is treated by England as a Dominion and a member of the British Commonwealth; yet, in the last World War, Ireland remained neutral. And so these names have ceased to have much significance as regards mutual relations. The world has entered upon a new era and we have to think in new terms. We are now, all of us, part of a new World Organization — the United Nations, units of a World Federation in the making. A vast 'multicellular' Republic is being formed, of which the United Kingdom, the Dominions, India and all the other States of the world are, or will, in due course be, members. India's relations with the other members will necessarily be of the friendliest and closest collaboration & co-operation in the pursuit of our common ideals."

यह पत्र बेनेगल नरसिंह राव की पुस्तक 'इंडियाज कॉन्स्टीट्यूशन इन द मेकिंग' से लिया गया है।

प्रधानमंत्री सहमत हुए थे और जिसका उल्लेख उस सरकारी बयान में किया गया था, जो 27 अप्रैल, 1949 को राष्ट्रमंडल के प्रधानमंत्रियों के सम्मेलन के समाप्त होने पर निकाला गया था।'[12] राष्ट्रमंडल के प्रधानमंत्रियों के सम्मेलन की घोषणा का यह अंश ही वास्तव में भारत को उसकी पराधीनता की याद दिलाकर आत्महीनता का बोध कराता रहता है, क्योंकि यह अमिट बना दिया गया है। 'भारत सरकार ने भारत की इस इच्छा की घोषणा एवं पुष्टि की है कि वह कॉमनवेल्थ का पूर्ण सदस्य बना रहेगा और इसके स्वाधीन सदस्य राष्ट्रों के स्वतंत्र साहचर्य के प्रतीक के रूप में और इस प्रकार कॉमनवेल्थ के प्रमुख के रूप में 'सम्राट्' को मान्यता देता रहेगा।'[13] संविधान सभा ने 17 मई, 1949 को 'प्रस्ताव'[14] स्वीकार कर लिया। बेनेगल नरसिंह राव जिसके लिए दो सालों से प्रयास कर रहे थे, उसे संविधान सभा ने भी मंजूर किया। यहाँ एक प्रश्न उभरता है कि बेनेगल नरसिंह राव ही क्या इस विचार के जनक थे? उनकी पुस्तक में छपे दोनों आलेख तो यही बताते हैं। जवाहरलाल नेहरू ने कांग्रेस के अपने अध्यक्षीय भाषणों में भारत अधिनियम को गुलामी का दस्तावेज कहा था। कॉमनवेल्थ की सदस्यता को भी ब्रिटिश साम्राज्य का प्रतीक बताया था। बेनेगल नरसिंह राव इन दोनों विषयों पर पं. नेहरू को वैचारिक आधार पर परिवर्तित कर सके। इसका दूसरा पहलू भी है। वह यह कि सत्ता में नेहरू की भा कुछ और थी और स्वाधीनता संग्राम में कुछ और।

1953 में बेनेगल नरसिंह राव का कैंसर से देहांत हो गया। वे अंतरराष्ट्रीय न्यायालय के मुख्यालय हेग में उन दिनों जज थे। 1951 में वे अंतरराष्ट्रीय लॉ कमीशन के लिए चुने गए थे। हेग में जब उन्हें जज का पद प्रस्तावित हुआ तो उन्होंने इस विचार से उसे स्वीकार किया था कि भारत के संविधान की वे 'असली कहानी'[15] लिखेंगे। यह तथ्य उनकी पुस्तक में बी. शिवाराव की प्रस्तावना में आया है। बेनेगल नरसिंह राव का सपना अधूरा रह गया। बी. शिवाराव उनके छोटे भाई थे। 'हिंदू' अखबार के वे संवाददाता थे, जिन्हें महात्मा गांधी ने संविधान सभा का सदस्य बनवाया था। जम्मू-कश्मीर के प्रधानमंत्री पद से इस्तीफा देकर बेनेगल नरसिंह राव अपने भाई बी. शिवाराव के घर पर ही रहते थे। इनमें परस्पर संबंध प्रगाढ़ था। बी. शिवाराव को अपने बड़े भाई की योजना पता रही होगी। तभी तो उनके निधन के बाद बी. शिवाराव ने संविधान संबंधी उनके कागजात को खोजा और खँगाला। उसे संपादित कर यह पुस्तक बनाई। लंबे समय तक संविधान संबंधी बेनेगल नरसिंह राव के दृष्टिकोण को जानने के लिए यही पुस्तक अध्येताओं के शोध का आधार रही है। वैसे उनके सारे कागजात नेहरू स्मारक पुस्तकालय में हैं।

बेनेगल नरसिंह राव कर्नाटक के साउथ केनेरा जिले के कारकल में 26 फरवरी, 1887 को पैदा हुए। बचपन से ही अत्यंत प्रतिभाशाली थे। उनकी पढ़ाई-लिखाई अपने गणितज्ञ मामा की देखरेख में मद्रास में हुई। 1905 में अंग्रेजी, भौतिकशास्त्र, संस्कृत लेकर बी.ए. किया।

बाद में गणित की अलग से पढ़ाई की। भारत सरकार की स्कॉलरशिप पर लंदन के कैंब्रिज विश्वविद्यालय के ट्रिनिटी कॉलेज में पढ़ाई के लिए गए जहाँ उन्हें एक और स्कॉलरशिप मिली। उन दिनों जवाहरलाल नेहरू भी वहाँ छात्र थे। उन्होंने अपने पिता मोतीलाल नेहरू को छात्र बेनेगल नरसिंह राव के बारे में लिखा कि 'यह ब्राह्मण लड़का अत्यंत चतुर है। इसे सिर्फ हॉल और कक्षा में आते-जाते ही देखता हूँ। मेरा विश्वास है कि यह अपना क्षण-क्षण अध्ययन में ही व्यतीत करता है।'[16] उनके निधन पर प्रधानमंत्री जवाहरलाल नेहरू ने लोकसभा में श्रद्धांजलि देते हुए प्रसंगवश पुराने परिचय को भी याद किया था।

बेनेगल नरसिंह राव की वहाँ पढ़ाई जैसे ही समाप्त हुई कि उन्हें दो अवसर मिले थे। उन्हें अपना भविष्य स्वयं निर्धारित करना था। पहला अवसर ऊँची पढ़ाई के लिए फेलोशिप के रूप में था। दूसरा अवसर था, आई.सी.एस. में चयन। उन्होंने दूसरे को वरीयता दी। वह 1909 का साल था। आई.सी.एस. के लिए उस साल पचास सीटें थीं। उनमें वे अकेले भारतीय थे, जिनका चयन हुआ था। उन्होंने भारत सरकार में अपनी सेवा 1910 में शुरू की। वे किस मिट्टी के बने थे, इसे जानने के लिए यह असाधारण घटना सहायक है। सिविल सर्विस कमिश्नर ने उनकी पहली नियुक्ति मद्रास में की। इस पर उन्होंने उन्हें एक पत्र भेजा। उसमें लिखा कि 'जिस प्रांत में मेरी नियुक्ति हुई है, वहाँ मेरे बहुत मित्र और हर क्षेत्र में मेरे संबंधी हैं। मद्रास प्रेसिडेंसी में ही मेरे पिता की जमीन भी है। ऐसी परिस्थिति में मैं अपना कर्तव्य पक्षपात से परे होकर संभवत: नहीं कर सकूँगा। इसलिए मेरी नियुक्ति अन्यत्र करें। मुझे आप बर्मा (म्याँमार) भी भेज सकते हैं।'[17] यह पत्र उन्होंने 1909 में लिखवाया था। आमतौर पर कोई भी दूसरा होता तो वह इस नियुक्ति को अपना सौभाग्य समझता। लेकिन बेनेगल नरसिंह राव ने अपने पत्र से साबित किया कि वे विचार और व्यवहार, नीति तथा नैतिकता को अपने पर लागू करना जानते हैं। उनके पत्र पर अनुकूल निर्णय न होने का कोई कारण नहीं था, इसलिए उनकी नियुक्ति बंगाल में हुई। बंगाल और असम उनके सेवाकाल के प्रांत रहे।

उस समय के बंगाल का कोई महत्त्वपूर्ण जिला नहीं था, जहाँ वे न रहे हों। बाद में वे असम में विभिन्न पदों पर रहे। साइमन कमीशन में असम का पक्ष रखने के लिए प्रांत की सरकार ने उन्हें लंदन भेजा था, जहाँ वे दो साल रहे। झारखंड की राजधानी राँची में भी वे अफसर थे। इन क्षेत्रों के प्रशासनिक अनुभव का लाभ संविधान सभा को उस समय मिला, जब उन क्षेत्रों की अनेक गुत्थियाँ सुलझानी पड़ीं। असम तो मुसलिम लीग और ब्रिटिश सरकार की साजिश से पाकिस्तान का हिस्सा बन जाता, अगर बेनेगल नरसिंह राव के अनुभव से सहायता न मिलती। जहाँ-जहाँ वे अफसर थे, वहाँ उदार और मददगार व्यक्ति के रूप में जाने गए। गरीबों की मदद और जरूरतमंद छात्रों की पढ़ाई में फीस वगैरह की सहायता के बहुत उदाहरण विख्यात लोगों के संस्मरण में हैं। थोड़े दिनों दिल्ली के सचिवालय में कार्य करने के बाद अप्रैल

1935 में वे कलकत्ता हाईकोर्ट के जज बनाए गए, लेकिन वहाँ उनका इस पद पर कार्यकाल संक्षिप्त ही रहा।

क्योंकि दिल्ली में उनकी बड़ी जरूरत थी। रिफॉर्म ऑफिस में उन्हें ओ.एस.डी. बनाया गया। गवर्नर जनरल को संवैधानिक मामलों में सलाह देने के लिए उनके सचिवालय में 1919 में रिफॉर्म ऑफिस स्थापित किया गया था। उसे मांटेग्यू चेम्सफोर्ड सुधार कानून पर अमल के लिए बनाया गया था, जो 1921 तक कार्य करता रहा। दूसरी बार उसे 1930 में पुनः शुरू किया गया। भारत अधिनियम-1935 के कार्यान्वयन की निगरानी के लिए बेनेगल नरसिंह राव को उस दफ्तर में सितंबर 1935 में ओ.एस.डी. पद पर लाया गया। उन्हें गवर्नर जनरल की संवैधानिक सहायता करनी थी। 1946 में सेंट्रल असेंबली में मनु सुबेदार ने रिफार्म ऑफिस के बारे में सवाल पूछे, जिससे यह उजागर हुआ कि उसका कामकाज अत्यंत गोपनीय रखा जाता है। अरसे से बेनेगल नरसिंह राव संवैधानिक मामलों का अध्ययन कर रहे थे। उसके वे विशेषज्ञ थे। उनकी इस योग्यता और विशेषज्ञता ने वायसराय को प्रभावित किया था। यह कार्य तीन साल चलता रहा। उस कार्य को बेनेगल नरसिंह राव ने सराहनीय स्तर पर संपन्न किया। पहले के पुराने कानूनों को भारत अधिनियम के अनुरूप बनाए जाने का वह चुनौतीपूर्ण कार्य था। बेनेगल नरसिंह राव को इसके लिए ब्रिटिश सरकार ने 1938 में 'नाइटहुड' की उपाधि भी दी, लेकिन उनके इस महत्त्वपूर्ण योगदान का उल्लेख नहीं मिलता। अब कुछ सालों से इतिहासकारों ने इसका अध्ययन कर कहीं-कहीं थोड़ा लिखा है। कैबिनेट मिशन की योजना घोषित होने के बाद उनके कार्यों को देख-समझकर लोगों ने जाना और मानने लगे कि वे भारत शासन अधिनियम-1935 के विशेषज्ञ तो थे ही, संवैधानिक प्रश्नों के विश्वकोश भी थे।

अगर बेनेगल नरसिंह राव अपने प्रयास में लालफीताशाही पर विजय पा जाते तो भारत चिकित्सा क्षेत्र के शोध में दुनिया का अग्रणी देश बहुत पहले होता। उन्होंने एक सोसाइटी बनवाकर विज्ञान, स्वास्थ्य और दवा पर शोध केंद्र स्थापित करने के लिए प्रयास शुरू किया, जिससे विश्वप्रसिद्ध वैज्ञानिकों को जोड़ने की उन्होंने कोशिश की थी। इसकी एक अलग कहानी है। उसका इतिहास है, जिससे बेनेगल नरसिंह राव की विज्ञान संबंधी रुचि की थाह पा सकते हैं। वे बेंगलुरु में सेंट्रल हेल्थ रिसर्च संस्था की स्थापना कर नोबल पुरस्कार प्राप्त एक विश्व प्रसिद्ध वैज्ञानिक को भारत ले आना चाहते थे, जिसके लिए वे कई साल प्रयत्नशील रहे। लेकिन उन्हें इसमें सफलता नहीं मिली। वे पुनः कलकत्ता लौटे, जहाँ 1939 से 1944 तक हाईकोर्ट में जज रहे। 1944 में वे रिटायर हुए। उन कुछ सालों में अनेक आयोगों के वे अध्यक्ष भी बनाए गए थे, जिनमें से तीन का उल्लेख आवश्यक है। सिंध और पंजाब में सिंधु नदी के पानी बँटवारे का विवाद उन्होंने सुलझाया। हिंदू पर्सनल लॉ में सुधार के आयोग के भी वह अध्यक्ष थे। उनकी रिपोर्ट का स्थायी महत्त्व है। वह इस विषय का एक संदर्भ दस्तावेज बन गया है। मद्रास

प्रेसिडेंसी और उड़ीसा में सीमा-विवाद को हल करने में वे सफल रहे।

जिस समय वे रिटायर हुए, तब तेज बहादुर सप्रू ने उनसे जम्मू-कश्मीर के प्रधानमंत्री का दायित्व सँभालने का आग्रह किया, जिसे उन्होंने अपने लिए नई चुनौती समझा। वे श्रीनगर गए, पर वहाँ वे टिक नहीं पाए। जम्मू-कश्मीर के महाराजा हरि सिंह की कार्यशैली से वे असहमत थे। ऐसी परिस्थिति में कुछ दिनों बाद ही उन्होंने महाराजा हरि सिंह को एक पत्र लिखा। वह पत्र बेनेगल नरसिंह राव ही लिख सकते थे। उन्होंने स्पष्ट किया कि 'आपके फैसलों पर बिना यकीन किए, उसे मानना ईमानदारी नहीं होगी।'[18] यही कारण बताकर उन्होंने इस्तीफा दे दिया।

वह समय था भारत के लिए ऐतिहासिक। इतिहास स्वयं करवट ले रहा था, जिसे बेनेगल नरसिंह राव ने समझा और अपनी उसमें भूमिका स्वयं निर्धारित की। अगर वे कॅरियर के पीछे भागनेवाले प्राणी होते, तो पुनः जज बनने का प्रस्ताव स्वीकार कर लेते। जम्मू-कश्मीर के प्रधानमंत्री पद से इस्तीफा देने के तुरंत बाद की यह घटना है। भारत सरकार की ओर से उनको एक प्रस्ताव मिला। कलकत्ता हाईकोर्ट में जज के स्थायी पद का वह प्रस्ताव था। इसे अस्वीकार करते हुए उन्होंने वायसराय के निजी सचिव को एक पत्र लिखा। वह पत्र उनकी महत्तर भूमिका के लिए तैयार मानस का परिचय देता है। उन्होंने लिखा कि 'अगर निजी संभावनाओं का विचार हो तो मेरे लिए इस प्रस्ताव को स्वीकार करना सरल है, लेकिन मैं इस बारे में दूसरे दृष्टिकोण से सोचता हूँ। अपने जीवन का करीब बारह साल का समय मैंने संवैधानिक कानूनों और विशेषकर भारत के संविधान का अध्ययन करने में लगाया है। अगर मुझे अवसर मिले तो भारतीय संघ का संवैधानिक ढाँचा बनाने में अपना योगदान कर सकता हूँ। अगर मुझे चुनना पड़े तो भारतीय संघ का रचना-कार्य पूरा होने तक मैं उससे जुड़ा रहना चाहूँगा।'[19]

इस पत्र का अनुकूल प्रभाव पड़ा। वायसराय ने उन्हें सचिव पद का दर्जा देकर गवर्नर जनरल सचिवालय के रिफॉर्म ऑफिस में स्थान दिया। रिफार्म ऑफिस में उनकी नियुक्ति दूसरी बार हो रही थी। उसी समय आजाद हिंद फौज के तीन अफसरों पर देशद्रोह का मुकदमा चलाया जा रहा था। वे नेताजी सुभाषचंद्र बोस के सहयोगी थे। लाल किले में अदालत थी। पूरे देश में आजाद हिंद फौज के लिए भावनात्मक समर्थन का ज्वार उमड़ आया था। आजाद हिंद फौज के अफसरों को बचाने के लिए भूला भाई देसाई सरीखे बड़े वकील सामने आए। उन्हें एक कानूनी दस्तावेज बेनेगल नरसिंह राव ने सौंपा। उसमें जो तर्क और तथ्य थे, उससे बचाव में बड़ी मदद मिली। रिफॉर्म ऑफिस में थे, तभी यह कार्य किया। वहाँ करीब एक साल वे इस पद पर रहे। जुलाई 1946 में उन्हें लार्ड वेवेल ने संविधान सभा का संवैधानिक सलाहकार बनाया। संविधान सभा का कार्यालय 1 जुलाई, 1946 को स्थापित हुआ।

लेकिन उससे पहले ही बेनेगल नरसिंह राव ने संविधान सभा के कार्यालय की कार्य-नीति निर्धारित की। उसकी संरचना को एक स्वरूप दिया। अनेक अध्येताओं ने लिखा है कि

उसे देखने पर एक बात साफ होती है कि बेनेगल नरसिंह राव का प्रयास औचित्यपूर्ण प्रक्रिया पर था। यह प्रस्ताव रखा और उसे मान भी लिया गया कि संवैधानिक सलाहकार पद पर वे अवैतनिक रूप में काम करेंगे। इसके लिए उनके दो तर्क थे—पहला कि हर पक्ष उन्हें निष्पक्ष माने; दूसरा कि अगर संविधान के बनने में देर होती है तो उसका दोषारोपण संविधान सभा के कार्यालय पर न आए। इस पर उन्हें जब मंजूरी मिल गई, तब संविधान सभा के कार्यालय का जैसा वे चाहते थे, वैसा गठन करने का प्रस्ताव रखा। कैबिनेट मिशन ने भारत को दो श्रेणी में बाँट रखा था—ब्रिटिश भारत और रियासतें। इनके लिए अलग-अलग सचिव और उसके समस्याग्रस्त क्षेत्रों के लिए विशेषज्ञ नियुक्त करवाए। संवैधानिक सलाहकार के रूप में बेनेगल नरसिंह राव पहले वायसराय वेवेल को परामर्श दे रहे थे। सविधान सभा के गठन की घोषणा हो जाने पर उन्होंने डॉ. राजेंद्र प्रसाद से भेंट की। उसके बाद 7 दिसंबर, 1946 को डॉ. राजेंद्र प्रसाद को एक पत्र लिखा। वह उनके कागजात में उपलब्ध है, दस्तावेजों का हिस्सा है, जिससे संविधान सभा के सलाहकार के कार्यालय और कार्य-संबंधी जानकारी मिलती है। उस पत्र में उन्होंने मोटे तौर पर दो बातें सुझाईं—पहला यह कि संविधान सभा संवैधानिक सलाहकार की नियुक्ति करे। ऐसा ही हुआ। जवाहरलाल नेहरू ने संविधान सभा में एक प्रस्ताव रखा। वह स्वीकृत हुआ। इस तरह बेनेगल नरसिंह राव जिस प्रक्रिया से संविधान सभा के संवैधानिक सलाहकार पद पर पुनः स्थापित होना चाहते थे, वह हुआ। दूसरा कि संवैधानिक सलाहकार को अपने कार्य में पूरी स्वतंत्रता मिलनी चाहिए, जिससे वह अपनी योग्यता और क्षमता का सर्वोत्तम संविधान सभा को दे सके। इसका उत्तर अगले ही दिन डॉ. राजेंद्र प्रसाद ने उन्हें दिया। इस पत्र-व्यवहार से स्पष्ट है कि बेनेगल नरसिंह राव को पहले से ही पता था कि डॉ. राजेंद्र प्रसाद ही संविधान सभा के अध्यक्ष चुने जाएँगे। उन्होंने संविधान सभा के सलाहकार के कार्यालय को दलीय राजनीति के प्रभाव से परे रखा।

वे समय से पहले की सोचते थे। उसकी तैयारी कर लेते थे। गवर्नर जनरल सचिवालय में भी उन्होंने यही किया। अपना कार्य बिना देर किए शुरू किया। सितंबर 1945 में उन्होंने एक प्रारूप बनाया। वह भारत-ब्रिटिश संधि का एक प्रस्ताव था। स्वयं निर्णय करना और उस पर कार्य करना उनकी कार्य शैली की विशेषता थी। यह समझकर कि 1942 के क्रिप्स प्रस्ताव का सिद्धांत ही समझौते का आधार होगा, उन्होंने संधि का प्रस्ताव बनाया। ब्रिटेन के आम चुनाव का परिणाम आ गया था। 1945 में एटली की सरकार बन चुकी थी। एटली ने वेवेल को बुलाया। जहाँ क्रिप्स मिशन ने 1942 में छोड़ा था, वहीं से नई शुरुआत करने के निर्देश दिए। यह स्पष्ट नहीं है कि बेनेगल नरसिंह राव का प्रारूप वेवल के निर्देश पर था या उनकी अपनी योजना में था? लेकिन इसके दस्तावेज उपलब्ध हैं कि बेनेगल नरसिंह राव ने जवाहरलाल नेहरू से 21 नवंबर, 1945 को जो लंबी बात की, वह सत्ता हस्तांतरण की गुत्थियों के बारे में ही थी।

उस दस्तावेज में प्रश्न हैं और उन पर नेहरू के विचार हैं। बेनेगल नरसिंह राव की टिप्पणी भी है। वह बेनेगल नरसिंह राव के पेपर्स में उपलब्ध है। उस बातचीत में संक्रमण काल के लिए वायसराय काउंसिल का पुनर्गठन मुख्य था, जिसमें नेहरू ने अपनी प्राथमिकता बताई और कहा कि प्रांतों और केंद्रीय असेंबली के चुनाव नतीजे का इंतजार करना होगा। दूसरा विषय था कि पुनर्गठन की प्रक्रिया क्या हो ? तीसरा विषय था कि संविधान सभा की सदस्य संख्या क्या होनी चाहिए। क्रिप्स मिशन ने 200 की संख्या रखी थी। जवाहरलाल नेहरू चाहते थे कि कम-से-कम 300 और अधिक-से-अधिक 400 संख्या वाली संविधान सभा होनी चाहिए। इस तरह के तात्कालिक पर स्थायी महत्त्व के मुद्दों पर जो नोट उन्होंने बनाया था, वह ब्रिटिश सरकार के अगले कदम में सहायक बना। कैबिनेट मिशन ने संविधान सभा में प्रतिनिधित्व का जो आधार सुझाया था, उससे नेहरू की संख्या का विचार साकार होता था।

कैबिनेट मिशन की योजना घोषित होने के बावजूद संविधान सभा के गठन में निरंतर विलंब हो रहा था, क्योंकि कांग्रेस, मुसलिम लीग और वेवल में चल रही वार्त्ता अंतहीन थी। उसके सकारात्मक परिणाम नहीं सामने आ पा रहे थे। उस दौरान हर पक्ष ने बेनेगल नरसिंह राव से समय-समय पर परामर्श माँगा और उन्होंने समुचित परामर्श दिए। कैबिनेट मिशन योजना की व्याख्या पर मतभेद था। 18 सितंबर, 1946 को जिन्ना ने बेनेगल नरसिंह राव से लंबी बात की। दस सवालों पर अपने लिए स्पष्टीकरण माँगा। पहला सवाल था कि संविधान सभा की प्रारंभिक बैठकों में विचार का विषय क्या होगा। कैबिनेट मिशन ने सिर्फ इतना ही लिखा था कि कार्यवाही की प्रक्रिया का निर्धारण होगा। जिन्ना जानना चाहते थे कि इसका अर्थ क्या है। दूसरा सवाल था कि संविधान सभा की प्रक्रिया निर्धारण के लिए जो कमेटी नियम बनाएगी, उसका गठन किस प्रकार होगा। ऐसे ही उनके सवाल थे, जिसका बिंदुवार जवाब बेनेगल नरसिंह राव ने दिया। जिन्ना के सवालों से यह साफ हो जाता है कि तब तक उन्होंने संविधान सभा के बहिष्कार पर पक्का मन नहीं बनाया था।

जिन्ना की दुविधा से परिचित बेनेगल नरसिंह राव ने कोशिश की कि ब्रिटिश साम्राज्यवाद की चाल में 'मुसलिम लीग' न फँसे और एक संवैधानिक राह निकल आए। अनेक इतिहासकारों ने यह लिखा है और उसे एक सैद्धांतिक ढाँचा दिया है कि उस समय साम्राज्यवाद के उपनिवेशवाद, राष्ट्रवाद और संविधानवाद का त्रिकोण बना हुआ था। संविधानवाद की माया सब पर छाई हुई थी। लेकिन राजनीतिक हितों के जबरदस्त टकराव के कारण संविधानवाद से औपनिवेशिक हित तो सधे, लेकिन राष्ट्रवाद लहूलुहान होता रहा। पराजय से भी बुरी वह गत थी, जो उन दिनों राष्ट्रवाद की बनी। संविधानवाद से अखंड भारत की स्वाधीनता संभव हो जाए, इसके प्रयास में बेनेगल नरसिंह राव लगे रहे, पर विफल हुए। इतिहास की यह बड़ी विडंबना है। स्वाधीनता की भारत विभाजन में परिणति हुई। उस दौर में बेनेगल नरसिंह राव ने कोशिश की

कि राजनीतिक हितों की टकराहट टले और एक संवैधानिक हल निकले। संविधान का जो मूल मसौदा उन्होंने बनाया, वह इसी लक्ष्य से प्रेरित था कि भारत एक संघीय गणराज्य बने, जिसमें राज्यों को हर संभव स्वायत्तता मिले। उस दौर के उनके प्रयास और पत्र-व्यवहार भी यही बताते हैं, लेकिन परिस्थितियों ने विपरीत दिशा में मोड़ ले लिया।

जहाँ कांग्रेस नेतृत्व कैबिनेट मिशन में ही उलझा हुआ था, वहाँ बेनेगल नरसिंह राव ने जिन्ना के अड़ियलपन से यह समझने में देर नहीं की कि कैबिनेट मिशन की योजना विफल हो जाएगी। वैसा ही हुआ। ब्रिटिश प्रधानमंत्री ने 20 फरवरी, 1947 को जो घोषणा की, उसमें भारत विभाजन के स्पष्ट संकेत थे। तब संविधान सभा की दृष्टि से क्या-क्या किया जाना चाहिए, इसका पूर्वानुमान लगाकर जो-जो मुद्दे उलझाव के होंगे, उनकी संवैधानिक तैयारी की। डॉ. राजेंद्र प्रसाद थोड़े चिंतित थे। उन्होंने 9 मार्च, 1947 को बेनेगल नरसिंह राव को बुलाया। उनसे बात की। पूछा कि ब्रिटिश प्रधानमंत्री की घोषणा के बाद क्या करना चाहिए? बेनेगल नरसिंह राव इस समस्या पर विचार कर चुके थे। उन्होंने संविधान सभा के अध्यक्ष को वरीयता क्रम से उन कार्यों की सूची दी, जो उस समय जरूरी थे। मूल प्रश्न यह था कि सत्ता हस्तांतरण से पहले संविधान और सरकार को क्या-क्या सावधानी बरतनी है। सत्ता हस्तांतरण की एक शर्त यह भी थी कि जून 1948 से पहले संविधान बन जाना चाहिए था। उस बातचीत के बाद 17 मार्च, 1947 को बेनेगल नरसिंह राव ने एक प्रश्न सूची जारी की। वह संविधान सभा के सदस्यों के अलावा सेंट्रल असेंबली और प्रांतों की असेंबली के सदस्यों को भेजी गई, जिसमें एक प्रश्न यह पूछा गया था कि भारतीय गणराज्य के प्रधान का पद क्या अमेरिका जैसा हो या दूसरे देशों जैसा? उसका चुनाव कैसे हो? कार्यकाल कितना हो? क्या दोबारा चुनाव की व्यवस्था होनी चाहिए? उनका संवैधानिक अधिकार क्या हो? केंद्र सरकार किस प्रकार की हो? मताधिकार किसे दिया जाए?—इस तरह के कुल 27 प्रश्न पूछे गए थे। इसके अलावा एक अस्थायी संविधान भी बेनेगल नरसिंह राव ने बनाया था, जो जरूरत पड़ने पर प्रस्तुत किया जा सकता था।

संविधान सभा में जब जवाहरलाल नेहरू ने उद्देश्य संकल्प रखा और उस पर बहस के जवाब का समय आया तो कॉमनवेल्थ के प्रश्न पर उन्हें संविधान सभा में क्या बोलना चाहिए, इसका सुझाव बेनेगल नरसिंह राव ने उन्हें लिखकर दिया। उनके सुझाव में जो तर्क और उदाहरण थे, ज्यादातर उन्हें ही नेहरू ने प्रस्तुत किया। संविधान सभा के दूसरे अधिवेशन का जब समय आया तो डॉ. राजेंद्र प्रसाद ने बेनेगल नरसिंह राव से दो प्रश्नों पर सलाह ली। वे प्रश्न वास्तव में मुसलिम लीग ने उठाए थे। यह बात जनवरी 1947 की है। बेनेगल नरसिंह राव ने उन प्रश्नों का समाधान दिया। संविधान सभा ने संविधान का मसौदा बनाने के लिए मसौदा समिति का गठन 29 अगस्त, 1947 को किया। उससे पहले तीन सलाहकार समितियाँ बनाई जा चुकी थीं—पहली थी, मौलिक अधिकार संबंधी। दूसरी थी, संघ के अधिकार संबंधी।

तीसरी थी, संघ और प्रांतों के संविधान संबंधी। इनकी रिपोर्ट अप्रैल से अगस्त 1947 के दौरान संविधान सभा को मिल गई थी। इनकी सिफारिशों पर संविधान सभा में चर्चा पूरी हो गई थी, जिससे संविधान के सिद्धांतों का निर्धारण करीब-करीब हो गया था। उसके बाद संवैधानिक सलाहकार बेनेगल नरसिंह राव ने संविधान का मूल मसौदा बनाया। उसी मसौदे के आधार पर डॉ. भीमराव आंबेडकर की अध्यक्षता में 'मसौदा समिति' ने विचार किया और पहला मसौदा बनाया। मसौदा समिति की कार्यवाही के विवरण से स्पष्ट है कि हर बैठक में बेनेगल नरसिंह राव उपस्थित थे।

बेनेगल नरसिंह राव के मूल मसौदे में देश का नाम 'इंडिया' था। एक संघ की परिकल्पना थी, जो 1935 के अधिनियम के आधार पर था। संघीय संसद् का प्रावधान था। संविधान के तीसरे अध्याय में नीति-निदेशक सिद्धांतों के लिए 41 प्रावधान थे। उसमें गाँव और पंचायत का कोई उल्लेख नहीं था। भारतीय संघ के प्रधान को राष्ट्रपति के पद से विभूषित किया गया था। मूल मसौदे में 240 अनुच्छेद और 13 अनुसूची थीं। बेनेगल नरसिंह राव से मूल मसौदा प्राप्त होने के बाद संविधान सभा के अध्यक्ष ने उन्हें अमेरिका, कनाडा, आयरलैंड और इंग्लैंड भेजा। वहाँ उन्हें भारत के संविधान पर उन देशों के विशेषज्ञों से परामर्श करना था। अक्तूबर से दिसंबर 1947 के दिनों में वे वहाँ गए। उसकी रिपोर्ट संविधान सभा के अध्यक्ष को दी, जिसमें किससे क्या बात हुई और उनका क्या कहना था, यह सब है। जून 1948 में बेनेगल नरसिंह राव ने आई.ए.एस. प्रोबोशनर्स के सामने संसदीय प्रणाली पर जो व्याख्यान दिया, वह इस धारणा को बदलने का एक आधार देता है कि वे प्राचीन भारत की राज्य व्यवस्था से अपरिचित थे। उन्होंने अपने भाषण में शुरू में ही स्पष्ट कर दिया है कि भारत का जो संविधान बन रहा है, उससे संसदीय शासन प्रणाली निकलेगी। प्राचीन भारत में ही अनेक गणराज्य थे। प्राचीन भारत की राज्य व्यवस्था का विशद वर्णन कर उन्होंने आधुनिक भारत के बारे में जानकारी दी। '1858 से वे आधुनिक भारत की गणना करते हैं। वे बताते हैं कि आधुनिक भारत में संसदीय राजनीति के चार चरण हैं—पहला, 1858 से 1920; दूसरा, जनवरी 1921 से मार्च 1937; तीसरा, अप्रैल 1937 से 14 अगस्त,1947; चौथा, 15 अगस्त, 1947 के बाद।'[20] उसी भाषण में वे यह बताते हैं कि सत्ता हस्तांतरण के लिए एक अस्थायी संविधान बनाया गया था। वह 1935 के अधिनियम पर ही आधारित था।

बेनेगल नरसिंह राव थे तो संवैधानिक सलाहकार, लेकिन उनका स्थान उस दौर में हर रोज ऊँचा होता गया। वे संविधान निर्माण की प्रक्रिया में अपरिहार्य बनते गए। उनके परामर्श का एक छोटा शब्द, जो वह दे देते थे, संविधान सभा के नेतृत्व के लिए महावाक्य बन जाता था। संविधान सभा की बहस में इसे देखना संभव नहीं है। इसके लिए 'द फ्रेमिंग ऑफ इंडियाज कॉन्स्टीट्यूशन' के मूल चार खंड के पन्ने पलटने होंगे। जिसके हर पन्ने पर बेनेगल नरसिंह राव किसी-न-किसी रूप में अपने नोट और ड्राफ्ट के शब्दों में उपस्थित हैं। थे वे

सिविल सर्वेंट। वह भी उस समय के, जब स्वाधीनता संग्राम का नेतृत्व लाल-बाल-पाल कर रहे थे। राष्ट्रीयता की पहली भीषण लहर उन दिनों ही भारत में 1857 के बाद उठी थी। उस सिविल सर्वेंट को भारतीय संविधान के प्रधान निर्माता होने का श्रेय संविधान सभा ने दिया, ऐसा रूपांतरण इतिहास में कम मिलेगा। संविधान की उन्होंने जो परिकल्पना दी, उस पर मौलिक प्रश्न पहले बाहर उठे, जिसकी अनुगूँज संविधान सभा में सुनाई पड़ी। उसका कोई परिणाम नहीं निकला, सिवाय एक अपवाद के। बेनेगल नरसिंह राव के मूल मसौदे पर जिन लोगों ने प्रश्न उठाए, वे चर्चा को सिर्फ चटकारा ही बना सके। जो चाहते थे, वैसा परिवर्तन नहीं करा सके, क्योंकि बेनेगल नरसिंह राव ने उस तरह के विचार और सुझाव को स्वीकार नहीं किया। उन सुझावों को अव्यावहारिक बताया। जो सुझाव डॉ. राजेंद्र प्रसाद के पास आया था और जिसे उन्होंने संवैधानिक सलाहकार को विचारार्थ भेजा, वह कोई नया नहीं था।

एनी बेसेंट और तेज बहादुर सप्रू ने 'कॉमनवेल्थ ऑफ इंडिया बिल, 1924' में वह सुझाव पहली बार एक राष्ट्रीय सम्मेलन में प्रस्तुत किया था। उसमें भी बालिग मताधिकार के आधार पर निर्वाचित ग्राम पंचायतों के गठन का प्रस्ताव था। यह भी उसमें प्रस्ताव था कि विधानसभा और लोकसभा का निर्वाचन परोक्ष मतदान से हो। यही सुझाव पुन: 1948 में डॉ. राजेंद्र प्रसाद के पास आया, जिसे उन्होंने विचार के लिए बेनेगल नरसिंह राव को भेज दिया। उनका लिखित जवाब यहाँ दोहराने की जरूरत नहीं है। उन्होंने उसे स्वीकार नहीं किया। अगर उसे स्वीकार कर लेते तो ग्राम-आधारित राज्य व्यवस्था की रचना हो सकती थी। प्रश्न दूसरा भी है कि क्या संविधान सभा का नेतृत्व ऐसा करना चाहता था? डॉ. भीमराव आंबेडकर और डॉ. राजेंद्र प्रसाद ने संविधान सभा में बेनेगल नरसिंह राव को जो श्रेय दिया, वह यथातथ्य है। पूरा सच खोजा जाना है। वह अदृश्य है। जो दिखता है, वह इतना ही है कि बेनेगल नरसिंह राव ने संविधान का नक्शा बनाया। नींव रखी और उसी पर बना संविधान का भवन।

संविधान की नींव उस नक्शे पर बनी, जिसे बेनेगल नरसिंह राव भारत के लिए उपयुक्त समझते थे। इसमें उन संस्थाओं और प्रथाओं को भी समाहित किया, जिसे वे अंग्रेजों की भारत को देन के रूप में देखते थे, जिसका उन्होंने कॉमनवेल्थ के अपने नोट में स्पष्ट उल्लेख भी किया है। क्या वे ब्रिटिश हितों के प्रतिनिधि थे? क्या वे भारत की राष्ट्रीयता के भाव से दूर थे? ये प्रश्न अधिक शोध चाहते हैं। अरविंद इलेंगोवान ने अपनी पुस्तक 'नॉर्म्स एंड पॉलिटिक्स, सर बेनेगल नरसिंह राव इन द मेकिंग ऑफ द इंडियन कॉन्स्टीट्यूशन, 1935-1950' में एक अलग दृष्टिकोण प्रस्तुत किया है। वह यह है कि 'हमें समझना चाहिए कि भारत का संविधान औपनिवेशिकता और राष्ट्रीयता का सम्मिश्रण नहीं है। यह दोनों को चुनौती देता है। संविधानवाद की रचनात्मक समझ से बेनेगल नरसिंह राव ने जो संविधान बनाया, उससे ब्रिटिश औपनिवेशिक सत्ता और भारतीय राष्ट्रवादी नेतृत्व दोनों को अनेक कष्ट थे। बेनेगल नरसिंह राव हर कीमत पर

भारत के बँटवारे को रोकना चाहते थे। ऐसा राज्य बनाना चाहते थे, जिसमें सुशासन हो और जो रोजमर्रा की राजनीति से अछूता रहे, लेकिन उनके इस प्रयास को नेतृत्व ने विफल कर दिया।' जिन संसदीय प्रथाओं ने अंग्रेजी जमाने से भारत में अपनी जड़ें जमा ली थीं, उनकी निरंतरता को बेनेगल नरसिंह राव ने संविधान के नक्शे में प्रमुखता दी। नए प्रयोग को हतोत्साहित किया। ग्राम पंचायत आधारित संविधान और उससे उत्पन्न राज्य व्यवस्था को वे संविधान की परिकल्पना में परकाया प्रवेश मानते थे। इससे भिन्न एक दृष्टिकोण भी है। ब्रिटिश शासन से राज्य व्यवस्था की जो संरचना बनी, उसे ही उन्होंने संविधान में शामिल किया, क्योंकि प्रधानमंत्री जवाहरलाल नेहरू भी यही चाहते थे।

## संदर्भ—


1. भारतीय संविधान सभा के वाद-विवाद की सरकारी रिपोर्ट (हिंदी संस्करण), अंक-11, संख्या-11, 25 नवंबर, 1949, पृ. 4218
2. वही, अंक-11, संख्या-12, 26 नवंबर, 1949, पृ. 4236-4237
3. इंडियाज कांस्टीट्युशन इन द मेकिंग, बी.एन. राव, संपादक वी. शिवाराव, फारवर्ड, पृ. vi
4. वही, पृ. vii

5-6. वही, प्रीफेस, पृ. ix

7. वही, बायोग्राफिकल स्केच, पृ. xxiii
8. वही, अध्याय : इंडिया एंड द कॉमनवेल्थ-I, पृ. 342
9. वही, ए बायोग्राफिकल स्केच, पृ. xxiv
10. वही, अध्याय : इंडिया एंड द कॉमनवेल्थ-II, पृ. 352
11. भारतीय संविधान सभा के वाद-विवाद की सरकारी रिपोर्ट (हिंदी संस्करण), अंक-2, संख्या-3, 22 जनवरी, 1947, पृ. 11
12. वही, अंक-8, संख्या-1, 16 मई, 1949, पृ. 3
13. वही, पृ. 4
14. वही, अंक-8, संख्या-2, 17 मई, 1949, पृ. 127
15. इंडियाज कॉन्स्टीट्युशन इन द मेकिंग, बी.एन. राव, संपादक : बी. शिवा राव, ए बायोग्राफिकल स्केच, पृ. ix
16. नार्म्स एंड पॉलिटिक्स—सर बेनेगल नरसिंह राव इन द मेकिंग ऑफ द इंडियन कॉन्स्टीट्युशन, 1935-1950, अरविंद इलेंगवान, अध्याय : बी.एन. राव, ए ब्रीफ बायोग्राफी, पृ. 15
17. वही, पृ. 17
18. इंडियाज कॉन्स्टीट्युशन इन द मेकिंग, बी.एन. राव, संपादक : बी. शिवा राव, ए बायोग्राफिकल स्केच, पृ. Xviii
19. वही, पृ. xix
20. वही, अध्याय—भारत में संसदीय प्रणाली का शासन, पृ. 320
21. नार्म्स एंड पॉलिटिक्स—सर बेनेगल नरसिंह राव इन द मेकिंग ऑफ द इंडियन कॉन्स्टीट्युशन, 1935-1950, अरविंद इलेंगवान, अध्याय : इंट्रोडक्शन, पृ. 12


□

# 50

# सरदार पटेल में गांधी दिखे

संविधान सभा अंतत: अपनी मंजिल पाने में सफल हो गई। संविधान का निर्माण कार्य संपन्न हुआ। पाकिस्तान को जो सफलता नहीं मिली, उसे भारत ने विपरीत परिस्थितियों के बावजूद अर्जित किया। क्योंकि मतभेद और गंभीर आलोचनाओं के बावजूद सबकी सहमति से संविधान निर्माण हो सका। वह एक उपलब्धि थी। 26 नवंबर, 1949 को यह कार्य पूरा हुआ। वह संविधान सभा का अंतिम दिन क्यों नहीं बना? इसे संविधान के जिज्ञासु जानने में उत्सुक होंगे। वे इसे खोजेंगे भी। अपनी जिज्ञासा शांत करने के लिए इतिहास के उस दौर में जाएँगे। तब एक सच सामने आएगा। संविधान सभा के अंतिम चरण में अनेक सदस्यों ने अपनी शुभेच्छा व्यक्त की थी कि डॉ. राजेंद्र प्रसाद ही भारतीय गणराज्य के प्रथम राष्ट्रपति चुने जाएँ। यह सिर्फ कांग्रेस के सदस्यों की ही नहीं, बल्कि पूरी सभा का एक स्वर से विचार था। संविधान सभा के सदस्य डॉ. राजेंद्र प्रसाद को जानते और मानते तो पहले से ही थे। लेकिन संविधान सभा के दौरान उन्हें जैसा अनुभव हुआ, उससे हर किसी के मन में उनके प्रति सम्मान बढ़ता गया। डॉ. राजेंद्र प्रसाद ने अपनी निष्पक्षता, सरलता और सद्व्यवहार से एक नैतिक आभा अर्जित की।

उससे सदस्यों में उनके लिए एक सद्भावना पैदा हुई। हर सदस्य उन्हें राष्ट्रपति पद पर देखना चाहता था। संविधान सभा का सार्थक और सफल संचालन करते हुए भी उन्होंने अपना हाथ जलने नहीं दिया और उतनी ही सतर्कता और संयम से दूसरों को भी जलने से बचाया।

ऐसे उदाहरण विरले ही पाए जाते हैं। डॉ. राजेंद्र प्रसाद ने अपने सदाचार और निष्पक्ष व्यवहार से अपने प्रशंसकों का संसार व्यापक बनाया। सरदार बल्लभभाई पटेल के सचिव वी. शंकर ने अपने संस्मरण में लिखा है कि 'संविधान सभा का संचालन जिस योग्यता से डॉ. राजेंद्र प्रसाद ने किया और सदस्यों की सद्भावना जैसी सरदार ने देखी तो वे भी समझते थे कि डॉ. राजेंद्र प्रसाद को ही भारतीय गणराज्य का पहला राष्ट्रपति होना चाहिए।'[1] संविधान सभा के कांग्रेसी सदस्यों ने अपनी भावना डॉ. राजेंद्र प्रसाद से अटूट बना ली थी। इसे सरदार जानते थे। यह भी एक बड़ा कारण था कि सरदार भी इसी मत के हो गए थे कि डॉ. राजेंद्र प्रसाद भारतीय गणराज्य के पहले राष्ट्रपति चुने जाएँ। कांग्रेस ने लाहौर में बहुत पहले 'पूर्ण स्वराज्य' का संकल्प लिया था। वह पूरा होने जा रहा था, लेकिन इस पर संशय बना हुआ था कि क्या डॉ. राजेंद्र प्रसाद ही भारतीय गणराज्य के पहले राष्ट्रपति निर्वाचित किए जाएँगे?

अध्यक्ष डॉ. राजेंद्र प्रसाद ने संविधान सभा में उस दिन कहा कि 'जनवरी में इस सभा का एक और सत्र निमंत्रित करने का मुझे अधिकार दिया जाए।'[2] इस पर सत्यनारायण सिन्हा ने प्रस्ताव रखा और वह पारित हुआ। अंतिम बात डॉ. राजेंद्र प्रसाद ने उस दिन यह कही कि 'सभा स्थागित होने से पूर्व मैं उसी प्रकार से हाथ मिलाऊँगा, जैसा कि मैंने अध्यक्ष चुने जाने पर सबके पास जाकर हाथ मिलाया था।'[3] जवाहरलाल नेहरू ने तब कहा, 'एक-एक करके हम आपके पास आएँगे और हाथ मिलाएँगे।'[4] हर सदस्य ने यही किया। इसके पश्चात् संविधान सभा स्थगित हो गई। संविधान सभा के स्थगन और समापन सत्र में करीब दो महीने का अंतराल था। पं. जवाहरलाल नेहरू ने अगले कदम के बारे में गलत अनुमान लगाया। इस कारण कांग्रेस में एक राजनीतिक तूफान उठ खड़ा हुआ। कारण कि पं. नेहरू ने जो निर्णय किया, वह संविधान सभा के ज्यादातर कांग्रेसी सदस्यों के गले नहीं उतर रहा था। उन्होंने उसे मनवाने की जिद की। निर्णय कराने की जल्दबाजी में वह राजनीतिक तूफान में बुरे फँसे। इतना कि कई बार उन्हें हताश और निराश होना पड़ा। वह घटना उनके पैर उखाड़ देने में समर्थ थी। जवाहरलाल नेहरू ने ऐसा अप्रिय निर्णय क्यों किया? क्यों उन्होंने वह ठानी, जो कांग्रेसियों को पसंद नहीं था?

इन प्रश्नों के उत्तर संविधान सभा के इतिहास में हवा हो जाते, अगर महावीर त्यागी और वी. शंकर ने अपने संस्मरण लिखे न होते। यह बात दूसरी है कि उनके संस्मरण बहुत देर से छपे। वी. शंकर के संस्मरण 1975 में दो खंडों में छपा। पं. नेहरू के सहयोगी, मशहूर स्वाधीनता सेनानी, कांग्रेस के नेता और संविधान सभा के सदस्य महावीर त्यागी का भी संस्मरण दो खंडों में था, जिसे 1999 में एक पुस्तक में उनकी बेटी उमा रानी ने छपवाया। वी. शंकर के संस्मरण का शीर्षक है—'संविधान निर्माण का अंतिम चरण'। जो खंड दो का 17वाँ अध्याय है। वी. शंकर ने लिखा है, 'मैं इसे दुर्भाग्यपूर्ण मानता हूँ कि पं. जवाहरलाल नेहरू ने उस समय के हर महत्त्वपूर्ण प्रश्न की उपेक्षा कर गणतंत्र के पहले राष्ट्रपति के निर्वाचन को अपनी वरीयता में

सबसे ऊपर रखा। सरदार ने कांग्रेस के सदस्यों की भावना को भाँप लिया था कि वे डॉ. राजेंद्र प्रसाद को इस पद पर निर्वाचित कराना चाहते हैं। सरदार ने नेहरू को यह बता भी दिया था। इसका कारण यह था कि संविधान सभा के अध्यक्ष का कार्य जिस बढ़िया ढंग से डॉ. राजेंद्र प्रसाद ने चलाया और एक निष्ठावान कांग्रेसी के रूप में उनका जो रिकॉर्ड था, इस आधार पर सरदार सोचते थे कि वे इस पद के लिए सर्वथा उपयुक्त हैं।'[5]

सरदार पटेल के निजी सचिव वी. शंकर उनकी परछाईं जैसे थे। उन्होंने लिखा है, 'सरदार उस घटना की उपेक्षा नहीं कर सकते थे, जो राजाजी (सी. राजगोपालाचारी) पर कलंक की तरह उस समय भी मँडरा रही थी। कांग्रेस के नेता जब 1945 में जेलों से रिहा हुए, तब से कांग्रेस की हर कार्यसमिति और महासमिति की बैठक में राजाजी के विरोध में उग्र भावना हिलोरें लेती थी। सरदार और महात्मा गांधी के प्रयास से उन्हें कांग्रेस में स्थान मिल गया। वे पश्चिम बंगाल के गवर्नर भी बना दिए गए। इस पद पर रहते हुए उन्होंने लार्ड माउंटबेटन और जवाहरलाल नेहरू के मन में अपने लिए जो जगह बनाई, उससे वह गवर्नर जनरल भी बने, जिन्हें नेहरू निर्विरोध राष्ट्रपति निर्वाचित कराना चाहते थे। जहाँ तक सरदार पटेल का प्रश्न है, वे जवाहरलाल नेहरू के इस इरादे से परिचित होने के कारण उस समय एक हद तक ऊहापोह में थे, क्योंकि राजाजी से उनकी घनिष्ठता रही है, इसलिए स्वयं भी सोचने के लिए वे थोड़ा समय चाहते थे। सरदार यह भी चाहते थे कि कांग्रेस में इस पर शांतचित्त से विचार हो (कांग्रेस का पूरा नेतृत्व संविधान सभा में था, उसे ही इस पर निर्णय करना था।), लेकिन जवाहरलाल नेहरू बहुत जल्दबाजी में थे। अपनी अमेरिका यात्रा से पहले ही वे निर्णय करा लेना चाहते थे। राजाजी भी उतने ही उतावले थे।'[6]

'बंबई से लौटने के दो-तीन दिन बाद सरदार ने पं. नेहरू से बात की। उस बातचीत में सरदार को इस बात पर आश्चर्य भी हुआ कि जो नेहरू पहले राजाजी के प्रति ईर्ष्यालु भाव रखते थे, वे उसे भूलकर अचानक उनके घोर प्रशंसक हो गए थे। सरदार को उनकी प्रशंसा में बताया कि गवर्नर जनरल के नाते उन्होंने विदेशी मेहमानों का दिल जीता। सरदार ने पं. नेहरू को सलाह दी कि अमेरिका यात्रा से वापसी तक इस पर विचार स्थगित रखना चाहिए। पं. नेहरू इससे सहमत हुए। अचानक अपनी अमेरिका यात्रा से एक दिन पहले उन्होंने अपना विचार बदल दिया। दूसरी तरफ संविधान सभा के दौरान सरदार और डॉ. राजेंद्र प्रसाद में निकटता बढ़ती गई। डॉ. राजेंद्र प्रसाद ने संविधान सभा के कांग्रेस सहित हर सदस्य से स्नेह का निजी संबंध बनाया। इस कारण भी वे एकमात्र पसंद बन गए थे। जहाँ तक पं. नेहरू का प्रश्न है, मुझे लगता है कि वे जनभावना के अनोखे पारखी होने के बावजूद राजाजी को अपने निजी हित में राष्ट्रपति बनवाना चाहते थे। इसी भाव ने उनके विवेक पर ग्रहण लगा दिया था।'[7]

'फिर भी यह पं. नेहरू के स्तर पर आकलन की विफलता उतनी नहीं थी, जितनी उनके चापलूसों की थी। उनके इर्द-गिर्द जो थे, उन्होंने पं. नेहरू को समझाया और सरदार की सलाह

न मानने के लिए तैयार किया। इतना ही नहीं, उन्हें अपनी यात्रा से पहले निर्णय करा लेने के लिए निस्संदेह प्रोत्साहित किया। उस दिन संविधान सभा के कांग्रेसी सदस्यों की एक बैठक बुलाई गई। उससे पहले पं. नेहरू ने सरदार पटेल को फोन किया और कहा कि वर्तमान गवर्नर जनरल को राष्ट्रपति बनाने का प्रस्ताव अगर मैं रखता हूँ तो पार्टी के नेता उसका इसलिए समर्थन करेंगे, क्योंकि अमेरिका यात्रा के लिए वह उनका मुझे उपहार होगा। जवाब में सरदार ने उन्हें ऐसा न करने की दृढ़ सलाह दी और यह भी कहा कि मेरा अनुमान इसके विपरीत है। आपका प्रस्ताव आसानी से माना नहीं जाएगा, इसलिए उन्होंने नेहरू को सलाह दी कि इस बवंडर में न पड़ें, लेकिन पं. नेहरू नहीं माने। उन्हें जो बताया गया था, उस पर बहुत भरोसा किया। नेहरू और सरदार की बातचीत सहज नहीं थी। सरदार ने संयम से काम लिया, लेकिन नेहरू से इस पर उनकी नाराजगी छिपी नहीं रही। नेहरू अड़े हुए थे। मेरा ख्याल है कि उनका आत्मसम्मान इस विचार से आहत था कि वे जो चाहते हैं, वह निर्णय नहीं करा पा रहे हैं। निर्णय की घड़ी आ गई। उसी शाम नेहरू ने प्रस्ताव रखा।'[8]

'जैसे ही उन्होंने प्रस्ताव रखा, वातावरण बदल गया। तनाव की लहर दौड़ गई। उनके भाषण में जबरदस्त टोका टोकी होने लगी। प्रस्ताव के विरोध में अपने आपे से बाहर होकर लोग बार-बार बोलने लग जाते थे। मर्यादाएँ ध्वस्त हो गईं। नेहरू सचमुच संकट में पड़ गए। तूफान में फँसे होने का संकट था। उन्होंने सरदार से अनुरोध किया कि वे बोलें अर्थात् लोगों को शांत करें। सरदार ने मना कर दिया। नेहरू के प्रस्ताव का विरोध ही विरोध था। सभा कलह में बदल गई। कांग्रेस में बनी पक्की भावना का उग्र प्रदर्शन हो रहा था। थोड़ी देर देखने और सुनने के बाद जब सरदार ने देखा कि पानी सिर से ऊपर बहने लगा है तो खड़े हुए। माइक पकड़ा। दस मिनट बोले। कांग्रेस की मर्यादा के पालन का स्मरण दिलाया। कहा कि कांग्रेस में गंभीर मतभेद को पहले भी दूर किया गया है। नेहरू का नाम लिये बगैर उन्होंने उनको कांग्रेस का निर्विवाद नेता बताया और कहा कि ऐसे नेता की विदेश यात्रा से पहले इस तरह का कलह भरा दृश्य पैदा नहीं होना चाहिए। कांग्रेस पहले भी ऐसे टेढ़े प्रश्नों का सबकी नजर में संतोषजनक हल निकालने में सफल रही है। उन्होंने कहा कि मुझे कोई संदेह नहीं है कि इस बार भी परस्पर बातचीत से हल निकल आएगा। प्रधानमंत्री की विदेश से वापसी के बाद इस पर हम विचार करेंगे। वे स्वयं भी संतोषजनक हल खोजने के हिमायती रहे हैं। सरदार ने कांग्रेस पार्टी से अपील की कि जल्दबाजी में कोई निर्णय करने से बेहतर है कि हम थोड़ी प्रतीक्षा करें। वातावरण सामान्य बने और शांतचित्त से विचार कर निर्णय करें।'[9]

'सरदार को सबने दत्तचित्त होकर सुना। पूरी सभा ने उनकी भावना को सराहा और सम्मान दिया। जो वहाँ उपस्थित थे, उन्होंने अनुभव किया कि सरदार के मुख से गांधीजी बोल रहे थे। पहली कतार के ज्यादातर नेताओं ने सरदार के प्रति आभार जताया और उन्हें अप्रिय प्रसंग टालने

के लिए सादर धन्यवाद दिया, लेकिन जवाहरलाल नेहरू के चेहरे पर तनाव और पीड़ा झलक रही थी। यह देखकर सरदार पटेल ने उनकी मनोदशा को समझा। गोविंद बल्लभ पंत से कहा कि पं. नेहरू के साथ उनके निवास जाइए, जिससे उनको निराशा में डूबने से बचाया जा सके। सरदार गलत नहीं थे। जैसे ही वे अपने निवास 1 औरंगजेब रोड पहुँचे और आराम करने जा रहे थे कि पं. नेहरू का हस्तलिखित पत्र उन्हें मिला। जिसमें उन्होंने अपने इस्तीफे की पेशकश की और यह भी लिखा कि विदेश से वापसी के बाद वे गवर्नर जनरल से कहने जा रहे हैं कि सरदार पटेल को सरकार का नेतृत्व करने के लिए निमंत्रित करें। यह भी लिखा कि आपके चिंताजनक स्वास्थ्य और बढ़ती उमर की हालत में यह बोझ डालने के लिए मैं क्षमा चाहता हूँ। सभा की घटना को उन्होंने अपने नेतृत्व पर अविश्वास माना। नेहरू को इस बात से भी बहुत ठेस पहुँची थी कि जिस तरह का पूर्ण समर्थन और विश्वास पार्टी में सरदार को अर्पित है, वैसा उनको नहीं है।'[10]

वी. शंकर लिखते हैं कि 'मैं घर वापस नहीं गया था, हालाँकि रात के नौ बज गए थे। सरदार ने मुझे रोक लिया था और शाम की घटना पर बात करते रहे। पत्र पाने के बाद उन्होंने सत्यनारायण सिन्हा से बात की। उनसे कहा कि वे पार्टी के हर सदस्य को सूचित करें और बताएँ कि इसे कोई तूल न दे, नहीं तो नतीजे भयंकर हो सकते हैं। इस विषय को मेरे और नेहरू पर छोड़ दें। हम रास्ता निकाल लेंगे। उसी समय गोविंद बल्लभ पंत आए। उन्होंने नेहरू की विचलित मनोदशा के बारे में बताया और कहा कि वे उससे बाहर निकलने के प्रयास में हैं। ऐसी अवस्था में नेहरू कोई बात नहीं करना चाहते थे, इसलिए गोविंद बल्लभ पंत वहाँ से निकल आए। उसी समय नेहरू का पत्र मिला, जिसे सरदार ने मुझे दे दिया। उन्होंने मुझसे कहा कि पं. नेहरू से सुबह उस समय बात करूँगा जब उन्हें विदेश यात्रा पर जाने से पहले विदा करने जाऊँगा। ऐसा उन्होंने किया और पाया कि नेहरू अवसाद से उबर गए हैं। स्वस्थ मन में हैं। सरदार ने भरोसा जताया कि पं. नेहरू की विदेश यात्रा से वापसी के बाद समस्या सुलझा ली जाएगी। नेहरू को हवाई अड्डे पर विदा करने के लिए बड़ी संख्या में कांग्रेसजन जुटे थे।'[11]

महावीर त्यागी ने 'भारत के प्रथम राष्ट्रपति' शीर्षक से अपने संस्मरण में उस हिस्से का वर्णन किया है, जिसे वी. शंकर ने छोड़ दिया था। इन दो संस्मरणों से पूरी तसवीर स्पष्ट दिखती है। महावीर त्यागी ने अपनी अनोखी शैली में इस प्रकार वर्णन किया है, 'भारत का संविधान बन चुकने के बाद संविधान सभा के सामने प्रश्न आया कि भारत का प्रथम राष्ट्रपति कौन हो? जो कुछ हम संविधान सभा में पास करते थे, वह सब एक रात पहले कांग्रेस दल की बैठक में, जो कांग्रेस अध्यक्ष के सभापतित्व में हुआ करती थी, विचारार्थ पेश किया जाता था। उन दिनों हमारी पार्टी में सचमुच लोकतंत्र थी, क्योंकि कांग्रेस के लगभग सब ही उच्च श्रेणी के नेता इस पार्टी के सदस्य थे। सरदार पटेल के जिंदा रहते जवाहरलालजी की प्रवृत्ति भी इतनी जिद्दीपन की नहीं थी कि जितनी कांग्रेस पार्टी के खुशामदियों ने बाद में बना दी थी। कई

अवसर ऐसे आए, जब उन्होंने बहुमत के सामने सिर झुकाया और पार्टी में साधारण सदस्यों की भाँति हँसी-मजाक और ताने-तिश्ने का स्वभाव रखा। जब तक आचार्य कृपलानी कांग्रेस अध्यक्ष रहे, वे हमारी कांग्रेस संविधान सभा पार्टी की बैठक का सभापतित्व करते थे, उनके बाद पट्टाभि सीतारमय्या करते थे।'[12] 'बस एक रात को जवाहरलालजी ने प्रस्ताव किया कि संविधान लागू होते ही भारत के राष्ट्रपति पद पर राजगोपालाचारी को नियुक्त किया जाए। हमने प्रस्ताव किया कि संविधान सभा के अध्यक्ष बाबू राजेंद्र प्रसाद को ही प्रथम राष्ट्रपति नियुक्त करना चाहिए। बहुत गरमागरमी की बहस हुई।[13] जोश में आकर जवाहरलालजी ने खड़े होकर चुनौती के रूप में कहा कि 'यदि राजगोपालाचारी को आप स्वीकार नहीं करते हैं तो आपको अपनी पार्टी का नेता भी नया चुनना पड़ेगा।'[14]

'मैंने उनसे सबसे जोश में चिल्लाकर सभापति महोदय से कहा कि 'इस प्रकार की धमकी से हमारी राय बदलने की कोशिश करना कहाँ तक न्यायसंगत है? इस धमकी के उत्तर में मेरा कहना है कि हर व्यक्ति को अपनी सम्मति के अनुसार कार्य करने की स्वतंत्रता है, हम तो राजेंद्र बाबू को चुनना चाहते हैं, यदि ये त्याग-पत्र देना चाहें तो दें, हम किसी दूसरे साथी को पार्टी का नेता चुन लेंगे।'[15] 'मामला इतनी तेजी पकड़ गया कि पार्टी में फूट पड़ जाने के डर से पट्टाभि सीतारमय्या ने बैठक स्थगित कर दी। इसके तुरंत बाद ही जवाहरलालजी अमेरिका चले गए। इनके वहाँ से वापस लौटने के दो दिन बाद मुझे सरदार पटेल का टेलीफोन आया कि डॉ. राजेंद्र प्रसाद ने तो जवाहरलालजी को लिखकर दे दिया है कि वह राष्ट्रपति पद के उम्मीदवार नहीं हैं।'[16] मेरे तलवों के नीचे से धरती खिसक गई। फौरन अपनी जीप लेकर राजेंद्र बाबू के घर पहुँचा। कमरे के फर्श पर दरी बिछाए चरखा कात रहे थे। मैं तो बचपन से कांग्रेस परिवार की 'नालायक औलाद' समझा जाता था। कमरे में घुसते ही मैंने पूछा, 'राजेंद्र बाबू, क्या सचमुच आप मैदान से भाग निकले?'[17] बोले, 'भाई, तुम ही बताओ, मैं क्या करता? अमेरिका से लौटते ही शाम को जवाहरलाल मेरे घर आए और बोले, 'राजेंद्र बाबू, मेरी आपसे अपील है कि आप राजाजी को निर्विरोध चुन जाने दो।'[18] बस, मैं लाजवाब हो गया और उनके कहे अनुसार मैंने लिखकर दे दिया कि राजगोपालाचारी के राष्ट्रपति चुने जाने में मुझे कोई आपत्ति नहीं है और मैं इसका उम्मीदवार नहीं हूँ।'[19] यह सुनकर मैंने गुस्से (बनावटी) से चिल्लाकर कहा, 'राजेंद्र बाबू याद रखना, मैं भी कांग्रेस में एक अव्वल नंबर का गुंडा हूँ। जिस तरह से तुमने हमारे साथियों के साथ विश्वासघात किया है, मैं उसका बदला लिये बिना नहीं छोड़ूँगा। भरे चौराहे पर तुम्हारी टोपी उछालूँगा, बिहारी बुद्धू कहीं के!'[20] यह कहकर मैं चल पड़ा। 'सुनो, सुनो!' मैंने एक न सुनी और सीधा सरदार के घर चला गया। उनको सब हाल बताया तो बोले, 'जब तुम्हारा दूल्हा ही पालकी छोड़कर भाग गया तो बारात कैसे चढ़ेगी? उसने तुमको नहीं पूछा, यह तो समझ सकता हूँ, पर कम-से-कम हमको तो टेलीफोन करता, बीसियों वर्ष का हमारा साथी है।' मैंने

कहा, 'यदि आप आज्ञा दें तो मैं उनसे जाकर कह दूँ कि आपको भी यह सुनकर धक्का लगा।'[21] उन्होंने कहा, 'जरूर कहो।' बस मैं फिर क्वीन विक्टोरिया आज डॉ. राजेंद्र प्रसाद रोड गया और जाकर सरदार की सारी बात दोहरा दी। दोनों हाथों से सिर थाम गए और बोले, 'गांधीवादी होते हुए मेरे लिए यह कैसे संभव हो सकता था कि मैं बच्चों की तरह पद के लिए जिद करता, पर सरदार से बात जरूर करनी चाहिए थी, मुझे सुझाई नहीं दिया, वरना मैं यह कह सकता था कि साथियों और अपने समर्थकों से पूछकर उत्तर दूँगा, पर अब तो जो हो गया, सो गया।'[22]

मैंने कहा, 'एक बात हो सकती है कि आप जवाहरलालजी को एक पत्र लिख दें कि मैं अपनी बात पर कायम हूँ, पर चूँकि पार्टी के साथियों से बिना परामर्श किए अपना नाम वापस लिया है, इसलिए मेरी प्रार्थना है कि आप पार्टी के प्रमुख सदस्यों को बुलाकर समझा दें कि मेरे वापस हो जाने पर चुनाव निर्विरोध हो जाने दें।'[23] राजेंद्र बाबू को यह सुझाव पसंद आ गया और उन्होंने तुरंत चिट्ठी भिजवा दी। अगले दिन मैं सरदार साहब के साथ 'हवाखोरी' के लिए गया तो उन्होंने बताया कि 'तुम्हारा कश्मीरी बहुत सियाना है। उसने कांग्रेस सदस्यों की बैठक आज शाम को मेरे घर बुलाने का निश्चय किया है, ताकि तुम लोगों का मुँह बंद रहे। इसलिए सबको अपनी बात मुलायम शब्दों में रखनी होगी।'[24] 'मैं बाबू सत्यनारायण सिन्हा के पास गया अ क्योंकि वे हमारे व्हिप थे, उनको अपने पक्षवाले नाम लिखवा दिए, ताकि उनको अवश्य मीं । में बुला लिया जाए।'[25] 'बस, शाम के साढ़े चार बजे औरंगजेब रोड पर सरदार की कोठी के सामनेवाले चबूतरे पर बैठक हुई। इस बैठक में सर्वश्री सत्यनारायण सिन्हा, जसपतराय कपूर, खुरशैदलाल, रामनाथ गोयनका, बालकृष्ण शर्मा 'नवीन', आर.के. सिधवा, अजीत प्रसाद जैन, राजकुमारी अमृतकौर, ठाकुरदास भार्गव और विक्रमलाल सौंधी आदि सब हमारे समर्थक थे।

'बैठक आरंभ होते ही जवाहरलालजी ने भाषण करते हुए बताया कि राजेंद्र बाबू ने अपना नाम वापस ले लिया है और यह बड़े गौरव की बात इतिहास में जाएगी कि हमने प्रथम राष्ट्रपति को निर्विरोध चुन लिया। यों तो मैं जानता हूँ कि राजगोपालाचारी का नाम उनके सन् 1942 के आंदोलन का विरोध करने के कारण कांग्रेस वालों को बहुत अच्छा नहीं लगेगा, पर यदि विदेशी खिड़की से झाँका जाए तो राजाजी का व्यक्तित्व बहुत ऊँचा है, उन्होंने गवर्नर जनरल के रूप में बहुत कुछ नाम कमाया है, आदि-आदि। तुरंत ही हमारी टोली के सदस्यों ने खड़े होकर जवाहरलालजी की युक्तियों का खंडन आरंभ कर दिया। पहले शायद जसपतराय कपूर बोले, फिर रामनाथ गोयनका ने बड़े गुस्से से चिल्लाकर कहा, 'हमें यह बताइए कि हम राष्ट्रपति कांग्रेस वालों के लिए चुन रहे हैं या उनके विरोधियों के लिए? जब आप अपने मुँह से मान रहे हो कि राजाजी का नाम कांग्रेस वालों को पसंद नहीं आएगा, तो हम क्या गैर-कांग्रेसी हैं?' मैंने कहा कि 'जवाहरलालजी, आपको यह क्या आदत पड़ गई है कि आप हमेशा विदेशी खिड़कियों में से झाँकते हैं? फतेहपुर सीकरी के बुलंद दरवाजे में से देखो तो आप जानोगे कि राजेंद्र बाबू का व्यक्तित्व आसमान के बराबर

ऊँचा है।' इसी तरह और सबने विरोध किया और जब कोई विरोध करे तो हम सब तालियाँ बजा दें। जवाहरलाल का मुँह इतना सा निकल आया तो बालकृष्ण शर्मा 'नवीन' ने खड़े होकर कहा, 'मैं प्रस्ताव करता हूँ कि यह प्रश्न जवाहर भाई के ऊपर छोड़ दिया जाए। वह हमारी बातों पर उचित रूप से विचार कर लें और अंतिम निर्णय सुना दें।'[26] सबने इसे स्वीकार कर लिया, पर हममें से एक ने संशोधन पेश कर दिया कि जवाहरलालजी और सरदार पटेल दोनों मिलकर निर्णय दें। बस सबने ताली बजा दी और खड़े हो गए। चाय पीकर हम तो अपने-अपने घर लौट आए।

'अगले दिन सरदार पटेल ने बताया कि हम लोगों के जाते ही जवाहरलाल और वे एक कमरे में सलाह करने के लिए जा बैठे। जवाहरलालजी ने कहा, 'मेरी राय में तो यह अच्छा ही हुआ कि पार्टी ने यह सवाल हमारे ऊपर छोड़ दिया। राजेंद्र बाबू तो उम्मीदवार हैं नहीं, इसलिए हमें अपना निर्णय राजगोपालाचारी के पक्ष में दे देना चाहिए।' सरदार ने कहा, 'प्रस्ताव के शब्दों के अनुसार हमें पार्टी की आवाज का फैसला देना है, अपनी आवाज का नहीं। पार्टी के अधिकांश लोग राजेंद्र बाबू को चाहते हैं। हमें अपनी राय नहीं बतानी, वह तो सबको पता है। हमको पंच फैसला देना है। क्या आपकी राय में बहुमत राजाजी को स्वीकार करेगा?' इसको सुनकर जवाहरलालजी ने चुपके से कहा, 'तो आप फैसला सुना दो कि हम दोनों की राय में राजेंद्र बाबू को ही राष्ट्रपति चुना जाना चाहिए।'[27] इस तरह डॉ. राजेंद्र प्रसाद भारत के पहले राष्ट्रपति चुने गए।

यहाँ यह बताना जरूरी है कि राजाजी अर्थात् सी. राजगोपालाचारी का कांग्रेस में उग्र विरोध उस समय क्यों था? वह कौन सी घटना थी, जो उनके रास्ते में अलंघनीय पहाड़ जैसी खड़ी हो गई थी, जिसके सामने जवाहरलाल नेहरू भी लाचार हो गए। उनकी नहीं चली। घटना 1942 की है। राजाजी के जीवनी लेखक आर.के. मूर्ति ने उस घटना का संदर्भ इस तरह लिखा है, 'राजाजी कांग्रेस में थे, लेकिन उसकी नीतियों का समर्थन करना मुश्किल हो रहा था। उन्हें उसके रवैए के बारे में गलतफहमियाँ थीं। समय आ गया कि वे कुछ दिशा परिवर्तन करते। ऐसा तभी संभव था, जब राजाजी नेताओं को घटनाओं और स्थिति पर नए सिरे से नजर डालने को मजबूर कर सकते। वह ऐसा कैसे करें? अगर वह अनुसरण करना बंद कर दें और पंक्ति से निकल जाएँ तो क्या उनके सहयोगी उनका समर्थन करेंगे? उन्होंने इस पर मन-ही-मन बार-बार चिंतन किया। आखिरकार उन्होंने वही करने का फैसला किया। उन्होंने अपनी चाल बहुत सूझ-बूझ के साथ चली। उन्होंने मद्रास विधायिका के कांग्रेस सदस्यों को कांग्रेस कार्यकारिणी के पास यह सिफारिश भेजने के लिए प्रेरित किया कि वह तत्कालीन आपात स्थिति का सामना करने के लिए एक राष्ट्रीय सरकार के गठन को सुविधाजनक बनाने के उद्देश्य से मुसलिम पृथक्करण का दावा मंजूर कर ले। यह प्रस्ताव 23 अप्रैल, 1942 को पास कर दिया गया। एक हफ्ते के अंदर कांग्रेस कार्यकारिणी की इलाहाबाद में बैठक हुई, इसमें प्रस्ताव पर विचार किया गया और इसे नामंजूर कर दिया गया।'[28]

'समय राजाजी के प्रतिकूल था। गांधीजी ने उन्हें कांग्रेस से इस्तीफा दे देने की सलाह दी। निर्देश स्पष्ट था। जब तक वह कांग्रेस में थे, तब तक राजाजी को पाकिस्तान के विचार का समर्थन करने की इजाजत नहीं दी जा सकती थी। वह कांग्रेस में तभी रह सकते थे, जब वह पार्टी लाइन का अनुसरण करें। राजाजी ने अपने रास्ते पर आगे बढ़ने का फैसला किया। अति निंदित व्यक्ति बन गए। सभाओं में उनका तिरस्कार किया जाता, चप्पलों और पत्थरों से उनका स्वागत किया जाता और कभी-कभी तो कोलतार की बाल्टियाँ उड़ेली जातीं।'[29] कांग्रेसजन और नेतृत्व उसे भुला नहीं पाया था। इसी कारण राष्ट्रपति पद पर उनके निर्वाचन का जबरदस्त विरोध हो रहा था।

इस बारे में प्यारेलाल ने जो लिखा, वह यह है, 'अगस्त 1942 में कांग्रेसी नेताओं की गिरफ्तारी के समय से ही (राजाजी 'भारत छोड़ो' के अपने प्रसिद्ध विरोध के कारण गिरफ्तार नहीं किए गए थे) राजाजी राजनीतिक गतिरोध को सुलझाने के लिए कांग्रेस और मुसलिम लीग में मेल कराने की कोशिश कर रहे थे। राजाजी 'बुद्धियुग' की अनुपम बुद्धिशाली संतान थे। उन्हें अपने समझाने-बुझाने की शक्ति में अपार विश्वास था। उन्हें लगता था कि अगर कांग्रेस और मुसलिम लीग में मेल हो जाए तथा दोनों एक ही मंच पर आ जाएँ, तो स्वाधीनता की लड़ाई बात की बात में जीत ली जाए। उनकी यह भी मान्यता हो गई थी कि यदि मुसलिम बहुमत वाले प्रांतों के लिए मुसलिम लीग के माँगे हुए आत्म-निर्णय के अधिकार को कांग्रेस स्वीकार कर ले, तो लीग भारतीय स्वाधीनता की माँग में कांग्रेस के साथ हो जाएगी और फिर ब्रिटिश सत्ता के लिए दोनों की सम्मिलित माँग को अस्वीकार करना संभव नहीं होगा।'[30]... 'राजाजी की ये दोनों धारणाएँ गलत थीं। जिन्ना उस समय तक कांग्रेस के साथ कोई समझौता करने को तैयार नहीं थे, जब तक उन्हें ब्रिटिश सत्ता से अधिक अच्छी शर्तें मनवाने की आशा थी।'[31]

भारत छोड़ो आंदोलन में पथभ्रष्ट हो जाने के राजाजी दोषी थे। यही कारण था कि प्रधानमंत्री जवाहरलाल नेहरू भी डॉ. राजेंद्र प्रसाद के नाम पर न चाहते हुए। फिर भी सहमत हुए। जब दो महीने बाद 24 जनवरी, 1950 को संविधान सभा का सत्र हुआ, तब अध्यक्ष ने घोषणा की कि 'अब निर्वाचन का परिणाम घोषित किया जाएगा। निर्वाचन अधिकारी तथा संविधान सभा के सचिव एच.वी.आर. आयंगर उसे घोषित करें।'[32] आयंगर ने सदस्यों को सूचित किया कि 'भारत के राष्ट्रपति पद के लिए केवल एक मनोनयन प्राप्त हुआ है। उम्मीदवार का नाम डॉ. राजेंद्र प्रसाद है।'[33] इस पर पूरी संविधान सभा ने सामूहिक रूप से खूब ऊँची आवाज में देर तक अपनी खुशी को गुँजाया। पं. जवाहरलाल नेहरू ने प्रस्ताव किया था और सरदार पटेल ने उसका समर्थन किया। संविधान सभा के सचिव ने कहा कि 'नियमानुसार डॉ. राजेंद्र प्रसाद को राष्ट्रपति पद के लिए निर्वाचित घोषित करता हूँ।'[34] संविधान सभा में हर्षोल्लास देर तक चलता रहा। उसी वातावरण में जवाहरलाल नेहरू ने संविधान सभा के प्रत्येक सदस्य की ओर

से बधाई दी। उन्होंने कहा, 'इन तीन वर्षों में इस देश में ऐसी घटनाएँ घटित हुईं कि उनसे देश का स्वरूप ही बदल गया। हमने उपद्रव और संकट का सामना किया और भारतीय गणराज्य के लिए संविधान का निर्माण करते रहे। अब हमने वह कार्य समाप्त किया है। वह अध्याय हम समाप्त कर चुके हैं। हमें अब नए कार्य करने हैं। एक-दो दिन में नवीन अध्याय का आरंभ होगा। इन तीन संकटपूर्ण वर्षों में आपने हमें अपने सुयोग्य नेतृत्व का परिचय दिया, किंतु हममें से बहुत से लोगों को आप पिछले 33 वर्षों में स्वतंत्रता संग्राम के मोर्चे पर डटे रहनेवाले भारतीय सैनिक के रूप में भी अपना परिचय दे चुके थे (हर्षध्वनि)। श्रीमान, हम आपको अपना नेता समझकर, भारतीय गणराज्य का प्रधान समझकर तथा ऐसा सखा समझकर आपका स्वागत करते हैं, जिन्होंने पिछली पीढ़ी में इस देश के संकटों तथा कष्टों का अडिग होकर सामना किया है। इस सभा ने आज एक कार्य संपन्न कर दिया है। अब इस सभा का अस्तित्व नहीं रहेगा अथवा यों कहिए कि इसका स्वरूप बदल जाएगा। अब यह भारतीय गणराज्य की संसद् का रूप धारण कर लेगी। बहुत पहले से हमारे ऊपर जिसका भार था, उसे आज हमने पूरा कर दिया है। अब हमें अन्य कार्यों को पूरा करना है। जिस स्वप्न को हम वर्षों से देखते आ रहे थे, वह आज पूरा हो गया है। किंतु हमें अन्य स्वप्नों को तथा अन्य कार्यों को पूरा करना है। उन्हें पूरा करने के लिए अभी तक जितना परिश्रम किया गया है, उससे कहीं अधिक परिश्रम करना है। हम सभी को यह जानकर संतोष हुआ है कि भविष्य के कार्यों और संघर्षों में हमें भारतीय गणराज्य के प्रधान के रूप में आपका नेतृत्व प्राप्त रहेगा। श्रीमान, इस गणराज्य के प्रति, जिसके आप सम्मानित राष्ट्रपति होंगे, मैं अपनी वफादारी तथा सत्यनिष्ठा प्रकट करता हूँ।'[35]

उस अवसर पर दूसरे वक्ता सरदार पटेल थे। उन्होंने कहा कि 'अध्यक्ष महोदय तथा मित्रो! यदि श्रीमान, आपकी आज्ञा हो तो इस पवित्र अवसर पर, जब आप राष्ट्र के प्रतिनिधियों के एकमत से राज्य के प्रधान चुने जा रहे हैं, मैं भी आपकी प्रशंसा में अपना योग देना चाहता हूँ। माननीय प्रधानमंत्री महोदय ने जो शब्द कहे हैं, उनमें से प्रत्येक का मैं समर्थन करता हूँ। आपको जो ऊँचा सम्मान प्रदान किया गया है, उसके लिए आपको बधाई देता हूँ। तीन वर्ष से आप संविधान सभा के अध्यक्ष की हैसियत से काम करते रहे हैं। सदस्यों ने देखा है कि आपने इस सभा के कार्य का संचालन किस प्रकार किया है। अत्यधिक कार्य करने के कारण आपका स्वास्थ्य गिरने लगा था। एक समय तो हमें बहुत चिंता होने लगी थी, किंतु परमात्मा की कृपा से आपको स्वास्थ्य लाभ हुआ। आज यह हमारा सौभाग्य है कि आप भारतीय गणराज्य के प्रधान तथा प्रथम राष्ट्रपति निर्वाचित हुए हैं। भारत के इतिहास में आज का दिवस बहुत ही शुभ दिवस है। हमें इसमें कुछ भी संदेह नहीं है कि आपके बुद्धिबल, शांत स्वभाव तथा सुंदर व्यवहार के फलस्वरूप इस देश के मान तथा इसकी प्रतिष्ठा में उत्तरोत्तर वृद्धि होगी। आपके ओजस्वी नेतृत्व में हमारा देश संसार के राष्ट्रों के बीच एक सम्मानित पद प्राप्त करेगा। मैं ईश्वर से प्रार्थना

करता हूँ कि वह हमें आपके प्रति सत्यनिष्ठा से वफादार होने तथा ईश्वर ने आप पर जिस महान् कार्य का भार डाला है, उसमें पूर्ण सहयोग देने के लिए सद्बुद्धि प्रदान करें। हमें भविष्य में एक ही नाव में बैठकर तूफान का सामना करना है, समुद्र को पार करना है। आपको अपने मृदुल स्वभाव तथा निर्मल हृदय के कारण इस सभा के ही नहीं, बल्कि सारे देश के प्रत्येक वर्ग का स्नेह प्राप्त है। आपको जो सम्मान प्रदान किया गया है, उसके आप सर्वथा योग्य ही हैं।'[36]

डॉ. राजेंद्र प्रसाद को राष्ट्रपति निर्वाचित होने पर बधाई देने और उनकी प्रशंसा में बोलने के लिए हर कोई इच्छुक था। जिस पर उन्होंने ही विराम लगाया और कहा कि 'मुझे आशा है कि यह सभा जिस प्रकार सभी अवसरों पर मेरे साथ सहयोग करती रही है, उसी प्रकार इस अवसर पर भी मेरे साथ सहयोग करेगी। जो सदस्य बोलना चाहते हैं, उनसे मैं प्रार्थना करता हूँ कि वे न बोलें।'[37]

'मैं इसे स्वीकार करता हूँ कि यह एक पवित्र अवसर है। बहुत काल तक संग्राम करने के पश्चात् हमने एक मंजिल तय की है। अब हम दूसरी मंजिल की ओर बढ़ने जा रहे हैं। आपने कृपा करके मुझे बहुत बड़ी जिम्मेदारी सौंपी है। मेरा हमेशा यही विचार रहा है कि बधाई उस अवसर पर नहीं दी जानी चाहिए, जब कोई व्यक्ति किसी पद पर नियुक्त किया जाता है, बल्कि उस अवसर पर दी जानी चाहिए, जब वह अपनी सेवा से निवृत्त होता है। मैं उस समय तक प्रतीक्षा करूँगा, जबकि आपने मुझे जो सौंपा है, उससे मैं निवृत्त हो जाऊँगा। इस पर विचार कर सकूँगा कि सभी ओर से तथा सभी मित्रों द्वारा मेरा जिस प्रकार विश्वास किया गया और मेरे प्रति जिस प्रकार सद्भावना दिखाई गई, उसके योग्य मैं रहा या नहीं रहा। इस प्रशंसापूर्ण भाषण में मैंने सीमित करने का प्रयास किया है, किंतु फिर भी मुझे उन्हें सुनना ही पड़ा और उन्हें सुनते हुए मुझे महाभारत के एक कथानक का स्मरण हो आया। उस ग्रंथ में बहुत ही विषम स्थितियों का तथा उनके फलस्वरूप जो जटिल समस्याएँ उठ खड़ी होती हैं और श्रीकृष्ण उन्हें किस प्रकार हल करते हैं, उसका वर्णन है। एक दिन अर्जुन ने यह प्रण किया कि सूर्यास्त के पूर्व मैं अमुक कार्य समाप्त कर दूँगा। यदि समाप्त न कर पाया तो चिता जलाकर भस्म हो जाऊँगा। दुर्भाग्य से वे उसे पूरा नहीं कर सके। तब प्रश्न यह उठा कि क्या किया जाए? अपना प्रण पूरा करने के लिए उन्हें भस्म हो जाना चाहिए था, किंतु पांडव यह कैसे होने देते। साथ ही अर्जुन भी अपने प्रण पर अटल थे। श्रीकृष्ण ने यह कहकर यह समस्या हल की थी—यदि आप बैठकर अपनी प्रशंसा करें अथवा अन्य लोगों से अपनी प्रशंसा सुनें तो वह आत्मघात करने और भस्म होने के समान ही है, इसलिए आप ऐसा ही करें और आपका प्रण पूरा हो जाएगा। प्राय: इसी भावना से मैंने इसी प्रकार के भाषणों को सुना है। मैंने यह अनुभव किया है कि मैं कई बातों को पूरा नहीं कर सका हूँ। कई कार्यों को नहीं कर सका हूँ। यह भी विचार किया है कि उन्हें पूरा करने का एक उपाय यह है कि इस प्रकार का आत्मघात कर लिया जाए, किंतु यहाँ स्थिति भिन्न है। जब हमारे प्रधानमंत्री अथवा उप-प्रधानमंत्री मेरे संबंध में भावना में कुछ कहते हैं तो मेरे लिए भी अपनी भावनावश उस का

परिचय देना आवश्यक हो जाता है। हम पचीस वर्ष से अधिक काल तक बड़ी घनिष्ठता से एक साथ रहे हैं। हमने एक साथ कार्य किया है। संघर्ष किया है। हम कभी विचलित नहीं हुए, साथ ही सफल भी हुए हैं। आज मैं एक आसन पर बैठा हूँ तो वे भी मेरे निकट ही अन्य आसनों पर बैठे हुए हैं। अन्य मित्र, जिनके साथ संबंध रहने का मुझे उतना ही गर्व है, उनके निकट बैठेंगे और मेरी सहायता करते रहेंगे। जब मैं यह विचार करता हूँ कि मुझे इस सभा के सभी सदस्यों तथा इस सभा के बाहर अनेक मित्रों की सद्भावना प्राप्त है तो मुझे विश्वास होता है कि जो कर्तव्य मुझे सौंपा गया है, उसे मैं संतोषजनक ढंग से पूरा कर सकूँगा—इस कारण नहीं कि मैं उसे पूरा करने में समर्थ हूँ, बल्कि इस कारण कि सभी लोगों के प्रयत्नों के फलस्वरूप वह पूरा हो जाएगा।'[38]

'इस समय देश को कई समस्याओं का सामना करना पड़ रहा है। मेरी यह धारणा है कि अब हमें जो कार्य करना है, वह उस कार्य से भिन्न है, जो हम दो वर्ष से करते आए हैं। उसके लिए अधिक लगन, अधिक सावधानी, अधिक तन्मयता और अधिक बलिदान की आवश्यकता है। मुझे आशा है कि देश ऐसे स्त्री-पुरुषों को प्रतिनिधि बनाकर भेजेगा, जो कर्तव्य-भार उठा सकेंगे और लोगों की ऊँची-से-ऊँची आकांक्षाओं को पूरा कर सकेंगे। इसके लिए ईश्वर हमें शक्ति दे।'[39]

संविधान सभा का समापन उस दिन हुआ। 24 जनवरी, 1950 की तारीख थी। उसी दिन संविधान सभा में बंबई से रत्नप्पा भरमप्पा कुमार और हिमाचल प्रदेश से वाई.एस. परमार ने सदस्यता ग्रहण की। संविधान सभा ने तब तक राष्ट्रगान के बारे में विचार नहीं किया था। उम्मीद थी कि उस दिन यह विषय विचार के लिए कार्यसूची में होगा। यह विषय था तो अवश्य, लेकिन विचार के बजाय अध्यक्ष डॉ. राजेंद्र प्रसाद ने एक घोषणा से जो निर्णय सुनाया, उसे सभा ने स्वीकार किया। राष्ट्रगान के बारे में स्वतंत्र भारत में जो प्रथा अपनाई जाएगी, उस दिन उसका प्रारंभ हुआ। जिस गान के शब्द तथा स्वर 'जन-गण-मन' के नाम से विख्यात हैं, वह भारत का राष्ट्रगान है, किंतु उसके शब्दों में सरकार की आज्ञा से यथोचित अवसर पर हेर-फेर किया जा सकता है। 'वंदे मातरम्' के गान का, जिसका भारतीय स्वतंत्रता के संग्राम में ऐतिहासिक महत्त्व रहा है, 'जन-गण-मन' के समान ही सम्मान किया जाएगा और उसका पद उसके समान ही होगा।'[40] सबसे अंत में संविधान की प्रतियों पर सदस्यों ने हस्ताक्षर किए। इसके लिए अंग्रेजी की दो प्रति और हिंदी की एक प्रति वहाँ रखी गई थी।

### संदर्भ—


1. माई रेमिनिसेंसेस ऑफ सरदार पटेल, खंड-2, वी. शंकर, अध्याय : द लास्ट फेज ऑफ कॉन्स्टीट्यूशन मेकिंग, पृ. 48
2. भारतीय संविधान सभा के वाद-विवाद की सरकारी रिपोर्ट (हिंदी संस्करण), अंक-11, संख्या-12, 26 नवंबर, 1949, पृ. 4250
3. वही, पृ. 4251

4. वही, पृ. 4251
5. माई रेमिनिसेंसेस ऑफ सरदार पटेल, खंड-2, वी. शंकर, अध्याय : द लास्ट फेज ऑफ कॉन्स्टीट्यूशन मेकिंग, पृ. 48-49
6. वही, पृ. 49
7. वही, पृ. 50
8-10. वही, पृ. 51
11. वही, पृ. 52
12. आजादी का आंदोलन : हँसते हुए आँसू, महावीर त्यागी, अध्याय : भारत के प्रथम राष्ट्रपति, पृ. 95
13-15. वही, पृ. 95
16-23. वही, पृ. 96
24. वही, पृ. 96-97
25-27. वही, पृ. 97-98
28. आधुनिक भारत के निर्माता : सी. राजगोपालचारी, आर.के. मूर्ति, अध्याय : सत्ता, असहमति और फिर सत्ता, पृ. 130
29. वही, पृ. 130-131
30. महात्मा गांधी—पूर्णाहुति, खंड-1, प्यारे लाल, अध्याय : सांप्रदायिक त्रिकोण, पृ. 90
31. वही, पृ. 90
32. भारतीय संविधान सभा के वाद-विवाद की सरकारी रिपोर्ट (हिंदी संस्करण), खंड-xii, पृ. 10, 24 जनवरी, 1950, पृ. 4255
33-35. वही, पृ. 4256
36. वही, पृ. 4257
37. वही, पृ. 4259
38. वही, पृ. 4259-60
39. वही, पृ. 4260
40. वही, पृ. 4253

□

# 51

# 'राजद्रोह' की वापसी

किसी तरह, हमने पाया कि जिस भव्य संविधान का हमने निर्माण किया, कुछ दिनों बाद वकीलों ने उसका अपहरण कर लिया और उसे चुरा लिया।"[1] क्या किसी जले-भुने नेता का यह बयान है? सोचिए, ऐसा कौन कह सकता है? और कहाँ पर और क्यों? इस समय क्या कोई इसकी कल्पना भी कर सकता है कि भारत के पहले प्रधानमंत्री जवाहरलाल नेहरू ने यह अस्थायी लोकसभा में कहा होगा! संविधान सभा विसर्जित हो गई थी, लेकिन वही रूपांतरित होकर अस्थायी लोकसभा का कार्य कर रही थी। यह सच है, जवाहरलाल नेहरू अपनी बयानबाजी के लिए कांग्रेस में भी कुख्यात थे। मौलाना अबुल कलाम आजाद ने भी उनके एक बयान को भारत विभाजन का कारण माना था। तो क्या नेहरू का यह कथन उनकी किसी असावधानी के कारण था? बिल्कुल नहीं। इसके कारण अलग थे। उन कारणों को जानने से पहले यह समझ लेना चाहिए कि वह बयान उन्होंने सोच-समझकर दिया था। बयान के शब्दार्थ से हमला वकीलों पर है, पर वास्तव में ऐसा नहीं है। उसमें एक अभिप्राय है। उस अभिप्राय को आर-पार देखने पर वह स्पष्ट हो जाता है कि नेहरू वकीलों पर नहीं, उन न्यायाधीशों पर प्रहार कर रहे थे, जिन्होंने संविधान-सम्मत निर्णय किए थे। जिनके फैसलों से नेहरू न केवल अत्यंत क्रोधित हो गए थे, बल्कि संविधान को बदलकर उन्हें सबक भी सिखाना चाहते थे। इसीलिए जब एच.वी. कामथ ने उन्हें टोका कि 'वकील तो आप भी रहे

हैं।'[2] तो उन्होंने इसका कोई प्रतिवाद नहीं किया। यह बात 16 मई, 1951 की है। प्रधानमंत्री जवाहरलाल नेहरू प्रेस और न्यायपालिका से इतने कुपित हो गए थे कि लोकतंत्र की हर मर्यादा को भुलाकर संविधान में संशोधन का प्रस्ताव लाए। उसी प्रस्ताव पर वे बोल रहे थे। गोस्वामी तुलसीदास ऐसे ही प्रसंग के लिए कह गए—'प्रभुता पाय काहि मद नाही।'

यक्ष प्रश्न जो तब था, वह आज भी है। क्या संविधान में संशोधन कर मौलिक अधिकारों को सीमित करना, अभिव्यक्ति की आजादी पर अंकुश लगाना और प्रेस की स्वतंत्रता को घायल करना अपरिहार्य हो गया था? यह प्रश्न सिर्फ विपक्ष ने ही नहीं पूछा था, पूरा देश पूछ रहा था। प्रधानमंत्री जवाहरलाल नेहरू ने लोकसभा में अपने भाषण से बताने और समझाने की कोशिश की कि संशोधन क्यों जरूरी है। मूल संविधान में वह पहला संशोधन था। दूसरे शब्दों में वह संविधान के पुनर्लेखन का प्रस्ताव था। कांग्रेस के एक राजनीतिक सम्मेलन में प्रधानमंत्री जवाहरलाल नेहरू ने प्रतिनिधियों से कहा, 'भारत के संविधान पर हम गर्व कर सकते हैं।'[3] उत्तर प्रदेश के फर्रुखाबाद में वह सम्मेलन 10 दिसंबर, 1949 को हुआ था। जहाँ 70 हजार से ज्यादा कांग्रेस के प्रतिनिधि एकत्र हुए थे। अचानक क्या हो गया कि उस संविधान को बदलने पर जवाहरलाल नेहरू अमादा हो गए। दो बड़े कारण बताए जा सकते हैं—पहला कि सरदार पटेल का निधन हो गया था। डॉ. श्यामाप्रसाद मुकर्जी और के.सी. नियोगी ने नेहरू-लियाकत समझौते के विरोध में मंत्रिमंडल से त्याग-पत्र दे दिया था। अर्थशास्त्री डॉ. मथाई आर्थिक नीतियों पर नेहरू से मतभेद के कारण मंत्रिमंडल से इस्तीफा देकर सरकार से बाहर आ गए थे। इन घटनाओं से जवाहरलाल नेहरू सरकार और कांग्रेस में निरंकुश हो गए थे। दूसरा कि कांग्रेस में कोई ऐसा नहीं था, जो उन्हें पुनर्विचार के लिए सलाह देता और संविधान में परिवर्तन से विमुख करता।

दूसरी तरफ संविधान से प्राप्त मौलिक अधिकारों को लोग न्यायपालिका से अर्जित करने लगे थे। ब्रिटिश शासन के काले कानूनों को अदालतों में एक के बाद दूसरी और निरंतर चुनौतियाँ मिलने लगी थीं। संविधान के मौलिक अधिकारों में अनुच्छेद-15 नागरिक को समता का अधिकार देता है। धर्म, मूल, वंश, जाति आदि के आधार पर कोई भेदभाव नहीं किया जा सकता है। अंग्रेजों के जमाने से ही इस अधिकार का हनन तमिलनाडु में हो रहा था। एक सरकारी आदेश से मेडिकल कॉलेज में दाखिले का कोटा बना हुआ था। उसे दो छात्रों ने हाईकोर्ट में चुनौती दी। वे गवर्नमेंट मेडिकल कॉलेज में दाखिला चाहते थे। लेकिन कोटा प्रणाली के कारण वे प्रवेश से वंचित हो गए थे, क्योंकि उनका जन्म ब्राह्मण परिवार में हुआ था। चंपकम दोराइराजन उस छात्रा का नाम है और सी.आर. श्रीनिवासन उस छात्र का नाम है, जिन्होंने हाईकोर्ट का दरवाजा खटखटाया। इन छात्रों ने लोकतांत्रिक गणराज्य में समता और समानता के अधिकार के लिए संविधान की गुहार लगाई, जिसे न्यायालय ने सुना। उसका

प्रभाव पड़ा। पूरे राज्य में इससे सनसनी पैदा हो गई। उन छात्रों के वकील अलादि कृष्णास्वामी अय्यर थे। वे विधिवेत्ता थे। संविधान के रचनाकारों में से एक थे। उनकी दलीलों में दम था। मद्रास की सरकार ने भी भेदभाव का खंडन सुनवाई के दौरान नहीं किया। जैसे-जैसे मुकदमे की सुनवाई आगे बढ़ी, वैसे-वैसे तमिलनाडु के जन-जन में गहरी उत्सुकता पैदा होने लगी। 27 जुलाई, 1950 को मद्रास हाईकोर्ट के तीन जजों की पीठ ने फैसला सुनाया। छात्रों की जीत हुई। हाईकोर्ट ने माना कि कोटा प्रणाली से भेदभाव की प्रथा बनी हुई है, जो संविधान-सम्मत नहीं है। उस फैसले से सरकारी मेडिकल कॉलेज में प्रवेश के लिए आरक्षण की दीवार ध्वस्त हो गई। वह एक ऐतिहासिक संवैधानिक फैसला था, जिससे कानून के समक्ष समानता का सिद्धांत स्थापित हुआ। उस फैसले से संविधान के प्रावधानों के बारे में एक स्पष्टता भी हुई, वह यह कि मौलिक अधिकार सर्वोपरि है और नीति-निदेशक तत्त्व का स्थान उसके बाद आता है।

संविधान के लागू होते ही लोगों ने अपने अधिकारों के लिए ज्यादातर राज्यों में न्यायपालिका की शरण ली। नागरिक स्वतंत्रता और मौलिक अधिकार की राह संविधान से उनके लिए खुल गई थी। मुकदमे पर मुकदमे दायर किए जाने लगे। 15 महीनों में बिहार, दिल्ली, उत्तर प्रदेश, मध्य प्रदेश, (जो उस समय सेंट्रल प्रोविंस और बरार कहलाता था), बंबई, मद्रास आदि में जहाँ-जहाँ लोगों ने अपने अधिकार के लिए रोड़ा बने कानूनों को चुनौती दी, वहाँ-वहाँ फैसला सरकार के खिलाफ गया और नागरिकों के हित में निर्णय आए। इन फैसलों से प्रधानमंत्री जवाहरलाल नेहरू की चुनावी राजनीति में पलीता लगने लगा। पहले उन्होंने मुख्यमंत्रियों को पत्र लिखे, उनसे बातें कीं। पश्चिम बंगाल के मुख्यमंत्री डॉ. विधान चंद्र राय को लिखे पत्रों में वे अपना मन खोलते हुए दिखते हैं। कुछ बातें उन्होंने कबूल कीं, जिसमें यह भी था कि संविधान अगर कांग्रेस की नीतियों के विपरीत जाता है तो उसे बदलकर अनुकूल बनाना है। उनके पत्रों में इस तरह के संकेत हैं। विचित्र बात है कि जिस संविधान को बड़े धूमधाम से कांग्रेस के नेताओं ने महान् उपलब्धि बताई थी, उसे वे अपनी सत्ता-राजनीति के रास्ते में बाधा समझने लगे। नेहरू ने एक फॉर्मूला खोजा। अपने चेहरे से उदार और लोकतांत्रिक मुखौटे को उतार फेंका। न्यायिक हस्तक्षेप को असंभव बनाने के लिए संविधान संशोधन को रामबाण की तरह देखा और हर संवैधानिक मर्यादा से बेपरवाह होकर अपने एजेंडे को मनवाया।

इसी का एक परिणाम था कि प्रधानमंत्री जवाहरलाल नेहरू स्वयं संविधान संशोधन का प्रस्ताव लेकर आए। 12 मई, 1951 की तारीख थी। जो संशोधन प्रस्तावित था, उसे क्या वे पारित करा सकेंगे? वैसे तो वे ऊहापोह में भी थे। संविधान विशेषज्ञों ने जैसे ही प्रस्तावित संशोधन के बारे में सुना और जाना, तो उनकी प्रतिक्रिया थी कि यह 'दूसरा संविधान' है। सरदार पटेल की अध्यक्षता में बनी सलाहकार समिति ने जिन मौलिक अधिकारों का प्रावधान करवाया था, उसे बंधनों में जकड़ने के लिए संशोधन प्रस्ताव आया। अभिव्यक्ति की स्वतंत्रता को प्रतिबंधित

करने के लिए अंग्रेजी जमाने के प्रावधान और शब्दजाल को पुनः स्थापित किया गया, जैसे जनहित, राज्य की सुरक्षा और विदेशों से संबंध बिगड़ने जैसे अपरिभाषित शाब्दिक बहाने खोज निकाले गए। औपनिवेशिकता में पली-बढ़ी अफसरशाही ने नेहरू का संकेत पाकर इन बातों को संशोधन का हिस्सा बनाया। मूल संविधान नागरिक को मौलिक अधिकारों से संपन्न बनाता था। नेहरू ने उसे राज्यतंत्र के पिंजरे में बंद करवाया। मूल संविधान में अभिव्यक्ति की स्वतंत्रता की सीमा निर्धारित की गई थी। अभिव्यक्ति की स्वतंत्रता में किसी प्रकार अदालत की मानहानि, झूठे आरोप, किसी का अपमान और किसी को बदनाम करने जैसे कार्यों का निषेध था। नए परिवर्तन में ऐसे तीन आधार जोड़े गए, जो कभी परिभाषित नहीं किए जा सकते। राज्यतंत्र की मरजी से वे प्रयोग किए जाएँगे। इससे सरकार को मनमानी करने की पूरी आजादी मिल गई। इसी तरह आरक्षण के बारे में निर्णय करने का अधिकार संसद् को प्राप्त हुआ। इन संशोधनों पर डॉ. श्यामाप्रसाद मुकर्जी ने लोकसभा के अपने ऐतिहासिक भाषण में 16 मई, 1951 को टिप्पणी की कि 'नेहरू सरकार ने संविधान के मौलिक सिद्धांतों को पलट दिया है, जिससे नागरिक स्वतंत्रता में सरकार का हस्तक्षेप बढ़ेगा। अलोकतांत्रिक कदम उठाए जाएँगे।'[4]

अखबारों ने संशोधन को अनुचित और अलोकतांत्रिक माना। नागपुर बार एसोसिएशन ने निंदा की। प्रेस, बौद्धिक जगत्, व्यापारी, संविधानवेत्ता और वकीलों ने संशोधन के विरोध में शंखनाद किया। इनका विरोध अत्यंत मुखर था, जिससे पं. नेहरू के चेहरे पर चिंता की रेखाएँ उभरीं। संसद् में विपक्ष सजग और समर्थ था, हालाँकि संख्या बल में कम था। संसदीय लोकतंत्र में संख्या बल ही काम करता है। विपक्ष ने मोर्चा सँभाला। डॉ. श्यामाप्रसाद मुकर्जी, आचार्य जे.बी. कृपलानी, एच.वी. कामथ, नजरूद्दीन अहमद और पं. हृदयनाथ कुंजुरू के प्रश्नों का पं. नेहरू के पास कोई उत्तर नहीं था। वे निरुत्तर थे। डॉ. मुकर्जी को नेहरू ने झूठा कहा, तो उन्हें जवाब में डॉ. मुकर्जी ने तानाशाह की संज्ञा दी। कांग्रेसी भी विरोध में थे। विपक्ष ने एक स्वर से विरोध किया, संशोधन के प्रस्ताव को अनुचित ठहराया, क्योंकि वह जनादेश से बनी संसद् नहीं थी। जिन मौलिक अधिकारों की माँग 1895 से शुरू हुई थी, जिसके लिए पं. मोतीलाल नेहरू ने 1925 में सेंट्रल असेंबली में विधेयक प्रस्तुत किया था, जिसके लिए नेहरू कमेटी की रिपोर्ट 1928 में आई थी, और तो और स्वयं जवाहरलाल नेहरू ने 1929 में रावी के तट पर पूर्ण स्वराज्य का संकल्प लिया था, उसे ही नेहरू सत्ता की राजनीति में अपने पाँव जमाने के लिए बदलवा रहे थे। अनेक पीढ़ियों की आकांक्षा जिस संविधान में साकार हुई थी, संविधान के पहले संशोधन से पं. नेहरू उसकी हत्या कर रहे थे।

सरदार पटेल यह जानते थे कि मौलिक अधिकारों को ही लोग स्वाधीन भारत में अपने लिए एक कसौटी बनाएँगे। उससे ही तय होगा कि ब्रिटिश शासन के मुकाबले नागरिक कितना स्वाधीन है। संविधान के मेहराब में मौलिक अधिकार उस बीच की ईंट जैसी है, जिसे खिसका

देने से मेहराब भरभराकर गिर जाता है। पं. नेहरू उस ईंट को ही हटा रहे थे। नेहरू ऐसा क्यों कर रहे थे? क्या उनका सिद्धांत बदल गया था? क्या विचारधारा बदल गई थी? इन प्रश्नों का उत्तर 'न' में है। जब उनका सामना चुनावी राजनीति के यथार्थ से हुआ तो वे व्यावहारिक तालमेल के लिए संविधान को बदलकर एक संदेश देना चाहते थे। अदालतों के फैसले से वे विचलित हो उठे थे। जिन घटनाओं ने उन्हें झकझोरा, वे अदालती फैसले थे। 8 फरवरी, 1950 को मुंबई हाईकोर्ट ने 29 कम्युनिस्ट बंदियों को रिहा कर दिया। उन्हें बंबई 'पब्लिक सेफ्टी कानून' में बंदी बनाया गया था। पुलिस ने उन्हें कोई आरोप-पत्र नहीं दिया, मुकदमा नहीं चलाया। संविधान के लागू होते ही अनुच्छेद 22 का सहारा लेकर जैसे ही वे अदालत में पहुँचे कि हाईकोर्ट ने उनको रिहा कर दिया।

अंग्रेजी जमाने का 'पब्लिक सेफ्टी कानून' अत्याचार का प्रतीक बन गया था, वैसे ही, जैसे इंदिरा गांधी की इमरजेंसी में 'मीसा' था। उसे समाप्त करने की माँग विपक्ष बार-बार करता रहा। स्वाधीन भारत की कांग्रेसी सरकारों ने जहाँ-जहाँ उस काले कानून में गिरफ्तारियाँ कराईं और बिना आरोप के लोगों को जेल भेजा, वहाँ-वहाँ की हाईकोर्ट ने अपने फैसले सरकारों के विरुद्ध दिए। बंबई, पटना और इलाहाबाद के हाईकोर्ट से निर्णय आए। हर निर्णय पं. नेहरू की चिंता बढ़ानेवाले थे। उस समय सरदार पटेल जीवित थे। उन्होंने संविधान बदलने की जरूरत नहीं समझी। प्रशासन-तंत्र का उपयोग किया। उन कानूनों के प्रावधान में जहाँ टूटी कड़ियाँ थीं, उन्हें एक नए कानून से पूरा किया। जो कमी थी, उसे दूर कराया। क्या नेहरू ऐसा नहीं कर सकते थे? संविधान में कुछ मौलिक अधिकारों पर पं. नेहरू को शुरू से आपत्ति थी। वे नहीं चाहते थे कि संपत्ति के अधिकार को मौलिक अधिकारों में शामिल किया जाए। सरदार पटेल ने उन्हें तब झुकने के लिए मजबूर कर दिया था। इसी का यह भी हिस्सा था कि अगर सरकार किसी की निजी संपत्ति का अधिग्रहण करती है तो उसे कितना मुआवजा दिया जाना चाहिए। कांग्रेस में जमींदारी प्रथा की समाप्ति पर मतभेद नहीं था। विपक्ष भी जमींदारी प्रथा को समाप्त करने का पक्षधर था। विवाद सिर्फ इस बात पर था कि मुआवजे का निर्धारण कोर्ट करे या सरकार? उसका सिद्धांत क्या हो?

उस समय की दूसरी बड़ी घटना तमिलनाडु प्रांत के सेलम सेंट्रल जेल की है, जहाँ दो सौ कम्युनिस्ट बंदी थे। वे माँग कर रहे थे कि उन्हें राजनीतिक बंदी माना जाए। उनको अपराधी बंदियों के साथ रखा गया था। अपने अधिकार के लिए वे धरने पर बैठे। उन्हें उसी अवस्था में गोलियों से भूना गया। अनेक बंदी मारे गए। ज्यादातर घायल हुए। तमिलनाडु की कांग्रेस सरकार ने सेलम जेल गोली कांड को जायज ठहराया, जिसकी सर्वत्र निंदा हुई। पत्रकार रोमेश थापर 'क्रॉस रोड्स' निकालते थे। वह अंग्रेजी साप्ताहिक था। उनका संबंध भी कम्युनिस्ट आंदोलन से था। उन दिनों कम्युनिस्टों में नेहरू आलोचना के पात्र हो गए थे। 'क्रॉस रोड्स' ने सेलम जेल घटना पर अपनी पत्रिका में एक जबरदस्त अभियान चलाया। मद्रास की सरकार

इससे घबरा गई। उसने 'क्रॉस रोड्स' की प्रतियाँ जब्त करा लीं। उसके वितरण पर रोक लगा दी। रोमेश थापर ने लड़ने की ठानी। उन्हें कम्युनिस्टों का समर्थन था। संविधान प्रदत्त अभिव्यक्ति की आजादी का सहारा भी था। उन्होंने सुप्रीम कोर्ट की शरण ली।

उन्हीं दिनों राष्ट्रीयता को मुखरित करनेवाले अंग्रेजी साप्ताहिक 'ऑर्गेनाइजर' पर सरकार ने पाबंदी लगाई। वही समय है, जब पूर्वी पाकिस्तान से बड़ी संख्या में झुंड-के-झुंड हिंदू वहाँ के अत्याचारों से पीड़ित होकर भारत में आ रहे थे। 'ऑर्गेनाइजर' ने इसके बारे में लिखना शुरू किया और भारत सरकार की विफलता को उजागर करने लगा। पाकिस्तानी सरकार ने समझौता तोड़ा। समझौते के अनुसार पूर्वी पाकिस्तान के हिंदुओं की रक्षा और संरक्षण का दायित्व उसे निभाना था। अप्रैल 1948 में भारत-पाक समझौते पर कलकत्ता में हस्ताक्षर हुए थे। दूसरी बार 1950 में नेहरू-लियाकत समझौता हुआ था। इन समझौतों का कोई सकारात्मक प्रभाव हिंदुओं के हित में नहीं हुआ। उनका वहाँ से आगमन निर्बाध बना रहा। इससे देश में तहलका मचा हुआ था। ऐसी स्थिति में 'ऑर्गेनाइजर' ने नेहरू की नीतियों की खुलेआम आलोचना शुरू की। अपने एक अंक में एक कार्टून छापा।

उस समय की परिस्थितियों पर प्रो. बलराज मधोक ने इस तरह लिखा—'पूर्वी बंगाल के हिंदुओं की दु:ख-गाथा बढ़ती गई। 1946 में पूर्वी बंगाल में हिंदुओं की दशा और शोचनीय हो गई तथा वे अधिक संख्या में भारत आने लगे। इस प्रकार इन दो समझौतों के बावजूद पाकिस्तान बनने के कुल दो वर्षों में ही पूर्वी बंगाल के प्राय: बीस लाख हिंदुओं को विवश होकर अपना चूल्हा-चक्की और घर-घाट छोड़ना पड़ा। पंजाब और सिंध के लाखों हिंदू, जो अपने घर-बार से जबरन निकाल बाहर किए गए थे, इसके अतिरिक्त थे। सबसे भयावह स्थिति 1950 के प्रारंभ में उत्पन्न हुई, जब प्रांत भर में हिंदुओं का योजनानुसार कत्लेआम शुरू हुआ। सरकारी आँकड़ों के अनुसार पचास हजार से भी अधिक हिंदुओं की नृशंस हत्या की गई, हजारों हिंदू-देवियों की लज्जा नष्ट की गई और उनके साथ जघन्य अमानुषिक कृत्य किए गए। सामाजिक चेतना-संपन्न सभी हिंदुओं को पूर्वी बंगाल से खदेड़ना शुरू कर दिया गया। यह सब कार्यवाही सीधे पाक सरकार की छत्रछाया में उसकी शह के अनुसार ही हुई।'…'पूर्वी बंगाल (बांग्लादेश) के निष्कासित लोगों के द्वारा जैसे-जैसे इस पाशविक कृत्यों की खबर लगती गई, वैसे-वैसे देश दहलता गया।"[5]

इन बातों को ही 'ऑर्गेनाइजर' रिपोर्ट कर रहा था। उस समय डॉ. श्यामाप्रसाद मुकर्जी नेहरू मंत्रिमंडल में उद्योग मंत्री थे। उन्होंने प्रधानमंत्री जवाहरलाल नेहरू को स्थिति की भयावहता बताई। उनसे बात की। मंत्रिमंडल की बैठकों में नरसंहार के प्रश्न उठाए। प्रो. बलराज मधोक ने लिखा है—'किंतु जब श्यामाप्रसाद मुकर्जी को पता लगा कि नेहरू पाकिस्तान के प्रधानमंत्री लियाकत अली खान से एक और समझौता करने जा रहे हैं, तब विरोधस्वरूप

उन्होंने चेतावनी दी।'[6] नेहरू ने उस विरोध को ठुकराया। 19 अप्रैल, 1950 को डॉ. मुकर्जी ने मंत्रिमंडल से त्याग-पत्र देने संबंधी अपना बयान संसद् में दिया। उन्होंने बताया कि उन्होंने 'नेहरू-लियाकत समझौते' के विरोध में इस्तीफा दे दिया है। 'डॉ. मुकर्जी ने प्रथम अप्रैल को अपना त्याग-पत्र प्रस्तुत किया।'[7]

इन घटनाओं से जवाहरलाल नेहरू अत्यंत क्षुब्ध हुए। पत्रकार अशोक टंडन ने लिखा है, 'बंबई हाईकोर्ट के अधिवक्ता अभिनव चंद्रचूड़ के अनुसार, 'नेहरू इससे इतने अधिक परेशान हो गए थे कि उन्होंने पटेल को लिखकर हिंदू महासभा के श्यामाप्रसाद मुकर्जी और कलकत्ता की प्रेस पर नेहरू-लियाकत समझौते के अमल में बाधा उत्पन्न करनेवाले 'मुख्य अपराधी' होने का आरोप लगाया था।'[8] 'अभिनव का कहना है कि 'विदेशी राज्यों से मैत्रीपूर्ण संबंध' विषयक निर्बंधन प्रावधान मुकर्जी को ही लक्ष्य में रखकर किया गया।'[9] 'अस्थायी लोकसभा में अपने एक भाषण में नेहरू ने कहा था, 'यदि कोई व्यक्ति ऐसा कार्य करता है, जिससे युद्ध छिड़ सकता है, तो यह बहुत गंभीर बात है। कोई भी राष्ट्र अभिव्यक्ति की स्वतंत्रता के नाम पर ऐसे कार्यों की आज्ञा नहीं दे सकता, जिसके परिणामस्वरूप बड़े युद्ध और विनाश की संभावना खड़ी हो जाए।'[10] दूसरी ओर मुकर्जी ने संसद् में कहा था कि देश का विभाजन एक भूल थी, जिसे समाप्त किया जाना चाहिए, चाहे उसके लिए बल प्रयोग ही क्यों न करना पड़े। डॉ. मुकर्जी ने कहा था कि 'विदेशी राज्यों के साथ मैत्रीपूर्ण संबंध' विषयक अपवाद 'कहीं कुछ निश्चित क्षेत्रों में उठ रही उस माँग से संबंधित तो नहीं है, जो पाकिस्तान से जुड़ी है।'[11] '1950 में पटेल और नेहरू के बीच हुए पत्राचार से यह स्पष्ट है कि विदेशों से मैत्रीपूर्ण संबंध विषयक प्रावधान मुकर्जी द्वारा बल प्रयोग से भारत और पाकिस्तान के एकीकरण की माँग के परिणामस्वरूप ही जोड़ा गया था।'[12]

उन्हीं दिनों भारत सरकार की प्रेस सलाहकार समिति की बैठक हुई, जिसमें 'ऑर्गेनाइजर' के लेखों और संपादकीय पर विचार हुआ। परिणामस्वरूप दिल्ली के मुख्यायुक्त ने पूर्वी पंजाब सुरक्षा अधिनियम के अधीन 2 मार्च, 1950 को 'ऑर्गेनाइजर' के संपादक के.आर. मलकानी और प्रकाशक बृजभूषण को आदेश दिया कि वे हर अंक को छापने से पहले सरकार से अनुमति लें। इसका सीधा अर्थ था कि सरकार ने 'ऑर्गेनाइजर' पर सेंसरशिप की निगरानी बैठा दी। चूँकि वह आदेश देश की राजधानी में दिया गया तो यह निष्कर्ष निकाला जा सकता है कि वह पं. जवाहरलाल नेहरू की अनीतियों का एक संकेत था, जो उनकी तानाशाही प्रवृत्ति का एक प्रमाण भी है। वह प्रेस की स्वतंत्रता को छीनने की उद्दंड कोशिश भी थी। इस आदेश के विरोध में संपादक के.आर. मलकानी ने चुनौती देते हुए एक संपादकीय लिखा कि 'ऑर्गेनाइजर' स्वस्थ आलोचना के लिए प्रतिबद्ध है। सरकार भी चाहे तो इससे कुछ सीख सकती है। वे अपने हर संपादकीय में प्रेस की स्वाधीनता के लिए लिख रहे थे। सरकार

को सावधान कर रहे थे कि वह यथार्थ का सामना करे, तथ्यों को छिपाए नहीं। सच भले ही कड़वा हो, पर वह सच होता है। लेकिन सरकार ने 'ऑर्गेनाइजर' पर जो पाबंदी लगाई, उसे सुप्रीम कोर्ट में चुनौती दी गई। सुप्रीम कोर्ट में 'ऑर्गेनाइजर' के वकील एन.सी. चटर्जी थे। वे हिंदू महासभा के पूर्व अध्यक्ष थे। उनके ही बेटे सोमनाथ चटर्जी बहुत बाद में लोकसभा के अध्यक्ष बने। सुप्रीम कोर्ट ने एक ऐतिहासिक फैसला सुनाया, जिसमें कहा गया कि मुख्य आयुक्त का आदेश अवैध है। इस तरह सरकार को 'ऑर्गेनाइजर' से पाबंदी हटानी पड़ी।

वही समय है, जब समाजवादी नेता जयप्रकाश नारायण ने नागरिक स्वतंत्रता के प्रश्न को सर्वोपरि बनाया। प्रधानमंत्री जवाहरलाल नेहरू पर तानाशाही रवैए का आरोप लगाया। बंबई हाईकोर्ट के मुख्य न्यायाधीश एम.सी. छागला ने एक व्याख्यान में कहा कि संविधान सबसे ऊपर है। उसमें वर्णित मौलिक अधिकारों पर किसी भी प्रकार की रोक-टोक अनुचित है। नेहरू सरकार के लिए सुप्रीम कोर्ट का फैसला और जनमत का विरोध में जाना चिंता का कारण बना। इस पर एक लोकतांत्रिक सरकार से उम्मीद की जाती है कि वह पुनर्विचार करे, अपनी भूल सुधारे, लोकतंत्र को पिंजरे में बंद करने की कोशिश न करे। पर ऐसा नहीं हुआ। नेहरू सरकार ने आत्ममंथन नहीं किया। अपनी नीतियों को नहीं सुधारा। अनेक कदम उठाए। वे प्रतिक्रिया में थे। संविधान प्रदत्त मौलिक अधिकारों के तहत अभिव्यक्ति की आजादी पर ही नेहरू सरकार ने हमला बोल दिया। संविधान संशोधन का एक एजेंडा यह भी था। जहाँ तक दूसरे एजेंडे का सवाल है, जिसका संबंध भूमि सुधार से था, उस पर विपक्ष भी सहमत था। लेकिन नेहरू की सरकार ने विपक्ष को भरोसे में लेने की कोई कोशिश नहीं की। ऐसा चुनावी राजनीति के कारण भी था। कांग्रेस स्वयं श्रेय लेने के लिए व्याकुल थी।

मूल संविधान में संपत्ति का अधिकार मौलिक अधिकारों में एक था। उसे मिलाकर सात मौलिक अधिकार थे। इसके कारण जमींदारी प्रथा को समाप्त करने के लिए उत्तर प्रदेश और बिहार में जो कानून बनाए गए, उन्हें वहाँ के हाईकोर्ट में चुनौती दी गई। नेहरू सरकार ने इसको भी अपना एक एजेंडा बनाया। खासकर बिहार हाईकोर्ट का फैसला जमींदारों के पक्ष में नहीं था, जैसा जवाहरलाल नेहरू समझते थे। बिहार के मुख्यमंत्री श्रीकृष्ण सिन्हा ने भी हाईकोर्ट के फैसले को समझने में गलती की। राष्ट्रपति डॉ. राजेंद्र प्रसाद का मत था कि हाईकोर्ट ने अपने फैसले में बिहार के कानून की कमियों को रेखांकित किया था। इस आधार पर वे नहीं चाहते थे कि संविधान में फटाफट संशोधन किया जाए। यहाँ नेहरू राजनीति कर रहे थे। अपनी राजनीति के लिए उन्होंने संविधान को माध्यम बनाया। संभवतः उन्हीं की सलाह पर बिहार पहला राज्य है, जिसने संविधान में संशोधन की माँग रखी। इससे एक मुद्दा उछला, जिसे कांग्रेस ने सामाजिक क्रांति का आवरण दिया। दरभंगा के महाराजा कामेश्वर सिंह ने एक बयान दिया कि जमींदार सरकार को सहयोग देने के लिए तत्पर हैं, अगर सरकार समस्याओं

पर बात करे। लेकिन कांग्रेस के नेताओं में जमींदारों से संवाद करने में रुचि नहीं थी। इससे उनको राजनीतिक लाभ नहीं मिलता। दूसरी तरफ जयप्रकाश नारायण संविधान को रद्द करने और नया संविधान की हिमायत कर रहे थे। नेहरू ने इसे भी अपने पक्ष में एक तर्क माना।

संविधान संशोधन विधेयक पर चर्चा की पूर्वसंध्या पर लोकसभा के अध्यक्ष जी.वी. मावलंकर ने प्रधानमंत्री जवाहरलाल नेहरू को एक पत्र लिखा। यह 15 मई, 1951 की बात है। उन्होंने प्रस्तावित संविधान संशोधन पर अपनी आपत्तियाँ जताईं। दो बातें उन्होंने उठाईं—पहली कि जो संविधान संशोधन प्रस्तावित है, वह अनावश्यक है। दूसरी कि इसका समय भी उचित नहीं है। राष्ट्रपति डॉ. राजेंद्र प्रसाद ने जब सुना तो वे दुःखी हो गए। उनका भी यह मत था कि अभिव्यक्ति की स्वतंत्रता पर प्रतिबंध लगाने का कोई आवश्यक कारण नहीं दिखता। अगर सरकार संविधान में संशोधन कर मौलिक अधिकार को कम करती है तो उसे इस बारे में जनमत जानने का प्रयास करना चाहिए। राष्ट्रपति का मत था कि नागरिकों के मौलिक अधिकार को छीनना उचित नहीं होगा। पं. जवाहरलाल नेहरू ने लोकसभा अध्यक्ष के पत्र का जवाब दिया। उन्होंने लिखा कि 'संविधान संशोधन जरूरी है, क्योंकि जमींदारी प्रथा समाप्त करने में सरकार को कठिनाइयाँ आ रही हैं। जमींदारी उन्मूलन कानून को तेजी से लागू कराना है। अगर ऐसा नहीं होता है तो कांग्रेस के लिए वह प्राणघातक होगा।'[13] इससे स्पष्ट है कि वह संविधान संशोधन राजनीतिक स्वार्थ के लिए किया जा रहा था। नेहरू ने संविधान संशोधन विधेयक पर जनमत जानने की सलाह को भी ठुकरा दिया। यह प्रश्न डॉ. मुकर्जी ने अपने भाषण में उठाया था कि इस संशोधन पर जनमत जानना चाहिए।

संविधान में संशोधन के प्रस्ताव से पूरा देश उद्वेलित था। इसके कई कारण थे। पं. जवाहरलाल नेहरू से यह उम्मीद नहीं की जाती थी कि वे एक तानाशाह की भाँति काम करेंगे। इस कारण भी उस संविधान संशोधन पर बहस लोकसभा की चहारदीवारी तक सीमित नहीं रह सकी। उसका प्रभाव देशव्यापी था। पूरे देश में आक्रोश की लहर चल पड़ी थी। न्यायपालिका, मीडिया, साधारण नागरिक और नागरिक स्वतंत्रता के पक्षधर नेतृत्व ने एक स्वर से उस संविधान संशोधन को मौलिक अधिकारों पर प्रतिबंध लगाने की एक कुचाल माना। इसी अर्थ में वह संविधान संशोधन अपने आप में असाधारण था। क्यों और कैसे? यह उस बहस से जाना जा सकता है, जो अस्थायी लोकसभा में हुई। वह दो हिस्से में हुई। पहली बहस 16 मई, 1951 को शुरू हुई, जिसे स्वयं प्रधानमंत्री जवाहरलाल नेहरू ने अपने लंबे भाषण से प्रारंभ किया। विरोध निराधार नहीं था, यह नेहरू को समझ में आ गया। विपक्ष ने अपने तर्कों से उन्हें निरुत्तर कर दिया था। विपक्ष का नेतृत्व डॉ. श्यामाप्रसाद मुकर्जी कर रहे थे।

इसलिए उस संशोधन पर विचार के लिए एक प्रवर समिति बनाई गई। उसे सौंप दिया गया। हालाँकि प्रवर समिति में कांग्रेस का बहुमत था। उस समिति के अध्यक्ष स्वयं जवाहरलाल

नेहरू थे। सबसे बड़ा प्रश्न था कि 15 माह में ही संविधान को संशोधित करना क्या उचित है? संविधान को लागू हुए ज्यादा दिन नहीं बीते थे। लोकसभा भी अस्थायी थी। पहला आम चुनाव सन्निकट था। संविधान के भाग 20 में अनुच्छेद 368 है, जो संविधान संशोधन की प्रक्रिया का निर्धारण करता है। उस संशोधन ने एक गंभीर संवैधानिक प्रश्न खड़ा कर दिया। वह यह कि 'क्या अस्थायी लोकसभा को संविधान में संशोधन करने का अधिकार है?' यह प्रश्न इसलिए महत्त्वपूर्ण था, क्योंकि संसद् एक सदनी थी। राज्यसभा गठित नहीं हुई थी, जबकि संविधान संशोधन को दोनों सदनों से पारित होना चाहिए। क्या जवाहरलाल नेहरू इससे अनभिज्ञ थे? ऐसा मानने का कोई कारण नहीं है। संविधान निर्माण के दौरान एक बार उन्होंने सुझाव दिया था कि संविधान लागू होने के बाद पाँच साल की अवधि निर्धारित कर दी जाए, जिसमें संविधान संशोधन को एक सामान्य विधेयक की भाँति पारित कराया जा सके। लेकिन संविधान सभा ने इसे स्वीकार नहीं किया। इसे वे जानते थे। फिर भी नेहरू ने संविधान संशोधन कराने की ठान ली थी। पूरी संसद् के गठन की प्रतीक्षा करने का धैर्य भी नहीं दिखाया।

पहले दौर की बहस में डॉ. श्यामाप्रसाद मुकर्जी ने 'नेहरू के प्रस्ताव में निहित राजनीतिक और संवैधानिक प्रश्नों को उठाया। जवाहरलाल नेहरू को याद दिलाया कि अमेरिकी संविधान में पहला संशोधन तीन साल बाद किया गया। उस संशोधन से अमेरिका के नागरिकों के मौलिक अधिकारों में कटौती नहीं की गई, बल्कि विस्तार किया गया। जबकि जवाहरलाल नेहरू मौलिक अधिकारों को शासन-तंत्र की कैद में रखने के लिए प्रयास कर रहे हैं। यह संविधान का जितना अपमान है, उससे ज्यादा नागरिकों की स्वतंत्रता पर प्रहार है। डॉ. मुकर्जी ने अपने तर्कों से यह सिद्ध किया कि नागरिक स्वतंत्रता पर रोक लगाकर नेहरू सरकार लोकतंत्र को अपना बंदी बना रही है।'[14]

जवाहरलाल नेहरू ने अपने भाषण में संशोधन से होनेवाले परिवर्तन को बहुत साधारण बताया था। इसे ही डॉ. मुकर्जी ने चुनौती दी। उन्होंने कहा कि पं. नेहरू अपने सीने पर हाथ रखकर यह कह सकते हैं कि क्या ऐसा ही है? नेहरू जानते हैं कि इस संशोधन से अनेक गंभीर प्रश्न जुड़े हुए हैं। उन्होंने सीधे पूछा कि नागरिकों को संविधान ने जो अधिकार दिए, वे वापस लिये जा रहे हैं तो क्यों? क्या नेहरू डर गए हैं? क्या वे मनमानी करने के लिए अधिकार ले रहे हैं? क्या उनका संसद् में भरोसा है? डॉ. मुकर्जी का कहना था कि प्रधानमंत्री इस संशोधन को कांग्रेस पार्टी का एजेंडा बना रहे हैं। कांग्रेस ने अपने सदस्यों के लिए एक निर्देश जारी किया था। वह डॉ. मुकर्जी को प्राप्त हो गया था। डॉ. मुकर्जी ने आरोप लगाया कि नेहरू सरकार राष्ट्रीय समस्याओं को हल करने में विफल हो गई है, इस कारण नागरिकों की स्वतंत्रता छीनी जा रही है। इससे स्वाधीन भारत में लोकतंत्र के विकास में बड़ी बाधा आएगी। संविधान संशोधन से लोकतंत्र को पिंजरे में बंद किया जा रहा है। डॉ. मुकर्जी ने एक चीनी पुस्तक का एक अंश

पढ़कर सुनाया, 'जिसमें यह कहा गया था कि ब्रिटेन अमेरिका का 'रनिंग डॉग' है। नेहरू को उस पुस्तक में ब्रिटेन का 'रनिंग डॉग' बताया गया था।'[15]

भारतीय संविधान की जययात्रा किसने रोकी? वे और कोई नहीं, स्वयं प्रधानमंत्री जवाहरलाल नेहरू थे। इतिहास की अदालत में जब भी यह सवाल उठेगा, तब आरोपों के घेरे में जवाहरलाल नेहरू खड़े पाए जाएँगे। इतिहास गवाही देगा कि नेहरू ने सत्ता में पहुँचते ही रावी के तट पर ली शपथ को भुला दिया। कराची कांग्रेस के ऐतिहासिक निर्णय को पलटने का इरादा बनाया। उसी कांग्रेस में मौलिक अधिकारों का निर्णय हुआ था। डॉ. भीमराव आंबेडकर ने मौलिक अधिकारों को संविधान का मर्मस्थल कहा था। उस पर ही जवाहरलाल नेहरू ने हथौड़ा चलाया। पं. हृदयनाथ कुंजरू का कहना था कि अनुच्छेद 19 और 31 का संशोधन वास्तव में अभिव्यक्ति की स्वतंत्रता को समाप्त कर देगा। पहले हिस्से की बहस से यह भी स्पष्ट हुआ कि कांग्रेस के सदस्य संशोधन के विरोध में हैं। अगर उन्हें रोका नहीं गया तो वे अपना मत उसके विरोध में देंगे। उस संशोधन के विरोध में कांग्रेस के अध्यक्ष रहे आचार्य जे.बी. कृपलानी ने कांग्रेस से इस्तीफा दे दिया। वे खुलकर विरोध में आ गए। कांग्रेस पार्लियामेंटरी पार्टी में देशबंधु गुप्त ने एक प्रस्ताव रखा कि अनुच्छेद 19 में संशोधन न हो, लेकिन वह नेहरू के दबाव में पारित नहीं हो सका। अखबारों के संपादकों का एक संगठन था—ए.आई.एन.ई.सी (ऑल इंडिया न्यूज पेपर एडिटर कॉन्फ्रेंस)। देशबंधु गुप्त उसके अध्यक्ष थे। उनके नेतृत्व में एक बड़ा प्रतिनिधिमंडल प्रधानमंत्री जवाहरलाल नेहरू से मिला और माँग की कि प्रेस की स्वतंत्रता पर रोक लगानेवाले संशोधन को वापस लेना चाहिए। पर प्रधानमंत्री ने उनकी माँग नहीं मानी।

उस संशोधन का विरोध जहाँ मीडिया कर रहा था, वहीं नामी वकीलों ने भी नया मोर्चा खोल दिया। पी.एन. मेहता ऐसा ही एक सम्मानजनक नाम था। उन्होंने लाहौर षड्यंत्र मामले में भगत सिंह के बचाव में वकालत कर नाम कमाया था। उन्होंने 'संविधान सोसाइटी' बनाई थी। वे उसके महामंत्री थे। उन्होंने एक बयान दिया, जिसमें कहा कि 'कुछ महीने पहले प्रधानमंत्री जवाहरलाल नेहरू ने ऑल इंडिया न्यूजपेपर एडिटर्स कॉन्फ्रेंस (ए.आई.एन.ई.सी.) को संबोधित करते हुए जोर देकर घोषणा की थी कि अभिव्यक्ति की स्वतंत्रता पर रोक-टोक का इरादा सरकार का नहीं है।'[16] इसे याद दिलाकर उन्होंने बयान दिया कि 'सरकार अभिव्यक्ति की स्वतंत्रता को छीनने जा रही है। यह नागरिकों पर हमला है। संविधान की रक्षा करना हमारा कर्तव्य है।'[17] उनके इस बयान ने वकीलों पर जादू कर दिया। दिल्ली में पचास से ज्यादा बड़े वकील सामने आए, जिनका नेतृत्व एन.सी. चटर्जी और गोपीनाथ कुंजरू (पं. हृदयनाथ कुंजरू के भाई) जैसे लोग कर रहे थे। इन दोनों ने एक अपील जारी की कि देश का हर बार एसोसिएशन संविधान की रक्षा के लिए विरोध प्रकट करे।

अस्थायी लोकसभा से संविधान संशोधन विधेयक प्रवर समिति में विचार के लिए पहुँचा,

जहाँ कांग्रेस का बहुमत था। लेकिन विपक्ष भी अपने नाम और धाम में नेहरू से कम नहीं था। उसका नेतृत्व हृदयनाथ कुंजरू, डॉ. श्यामाप्रसाद मुकर्जी, सरदार हुकुम सिंह, के.टी. शाह और नजीरूद्दीन अहमद कर रहे थे। वे मौलिक अधिकारों के योद्धा के रूप में वहाँ थे। पूरे देश में जो तीखी बहस छिड़ी हुई थी, उसका वे वहाँ प्रतिनिधित्व कर रहे थे। सुप्रीम कोर्ट बार एसोसिएशन ने एक बयान दिया कि सरकार संविधान की मर्यादा का उल्लंघन न करे। इस बयान से बहस ने अपूर्व गति प्राप्त की। कलकत्ता हाईकोर्ट के पूर्व जज एन.सी. चटर्जी और इलाहाबाद हाईकोर्ट के पूर्व जज एस.पी. सिन्हा ने सुप्रीम कोर्ट के बार एसोसिएशन का समर्थन कर वातावरण को तूफानी बना दिया। बंबई में एक प्रोग्रेसिव ग्रुप काम कर रहा था, जिसमें मुसलिम और पारसी ज्यादा थे। उन्होंने चुनौती दी कि अस्थायी संसद् संविधान से छेड़छाड़ कैसे कर सकती है?

जनमत अपने विरुद्ध होता देख नेहरू ने अंग्रेजी के कुछ बड़े अखबारों के प्रतिनिधियों को बुलाया, जिनमें कुछ संपादक और मालिक भी थे। 'हिंदुस्तान टाइम्स' के संपादक देवदास गांधी, 'इंडियन एक्सप्रेस' के मालिक रामनाथ गोयनका और 'हिंदू' से बी. शिवराव को बुलाकर उन्होंने बात की। प्रधानमंत्री से उन लोगों की बातचीत असहमति में समाप्त हो गई। हालाँकि वे अपनी ओर से सफाई के साथ-साथ प्रेस की स्वतंत्रता के लिए मौखिक आश्वासन देते रहे। यह बात जब ए.आई.एन.ई.सी. के अध्यक्ष देशबंधु गुप्त को मालूम हुई तो उन्होंने प्रधानमंत्री को पत्र लिखा कि आपके मौखिक आश्वासन का कोई अर्थ नहीं है। अगर वास्तव में आप प्रेस की स्वाधीनता को मानते हैं तो उसके लिए जरूरी है कि संविधान में एक अनुच्छेद जोड़ा जाए, जो प्रेस की स्वतंत्रता का लिखित प्रावधान करे। यह प्रावधान उसी तरह का होना चाहिए, जैसा कि अमेरिका के संविधान में है। उन्होंने यह भी लिखा कि सरकार जो भी संशोधन ला रही है, वह सत्तारूढ़ दल के हित में है। सरकार जब चाहेगी, प्रेस की स्वाधीनता पर मनमानी अंकुश लगाएगी। नेहरू ने इस सुझाव को ठुकरा दिया।

कानपुर में ज्वाला प्रसाद श्रीवास्तव रहते थे। वे वायसराय काउंसिल में मंत्री पद पर थे। उनका समाज में ऊँचा स्थान था। उन्होंने भी एक बयान जारी किया, जिसमें कहा कि सरकार ने संविधान में संशोधन के लिए जो समय चुना है, वह गलत है। संशोधन का विचार ही अनुचित है। उन्होंने आश्चर्य व्यक्त किया और कहा कि किसी अनुभवहीन अफसर की सलाह पर प्रधानमंत्री संशोधन ला रहे हैं। मीनू मसानी उनके दामाद थे, जो कभी नेहरू के समाजवादी साथी थे। जब सर्वत्र निंदा होने लगी तो मीडिया ने जनमत को जगा दिया। यह धारणा पक्की होने लगी कि सरकार संशोधन से प्रेस की स्वतंत्रता पर अंकुश का अस्त्र हासिल करने जा रही है। दूसरे शब्दों में जवाहरलाल नेहरू की छवि एक तानाशाह की बनने लगी। तब प्रधानमंत्री जवाहरलाल नेहरू ने एक बयान दिया—'इन संशोधनों का उपयोग मेरी सरकार नहीं करेगी।

हम इसे भविष्य की संसद् को उपहारस्वरूप एक धरोहर के रूप में देने जा रहे हैं।'[18] इस बयान से जवाहरलाल नेहरू का दोहरापन सामने आया। उनसे बंबई के एक व्यक्ति ने सवाल पूछा कि फिर इसे इसी अस्थायी लोकसभा में लाने का क्या तुक है? वह पत्र अखबारों में छपा।

जो प्रबल जनमत पैदा हुआ, उससे कांग्रेस के सांसद अप्रभावित नहीं रह सके। प्रवर समिति के कांग्रेसी सदस्यों पर भी मानसिक दबाव आया। वे अभिव्यक्ति की स्वतंत्रता के लिए पार्टी में आवाज उठाने लगे। अनेक सदस्यों ने सुझाया कि अनुच्छेद 19 (2) में प्रदत्त 'निर्बंधन' (रिस्ट्रिक्शन) शब्द से पहले 'युक्तियुक्त' (रिजनेबल) शब्द जोड़ा जाए तथा 19 (1)(क) में भी किसी तरह का परिवर्तन न किया जाए। यही बात डॉ. श्यामाप्रसाद मुकर्जी और हृदयनाथ कुंजरू कांग्रेसियों को समझा रहे थे। इस परिवर्तन में वे यह भी शामिल कराना चाहते थे कि प्रतिबंध के बारे में न्यायालय निर्णय करे, शासन-तंत्र नहीं। नेहरू इसके पक्ष में नहीं थे। यह उन्होंने टी.टी. कृष्णमाचारी को लिखे पत्र में बताया। प्रवर समिति ने अपना काम 22 मई, 1951 को पूरा कर लिया। नेहरू ने माना कि विपक्ष उन पर भारी पड़ा। सुबह-शाम दोनों वक्त प्रवर समिति की बैठक करनी पड़ी। अनुच्छेद 19 और अभिव्यक्ति की स्वतंत्रता पर ही बहस ज्यादा केंद्रित थी। अंततः विपक्ष ने नेहरू को झुका दिया।

देशव्यापी आलोचनाओं ने कांग्रेसी सांसदों को भी पार्टी के अनुशासन से डिगाया। 23 मई, 1951 को जब कांग्रेस संसदीय दल की बैठक हुई, तो उसमें से 77 सदस्यों ने अपने हस्ताक्षर से लिखित माँग की कि उन्हें पार्टी के अनुशासन में इस सवाल पर न बाँधा जाए। वे जैसा उचित समझते हैं, वैसा वोट डालने की उन्हें अनुमति दी जाए। इसकी कल्पना करना कठिन नहीं है कि उस ज्ञापन से पं. नेहरू पर क्या गुजरी होगी! वे पहले चकित हुए और फिर सदमे में आ गए। उन्हें भरोसा ही नहीं हो रहा था कि तीन दिन पहले जो पार्लियामेंटरी पार्टी एक स्वर से उनका समर्थन कर रही थी, उसमें अचानक ऐसा क्या परिवर्तन आया। नेहरू ने खतरे को समझा। उसी दिन कैबिनेट की बैठक भी हुई, जिसमें मतभेद खुलकर सामने आए। राष्ट्रपति डॉ. राजेंद्र प्रसाद ने भी इस विषय पर नजर रखी हुई थी। उन्होंने सरकार को अपने विचार से अवगत कराया। इसका परिणाम हुआ कि प्रवर समिति को नया ड्राफ्ट बनाना पड़ा। प्रवर समिति की रिपोर्ट 25 मई को तैयार हुई, जो 18 पेज की रिपोर्ट थी, जिसमें 16 पेज विरोध में थे। शेष दो पेज में प्रवर समिति की रिपोर्ट सरकार के अनुकूल थी। प्रवर समिति में विपक्ष के पाँच सदस्य थे, जिनका नेतृत्व डॉ. श्यामाप्रसाद मुकर्जी और हृदयनाथ कुंजरू कर रहे थे। इनका स्पष्ट मत था कि इतनी जल्दबाजी में संविधान संशोधन की कोई आवश्यकता नहीं है।

हृदयनाथ कुंजरू ने अपनी असहमति में सेंसरशिप के काले इतिहास का उल्लेख करते हुए कांग्रेस को चुनौती दी कि वह बताए कि स्वतंत्र भारत में डिफेंस ऑफ इंडिया रूल (डी. आई.आर.) जैसे काले कानूनों की क्या जरूरत है? भारतीय दंड संहिता की धाराएँ-124 (क)

और 153 (क) को पुनः जीवित करने का क्या तुक है? ये दोनों 1818 में देशभक्तों को सीखचों में बंद करने के लिए बनाए गए थे। उनका कहना था कि देश स्वतंत्र हो गया है। कानून की पुस्तकों में इनके लिए कोई जगह नहीं होनी चाहिए। के.टी. शाह, सरदार हुकुम सिंह और नजीरूद्दीन अहमद ने साझा विरोध किया। उनकी असहमति का दस्तावेज एक था। इन तीनों का तर्क था कि संविधान का अनुभव अत्यंत अल्प है। कोई भी संशोधन इस समय अनुचित होगा, लेकिन प्रवर समिति में कांग्रेस का बहुमत था और कांग्रेसी सदस्य नेहरू के प्रभाव में थे। प्रवर समिति की रिपोर्ट से देश में घोर निराशा हुई और अखबारों ने असंतोष जताया।

अस्थायी लोकसभा में प्रधानमंत्री ने प्रवर समिति की रिपोर्ट प्रस्तुत की। यह 29 मई, 1951 की बात है। उसी समय एच.वी. कामथ ने कोशिश की कि प्रवर समिति के रहस्य को वे उजागर करें। अध्यक्ष ने इसकी अनुमति नहीं दी। उस दिन प्रधानमंत्री जवाहरलाल नेहरू संविधान संशोधन के पक्ष में 70 मिनट बोले। एक जगह वर्णन मिलता है कि नेहरू के बाद जैसे ही नजीरूद्दीन अहमद के बोलने की बारी आई कि अचानक आसमान गरज उठा। ओले बरसने लगे। बिजली गुल हो गई। अंधकार छा गया, मानो प्रकृति भी नेहरू को चेतावनी दे रही हो। एच.वी. कामथ ने टिप्पणी की कि गणतंत्र में बोलने की स्वतंत्रता छीनने से अँधेरा हुआ है। जैसे-जैसे बहस बढ़ी, अस्थायी लोकसभा में तूफानी शब्द-बाणों को आर-पार आते-जाते देखा गया। जीरोम डिसूजा और फ्रेंक एंथोनी ने यह तो माना कि इस संशोधन से नेहरू की तानाशाही कायम होगी। लेकिन वे इससे इसलिए सहमत हैं, क्योंकि यह कम्युनिस्ट तानाशाही से बेहतर होगी।

प्रवर समिति की रिपोर्ट पर विपक्ष का नेतृत्व डॉ. श्यामाप्रसाद मुकर्जी और आचार्य जे.बी. कृपलानी ने सँभाला। डॉ. मुकर्जी ने कहा कि संविधान में मौलिक अधिकारों का अध्याय हमने इसलिए जुड़वाया कि उसमें सरकार मनमानी न कर सके। नागरिक की स्वतंत्रता का मौलिक अधिकारों में स्पष्ट आश्वासन है। आचार्य जे.बी. कृपलानी कांग्रेस के अग्रणी नेताओं में से थे। उन्होंने कहा कि जमींदारी प्रथा समाप्त करने के वादे से देश परिचित है, इसलिए संशोधन पर हमें आपत्ति नहीं है। हालाँकि बिना संविधान संशोधन के भी जमींदारी प्रथा का उन्मूलन किया जा सकता है। उन्होंने पं. नेहरू को याद दिलाया कि मौलिक अधिकारों का संविधान में महत्त्वपूर्ण स्थान रहेगा, यह देश को दिया गया कांग्रेस का वचन था। इसमें परिवर्तन करना वचनभंग जैसा है।

वह संविधान संशोधन पारित हो गया। उसकी सर्वत्र निंदा होने लगी। राष्ट्रपति डॉ. राजेंद्र प्रसाद ऊहापोह में पड़ गए। उनके सामने विकट प्रश्न थे। वे संवैधानिक थे। दो बड़े प्रश्न थे—पहला कि क्या अस्थायी लोकसभा को संविधान संशोधन का अधिकार है? दूसरा प्रश्न था कि संविधान के अनुच्छेद 368 में संविधान संशोधन की जो प्रक्रिया है, उसका उल्लंघन किया

जा सकता है ? उस प्रक्रिया में दोनों सदनों के दो-तिहाई बहुमत से संशोधन हो सकता है। उस समय राज्यसभा गठित नहीं थी। संविधान सभा विसर्जित हो गई थी। वही अस्थायी लोकसभा के रूप में काम कर रही थी। उसमें ही अध्यक्ष ने संविधान संशोधन पर 31 मई, 1951 को मत विभाजन कराया। 246 सदस्यों ने समर्थन में वोट डाला और 14 विरोध में थे।

डॉ. राजेंद्र प्रसाद ने संविधानविद् अलादि कृष्णास्वामी अय्यर से सलाह माँगी। वे संविधान सभा के भी सदस्य थे। उनकी सलाह पर डॉ. राजेंद्र प्रसाद ने हस्ताक्षर कर दिए, जिससे 18 जून, 1951 को संविधान संशोधन लागू हो गया, जिससे प्रधानमंत्री जवाहरलाल नेहरू का तानाशाही चेहरा उजागर हुआ। देश ने देखा और अपना माथा पीट लिया। संविधान में एक काला अध्याय जुड़ गया। जिन अधिकारों को जवाहरलाल नेहरू ने छीना, उन्हें कभी वापस लौटाया नहीं गया। संविधान के ये अनुच्छेद तब संशोधित किए गए—15, 19, 85, 87, 174, 176, 341, 342, 376, अंत:स्थापित अनुच्छेद-31(क), 31(ख) और नौवीं अनुसूची संविधान में जोड़ी गई। अनुच्छेद 19 में संशोधन कर 'युक्तियुक्त' परंतुक जो जोड़ा गया, उससे राजद्रोह की धारा वापस आ गई, जो भारतीय दंड संहिता की धारा-124 और 153ए है। आखिरकार पं. जवाहरलाल नेहरू लोकतंत्र पर प्रतिबंध का प्रारंभ करने में सफल हो गए। उन्होंने एक नई प्रथा शुरू की। संसद् से सुप्रीम कोर्ट के निर्णयों को पलटने के लिए भी वह संविधान संशोधन था। जिसे सुप्रीम कोर्ट ने अवैध घोषित किया था, उसे पं. नेहरू ने संसद् से पारित कराकर बहाल कराया। इससे संविधान के मूल ढाँचे में परिवर्तन आ गया। संविधान संशोधन के तुरंत बाद सरकार ने प्रेस को नियंत्रित करने के लिए एक कानून बनाया। जवाहरलाल नेहरू ने संविधान में जो नौवीं अनुसूची जुड़वाई, वह ऐसी अनुसूची है, जो भारत सरकार को हर तरह के असंवैधानिक निर्णय का अधिकार देती है। जब संविधान संशोधन को सुप्रीम कोर्ट में चुनौती दी गई तो सुप्रीम कोर्ट का फैसला संशोधन के पक्ष में आया। यह 5 अक्तूबर, 1951 की बात है। इस तरह सुप्रीम कोर्ट ने संविधान संशोधन को वैध ठहराया। जवाहरलाल नेहरू यही तो चाहते थे, पर इतने से उन्हें संतोष नहीं हुआ। सरदार पटेल के समर्थन से कांग्रेस अध्यक्ष बने पुरुषोत्तम दास टंडन से त्याग-पत्र दिलवाया गया। वे स्वयं कांग्रेस अध्यक्ष बने।

**संदर्भ—**


1. अस्थायी लोकसभा की कार्यवाही, संविधान संशोधन (पहला), 16 मई, 1951, पृ. 8838
2. वही, पृ. 8832
3. साप्ताहिक हिंदुस्तान, 11 दिसंबर, 1949, उत्तर प्रदेश का 34वाँ राजनीतिक सम्मेलन
4. अस्थायी लोकसभा की कार्यवाही, संविधान संशोधन (पहला), 16 मई, 1951, पृ. 8838
5. श्यामा प्रसाद मुकर्जी : एक जीवनी, बलराज मधोक, अध्याय : केंद्रीय मंत्रिमंडल में, पृ. 111
6. वही, पृ. 112
7. वही, पृ. 113

8. मंथन—त्रैमासिक पत्रिका—सामाजिक एवं अकादमिक सक्रियता का उपक्रम, अंक-एक, जनवरी-मार्च 2021, मीडिया विशेषांक, भारत में मीडिया और लोकतंत्र, अशोक टंडन, पृ. 7

9-12. वही, पृ. 7

13. सिक्सटीन स्टार्मि डेज : द स्टोरी ऑफ द फर्स्ट अमेंडमेंट टू द कांस्टीट्यूशन ऑफ इंडिया, त्रिपुरदमन सिंह, अध्याय : द बैटल रेजेज, पृ. 149

14. अस्थायी लोकसभा की कार्यवाही, 16 मई, 1951, पृ. 8838

15. वही, पृ. 8847

16. सेलेक्टेड वर्क्स ऑफ जवाहरलाल नेहरू, खंड-15/2, पृ. 250-251

17. सिक्सटीन स्टॉर्मी डेज, द स्टोरी ऑफ द फर्स्ट अमेंडमेंट टू द कांस्टीट्यूशन ऑफ इंडिया, त्रिपुरदमन सिंह, अध्याय : द क्लाउड बर्स्ट, पृ. 122

18. वही, पृ. 157

□

# घटनाक्रम

| सन् | संदर्भ | पृष्ठ |
|---|---|---|
| 1765 | • ईस्ट इंडिया कंपनी ने बंगाल, बिहार और उड़ीसा में राजस्व वसूलने की शुरुआत की। | 209 |
| 1787 | • अमेरिकी संविधान सभा का फिलाडेल्फिया में आयोजन। | 42, 329 |
| 1857 | • भारत में पैदा हुई महाक्रांति की विफलता का साल। | 126 |
| 1858 | • ब्रिटिश राजशाही ने ईस्ट इंडिया कंपनी से भारत की सत्ता का नियंत्रण अपने हाथ में ले लिया। | 427 |
| | • बेनेगल नरसिंह राव ने आधुनिक भारत की शुरुआत इसी साल से माना है। | 427 |
| 1861 | • ब्रिटिश सरकार ने संवैधानिक सुधारों का सिलसिला चलाया। | 162 |
| 1871 | • सच्चिदानंद सिन्हा का बक्सर क्षेत्र के मुरार गाँव में 10 नवंबर को जन्म। | 41 |
| 1887 | • 26 फरवरी को कर्नाटक के दक्षिण केनेरा जिले के कारकल में बेनेगल नरसिंह राव का जन्म। | 420 |
| | • राष्ट्रीयता की पहली लहर की शुरुआत | 428 |
| 1892 | • भारतीय परिषद् अधिनियम निर्मित। | 396 |
| 1893 | • माताजी तपस्विनी ने महाकाली पाठशाला की शुरुआत की। | 396 |
| | • लोकमान्य बालगंगाधर तिलक द्वारा गणपति उत्सव प्रारंभ। | 396 |
| | • महात्मा गांधी का दक्षिण अफ्रीका में आगमन। | 396 |
| | • एनी बेसेंट का भारत आगमन। | 396 |

| सन् | संदर्भ | पृष्ठ |
|---|---|---|
| | • श्रीअरविंद की भारत वापसी। | 396 |
| | • स्वामी विवेकानंद का दुनिया के मंच पर अभ्युदय। | 396 |
| 1895 | • मौलिक अधिकारों की माँग देश में पहली बार उठी। | 446 |
| | • संविधानवाद की यात्रा की शुरुआत | 19 |
| 1902 | • कलकत्ता विश्व विद्यालय से मैट्रिकुलेशन परीक्षा में प्रथम स्थान डॉ. राजेंद्र प्रसाद ने प्राप्त किया | 50 |
| 1905 | • गोपाल कृष्ण गोखले ने 'सर्वेंट्स ऑफ इंडिया' सोसायटी बनाई, जिसके संस्थापक सदस्य थे—वलंगमैमान शंकर नारायण श्रीनिवास शास्त्री, जिन्हें गांधीजी ने अपना बड़ा भाई माना है। | 129 |
| 1906 | • दादाभाई नौरोजी ने कांग्रेस अध्यक्ष पद से बोलते हुए 'स्वशासन' शब्द की खोज की। | 66 |
| | • बेनेगल नरसिंह राव अंग्रेजी, भौतिकशास्त्र एवं संस्कृत विषय से बी.ए. उत्तीर्ण हुए। | 420 |
| | • लोकमान्य तिलक का प्रस्ताव कि स्वराज हमारा अंतिम लक्ष्य है। | 134 |
| | • 'हिंदुस्तान रिव्यू' के लिए लिखे लेख के चलते राजेंद्र प्रसाद पहली बार सच्चिदानंद सिन्हा के संपर्क में आए। | 51 |
| 1907 | • सूरत कांग्रेस कॉमनवेल्थ का संदर्भ। | 402 |
| 1909 | • हिंद स्वराज की रचना का वर्ष। | 127 |
| | • ब्रिटिश शासन ने पृथक् निर्वाचन प्रणाली लागू की। | 238 |
| | • लाहौर कांग्रेस में गोपाल कृष्ण गोखले के द्वारा गांधीजी की प्रशंसा में कहे गए उद्गार। | 127 |
| | • बेनेगल नरसिंह राव अकेले भारतीय थे, जो आईसीएस के लिए चुने गए। | 421 |
| 1910 | • डॉ. सच्चिदानंद सिन्हा इंपीरियल लेजिस्लेटिव काउंसिल के सदस्य बने। | 41 |
| | • बेनेगल नरसिंह राव ने भारत सरकार में आईसीएस के रूप में सेवा आरंभ की। | 421 |
| 1911 | • डॉ. सच्चिदानंद सिन्हा पहले भारतीय की हैसियत से ब्रिटिश सरकार में एक्जीक्युटिव काउंसिलर के बतौर फाइनेंस मेंबर बने। | 41 |
| 1912 | • मार्च महीने में सच्चिदानंद सिन्हा के प्रयास से बिहार को एक अलग राज्य का दर्जा मिला। | 41 |
| 1915 | • 9 जनवरी के दिन गांधीजी भारत वापस आए। | 127 |

| सन् | संदर्भ | पृष्ठ |
|---|---|---|
| 1916 | ● लखनऊ समझौता—इसी अधिवेशन में कांग्रेस ने मुसलिमों के लिए पृथक् निर्वाचन प्रणाली पर सहमति दी। | 238 |
| 1919 | ● मोंटेग्यू चेम्सफोर्ड रिपोर्ट के प्रकाशन के बाद एक कानून आया, जिसके प्रतिकार में इस वर्ष असहयोग आंदोलन उठ खड़ा हुआ। | 166 |
| | ● गवर्नर जनरल को संवैधानिक मामलों में सलाह देने के लिए रिफार्म ऑफिस का गठन। | 422 |
| 1920 | ● गांधीजी ने पहली बार कांग्रेस को नया संविधान दिया। | 127, 132 |
| | ● गांधीजी ने इसी साल भारत की जनता के निर्वाचित प्रतिनिधियों से निर्मित स्वराज की बात कही। | 127 |
| | ● मौलाना अबुल कलाम आजाद के भाषण से प्रेरित होकर जयप्रकाश नारायण असहयोग आंदोलन में कूदे। | 399 |
| 1921 | ● रिफॉर्म ऑफिस बंद कर दिया गया। | 421 |
| 1922 | ● फरवरी के महीने में चौरीचौरा की घटना। इसके फलस्वरूप असहयोग आंदोलन के स्थगन की घोषणा। | 169 |
| | ● संविधान के सूत्र को महात्मा गांधी ने वाणी यह कहकर दी कि स्वराज ब्रिटिश संसद् का उपहार न मानकर भारत की जनता को अपनी नियति स्वयं निर्धारित करनी होगी। | 135 |
| | ● गांधीजी का कथन कि 'स्वराज्य वैदिक शब्द है।' | 397 |
| | ● स्वराज पार्टी की स्थापना। | 101 |
| 1923 | ● 'स्वराज्य पार्टी' का लक्ष्य पूर्ण एवं उत्तरदायी स्वराज की घोषणा | 101 |
| 1924 | ● सच्चिदानंद सिन्हा ने अपनी पत्नी राधिका की याद में 'सिन्हा लाइब्रेरी' पटना में बनवाई। | 41 |
| | ● एनी बेसेंट और तेज बहादुर सप्रू ने कॉमनवेल्थ ऑफ इंडिया बिल में पहली बार बालिग मताधिकार एवं परोक्ष मतदान संबंधी सुझाव एक राष्ट्रीय सम्मेलन में प्रस्तुत किया। | 428 |
| 1925 | ● मोतीलाल नेहरू ने सेंट्रल एसेंबली में मौलिक अधिकारों से संबंधित विधेयक पेश किया। | 446 |
| 1927 | ● कांग्रेस का मद्रास अधिवेशन, जिसमें संविधान की रूपरेखा बनाने के लिए एक कमेटी बनी। | 38, 405 |
| | ● भारत शासन अधिनियम आयोग का गठन। | 97, 136 |

| सन् | संदर्भ | पृष्ठ |
|---|---|---|
| | • 17 मई को मोतीलाल नेहरू ने कांग्रेस के समक्ष संविधान निर्माण के आह्वान संबंधी प्रस्ताव को प्रस्तुत किया। | 136 |
| | • 28 मई को मद्रास अधिवेशन में जवाहरलाल नेहरू ने मोतीलाल नेहरू के संविधान निर्माण संबंधी प्रस्ताव को प्रस्तुत किया। | 136 |
| | • 8 नवंबर को भारत शासन अधिनियम 1935 के लिए एक आयोग का गठन | 97 |
| 1928 | • 19 मई को मुंबई में कांग्रेस के अधिवेशन में संविधान-निर्माण के लिए मोतीलाल नेहरू की अध्यक्षता में एक कमेटी का गठन। | 136 |
| | • 10 अगस्त को मोतीलाल नेहरू कमेटी ने रिपोर्ट सौंपी, जिसे इतिहास में 'नेहरू रिपोर्ट' के रूप में जाना जाता है। | 38, 136, 167, 446 |
| | • दिसंबर माह में सर्वदलीय सम्मेलन का आयोजन। इसी सम्मेलन में जिन्ना के नेतृत्व वाली मुसलिम लीग ने नेहरू रिपोर्ट को खारिज कर दिया। | 116 |
| | • वी.के. कृष्ण मेनन एनी बेसेंट के सहारे लंदन गए और वहाँ उन्होंने अपनी सक्रियता को तेज किया। | 174 |
| | • कलकत्ता कांग्रेस में कॉमनवेल्थ के सवाल पर नेहरू की पहल। | 402 |
| 1929 | • रावी नदी के तट पर कांग्रेस ने पूर्ण स्वाधीनता का संकल्प लिया। | 446 |
| | • 28 सितंबर को लखनऊ में कांग्रेस कार्यसमिति की बैठक। इसी बैठक में गांधीजी का अध्यक्ष पद पर विधिवत् निर्वाचन। फिर त्यागपत्र। जवाहरलाल नेहरू अध्यक्ष बनाए गए। | 161 |
| 1930 | • 12 मार्च को गांधीजी अपने सहयोगियों के साथ साबरमती से दांडी की ओर नमक सत्याग्रह के लिए चल पड़े। | 167 |
| | • 5 अप्रैल को गांधीजी दांडी पहुँचे। | 167 |
| | • अक्तूबर महीने में साउथपोर्ट के मजदूर कांग्रेस में वी.के. कृष्ण मेनन ने हिंदुस्तान में पूर्ण स्वराज्य की स्थापना के लिए आत्मनिर्णय के सिद्धांत का प्रस्ताव रखा। | 163 |
| | • गवर्नर जनरल को संवैधानिक मामलों में सलाह देने के लिए फिर से रिफॉर्म ऑफिस शुरू किया गया। | 421 |
| 1931 | • 17 जनवरी को केंद्रीय विधानसभा में वायसराय इरविन ने भाषण दिया, जो कांग्रेस के लिए चुंबक बन गया। | 168 |
| | • 26 जनवरी की सायंकाल गांधीजी यरवदा जेल से बाहर आए। | 126 |

| सन् | संदर्भ | पृष्ठ |
|---|---|---|
| | • 8 फरवरी को पहले गोलमेज सम्मेलन से लौटकर तेजबहादुर सप्रू, श्रीनिवास शास्त्री और मुकुंदरामाराव जयकर, तीनों गांधीजी से मिलने इलाहाबाद पहुँचे। | 168 |
| | • 17 फरवरी से गांधीजी और वायसराय इरविन के बीच मुलाकात का दौर आरंभ हुआ। | 168 |
| | • 5 मार्च को गांधी-इरविन समझौता। | 168 |
| | • 29 मार्च को गांधी-इरविन समझौते पर कांग्रेस की मुहर लगी। | 168 |
| | • कांग्रेस का कराची अधिवेशन, जिसकी अध्यक्षता सरदार वल्लभभाई पटेल कर रहे थे, उसमें संविधान के लक्ष्य की प्रारंभिक रूपरेखा संबंधी प्रस्ताव पारित हुआ। | 137 |
| | • मार्च महीने के अंत में वायसराय इरविन की वापसी और लार्ड विलिंगटन नए वायसराय नियुक्त | 169 |
| **1932** | • वी.के. कृष्ण मेनन का क्रिप्स से वैचारिक और व्यावहारिक संबंध का साल। | 183 |
| | • अगस्त महीने में दलित वर्ग को पृथक् मताधिकार का निर्णय। | 169 |
| | • कम्युनल अवार्ड ने आरक्षण और पृथक् निर्वाचन प्रणाली के मार्ग को प्रशस्त किया। | 196, 138 |
| | • पंडित नेहरू पहली बार बी.के. कृष्ण मेनन से दिल्ली में मिले | 163 |
| **1933** | • मार्च महीने में ब्रिटिश सरकार द्वारा श्वेतपत्र प्रकाशित, जिसे बाद में एक विधेयक का रूप दिया गया, जिसे भारत अधिनियम 1935 के रूप में जाना जाता है। | 172 |
| | • 8 मई को गांधीजी ने सविनय अवज्ञा आंदोलन को अस्थायी रूप से स्थगित करने की घोषणा की। | 169 |
| | • 10 जून को लंदन में सुभाष चंद्र बोस का ऐतिहासिक भाषण, जिसमें उन्होंने सविनय अवज्ञा आंदोलन के अचानक स्थगन को ब्रिटिश शासन के सामने आत्म-समर्पण कहा। | 171 |
| | • जुलाई के महीने में गांधीजी जेल से बाहर आए। कांग्रेस के नेताओं का पूना में सम्मेलन। | 132, 163 |
| | • 11 अगस्त को शंकर श्रीनिवास शास्त्री के द्वारा गांधीजी को लिखा गया एक लंबा ऐतिहासिक पत्र, जिसे पढ़कर उन्होंने कांग्रेस छोड़ने की धारणा को पक्का किया। | 129 |

| सन् | संदर्भ | पृष्ठ |
|---|---|---|
| | • 2 अक्तूबर को लंदन के एक अखबार 'डेली हेराल्ड' में नेहरूजी का एक लेख 'भारत का शोषण' छपा, जिसमें राजनीतिक समाधान के लिए संविधान सभा की अवधारणा को प्रकट किया गया। | 164 |
| **1934** | • कांग्रेसजन के पतन, छल-फरेब और झगड़े के शमन के लिए गांधीजी का सात दिनों का उपवास। | 132 |
| | • अगस्त महीने में कांग्रेस संगठन का चुनाव। | 132 |
| | • मीनू मसानी ने कांग्रेस सोशलिस्ट पार्टी बनाई। | 61 |
| | • जवाहरलाल नेहरू ने जेल में अपनी आत्मकथा 'जवाहरलाल नेहरूज ऑटोबायोग्राफी' लिखना आरंभ किया। | 176 |
| | • 19 मई को पटना में महात्मा गांधी ने निर्णय लिया कि कांग्रेस संसदीय राजनीति की राह पर चलने के लिए आगामी निर्वाचन प्रक्रिया में भाग लेगी। | 170 |
| | • ब्रिटिश सरकार के श्वेत पत्र को अस्वीकार करने के तत्पश्चात आधिकारीक तौर पर संविधान सभा के गठन की माँग को कांग्रेस ने पहली बार अपना एजेंडा बनाया। | 40, 137, 370 |
| | • सेंट्रल एसेंबली के लिए जिन्ना का निर्विरोध निर्वाचन। | 115 |
| | • 4 अगस्त को गांधीजी बिहार में भूकंप की भयानक विनाशलीला के बाद राहत-कार्यों को देखने के लिए पटना पहुँचे। | 124 |
| | • डॉ. मुख्तार अंसारी, भूलाभाई देसाई और डॉ. विधानचंद राय से पटना में गांधीजी की मुलाकात के पश्चात् व्यक्तिगत सत्याग्रह के स्थगन का निर्णय। | 124 |
| | • कांग्रेस छोड़ने की मंशा के बाबत 19-20 अगस्त एवं 5 सितंबर को कुल तीन पत्र सरदार पटेल के नाम गांधीजी ने लिखे। | 129 |
| | • 17 सितंबर को गांधीजी ने कांग्रेस छोड़ने की घोषणा की। | 126 |
| | • 18 सितंबर को कांग्रेस छोड़ने संबंधी गांधीजी का बयान 'बांबे क्रॉनिकल' में छपा। | 131 |
| | • 28 अक्तूबर को कांग्रेस का 48वाँ अधिवेशन, जिसमें डॉ. राजेंद्र प्रसाद अध्यक्ष और जे.बी. कृपलानी कांग्रेस के महासचिव बनाए गए। | 132 |
| | • कांग्रेस के 48वें अधिवेशन में अखिल भारतीय ग्रामोद्योग संघ की स्थापना का प्रस्ताव पारित। | 132 |
| | • 29 अक्तूबर को गांधीजी ने कांग्रेस की प्राथमिक सदस्यता से त्यागपत्र दिया। | 126 |

| सन् | संदर्भ | पृष्ठ |
|---|---|---|
| | • हिंदू समाज में छुआछूत और अवांछनीय भेदभाव को मिटाने के लिए महात्मा गांधी की राष्ट्रव्यापी यात्रा। | 132 |
| 1935 | • नए संविधान के आधार पर ब्रिटिश शासित प्रांतों में स्वशासन का प्रयोग। | |
| | • नेहरू और वी.के. कृष्ण मेनन के बीच पहली मुलाकात। | 175 |
| | • अप्रैल में बेनेगल नरसिंह राव कलकत्ता हाइकोर्ट के जज बनाए गए। | 422 |
| | • 4 अगस्त को भारत शासन अधिनियम 1935 की ब्रिटिश सरकार ने स्वीकृति प्रदान की। | 97 |
| | • भारत शासन अधिनियम 1935 में आरक्षण और पृथक् निर्वाचन प्रणाली भी शामिल। | 99 |
| | • 5 सितंबर को नेहरू अल्मोड़ा जेल से छूटकर अपनी पत्नी कमला नेहरू की सेहत को देखने के लिए वाडेनवाइलर (स्विट्जरलैंड) के लिए रवाना हुए। | 179 |
| | • सितंबर महीने में बेनेगल नरसिंह राव को भारत अधिनियम 1935 के कार्यान्वयन की निगरानी के लिए रिफॉर्म ऑफिस में ओ.एस.डी. पर लाया गया। | 421 |
| | • 29 अक्तूबर को जवाहरलालजी ने वाडेनवाइलर से लंदन पहुँचे, जहाँ उनके स्वागत के लिए ब्रटेंड रसेल सरीखे मशहूर हस्ती भी शामिल हुए। | 180 |
| 1936 | • 5 फरवरी को जवाहरलाल नेहरू ने लंदन यात्रा के क्रम में ब्रिटिश सांसदों के समक्ष 'हाउस ऑफ कॉमंस' में भाषण दिया। भाषण के पूर्व उनके स्वागत के लिए लंदन में महान् दार्शनिक बर्टेंड रसेल सरीखी महत्त्वपूर्ण हस्तियों से मुलाकात। | 107 |
| | • जवाहरलाल नेहरू को उनकी अनुपस्थिति में कांग्रेस अधिवेशन में अध्यक्ष चुना गया। | 119 |
| | • सोवियत संघ ने अपने संविधान पर लोक शिक्षण हेतु घर-घर चर्चा करवाई और लोगों से प्रतिक्रिया प्राप्त की। | 402 |
| | • 12 मार्च को कांग्रेस अधिवेशन, लखनऊ के अध्यक्षीय भाषण में जवाहरलाल नेहरू ने नए संविधान को गुलामी का दस्तावेज कहकर उसे समग्रता से रद्द करने की माँग की। | 106 |
| | • जिन्ना ने जमायत-उल-उलमा से स्पष्ट कहा था कि हिंदू-मुसलिम समस्या मुख्यतया राजनीतिक समस्या है। | 103 |
| | • जवाहरलाल नेहरू की आत्मकथा 'नेहरूज ऑटोबायोग्राफी' का प्रकाशन। | 176 |

| सन् | संदर्भ | पृष्ठ |
|---|---|---|
| | • लिनलिथगो भारत के वायसराय बने। | 98 |
| | • 4 अप्रैल के 'हिंदू' में छपे जवाहरलाल नेहरू के बयान जिसमें उन्होंने संविधान सभा की माँग के तर्क को रखा। | 106 |
| | • 25 मई को नेहरू का वी.के. कृष्ण मेनन को पत्र। उस पत्र में विदेश विभाग को शुरू करने और उसको एक तेजस्वी युवा डॉ. राममनोहर लोहिया को सौंपने का उल्लेख। | 197 |
| | • जुलाई महीने में कांग्रेस कार्यसमिति की बैठक में जवाहरलाल नेहरू ने कांग्रेस की अध्यक्षता छोड़ने की धमकी दी। | 179 |
| | • 27 दिसंबर को अपने अध्यक्षीय भाषण में नेहरू ने 1935 के संविधान को अवांछनीय कहकर अस्वीकार किया। | 99 |
| | • 28 दिसंबर को फैजपुर कांग्रेस के 50वें अधिवेशन में महामना मदनमोहन मालवीय के प्रेरक भाषण का एक अमिट वाक्य—आप स्मरण रखें कि अंग्रेज जब तक आपसे डरेंगे नहीं, तब तक यहाँ से भागेंगे नहीं। | 107 |
| **1937** | • फरवरी में प्रांतीय चुनाव-परिणाम घोषित। | 217 |
| | • मुसलिम लीग का लखनऊ अधिवेशन, जिसमें जिन्ना ने कांग्रेस नेतृत्व पर तमाम आरोप लगाए। | 115, 121 |
| | • 1 अप्रैल को भारत शासन अधिनियम 1935 में निहित राज्य के हिस्से वाला भाग लागू किया गया। | 98 |
| | • प्रांतीय चुनाव में मुसलिम लीग को भारी झटका। | 72 |
| | • प्रांतीय विधानसभा चुनाव के बाद 12 मई को मुसलिम लीग के नेता खली कुज्जमा ने इलाहाबाद में जवाहरलाल से मुलाकात की। | 100 |
| | • जयपाल सिंह ने 'आदिवासी महासभा' बनाई, जो आगे चलकर झारखंड पार्टी बनी। | 70 |
| | • पत्रकार दुर्गादास का जिन्ना के साथ 26 जुलाई का इंटरव्यू। | 104 |
| | • विधानसभा चुनाव के कारण कांग्रेस और मुसलिम लीग में विवाद, जिसका परिणाम भारत विभाजन। | 104 |
| | • विजय लक्ष्मी पंडित ने उत्तर प्रदेश की विधानसभा में संविधान सभा बनाने का प्रस्ताव पेश किया। | 86 |
| **1938** | • मुंबई में सांप्रदायिक दंगे। इन दंगों का ऐतिहासिक महत्त्व इसलिए है, क्योंकि इसके पहले हिंदू-मुसलिम नफरत का नामोनिशान भी नहीं देखा गया। | 122 |

| सन् | संदर्भ | पृष्ठ |
|---|---|---|
| | • मार्च महीने में चौधरी खली कुज्जमा व नेहरू और आजाद व गांधी के बीच पत्रों का आदान-प्रदान। मई के महीने में कांग्रेस अध्यक्ष सुभाष चंद्र बोस और जिन्ना के बीच बंबई में मुलाकात। | 122 |
| | • जयपाल सिंह की डॉ. राजेंद्र प्रसाद से मुलाकात। | 73 |
| | • बिहार के गवर्नर सर मौरिस हैलेट से जयपाल सिंह की मुलाकात। | 73 |
| | • जून से अक्तूबर के बीच लंदन में नेहरू क्रिप्स के घर एक सप्ताह रहकर एटली एन्यूरिन और हेराल्ड लास्की से मिले। | 183 |
| | • अमेरिका के संयुक्त राज्यों में सीधे सीनेट के चुनाव की प्रथा आरंभ। | 182 |
| | • बेनेगल नरसिंह राव को ब्रिटिश सरकार ने 'नाइटहुड' की उपाधि दी। | 422 |
| **1939** | • 1 सितंबर को हिटलर ने पोलैंड पर हमला कर दूसरे विश्वयुद्ध की शुरुआत की। | 71, 110 |
| | • 8 नवंबर को जवाहरलाल नेहरू का पत्र वी.के. कृष्ण मेनन को, जिसमें उन्होंने उन्हें 'कृष्ण' कहकर संबोधित किया है। | 183 |
| | • 9 दिसंबर को गांधीजी ने 'हरिजन' पत्रिका में लिखा कि हमें अपनी भूमिका का निर्धारण सामूहिक रूप से करना चाहिए। बाद में उन्होंने जिन्ना को निमंत्रण भेजा, जिसे उसने अस्वीकार कर दिया। | 112 |
| | • दिसंबर के महीने में कांग्रेस के मंत्रियों ने अपने-अपने प्रदेश की सरकारों से इस्तीफा दिए। | 101 |
| | • 26 अक्तूबर को महात्मा गांधी का नेहरू को पत्र। | 112 |
| | • 26 अक्तूबर को स्टेफर्ड क्रिप्स ने 'हाउस ऑफ कॉमंस' में भाषण दिए, जिसमें भारत की समस्त समस्याओं का निराकरण संविधान सभा के गठन को बताया। | 184 |
| | • 8 नवंबर को वी.के. कृष्ण मेनन का नेहरू के साथ पत्राचार। उस पत्र में स्टेफर्ड क्रिप्स के भारत आगमन की सूचना। | 183 |
| | • स्टेफर्ड क्रिप्स लेबर पार्टी से निष्कासित किए गए। | 184 |
| | • 17 नवंबर को एक सप्ताह के लिए गांधीजी का इलाहाबाद में प्रवास। उन्होंने कांग्रेस कमेटी की बैठक में भाग लिया। साथ ही कमला नेहरू अस्पताल का शिलान्यास किया। | 185 |
| | • 19 नवंबर को गांधीजी ने इलाहाबाद में 'एक ही रास्ता' नामक लेख लिखा। | 185 |

| सन् | संदर्भ | पृष्ठ |
|---|---|---|
| | • 25 नवंबर को 'एक ही रास्ता' लेख हरिजन में छपा। | 186 |
| | • 8 दिसंबर को स्टेफर्ड क्रिप्स का इलाहाबाद में आगमन। | 183 |
| | • 15 दिसंबर को मुंबई में जिन्ना से क्रिप्स की मुलाकात। | 186 |
| | • 22 दिसंबर को जिन्ना ने मुक्ति दिवस की घोषणा की। | 11 |
| | • बेनेगल नरसिंह राव कलकत्ता हाइकोर्ट में पुन: जज के पद पर लौटे। | 422 |
| **1940** | • 10 जनवरी को वायसराय लिनलिथगो ने मुंबई के 'ओरियंट क्लब' में घोषणा की कि वेस्टमिंस्टर मॉडल के तर्ज पर भारत को डोमिनियन स्टेट्स दिया जाना ब्रिटिश सरकार का लक्ष्य है। | 187 |
| | • 5 और 6 फरवरी को गांधीजी और वायसराय लार्ड लिनलिथगो के बीच बातचीत। | 187 |
| | • 19-20 मार्च को रामगढ़ में कांग्रेस का अधिवेशन, जिसमें पूर्ण स्वराज और वयस्क मताधिकार के आधार पर चुनी हुई संविधान सभा के निर्माण की माँग की गई। | 187 |
| | • 23 मार्च को लाहौर में मुसलिम लीग ने 'पाकिस्तान प्रस्तान' स्वीकार किया | 187 |
| | • मार्च महीने में आदिवासी महासभा का सम्मेलन राँची में। | 71 |
| | • मार्च में जिन्ना ने माना कि वायसराय की नजर में उनका महत्त्व बढ़ गया है। | 112 |
| | • मार्च में नेहरू के नाम क्रिप्स का चीन से लिखा गया खत, जिसमें ब्रिटिश सरकार द्वारा भारत की उलझन भरी परिस्थितियों से निपटने के मूर्खतापूर्ण तरीके का उल्लेख। | 188 |
| | • 10 मई को विंस्टन चर्चिल ब्रिटेन के प्रधानमंत्री बने। | 188 |
| **1942** | • 23 मार्च को स्टेफर्ड क्रिप्स दूसरी बार भारत आए। उनकी इस यात्रा को इतिहास में 'क्रिप्स मिशन' कहा गया। | 188 |
| | • 23 अप्रैल को राजाजी ने मद्रास विधायिका के कांग्रेस सदस्यों से कांग्रेस कार्यकारिणी के पास राष्ट्रीय सरकार के गठन के लिए मुसलिम पृथक्करण के दावे को मंजूर करने की सिफारिश करवाई, जिसे कांग्रेस कार्यकारिणी ने नामंजूर कर दिया। | 437 |
| | • 4 से 10 जून तक अमेरिकी पत्रकार लुई फिशर ने भावी भारत के निर्माण की रूपरेखा को जानने के लिए महात्मा गांधी के साथ समय बिताया। उसी बातचीत से बहुचर्चित पुस्तक बनी 'महात्मा गांधी के साथ एक सप्ताह'। | 247 |

| सन् | संदर्भ | पृष्ठ |
|---|---|---|
| 1943 | • वी.के. कृष्ण मेनन से माउंटबेटन की लंदन में उनके घर पर पहली मुलाकात। | 202 |
| | • मीनू मसानी मुंबई के मेयर चुने गए। | 61 |
| 1944 | • जुलाई में प्रज्ञा पुरुष राजाजी का सर्वसम्मत फॉर्मूला प्रकाशित, जिसमें मुसलिम लीग को बँटवारे से रोकने की योजना निहित थी। | 145 |
| | • साल के शुरुआती महीने में जयपाल सिंह और जिन्ना के नेतृत्व में 'झारखंड-छोटा नागपुर-पाकिस्तान' सम्मेलन का आयोजन। | 72 |
| | • मानवेंद्रनाथ राय ने 'स्वतंत्र भारत का संविधान' जारी किया। | 409 |
| | • बेनेगल नरसिंह राव कलकत्ता हाइकोर्ट में जज के पद से रिटायर हुए। | 422 |
| 1945 | • 26 जुलाई को लेबर पार्टी की सरकार बनी और उसके प्रधानमंत्री क्लीमेंट एटली हुए। | 150 |
| | • सितंबर महीने में बेनेगल नरसिंह राव ने भारत-ब्रिटिश संधि का एक प्रस्ताव निर्मित किया। | 424 |
| | • सितंबर में बेनेगल नरसिंह राव ने भारत-ब्रिटिश संधि के प्रस्ताव का प्रारूप बनाया। | 127 |
| | • 21 नवंबर को सत्ता-हस्तांतरण की जटिलताओं को लेकर जवाहरलाल और बेनेगल नरसिंह राव के बीच स्थायी बातचीत के तपश्चात् ब्रिटिश योजना के अंतर्गत बेनेगल नरसिंह राव संविधान संबंधी कार्यों में लगे। | 45, 424 |
| 1946 | • जनवरी में श्रीमन्नारायण अग्रवाल ने 'स्वतंत्र भारत में गांधी विचार का भारतीय संविधान' प्रस्तावित किया। | 410 |
| | • आदिवासी पाकिस्तान के वास्ते झारखंड छोटानागपुर पाकिस्तान सम्मेलन। | 72 |
| | • 18 फरवरी को के.एम. मुंशी ने मुंबई प्रदेश कांग्रेस के दफ्तर में आकर कांग्रेस की सदस्यता ग्रहण की। | 155 |
| | • 18 फरवरी को नौसेना विद्रोह। | 154 |
| | • 19 फरवरी को प्रधानमंत्री एटली ने कैबिनेट मिशन को भेजने का निर्णय लिया। | 43, 154 |
| | • 23 मार्च को कैबिनेट मिशन का भारत में आगमन। | 43, 84 |
| | • 16 मई को कैबिनेट मिशन ने अपनी योजना की घोषणा की एवं 17 मई को उसका प्रकाशन। | 43, 57, 84, 137, 152, 225 |

| सन् | संदर्भ | पृष्ठ |
|---|---|---|
| | • 24 जून को कांग्रेस कार्यसमिति ने संविधान सभा में सम्मिलित होने का निर्णय लिया। | 137 |
| | • 25 जून को 'कैबिनेट मिशन' द्वारा संविधान सभा बनाने की प्रक्रिया का संकेत। | 43 |
| | • 29 जून को 'कैबिनेट मिशन' की ब्रिटेन वापसी। | 43 |
| | • 1 जुलाई को संविधान सभा का कार्यालय स्थापित एवं बेनेगल नरसिंह राव को लार्ड वेवल ने संविधान सभा का संवैधानिक सलाहकार बनाया। | 423 |
| | • 6 जुलाई को जयप्रकाश नारायण ने संविधान सभा के बहिष्कार की बात रखी। | 399 |
| | • 7 जुलाई को कांग्रेस कार्यसमिति के समक्ष महात्मा गांधी ने संविधान सभा के गठन पर अपने विचार प्रकट किए। | 397 |
| | • 10 जुलाई को महात्मा गांधी ने संविधान सभा के लिए उद्देश्य प्रस्ताव और नियमों के प्रारूप बनाने के लिए एक विशेषज्ञ समूह बनाए जाने के निर्णय से के.एम. मुंशी को अवगत कराया। | 156 |
| | • 12 जुलाई को जयप्रकाश नारायण ने संविधान सभा में जाने के पक्ष में लिये गए कांग्रेस महासमिति के निर्णय का विरोध 'जनता' साप्ताहिक में एक लेख लिखकर किया। | 399 |
| | • 20 जुलाई को संविधान सभा संबंधी प्रक्रियाओं के निर्धारण के लिए जवाहरलाल नेहरू ने अपनी अध्यक्षता में 12 सदस्यीय विशेषज्ञ समिति की बैठक बुलाई। | 44 |
| | • 28 जुलाई को सभी स्वाधीनता सेनानियों के नाम जे.पी. का एक खत। | 400 |
| | • 30 जुलाई को मुसलिम लीग ने सीधी कारवाई (डायरेक्ट एक्शन) का निर्णय लिया। | 147 |
| | • 4 अगस्त को के.एम. मुंशी ने संविधान सभा के उद्देश्य और प्रारूप को तैयार किया। उसे ही आगे चलकर 'कार्य संचालन नियमावली' का नाम दिया गया। | 158 |
| | • 11 अगस्त को सीधी काररवाई का आह्वान। | 140 |
| | • 16 अगस्त को सीधी काररवाई (डायरेक्ट एक्शन) के रूप में निश्चित। | 134, 140 |
| | • 2 सितंबर को प्रधानमंत्री नेहरू के नेतृत्व में अंतरिम सरकार का गठन। | 43, 140 |
| | • 2 सितंबर को सीधी काररवाई को पुनः दुहराया गया। | |

| सन् | संदर्भ | पृष्ठ |
|---|---|---|
| | • 18 सितंबर को जिन्ना ने दस सवालों पर बेनेगल नरसिंह राव से स्पष्ट बात की। | 425 |
| | • जवाहरलाल नेहरू और वायसराय के बीच मुसलिम लीग को अंतरिम सरकार में शामिल करने के वास्ते 11, 16, 26 और 27 सितंबर को बातचीत। | 140 |
| | • 2 अक्तूबर को महात्मा गांधी के 77वें जन्मदिन पर कैबिनेट मिशन के सदस्य स्टेफर्ड क्रिप्स ने शुभकामना संदेश ज्ञापित किया। | 34 |
| | • 2 अक्तूबर के दिन नेहरू ने वायसराय वेवल को पत्र लिखा कि आप जिन्ना से अंतरिम सरकार में शामिल होने के लिए बात करें। | 140 |
| | • 15 अक्तूबर को अंतरिम सरकार में शामिल होने के लिए मुसलिम लीग ने अपने निश्चय की घोषणा की। | 34 |
| | • 15 अक्तूबर को ही मुसलिम बहुल नोआखाली जिले में व्यापक सांप्रदायिक दंगे आरंभ, जिनमें हिंदुओं के हजारों घरों को जलाकर खाक कर दिया गया। | 34 |
| | • 27 अक्तूबर को दिल्ली से सेवाग्राम लौटने की महात्मा गांधी की तिथि निश्चित। | 34 |
| | • 20 नवंबर को वायसराय वेवल ने संविधान सभा के सदस्यों को आमंत्रण भेजा। | 35 |
| | • 23-24 नवंबर को मेरठ में कांग्रेस अधिवेशन हुआ, जिसमें जवाहरलाल नेहरू ने अंतरिम सरकार में शामिल होने के लिए अध्यक्ष पद छोड़ा और जे.बी. कृपलानी कांग्रेस के अध्यक्ष बनाए गए। | 35 |
| | • 25 नवंबर को मुसलिम लीग की घोषणा कि अब मुसलिम लीग संविधान सभा में शामिल नहीं होगी। | 35 |
| | • 3 दिसंबर को ब्रिटिश प्रधानमंत्री क्लीमेंट एटली ने संघीय सरकार के प्रस्तावित स्वरूप पर बातचीत के लिए पं. नेहरू, बलदेव सिंह, जिन्ना और लियाकत अली खान को लंदन बुलाकर विचार-विमर्श किया। | 146 |
| | • 6 दिसंबर को दो देश और दो संविधान सभा की बात ब्रिटिश सरकार ने स्वीकार की। | 35, 56, 155 |
| | • 7 दिसंबर को जवाहरलाल नेहरू और बलदेव सिंह की लंदन वार्त्ता के बाद स्वदेश वापसी। | 36 |

| सन् | संदर्भ | पृष्ठ |
|---|---|---|
| | • बेनेगल नरसिंह राव का डॉ. राजेंद्र प्रसाद के नाम पत्र, जिसमें संविधान सभा के सलाहकार के कार्यालय और उसके कार्य संबंधी जानकारी का विवरण निहित है। | 424 |
| | • 9 दिसंबर को दिन के ग्यारह बजे दिल्ली स्थित संसद् के कांस्टीट्यूशन हॉल में संविधान सभा का उद्घाटन। | 38, 40 |
| | • 10 दिसंबर को संविधान सभा ने विधिवत् एक कार्य संचालन समिति का गठन किया। | 45 |
| | • 11 दिसंबर को संविधान सभा के अध्यक्ष पद पर राजेंद्र प्रसाद मनोनीत हुए। | 53, 158 |
| | • 12 दिसंबर को जिन्ना ने चर्चिल को लंच के लिए आमंत्रित किया। | 147 |
| | • 13 दिसंबर संविधान सभा का चौथा दिन। जवाहरलाल नेहरू ने संविधान सभा में लक्ष्य संबंधी प्रस्ताव प्रस्तुत किए। | 46, 134 |
| | • 16 दिसंबर को ब्रिटिश प्रधानमंत्री एटली ने माउंटबेटन को वायसराय का दायित्व सँभालने का प्रस्ताव दिया। | 193 |
| | • 17 दिसंबर को संविधान सभा में लक्ष्य संबंधी प्रस्ताव पर डॉ. आंबेडकर का ऐतिहासिक भाषण। | 61 |
| | • 19 दिसंबर को संविधान सभा में जयपाल सिंह का ऐतिहासिक भाषण। | 70 |
| | • 21 दिसंबर को संविधान सभा ने डॉ. एम.आर. जयकर के संशोधन प्रस्ताव को स्वीकार करते हुए सात दिनों तक बहस चलने के बावजूद एक महीने के लिए स्थगित कर दी। | 47 |
| | • सेंट्रल एसेंबली में मनु सूबेदार ने रिफॉर्म ऑफिस के बारे में सवाल पूछा। | 422 |
| | • 30 दिसंबर के दिन जवाहरलाल नेहरू और आचार्य कृपलानी की महात्मा गांधी से नोआखाली क्षेत्र में मुसलिम लीग की गुंडागर्दी की नीति और संविधान सभा के मुद्दे पर बातचीत। | 193 |
| 1947 | • 20 जनवरी को मुसलिम लीग की प्रतीक्षा के बाद संविधान सभा के दूसरे चरण की बैठक एक महीने के बाद सभाध्यक्ष डॉ. राजेंद्र प्रसाद, तदनंतर डॉ. सर्वपल्ली राधाकृष्णन, विष्णु गाडगिल एवं विजया लक्ष्मी पंडित के भाषण से शुरू हुई। | 78 |
| | • 21 जनवरी को एम.जे. खांडेकर ने संविधान को हिंदी में बनाने की माँग रखी। | 88 |

| सन् | संदर्भ | पृष्ठ |
|---|---|---|
| | • डॉ. मुकुंद रामाराव जयकर ने 21 जनवरी को अपना संशोधन संबंधी प्रस्ताव वापस लिया। | 91 |
| | • 22 जनवरी को लक्ष्य के प्रस्ताव पर बहस के जवाब में पं. नेहरू का समापन भाषण। सभी सदस्यों ने खड़े होकर उस प्रस्ताव को स्वीकार किया, जो बाद में संविधान की प्रस्तावना कहलाया। | 47, 92, 138, 290, 418 |
| | • 24 जनवरी को पं. गोविंद बल्लभ पंत ने सलाहकार समिति का प्रस्ताव रखते हुए अल्पसंख्यक के प्रश्न पर अपने विचार प्रकट किए। | 140 |
| | • 25 जनवरी को संविधान सभा का सत्रावसान एवं उसी दिन सी. राजगोपालाचारी ने संयुक्त भारत का संघीय संविधान बनाने के लिए पं. जवाहरलाल नेहरू की अध्यक्षता में 12 सदस्यीय कमेटी का प्रस्ताव रखा। | 140, 144 |
| | • 20 फरवरी को प्रधानमंत्री क्लीमेंट एटली ने घोषणा की कि जून 1948 से पहले सत्ता का हस्तांतरण कर दिया जाए। | 190, 231, 436 |
| | • 22 फरवरी को न्यूज एजेंसी एसोसिएटेड प्रेस ने खबर चलाई कि लार्ड माउंटबेटन भारत के वायसराय बनाए जा रहे हैं। | 199 |
| | • 24 फरवरी को नोआखाली से गांधीजी ने पं. नेहरू को राजनीतिक घटनाक्रम से अवगत कराने के लिए पत्र लिखा। | 195, 199 |
| | • 25 फरवरी को बी.के. कृष्णमेनन की भारत के भावी वायसराय माउंटबेटन से मुलाकात। | 202 |
| | • 9 मार्च को डॉ. राजेंद्र प्रसाद ने बेनेगल नरसिंह राव को बुलाकर ब्रिटिश प्रधानमंत्री की घोषणा से उत्पन्न स्थिति पर विचार-विमर्श किया। | 426 |
| | • 13 मार्च को वी.के. कृष्ण मेनन की पुनः भावी वायसराय माउंटबेटन से मुलाकात। | 202 |
| | • 17 मार्च को बेनेगल नरसिंह राव ने भारत के प्रधान को लेकर एक प्रश्न-सूची जारी किए। | 426 |
| | • 24 मार्च को नए वायसराय माउंटबेटन ने अपने पद की शपथ ली। | 196, 199 |
| | • 31 मार्च को भारत में पुनः वी.के. कृष्ण मेनन और वायसराय माउंटबेटन की नाश्ते पर एक अनौपचारिक मुलाकात। | 203 |
| | • 5 अप्रैल को वी.के. कृष्ण मेनन फिर माउंटबेटन से मिले। | 203 |
| | • 17 अप्रैल को बी.के. कृष्ण मेनन ने पुनः माउंटबेटन से मुलाकात की। | 203 |

| सन् | संदर्भ | पृष्ठ |
|---|---|---|
| | • 22 अप्रैल को बी.के. कृष्ण मेनन से फिर एक बार माउंटबेटन की मुलाकात। | 203 |
| | • 28 अप्रैल को संविधान सभा का तीसरा सत्र आरंभ। इसी दिन नेहरू ने रियासती कमेटी की रिपोर्ट संविधान सभा के सामने पेश किया। | 191 |
| | • 8 मई को वी.के. कृष्ण मेनन की सलाह पर माउंटबेटन शिमला गए, वहीं पं. नेहरू से उनकी मुलाकात हुई। ब्रिटिश सरकार द्वारा मंजूर भारत-विभाजन (बाल्कनाइजेशन) वाली योजना, जिसमें रियासतों को भी डोमिनियन स्टेटस दे दी गई थी, जिसे पं. नेहरू के सामने माउंटबेन ने पेश की। | 205 |
| | • 11 मई को भारत-विभाजन की बाल्कनाइजेशन योजना पर नेहरू द्वारा नामंजूरी का पत्र। | 205 |
| | • 31 मई को कांग्रेस कार्यसमिति ने भारत-विभाजन योजना पर विचार-विमर्श आरंभ किया। | 231 |
| | • 2 जून की रात दस बजे वायसराय भवन (राष्ट्रपति भवन) में थोड़े से नेताओं को दावत देकर 'कैबिनेट मिशन योजना' को मनवाने की आखिरी अनौपचारिक पहल। | 223 |
| | • 3 जून को ब्रिटिश सरकार ने भारत-विभाजन की घोषणा की। | 199, 224 |
| | • 4 जून को वायसराय माउंटबेटन ने गांधीजी से मुलाकात की और उन्हें विभाजन की योजना से अवगत कराया। | 430 |
| | • 14-15 जून को कांग्रेस का विशेष अधिवेशन नई दिल्ली में हुआ, जिसमें भारत-विभाजन पर मोहर लगाइ गई। | 224 |
| | • 20 जून को बंगाल की विधानसभा ने विभाजन संबंधी प्रस्ताव पारित किया। | 224 |
| | • 23 जून को पंजाब की विधानसभा ने विभाजन संबंधी प्रस्ताव पारित किया। | 224 |
| | • 28 जून को महात्मा गांधी ने तत्कालीन वायसराय माउंटबेटन को गोपनीय पत्र लिखा। | 203 |
| | • 5 जुलाई को प्रार्थना सभा में गांधीजी ने कहा कि एक भारत के बजाय दो भारत हो गए। | 232 |
| | • 14 जुलाई को संविधान सभा का चौथा अधिवेशन आरंभ। | 199 |
| | • 18 जुलाई को भारतीय स्वाधीनता बिल को ब्रिटिश सम्राट् ने स्वीकृति दी। | 232 |

| सन् | संदर्भ | पृष्ठ |
|---|---|---|
| | • 22 जुलाई को माउंटबेटन ने पार्टीशन काउंसिल की बैठक बुलाई, जिसमें नेहरू, पटेल, राजेंद्र प्रसाद, जिन्ना, लियाकत अली खान और सरदार बलदेव सिंह शामिल हुए। | 218 |
| | • 22 जुलाई के दिन ही बंबई में कांग्रेस की ओर से डॉ. आंबेडकर संविधान सभा के सदस्य बनाए गए। | 233 |
| | • 14 अगस्त की रात ग्यारह बजे संविधान सभा का पाँचवाँ अधिवेशन आरंभ हुआ। | 209 |
| | • 15 अगस्त को लार्ड माउंटबेटन स्वतंत्र भारत के पहले गवर्नर जनरल बने। | 212 |
| | • 15 अगस्त को उत्सव के माहौल में 10 बजे संविधान सभा आरंभ हुई। | 213 |
| | • 27 अगस्त को संविधान सभा में सरदार पटेल ने पृथक् निर्वाचन प्रणाली को समाप्त करने का प्रस्ताव रखा। | 237 |
| | • 29 अगस्त को संविधान सभा की मसौदा समिति का गठन किया गया, जिसमें के.एम. मुशी, मोहम्मद सादुल्ला, वी.एल. मित्तर एवं डी.पी. खेतान थे। | 248, 426 |
| | • 30 अगस्त को संविधान सभा स्थगित कर दी गई। | 248 |
| | • 30 अगस्त को मसौदा समिति की पहली बैठक, जिसमें एकमत से डॉ. आंबेडकर मसौदा समिति के अध्यक्ष बनाए गए। | 248 |
| | • 1 अक्तूबर तक कैबिनेट मिशन योजना के अनुसार सत्ता हस्तांतरण के लिए भारत में सरकार के गठन की हिदायत प्रधानमंत्री एटली द्वारा दी गई। | 202 |
| | • 27 अक्तूबर से मसौदा समिति ने रोजमर्रा विचार-विमर्श का कार्य आरंभ किया। | 248 |
| | • 31 अक्तूबर को संविधान सभा बुलाई गई तो उसमें कुल 299 सदस्य थे, जिसमें से 70 रियासतों के प्रतिनिधि थे। | 233 |
| | • 11 दिसंबर को ग्राम पंचायत और विकेंद्रीकरण के बारे में गांधीजी का भाषण। | 247 |
| | • 21 दिसंबर ग्राम पंचायत और विकेंद्रीकरण के विषय पर गांधीजी का दिया गया भाषण 'हरिजन' में छपा। | 247 |
| **1948** | • संविधान सभा की मसौदा समिति के सदस्य डी.पी. खेतान का निधन। | 248 |
| | • टी.टी. कृष्णमाचारी मसौदा समिति के नए सदस्य नियुक्त। | 248 |

| सन् | संदर्भ | पृष्ठ |
|---|---|---|
| | • 24 जनवरी को जवाहरलाल नेहरू ने अलीगढ़ विश्वविद्यालय में साझी विरासत की याद दिलाई। | 242 |
| | • 27 जनवरी को संविधान सभा की प्रक्रियाओं के निर्धारण के लिए एक दिन की बैठक। | 248 |
| | • 1 फरवरी को संविधान सभा के सदस्यों को 393 अनुच्छेदों वाला संविधान का मसौदा सौंपा गया। | 279 |
| | • 21 फरवरी को डॉ. भीमराव आंबेडकर ने समस्त मसौदे को संविधान सभा के अध्यक्ष डॉ. राजेंद्र प्रसाद को सौंपा। | 248 |
| | • 22 फरवरी को कांग्रेस ने एक प्रस्ताव पारित किया कि कांग्रेस में दूसरी किसी पार्टी का अस्तित्व स्वीकार नहीं किया जाएगा। | 401 |
| | • 24 फरवरी को संविधान सभा ने अल्पसंख्यकों एवं मूलाधिकारों के लिए सरदार पटेल की अध्यक्षता में एक कमेटी का गठन किया। | 240 |
| | • 9 मार्च को के.एस. वेंकटर मनी ने मसौदे पर सुझाव के वास्ते सभाध्यक्ष डॉ. राजेंद्र प्रसाद को पत्र लिखा। | 249 |
| | • 22 मार्च को डॉ. राजेंद्र प्रसाद ने के.एस. वेंकटरमनी को पत्र का जवाब दिया। | 249 |
| | • 22–23 मार्च को सुझाव के रूप में आमंत्रित विचारों पर मसौदा समिति ने विचार-विमर्श किया। | 249 |
| | • 31 मार्च माउंटबेटन का अंतरिम गवर्नर जनरल के रूप में अंतिम दिन। | 215 |
| | • 9-10 अप्रैल को चार समितियों—मसौदा समिति, संघाधिकार समिति, संघ शक्ति समिति तथा प्रांतीय संविधान समिति की संयुक्त बैठक। | 259 |
| | • 10-11 अप्रैल को विशेष समिति की बैठक। | 249 |
| | • 21 अप्रैल को जयप्रकाश नारायण का बयान कि संविधान सभा 85 फीसदी जनता का प्रतिनिधित्व नहीं करती। साथ ही उन्होंने अपना मसौदा दस्तावेज के साथ जवाहरलालजी के पास भेजा। | 400 |
| | • अप्रैल में भारत-पाक समझौते पर कलकत्ता में हस्ताक्षर। | 448 |
| | • 10 मई को संविधान सभा के सलाहकार बेनेगल नरसिंह राव को गांधीजी के विचार और शिक्षा की हिमायत करने वाला दूसरा पत्र डॉ. राजेंद्र प्रसाद ने लिखा। | 250 |
| | • ब्रिटेन के प्रधानमंत्री एटली के द्वारा सत्ता हस्तांतरण के समय-सीमा की समाप्ति के महीने के रूप में जून महीने को चिह्नित करने की घोषणा। | 190 |

| सन् | संदर्भ | पृष्ठ |
|---|---|---|
| | • जून महीने में बेनेगल नरसिंह राव ने आई.ए.एस. प्रोफेशनल के सामने संसदीय प्रणाली पर व्याख्यान दिया। | 427 |
| | • 5 अगस्त को पं. दीनदयाल जी का लेख 'यात्रा' से पूर्व छपा। | 404 |
| | • 15 अगस्त को 'हिंदू' अखबार के लिए संविधान पर लेख लिखा गया। | 414 |
| | • 11 सितंबर को जिन्ना का देहांत। | 229 |
| | • 18-19-20 अक्तूबर को मसौदा समिति के सामने भेजे गए सुझावों पर संविधान सभा ने विचार-विमर्श आरंभ किया। | 249 |
| | • अक्तूबर में कॉमनवेल्थ के प्रधानमंत्रियों का लंदन में सम्मेलन, जिसमें जवाहरलाल सम्मिलित हुए। | 418 |
| | • 4 नवंबर को डॉ. भीमराव आंबेडकर ने संविधान सभा में संविधान का मूल मसौदा और सुझाव प्रस्तुत किए। | 251 |
| | • 5 नवंबर को मौलाना हसरत मोहानी और सेठ दामोदर स्वरूप के संशोधन प्रस्ताव को सदन ने अस्वीकार कर दिया। | 255 |
| | • 9 नवंबर को संविधान सभा में मूल मसौदा और सुझावों पर सामान्य चर्चा का अंतिम दिन। | 264 |
| | • 22 नवंबर को नीति निदेशक तत्त्व के अनुच्छेद पर चर्चा के क्रम में ग्राम पंचायत को जगह देने की के. संथानम् के संशोधन के प्रस्ताव को डॉ. आंबेडकर ने अचानक से स्वीकार किया। | 267 |
| | • साल के अंत में बेनेगल नरसिंह राव का संवैधानिक सलाहकार पद से इस्तीफा। | 413 |
| **1949** | • 7 फरवरी को 'लंदन टाइम्स' अखबार ने अपने अंक के अग्रलेख में भारतीय संविधान के बारे में लिखा कि इतना विशाल परिवर्तन हुआ है, किंतु वहाँ शांति भंग नहीं हुई। | 334 |
| | • 27 अप्रैल को राष्ट्रमंडल के प्रधानमंत्रियों के सम्मेलन | 420 |
| | • अप्रैल के पहले सप्ताह में बेनेगल नरसिंह राव ने ब्रिटेन के लॉर्ड चांसलर टोविट और स्टेफर्ड क्रिप्स से कॉमनवेल्थ संबंधी कानूनी और राजनीतिक स्थिति पर एक नोट तैयार किया। | 417 |
| | • 11 मई को अल्पसंख्यकों के लिए आरक्षण का विषय सलाहकार समिति के सामने पुन: विचारार्थ आया। | 239 |

| सन् | संदर्भ | पृष्ठ |
|---|---|---|
| | • 16 मई, 1949 में बने संविधान सभा में कॉमनवेल्थ की सदस्यता के लिए जवाहरलाल नेहरू ने एक प्रस्ताव रखा। | 418 |
| | • 17 मई को संविधान सभा ने कॉमनवेल्थ की सदस्यता संबंधी प्रस्ताव को स्वीकार कर लिया। | 420 |
| | • 26 मई को संविधान सभा ने अल्पसंख्यकों के लिए आरक्षण के प्रावधान को निरस्त कर दिया। | 239 |
| | • 24-31 जुलाई को अखिल भारतीय विद्यार्थी परिषद् ने 'भारत भारती' सप्ताह मनाया। | 403 |
| | • 19 सितंबर को प्रसिद्ध क्रांतिकारी नेता महेंद्र प्रताप का एक लेख 'नवजीवन' साप्ताहिक में छपा, जिसका शीर्षक था—'भारत को हम कॉमनवेल्थ से निकालकर रहेंगे'। | 402 |
| | • 17 अक्तूबर संविधान सभा का आखिरी चरण। उसी दिन लक्ष्य संबंधी प्रस्ताव संविधान की प्रस्तावना का आधार बना। | 48 |
| | • 24 नवंबर को दीनदयालजी का लेख संविधान 'पाञ्चजन्य' में छपा। | 407 |
| | • 25 नवंबर डॉ. भीमराव आंबेडकर का संविधान सभा में वक्तव्य कि बेनेगल नरसिंह राव ने मसौदा समिति के विचारार्थ संविधान का मासौदा बनाया। | 412 |
| | • 26 नवंबर को संविधान निर्माण का कार्य पूरा हुआ। कार्य को पूरा करके उसे संविधान सभा में स्वीकार किया गया। | 407, 413, 430 |
| | • 10 दिसंबर को फर्रुखाबाद में कांग्रेस के प्रतिनिधियों के बीच जवाहरलाल का भाषण। | 444 |
| **1950** | • 24 जनवरी को संविधान सभा का सत्र आरंभ। | 438 |
| | • भारत के राष्ट्रपति पद के लिए मनोनयन एवं निर्वाचन की घोषणा। | 438 |
| | • संविधान सभा का समापन दिन। | 441 |
| | • राष्ट्रगान 'जन गण मन' का प्रारंभ। | 441 |
| | • 26 जनवरी को भारत के लोकतांत्रिक गणराज्य की यात्रा का आरंभ। | 17, 272, 395 |
| | • 2 फरवरी को 'राष्ट्रधर्म' में दीनदयालजी का लेख छपा—'संविधान का क्या करें?' शीर्षक से। | 407 |
| | • 8 फरवरी को बंबई हाईकोर्ट ने 21 कम्युनिस्ट बंदियों को रिहा किया। | 447 |

| सन् | संदर्भ | पृष्ठ |
|---|---|---|
| | • 2 मार्च को 'ऑर्गेनाइजर' के संपादक के.एल. मलकानी को सरकार का आदेश कि वे हर अंक को छापने के पहले सरकार से अनुमति लें। | 449 |
| | • 19 अप्रैल को नेहरू-लियाकत समझौते के विरोध में श्यामाप्रसाद मुकर्जी का नेहरू मंत्रिमंडल से इस्तीफा। | 448 |
| | • जुलाई में समाजवादी पार्टी ने प्रस्ताव पारित किया कि संविधान लोकतांत्रिक पैमानों पर खरा नहीं उतरा। | 402 |
| | • 27 जुलाई को मद्रास हाइकोर्ट के तीन जजों की पीठ ने कोटा प्रणाली से पैदा हुए भेदभाव को संविधान सम्मत नहीं माना। | 445 |
| 1951 | • बेनेगल नरसिंह राव अंतरराष्ट्रीय लॉ कमीशन के लिए चुने गए। | 420 |
| | • 12 मई को संविधान संशोधन का प्रस्ताव। | 445 |
| | • 15 मई को लोकसभा अध्यक्ष जी.वी. मावलंकर ने प्रधानमंत्री नेहरू को पत्र लिखकर संविधान संशोधन के लिए आपत्तियाँ दर्ज कीं। | 451 |
| | • 16 मई को जवाहरलाल नेहरू प्रेस और न्यायपालिका से कुपित होकर संविधान संशोधन का प्रस्ताव लाए। | 444, 446 |
| | • 31 मई को संविधान संशोधन पर मत विभाजन। | 457 |
| | • 18 जून को संविधान संशोधन लागू। | 457 |
| | • 5 अक्तूबर को सुप्रीम कोर्ट ने संविधान संशोधन को वैध ठहराया। | 457 |
| 1956 | • अपने जीवनीकार माइकल ब्रेशर से एक साक्षात्कार में नेहरू ने भारत-विभाजन की वजह अपनी मजबूरी को बताया | 229 |
| 1957 | • सर मलिक फिरोज खान नून पाकिस्तान के प्रधानमंत्री बने। | 189 |
| 1959 | • संविधान समीक्षा पर जे.पी. की अनुसंधान-पुस्तिका 'भारतीय राज्य व्यवस्था की पुनर्रचना : एक सुझाव' का प्रकाशन। | 8 |
| | • बेनेगल नरसिंह राव का कैंसर से देहांत। | 420 |
| 1961 | • ब्रिटिश पत्रकार लिओनार्ड मोसले की पुस्तक 'द लास्ट डेज ऑफ ब्रिटिश राज' का प्रकाशन। | 229 |
| | • चौधरी खलीकुज्जमा की चर्चित पुस्तक 'पाथ वे टू पाकिस्तान' का लाहौर से प्रकाशित। | 210 |
| 1963 | • झारखंड पार्टी का कांग्रेस में विलय। | 73 |
| 1967 | • दल बदल की समस्या के चिंताजनक रूप धारण करनेवाला साल। | 9 |

| सन् | संदर्भ | पृष्ठ |
|---|---|---|
| 1970 | • जयपाल सिंह का निधन। | 73 |
| 1973 | • मुसलिम लीग के नेता चौ. खलीकुज्जमा की पाकिस्तान में मृत्यु। | 210 |
| | • जनवरी में वी.के. कृष्ण मेनन ने 'आजादी आधी रात को' के लेखक के साथ बातचीत के क्रम में लुई माउंटबेटन को वायसराय बनाने की योजना को लेकर स्टेफर्ड क्रिप्स से हुई बातचीत का खुलासा किया। | 194 |
| 1974 | • फरवरी में वी.के. कृष्ण मेनन की मृत्यु। | 194 |
| | • 12 नवंबर को उच्चतम न्यायालय के न्यायाधीश वाई.वी. चंद्रचूड़ और पी.एन. भगवती की बेंच ने रामबहादुर राय की मीसा के अंतर्गत गिरफ्तारी के विरुद्ध रिहाई के लिए निर्णय सुनाया। | 7 |
| | • पटना के गांधी मैदान में जेपी का ऐतिहासिक भाषण, जिसमें विशाल जनसमूह के बीच जेपी ने रामबहादुर राय की मीसा के अंतर्गत गिरफ्तारी को गैर-कानूनी करार दिए जाने के सुप्रीम कोर्ट के जजमेंट का उल्लेख किया। | 7 |
| 1975 | • सरदार पटेल के सचिव बी. शंकर के संस्मरण 'संविधान निर्माण का अंतिम चरण' का प्रकाशन वर्ष। | 431 |
| 1976 | • संविधान की रजत जयंती के अवसर पर कांग्रेस पार्टी ने अपने अधिवेशन में एक प्रस्ताव के जरिए संविधान की पूरी समीक्षा की माँग की। इसके लिए 12 सदस्यीय कमेटी का गठन किया, जिसके अध्यक्ष स्वर्ण सिंह बनाए गए। | 10 |
| 1979 | • 26 नवंबर को पहली बार देश के वकील एवं जज के एक समूह ने उस दिन को 'विधि दिवस' के रूप में मनाना आरंभ किया। | 21 |
| 1980 | • प्रधानमंत्री इंदिरा गांधी का बयान कि संविधान में सबकुछ आज प्रासंगिक नहीं है, इसलिए संविधान पर एक राष्ट्रीय विमर्श की आवश्यकता है। | 10 |
| 1983 | • डॉ. एम.एन. दास ने जिन्ना और विंस्टन चर्चिल को पत्रों के द्वारा रहस्योद्घाटन किया कि जिन्ना ने पाकिस्तान की माँग पर अड़ियल रूख क्यों अपनाया। | 146 |
| 1987 | • ज्ञान यज्ञ आश्रम ने भारत का संविधान बनाया। | 14 |
| 1990 | • चुनाव सुधार को लेकर दिनेश गोस्वामी कमेटी का गठन। | 10 |
| 1992 | • इंडिया इंटरनेशनल सेंटर के बोर्ड ऑफ टस्ट्री के अध्यक्ष डॉ. कर्ण सिंह ने संविधान के कामकाज का प्रोजेक्ट बनाया। | 11 |
| | • 7 सितंबर को अखिल भारतीय अधिवक्ता परिषद् के उद्घाटन भाषण में दत्तोपंत ठेंगड़ी ने नए संविधान की रचना की माँग की। | 11 |

| सन् | संदर्भ | पृष्ठ |
|---|---|---|
| 1977 | • अटल बिहारी वाजपेयी का 'गोलवलकर की स्मारक व्याख्यान माला' के मंच से 'संसदीय लोकतंत्र : अनुभवों के आलोक में संविधान का संशोधन जरूरी' विषय पर व्याख्यान। | 11 |
| 1998 | • वरिष्ठ पत्रकार बलबीर दत्त ने 'संविधान का पुनरीक्षण करें, अपना पुनरीक्षण भी करें' लेखमाला का आरंभ, जो 'प्रभात खबर' में कई किस्तों में छपी। | 12 |
| | • 6 सितंबर को 'अखिल भारतीय विद्यार्थी परिषद्', मध्य प्रदेश के द्वारा 'भारत के नए संविधान का प्रारूप' का प्रकाशन। | 14 |
| | • चुनाव सुधार को लेकर इंद्रजीत गुप्त कमेटी का गठन। | 10 |
| 1999 | • नवंबर के अंत में इंदौर में गांधीजन की संस्था 'सर्वसेवा संघ' ने एक अधिवेशन बुलाकर संविधान परिवर्तन के प्रति प्रस्ताव पारित किया। | 14 |
| | • प्रज्ञा संस्था की स्थापना का साल। | 13 |
| | • मशहूर स्वतंत्रता सेनानी महावीर त्यागी का संस्मरण दो खंडों में छपने का वर्ष। | 431 |
| 2000 | • 23 फरवरी को सुप्रीम कोर्ट के पूर्व मुख्य न्यायाधीश एम.एल. वेंकटचलिया की अध्यक्षता में दस सदस्यीय संविधान समीक्षा आयोग का गठन। | 14 |
| | • 14 मई को लखनऊ में 'भाऊराव देवरस सेवा न्यास' की व्याख्यानमाला में संविधान विशेषज्ञ लक्ष्मीमल्ल सिंघवी का व्याख्यान। | 16 |
| | • भारत-यात्रा केंद्र भुवनेश्वरी में 28 मई को चंद्रशेखरजी ने 'विकास है' सूत्र-वाक्य शीर्षक से एक संवाद रखा। | 13 |
| | • अधिवक्ता परिषद् द्वारा 'प्रथम घोषणा पत्र' का प्रकाशन। | 14 |
| 2002 | • 11 मार्च को संविधान समीक्षा आयोग की रिपोर्ट तैयार। | 14 |
| | • 31 मार्च को संविधान समीक्षा आयोग की रिपोर्ट प्रधानमंत्री अटल बिहारी वाजपेयी को सौंपी गई। | 14 |
| 2005 | • स्वामी मुक्तानंद सरस्वती द्वारा निर्मित 'अभारतीय इंडियन संविधान' का प्रकाशन वर्ष | 14 |
| 2010 | • 4 अप्रैल को हरिद्वार के महाकुंभ में 'दिव्य प्रेम सेवा मिशन' संस्था द्वारा संविधान पर एक दिन का परिसंवाद। | 14 |
| | • गुजरात के तत्कालीन मुख्यमंत्री नरेंद्र मोदी ने 26 नवंबर को संविधान की गौरव-गाथा का सुरेंद्र नगर में आयोजन किया। | 21 |

| सन् | संदर्भ | पृष्ठ |
|---|---|---|
| **2014** | • भाजपा को केंद्र में सरकार बनाने का स्पष्ट जनादेश मिला। | 407 |
| **2015** | • 8 अप्रैल को 13वें वार्षिक सत्यवती स्मृति व्याख्यान 'संविधान को जानें' अभियान की रामबहादुर राय के द्वारा शुरुआत। | 18 |
| | • 11 अक्तूबर को मुंबई में बाबा साहब आंबेडकर के स्मारक के शिलान्यास के अवसर पर 26 नवंबर को 'संविधान दिवस' मनाने की प्रधानमंत्री नरेंद्र मोदी के द्वारा घोषणा। | 22 |
| | • 'नए भारत का नक्शा' के प्रकाशन का साल। | 14 |
| **2018** | • 26 नवंबर को संविधान के 70 साल पूरे होने पर मध्यरात्रि में संसद् में एक समारोह का आयोजन। | 22 |
| | • 1-15 दिसंबर के 'यथावत' के अंक से रामबहादुर राय के आधुनिक भारत के इतिहास का अध्ययन संविधान को केंद्र में रखकर किया जाने लगा, उसी से एक लेखमाला का आरंभ। | 19 |
| **2019** | • 1-15 अक्तूबर के 'यथावत' पाक्षिक पत्रिका में संविधान केंद्रित लेखमाला के लेखन का सिलसिला स्वास्थ्य संबंधी कारणों के चलते टूटा। | 19 |

□

# संविधान निर्माताओं के श्रीमुख से : ज्वलंत मुद्दे

| | | |
|---|---|---|
| 1. | संविधान<br>मौलिकता<br>भारतीयता<br>केंद्रीकरण पर जोर<br>एकात्म बनाम संघात्मक स्वरूप<br>संविधान में संशोधन | डॉ. रघुवीर, सी.एम. देशमुख, सेठ गोविंददास, एम. अनंतशयनम् अयंगर, डॉ. राजेंद्र प्रसाद, ब्रजेश्वर प्रसाद, के. हनुमनथय्या, सेठ दामोदर स्वरूप, के.टी. शाह, सरदार हुकुम सिंह, डॉ. आंबेडकर, टी.जे.एस. दिलसन, एन.वी. गाडगिल, जी. दुर्गाबाई, फ्रैंक एंथोनी, बी. सीतारमय्या, शिब्ब लाल सक्सेना, अरुणचंद्र गुहा, आर.वी. धुलेकर, नजीरुद्दीन अहमद। |
| 2. | सांप्रदायिकता<br>अल्पसंख्यक के सवाल<br>धर्मनिरपेक्ष राज्य<br>पृथक् निर्वाचन के बजाय संयुक्त निर्वाचन मंडल की प्रतिष्ठा | हेमा मेहता, एम. अनंतशयनम् अयंगर, डॉ. राजेंद्र प्रसाद, डॉ. आंबेडकर, वी.आई. मुनिस्वामी, रुस्तम के. सिधवा, अलादि कृष्णन अय्यर, अलगू शास्त्री, सरदार हुकुम सिंह, सी.एम. देशमुख, बेगम एजाज, आर.वी. धुलेकर, कमलापति त्रिपाठी, बी. सीतारमय्या। |
| 3. | वयस्क मताधिकार | ए. भानू पिल्लै, जी दुर्गाबाई, डॉ. राजेंद्र प्रसाद, ब्रजेश्वर प्रसाद, कमलापति त्रिपाठी, जी.एस. देशमुख, आर. वी. धुलेकर अलादि कृष्णन अय्यर, एम. अनंतशयनम् अयंगर, वी.आई. मुनिस्वामी, बी. दास। |

| | | |
|---|---|---|
| 4. | गाँव, पंचायत, स्थानीय स्वशासन जमींदारी उन्मूलन एवं कृषि संपत्ति | दीपनारायण सिंह, टी. प्रकाशम्, श्यामनंदन सहाय, लोकनाथ मिश्र, आर.वी. धुलेकर, नंदकिशोर दास, लक्ष्मीनारायण साहू, गोकुलभाई, दौलतराम भट्ट, रुस्तम के. सिंधवा, बेगम एजाज। |
| 5. | राष्ट्रभाषा | सेठ गोविंद दास, लक्ष्मीनारायण साहू, ए. भानू पिल्लै, कमलापति त्रिपाठी, डॉ. राजेंद्र प्रसाद, ब्रजेश्वर प्रसाद, डॉ. रघुवीर, आर.वी. धुलेकर, अलादि कृष्णन अय्यर, गोकुल भाई दौलतराम भट्ट। |
| 6. | परंपरा, संस्कृति और आध्यात्मिकता | टी.जे. विल्सन, दीपनारायण सिंह, सेठ गोविंद दास, एम.वी. कामत, डॉ. रघुवीर, हंसा मेहता, श्यामनंदन सहाय, ब्रजेश्वर प्रसाद। |
| 7. | महात्मा गांधी का स्मरण | शंकरदेव, एम. अनंतशयनम् अयंगर, एम.वी. कामत, रुस्तम के. सिधवा, लक्ष्मीनारायण साहू, श्यामनंदन सहाय, एच.वी. कृष्णमूर्ति राव, नंद किशोर दास, बी. सीतारमय्या। |
| 8. | इंडिया दैट इज भारत के जरिए नामकरण पर चर्चा | अलगूराम शास्त्री, सेठ गोविंद दास, लक्ष्मीनारायण साहू, गोकुलभाई, दौलतराम भट्ट, सेठ गोविंद दास। |
| 9. | मौलिक अधिकार | ब्रजेश्वर प्रसाद, अलगूराम शास्त्री, हंसा मेहता, लोकनाथ मिश्र, अलादि कृष्णन अय्यर, ठाकुरदास भार्गव। |
| 10. | विकेंद्रीकरण | एच.वी. कामत, नंदकिशोर दास, लक्ष्मीनारायण साहू, खांडूभाई देसाई। |
| 11. | सामाजिक, आर्थिक स्वतंत्रता | डॉ. आंबेडकर, एच.वी. कृष्णमूर्ति राव, अरुणचंद्र गुहा, डॉ. रघुवीर, एन.वी. गाडगिल। |
| 12. | देशी रियासतें | डॉ. राजेंद्र प्रसाद, सीता राम जाजू, आर.वी. धुलेकर |
| 13. | नागरिकता | कमलापति त्रिपाठी, सीताराम जाजू, अलगू शास्त्री, अलादिकृष्णन अय्यर। |
| 14. | न्यायपालिका | डॉ. राजेंद्र प्रसाद, अलादिकृष्णन अय्यर। |
| 15. | निदेशक सिद्धांत | टी. प्रकाशम्, अलादिकृष्णन अय्यर। |
| 16. | राष्ट्रगान | लक्ष्मीनारायण साहू, वी.दास |
| 17. | संसदीय प्रणाली | रामनारायण सिंह, ब्रजेश्वर प्रसाद |
| 18. | गोरक्षा | सेठ गोविंद दास |
| 19. | कश्मीर | डॉ. रघुवीर |
| 20. | जातिप्रथा | रामनारायण सिंह |

| | | |
|---|---|---|
| 21. | कॉटेज इंडस्ट्री | लक्ष्मीनारायण साहू |
| 22. | पिछड़ा समुदाय | पी.एस. देशमुख |
| 23. | औद्योगिक क्रांति | बेगम एजाज |
| 24. | नि:शुल्क प्रारंभिक शिक्षा | हुकुम सिंह |
| 25. | बुढ़ापे के लिए परवरिश | हुकुम सिंह |
| 26. | काम की गारंटी | हुकुम सिंह |
| 27. | अंतरराष्ट्रीय शांति | आर.वी. धुलेकर |
| 28. | भ्रष्टाचार का संकट | डॉ. राजेंद्र प्रसाद |
| 29. | स्वाधीन अभिकरण | डॉ. राजेंद्र प्रसाद |
| 30. | अनुसूचित जाति | डॉ. राजेंद्र प्रसाद, डॉ. आंबेडकर, वी.आई. मुनिस्वामी |

□

# हिंदी और अंग्रेजी पुस्तकों की सूची

## हिंदी पुस्तकें

| | पुस्तक का नाम | लेखक/अनुवादक का नाम |
|---|---|---|
| 1. | भारतीय संविधान : रचना और कार्य | शिवानी किंकर चौबे,<br>अनुवादक : के.बी. सिंह |
| 2. | भारतीय संविधान की औपनिवेशिक पृष्ठभूमि | देवेंद्र स्वरूप |
| 3. | यह संविधान हमारा या अंग्रेजों का | देवेंद्र स्वरूप |
| 4. | डॉ. बाबासाहब आंबेडकर : जीवन चरित्र | धनंजय कीर, अनुवादक : गजानन सुर्वे |
| 5. | तैत्तिरियोपनिषद् | उपनिषदकार |
| 6. | अन्नं बहु कुर्वीत | जितेंद्र बजाज एवं एम.डी. श्रीनिवास |
| 7. | भारतीय स्वतंत्रता आंदोलन का इतिहास | ताराचंद |
| 8. | कांग्रेस का इतिहास | पट्टाभि सीतारमय्या |
| 9. | समाज-विज्ञान विश्वकोश | अभय कुमार दुबे |
| 10. | कारावास की कहानी | सुशील नय्यर |
| 11. | सिंहासन खाली करो | जयप्रकाश नारायण |
| 12. | भारतीय राज्य-व्यवस्था की पुनर्रचना : एक सुझाव | जयप्रकाश नारायण |
| 13. | लोक स्वराज्य | जयप्रकाश नारायण |
| 14. | संसदीय लोकतंत्र : अनुभवों के प्रकाश में संविधान का पुनरावलोकन जरूरी | अटल बिहारी वाजपेयी |

| | | |
|---|---|---|
| 15. | जीवन जैसा जिया | चंद्रशेखर |
| 16. | भारत का संविधान | ज्ञान यज्ञ आश्रम, ज्ञानपथ, रामानुजगंज, सरगुजा |
| 17. | अभारतीय इंडियन संविधान | स्वामी मुक्तानंद सरस्वती |
| 18. | नए भारत के निर्माण का नक्शा | संजीव सबन्नोक |
| 19. | प्रयाग घोषण-पत्र | अधिवक्ता परिषद्, 2000 |
| 20. | जीवन विद्या आधारित संविधान | अमरकंटक |
| 21. | भारत के नए संविधान का प्रारूप | अनिल चावला |
| 22. | हमारा संविधान : एक पुनरावलोकन | संपादक : रामबहादुर राय/ डॉ. महेश चंद्र शर्मा |
| 23. | महात्मा गांधी के साथ एक सप्ताह | लुई फिशर |
| 24. | जयपाल सिंह : एक रोमांचक अनकही कहानी | बलबीर दत्त |
| 25. | अंधकार काल : भारत में ब्रिटिश साम्राज्य | शशि थरूर |
| 26. | जवाहरलाल नेहरू | एम. चेलापति राव |
| 27. | जवाहरलाल नेहरू : विद्रोही व राजनेता | बी.आर. नंदा |
| 28. | मेरी कहानी | जवाहरलाल नेहरू |
| 29. | जवाहरलाल नेहरू वाङ्मय | जवाहरलाल नेहरू स्मारक निधि तथा सस्ता साहित्य मंडल |
| 30. | विभाजन की असली कहानी | नरेंद्र सिंह सरीला |
| 31. | गांधी : जीवन और दर्शन | जे.बी. कृपलानी |
| 32. | संविधान निर्माण का अंतिम चरण | वी. शंकर |
| 33. | आजादी के आंदोलन : हँसते हुए आँसू | महावीर त्यागी |
| 34. | हिंदुस्तान के स्वतंत्र राज्य का संविधान | हिंदू महासभा |
| 35. | भारतीय गणराज्य के संविधान का मसौदा | प्रो. मुकुट बिहारी लाल |
| 36. | संपूर्ण गांधी वाङ्मय | प्रकाशन विभाग, भारत सरकार |
| 37. | पंचायती राज एवं भारतीय राजनीति तंत्र | धर्मपाल |
| 38. | हिंद स्वराज | महात्मा गांधी |
| 39. | महात्मा गांधी पूर्णाहुति | प्यारेलाल |
| 40. | भारतीय संविधान के वाद-विवाद की सरकारी रिपोर्ट (दस खंड) 9 दिसंबर, 1946 से 24 जनवरी, 1950 | लोकसभा सचिवालय |
| 41. | राधाकृष्णन : एक जीवनी | सर्वपल्ली गोपाल |

| | | |
|---|---|---|
| 42. | जिन्ना : भारत विभाजन के आईने में | जसवंत सिंह |
| 43. | गांधीजी : हिंद स्वराज से नेहरू तक | देवेंद्र स्वरूप |
| 44. | आधुनिक भारत के निर्माता : सी. राजगोपालाचारी | आर.के. मूर्ति |
| 45. | भवानीप्रसाद मिश्र–संचयन | संपादन : अमिताभ मिश्र |
| 46. | भारत का स्वराज्य और महात्मा गांधी | बनवारी |
| 47. | नेताजी संपूर्ण वाङ्मय | संपादन : शिशिर कुमार बोस<br>अनुवाद : माधवी दीक्षित |
| 48. | आजादी आधी रात को | लेरी कॉलिन्स और दौमिनिक लैपियर |
| 49. | माउंटबेटन और भारत का विभाजन | लेरी कॉलिन्स और दौमिनिक लैपियर |
| 50. | तीस दिन मालवीयजी के साथ | रामनरेश त्रिपाठी |
| 51. | समाजवादी आंदोलन का इतिहास | राममनोहर लोहिया |
| 52. | मेरा देश मेरा जीवन | लालकृष्ण आडवाणी |
| 53. | दीनदयाल उपाध्याय : संपूर्ण वाङ्मय | संपादक : डॉ. महेशचंद्र शर्मा |
| 54. | संचयिता | रामधारी सिंह दिनकर |
| 55. | श्री अरविंद का बांग्ला साहित्य | श्री अरविंद आश्रम, पांडिचेरी |
| 56. | समय की आवश्यकता | श्री अरविंद |
| 57. | तीसरा विकल्प | दत्तोपंत ठेंगड़ी |
| 58. | डॉ. आंबेडकर और सामाजिक क्रांति की यात्रा | दत्तोपंत ठेंगड़ी |
| 59. | अस्थायी लोकसभा की कार्यवाही | 12, 16, 29, 30 और 31 मई, 1951 |
| 60. | श्यामा प्रसाद मुकर्जी : एक जीवनी | बालराज मधोक |
| 61. | संविधान समीक्षा | डॉ. लक्ष्मीमल सिंघवी, भाऊराव देवरस सेवा न्यास |
| 62. | गांधीजी की अपेक्षा | मो. क. गांधी (संग्राहक : हरिप्रसाद व्यास) |
| 63. | संविधान के निदेशक तत्त्वों के पालन हेतु ध्यानाकर्षण सत्याग्रह | सर्वसेवा संघ |
| 64. | हमारा संविधान : भारत का संविधान और संवैधानिक विधि | सुभाष काश्यप |
| 65. | भारतीय संविधान और राजनीति | वेददान सुधीर |
| 66. | भारत का संविधान : सिद्धांत और व्यवहार | सी.के. जैन |
| 67. | भारत का संविधान : एक परिचय | ब्रजकिशोर शर्मा |

अंग्रेजी पुस्तकें

| | BOOKS IN ENGLISH | AUTHOR/EDITOR |
|---|---|---|
| 1 | Selected Works of Motilal Nehru | Editor : Ravinder Kumar, Haridev Sharma |
| 2 | Against the Tide | Minoo Masani |
| 3 | The Framing of India's Constitution : Select Documents | Editor : B. Shiva Rao |
| 4 | Norms and Politics : Sir Benegal Narasing Rao in the Making of the Indian Constitution, 1935-50 | Arvind Elangovan |
| 5 | Indian Constitutional Documents : Pilgrimage to Freedom | K.M. Munshi |
| 6 | Partition of India : Legend and Reality | H.M. Seervai |
| 7 | India from Curzon to Nehru and After | Durga Das |
| 8 | Jawahar Lal Nehru | B.R. Nanda |
| 9 | Nehru : A Political Biography | Michael Brecher |
| 10 | Jawahar Lal Nehru : A Biography | Sarvepalli Gopal |
| 11 | Genesis and Growth of Nehruism : Volume-1 | Sita Ram Goel |
| 12 | Reminiscences of the Nehru Age | M.O. Mathai |
| 13 | Selected Works of Jawahar Lal Nehru Volume-7 | S. Gopal |
| 14 | A Constitutional History of India : 1600–1935 | A.B. Keith |
| 15 | Struggle for Freedom | R.C. Majumdar |
| 16 | 100 Best Letters-1847–1947 | Editor : H.D. Sharma |
| 17 | Gandhi : The Years that Changed the World 1914–1948 | Ramachandra Guha |
| 18 | Mohandas : A True Story of a Man, his People and an Empire | Rajmohan Gandhi |
| 19 | Mahatma Gandhi and Jawaharlal Nehru : A Historic Partnership (1916–1948) | Madhu Limaye |
| 20 | Mahatma Gandhi and the Indian Constitution | Narendra Chapalgaonker |
| 21 | Mahatma : Life of Mohandas Karamchand Gandhi : Volume-7 | D.G. Tendulkar |

| | | |
|---|---|---|
| 22 | Mahadevbhai's Diary : Volume-22 [From 10 January, 1937 to 19 November, 1937] | Mahadev Desai, Editor : Mahendra Valjibhai Desai, Translator-Vinod Meghani |
| 23 | Gandhi : A Political and Spiritual Life | Kathryn Tidrick |
| 24 | Constitutional Relations between Britain and India : The Transfer of Power 1942–47 | Editor-in-Chief - Nicholas Mansergh, Editor : Penderel Moon |
| 25 | Divide and Quit—An Eyewitness Account of the Partition of India | Penderel Moon |
| 26 | Constitution Making Since 1950 : An Overview | Dr. Subhash C. Kashyap |
| 27 | Perspectives on the Constitution | Editor : Subhash C. Kashyap |
| 28 | India Wins Freedom | Maulana Abul Kalam Azad |
| 29 | The Indian Constitution Cornerstone of a Nation | Granville Austin |
| 30 | India's Constitution in the Making | B.N. Rau, Editor B. Shiva Rao, Forword : Dr. Rajendra Prasad |
| 31 | Constitutionalising India | Bidyut Chakrabarty |
| 32 | The Framing of India's Constitution : A Study | Editor : B. Shiva Rao Second Edition : Dr. Shubhash C. Kashyap |
| 33 | A Chequered Brilliance, the Many Lives of V.K. Krishna Menon | Jairam Ramesh |
| 34 | Radhakrishnan : A Biography | Sarvepalli Gopal |
| 35 | India Divided | Rajendra Prasad |
| 36 | The Last Days of the British Raj | Leonard Mosley |
| 37 | The Constitution of India—A Contextual Analysis | Arun K. Thiruvengadam |
| 38 | The Indian Ideology | Perry Anderson |
| 39 | Sixteen Stormy Days : The Story of the First Amendment to the Constitution of India | Tripurdaman Singh |
| 40 | India in the Shadows of Empire : A Legal and Political History : 1774–1950 | Mithi Mukherjee |

| | | |
|---|---|---|
| 41 | Legal and Constitutional History of India Volume-1 Modern, Legal, Judicial and Constitutional System | M. Rama Jois |
| 42 | Legal and Constitutional History of India Volume-2 Modern, Legal, Judicial and Constitutional System | M. Rama Jois |
| 43 | Constitution of India in Precept and Practice | C.K. Jain |
| 44 | Jinnah : His Successes, Failures and Role in History | Ishtiaq Ahmed |
| 45 | Selected Works of Acharya Narendra Deva : Volume-2 1941–1948 | Editor : Hari Dev Sharma |
| 46 | Jayaprakash Narayan Selected Works Volume-3 (1939–1946) | Editor : Bimal Prasad |
| 47 | Jayaprakash Narayan Selected Works Volume-5 (1948–1950) | Editor : Bimal Prasad |
| 48 | Jayaprakash Narayan Selected Works Volume-6 (1950–1954) | Editor : Bimal Prasad |
| 49 | My Reminiscencs of Sardar Patel | V. Shankar |
| 50 | A Search in Secret India | Dr. Paul Brunton |
| 51 | Pathway to Pakistan | Chaudhry Khaliquzzaman |
| 52 | The Indian Annual Register, 1946 | Mitra, Nripendra Nath |
| 53 | The Problem of the Commonwealth | Lionel Curtis |
| 54 | Sardar Patel Correspondence | Durga Das |
| 55 | Hindu Polity | Kashi Prasad Jaisawal |
| 56 | The Parliamentary Debates (Part-2-Proceedings other than Questions and Answers) Official Report | Parliament of India-12,16,29 and 31 May, 1951 |
| 57 | Ninety-Three | Victor Hugo |
| 58 | Introduction to the Constitution of India : Sixteenth Edition | Durga Das Basu |
| 59 | The Making and Working of the Indian Constitution | Shibani Kinkar Chaube |
| 60 | Integration of the Indian States with an Introduction by Asha Sarangi | V. P. Menon |
| 61 | The Transfer of Power in India | V. P. Menon |
| 62 | Patel: A Life | Rajmohan Gandhi |

# अनुक्रमणिका

### ख



### ग



### च



### ज

### झ



### ट



### ड

**फ**



**ब**



**भ**



**म**

**य**



**र**

## स

**ह**

□□□